中华美学精神丛书

⊙ 陶水平 著

中华美学的感兴精神

朱志荣 主编

时代出版传媒股份有限公司
安徽教育出版社

图书在版编目（CIP）数据

中华美学的感兴精神／陶水平著.—合肥：安徽教育出版社,2022.12
ISBN 978-7-5336-9894-2

Ⅰ.①中… Ⅱ.①陶… Ⅲ.①美学－研究－中国－古代 Ⅳ.①B83

中国版本图书馆 CIP 数据核字（2022）第 240293 号

中华美学的感兴精神
ZHONGHUA MEIXUE DE GANXING JINGSHEN

出 版 人：费世平
策划编辑：徐　鹏
责任编辑：周　佳　张　蕾　黄　文
装帧设计：朱　锦　朱嫣然
美术编辑：张鑫坤
技术编辑：陈善军

出版发行：安徽教育出版社
地　　址：合肥市经开区繁华大道西路 398 号　邮编：230601
网　　址：http://www.ahep.com.cn
营销电话：(0551)63683012,63683013
排　　版：安徽时代华印出版服务有限责任公司
印　　刷：安徽新华印刷股份有限公司

开　　本：710 mm×1010 mm　1/16
印　　张：40
字　　数：429 千字
版　　次：2022 年 12 月第 1 版
印　　次：2022 年 12 月第 1 次印刷
定　　价：140.00 元

（如发现印装质量问题，影响阅读，请与本社营销部联系调换）

目 录

绪 论 001

第一章 中华感兴美学传统的文化渊源 069
第一节 兴与轴心时期的中华文化的艺术原型 073
第二节 兴的历史语义学 077
第三节 原型批评理论视域下的感兴美学研究史 088
第四节 兴的原始起源与华夏原始文化兴象 096
第五节 华夏原始兴象在中国上古诗歌创作中的历史积淀和艺术传承 111
第六节 西周礼乐文明仪式中的"乐语"之兴与"六诗"之兴 118
第七节 从西周"乐教"之兴走向春秋"诗教"之兴与"赋诗"之兴 137
第八节 "易象"通于"比兴":《周易》汇为感兴美学的源头 147
第九节 《诗经》和《楚辞》:上古感兴美学最直接的艺术土壤 155

第二章 中华感兴美学传统的理论演进 163
第一节 孔子与中华感兴美学的理论发端和学术开篇 169
第二节 汉代兴论美学的经学化、兴喻化与理论体系化 187

第三节 魏晋南北朝自然感兴审美的兴起与感兴美学理论的美学
　　　自觉 211
第四节 感兴美学的成熟——唐代感兴诗学的多向拓展与深化 240
第五节 感兴美学在宋金元明清的进一步完善与总结 268

第三章 中华感兴美学的理论体系与审美过程 311
第一节 审美发生论——感兴审美的感触、感发和起兴 314
第二节 艺术灵感论——兴会之兴与中国古代艺术缪斯 343
第三节 艺术修辞论——譬喻象征之兴与引譬连类 355
第四节 艺术兴象论——兴象之兴与艺术精神空间的建构与
　　　拓展 367
第五节 艺术欣赏论——兴味之兴与审美鉴赏 376
第六节 余论：中国古典感兴诗学的诗兴教化与感兴批评 382

第四章 中华感兴美学的符号表征维度 385
第一节 兴的符号表征维度 389
第二节 从"兴感"到"兴文"：从主观精神到客观精神 396
第三节 兴的符号化与感兴艺术符号世界的建构 403
第四节 兴与文学符号表征："文章之道，遭际兴会" 411
第五节 感兴审美体验的物态化与其他艺术形态 422
第六节 余论：感兴美学的理论辐射与文学史书写及感兴主题诗
　　　传统 431

第五章 感兴美学与中华艺术的生命本体精神 435
第一节 释"本体""本体论"与中国哲学、美学本体论 438
第二节 兴与中华艺术本体的感兴呈现和灿烂表征 444
第三节 兴直探中华艺术生命之本体和生命精神 452

第四节　兴与艺术审美的生命体验　459
　　第五节　兴与艺术审美的生命理想　465
　　第六节　诗兴艺术生命本体精神的历史生成性与多面向性　483

第六章　感兴美学与20世纪"中国艺术精神"论研究　487
　　第一节　何谓20世纪"中国艺术精神"论？　491
　　第二节　晚清民初"中国艺术精神"论的先声　492
　　第三节　宗白华与方东美：20世纪"中国艺术精神"论的正式提出者　496
　　第四节　唐君毅与徐复观：20世纪"中国艺术精神"论的理论确立者　505
　　第五节　"中国艺术精神"论在大陆和海外文学批评界的播撒　512
　　第六节　后五四文化与现代新儒学："中国艺术精神"论的形成语境与哲学基础　515
　　第七节　"中国艺术精神"论的历史地位和理论特质　519
　　第八节　"中国艺术精神"论的当代发展与理论创新　524

第七章　感兴美学与中国当代艺术精神的价值之源　529
　　第一节　美学学科的精神维度　531
　　第二节　中华古典文化的精神传统　541
　　第三节　中华感兴美学的精神追求　545
　　第四节　20世纪中国文艺美学的精神建构　548
　　第五节　激扬美学精神，铸就当代文艺美学之鼎　559

结　语　569

参考文献　608

后　记　633

绪论

中华民族在五千年历史长河中生成了本民族的文化精神与美学精神，当代美学和艺术学研究应当重视中华美学和艺术精神的本原性理论研究。感兴美学研究即是对中华美学和艺术精神的探源性研究。本书所说的"感兴美学"亦可表述为"兴论美学""诗兴美学""比兴美学"，感兴美学是最具中华民族文化特质和文化精神的美学传统。感兴美学起源于华夏上古兴舞文化，植根于三代尤其是西周礼乐文化传统，滥觞于春秋贵族子弟诗教与列国邦交卿大夫用诗活动，发端于孔子"兴于诗"和"诗可以兴"的儒家诗教，系统化于两汉经学传注之政教兴喻理论，转型和自觉于汉魏六朝的感物诗学，进而在六朝以后不断走向理论展开、丰富、拓展和细化，注重诗歌和艺术的"抒情言志""托物言志""比兴言志""引譬连类""感发志意""托物讽喻""比兴美刺""兴喻教化""感物兴情""兴发情志""托物兴寄""兴象深远""兴味无穷"的艺术特质与审美精神并达致"天人合一""万物一体""群己合一""能兴者谓之豪杰"的艺术审美境界，成为一个绵延数千年的中华古典美学理论传统。中华古典美学和艺术精神最鲜明地体现在中华感兴美学传统之中。从古文字语源和史传文献记载来看，"兴"字最初见于殷商甲骨卜辞，本义为华夏原始巫祭之兴。接着见于《周礼》"六诗"和"乐语"体系之中，此后又运用于春秋贵族诗教和诸侯会盟的用诗活动，进而理论化于孔子儒家诗教之中。再继续发展为汉代《诗大序》的"六诗"之兴或"赋比兴"之兴，并演进为魏晋六朝的感兴之兴和比兴之兴的双重意涵。魏晋六朝以后，感兴美学呈现出感兴美学与比兴美学双向拓展的学术历程。一方面，诗歌艺术的赋比兴体制尤其是比兴修辞更为多样和精细，比兴美学因而继续发展；另一方面，兴已逐步从赋比兴体制之中凸显出来，成为中国古典文艺家和美学家们用以标识艺术审美特征的根本性元范畴，成为中华古典艺术和美学精神的核心。由于后世古典诗歌赋比兴艺术修辞表达经验不断创新、交织与丰富，唐宋以后的感兴美学思想和比兴美学观点也更为开拓、深入和精细。作为中华古典诗学和美学理论核心范畴，兴主要有两个出处和发端：其一，兴始见于《论语》记载的孔子"诗可以兴"和"兴于诗"的诗教之兴，这又可以追溯至西周"乐语"之兴和春秋国子诗教之兴与列国卿大夫赋诗言志之兴；其二，兴首现于《周礼》"六诗"之兴与《毛诗序》"六义"之兴和"独标兴体"之兴，可简称为"赋比兴"或"比兴"体制之兴。二者在中国美学史和诗学史上会通合一。因此，本书所论之"感兴美学"即感兴美学与比兴美学二者合而言之，亦可称为兴论美学或诗兴美学。

　　兴起源于华夏先民原始宗教的巫术、图腾和祭祀的乐舞仪式。随着中华民族的理性自觉和人文自觉，华夏原始巫祭歌舞之兴演进和升华为后世的西周礼乐仪式之兴、春秋诗教和赋诗之兴、孔子诗教之兴、汉代经学之兴和魏晋六朝以后的诗学审美之兴。兴表征着中华民族最初的生命感发和生命意识觉醒的文化精神，从中生成和孕育出后世艺术和美学的丰富意蕴，成为中华艺术和美学精神的生命原型和文化原型。兴是中华美学和艺术的文化基因和精神胚芽，足以在整体上表征中华艺术和美学的民族特质和精神气质。质言之，兴是中华古典文艺美学的元范畴，感兴美学生动表征了中华古典美学的传统主题和根本精神，成为绵延数千年而生生不息的美学传统。兴的历史即是中华民族审美精神的发生发展史。本书通过重返源头、赓续本源，阐扬传统、融入当代、放眼全球和未来，以兴为枢纽，从发生学、历史学、形态学、本体论以及现代阐释和中西比较等视域将感兴美学理论史、古今文艺美学和中华美学精神研究三者相贯通，进行系统研究，揭示三者在文化根源、精神追求、艺术本体论或审美形而上学、感物兴情、修辞表达、教化价值和审美超越精神等方面的内在一致性，全面探讨中华诗兴艺术与美学精神的文化根源、发展历程、理论展开、理论体系、创作实践、艺术表征、本体意义、现代转型、中西比较、当代价值与当代创新发展等诸问题。

一、何谓"感兴美学"："兴"及"感兴美学"相关概念辨析

何为"兴"？何为"感兴美学"？何谓"精神"？何谓"美学精神"？何谓"中华美学精神"？兴在中华古典艺术和美学史上具有独特的重要地位。比兴美学或感兴美学历来被视为"诗学之正源，法度之准则"[1]。钱穆认为，比兴是中国文学的特质："《诗》为中国远古文学之鼻祖，其妙在能用比兴；而此后中国文学继起之妙者，亦莫不善用比兴。""故赋比兴三者，实不仅是作诗之方法，而乃诗人本领之根源所在也。此三者中，尤以兴为要。"[2] 牟世金较早从赋比兴体制与艺术思维和艺术表现的双重

---

[1] 杨载：《诗法家数·诗学正源》，载何文焕辑《历代诗话》，中华书局1981年版，第727页。
[2] 钱穆：《读〈诗经〉》，载《中国学术思想史论丛》，第1册，安徽教育出版社2004年版，第132、134页。

视角阐发比兴美学的意义,他指出:"赋比兴既然是和形象思维密不可分的传统方法,则运用赋比兴来进行诗歌创作,就必然表现出我们民族在诗歌创作中的构思特色。别的民族在诗歌创作中,也会有直叙、比喻或借物抒情等表现方法,但是,要形成赋比兴这样一个完整体系,被视为'诗学之正源,法度之准则',并长期在诗、赋、词和绘画中普遍使用,又为广大读者所喜闻乐见,这就是我们民族所独有的了。"[1] 叶嘉莹在《中国古典诗歌中形象与情意之关系例说》一文中认为,兴是中国诗歌和诗学标识心物关系与生命感发的独特范畴,在中国古典诗歌和诗学中具有独特的重要地位:"'兴'之一词,则在英文的批评术语中,根本就找不到一个相当的字可以翻译。"[2] 周英雄也在《赋比兴的语言结构》一文中指出:"兴的应用可以说是研究中国诗词的核心问题,因为'托物言志'不仅和修辞有直接的关系,更间接牵涉到诗人处理物我的基本人生观。研究中国诗词,若能以兴为枢纽,进而循历史的一轴,追踪此一修辞与文学观之演化,则或能将中国诗词的精义,作更精确的界定。"[3] 叶朗在其主编的《现代美学体系》一书中将"审美感兴""审美意象""审美体验"作为全书最核心的范畴,将审美感兴列于首位,并对审美感兴的美学涵义进行了精到阐发,指出:"'感兴'是一种感性的直接性(直觉),是人的精神在总体上所起的一种感发、兴发,是人的生

---

[1] 牟世金:《诗学之正源,法度之准则——从赋比兴传统看艺术构思的民族特色》,载《古代文学理论研究》,第1辑,上海古籍出版社1979年版,第53页。
[2] 叶嘉莹:《迦陵论诗丛稿》,河北教育出版社1997年版,第33页。
[3] 周英雄:《结构主义与中国文学》,台湾东大图书公司1983年版,第122页。

命力和创造力的升腾洋溢,是人的感性的充实和完满,是人的精神的自由和解放。'感兴'这个概念比起'审美感受''审美经验''美感'等概念更能包容和概括审美心理的多方面的特点。所以我们把它从中国古典美学中提取出来,纳入现代美学的理论框架,作为审美心理学的基本的核心的概念来使用。"[1]胡经之同样在其主编的《文艺美学》一书中精辟地指出:"'兴'具有真正的美学价值……沿着'兴'的发展轨迹溯流而去,在这寻根寻源的'反求工程'中,我们可以窥见中华民族远古族类审美体验、原始审美活动以及处于集体无意识的巫术图腾活动,从审美心理—审美体验的角度去探索人的审美的发生。这一切,构成了今日美学对'兴'的强烈兴趣,同时,也给研究者提出了严峻的课题。"[2]可见,感兴美学研究成为当代美学研究的一个重要领域,其理论意义和实践价值有待进一步彰显。

兴作为中国古典艺术和美学的原始文化基因,起源于华夏原始巫术祭祀之兴,最早见于殷商甲骨卜辞。兴作为华夏原始文化的历史起源和绵延形态,绝非文物古董,亦非僵化教条。闻一多从神话与诗的关系的角度对比兴作了溯源性研究。关于"兴"义的缠夹性与丰富性,朱自清在研究中国诗学"诗言志"这一开山纲领时做了最早的辨析,认为"兴"之义"最为缠夹,可也最受人尊重"[3]。钱锺书也叹言:"'兴'之义最难定。"[4]古人释

---

[1] 叶朗主编:《现代美学体系》,北京大学出版社1988年版,第171页。
[2] 胡经之:《文艺美学》,北京大学出版社1999年版,第82页。
[3] 朱自清:《朱自清古典文学论文集》(上),上海古籍出版社1981年版,第260页。
[4] 钱锺书:《管锥编》,第1册,中华书局1979年版,第62页。

"兴",一致认为,"兴者,起也"。如《说文解字》:"兴,起也。从舁,从同。同力也。"《尔雅·释言》:"谡、兴,起也。"《诗经》《左传》中频见"夙兴夜寐"等例句。《管子》中有"兴"解为"起""作""成"的义例,例如"夙兴夜寐""先生若作,乃兴而辞""古之将兴者,必由此始"(均见于《管子·弟子职》),其中,前两句为具象义,第三句为抽象义。兴是中国古代艺术和美学的一个本原性范畴,兴的意涵有一个从具象到抽象的演进过程。至春秋时,兴已生成了抽象度较高的意涵。而且,兴作为华夏先民的审美文化原型,广泛渗透到中国古代审美文化的各个方面,构成一个庞大的术语群,如兴盛、兴旺、振兴、复兴等,成为最具积极意义和文化意味的汉语词汇之一,成为一个语义丰富的历史概念集合,孕育了后世各种文化活动,如宗教活动、礼仪活动、伦理活动、交往活动和艺术活动等,而且最为典型地体现在文学艺术活动之中。在具体的文艺审美活动中,兴可展开为审美感兴、兴发、兴会、兴咏、兴象、兴境、兴趣、兴味等,构成完整的感兴美学理论体系和理论传统。可见,兴在中国传统文化和艺术美学中的地位是本原性、基元性和独特性的。

萧华荣指出,兴是中国传统诗学思想的核心。[1] 后来他又在专著《中国诗学思想史》中对此做了进一步阐发,指出:"赋、比、兴是中国传统诗学的重要问题,特别是兴,殆可谓传统诗学的核心。兴以及由兴所组成的词语,如'比兴''感兴''兴喻''兴寄''兴托''兴象''意兴'等等,从纵的方面贯穿于中国古

---

[1] 萧华荣:《兴:中国诗学思想的核心——〈诗"兴"论〉导言》,《文艺理论研究》1994年第4期。

代诗学思想史的各个演化阶段,从横的方面贯穿于诗歌创作的各个环节。"[1] 冯国荣在《兴:表征中国诗学整体精神的系统命题》一文中也指出:"兴,是一个贯穿中国诗学全过程,可以在根本上、整体上表征中国诗学主要民族精神的系统命题。"[2] 兴是最具中华民族特色的美学术语,也是中华美学最重要的元范畴。兴作为最能体现中华美学精神的一个始源性和本体性美学范畴,衍生出一系列与"兴"有关的词组,形成了感兴美学庞大的范畴群。参照恩格斯评称黑格尔《精神现象学》为"精神胚胎学"[3] 这一理论,兴乃中华艺术和美学的文化原型和精神胚芽。兴凝聚了中华美学精神的文化信息,浓缩了中华古典美学的审美意蕴,蕴含着华夏艺术最深厚的审美奥妙,在中华美学理论发展史上具有无可替代的重要地位,值得我们深度开掘与全息解码。[4] 感兴美学最为深刻地体现了中华美学的生命意识与精神意蕴,彰显了中华美学独特的精神气质。兴穿越五千年中华文化史长河,扎根于漫长的中国文学艺术史。尽管蜿蜒跃动于华夏民族历史文化长河中的诗兴艺术审美意象呈现出千差万别的表现形式,但其内在实质是生生不息的生命创造与生命超越精神。从一定意义上可以说,兴的发生发展的历史即是中华民族生命意识不断觉醒、不断超越的生生不息的历史,即是中华民族审美精神的发生发展史和中华美学艺术精神的成长史。

---

[1] 萧华荣:《中国诗学思想史》,华东师范大学出版社1996年版,第69页。
[2] 冯国荣:《兴:表征中国诗学整体精神的系统命题》,《文史哲》1994年第3期。
[3] 《马克思恩格斯选集》,第4卷,人民出版社1975年版,第215页。
[4] 参见陶水平《深化文艺美学研究 弘扬中华美学精神》,《江西师范大学学报》(哲学社会科学版)2015年第3期。

兴论美学或感兴美学作为中华传统美学尤其是中华文艺美学的文化种子和艺术原型，具有极大的理论生长价值。兴积淀和蕴含了中华传统艺术和美学的审美信息和文化奥秘，奠定了中国古典艺术史和美学史的文化原型和审美原型，成为中华民族生生不息的生命存在、精神力量和集体无意识，显示出极其强大的生命力。应当将兴之历史的研究置于中国古代诗歌艺术和美学的历史运动进程中加以考察和阐述，辨析其若干重要的历史发展时期。兴作为中华民族的审美文化和艺术精神活动，经历了原始宗教图腾之兴—夏商巫祭之兴—西周礼乐之兴（即礼乐仪式兴舞之兴、"六诗"之兴、"乐语"之兴）—春秋国子诗教之兴和列国卿大夫赋诗言志之兴—晚周时代孔子立人诗乐之教之兴（"兴于诗"之兴、"诗可以兴"之兴）—汉代政教经学之兴（"六义"之兴、政教讽谏之兴、赋比兴之兴、"独标兴体"之兴）—魏晋南北朝以后的诗歌之兴（感兴之兴、比兴之兴即"诗人之志有二"之兴、"比小而兴大"之兴、"比显而兴隐"之兴、审美感兴之兴）—唐代更为阔大和幽深的诗歌和艺术之兴（兴寄之兴、兴象之兴、象外之兴、兴境之兴、意境之兴）—宋元明清感兴美学的精细化（兴趣之兴、情景之兴、意象之兴、兴象之兴）—20世纪王国维、宗白华等现当代学者对兴进行现代转化等极为漫长的发生发展与历史演进过程。兴的审美自觉标志着中国古代艺术的审美自觉。尽管兴的原始素朴面目已经川流逝去，但后世诗人、艺术家和诗学家不断对其内涵加以丰富和扩展，使之生生不息而发扬光大。总之，兴的发展历程即是中华民族传统艺术和美学精神的发生史和成长史。换言之，一部中国古典艺术和美学的发展史，即是一部兴的审美发生和发展史，亦是中国古代诗兴艺术和感兴美学的发生发展史。

兴作为中华上古文化之原型，蕴含了中华艺术与美学的文化基因、艺术萌芽和审美奥秘。兴不仅孕育了中国早期的"六艺"或"六经"文化，也深刻影响了中国早期的诗歌散文创作和其他艺术门类的发生发展。兴在漫长的历史长河中积淀为中华古典艺术和美学的最为根本的文化原型、文化本体、艺术本体、美学本体、精神源泉、审美范型、艺术母体、思维范式、审美意象、审美意境、符号表征、艺术文本、艺术形态、艺术价值、艺术教化及艺术话语方式和艺术批评方式。兴的展开既是中华艺术与美学的历史展开，也是中华美学发展的逻辑展开与中华艺术发展的形态展开。兴的审美体验和审美精神的演进历程，深刻影响了中国古代艺术史的演进历程和发展阶段，决定了中国古代不同历史时期的艺术形态的生成、成熟和主导型艺术形式的形成，决定了中国古代艺术与美学发展不同阶段的区分。

兴乃中华文化、诗学和美学精神的一个活化石、文化结晶和精神胚芽。兴本为华夏先民的原始图腾和巫术祭祀仪式，孕育了中华上古文化和艺术的文化胚胎，成为中华美学和艺术精神的文化原型。兴作为原始巫祭礼仪，表现为托起物件载歌载舞以迎神降神娱神，沟通人神关系与天人关系，协调群己关系，激发生命活力，提振精神境界。感兴美学作为一种既深蕴中华传统美学精神又激活了中国当代美学精神的元美学，对今天的文艺美学研究仍具有极大的启迪价值。而且，感兴美学不仅类同于现代审美学，可与现代文艺美学相媲美，同时也可以通向审美文化学、文化诗学和文化美学。

何谓"精神"？何谓"美学精神"？汉语的"精神"一词由"精"与"神"两个单音节词合成。《老子》《庄子》《易传》中已频频使用"精"和"神"。"精"与"神"作为双音节合成词最早见于《庄子》。与西方哲学把"精神"（spirit）与"物质"（matter）对立不同，中国哲学认为"精神"指天地万物与人的精气、精华和元神，与形骸相对，贯通宇宙自然、社会人生、人格心灵和艺术世界。在《周易》和先秦道家那里，"精神"乃指包括人在内的宇宙万物的本原、实质、生气与生机，亦即道的生动显现。"精神"是一个哲学本体论范畴，美学精神是美学在艺术本体论和审美形而上学高度的精神追求，是对人的生命意义最本真而又最超越的感性呈现。对于人而言，精神植根于生命的本原。一个民族的美学精神则深深地关切着本民族的个体与群体的生命精神，与本民族的艺术家、美学家的个体生命和整个民族群体生命的存在意义、生命超越精神息息相关。哲学上的"精神"一词运用到艺术和美学研究上即衍生出艺术精神、美学精神。中华文化视宇宙人生为大化流行、一气贯通的大生命，中国古人高度重视生命的传承、贯通与上达。中国古人既重视现实生活，又追求人格境界和精神的提升。精神不仅是生动活泼的生命体验，也是对生命境界的升华。因此，中华美学也成为世界上最注重生命价值与精神追求的美学。作为中华民族生存体验与精神气质之文化表征的中华艺术和美学，形成了本民族独特的生命底蕴、文化血脉和精神气象，凝聚了中华美学生生不息的精气神。

美学不仅是一门学问、一门学术，更是一种生命智慧、诗性智慧和精神科学。感兴美学体现着最为悠久而深厚的中华艺术精神和美学精神，贯通中华古典艺术审美的理论和实践。兴是华夏民族先民的生命本原、精神本原和文化本原，保存了华夏民族先人的原始智慧基因、民族性格胚芽和历史文化活态，又经过西周以来漫长时期的历史改造、理性提升和不断丰富，尤其是汉魏以后历代艺术实践的传承和发展，成为中国古典美学中最能反映中国传统文化特征与精神旨趣的基本范畴。感兴美学的历史最为集中地体现了中华美学的孕育、发生和发展史。兴不仅是中华传统美学的元范畴和元美学，而且是中华美学的传统主题、根本精神和本体论精华，足以在整体上表征中华美学的民族精神。感兴美学彰显了中华美学独特的精神气质，也最为生动地彰显了中华美学的生命意识与精神意蕴。感兴美学在中华文化史上绵延数千年而生生不息，在中华美学理论发展史上具有不可替代的重要地位。

二、何谓"中华感兴美学传统"？

我国当代美学界已有学者涉及"中华感兴美学传统"这一理论问题的研究。例如，朱光潜在论述中国传统美学时精辟指出："中国后来的诗论、文论乃至画论都是按毛苌所标的比、兴、赋加以引申和发展的。"[1] 此后，王一川、赵沛霖、袁济喜、胡晓明、陈丽虹、彭锋、李健、刘怀荣、王秀臣等都从不同角度论及中国古典感兴美学的源流和发展。王一川著有多篇专文论述"感

---

[1] 朱光潜：《中国古代美学简介》，载蒋孔阳主编《中国古代美学艺术论文集》，上海古籍出版社1981年版，第6页。

兴论"在中国现代文论中的若隐若现的文论传统(简称"若隐传统")。王一川在其文章中爬罗剔抉,深入精微地阐发了梁启超、王国维、蔡元培、鲁迅、郭沫若、沈从文等人的感兴论(感兴传统之显),即梁启超的"忽发异兴"、王国维的"无限之兴味"、蔡元培的"以美育代宗教"、鲁迅的创作发自"感兴"、宗白华的"诗兴勃勃"、郭沫若的"灵感"与"诗兴"、沈从文的"文学兴味"等绵延传承的现代诗学传统。同时他还梳理了中国现代民歌研究和古典诗研究中的感兴论诗学传统,例如顾颉刚、刘大白、钟敬文、朱自清以及李泽厚等人的相关研究,以及海外华人学者如陈世骧的"原兴"研究、叶嘉莹的"兴发感动"研究、高辛勇的"兴"论修辞研究等等。王一川还探讨了感兴传统在中国现代诗学中淡隐的原因:就客观因素来看,新的现代文学革命语境的压力与世界学术模式的幻觉,为接纳和创造现代文论提供了合适的土壤;就主观因素来看,现代文论家们往往有意或无意把自己原本喜爱或认同的感兴淡隐起来。王一川还以鲁迅为例,阐述了感兴传统在现代既有显的一方面,又有隐的一方面。鲁迅先生自称他的作品有些是"涌"出来的,有些是"挤"出来的。王一川认为,"涌"即是感兴,"挤"即是理性控制。感兴传统在鲁迅那里淡隐,是由于鲁迅的"革命人"和"革命文学"的社会使命担当所致。与此不同,感兴传统在沈从文那里有最为生动的延续,原因在于沈从文对美的人生理想的赞美,来自其本人的感兴抒情。总之,王一川认为,感兴不仅在古代成为一种传统,而且在现代已经成为一种若隐传统。在当前条件下,感兴从曾经的若隐传统上升成为一种显传统的条件已经成熟。[1]本书在上述学者研究的基础上，借鉴海外华人学者陈世骧、高友工等人提出的"中国抒情传统"[2]的学术研究方法，更为明确和自觉地将这一学术问题理论化，更为明确和自觉地提出"中国感兴美学传统"这一新的理论概念。

何谓"传统"？美国当代社会学家爱德华·希尔斯在《论传统》一书中认为，传统是围绕人类的不同活动领域而形成的代代相传的行事方式，是一种对社会行为具有规范作用和道德感召力的文化力量，同时也是人类在历史长河中的创造性想象的沉淀。"传统"一词的拉丁文为traditum，意即从过去延传到现在的事物，这也是英语中tradition一词最基本的涵义。传统包括一个社会、一个民族所继承下来的建筑、纪念碑、景观、雕塑、绘画、书籍、工具以及保存在人们记忆和语言中的所有象征建构（the symbolic constructions）。希尔斯的"传统"概念犹如文化人类学家所使用的"大文化"概念，即人类创造的、赋予象征意义的所有产品的复合整体。不过，希尔斯还赋予"传统"一词更为特殊的内涵，即一条世代相传的事物的延传变体链，也就是围绕一个或几个被接受和延传的主题而形成的不同变体的时间链。一种宗教信仰、一种哲学思想、一种艺术风格、一种社会制度，在其代

---

[1] 参见王一川《中国现代文论中的若隐传统——以"感兴"论为个案》，《文艺争鸣》2010年第5期；王一川《"感兴"传统在现代》，《文化与诗学》2011年第1期。

[2] 20世纪70年代以来，美籍华人学者陈世骧、高友工等人相继提出并开展了"中国抒情传统"研究，阐扬中国古典文学的抒情传统。参见陈世骧《陈世骧文存》、高友工《美典：中国文学研究论集》等论著。

代相传的过程中既发生了种种变异,又保持了某些共同的主题、共同的渊源、相近的表现方式和出发点,从而它们的各种变体之间仍有一条共同的链锁联结其间,如"柏拉图主义传统""康德传统""儒家思想传统""文人画的传统"等等。传统是一个社会的文化遗产,是人类过去所创造的种种制度、信仰、价值观念和行为方式等构成的表意象征;它使代与代之间、一个历史阶段与另一个历史阶段之间保持了某种连续性和同一性,构成了一个社会创造与再创造自己的文化密码,并且给人类生存带来了秩序和意义。[1] 希尔斯认为,传统(traditum)即世代相传的事物包括物质实体,包括人们对各种事物的信仰、关于人和事件的形象,也包括惯例和制度。传统的象征符号和形象经历了一代又一代的接受者,也许已经在多方面的接受和阐释中被改变了最初面貌,产生了一系列变体。然而,这些变体间有着共同的主题和渊源,因而这些变体仍然被视为同一传统。传统的实质在于,"人类所成就的所有精神范型,所有的信仰或思维范型,所有已形成的社会关系范型,所有的技术惯例,以及所有的物质制品或自然物质,在延传过程中,都可以成为延传对象,成为传统"。因此,传统是世代相传的相似的信仰、惯例、制度和作品在统计学上的频繁重现。"重现是规范性效果——有时则是规范性意图——的后果,是人们表现和接受规范性传统的后果。正是这种规范性的

---

[1] 参见 E. 希尔斯《论传统》,傅铿、吕乐译,上海人民出版社 1991 年版,"译序"第 2—3 页。

延传,将逝去的一代与活着的一代联结在社会的根本结构之中"[1]。希尔斯在此论述的"传统的传承性、统一性和范型性"等重要观点,对我们研究中华感兴美学传统具有借鉴意义。

  黑格尔早就对"传统"(尤其是哲学传统)有精深的阐述。在黑格尔看来,我们现在所具有的自觉理性,都是过去各个时代的传统文明的成果。"我们必须感谢过去的传统,这传统有如赫尔德所说,通过一切变化的因而过去了的东西,结成一条神圣的链子,把前代的创获给我们保存下来,并传给我们。但这种传统并不仅仅是一个管家婆,只是把她所接受过来的忠实地保存着,然后毫不改变地保持着并传给后代。它也不像自然的过程那样,在它的形态和形式的无限变化与活动里,仍然永远保持其原始的规律,没有进步。这种传统并不是一尊不动的石像,而是生命洋溢的,有如一道洪流,离开它的源头愈远,它就膨胀得愈大。"[2] 黑格尔认为,哲学传统的内容就是一种生命活跃的精神活动。他指出:

> 所以每一世代对科学和对精神方面的创造所产生的成绩,都是全部过去的世代所积累起来的遗产——一个神圣的庙宇,在这里面,人类的各民族带着感谢的心情,很乐意地把曾经增进他们生活的东西,和他们在自然和心灵的深处所

---

[1] E. 希尔斯:《论传统》,傅铿、吕乐译,上海人民出版社1991年版,第16、21、32页。
[2] 黑格尔:《哲学史讲演录》,第1卷,贺麟、王太庆译,商务印书馆1959年版,第8页。

赢得的东西保存起来。接受这份遗产，同时就是掌握这份遗产。它就构成了每个下一代的灵魂，亦即构成下一代习以为常的实质、原则、成见和财产。同时这样接受来的传统，复被降为一种现成的材料，由精神加以转化。那接受过来的遗产就这样地改变了，而且那经过加工的材料因而就更为丰富。[1]

德国现代阐释学家伽达默尔对"传统"的特点、价值和意义有精辟论述，对"传统""时间""历史""历史流传物""历史意识""传统主义""历史主义""精神科学""诠释学"等问题也有详细阐发。他盛赞浪漫主义对启蒙运动思想遗产的继承和批判是秉持"致力于传统的真理并试图更新传统，也就是我们称之为传统主义（Traditionalismus）的态度"。[2]传统绝不是什么对象化的东西，而是我们的存在境域，实际上我们经常处于传统之中。传统不仅是今人理解和诠释的合法性前见，更是人类历史流传物文化价值的保存、传递、发展与创新的合一。"因为在研究中我们每次都听到某种过去在反响的新的声音。"[3]传统是过去与现在的交织。"我们的历史意识所指向的我们自己的和异己的过去一起构成了这个运动着的视域，人类生命总是得自这个运动着的视

---

[1] 黑格尔：《哲学史讲演录》，第1卷，贺麟、王太庆译，商务印书馆1959年版，第9页。

[2] 伽达默尔：《真理与方法——哲学诠释学的基本特征》，上卷，洪汉鼎译，上海译文出版社1999年版，第360—361页。

[3] 伽达默尔：《真理与方法——哲学诠释学的基本特征》，上卷，洪汉鼎译，上海译文出版社1999年版，第364—365页。

域，并且这个运动着的视域把人类生命规定为渊源（Herkunft）和传统（Überlieferung）。"[1] 传统既是内在的，又是客观的；既是境域的，又是可以扩大和创新、向未来开放的。伽达默尔主张，精神科学、历史科学和诠释学研究应当弥合历史流传物与当代研究者的历史距离，应当追求和实现研究者与历史流传物的视域融合，向着更高更大的普遍性提升。

据徐复观《论传统》（1962年）一文的考证，中国古代"传统"一词最早见于《后汉书·东夷传》中的"世代传统"之语，指统治者的权位继承，与今天所讲的"传统"内容不同。中国古代又有"道统"一词，但道统也不等于传统，虽然它可以构成传统的一部分。今天的"传统"一词是从英文"tradition"翻译过来的。徐复观认为，我们所说的传统，是某一集团或某一民族代代相传的生活方式和观念。因为是代代相传，所以从时间上看，有其统绪性；因为是某集团或某民族的，所以从空间上看，有其统一性。传统有五种基本的性格，即民族性、社会性、历史性、实践性、秩序性。徐复观强调，所谓传统，是在不断形成中进行的。新事物因加入传统中而发挥其功效，传统因吸收新事物而维持其生存。[2] 庞朴亦在《论传统》一文中指出：

  传统就是各种文化类型里面的基本核心，或核心精神。

---

[1] 伽达默尔：《真理与方法——哲学诠释学的基本特征》，上卷，洪汉鼎译，上海译文出版社1999年版，第391页。

[2] 徐复观著，胡晓明、王守雪编：《中国人的生命精神：徐复观自述》，华东师范大学出版社2004年版，第191—195页。

打个比方，语言里面的那个语法部分，大概相当于"传统"；那个语汇部分，我们不叫它传统，它是一些素材、一些材料。简单地说，任何一个民族的所谓民族精神，可以理解为是这个民族文化的传统。它比较抽象，不是具体的一种制度、一件文物、一种学说。它包含什么呢？行为模式、思维方式、生活情趣、价值观念等等，这些抽象的、精神性的东西，人们在做的时候，往往不假思索，就那样说、那样想，就那样去判断了，那些东西是一个传统。[1]

张立文对"传统"与"传统学"有专门研究，对"传""统"二字的古文字字义及其在古代文献中的意涵演变做了详细考证，他指出："传统"由单一概念转变为联结的概念，是取"传"的相传继续和"统"的世代相承某种根本性的东西之意。他接着考证出"传统"两字结合成一个词，大体见于《后汉书》。张立文还比较和辨析了海德格尔和伽达默尔等人的西方现代解释学的传统观，进而转引了海外新儒家杜维明对希尔斯《论传统》一书的解说，即"凡是代代相传的事物、信念、形象、行为和制度都是传统"[2]。

在此基础上，张立文提出了对"传统"的界定，指出："传统的现代涵义，可以规定为：人类创造的不同形态的特质经由历

---

[1] 庞朴：《师道师说·庞朴卷》，东方出版社2018年版，第120—121页。
[2] 张立文：《传统学引论——中国传统文化的多维反思》，中国人民大学出版社1989年版，第3页。

史凝聚而沿传着、流变着的诸文化因素构成的有机系统。"[1]进而他从五个方面进一步解释了传统的特点：第一，传统是人类在改造自然的同时改造社会（包括改造自身）的实践活动进程中的产品。准此，单纯的自然物不是传统，经过人类改造的自然如风景区，才属于传统的范畴。第二，传统具有不同形态的特质，换言之，传统是人类文化内化与外化的结合。第三，传统是经由历史凝聚而沿传着、流变着的。第四，传统是诸文化要素构成的有机系统与复合整体。第五，传统是一个无限发展的进程。上述五方面是对传统内涵的规定，尽管对传统的定义存在着不同的看法，但关于传统的一些基本内涵，并无分歧：其一，是指贯通古今以至未来的某种流变着的、根本性的东西；其二，是经由历史沿传而来的具有一定特色的文化、思想、心态、道德、风俗、宗教、艺术、制度等"遗传因子"；其三，各地区、各民族所创造的传统，具有各不相同的形式和状态。[2]张立文提出的传统具有系统性、价值性、意义性、层次性等理论观点对于我们研究中华感兴美学传统尤其具有阐释价值。

张世英和陈来也都对历史传统和文化传统问题提出过重要观点。张世英认为，一切传统都是社会性的言行，都是一种对言者、行者个人有意义，又指向他人的言行。但是，单纯的社会性言行并不都是传统。"传统是具有对社会整合性质的言行，具有

---

[1] 张立文：《传统学引论——中国传统文化的多维反思》，中国人民大学出版社1989年版，第5页。

[2] 参见张立文《传统学引论——中国传统文化的多维反思》，中国人民大学出版社1989年版，第5—9页。

使同一传统的群体凝聚在一起的稳定作用。"任何传统都有其原本，原本即是传统的初发言行。例如，如果把孟子看成天人合一哲学的奠基人，那么，中国的这种思想传统的原本就可以相对地说是孟子的"天人合一"的思想。张世英对传统的原本与传统的发展有辩证的阐发，他认为，传统作为一个特定的历史传承，一方面是一种由原本不断向经典、权威和天经地义转变的过程。另一方面，传统形成的过程又是一个不断远离原本的过程，是一个不断扩大和更新原本内涵的过程，是一个不断给予原本以新的阐释的过程。[1] 张世英关于传统是具有社会整合意义的价值系统和关于传统的传承与创新之间辩证关系的观点是相当精辟的。中华感兴美学传统正是这样一种具有社会整合意义和辩证发展的美学传统。

陈来则挪用西方人类学和文化学家使用的"ethos"这一范畴，来研究我国先秦儒家的传统思想特质和精神气质。西语"ethos"音译为"意索"，常常译为"精神""民族精神""文化精神""精神气质"等。西方文化人类学家常常用"ethos"表述一个民族区别于其他民族的精神文化特质，或视其为某一民族的文化价值体系和价值系统整合模式，将其作为阐释某一民族的文化模式、人格范型、价值态度、道德和审美的评价原理。陈来认为，先秦儒家传承和发展了西周礼乐文化，而西周礼乐文化则是夏代巫觋文化和殷商祭祀文化嬗变的产物。先秦儒家思想最为根本和鲜明的思想特质或精神气质即人文性、人间性，人文的和实

---

[1] 参见张世英《哲学导论》，北京大学出版社2002年版，第321—331页。

践的理性。这种人文实践的理性化，并不企图消解一切神圣性和神圣感，而是在理性脱巫的同时，珍视地保留着神圣性和神圣感。[1]本书认为精神气质（ethos）不仅属于西方文化人类学术语，也是希腊人喜爱使用的一个词语，用以标识"精神""气质""品质""思想"。本书借鉴陈来的研究方法，认为中国古典感兴美学传统也有自身的精神气质，这种精神气质亦即中华民族生生不息的生命意识、生命精神、奋发精神和超越精神。

美学传统属于整个文化传统的一部分，中国美学传统属于中国文化传统的一部分。中华感兴美学传统源远流长，汇成一条流淌了数千年的理论长河。兴起源于华夏上古祭祀文化和以农耕文明为主的民族文化，华夏民族的先民们持有"万物有灵观"的原始思维，对天地万物有一种天然的亲和感，从而形成了人与自然物之间可相互感兴的宇宙大生命的朴素观念；兴是华夏原始初民生存发展的族类生命意识及其古老文化活动的历史遗存。兴作为华夏初民以原始歌舞形式进行的巫术祭祀活动，旨在通过兴祭达到神人合一、族类合一的生命超越与精神提振，在周代以后进一步演进为天人合一、群己合一的理性自觉和精神自由境界。兴是华夏祖先们旺盛生命力的激活，是精神生命力的兴发和兴腾，是古人的情感想象与生命实现的高峰状态，是中华民族生生不息的民族生命力的生动表征与最高凝聚。要之，感兴美学是中华民族所独有的、最具中华民族精神的美学，彰显了中华美学独特的精神气质。感兴美学传统是一种兼具人文性和神圣性的美学传统。

---

[1] 参见陈来《古代宗教与伦理：儒家思想的根源》，生活·读书·新知三联书店2009年版，第6—8、13—14页。

我们应当在新的时代条件下创新和发展中华感兴美学和艺术精神，使之成为当代中国艺术文化和审美精神建构的智慧源泉。在这方面，20世纪"中国抒情传统""中国艺术精神传统"等理论范式的研究提供了有益的学术经验和学术借鉴。总之，中国感兴美学是一种源远流长、生生不息的美学传统和生命关联体。历代先哲和艺术家的感兴经验及其理论阐释汇成了源远流长的感兴美学传统，每一位后来者都被前代先贤所限定、所构型；同时，每一位后来者又充实、新构了感兴美学传统，从而使感兴美学传统的历史河流不断拓展、滚滚向前。感兴美学贯穿中华美学几千年历史而绵延不绝，成为中国古典美学生生不息的优秀美学传统。

　　从文化史和学术史角度看，感兴美学传统是一个源远流长的文化传统。兴作为中华古代民族文化、艺术和美学的源头，经历了一个漫长的美学理论的前史时期。自孔子提出"兴于诗"和"诗可以兴"之后，兴由一种文化史的事实存在发展为一种美学史的理论存在，诗兴美学正式成为中国古典美学的重要理论形态。两汉经学的兴喻美学是孔子诗兴美学的发展和系统化，魏晋南北朝的感物兴情美学使感兴美学进入了理论自觉时代。由于后世诗歌比兴艺术经验的日益丰富多彩，感兴美学在唐宋元明清时期继续得到全面拓展和精细发展，并由王夫之、叶燮臻于大成，经过现代转化而走进20世纪中国美学。兴的历史是一部中华民族生命意识不断觉醒、不断成长、不断超越的生生不息的历史，是一部中华艺术和美学的生成与发展史，亦是一部中华美学精神的诞生与成长史。感兴美学的历史随着中华民族的历史发展、社会生活的丰富与诗歌创作实践的发展不断被开掘、被充实、被丰富。感兴美学最为生动地彰显了中华美学独特的生命意识与生命精神。

总之,兴的世界即是中华古典艺术和美学精神感性呈现或表征的世界,兴的活动流程即是中华传统艺术审美的活动流程。兴蕴含了华夏艺术最深厚的审美奥妙、审美意蕴和美学精神,成为中华美学最古老、最本原、最重要的美学范畴。兴贯通和表征于中国古代艺术审美活动的各种形态、领域、流程和环节,感兴美学包含了中国古代美学家对艺术审美各个方面问题的诠释。兴以其内蕴的枢纽性和丰富的多义性生成了感兴美学传统极为丰富的理论内涵,形成了一个丰富而完整的感兴美学理论体系及理论传统,因而历来被视为"诗学之正源,法度之准则"[1],成为中国古典诗学最高、最普遍的美学原则;感兴美学因而在中华美学理论发展史上具有无可替代的重要地位,成为中国古典艺术和美学的文化原型和审美原型。今人可以通过探赜索隐、钩深致远,通过感兴美学的研究来探索中华美学和艺术精神的发生发展史,探究中华艺术的审美奥妙和中华美学的理论意蕴。

三、中外学界关于中华感兴美学研究的艺术史综述

中国古代感兴美学的研究是伴随着对《诗经》的诠释而产生、丰富和发展的。古人早就在三代礼乐文化的语境中记载和论述了《诗》。《左传》《国语》和先秦诸子等文献中记载了先秦时代卿大夫和士人在赋《诗》、用《诗》、教《诗》、引《诗》过程

---

[1] 杨载:《诗法家数·诗学正源》,载何文焕辑《历代诗话》,中华书局1981年版,第727页。

中对《诗》的讽喻诠释。中国古典感兴诗学研究的理论化始于孔子诗教诗学,中国古典感兴诗学研究的系统化始于汉代《毛诗序》《郑笺》等及汉代诗经学。受玄学影响,魏晋南北朝诗人艺术家重视审美感兴的美学性阐释。唐代诗经学诠释复兴了汉代诗经学传统。宋人开始注重探究《诗》及《诗》之赋比兴的本义,这一诗兴研究新传统在元明时期日趋精细。清代诗学家则在朴学学术范式中,双向拓展了汉魏以来对《诗》及《诗》之赋比兴的文学诠释和经学诠释。总之,中华感兴美学的学术历程形成了《诗经》比兴阐释和诗歌审美感兴阐释内在贯通的、双向拓展的诗学美学阐释史。

中国近现代学者对中国古典感兴美学的研究发端于晚清民初。晚清民国学者关于兴的研究多与民族精神的振兴有关,例如,鲁迅阐扬"尊个性而张精神"的文化理想精神与"兴感怡悦"的诗学理想精神等。民国时期比较集中的诗兴诗学研究始于古史辨派对《诗经》比兴的研究。以顾颉刚为代表的古史辨派引入西方现代学术,以疑古的态度研究中国上古史。顾颉刚率先对朱熹的赋比兴阐释及其例句分析提出质疑,并运用现代民歌的起兴例句,将《诗经》中的"兴"解释为以谐韵的方式起头而已,并引郑樵对兴的解释作为佐证。钟敬文《谈谈兴诗》同样以现代民歌的表现方式为例来支持顾说,同时补充新见,即"兴"包含不取义而仅为谐韵起头的纯兴诗与"兴而带有比意"的兴诗两类。刘大白《六义》亦对顾说作了温和的修正与补充。何定生《关于诗的起兴》则直言"'兴'的定义就是'歌谣上与本意没有干系的趁声'"。总之,除了朱自清之外,余者基本上认同和发展了郑樵的"诗以声兴""兴不取义"的观点和顾颉刚的"兴"为"谐韵起头"的观点，认为兴是就近取物，提供韵脚，作为起头，引起正题。而且，多是在对中国现代民歌和古典诗歌批评的相互比较中来阐发《诗经》的比兴诗学。[1] 紧接着是朱自清、闻一多等继续立足古典学术与现代学术的双重视域，开拓了感兴诗学研究的新传统。朱自清开创性地从"诗言志"的角度对感兴美学进行研究，闻一多从西方神话－原型批评的角度对《诗经》进行研究。朱自清有深厚的传统训诂学素养，同时又吸纳西方语义批评的新理论新方法，发表了《诗言志辨》等一系列重要的经典性论著，奠定了中国现代学者研究比兴诗学的学术基础。朱自清在《诗言志辨》"比兴"一节提出："《毛传》'兴也'的'兴'有两个意义，一是发端，一是譬喻；这两个意义合在一块儿才是'兴'。"[2] 闻一多继承和创新了中国传统诗学的训诂学方法，使之成为新考据学方法；同时，率先引入西方神话批评、民俗学、隐喻修辞学和比较文学等多学科的研究方法，整理和研究了《周易》《诗经》《庄子》《楚辞》四大古籍，阐发了其中的诗兴诗学问题，尤以《说鱼》一文将《诗经》之兴与西方诗学的隐喻进行比较研究而著称。张启成在《诗经研究史论稿》一书中指出："闻一多先生通过对《诗经》一些习用套语、隐语特殊含义的探索，从而揭示了《诗经》中固有的性文化意识"，突出表现在对"山有×，隰有×"的起兴习语的分析，对"鱼""饥""食"等

---

[1] 参见顾颉刚编著《古史辨》，第3册，上海古籍出版社1982年版，第672—704页。

[2] 朱自清：《诗言志辨》，华东师范大学出版社1996年版，第53页。

隐语及其性意涵的分析，对"椒""苤苢"等隐语及其生殖意涵的分析，等等，都颇具启发性。[1] 此外，郭沫若、谢无量、蒋善国、朱东润等人的诗经研究著作也探讨了比兴诗学的问题。随后，周作人、林语堂、梁宗岱、朱光潜、宗白华等对感兴美学的兴范畴和兴理论也开展了各具特色的研究，他们尤其致力于将其上升到美学原理、中国美学史和中国艺术精神的高度来加以研究，对现代新儒家产生了直接影响。例如，林语堂的《吾土吾民》是作者向西方人介绍中国人的性格、心灵、理想、生活、政治、社会、艺术、文化的雅俗共赏的著作，其中就涉及诗歌比兴与中国人的精神生活问题。

中华人民共和国成立以来尤其是改革开放以来，中国古典感兴美学研究进入了一个新的学术高涨时期，学者们撰写和发表了很多重要论著，成果斐然。宗白华、朱光潜、徐复观、钱锺书、李泽厚、刘纲纪、敏泽、蔡钟翔、周来祥、叶朗、胡经之、萧华荣等都注意到了兴范畴在中国美学史上和文论史上的重要地位，并在各自著作中简要阐述了兴和感兴范畴的重要性。例如，宗白华不仅著有写于20世纪40年代的研究中国艺术审美特征、中国艺术意境、礼乐与中国社会等问题的系列论文，而且还有写于60、70年代的研究中国美学史的系列论文，都在不同程度上探讨了感兴美学的有关问题，也奠定了中国当代学者从美学角度研究感兴美学的学术基础。尤其值得注意的是，1965年7月21日，毛泽东在给陈毅的一封信中也谈道："诗要用形象思维，不能如

---

[1] 张启成：《诗经研究史论稿》，贵州人民出版社2003年版，第242—255页。

散文那样直说，所以比、兴两法是不能不用的。"这对新时期诗歌创作和诗学研究产生了很大影响。钱穆、马一浮、徐复观、唐君毅等也在各自的论著中对比兴诗学问题进行了研究。他们对诗之兴的研究，尤其注重彰显兴与现代新儒学精神价值建构的内在关联。

海外华人学者陈世骧、刘若愚、周策纵、叶维廉、叶嘉莹、高辛勇及中国台湾学者周英雄等对兴范畴给予了特别的关注，纷纷从文化人类学、仪式理论、比较诗学、文艺心理学、语言学、修辞学、符号学等角度对兴做了很多创新性探讨。尤其是陈世骧的《原兴：兼论中国文学特质》[1]一文，这是一篇研究兴与中国文学和诗学抒情传统关系的极具原创性、开拓性的重要文献。

陈世骧解"兴"为原始会意字，为原始初民在原始节庆、农业劳作和子孙繁衍时的上举欢舞的仪式活动，并据此对《诗经》的艺术起源和艺术审美特征做了深刻的研究。在《原兴》中，陈世骧利用罗振玉、商承祚、郭沫若等人关于兴的古文字（甲骨文）研究成果及史传文献，将"兴"诠释为举物旋舞、槃舞、踊舞、盘游等等。他指出："'兴'乃是初民合群举物旋游时所发出的声音，带着神采飞逸的气氛，共同举起一件物体而旋转；此一'兴'字后来演绎出隐约多面的含意，而对我们理解传统诗艺和研究《诗经》技巧都有极不可忽视的关系。这是古代歌舞乐即'诗'的原始。"陈世骧还从诗歌艺术创作角度将兴译释为"motif"（主题、动机）；同时认为，在《诗经》里兴已具有"复沓"（burden）

---

[1] 1969年英文版题为《诗经在中国文学史上和中国诗学里的文类意义》，1970年译为中文时改用此题目。

和"叠覆"(refrain),乃至于反覆回增(incremental repetitions)的本质,如《月出》一诗三章连用"月出皎兮"起兴,即是典型的反覆回增调式。《小雅·出车》《周南·芣苢》亦然。可见,兴通过反复咏叹的方式来唤起情感、抒发情感。正如陈世骧所言,该项研究是一种有意义的探索,既是发展式的研究,也是还原式的研究。[1] 该文揭示了兴为中国上古抒情诗的诗体特质,对海内外现代《诗经》阐释和感兴诗学研究产生了深远影响。

陈世骧的学生王靖献也致力于对《诗经》的根源和原意进行探源性研究。他指出:"在中国文学的研究中,传统的批评家与文学史家历来更倾向于对作品主题意义的探测,而不大注重作品形式的分析。在《诗经》研究中,也存在着这种倾向。而一些批评家的所谓主题探测,只是热衷于使作品'寓意化'。"[2] 王靖献认为,传统批评家对《诗经》的这种寓意阐释,既歪曲了《诗经》的渊源特点,也从总体上曲解了"诗的原始定义"。因此,王靖献采用一种修正的方法,将美国学者帕里和洛德师徒的套语理论运用于《诗经》研究。套语理论是帕里与洛德师徒用以解释西方史诗创作方式和创作主题的批评话语。套语理论有两个中心范畴:套语与主题。所谓"套语",根据帕里的定义,即是"在相同的韵律条件下被经常用来表达某一给定的基本意念的一组文

---

[1] 陈世骧著,张晖编:《中国文学的抒情传统:陈世骧古典文学论集》,生活·读书·新知三联书店2015年版,第109—137页。
[2] 王靖献:《钟与鼓:〈诗经〉的套语及其创作方式》,谢谦译,四川人民出版社1990年版,第1页。

字"[1]。所谓"主题",根据洛德的定义,即是"传统的口述诗歌中反复出现的叙述与描写成分……但它们并不像套语那样必须受到严格的韵律条件的限制",它是"一个话题单元,一组意念",或者说是一种套语式的表现结构。王靖献将其挪用和改造,用以分析中国古代抒情文学(主要是《诗经》)的创作方式及其美学意蕴,创获很多,其中便有对兴的诠释。王靖献指出,兴是一种套语式的表现结构,以某种物象象征某种主题,引起听众的联想和共鸣。"诗歌这种传统创作方式中的所谓'主题',或'典型场景',或'旨式'与中国抒情艺术中的所谓'兴'几乎完全是同一回事。"[2] 王靖献认为,兴即是套语理论中的"主题",是一种套语式的表现结构。"兴"句所咏景物并不一定是诗人眼前的实景实事,而是平时贮存于诗人记忆之中的现成套语结构,它们与诗歌所咏的内容之间有着内在的联系,如"仓庚于飞""交交黄鸟""泛舟""柏舟""扬舟"等即是《诗经》中常用的套语。依据王靖献的研究,诗歌的口头创作爱用套语。套语比例越高,说明诗歌原始色彩越浓,其产生的时间也就越古老。《国风》中使用套语的比例最高,其次是《小雅》,再次是"三颂"和《大雅》,因而《国风》的创作时间最早。王靖献在该书结论中还进一步总结说:"'兴'的主题的运用,岂止是与主题创作密切相关,它本身即是一种主题创作的技艺。……评价一首诗的标准并不

---

[1] 王靖献:《钟与鼓:〈诗经〉的套语及其创作方式》,谢谦译,四川人民出版社1990年版,第18页。

[2] 王靖献:《钟与鼓:〈诗经〉的套语及其创作方式》,谢谦译,四川人民出版社1990年版,第125页。

是'独创性'而是'联想的全体性'（totality of associations）。"[1]王靖献以"套语—主题"理论释兴，符合《诗经》中很多作品的文学事实，如《诗经》风诗中有三首《扬之水》，显然"扬之水"是当时普遍使用的诗歌套语。王靖献通过"套语—主题"表达式来阐发诗歌起兴艺术的"联想的全体性"，以期揭示《诗经》创作中兴的艺术奥妙。王靖献对兴的研究令人耳目一新，但也有局限性，因为《诗经》中的兴句，除了套语之外，更多的可能还是诗人触景生情、触物起兴，实写眼前的景物景象，换言之，《诗经》中的直观感兴意象占多数。

周策纵也对《周礼》"六诗"的起源作了扎实的考证，对兴的源起与古义有精辟论述。周策纵结合古文字研究和其他史传文献研究，认为兴是初民的一种祈求丰产的原始祭祀活动。"兴"字取义，可能与"般""桓"相类或相关，即敲着或围着承盘或其他方圆形物而歌舞。也许由于兴是一种歌舞，所以在古代也就被当作"六诗"的种类之一。早期的兴且伴有颂赞祝贺或诔祭之辞，古人当然多会从这些实物说起，来发挥其赞诔之意。这种习惯自易演变成"即物起兴"的作诗之法。[2]刘若愚对孔子"兴于诗"和"诗可以兴"的诗教之兴做了精辟的译介和诠释，将"兴于诗，立于礼，成于乐"译为"Be inspired by poetry, confirmed by ritual, and perfected by music"，将"诗，可以兴，可以观，可以

---

[1] 王靖献：《钟与鼓：〈诗经〉的套语及其创作方式》，谢谦译，四川人民出版社1990年版，第154—155页。

[2] 参见周策纵《古巫医与"六诗"考：中国浪漫文学探源》，上海古籍出版社2009年版，第134、141页。

群，可以怨"译为"Poetry can be used to inspire, to observe, to make you fit company, to express grievances"。刘若愚认为，兴不仅可译为"inspire"（激发），还可译为"begin"（开始）或"exalt"（高扬）。[1] 刘若愚对兴的译介和诠释在海内外学界产生了深远的影响。叶维廉从道家哲学、中西比较诗学等视域探索中国古典诗歌山水审美的"秘响旁通"与"无碍的和谐"等诗歌美感意识与审美特质，开辟了感兴美学研究的一个新路径。[2] 叶嘉莹从心物关系和中国古典诗歌艺术"兴发感动"的艺术特征等角度阐发了赋比兴的诗学内涵。例如，叶嘉莹在《中国古典诗歌中形象与情意之关系例说》一文中指出，赋比兴是中国诗歌意象创造和意义表达的三种方式，都涉及诗歌中情意与形象之间互相生发、互相结合的三种基本方式。[3] 西方诗歌中缺少"赋"与"兴"的表达方式，"至于'兴'之一词，则在英文的批评术语中，根本就找不到一个相当的字可以翻译"[4]。周英雄在《作为组合模式的"兴"的语言和修辞结构》一文中借鉴西方结构主义语言学和哲学的理论和方法对《诗经》的赋比兴艺术做了中西比较研究，提出《诗经》之兴具有双层语义结构，兴的表层有如语言学意义上的横组合分；兴的深层则有如雅各布森所说的依据对等原则（相似性或相异性原则）将选择轴投入到基于邻近性原则的组

---

[1] 参见刘若愚《中国文学理论》，杜国清译，江苏教育出版社2006年版，第104—105页。

[2] 参见叶维廉《中国诗学》，生活·读书·新知三联书店1992年版，第70、100页。

[3] 参见叶嘉莹《迦陵论诗丛稿》，河北教育出版社1997年版，第10、20、25页。

[4] 叶嘉莹：《迦陵论诗丛稿》，河北教育出版社1997年版，第33页。

合轴。[1]高辛勇对中国诗学之兴与西方诗学之隐喻做了富有新意的比较研究,强调中国诗所重的是兴而不是比,把兴视为中国文学审美价值系统的源头活水。

海外汉学家对中国感兴诗学的研究提供了本研究领域的"他山之石"。国外汉学家对中国古典感兴诗学的研究始于对中国古典诗歌尤其是对《诗经》的研究。例如,法国汉学家葛兰言(Marcel Granet,1884—1940,又译作"格拉耐")的《中国古代的祭礼与歌谣》、瑞典汉学家高本汉的《诗经》译注系列著作都是本领域的开创性研究。其中,葛兰言的《中国古代的祭礼与歌谣》是西方学者以结构主义社会学、历史学、文化人类学和民歌理论对中国的《诗经》及其比兴艺术进行还原性研究的开创性奠基之作。该书主要研究了《国风》中的 68 首爱情诗,试图从中追溯古代中国社会的形态。全书除绪论与结语之外,正文分为第一编"诗经的情歌"与第二编"古代的祭礼"两大部分。葛兰言在绪论中把中国古代传统的《诗经》注释家的解经方式称为"象征主义的偏见",认为造成这种解经方式的根本原因在于,传统注释家们不仅仅是学者。与其说他们是艺术的爱好者,还不如说是政府官吏。他们将《诗经》服务于政治伦理,用于道德教化。"对于这点学者们感到像是被一种规范化的伦理的羁绊束缚了起来——将把他们引入他们自己有时也承认的荒唐之中。"[2]

---

[1] 参见周英雄《作为组合模式的"兴"的语言和修辞结构》,古代理论研究编委会编《古代文学理论研究》,第 17 辑,上海古籍出版社 1995 年版。

[2] 格拉耐:《中国古代的祭礼与歌谣》,张铭远译,上海文艺出版社 1989 年版,第 5 页。

葛兰言说:"这是一种象征的原理,是基于共同的公式理论之上的。它在政治活动和自然运动之间虚构了一条相交线。""但我们也会看到,这种对于诗歌的比喻式的注释揭示了作文的一条本质规律,一条形式上的法则:就是对称的法则,是对偶的用法。懂得了这一法则的人便可以读懂并翻译《诗经》了。"葛兰言认为,倘若抛开传统的注释式阅读,《诗经》中的诗歌确乎原本是民谣。《诗经》的道德意义其实是来源于古老歌谣中的季节仪礼智慧。人必须在适当的时机做事,与自然界的季节交替合拍。葛兰言指出:这些歌谣是"一种传统的和协同创造力的产物;它们在仪式舞蹈的过程中,针对某种特定的主题即兴而作。古代的农事祭主要是口头仪式,因而产生了即兴吟唱的歌谣"。它们在集会中演唱,经历了由庶民仪式向官方仪礼的转化。[1]葛兰言的研究对日本汉学家松本雅明与白川静的《诗经》研究乃至我国顾颉刚、闻一多的诗经研究都产生了深远影响。例如,闻一多借鉴西方文化人类学与精神分析心理学等研究《诗经》中的原始兴象,著有《神话与诗》《说鱼》《诗经新义》《诗经通义》《风诗类钞》等。其中《说鱼》一文将《诗经》中的有关"打鱼""钓鱼"等"鱼"类兴象释为"求偶"的隐语和象征,指出:"在原始人类的观念里,婚姻是人生第一大事,而传种是婚姻的唯一目的,这在我国古代的礼俗中,表现得非常清楚,不必赘述。"[2]闻一多的《诗经》原始兴象研究对后来的国内外《诗经》比兴研究产生了很大

---

[1] 格拉耐:《中国古代的祭礼与歌谣》,张铭远译,上海文艺出版社1989年版,第5—9页。

[2] 《闻一多全集》,第3册,湖北人民出版社1993年版,第248页。

影响。

受葛兰言的影响,日本汉学家松本雅明(1912—1993)著有《关于〈诗经〉诸篇形成的研究》一书,该书可谓日本诗经学界接续葛兰言文化人类学路径的一部重要著作。松本雅明从兴的思维特质、修辞方式及其影响等诸多方面对《诗经》之兴作了翔实研究。松本雅明认为,兴本是《诗经》中最早的诗歌(即风诗)的发想方式,亦是启发或引发诗人和读者想象的方法。松本雅明以兴的发想法作为判明诗的类型和诗的完成时期的标尺。松本雅明首先给兴下了定义:"兴"本来是主文前的气氛象征,具有通过即兴、节律、联想预先导出主文的作用,因而它便是直观的、即兴的,对自然的把握是朴素的。依据它发想的样式和修辞,诗篇可以分为新和古两个层面。原始的古形式见于引诱、恋爱之诗,在祝颂、餐宴、政治诗中则可以看到它发展后的新形态。其次,他将兴的发想方式分为三种:朴素的、印象式的、行为式的兴为古,象征式的、譬喻式的兴为新,存在的兴、必然的兴为最新。再次,他以兴的发想方式推断《诗经》各篇的完成年代并对其进行类型划分,以国风为最古朴的部分,小雅、大雅、颂诗晚于国风。国风中的恋爱诗里有最古老的层面,方向是从国风到小雅、大雅。最后,他以此进一步区分诗的作者类型,认为国风中的古朴歌谣为氏族村落阶层的歌谣,后期风诗和雅颂多为知识阶级和贵族的歌谣[1]。可见,松本雅明从思维方式和修辞

---

[1] 王晓平:《日本诗经学史》,学苑出版社2009年版,第352—353页;另参见王晓平《〈诗经〉文化人类学阐释的得与失》,《天津师范大学学报》(社会科学版)1994年第6期。

方式两个层面、历时和共时两个维度研究《诗经》之兴，写成一部有重要价值的著作，产生了很大的学术反响。此外，受葛兰言影响，日本汉学家赤冢忠也于20世纪40、50年代对中国古代宗教和《诗经》做过研究，著有《古代歌舞诗的谱系》《诗经研究》等论著，提出了"兴的发生与展开""诗的发生与展开"等重要问题。赤冢忠认为，《诗三百》的大部分，本为歌舞诗，兴则是由咒术产生的，这是有关《诗经》解释的根本性问题。例如，《振鹭》一诗即是以振鹭之形表现神出现的舞歌，该诗的中心正是主要表现振鹭飞来的嘏辞，这与周代钟鼎鹭纹寓托的鹭灵观念相一致。赤冢忠还指出："《诗经》中的兴物——草，本来是咒物，而兴词则源于咒语。兴词最初是以宗教观念为前提，直接并强烈地表达祈祷之意的词语，随着咒物观念的逐渐淡化，兴词最终实现了向诗型的转变。"[1]

日本汉学家白川静在20世纪60年代初撰有《兴的研究》，对《诗经》之兴也做了专题研究，该书尚未有中译本。[2] 白川静的另一部著作《中国古代民俗》（1980年）从民俗学角度进一步发展了松本雅明等人的观点，对兴做了更为深入的阐释。白川静认为，兴是植根于中国古人自然观和原始宗教基础上的发想法，源于中国古代的巫术咒仪，反映了古人的一种预祝、预占和言灵思维，其作用是一种"发想"。白川静指出："我想对历来在《诗经》修辞学上称为'兴'的发想法加以民俗学式的解释。我认

---

[1] 家井真：《〈诗经〉原意研究》，陆越译，江苏人民出版社2012年版，第164页。引按：家井真为赤冢忠的学生。

[2] 参见王晓平《论白川诗经学》，《诗经研究丛刊》2002年第2期。

为，具有预祝、预占等意义的事实和行为，由于作为发想而加以表现，因而把被认为具有这种机能的修辞法称为兴是合适的。这不仅是修辞上的问题，而且更深地植根于古代人的自然观、原始宗教观之上；可以说一切民俗之源流均在这种发想形式之中。"[1]因此，白川静认为，兴可谓中国古代原始宗教仪式活动中基于"言灵观念"的发想法与修辞法，而"言灵观念"其实就是万物有灵观念和神灵崇拜观念。"言灵"又称"咒歌"或"咒语"，包括祝愿和诅咒两个方面。白川静进而依据兴的古体字形义和《礼记·乐记》中"降兴上下之神"的记载，认为礼乐是解释与神明交往之道，兴地灵灌地之礼，即在山川等圣所以礼灌酒。兴即是以酒灌注地灵和沟通地灵的灌注礼，并释兴为呼唤神灵（等待神意、接受神命）的咒语。[2]可见，白川静与松本雅明一样，也是从思维方式和修辞方式两个层面来探究《诗经》之兴，但他更注重揭示兴的原始宗教起源。白川静还认为，《诗经》中的鸟兽虫鱼，原本都是原始宗教中用于预占的神物，后来才演化为兴发人的情感的自然象喻。他既受到西方泛神论自然观和文化人类学理论与中国学者闻一多《诗经》比兴研究的启发，也受到《礼记·乐记》中"降兴上下之神"之说的影响。而且，其"兴为发想法"的观点更是脱胎于中国古代诗学中的"起兴""起发""感发""感兴""兴发""发兴""感动触发""触物起情"等

---

[1] 白川静：《中国古代民俗》，何乃英译，陕西人民美术出版社1988年版，第49页。

[2] 参见白川静《中国古代民俗》，王巍译，春风文艺出版社1991年版，第42—45页。

传统理论术语。此后，日本当代汉学家家井真所著《诗经原意研究》一书，接续赤冢忠、白川静的观点，也认为《诗经》中的兴词原本是原始宗教的咒词，从神圣咒谣演化而来。而且，家井真融会了中国现代学者闻一多的《诗经》研究成果，认为《诗经》中的鱼兴象是女性生殖力和谷物丰收的象征。[1]

再者，日本当代美学家今道友信从现象学和存在主义美学视域对中国古典诗兴美学做了精到阐释。今道友信著有《关于美》（1973年）、《东方的美学》（1980年）等研究东方美学和比较美学的著作，其中有论及中国古代艺术和诗兴美学问题，对孔子诗兴美学尤有独到见解。今道友信在《关于美》中指出，孔子说"兴于诗"，暗示出诗的语言不可定义的精神状态和超越性价值。今道友信还提出，中国古典艺术理论重写意，不同于西方古典艺术理论重摹仿再现。[2]在《东方的美学》中，今道友信进一步阐释了孔子的"诗可以兴"的观点，认为孔子认识到诗的形象和象征性语言的独特作用以及令人超越事象的精神升腾力量。[3]美国汉学家宇文所安则将"兴"译为"affective image"（情感意象）。美国汉学家卜弼德教授（Peter A. Boodberg）将"兴"译为"uplifting"（上举、令人振奋的，指身体与精神同时之"上举"），其观点与陈世骧的"原兴"说和王靖献以"套语"释兴的

---

[1] 参见家井真《〈诗经〉原意研究》，陆越译，江苏人民出版社2012年版，第135、147—154页。

[2] 参见今道友信《关于美》，鲍显阳、王永丽译，黑龙江人民出版社1983年版，第50、72—74页。

[3] 参见今道友信《东方的美学》，蒋寅等译，生活·读书·新知三联书店1991年版，第94页。

观点相互发明。[1] 美国汉学家夏含夷的论文集《兴与象：中国古代文化史论集》，注重研究"诗之兴"与"易之象"的关系，探讨了中国古代文化中"兴"与"象"的相关问题，其中探讨了《周易·渐卦》中"鸿雁"之爻象与《诗经·小雅·鸿雁》中"鸿雁"兴象之关联。[2] 英国东方艺术家劳伦斯·比尼恩（Laurence Binyon）则在《亚洲艺术中人的精神》（1936 年）一书中对中国古典艺术传统大加赞赏。劳伦斯·比尼恩指出，中国的艺术在整个亚洲享有最高声誉，就像希腊艺术在欧洲所享的声誉那样。与希腊艺术传统相比，中国艺术形成了更强有力、更有持续性的一套艺术传统。[3]

新时期以来，我国当代学者尤其是一批中青年学者对感兴美学和诗学研究更趋活跃，研究方法和所探索的问题都超越前代学者。首先要提到的是萧华荣、胡经之等人在感兴美学文献编辑整理方面的贡献。例如，萧华荣在中国古代感兴美学研究方面用力甚勤，他曾参与徐中玉主编的《中国古代文艺理论专题资料丛刊》的古文论范畴的文献编辑工作，具体负责其中《比兴编》（1994 年）的资料编辑，辑入古人关于比兴的论述文字近 200 页，而且是严格限定在古代文献中明确使用了"赋比兴""比兴""感

---

[1] 参见李珍《论美国汉学界对〈诗经〉"兴"的阐释》，《文学与艺术》2010 年第 5 期；陈世骧《原兴：兼论中国文学特质》，载《陈世骧文存》，辽宁教育出版社 1998 年版，第 158 页。

[2] 夏含夷：《兴与象：中国古代文化史论集》，上海古籍出版社 2012 年版，第 1—19 页。

[3] L. 比尼恩：《亚洲艺术中人的精神》，孙乃修译，辽宁人民出版社 1988 年版，第 8 页。

物兴情""比兴寄托""兴寄""兴象""兴趣"以及以"兴"为词根的"兴论"词语群的文献资料。萧华荣从诗学思想史角度提出兴为中国诗学思想的核心范畴，并在《中国诗学思想史》（1996年）一书中对比兴、兴寄、兴象等中国古典诗学思想的重要组成部分做了进一步阐发。胡经之在感兴美学的文献整理和现代转化方面成绩卓著，其主编的《中国古典文艺学丛编》（2001年）对中国古典文艺学重要范畴资料做了辑录整理，其中有关诗兴诗学的文献占了很大的分量。该丛书不仅辑入了包含有"感兴""比兴""兴会"等文字的文献资料，而且扩大辑入了一些虽未含有"兴"的字样，但涉及兴意识的文献资料。

尤其值得提出的是，当时还在北京师范大学攻读文艺学博士学位的王一川发表的《"兴"与"酒神"——中西诗原始模式比较》（《北京师范大学学报》1986年第4期）一文是当时学界以比较诗学角度研究诗歌之兴的开风气之先之论文。该文将中国美学之兴之精神与西方美学"酒神精神"这两个关键词相比较，可谓发前人之未发。近年来，王一川又进一步倡导兴辞论美学研究，连续发表了相关论著。赵沛霖《兴的源起——历史积淀与诗歌艺术》（1987年）一书不仅赓续了陈世骧的现代诗兴诗学学术传统，而且更为自觉地运用原型批评的方法，对华夏原始宗教巫祭之兴做了深刻的探究，尤其注重研究华夏原始兴象对《诗经》比兴艺术的原型性、积淀性的影响。该书作为新时期问世的一部诗兴诗学研究力作，产生了广泛的影响。赵沛霖还在其专著《诗经研究反思》（1989年）中对"六诗""六义""比兴"等问题做了详细研究。胡晓明的《中国诗学之精神》（1990年）开篇第一章"比兴"即是对比兴诗学的专门研究,分别论述了"生命共感""引譬连类""主文谲谏""中国诗学之基因"等四个重要问题。他认为,比兴奠定了中国古代诗学精神的生命范式和意义生成方式。该书体现了独到的学术眼光和学术智慧,是新时期感兴诗学研究的一部重要文献。叶舒宪在《诗经的文化阐释——中国诗歌的发生研究》(1994年)一书中,接续了中国现代诗学家以文化人类学的理论和方法来研究《诗经》的学术传统,专门论述了"诗可以兴"的诗学命题,认为这不仅是一个"引譬连类"的审美修辞学理论命题,更关系到中国传统诗学的神话传说、思维方式以及早期文化底蕴和渊源等问题。袁济喜的《兴:艺术生命的激活》(2001年)也是新时期感兴诗学研究的重要理论成果,分别探讨了兴的产生、发展、内涵、组合等重要的感兴美学问题。该书提出,中国古代诗歌之兴实为艺术生命的激活,显示出作者在研究诗学审美之兴对艺术生命力的激活方面的精辟创见。

陈丽虹的《赋比兴的现代阐释》(2002年)、彭锋的《诗可以兴:古代宗教、伦理、哲学与艺术的美学阐释》(2003年)、李健的《比兴思维研究——对中国古代一种艺术思维方式的美学考察》(2003年)、刘怀荣的《赋比兴与中国诗学研究》(2007年)等专著也各擅胜场,别开生面,精彩纷呈。

陈丽虹在《赋比兴的现代阐释》中提出,中国古代赋比兴的诗学概念史是历代论者基于自己所处时代的历史和创作不断反观的阐释史。因此,作者富有创意地将研究重心集中于20世纪中国现代诗人和诗学家对赋比兴的种种新释新解,尤其指出了赋比兴在白话诗创作和批评中发生的各种传承和变异。[1]

彭锋的《诗可以兴：古代宗教、伦理、哲学与艺术的美学阐释》重在从存在论角度对兴及其在中国古代艺术创作中的表现进行美学阐释，对兴的历史起源，兴的主要义项，兴对于中国古代宗教、伦理、哲学和艺术的深刻影响，兴在中国古典艺术中的表现以及由兴引发的现代美学基本问题等方面进行了开拓性研究。

李健在《比兴思维研究——对中国古代一种艺术思维方式的美学考察》中将比兴视为表征中国古典艺术思维的重要原创性范畴，着力从比兴思维的起源、发展、思维特征、诗性品格、比兴与艺术创作的关联性及其现代美学意义等多方面做了扎实考证和精彩诠释，成为比兴思维和比兴美学研究领域的一部代表性著作。

刘怀荣在《赋比兴与中国诗学研究》中重在从赋比兴的起源及其对中国古典诗学生成之影响的角度对兴做了追本溯源式的研究，提出兴起源于原始祭礼，表现为兴祭，奠定了后世中国艺术"与神同一""与物同一"的民族文化心理原型等重要观点。该著尤其在研究方法上有所创新，从横向和纵向两个方面贯通了赋比兴与中国诗学的发生，体现了研究方法上的高度自觉。

王秀臣的《三礼用诗考论》（2007年）、《礼仪与兴象——〈礼记〉元文学理论形态研究》（2014年）两书则是我国当代学者在西周礼乐仪式之兴研究方面具有开拓性和标志性的成果，对揭橥感兴美学的礼乐文化渊源和疏通中国感兴美学理论史都具有重要的学术价值。此外，黄霖、吴建民、吴兆路合著的《原人论》

---

[1] 参见陈丽虹《赋比兴的现代阐释》，中国美术学院出版社2002年版，第1—2页。

一书中发展了叶嘉莹的感兴美学研究观点,提出赋比兴乃是三种不同的心物交互作用的方式,亦即是心化的过程中三种不同的艺术思维,也就是"即物即心""心在物先""物在心先"三种不同的思维方式。[1]还有不少探讨兴论美学的重要论文,同样推进和丰富了该领域的研究,如涂元济的《"兴"与原始思维》、刘传新的《兴:中国诗歌之本——中国诗歌的原型研究之一》、冯国荣的《兴:表征中国诗学整体精神的系统命题》、笔者与研究生合作的《兴:审美体验的古称——"兴"的本义和引申义探微》等论文。

  回顾上述学术简史,我们要问:为何感兴美学如此重要?为何感兴美学问题引起这么多学者的关注?根本原因在于,兴乃中华艺术和美学的原型与枢纽,通过对兴的历史溯源和考察,可以从中揭橥中华艺术和美学的文化起源与发展的诸多奥秘。但是,尽管学界对感兴美学研究已取得很多重要的理论成果。但是,贯通性研究仍然缺乏,尤其未能揭示兴(感兴)与文艺美学、兴(或感兴)与中华美学精神的系统关联性。本书致力于这种贯通性研究,着力从历史发生学、艺术史学、艺术本体论、艺术修辞学、审美形而上学、哲学阐释学、精神史学和精神现象学等视域,从历史演进、史论结合、古今贯通、中西比较、理论和实践结合的综合视野,对感兴美学与中华美学精神、文艺美学学科三者进行贯通性研究,对中华感兴美学传统的内涵、起源、发展及现代转化、中西互释和当代创新等问题进行系统性、

---

[1] 参见黄霖、吴建民、吴兆路《原人论》,复旦大学出版社2000年版,第85—105页。

整全性研究。

陈寅恪曾经指出:"依照今日训诂学之标准,凡解释一字即是作一部文化史。"[1]借用这个文化史观点和诠释方法,本书对兴做全面系统的研究。但是,本书又不仅是文化史研究,而是史论结合的精神史学和阐释学研究。不同于一般的训诂学和关键词研究,本书聚焦于兴这个中华文化、艺术、诗学和美学的"精神胚芽"和"活化石",综合运用多学科理论和方法,以小见大,烛幽发微,史论结合,中西比较,理论与实践相互印证,对感兴美学进行发生学、本体论、修辞学、价值论的整全性阐释,贯通感兴美学、文艺美学和中华美学精神三者,彰显感兴美学之于中华美学独特的精神气质,揭示感兴美学传统对于文艺美学研究的独特价值,系统阐发兴与中华美学精神的源起、脉络、演进、实质、本体、范型、内涵、转化创新与价值引领等问题。尤其注重根植于中华传统文化,立足中国当代现实,会通中西古今美学精神研究,以此推动中华美学与文论的审美精神的研究,为中华美学精神的创造性转化、创新性发展以及美学文艺学的理论创新做出贡献。

本书力图实现的创新之处在于:其一,本书以兴的历史考辨和理论阐释为着力点,力求感兴美学研究在古文字学、文献学、文化人类学、文艺美学以及中国文化史、中国艺术史、中国文论史和中国美学史视域中的突破和贯通,深入探究兴对中华美学精神的文化奠基作用,全面疏通和厘清中华感兴美学的演进历程和

---

[1] 陈寅恪:《致沈兼士》,载《陈寅恪集·书信集》,生活·读书·新知三联书店2001年版,第172页。

理论传统，揭示兴的历史即是中华古典艺术和美学精神的发生发展史，系统阐发感兴美学的理论内涵，彰显感兴美学独特的精神气质，对蕴含在中国艺术史、艺术形态和艺术活动过程中的感兴美学精神做精微细致的发掘和阐释。

其二，本书致力于贯通美学精神研究与文学语言学、文学修辞学、文艺符号学和文艺形态学研究，注重中华美学精神的当代创新与中西审美精神的对话会通研究，使中华美学精神成为引领中国当代美学、文论和批评学科建设与创新发展的精气神，进而推动文学理论由话语研究向审美精神研究提升，促进美学研究由知识论向生存论提升。

其三，本书立足于当代中国的社会现实、时代精神和文学实践，从精神史、精神哲学和精神现象学等角度，着力于对中华美学精神进行全面系统的阐扬、转化和创新研究，注重融摄马克思主义实践精神、德国古典美学精神、西方近现代科学精神、现象学和存在论美学精神、生命阐释学精神和交互主体性美学精神以及西方后现代美学精神，从生命创造本体论、修辞论和价值论上贯通感兴美学、文艺美学和中华美学精神三者，阐释它们的内在关联性和相生相成的精神意蕴，以期为当代文艺创作和文艺美学研究铸就精神之鼎，建构当代艺术审美的精神家园。

四、中华感兴美学的哲学基础

中华感兴美学孕育和生成于华夏古老农业文明的文化土壤之中，建立在中国古代"神人以和"的原始宗教观和"天人合一""万物一体""大化流行""气类相感""有机整体"等宇宙生命哲学基础之上,其思维方式是"同类感应""比类关联",其感物方式是"观物取象""目击道存"的直觉感悟。中国古代文化的天人相通、万物相通、心物交感的大传统,生成了中国古典艺术和美学更为生动具体的即感性即超越、兼具人文性和神圣性的感兴美学传统与精神气质。正如钱穆所言,中国思想传统中有"万物一体"与"天人合一"的文化精神。钱穆指出:

> 人生不能脱离大群,而人群亦复不能脱离自然。故个人人生,不仅当与大群人生融凝合一,而又须与大自然融凝合一,此即中国思想传统中之所谓"万物一体"与夫"天人合一"。而此种精神之向往与追求,亦在中国文学中充分表达。[1]

可见,正是这种"万物一体"与"天人合一"的文化精神,构成了中国古典诗歌感兴审美和感兴诗学深厚的文化底蕴和哲思基础。钱穆指出:

> 《诗经》三百首,即分赋比兴三体。而比兴二体,实为此下中国文学表达之主要方式与主要技巧。其实比兴即是万物一体天人合一之一种内心境界,在文学园地中之一种活泼真切之表现与流露。不识比兴,即不能领略中国文学之妙趣与深致。而比兴实即是人生与自然之融凝合一,亦即是人生

---

[1] 钱穆:《中国文学论丛》,生活·读书·新知三联书店2002年版,第43—44页。

与自然间之一种抽象的体悟。[1]

作为感兴美学理论基础的中华天人之学是中国古代独特的贯通宇宙人生的生命本体论哲学,这与西方哲人(如古希腊柏拉图)关于人与自然、主体与客体的二元对立之哲学本体论不同。中国古代诗人和哲人对天地自然万物有天然的亲和性。中国自周代以后成为农耕社会,人与自然、人与天地万物之间有密切的亲和关系。中国古代诗人和哲人认为,人与天地万物都是大化流行的产物,自然与人一样具有生命,人与自然万物息息相通,人与天地万物是一个有机的整体。中国古代这种宇宙人生观容易引发人对自然现象的感应心理和感兴心理。中国诗学之感兴有如诗人所表达的"我见青山多妩媚,料青山见我应如是。情与貌,略相似",有别于西方诗学的"由我即物"或"由心及物"的单向"移情"。在中华天人哲学视域中,天人合一的境界是真善美统一的生命境界、人生境界。天人合一的哲学思想对感兴美学产生了深刻影响,生成了中国古典诗歌艺术和感兴美学的心物交感、情物交感、情景相生、情景交融的美学特质。正如张世英、童庆炳等人所言,天人合一哲学思想乃是情景交融诗学思想的哲学理论基础。张世英提出,审美意识是人与世界的融合,或天人合一的产物,情景交融论的哲学理论基础为天人合一论哲学。张世英指出:

---

[1] 钱穆:《中国文学论丛》,生活·读书·新知三联书店2002年版,第44页。

审美意识是人与世界的交融，用中国哲学的术语来说，就是"天人合一"，这里的"天"指的是世界万物。人与世界万物的交融或天人合一不同于主体与客体的统一之处在于，它不是两个独立实体之间认识论上的关系，而是从存在论上来说，双方一向就是合而为一的关系。就像王阳明说的，无人心则无天地万物，无天地万物则无人心。人心与天地万物"一气流通"，融为一体，不可"间隔"。……审美意识正是一种天人合一的"意境""心境"或"情境"。中国诗论中常用的情景交融或情境交融，其实都是讲的这个道理。[1]

总之，审美意识和情景交融不是单方面的物或情、境或意，而是人与世界、天与人"一气流通"、交融合一的结果。童庆炳精辟指出：

> 中国古代文论中一系列对应的范畴，如道与文，心与物，情与景，神与形，虚与实，有与无，少与多，清空与质实，诗内与诗外……其来源都可追溯到"天人合一"的理论预设上面。"天人合一"是中国传统宗教—哲学的精髓。可以说，文学源于"天人合一"之道，清楚地表明中华古代文论的文学本原论已经深入到了"宗教-哲学"层面。[2]

---

[1] 张世英：《哲学导论》，北京大学出版社 2002 年版，第 122 页。
[2] 童庆炳、谢世涯、郭淑云：《现代学术视野中的中华古代文论》，北京出版社 2002 年版，第 127 页。

审美感兴和感兴美学的哲学基础也正在于中国古代天人合一的哲学。审美感兴以诗人艺术家对眼前的物色、物象的感触，比类取象，引譬连类，兴发了对天地万物和宇宙人生的审美感悟，生成了物我合一、心物合一、天人合一的意象空间和审美境界。中国古代天人合一宇宙人生哲学在中国传统美学上的理论成果和学术呈现，最为典型地体现为感兴美学及其所辐射和延展的一系列兴论美学命题和范畴。

中国古代本体论的核心在于感悟和对待天人关系，在于对宇宙人生的生命之道的感悟与追求，中国古代诗人和哲人生成了人与天地万物之间心物交融、生命共感的生命本体论。"天地之大德曰生"，生生之理、成己成人之道奠定了感兴美学的理论基础。天地造化万物在古人的心目中是一种大化流行的生命世界。中国古代《周易》和道家等诸子的气化万物的宇宙论思想，不同于西方的上帝创世造物造人。《周易》经传作者和先秦哲人老子、庄子、孟子等都有丰富的气论哲学思想。如老子论"气"："万物负阴而抱阳，冲气以为和。"《易传》论"气"："大哉乾元，万物资始，乃统天。云行雨施，品物流形。大明终始，六位时成，时乘六龙以御天。"庄子论"气"："通天下一气耳"；"气也者，虚而待物者也"，"听之以气"。《孟子·公孙丑上》曰："我善养吾浩然之气。""敢问何谓浩然之气？"曰："难言也。其为气也，至大至刚，以直养而无害，则塞于天地之间。其为气也，配义与道"。先秦《左传》《国语》《管子》《黄帝内经》和汉代《礼记》《大戴礼记》《淮南子》等文献中都有丰富的气论哲学思想。中国古典哲学认为，宇宙元气大化流行，化生万物，贯通天人和心物。气介于具象与抽象、物质与精神、宇宙与人生、形而上与形而下、有形与无形、人与天、人与物、心与物之间。以气为本,生成了中国古代气本论、气化论和气感论哲学;道与气相互贯通和生成、大化流行、道气贯通的宇宙人生哲学成为感兴论美学的哲学基础。

与此相关,中国古代宇宙观相互生成或相互关联的传统思维方式对感兴美学也有深刻的影响。中国古人习惯以自然之道比况人事之道,形成了关联性思维、有机性思维、整体性思维、系统性思维、类比思维、譬喻思维、象征思维、意象思维等等。中国古代关联性思维有如法国人类学家列维-布留尔等人所说的原始思维如"表象思维""互渗思维",英国人类学家弗雷泽提出的"交感巫术思维",但比后者更富于理性的自觉和诗性的自觉。中国古人的这种诗性思维方式是兴得以产生的思维基础。例如《左传·宣公十五年》记载"山薮藏疾,瑾瑜匿瑕。国君含垢,天之道也",以山之博大的自然现象兴发和譬喻国君宽宏之道德观念。《国语·周语上》亦言"为川者决之使导,为民者宣之使言",仍是以"导川"的自然现象兴发和譬喻"使言"的人事观念。中国古代诗性思维不仅深刻影响了后世中国哲学"未尝离事而言理"的思维特点,而且生成了兴的感性特征与超感性境界相统一的审美特征和艺术境界,生成了中国古典艺术和感兴诗学的富于诗性启发的智慧特征,也就是通过感性物象、意象、譬喻、象征来显示、兴发深广意蕴的诗性思维特征。总之,中国感兴美学传统是一种体现"天人合一""万物一体""心物交感"的诗性思维和诗性观念,兼具人文性和神圣性,既感性又超越的具有自身独特民族精神气质和民族文化性格的美学理论传统,对后世艺术创作和美学理论产生了深远影响。

五、中华感兴美学传统研究的理论意义和实践价值

深化美学艺术学研究,弘扬中华美学精神,应当重视中华美学的本原性理论研究。兴即是最能体现中华美学精神的一个始源性和本体性美学元范畴,感兴美学则是最能表征中华古典艺术和美学精神气质的理论形态。但是,感兴美学的研究绝非简单地回到过去、重现过去,而是要揭橥其在历史上的原创精神、首创精神和不断与时俱进的生命脉络、精神谱系及其当代意义。生生不息的中华感兴美学传统延续几千年,至今仍具有重要意义。

兴是最具中华民族特色的美学术语,最为深刻地蕴含了中华传统艺术和美学的文化奥秘。兴乃中华古典艺术和美学精神的一个活化石、文化结晶和精神胚芽。由此衍生出一系列与兴有关的词组,形成了感兴美学的庞大范畴群。兴起源于原始巫祭礼仪,在文化形式上表征为托物起舞(或举物起舞)以迎神降神娱神或祀天,旨在沟通人神关系与天人关系,协调群己关系,达成万物一体与心物统一,激发族类的生命活力,提振族类的精神境界。兴的历史即是一部中华民族艺术和审美精神的发生发展史。兴奠定了中国古典艺术史和美学史的文化原型和审美原型,铸就为中华民族日新其德、生生不息的生命存在、精神力量和集体无意识,显示出极其强大的生命力。兴不仅是中华传统美学的元美学,而且是中华美学的传统主题、根本精神和本体论精华,足以在整体上表征中华美学的民族精神。

兴是华夏民族先民的生命本原、精神本原和文化本原，更是中国古典诗歌的生命本源。兴保存了华夏民族先人的原始智慧基因、民族性格胚芽和原始文化形态遗存。作为中国古典美学中最能反映中国传统精神本原的文化基因，兴范畴与兴论美学在中华美学发展史上具有无可替代的重要地位。兴绝非文物古董，兴论美学绝非理论教条。兴植根于中华先哲天人合一的宇宙人生观，艺术审美之兴即是艺术家生命精神与自然物象生命精神的融合，亦是艺术家生命精神与艺术接受者生命精神的融合，更是艺术家和艺术接受者的生命精神的提振和升华。兴贯穿于中华美学的理论史和中华艺术审美活动的全部流程，呈现为一个不断丰富发展的理论体系，贯通和表征于审美感兴—审美意象（审美兴象）—审美意境（审美兴境）—审美兴趣（审美兴味）的各个环节，凝聚了中华美学关于艺术审美活动各个环节的深刻意涵。兴浓缩了中国古典美学与艺术的生命起源、文化底蕴、艺术本体、艺术发生、艺术体验、艺术创造、艺术表达、艺术意象、艺术意境、艺术文本、艺术形态、艺术话语、艺术接受、艺术教育、艺术批评和艺术史的审美奥秘。兴蕴含了中华艺术最深厚的审美信息和审美精神，显示出无限的审美生机与理论活力。

狄尔泰指出："如果一部艺术作品满足了我们的感官、扩充了我们的心灵，就是说，如果它在不同民族和时代的人们中间产生了一种永久的和整体性满足，那么，这部艺术作品就是经典的。"[1] 中华感兴美学即是这种既能满足我们的审美体验，又能

---

[1] 鲁道夫·马克瑞尔：《狄尔泰传——精神科学的哲学家》，李超杰译，商务印书馆2003年版，第80页。

扩充我们的审美精神世界,并且有着三千年持续影响的中华古代经典美学。华夏感兴美学不同于西方的理念美学,也不同于后世的知识美学,而是一种植根于生命意识的生命美学和体验美学,富于生命体验的美学精神。感兴美学最为典型地生成和表征着中国美学与艺术精神的生命意识和生命精神。中华美学是以兴为文化渊源和精神气质的生命创造美学,感兴美学彰显了中华美学独特的精神气质。在具体的审美实践和艺术活动中,"兴"展开为审美感兴、兴发、意象、兴会、兴象、兴境、兴趣、兴味等,构成完整的感兴美学理论体系。中华美学精神与中国艺术的原创性生命伟力、创造活力、超越境界无不植根于兴的美学文化基因和精神胚芽之中。兴的展开既是中华艺术与美学的审美历史的展开,也是中华艺术和美学的审美逻辑的展开。

文艺美学与中华感兴美学、中国艺术精神研究内在贯通、三位一体。本书在总结前人和时贤的研究基础之上,致力于在多学科视域中对感兴美学进行全息解码。尤其着力以兴为枢纽,揭示古今感兴美学、文艺美学与中华美学精神的内在贯通性,即三者在文化根源、精神追求、艺术审美的本体追求(或形上追求)等方面的内在一致性,揭示其在文化根源、理论演进、理论体系、理论展开、艺术表征、本体意义等方面的三位一体性。本书主要研究思路为:兴的历史发生学研究和文化原型研究、兴的演进史和诠释史研究、兴的历史与中华美学精神的发生发展史研究、兴与审美发生学研究、兴的艺术史表征研究、兴的艺术形态表征研究、兴与艺术活动流程研究、兴的本体论阐释、兴与中华美学精神的理论内涵阐释、兴的现代转化研究、兴与西方美学的比较与互释、兴与西方美学精神的比较与融合研究、兴的当代创新发展与当代价值研究、兴的当代复兴与中国当代美学文艺学及其审美精神的理论重构等等。总之，本书对中华感兴美学研究的学术目标、理论意义和实践价值的研究尤其集中于以下三大方面。

首先，将兴释为中华文化、艺术和美学最重要的文化种子和精神胚芽，对兴进行历史发生学和知识考古学研究，揭橥兴的演进史和诠释史，书写完整的、贯通古今的中国感兴美学理论史，揭示感兴美学作为中华美学精神的文化原型性，疏通中华美学精神发生、发展的历史脉络及其精神谱系史，发掘兴所浓缩的中华文化、艺术和美学的深层精神意蕴，彰显感兴美学所代表的中华美学独特的精神气质，探讨兴对中国古代文学艺术实践的影响及其话语表征，对感兴美学及其在中国古典艺术史、艺术形态和艺术活动中的生动表征进行全息解码，阐明兴的历程即是一部中国文化、艺术和美学的发生发展史，也是中华文化、美学和文论精神的生成史、丰富史、展开史。

其次，在多学科理论视域中对感兴美学的诸多问题及其理论体系作整全性的系统诠解与深度阐发，揭示感兴美学的艺术表征和意义生成方式及其在艺术起源、艺术发生、艺术创作、艺术文本、艺术接受、艺术教育、艺术批评以及艺术史发展的各个环节的展开和表征，诠释和彰显感兴美学的理论蕴含及其理论体系，诠释和彰显感兴美学传统的理论价值和当代意义，揭示兴的展开与中国古典文艺美学、中华艺术的美学精神以及现当代文艺美学学科建构发展之间的内在关联，以求进一步促进中华感兴美学在当代的创造性转化与创新性发展，进而促进当代文艺美学的创新发展。

最后，系统阐发兴与感兴美学所蕴含的中华美学精神的丰富意蕴、现代价值和当代意义，彰显中华美学的感兴精神对于弘扬社会主义核心价值观的精神价值、理论意义和实践意义，以马克思主义实践创造精神融会中华感兴精神，以兴与中华美学精神研究提振当代美学和文学理论的精神品格，弘扬当代美学和文论的精神之魂，铸就当代艺术和美学的精神之鼎，建构当代人的精神家园，拓展和提振当代文论审美精神的深度、厚度、广度、力度、热度和高度，促进当代文论的美学精神研究与当代文论的文学性、文本性、文论关键词和修辞论美学研究的良性互动与深度融合，推动当代美学和文学理论研究从知识论、话语论向生存本体论和审美精神境界研究提升，彰显感兴美学当代创新对于中国当代文艺美学理论创新与中西美学交流的重要理论意义和价值。

六、本书的研究思路与研究方法

美学不仅是一种知识、一种话语，更是一种精神、一种智慧。兴体现着最为悠久而深厚的中华美学精神、诗学精神和艺术精神，贯通了中华古典艺术审美的理论和实践。兴浓缩了中华艺术和美学精神的历史信息，兴构筑了中华传统艺术发展与现当代艺术创新的生命之源、文化原型和精神源泉。中华感兴美学是一个包含了诗兴生命论、诗兴感发论、诗兴体验论、诗兴表现论、诗兴交流论、诗兴教育论和诗兴超越论等多层次理论意蕴的美学理论体系。这个感兴美学理论体系不是某一个理论家或某一个时代独立完成，而是由一代代古典美学家积累和完成的，因而需要今人用现代学术语言加以诠释和阐发。兴作为中国古典诗歌和诗学抒情特性的文化根源，成为中国古代艺术的最高审美理想和美学精神，进而形成了中国文化的诗性品格和中国哲学的诗性品格，彰显了中华美学独特的精神气质。感兴美学精神是生命感发精神与生命超越精神。感兴美学作为一种既深蕴中华美学精神同时又激活中华民族美学精神的元美学，对于我们今天的文艺美学研究仍具有极大的启迪价值。感兴美学、文艺美学与中华美学精神研究内在一致、三位一体。兴将人引向天人合一、万物一体、相通相感、和谐共生的广阔境界。兴贯通中华民族艺术和美学的历史、现在与未来，开展感兴美学、文艺美学和中华美学精神研究具有重要的理论意义和实践价值。

  本书将立足于历时与共时相结合的双重视域，全面探究感兴美学、中华美学精神和文艺美学研究三者之间内在关联、相互促进的关系。从历时视域来看，兴是中华古典艺术和美学的文化原型和精神胚芽，兴的历史正是一部中华古典艺术史和美学史，也是一部中华美学精神的成长史。感兴美学的学术史则是中华美学和艺术理论的孕育、发生和发展史。兴作为中华艺术和美学精神的源头、主流与核心，经历了一个极为漫长的发生发展与历史演进过程，即经历了原始宗教图腾之兴（原始兴象）—夏商巫祭之兴（巫祭兴象）—西周礼乐之兴（即礼乐之兴、"六诗"之兴、"乐语"之兴）—春秋时期诸侯贵族子弟诗教之兴与列国会盟卿大夫赋诗之兴—先秦儒家孔子立人诗教之兴（"兴于诗"与"诗可以兴"之兴）—汉代经学政教之兴（"六义"之兴、政教讽谏之兴、美刺教化之兴、赋比兴之兴、"独标兴体"之兴）—魏晋南北朝以后的审美感兴与诗歌之兴（感兴之兴、玄学入兴、审美之兴、比兴之兴即"诗人之志有二"之兴、"比小而兴大"之兴、"比显而兴隐"之兴、"文已尽而义有余"之兴）—唐代更为阔大和幽深的诗歌和艺术之兴（兴寄之兴、取象之兴、兴象之兴、佛禅入兴、兴境之兴、意境之兴）—宋元明清感兴美学的精细化（兴趣之兴、情景之兴、意象之兴、兴象之兴）—近代以来20世纪中国诗人和学者加以转化和创新发展的现代美学之兴这样一个美学历程。兴是把中国古代诗歌和诗学从原始素朴的内容与形式，一直推向艺术高峰的最主要的基元。其中，感兴美学在魏晋南北朝走向审美自觉，成为艺术自觉和理论自觉的感兴美学。兴在唐代融入了佛学的心境理论，使得中华古典感兴美学的境界更加扩大。感兴美学在宋元明清时期继续得到发展，并在王夫之、叶燮那里臻于集大成，在现代学者王国维、宗白华等人手上得到现代转化。总之，感兴美学随着中国社会历史发展与诗歌创作实践的发展而不断被开掘、被充实、被丰富。感兴美学精神贯穿于几千年的中华艺术和美学史，彰显了中华美学独特的精神气质，谱写了中华民族的伟大精神画卷。从共时视域来看，兴贯穿于中华艺术审美活动的整个流程与各个具体环节，贯通了艺术起源、艺术发生、艺术创作、艺术表达、艺术文本、艺术形态、艺术接受、艺术批评、艺术教育以及艺术史发展的各个环节，呈现为审美感兴—审美意象（审美兴象）—审美意境（审美兴境）—审美兴趣或审美兴味的流程。审美感兴生成审美意象，审美意象提升扩展为审美意境，艺术的审美意境则是中国古代艺术作品的诗兴审美精神空间和诗兴审美理想境界。兴以生生不息的诗兴生命体验方式、感物起兴（或感物起情）的美感方式、情理交融的情感方式、情景交融和物我统一的意象生成方式、境生象外（或意与境浑）的意义拓展方式、以文会友和诗可以群的交流方式、"能兴者谓之豪杰"的超越方式，浓缩了中国古典艺术创作和美学精神的审美奥妙和文化信息。总之，中华感兴美学呈现出一个源远流长的美学理论传统与博大精深的美学理论体系。

本书认为，感兴美学具有极大的理论生长价值，应当在新的历史条件下加以传承、弘扬和创新发展。本书坚持马克思主义实践精神的引领，着力从文化史和本体论角度对兴做出系统考论和诠释。围绕兴这个核心范畴，揭示和阐发其历史意蕴和精神内涵，总结20世纪学者对感兴美学现代转化的理论成果，并结合新的时代精神加以创新发展，在历史考论中着力呈现出一个完整而系统的中华感兴美学理论传统和内在体系，并使之与文艺美学体系建构相贯通，揭示文艺美学的历史底蕴和精神血脉，彰显中华美学精神的文化深度、高度和厚度。以感兴美学精神提振文艺美学研究的精神之魂，重铸当代文论研究的精神之鼎，促进当代文艺创作和文艺美学精神家园的建构。注重中华感兴美学精神与西方美学精神的比较与会通，会通和融摄中西古今美学精神的优秀滋养，使中华美学精神成为当代文艺创作、文艺理论和批评的价值遵循和精神引领。注重揭示感兴美学所具有的当代价值和普遍意义，彰显中华美学的独特地位和世界性贡献。

为实现上述学术目标，本书研究的基本思路是：首先，阐明兴是中国古典艺术审美的文化原型、元范畴，而感兴美学则是中国传统美学的元理论、元美学。其次,借用朱自清先生《诗言志辨》序言称"诗言志"为中国古典诗学"开山的纲领"的说法,认为感兴美学则是中国古典美学"开山的纲领"。再次,揭示感兴美学贯穿于中华古典艺术和美学发展的几千年绵延不断的历史,梳理中国古典感兴美学生生不息的优秀传统,揭示和阐释这个美学理论传统的历史演进和理论内涵。然后,彰显感兴美学所凝聚的中华美学独特的精神气质,揭示兴的艺术修辞方式表征了中国古典艺术的"灿烂感性"与审美典范,建构了中国历代艺术的审美风格和理想范式,成为中华美学与艺术精神的最生动的艺术审美表征。最后,阐明感兴美学的理论复兴与创新发展是中国当代美学文艺学理论重构和话语创新的重要路径。

狄尔泰在其《精神科学引论》第一卷提出,精神科学由三类断言(或曰命题)组成:第一,描述事实的断言或命题,亦即有关知识的历史;第二,对这些事实做出说明的断言或命题,即原理研究;第三,关于价值判断和规则的研究。这是包括历史学、诗学、哲学和宗教学在内的精神科学的三重基本任务。[1]借鉴狄尔泰精神科学研究的学术思路和理论框架,本书认为,除了总论中华感兴美学的内涵外延、理论根源、哲学基础、研究意义、研究思路、研究方法之外,作为中国传统人文理论和精神科学原创性研究的中华感兴美学也应当包括三大组成部分:第一,关于兴和感兴的历史演进和理论传统的追溯;第二,关于兴和感兴的艺术呈现、美学理论内涵的阐发与中西美学互释;第三,关于感兴

---

[1] 参见狄尔泰《精神科学引论》,第1卷,童奇志、王海鸥译,中国城市出版社2002年版,第48—49页。

美学的当代理论创新、当代意义和实践价值的探讨。

鉴于书本论题研究内容的复杂性,本书将综合运用多学科的研究方法,主要包括:1.综合运用唯物史观、训诂学、古文字学、考古学、历史学、学术史、思想史、文化史、文化人类学、知识考古学等理论方法,对兴的甲骨文、金文等古文字进行细致考释,厘清兴的语源学本义及其历史演进的文化史脉络。2.综合运用哲学本体论、美学、文艺学、文献学、现象学、阐释学、语言学、符号学、文艺心理学、精神科学、精神史学、精神现象学、中国哲学史、中国美学史、中国艺术史、中国诗歌史、中国文学批评史等学科的理论成果和研究方法,揭橥兴作为中国上古诗性文化原型和中华美学精神文化胚芽之奥妙及其艺术表征,探究兴与中国古典艺术和美学诗学的演进史和诠释史,揭示兴与中华美学和艺术精神的发生发展史,发掘和阐释感兴美学极为丰富的理论内涵与精神蕴涵,并给予现代性阐释和创新性发展。3.运用中西比较学的方法,将兴与西方美学相关理论加以比较,展开中西美学和艺术精神的比较研究与相互发明,在中西对话、互释与会通中进一步激活和彰显感兴美学和中华美学精神的理论潜能、独特魅力与普遍性价值。4.运用理论与实践相结合的方法,联系当代艺术本体、文艺创作、文艺接受、文艺发展、艺术批评、文艺教育以及文论研究的实践,彰显感兴美学的理论内涵、理论体系及其诗学传统,会通感兴美学和当代文艺美学研究,彰显感兴美学与中华美学精神的实践导向和精神引领价值,促进中华美学精神研究与中国当代文论话语研究的良性互动与深度融合,促进美学文艺学研究从认识论、知识论和话语论向生存本体论、审美理想论和审美精神研究的提升。尤其需要强调的是，本书引入"ethos"（"精神气质"）这个范畴术语，以便更好地从观念史、精神史层次开展感兴美学研究，从而有别于一般的语言学和美学史的学术路径，也有别于一般的文化社会学和文学制度学的学术研究。具体而言，本书坚持以马克思主义历史唯物主义的立场、观点和方法为指导，综合运用文艺美学方法、文化诗学方法、文化人类学方法、历史语义学方法、发生学认识论方法、概念史方法、观念史、范畴史、现象学美学方法、诠释学（尤其是狄尔泰的"生命体验诠释学"与傅伟勋的"创造的诠释学"）方法等等。以下特别就其中的现象学美学和阐释学美学方法稍做展开。

关于现象学美学方法，本书将借鉴当代法国学者杜夫海纳现象学美学的还原法：杜夫海纳在研究艺术史问题时指出，自发的艺术表现了人与自然的天然联系。美学在考察原始经验时，把思想，也许还有意识，带回到它们的起源上去。这一点正是美学家对哲学的主要贡献。但是，美学并不去追溯人类的蒙昧时代，因为它不是史学。美学所探求的史前史并非无历史的"社会史前史"，而是在历史之中的首创精神的史前史。在任何时代都是由首创精神建立起文化并开辟历史的。每一种首创精神，如一个人投向风景的新眼光，或创造一种新形式的新动作，都记载在文化之中。美学的注意力集中在文化之物的范围内。它主要是把握本原，即审美经验本身的意义，这既包含构成审美经验的东西，又包括审美经验所构成的东西。[1]与杜夫海纳的这一研究方法相通，感兴美学的探源性研究即是为了追寻中华古代艺术和美学的首创精神。感兴审美经验体现了中国古代诗人被那些在感性呈现中得到最为辉煌的充分肯定的审美对象所感动，揭示了中华民族与天地自然万物之间最深刻和最密切的关系。杜夫海纳还指出："审美对象不是别的，只是灿烂的感性、规定审美对象的那种形式就表现了感性的圆满性和必然性，同时感性自身带有赋予它以活力的意义，并立即献交出来。"[2]在此，笔者借鉴杜夫海纳的现象学美学的理论和方法，尤其挪用杜夫海纳现象学美学的"灿烂的感性"这个理论术语来表述兴与中华感兴美学的审美特征和精神气质。本书认为，审美感兴活动不仅体现了审美主体与审美对象的协调，而且显示了二者的统一，即二者共属一体，同属于一个本源的世界，同属于作为自然和人类基础的最大生成力量的造化的本源性世界。中华感兴美学的审美感兴和审美意象亦有如现象学的审美对象或"灿烂的感性"，审美感兴所显现的正是中国古人与其所共属的天地自然之间"天人合一""万物一体"的本源世界。杜夫海纳在《文学批评与现象学》一文中还指出，文学批评的使命有三项：说明、解释与判断，分别指对作品意义的说明，对作品得以产生的原因的阐释，对作品价值的判断。其中，第一项是基础。[3]杜夫海纳的这个现象学美学批评方法与

---

[1] 杜夫海纳：《美学与哲学》，孙非译，中国社会科学出版社1985年版，第1页。
[2] 杜夫海纳：《美学与哲学》，孙非译，中国社会科学出版社1985年版，第54页。
[3] 杜夫海纳：《美学与哲学》，孙非译，中国社会科学出版社1985年版，第156—157页，169页。

狄尔泰的精神科学研究方法是一脉相承的，也是值得重视和借鉴的。

关于阐释学美学方法，今道友信则强调了语言阐释在美学研究和精神生成中的重要性，指出："美的理念是通过语言，在对于作品的艺术体验中被唤起的。或者说，精神在对于作品的艺术体验中，通过语言接近美。这样，无论是创作或是鉴赏，作为把作品当作中心的美的体验的艺术，总是通过语言唤起并憧憬美的。……语言是真诚的人的心。珍重语言就是珍重心，因此作为通过语言产生出的美的最终物正是心。艺术美正是通向心之美的道路。美正是美的心的象征。"[1]

我国当代哲学家张世英先生在谈到对历史传统的新解释时指出，对传统的解释至少可以分为三个层次：一是对历史事实的考证，例如某历史人物生于某年某月某地区等等，那是不容许有不同解释的。第二层是对原本内在关系、内在结构的分析和释义以及对原行动者或原作者与参照系的关系的说明。最要紧的是第三层，即立足于新的、现代的参照系对传统意义和价值的评判。解释历史传统的根本要义就在于指向现在，射向当前，开拓新的世界、新的未来，从而完成传统的未竟之业。我们所主张的新解释，则是指向活生生的、永远奔向未来的参照系。[2] 张世英对传统诠释的三层次的理解与狄尔泰和杜夫海纳的理论有异曲同工之妙。

---

[1] 今道友信：《美的相位与艺术》，周浙平、王永丽译，中国文联出版公司1988年版，第255页。

[2] 参见张世英《哲学导论》，北京大学出版社2002年版，第326—327页。

童庆炳先生曾对文学活动的美学阐释和现代转化思考多年，一贯倡导运用阐释学方法，强调古代文论与我们今天的研究者的视界融合，实现古代文论的现代转化，激发其生命力，使古代文论走进当代，从而为建构我们当代中国文艺理论做出贡献。童庆炳《文学活动的美学阐释》和《中国古代文论的现代意义》等著作，运用阐释学方法阐释和转化了不少中国古代诗学的思想，积累了丰富的阐释学方法论的经验。其中，《文学活动的美学阐释》一书提出文学阐释方法的三个适应原则：必须与研究对象相适应，必须与运用它的主体相适应，必须与研究目标相适应。[1]而在《中国古代文论的现代意义》一书中，童庆炳又提出古今对话的三个学术策略，即历史优先原则，力图揭示古文论的历史本真面目；对话原则，今人以现代学术视野展开与古人的对话交流和融合；自洽原则，达到学术逻辑上的自圆其说。[2]童庆炳关于古文论现代阐释的三个阐释原则和阐释策略，与前述学者的阐释学方法亦有相通之处。

我国当代学者张首映则提出了"阐释的文艺学"与"创造的文艺学"的问题，他指出：从文论史看，文艺学构架的逻辑和理论立足点无外乎两种，一种为阐释的，一种为创造的。阐释的文艺学尽管有许多创造成分，但总体上是对文艺现象及其运动规律的解析，解释的、说明的、分析的、摆事实论道的、贴近文艺实

---

[1] 参见童庆炳《文学活动的美学阐释》，陕西人民出版社1992年版，第14—19页。
[2] 童庆炳：《中国古代文论的现代意义》，北京师范大学出版社2003年版，导言第1—3页。

践的，客观性叙述的成分占突出地位，实证的、经验的、归纳的论证方式为其特色。如亚里士多德的诗学、伽达默尔的解释学、赫什的解释学。创造的文艺学则能提出一系列有创造性的有新鲜意识和强烈的求新使命的新思想、新观点和新方法。如康德、黑格尔美学和姚斯的接受美学。张首映同时意识到，创造和解释只是相对的、比较的，不排斥相互的渗透和制约。阐释文艺学中的理论部分应当是创造的，创造文艺学的史实部分必然是阐释的，尽管它是创造性的阐释。[1]

笔者曾在《关于中国阐释学学科建设的思考》一文中对中国现代阐释学研究的学科语境、中国古代阐释学的历史存在及其特征、中国现代阐释学建构历程的回顾、中国现代阐释学学科建设等问题做过初步思考和探讨。在论文中，笔者强调了中国古代文论传统的民族特色在于阐释学取向，形成了儒家与道家两种最基本的中国古代阐释学及其路径、方法和特点。论文尤其强调了钱锺书《谈艺录》和《管锥编》中体现的阐释学基本立场、方法及其阐释学实践，认为钱锺书先生的文艺审美阐释学虽然着眼于人的精神世界、心灵世界和情感世界，但他的阐释学视域却毫不封闭，而是恰恰相反，即从广阔深厚的文化视域中取得对文艺审美价值的深刻洞见。笔者还重点评述了傅伟勋的"创造的诠释学"、成中英的"本体阐释学"、黄俊杰以《孟子》为中心的"经典阐释学"和汤一介构建"中国阐释学"的理论构想等。笔者主张，中国现代阐释学应当成为中国现代人文学科的元理论，并提出：

---

[1] 张首映：《审美形态的立体观照》，人民文学出版社1989年版，第136—139页。

"中国现代阐释学的建构有赖于对中国古代阐释学传统思想资源的系统清理和充分吸收,使那些掩埋于古代典籍中的仍有价值的思想得到激活,抹去其表面灰尘,畅通其内在血脉。中国现代阐释学的建构也离不开对西方阐释学学术成果的有系统的深刻的充分研究和汲取,并使之与中国传统阐释学思想相互碰撞、对话、发明和补充。更为重要的是,中国现代阐释学的建构应该在对中国现当代文化的具体阐释的实践土壤中生长,在中国现当代各门具体人文社会科学对阐释学原理的具体运用中生长。"[1]如今看来,该文的基本观点仍未过时。今天应当在推进中华古典感兴美学研究的具体语境下,对感兴美学展开更为深入而细致的理论探索。

借鉴上述中外学者的阐释学理论和方法并根据本人以往的阐释学研究学术经验,本书认为,没有绝对客观化的阐释,也没有脱离阐释的创造。阐释与创造是相辅相成的。例如,伽达默尔的《真理与方法》上卷重在学术史视野的阐释与对话,下卷重在语言学转向视野下的阐释学本体论创新,阐释与创造在其中实现了完美的统一。因此,笔者认为,中华感兴美学研究既是阐释的美学,又是创造的美学,感兴美学研究是理论阐释与理论创造的统一。本书因而既要研究兴的艺术审美创造的奥妙(兴的创造论阐释),又要研究兴的美学诗学的阐释学问题(兴的诠释史)。本书将从精神史、文化史、文学史、艺术史、美学史和现象学角度,力图在多学科视域中对感兴美学进行全息解码。渐次探讨以下诸

---

[1] 陶水平:《关于中国阐释学学科建设的思考》,《学术交流》2003年第5期。

多理论问题：兴的历史发生学研究和文化原型研究、兴与中华古典艺术和美学的发生学研究、兴的演进史和诠释史研究、兴的历程与中华美学精神的发生发展史研究、兴的美学理论体系及其理论内涵阐释、兴与中华美学独特的精神气质的阐释、兴的本体论阐释、兴的艺术史表征和艺术形态表征研究、兴与艺术活动流程研究、兴的现代转化研究与创新发展研究、兴与西方美学精神的中西比较与融会研究、兴的当代价值研究、兴的现代创造性转化与当代创新性发展、兴与中国当代美学文艺学的理论新构与创新发展等。

第一章 中华感兴美学传统的文化渊源

中华美学和艺术精神作为绵延几千年的华夏民族艺术和审美之精魂，表征在生生不息的华夏艺术文化的历史流传物之中，因而必须进行探源性研究，对华夏原始巫祭之兴与周代礼乐之兴的研究即是这种探源性研究。兴起源于中华上古巫祀歌舞和礼乐仪式，乃中华上古文化之原型，孕育了后世中华艺术与美学精神的基因和萌芽。考辨甲骨文"兴"的象形与会意，兴的本义为中华先民"同心协力举物起舞以祀神灵"的原始巫舞仪式，这种巫舞仪式之兴是一种自然与文化浑然不分的原始之兴，体现了华夏初民的早期生命意识与原始宗教情感，表征着中华民族最初的生命感发和生命意识觉醒的文化精神。对华夏民族先民来说，兴这种原始乐舞旨在张扬生命、抒发情感、提升精神，沟通神人、协调族类，达到神人合一（西周以后演进为天人合一）的境界。进入夏商周三代尤其是西周时代，随着原始兴祭文化向礼乐文化制度转型，兴在礼乐制度中构型为礼乐之兴，赓续和创新了华夏原始兴舞的文化基因，进一步丰富和充实了中华兴文化的传统。兴进入西周礼乐文化制度之后，发展为礼乐文化中的"六诗之兴"与"乐语之兴"，兴继续成为礼乐文明的核心和精魂。尤其经过春秋战国时期的理性洗礼，中华古代兴文化走向自觉和成熟。上古巫祭和礼乐之兴的生命本原和精神本原深深地沉淀和转化为华夏民族的集体无意识，融汇在中华民族的历代文化尤其是艺术和美学的血脉里，积淀为中华民族的文化精神和美学精神的基因、本原与原型。在艺术和美学的显性层面，感兴艺术和感兴美学得到更自觉更生动的发展。兴铸就了中华民族生生不息的生命存在、精神力量，显示出极其强大的生命力，成为中国古典美学中最能反映中华民族精神性格和民族传统文化特征的元范畴。以兴为核心的感兴美学成为一个有着自身本原性、延续性、族类性、稳定性、结构性、系统性、规范性、典范性、传承性、创变性、包容性、动态性、开放性的生生不息的美学传统。感兴美学在中华美学发展史上具有无可替代的重要地位。

杜夫海纳指出："美学在考察原始经验时,把思想——也许还有意识——带回到它们的起源上去。……它所探求的史前史并非无历史的'社会史前史',而是在历史之中的首创精神的史前史。"[1] 杜夫海纳的这一现象学美学探源研究的观点对于我们的感兴美学精神研究有启迪价值,感兴美学的探源性研究不是怀思古之幽情,而是为了追寻中华美学的人与自然和谐统一、融为一体的首创精神。兴是最能体现中国古典美学和艺术史原创精神的一个首创性、始源性和本体性范畴,对中华感兴美学的探源研究体现了美学的发生学、本原学、现象学、存在论的研究路向和理论追求。郝大维和安乐哲指出:中国传统的特点是情境(situation)高于使然作用(agency),作用者总是处于一个世界中,因此,他是根据构成这个世界的关系来加以规定的,这些关系确定了他的地位。这样一种出发点否定了诸如本质的同一这些熟悉的观念。中国传统一般总是将每一个情境的关系形式的独特性作为其基本前提,它从根本上说是美学传统,因而阐释这样一个传统,分析不是适当的方法。[2] 郝大维和安乐哲主张用情境性、

---

[1] 杜夫海纳:《美学与哲学》,孙非译,中国社会科学出版社1985年版,第1页。
[2] 郝大维、安乐哲:《汉哲学思维的文化探源》,施忠连译,江苏人民出版社1999年版,第4页。

关联性、整体性的思维方法来研究中国传统，这对我们探索中华感兴美学的历史传统有参考意义。本章借鉴西方现象学还原研究、文化人类学及原型批评的理论与方法，对华夏原始文化之兴做历史还原式探索；同时，借鉴历史语义学、概念史、观念史、范畴史的理论方法，对兴的古义进行探源式考察，以此阐明兴是华夏先民生命意识和生命精神的初步觉醒、中华艺术和美学精神的文化原型和精神胚芽，阐明中国古代兴文化传统对中国古典美学和艺术精神的文化原型意义和文化奠基价值。

第一节　兴与轴心时期的中华文化的艺术原型

轴心时期兴之原始与中华美学精神的奠基：何为"轴心时期"（"Axial period"，或译为"轴心时代"）？何为"中华文化的轴心时期"？按照雅斯贝斯《历史的起源与目标》一书的观点，在经历了史前历史（有语言而没有文字的远古时代）和古代文明时代（出现了文字之后的上古时代）之后，在公元前800年至前200年之间，世界几个主要文明古国（东亚的中国、南亚的印度、西亚的巴勒斯坦和伊朗以及地中海地区的希腊）不约而同地开始超越原始文化（包括神话文明）而进入了理性自觉的"精神化"（或"超验突破""精神突破""精神的凌空翱翔体验"）时期，雅斯贝斯称之为"轴心时期"。

雅斯贝斯认为，公元前500年，世界主要文明古国的"轴心时代"进入高峰期，其标志是各文明古国大批思想家的出现和哲学的兴起。中国出现了孔子、老子等诸子，印度出现了《奥义书》和佛陀，伊朗出现了琐罗亚斯德，巴勒斯坦有犹太先知等，古希腊则是各类贤哲如云。各文明古国的思想家们不约而同地开始思考根本性、本原性、超越性的问题。雅斯贝斯尤其强调了中国、印度和西方轴心时代文明自觉的突出意义。雅斯贝斯认为，从此之后，人类的精神发展进入了自觉、觉醒和反思的时代，即人类具有了对自身局限性的认识、对自身生命的反思意识、对宇宙无限整体存在的意识以及对最高目标的追求意识。轴心时代最重要的精神成果对后世产生了深远的精神作用力，形成了对后世具有深远影响的价值体系、思想体系、信仰体系和意义体系，因而奠定了人类精神的根基和后世文明发展的基本范型，指明了后世文明发展的基本方向，人类也因此迈出了走向普遍性、总体性和无限可能性时代的步伐。轴心期融化、吸收或湮没了古代文明，使得人类文明出现了新的精神世界和精神传播运动。而没有取得轴心期突破或未同轴心期获得联系的民族仍保持"原始"状态。

雅斯贝斯指出："直至今日，人类一直靠轴心期所产生、思考和创造的一切而生存。每一次新的飞跃都回顾这一时期，并被它重燃火焰。自那以后，情况就是这样。轴心期潜力的苏醒和对轴心期潜力的回忆，或曰复兴，总是提供了精神动力。对这一开端的复归是中国、印度和西方不断发生的事情。"[1] 雅斯贝斯的"轴心时代"观念突破了以黑格尔等人为代表的西方传统历史哲学以耶稣诞生（公元1年）为历史轴心的狭隘史观，反驳了黑格

---

[1] 卡尔·雅斯贝斯：《历史的起源与目标》，魏楚雄、俞新天译，华夏出版社1989年版，第14页。

尔将古代东方民族（如埃及、中国、印度等）作为人类文化不自觉时代，而将希腊作为人类文明发展自觉时代的西方中心主义历史观。雅斯贝斯强调了轴心时期世界各大文明古国同为人类文明的精神自觉和文明突破时期，显示出其对世界精神文明史起源研究的整体眼光和会通意识，为研究人类文明史发展提供了一个更具普遍意义的阐释框架。雅斯贝斯所说的轴心时代大约相当于中国的春秋战国时期，其标志是夏商祭祀文明被礼乐文明和儒家文明所突破，形成了"礼乐文明""周孔之道""先秦诸子"。本章借鉴雅斯贝斯"轴心时期"的文化史理论，阐明轴心时代中华民族精神的奠基和中华文明的起源、形成、特征及其与中华感兴美学的文化原型的关系。

轴心时代的中华文化与世界其他文明古国的文化存在着同与异。所同者，中国古代历史文化的轴心时代的起讫年代大体为西周至秦帝国时期，时间年限与其他文明古国大体一致。所异者，与世界上其他文明古国从原始社会走向宗教社会和二元对立的哲学时代不同，中华文明则是从原始社会走向宗法社会和天人合一的哲学时代。在感兴美学的文化渊源和历史奠基的意义上，轴心时代的中华感兴美学的历史演进表征为由华夏原始巫祭文化之兴提升和转型为周代礼乐文化之兴与自觉的先秦诸子诗学之兴，这个时期的古代兴文化奠定了中华古典艺术和美学的基本构架和精神气质。

华夏原始兴文化在轴心时代之前就已存在，它萌芽于华夏史前时代的原始歌谣和原始宗教，诞生于华夏五帝和虞夏商时代的巫术祭祀古礼的歌舞之兴，在西周随着宗法社会的建立而演进为西周礼乐之兴（"六诗"之兴和"乐语"之兴为其典型），至春秋战国时代则进入了自觉的理性化和理论化时代（即以孔子为代表的先秦儒家诗学之兴）。兴本是华夏初民以原始歌舞形式进行的原始巫术祭祀宗教仪式活动，华夏先民旨在通过原始兴仪达到神人合一的生命超越与精神提振。原始宗教的旨在沟通人神的巫祭仪式之兴在周代演进为天人合德、人文化成的礼乐文化之兴，在春秋战国以后进一步演进为天人合一的理性自觉和精神自由境界，至此，中华文明的轴心文化得以奠基和形成，中华上古兴文化由此走向自觉和成熟，实现了精神突破。因此，兴是中国古典艺术审美的文化原型，而感兴美学则是中国传统美学的元理论、元范畴。兴成为华夏原始文化的滥觞、中国古代诗歌的活化石及中国古典艺术和美学的原始文化基因。兴穿越五千年中华文化史长河，存活于漫长的中国古典文学艺术发展中。兴作为华夏上古祭祀仪式活动和华夏上古文化原型，广泛渗透到中国古代文化的各个方面，而不仅仅限于文学艺术。兴包括自然审美、社会审美和文艺审美的各个方面，构成一个庞大的"兴"词根术语群，如兴盛、兴旺、振兴、复兴等"兴"词族，以至于兴成为最具积极价值和文化意味的汉语范畴。兴包含后世各种文化活动如宗教活动、伦理活动、艺术活动等的萌芽。兴不仅孕育了中华上古六艺文化，也孕育了中国早期文学艺术。华夏上古的兴文化传统生成和奠定了中华民族生生不息绵延数千年的感兴美学传统，促进了中国古代抒情文学、抒情诗学和抒情美学的发达。兴的发展史是中华古典艺术的孕育、发生和发展史，亦是中华古典美学理论和美学精神的孕育、发生和发展史。兴的审美体验和审美精神的演进历程，深刻影响了中国古代艺术史的演进历程和发展阶段，决定了中国古代不同艺术时期的艺术形态的生成、自觉和主导型艺术形式的形成，决定了中国古代艺术发展的不同阶段的区分。总之，原始巫祭之兴是华夏民族最为古老的兴文化活动，生成和闪耀着华夏先民走出蒙昧、迈向文明的第一道曙光。西周礼乐文化之兴与先秦儒家诗学之兴则是中华上古兴文化的生命精神的自觉和理性精神的突破，感兴艺术和感兴美学因而是华夏先民生命意识的文明化的产物。兴的生命精神生生不息地脉动于整个中华文明史、艺术史和美学史之中。

第二节 兴的历史语义学

兴作为中国古典美学的一个重要元范畴，我们有必要从历史语义学的角度对其进行深度探究。胡适早在《论国故学》（1919年）一文中说过，"发明一个字的古义，与发现一颗恒星，都是一大功绩"[1]。陈寅恪更是精辟指出："依照今日训诂学之标准，凡解释一字即是作一部文化史。"[2] 对中国古典兴论美学的研究正需要这种基于训诂学的文化史考察研究。陈寅恪的这一史学方法融会了中国传统的小学方法与西方历史语言学及德国史学家兰克文化史学的理论方法，与当代英国文化研究学者雷蒙·威廉斯的历史语义学旨趣相合。雷蒙·威廉斯认为，对关键词的语义研

---

[1]《胡适全集》，第1卷，安徽教育出版社2003年版，第418页。
[2] 陈寅恪：《致沈兼士》，载《陈寅恪集·书信集》，生活·读书·新知三联书店2001年版，第172页。

究，需要综合的、多学科的历史考察。威廉斯《关键词：文化与社会的词汇》一书对关键词语义的单一的、本质主义的、抽象主义的意涵进行质疑，转而探索关键词语义的历史变迁，并称之为"历史语义学"（historical semantics）的研究方法。[1]

通过对"兴"的历史语义学进行溯源和考察，以期窥见中华民族历史文化起源与发展的历史奥秘。关于"兴"的本义及其演进的历史语义学探究，朱自清在《诗言志辨》[2]序中，倡导中国文学批评史的文学观念和关键范畴研究，并称之为"意念"。朱自清指出："现在我们固然愿意有些人去试写中国文学批评史，但更愿意有许多人分头来搜集材料，寻出各个批评的意念如何发生，如何演变——寻出它们的史迹。这个得认真的仔细的考辨，一个字不放松，像汉学家考辨经史子书。这是从小处下手。"[3]作者在该书中考辨"诗言志""比兴""诗教""正变"四个重要观念和范畴，考察了它们在各个时代的不同用例，并根据那些重要的用例试着解释这四个词语的本义与变义。本书关于"兴"的本义的追寻可谓是对朱自清先生的这个现代学术传统的"接着说"。

先看史传文献中关于"兴"的古文字及其语义学考辨。古人训"兴"，一致认为，"兴者，起也"。"起"即是"兴"的本义。《说文解字》曰："兴，起也。从舁，从同。同力也。"《尔雅·释言》曰："谡、兴，起也。"刘熙在《释名·释典艺》中提到，

---

[1] 雷蒙·威廉斯：《关键词：文化与社会的词汇》，刘建基译，生活·读书·新知三联书店2005年版，第17页。
[2]《诗言志辨》一书最初由上海开明书店于1947年出版。
[3] 朱自清：《诗言志辨》，华东师范大学出版社1996年版，"序"第3页。

"兴物而作，谓之兴。敷布其义，谓之赋。事类相似，谓之比"。《周易·同人》九三爻辞中提到，"三岁不兴"。《礼记·中庸》曰："其言足以兴。"《礼记·祭统》曰："夫祭之为物大矣，其兴物备矣。"此外，"兴"在先秦还有多种意涵。诸如"兴"为"作"，义例有《周礼·地官·乡老》论乡射之礼"五曰兴舞"，《周礼·地官·舞师》中有"凡小祭祀则不兴舞"。"兴"为"举"，义例有《周礼·夏官·大司马》中的"进贤兴功，以作邦国"。"兴"为"成功"，义例有《国语·楚语上》中的"教备而不从者，非人也。其可兴乎！""兴"为"兴道""兴发"，义例有《周礼·春官·大司乐》中的"（大师）以乐语教国子，兴、道、讽、诵、言、语"。"兴"为"发动"，义例有《左传·僖公三十三年》中的"遽兴姜戎"。"兴"为"使兴起""使兴盛"，义例有《诗·小雅·天保》中的"天保定尔，以莫不兴"，《诗·大雅·荡》中的"天降慆德，女兴是力"，《论语·子路》中的"一言可以兴邦，有诸?"，《礼记·学记》中的"不兴其艺，不能乐学"，等等。孔子开展诗兴教育时，也仍以"兴"为"起"（兴起、启发、开启），如《论语·八佾》曰："起予者商也！始可与言《诗》已矣。"

"兴"属最古老的汉字之列，殷商甲骨卜辞中已有大量"兴"字。"兴"为象形字，一般作祭名即兴祭，"兴祭"所祭为先公先王先妣，如"兴祖庚""兴妣戊""兴子庚""兴母庚"等等。[1]兴源起于华夏民族的先人们的原始巫术祭祀仪式活动，甚至在华

---

[1] 于省吾主编：《甲骨文字诂林》，第4册，中华书局1996年版，第2852页。

夏远古陶文中就已存在。1977年人们在河南王城岗遗址出土的一件陶器上发现一个象形字，这个古陶器文字的年代介于贾湖刻符与殷墟契文之间，其字形像两手有所执持，专家释为会意的"共"字，该字很可能即是最早的"兴"字。[1]"兴"的繁体为"興"。在殷商甲骨文中，"兴"为 ，像四只手或众人托举一物。甲骨文之"兴"字继续演变为金文之"兴"字，金文中的"兴"字，中间被举物下方增加了一个"口"字，或谓口字部首，突出"兴"过程中统一举力而歌唱或呼喊的特征。民国时期，罗振玉、郭沫若、商承祚等已对"兴"字有日趋精审的考辨和研究，"兴"的字义日渐明朗。郭沫若解"兴"为会意字，表示四手或众手共托一物；商承祚解"兴"为象形字，像四手各执盘之一角而兴起之。关于所托举之物，所举为何物，古文字学家亦有不同观点。或以为"盘"（商承祚），或以为"帆"（杨树达），或以为"同"（李孝定），或以为"酒爵"（孔颖达），傅道彬亦认为所举之物为"酒杯"，等等。其中以释为祭祀用的"盘"较妥。郭沫若则认为是"槃"（盘），且有盘旋、旋转之意，带有神采飞逸的气氛。徐中舒认为，"兴"的甲骨文字形是像四手托"凡"或从"口"，意为举起或祭名。[2]

---

[1]《"大哉嵩山·东方欲晓篇"系列之二：嵩山铜之于青铜时代》，《大河报》2006年8月28日。

[2] 关于"兴"的古文字考证研究，可参见陈世骧《陈世骧文存》，辽宁教育出版社1998年版，第148—157页；傅道彬《诗可以观：礼乐文化与周代诗学精神》，中华书局2010年版，第157—158页；丁进《周礼考论——周礼与中国文学》，上海人民出版社2008年版，第264—266页。

"兴"作为殷商甲骨文中一个重要的象形会意字，像众人举物之形、会托物起舞之意。"兴"的字形即是表征祭祀仪式中身体（动作）、祭器（祭物）、情感或精神的兴腾上举。在甲骨文中，"兴"更为普遍的义例是祭祀名，即"兴祭"，先秦史传典籍中亦有相关记载。依据周代礼乐制度，各种重要的祭祀典礼仪式上都会出现"兴"这种大型乐舞即"兴舞"（《周礼·地官》与《周礼·春官》）。与之相对，"凡小祭祀则不兴舞"（《周礼·地官》）。王国维《宋元戏曲考》指出："歌舞之兴，其始于古之巫乎？巫之兴也，盖在上古之世。……巫之事神，必用歌舞。"[1]据陈梦家考论，甲骨卜辞中的"舞"字多与求雨的祭祀活动有关。[2]王秀臣依据第三、四期的甲骨卜辞研究过商人的"万舞"，认为"万舞"是舞羽的祭祀之舞，用于祭神求雨。[3]我们可以证之以史传文献《周礼·春官·司巫》的记载："司巫掌群巫之政令，若国大旱，则帅巫而舞雩。"《诗·邶风·简兮》一诗中也描述了"万舞"之舞容："简兮简兮，方将万舞"；"硕人俣俣，公庭万舞"。从原始巫祭之舞的"举物起舞""举物起兴"，到《诗经》乃至后世诗歌创作的"即物起兴""托物起兴"，是一脉相承的。《诗·周颂·般》中有关于上古"般舞"的记载，《诗序》云："《般》，巡守而祀四岳河海也。般，乐也。"[4] 章太炎

---

[1] 王国维：《王国维文学论著三种》，商务印书馆2001年版，第58页。
[2] 参见彭锋《诗可以兴：古代宗教、伦理、哲学与艺术的美学阐释》，安徽教育出版社2003年版，第63—64页。
[3] 王秀臣：《三礼用诗考论》，中国社会科学出版社2007年版，第129—130页。
[4] 毛亨传，郑玄笺，孔颖达疏：《毛诗正义》，载李学勤主编《十三经注疏》，北京大学出版社1999年版，第1375页。

曾撰《六诗说》一文，提出"教六诗：曰风，曰赋，曰比，曰兴，曰雅，曰颂"（《周礼·春官·大师》）中的"六诗"皆为诗体，并引"廞，兴也，兴言王之行。谓讽诵其治功之诗"（《周礼·春官·大师》）之说认为"廞（兴）"为"讽诵王治功之诗"，"此为兴，与诔相似，亦近述赞"。[1]丁进踵事增华，进一步指出，在《周礼》的诗乐体系中，"兴"是一种诗体。丁进同样援引郑玄注《周礼·春官·大师》"大丧，帅瞽而廞"所笺"廞，兴也，兴言王之行，谓讽诵其治功之诗"，以及郑玄注《周礼·天官·司裘》"大丧，廞裘，饰皮车"所笺"玄谓廞，兴也，若《诗》之兴，谓象似而作之"，并进一步援引今人关于"兴"的甲骨文、金文字义的相关解释，最终得出结论："兴"为悼念死去的周王的旨在招魂的丧礼仪式，具体而言，即是瞽矇演唱的祭奠诗。[2]

在古汉语中，"兴"亦为"欣"（歆、喜）。例如，《说文·女部》谓"兴，说也"；《广雅》谓"兴，喜也"；《尔雅》谓"歆、喜、兴也"；《礼记·学记》有云"不兴其艺，不能乐学"，郑玄注曰："兴之言喜也，歆也。"[3]郑玄即曾以"喜""歆"注"兴"，指出了礼乐教化之兴给人们带来的或所具有的喜悦之情。

---

[1] 章太炎：《六诗说》，载刘梦溪主编《中国现代学术经典·章太炎卷》，河北教育出版社1996年版，第176—179页。

[2] 参见丁进《周礼考论——周礼与中国文学》，上海人民出版社2008年版，第216、255—269页；郑玄注，贾公彦疏《周礼注疏》，载李学勤主编《十三经注疏》，北京大学出版社1999年版，第613页。

[3] 郑玄注，孔颖达疏：《礼记正义》，载李学勤主编《十三经注疏》，北京大学出版社1999年版，第1058页。

傅道彬亦认为,"廞"字在《周礼》中凡十六见,都与祭祀有关,并引《尔雅·释诂》"廞、熙,兴也"("兴"通"廞""熙""嬉")认为"兴(廞)"在《周礼》中为一种伴随歌乐舞的祭祀仪式,有游戏快乐之象征意味。[1]

依据古文字学家的研究成果,应当将"兴"以及与之相关的"巫""礼"等汉字加以互证。从字源上看,它们都是中国最早出现的古文字,共同表征着中华上古时代原始宗教文化的源头,对其进行相互参证有助于丰富我们对"兴"的认识。甲骨文"巫""豊""兴"字都是象形会意字,甲骨文的"巫"像在天地间双手起舞以通神降神者;古"豊"是以某种虔敬美物致敬鬼神以祈福的祭祀仪式活动;[2] "兴"是以舞通神降神的原始宗教仪式活动。原始巫祭之兴即是原始初民托举某种祭品并以歌舞仪式的方式来祀神、祈神、娱神、迎神、降神,以求达到神人沟通与祈福禳灾之目的。"兴"字比"诗"字要古老得多。甲骨文、金文中有"兴"字而未见"诗"字,"诗"字始见于"六经"。《说文解字》释"诗"为"志也,从言寺声"。中国上古艺术和兴祭仪式最初是歌乐舞浑然一体的,在原始艺术和兴祭仪式的咏叹、抒发、舞蹈等古义中进一步衍生出更为专门的"诗"字及其意涵。金文中有"寺"字、"止"字,"止"有"之"(往)、"止"(顿)二义,二者皆为"诗"字的部首和义素。陈世骧依据《说文》论

---

[1] 傅道彬:《诗可以观:礼乐文化与周代诗学精神》,中华书局 2010 年版,第 158 页。
[2]《说文解字》云:"禮,履也,所以事神致福也;从示从豊,豊亦声。""礼"所敬献之物或谓"玉",从王国维;或谓"磬",从《周礼》;或谓"豆",从许慎;或谓"鼓",从《周礼》《礼记》和郭沫若;或谓"酒",从白川静。

"诗"字"从言寺声"与清人王筠、今人杨树达对"之""止"的考释,并贯通《诗大序》和《尧典》,认为"止"有如英文中"人生"(life)一词的"去"和"留",中国"诗"字的本义为"志之所之"与"在心为志"的统一,是"志以发言"与"志以定言"的统一。[1]陈世骧在此揭示了"诗"的主观抒发动机与客观化和符号化定型的辩证关系。

尤其值得指出的是,陈世骧《原兴:兼论中国文学特质》一文是现代学者对"兴"的探源性研究的开拓性之作。陈世骧援引罗振玉、商承祚和郭沫若等古文字学家对"兴"的古文字字义的研究成果,将"兴"解为"上举欢舞"。

陈世骧认为,"兴"像四手或众手举盘而发出的拟声,也像郭沫若所说的,"兴"不仅是众人举物,而且是"盘旋而舞",慢慢发展为后期的"盘游"(《尚书》)、"盘桓"(《周易》)、"般乐"(《诗经》)。因此,陈世骧认为,"兴"乃是华夏原始初民在欢庆原始节庆、农业劳作和子孙繁衍时的"上举欢舞"的仪式活动。陈世骧指出:"'兴'乃是初民合群举物旋游时所发出的声音,带着神采飞逸的气氛,共同举起一件物体而旋转;此一'兴'字后来演绎出隐约多面的含意。"[2]此文在中国感兴美学研究史上具有重要的理论开创意义,产生了很大的学术影响。"兴"作为"上举欢舞",兼具仪式中的舞者身体与精神同时上举

---

[1] 参见陈世骧《中国"诗"字之原始观念试论》,载张晖编《中国文学的抒情传统:陈世骧古典文学论集》,生活·读书·新知三联书店2015年版,第90—95页。

[2] 陈世骧著,张晖编:《中国文学的抒情传统:陈世骧古典文学论集》,生活·读书·新知三联书店2015年版,第113—117页。

的双重意义，尤其是情感和精神方面的激昂与升腾。王一川的相关研究与陈世骧有异曲同工之妙，也从古文字字义考释和文艺美学理论阐释的双重视域对"兴"的古义进行研究。[1]王一川援引商承祚等人关于甲骨文、金文中的"兴"字字形中的"口\同"的辨析，认为"兴"即是原始时代歌、乐、舞三位一体的巫术仪式，其核心意义是以集体歌舞的形式实现同心协力，达到人人合一与天人合一。如前所述，章太炎及今人丁进等人不是从甲骨文释读出发，而是依据《周礼·天官·司裘》和《周礼·春官·大师》中的"兴""廞"互训以及郑玄笺注来做出新的阐释，以"兴"释"廞"，"兴""廞"互释。[2]他们从史传文献考证中得出的结论与现代古文字学家从甲骨文考证中得出的结论精神实质是相通的。傅道彬等当代学者则依据《尔雅》释"兴"为"熙、嬉、戏"，即礼乐祭祀仪式中的艺术和审美的游戏。[3]后两种"兴"义释读虽不同于前者依据"兴"的古字将"兴"视为兴舞或舞踊，但二者仍有相通之处：赞颂先王的讽诵、祈雨求福的雩舞（演变为后来的风乎舞雩的游戏）与兴舞一样，仍是广义的歌乐舞一体的原始宗教祭祀或礼乐仪式。

综上所述，关于"兴"字的甲骨文、金文乃至《周礼》中的

---

[1] 参见王一川《"兴"与"酒神"——中西诗原始模式比较》，《北京师范大学学报》（哲学社会科学版）1986年第4期。

[2] 参见丁进《周礼考论——周礼与中国文学》，上海人民出版社2008年版，第261—263页；郑玄注，贾公彦疏《周礼注疏》，载李学勤主编《十三经注疏》，北京大学出版社1999年版，第613页。

[3] 傅道彬：《诗可以观：礼乐文化与周代诗学精神》，中华书局2010年版，第158页。

"兴"字的象形和会意可多方索解，我们可从中辨析出"兴"字极为丰富的古义。不妨分别解为："兴"即巫（或"兴"即祭），"兴"即舞，"兴"即举，"兴"即作，"兴"即起，"兴"即生，"兴"即同，"兴"即和，"兴"即颂，"兴"即诗，等等。"兴"是华夏原始初民的巫术祭祀仪式活动，与华夏古代"仪式"，异名而实同，二名而一物。"兴"作为原始巫祭乐舞的仪式活动，包含祭祀器物的上举（或抬起、举起）、祭祀者躯体动作上的腾举（或盘游、呼叫）、讽诵歌舞之辞的发端（或歌唱）与精神情感的升腾（或激昂、发扬）等多重含义，体现了华夏先民的生命感发、生命张扬状态和回归生命本原的生命精神。这种原始祭祀的巫舞之兴是一种自然与文化浑然不分的原始之兴，实质是一种沟通人神、神人以和、人神合一的生命活动和精神活动。它包含了轴心期以及后世中国文化的天人合一、群己合一、物我同一、万物一体，与天地共生的生命激发体验和生命升华体验的胚胎。

　　在今人看来，这种原始巫术祭祀之兴似乎过于迷信和落后，然而，它却是人类生命意识的最初萌芽，是人类超越动物的类意识和类精神之渊薮，是源于自然又超越自然的人类文化的最初形态。试问，天地之间，除了人类之外，还有哪个物种具有这种仰望星空、祭祀神明、寻根祀祖的生命精神？兴表现了华夏始祖与先民不满足于现状而企图掌握自然规律和自身命运的生命意志与精神追求，是人类高于一般动物而为万物之灵长的最初表征。兴的精神实质正是华夏民族与个体最初的生命意识的觉醒，是华夏先民对自身命运的最初把握以及对自由超越境界的最初向往。兴是既感性又超越的，具有感性特征与超越性境界双重特质。中华民族先民以兴文化和兴审美来实现天人合一、群己合一、历史和现实及未来合一以及生命超越与精神升华的人生理想。兴因而充满激情性、非凡性品质，具有震撼人心的巨大生命力量和精神力量。上古巫祭之兴作为一种华夏早期文化，生成了华夏民族先人的生命意识和族类精神，高度激活了华夏先民的生命潜能，升华了华夏先民的精神世界。中华民族先民以兴文化和兴审美来实现最初的生命超越与精神升华。

虽然作为原始兴祭或巫祭形式的原始古兴消失了，但作为生命本源和精神本源的原始兴祭及其原始兴象深深地沉淀于华夏民族的集体无意识之中，转化为后世的《诗经》比兴和诗歌感兴，成为后世诗歌艺术兴象隐微的深层文化根源。"它融会在中华文化的血脉里，内化成中国文化的内在精神。"[1]后世不断对其内涵加以丰富和扩展，使之生生不息而发扬光大。原始初民兴的原始文化积淀，孕育了后世中华艺术与美学的基因和萌芽。原始巫祭之兴中的种种思维方式、象征手法和精神气质，都转化为中华后世艺术审美的原型。兴作为华夏先民的审美文化原型和精神胚胎，广泛渗透到中国古代自然审美、社会审美和文化审美的各个方面，形成一个庞大的"兴"术语群，如兴盛、兴旺、振兴、复兴等等，"兴"成为最具积极价值和文化意味的汉语词汇之一。并且，由"兴"这个词根渐渐衍生出一系列艺术和美学范畴，构成兴论美学庞大的范畴家族，如"比兴""兴喻""兴托""兴咏""感兴""触兴""起兴""仁兴""养兴""助兴""乘兴""兴感"

---

[1] 王秀臣：《礼仪与兴象：〈礼记〉元文学理论形态研究》，社会科学文献出版社2014年版，第18页。

"兴会""兴发""兴寄""兴象""寓兴""意兴""情兴""境兴""兴境""兴趣""兴致""兴味"等等。后世的艺术意象、意境、神韵等概念皆从审美感兴中生出。可见，兴的美学范畴史与理论展开史即是一部浓缩的中国感兴美学史、中国古典文艺美学史、中华美学和艺术精神的发展史。

第三节 原型批评理论视域下的感兴美学研究史

西方文化人类学及原型批评关于人类原始文化的研究，对华夏原始兴文化探究同样有借鉴意义。文化人类学及原型批评理论主要由泰勒、弗雷泽、列维-布留尔、列维-斯特劳斯（文化人类学家）、荣格（分析心理学家）、卡西尔（符号人类学或象征人类学家）和弗莱（神话原型批评家）等人所创建与发展。文化人类学及原型批评旨在追溯人类现代文化的古代基础，从探究原始人的原始思维活动及其集体表象入手，探索原始社会人类活动（尤其是原始宗教、巫术、图腾、祭祀、神话活动）的起源和特点，研究人类原始文化的起源和变迁及其对文学的影响，以揭示人类文化和文学发展的普遍规律和文化模式。因此，在研究方法和路径上，文化人类学及原型批评具有文化考古、结构还原与互文互证的特色，既有全景式图绘，又有微观式探测，因而被称为真正具有国际意义的文学批评。兴为华夏先民的原始巫术祭祀仪式，却孕育了中华上古文化和艺术的胚胎，对于中国古典艺术和美学具有文化原型的地位和作用。西方文化人类学中的原始巫术祭祀仪式研究对于中国上古的原始巫术祭祀之兴的研究具有他山之石的参考价值。

西方原型批评理论是20世纪后期正式传入中国的，但在20世纪初，西方神话学、民俗学、社会学和人类学等随着西学东渐已在中国得到广泛传播。[1]中国现代学术史上，钟敬文的《楚辞中的神话和传说》、茅盾的《中国神话研究ABC》、闻一多的《神话与诗》、郑振铎的《汤祷篇》等著作为中国现代文学批评家借鉴和开展神话—原型批评的先声。例如，早在20世纪30、40年代，闻一多就率先引入西方文化人类学理论方法，从原始宗教、图腾崇拜以及隐喻修辞的角度出发，阐释中国古典诗歌的兴象起源问题。闻一多开创了以神话学和文化人类学方法研究中国上古神话、图腾及其对《诗经》影响的先河，对后来的《诗经》研究产生了极大的示范性影响。[2]闻一多的研究被其弟子孙作云更进一步地发扬，孙作云自觉运用神话学、民俗学、人类学方法研究中国古代神话传说和《诗经》与《楚辞》等作品。例如，孙作云认为周先祖以熊为周部族的图腾，提出殷商部族的图腾为"燕"（玄鸟），并进一步考释出图腾制、外婚制对殷人的禖祭仪式和上巳祓除的影响，认为《郑风·溱洧》描写了这种古代民间祭祀风俗。[3]

如前所述，最早注意到兴在中国古代诗学史上始源性地位的

---

[1] 参见陈厚诚、王宁主编《西方当代文学批评在中国》，百花文艺出版社2000年版，第151页。

[2] 参见闻一多《神话与诗》，上海人民出版社2006年版。

[3] 参见孙作云《孙作云文集》，第2卷，河南大学出版社2003年版，第87—104页；《孙作云文集》，第3卷（下册），河南大学出版社2003年版，第852—869页。

是旅美学者陈世骧先生。陈世骧《原兴：兼论中国文学特质》一文较早地吸取我国现代古文字学家对"兴"的甲骨文和金文字义的研究成果，同时借用西方文化人类学和原型批评等理论成果，将其运用于中国古典诗歌史上的抒情文学传统研究，对"兴"进行了富于新意和启迪价值的探索，成为感兴美学研究学术史上的一篇重要文献。陈世骧认为，《诗三百》是中国古代最典型的诗歌文类，而兴则是其原始形态。陈世骧解"兴"为原始初民的"上举欢舞"的仪式活动，并据此对《诗经》的起源和艺术特质做了深刻阐发。陈世骧认为，本为中华原始民歌的兴，于西周初年进入肃穆的宫廷和宗庙。周人在宫廷的鼓励下，使用以往传统的主题来歌唱他们眼前的感受。尽管《诗三百》多是周代的作品，但其典型胚胎是来自远古进化的原始之兴及其标本，兴之成分即此标本初形。兴留存在《诗经》作品里，是后世所冥想憧憬的艺术典型，也是后世诗人所竞相追求的艺术目标。一直到毛公传诗的时代，兴的记忆仍然被保存，并进而演化为中国诗学理论的基础。总之，正如作者所言，该项以初民"上举欢舞"之兴的起源来探究《诗经》等中国早期诗歌的起源和流变的研究，既是发展式的研究，也是还原式的研究。[1]

周策纵更为详细地推进了陈世骧的原兴研究，认为兴作为一种"陈物而歌舞"的巫祭之舞，演变成后世《诗经》的"即物起

---

[1] 参见陈世骧《原兴：兼论中国文学特质》，载张晖编《中国文学的抒情传统：陈世骧古典文学论集》，生活·读书·新知三联书店2015年版，第137页。

兴"。[1]日本汉学家白川静则将兴释为中国古代原始宗教仪式活动中的发想法和修辞法。[2]前已论析，兹不赘述。

新时期以来，李泽厚、王一川、赵沛霖、叶舒宪、傅道彬等人都挪用西方文化人类学和神话—原型批评理论展开了中国上古文化起源和原型的研究，比如，李泽厚率先在《美的历程》中探索了华夏原始歌舞与图腾崇拜的关系。李泽厚在该书中赓续了闻一多之《伏羲考》、郭沫若之《青铜时代》和王国维之《宋元戏曲考》的研究，运用文化人类学的方法研究了华夏原始图腾和歌舞，认为原始歌舞（乐）和巫术礼仪（礼）在远古是二而一的东西，它们与氏族、部落的命运直接相关而不可分离。李泽厚指出：

> 龙飞凤舞——也许这就是文明时代来临之前，从旧石器渔猎阶段通过新石器时代的农耕阶段，从母系社会通过父系家长制，直到夏商早期奴隶制门槛前，在中国大地上高高飞扬着的史前期的两面光辉的、具有悠久历史传统的图腾旗帜。[3]

新时期以来，国内大陆学术界较早结合中西比较美学与文化人类学方法对兴这一重要美学范畴作专题研究的是时任北京师范大学

---

[1] 参见周策纵《古巫医与"六诗"考：中国浪漫文学探源》，上海古籍出版社2009年版，第141页。

[2] 参见白川静《中国古代民俗》，何乃英译，陕西人民美术出版社1988年版，第49页。

[3] 李泽厚：《美的历程》，中国社会科学出版社1984年版，第13页。

中文系文艺学博士生的王一川,见于其《"兴"与"酒神"——中西诗原始模式比较》(《北京师范大学学报》1986年第4期)这篇重要论文。在该文中,王一川将中国美学兴之精神与西方美学的酒神精神这两个关键词相比较,提出"诗言志"源于"诗言兴",兴作为原始的歌、乐、舞统一的上古仪式活动,核心在"同"与"舞",兴就是在对个体和族类生命的无限欢欣中达到对永恒的大同模式占有和享受,因而成为中国诗的原始模式。王一川的这些观点可谓发前人之未发。近年来,王一川又致力于将兴论美学与修辞论诗学融合,倡导兴辞论诗学研究,产生了很好的学术反响。这是后话,留待本书后面章节来论述。

赵沛霖的《兴的源起——历史积淀与诗歌艺术》(1987年)一书是最早专题研究兴的源起及其对中国古典诗歌艺术之影响的重要专著之一。赵沛霖在写作创意上庶几受到尼采《悲剧的诞生》一书的启发,与王一川《"兴"与"酒神"——中西诗原始模式比较》一样,该书对兴作为仪式文化原型的源起及其后来在中国古典诗歌艺术中的积淀、演化与传承,进行了详细精审的研究,致力于通过对华夏上古多种原始兴象起源的揭示来证明诗歌艺术兴象生成于原始宗教兴象。该书主要探讨四类原始兴象即鸟类原始兴象、鱼类原始兴象、树木原始兴象、虚拟原始兴象的起源与原始宗教的四种图腾意识之关系。作者提出,《诗三百》和逸诗中的诗歌起兴主要也是这四类,即以鸟类起兴的诗,以鱼类起兴的诗,以草木起兴的诗,以虚拟动物如龙、凤、麟起兴的诗。由此,作者揭示出原始兴象对诗歌艺术主要是《诗经》比兴艺术所产生的深刻影响。[1]该书在当代感兴美学研究学术史上产生了重要影响。

胡晓明的《中国诗学之精神》（1990年）虽不是比兴研究专著，但该书开篇即设专章研究比兴问题，而且明显运用了人类学、民俗学和原型批评等方法。胡晓明认为，比兴乃是中国诗歌的根本大法，为后世诗学提供了根深蒂固的范式与原型，可视为中国诗学之基因。[2]叶舒宪更是自觉地引入西方神话—原型批评方法，致力于中国早期文化和文学研究，其中包括对兴的研究。叶舒宪早在《符号：语言与艺术》（1988年）一书中就从神话思维的角度探讨中国古代诗歌比兴的起源，认为比兴是"神话思维的遗留物"[3]。在《诗经的文化阐释——中国诗歌的发生研究》（1994年）一书中，叶舒宪指出："作为引譬连类的'兴'不只是修辞技巧，而且也是一种类比联想的思维推理方式，它充分体现着先秦理性的'诗性智慧'形态。""真正透彻地理解'兴'这个中国诗学的核心概念所特有的文化蕴含将是从整体上把握中国文学特色的一个有效基点。""'兴'的思维方式既然是以'引譬连类'为特质的，它的渊源显然在于神话思维的类比联想。"[4]叶舒宪也较早从神话思维和诗性智慧角度阐发兴的诗兴

---

[1] 参见赵沛霖《兴的源起——历史积淀与诗歌艺术》，中国社会科学出版社1987年版，第12—90、179—192页。
[2] 参见胡晓明《中国诗学之精神》，江西人民出版社1990年版，第3—42页。
[3] 俞建章、叶舒宪：《符号：语言与艺术》，上海人民出版社1988年版，第158页。
[4] 叶舒宪：《诗经的文化阐释——中国诗歌的发生研究》，湖北人民出版社1994年版，第392、394、409页。

价值与文化意义。

　　傅道彬也是较早借鉴文化人类学的理论方法研究中国古代文化和古代文学起源和原型并取得重要成果的当代学者之一。傅道彬在《中国生殖崇拜文化论》（1990年）一书用文化人类学和原型批评方法研究中国上古文化的起源和中国古代生殖崇拜文化传统，其中有些章节论及中国上古文化原型与文学创作的关系。傅道彬的这一研究成果还以单篇论文的形式发表，见于其《兴与象：中国文化的原型批评》（《学习与探索》1989年第4—5期）一文，进一步论述了中国文化的原型系统是兴与象，提出《诗经》之兴与《易经》之象是中国艺术和中国哲学的原型这一重要观点。随后，傅道彬在《晚唐钟声：中国文化的原型批评》（1996年）一书中继续运用原型批评方法系统阐述中国文化与文学象征意蕴。该书第一章继续以"兴与象：关于原型的古老诠释"为题，对中国古典诗歌兴象的原型意义进行了高屋建瓴式的总论。袁济喜的研究也同样体现出文化人类学的视域和方法。他指出："从文化人类学角度来说，'兴'作为中国古典美学的关键性范畴，凝缩了中国文化自古至今的元素，它保留了原始艺术生命活动与艺术思维的因子，同时糅杂了理性年代的艺术观念，是由多重层次所组成的。""'兴'作为中华民族独特的艺术思维方式，其最早的原始蕴涵乃是从先民们的宗教活动与天人一体的思维模块中发生的。"[1] 作者认为，兴凝缩了中华民族先民的原始生命、原始艺术和原始思维等多重意涵。袁济喜在其后的论文中

---

[1] 袁济喜：《兴：艺术生命的激活》，百花洲文艺出版社2001年版，第137、138页。

进一步阐发了这个观点,指出:"从诗歌创作的角度来说,《诗经》中积淀了远古生民对自然和社会进行观物取象与引譬连类的思维习惯,将'兴'作为客观外物与主观情感之间的触发点,由此及彼,由物及我,中华民族艺术生命的激活,在'兴'之中获得了升华。"[1]

近年来,一些优秀青年学者在感兴美学研究中也注意运用文化人类学和原型批评的理论方法。例如,陈丽虹的《赋比兴的现代阐释》(2002年)是一部系统回顾总结中国现代学者阐释赋比兴的力作。作者在综合梳理前人研究成果的基础上,认为《周礼》之兴保存了兴的原始质素,指出:"无论是初民合举物旋游时发出的声音,还是由陈器物而兴祭所引申为一般意义上的'象似而作'的颂赞祝诔之辞,都是从原始质素的角度,探讨'兴'与原始宗教文化的遗存,与原始思维属性的关系。"[2]李健在《比兴思维研究——对中国古代一种艺术思维方式的美学考察》(2003年)一书中也自觉运用西方人类学家列维-布留尔和列维-斯特劳斯的原始神话思维理论研究比兴思维,更在该书第二章明确指出,比兴思维脱胎于原始思维,原始兴象作为图腾崇拜观念的遗存,成为美的萌芽,对《诗经》创作产生了重要影响,尤其影响了《诗经》创作中的隐喻思维。[3]刘怀荣的《赋比兴与中国诗学研究》(2007年)一书也深受西方仪式学派和原型批评的

---

[1] 袁济喜:《兴:文学生命力的彰显》,《文史知识》2016年第7期。
[2] 陈丽虹:《赋比兴的现代阐释》,中国美术学院出版社2002年版,第60页。
[3] 参见李健《比兴思维研究——对中国古代一种艺术思维方式的美学考察》,安徽教育出版社2003年版,第56、74页。

启示，探讨了赋比兴的起源及其对中国诗学的影响。作者认为，兴与中国古代原始祭礼有关。原始兴祭作为一种原始宗教体验和民族文化心理原型，其特定的神灵观念、思维方式、审美感物方式等，成为集体无意识，深藏于民族文化的灵魂底处，穿越一代代祖先的心灵，一直流淌到我们的心中。[1]该书堪称一部自觉运用文化人类学方法探究赋比兴的历史起源和文化渊源的力作。

综上所述，充分见出文化人类学和原型批评视域下的中国古代感兴美学研究已然取得不少重要成果，成为今天我们进一步深入研究的重要起点。

第四节 兴的原始起源与华夏原始文化兴象

近代以来，西方学者较早开展对原始艺术的研究，其理论和方法可作为我们研究上古原始兴文化的历史起源的借鉴和参考。德国近代著名艺术史学家格罗塞在《艺术的起源》一书中，开创性地用人类学方法，从原始人的社会经济生活和社会精神生活的联系中探索艺术的起源。格罗塞明确指出："艺术的起源，就在文化起源的地方。"[2]他认为，艺术起源于各民族的原始文化。例如，在研究原始舞蹈起源时，格罗塞指出，狩猎部落的原始舞蹈都是集体活动，跳舞是公众宴会或期节的仪式，原始舞蹈的意义全在于统一社会的感应力，使人们在欲望和情感的驱使下为某一目的而行动。跳舞期间他们是在完全统一的社会态度之下，舞

---

[1] 参见刘怀荣《赋比兴与中国诗学研究》，人民出版社2007年版，第115页。
[2] 格罗塞：《艺术的起源》，蔡慕晖译，商务印书馆1984年版，第26页。

群的感觉和动作正像一个单一的有机体。[1] 在论及原始诗歌的起源时，格罗塞认为，原始狩猎民族的诗歌，由于没有文字记载和传播，只能通过口头创作和传播。原始民族用以歌咏他们的悲伤和喜悦的歌谣，通常不过是用节奏的规律和重复等简单的审美形式来表现。原始诗歌的作用重在联结后代人，使之在听到祖宗的忧患、分享祖宗的情感时，能够感觉到自己是所属集团的成员。[2] 德国现代美学家和艺术理论家玛克斯·德索（Max Dessoir）在看待原始艺术与原始宗教的关系时，认为在原始部族中，戏剧、舞蹈、音乐形成了一种协调的综合艺术，一般说来它总是与宗教仪式有关。[3] 李斯托威尔也指出：

> 原始社会的艺术活动，像它们的宗教生活与信仰一样，总的说来，是一种社会的或集体的功能，而不是个人的功能。它是全体成年的成员共同劳动的成果，是整个社会共同举行的魔术仪式的成果，是整个部落共同的军事训练和战术活动的成果。至于近代艺术，则相反，主要地而且不可避免地是个人主义的，它总是向我们显示出某一个艺术家的气质和人格。……原始艺术，主要是无名作者的社会的产物，正如古希腊或近代欧洲的艺术，是个别的艺术家独立的劳动的

---

[1] 参见格罗塞《艺术的起源》，蔡慕晖译，商务印书馆1984年版，第170—172页。

[2] 参见格罗塞《艺术的起源》，蔡慕晖译，商务印书馆1984年版，第176、208、210页。

[3] 参见玛克斯·德索《美学与艺术理论》，兰金仁译，中国社会科学出版社1987年版，第244页。

产物一样。原始艺术,毫无例外,是属于整个民族的。[1]

西方学者对原始艺术和原始文化的研究,对于我们研究中国古代诗兴美学的文化起源有借鉴价值和参考意义。王国维指出:"歌舞之兴,其始于古之巫乎?巫之兴也,盖在上古之世。……巫之事神,必用歌舞。"[2]王国维的这一思想观念和学术方法与西方近现代学者使用文化人类学等方法研究原始艺术有异曲同工之妙。

正如一切民族文化都起源于原始文化一样,中国古代艺术也是起源于华夏原始艺术。原始艺术起源于原始人的劳动、生活和原始宗教仪式活动,经历了原始自然崇拜至原始氏族和部落图腾崇拜至祖先崇拜至上神崇拜(上帝崇拜)及其原始思维与原始文化心理的建构和积淀的历史演进过程。西方文化人类学家和古代艺术史家普遍认为,原始时代不可能出现个人艺术或个性化艺术,原始艺术都是集体性、族类性的。意大利近代史学家维柯也认为,古希腊的荷马也不是某一个人,而是古希腊各民族人民。[3]正因为此,法国人类学家列维-布留尔认为,原始人是集体主体,原始人的意识充满大量集体表象。[4]中国古代艺术和感兴美学起源于华夏先民的原始图腾、巫术、祭祀文化尤其是原

---

[1] 李斯托威尔:《近代美学史评述》,蒋孔阳译,上海译文出版社1980年版,第204—205页。

[2] 王国维:《宋元戏曲考》,载姚淦铭、王燕主编《王国维文集》(上),中国文史出版社2007年版,第200页。

[3] 参见维柯《新科学》,朱光潜译,人民文学出版社1997年版,第443、450页。

[4] 参见列维-布留尔《原始思维》,丁由译,商务印书馆1981年版,第5页。

始歌舞艺术。华夏原始艺术是一种歌乐舞浑然未分的古朴艺术。尽管上古时代尚没有文字记载，但是，现代考古学研究、文化人类学研究可以佐证原始文化的存在。例如，大量各色各样的古代乐器的出土发现，内蒙古阴山地区上古岩画上的古代乐舞形象，中国各地出土的古代彩陶上的舞蹈形象，等等，无不证明了华夏初民的原始歌乐舞生活。现代一些古文字学和古史学专家考证，"乐""舞""巫""豊（礼）""鼓"等古文字多有关联性。今人考古发现的华夏上古时期的乐器文物（乐器、乐俑）亦可作为物证令人依稀想象华夏先人的原始乐舞。例如，甘肃、广西、内蒙古等地上古岩画中的原始乐舞形象，青海大通与甘肃马家窑文化遗存中的彩陶器物中的乐舞形象，山西襄汾陶寺文化遗址出土的乐器文物，等等，都证明了上古时代乐舞文化的兴盛。

在语言尚不完善、未有文字的原始时代，歌谣乐舞成为人类交流生活经验、沟通情感、传授知识的主要符号媒介。对此，鲁迅先生在其《汉文学史纲要》第一篇《自文字至文章》中精辟指出：

> 在昔原始之民，其居群中，盖惟以姿态声音，自达其情意而已。声音繁变，浸成言辞，言辞谐美，乃兆歌咏。时属草昧，庶民朴淳，心志郁于内，则任情而歌呼，天地变于外，则祗畏以颂祝，踊跃吟叹，时越侪辈，为众所赏，默识不忘，口耳相传，或逮后世。复有巫觋，职在通神，盛为歌舞，以祈灵贶，而赞颂之在人群，其用乃愈益广大。试察今之蛮民，虽状极狂獉，未有衣服宫室文字，而颂神抒情之

什，降灵召鬼之人，大抵有焉。吕不韦云，"昔葛天氏之乐，三人操牛尾，投足以歌八阕"（《吕氏春秋·仲夏纪·古乐》）。郑玄则谓"诗之兴也，谅不于上皇之世"（《诗谱序》）。虽荒古无文，并难征信，而证以今日之野人，揆之人间之心理，固当以吕氏所言，为较近于事理者矣。[1]

鲁迅先生目光如炬，看出了巫觋歌舞与上古原始艺术之兴的内在关联。由于上古时代没有文字，更没有录音录像，华夏原始初民的歌谣不能被记录下来，因此，今人无法见到初民们的口头创作。古书上那些托言为黄帝、尧、舜时期的《康衢谣》《击壤歌》《卿云歌》《南风歌》等语言精致而形式工整的古歌，当为后人所作，显然不必尽信。但有些史传文献记载的古朴歌谣是可信的。例如，华夏原始短歌如《候人歌》《燕燕歌》《葛天氏之乐》则质朴地反映了华夏民族歌谣的原始之兴。《吕氏春秋·音初》记载的"候人兮猗"当为一首反映华夏先民男女爱情意识的原始歌谣。《吕氏春秋·音初》记载的"燕燕于飞"亦为中国远古时代遗存下来的一首原始图腾歌谣。《吕氏春秋·古乐》还记载了东夷伏羲氏后裔葛天氏的部族舞蹈："昔葛天氏之乐，三人操牛尾投足以歌八阕：一曰《载民》，二曰《玄鸟》，三曰《遂草木》，四曰《奋五谷》，五曰《敬天常》，六曰《达帝功》，七曰《依地德》，八曰《总万物之极》。"[2] 可见葛天氏之舞的八阕，是原始

---

[1] 鲁迅：《汉文学史纲要》，人民文学出版社1973年版，第1页。
[2] 吕不韦门客编撰，关贤柱、廖进碧、钟雪丽译注：《吕氏春秋全译》，贵州人民出版社1997年版，第158页。

农业劳动舞蹈和祭祀舞蹈的汇合。司马相如创作《上林赋》时亦叙述了这个历史文化记忆:"奏陶唐氏之舞,听葛天氏之歌;千人唱,万人和;山陵为之震动,川谷为之荡波。"司马相如在《上林赋》中描写了表演葛天氏之歌与陶唐氏之舞时的盛况,其中"陶唐氏之舞"即由黄帝所作而经尧帝增修的祭祀乐舞《咸池》。可见,史传文献证明了这种原始的歌谣、巫术和神话即是原始之兴的活动方式。兴植根于华夏的古老神话、巫术和歌谣,孕育于中华上古原始宗教巫祭和神话传说,上古兴祭为感兴美学的文化渊源。

兴萌芽于华夏原始歌谣之兴与华夏原始宗教仪式乐舞之兴,前者多与原始初民的劳动生活和男女性爱仪式有关,后者多与原始初民的自然崇拜、巫术图腾祭祀仪式有关。兴不仅是原始宗教中的兴舞,也是原始劳动中的兴作。文化史和文化人类学研究表明,艺术起源于原始文化,中国古人对此也早有认识。南朝梁代沈约在《宋书·谢灵运传论》中指出:"虽虞、夏以前,遗文不睹,禀气怀灵,理无或异。然则歌咏所兴,宜自生民始也。"[1]艺术起源于原始劳动和原始狩猎舞。由于原始人的认识能力和实践能力还比较弱,原始人的生活方式是群居的。原始舞蹈从属于部族社会的原始劳动与原始宗教,与部族集体的生存息息相关,因此原始舞蹈是集体性的而非个体性的。缺乏集体性的原始艺术是难以想象也是难以传播和保留的。原始舞蹈的集体性生成了原始之兴的集体性。史传文献证实了华夏原始乐舞的集体性与原始

---

[1] 沈约:《宋书·谢灵运传论》,载郭绍虞主编《中国历代文论选》,第1册,上海古籍出版社1979年版,第215页。

之兴的集体性，先民的举重劝力之歌即是先民的劳动号子。例如，《吕氏春秋·淫辞》云"举大木之歌"，《淮南子·道应训》云"举重劝力之歌"，《淮南子·地形训》云"今夫举大木者，前呼'邪许'，后亦应之，此举重劝力之歌也"，等等，都生动反映了兴与华夏先民生产劳动形象的关系。

由于原始人认识自然、改造自然的能力不强，原始巫术祭祀的想象性活动在原始人的生活中更为重要。原始劳动歌舞与原始宗教歌舞往往合而为一。华夏原始之兴因而也与原始巫祭仪式有重要关联。例如，《吴越春秋》中的《弹歌》中有"断竹，续竹，飞土，逐肉"，《礼记·郊特牲》中的伊耆氏祭祀万物的原始蜡祭之祭歌《蜡辞》中有"土反其宅，水归其壑，昆虫毋作，草木归其泽"，都是华夏原始农耕时代先民们的祭歌，记录了华夏先民们在农业生产中所进行的原始祭祀仪式中的原始祝词、咒语或唱词。先民们禀着感应思维，相信这种祝语与自然万物之间有神秘的联系，这种祝语可以使农作物免受水旱虫害，祈求丰收。《弹歌》和《蜡辞》正是先民们的这种原始巫术思维和控制自然愿望的最初表达。日本汉学家白川静认为："'兴'的表达是暗示性的，吾人犹可以从歌谣所拥有的古代咒歌机能之痕迹，寻觅其本质。'兴'产生于原始的思维方式，原是咒术性的构思动机。"[1] 华夏先民们的原始巫术活动（巫音、巫歌、巫舞等）及其祝辞与咒语还被记录在殷商甲骨卜辞之中。例如，甲骨卜辞中的求雨巫祭歌："癸卯卜，今日雨。其自西来雨，其自东来雨，其自北来

---

[1] 白川静：《诗经的世界》，杜正胜译，台湾东大图书公司2001年版，第301页。

雨，其自南来雨！"（郭沫若《卜辞通纂》第三七五片）。此外，先秦两汉诸子著作中也有一些反映历史传说的记载。例如，《吕氏春秋·古乐》有朱襄氏求雨舞，这种原始求雨舞一直延续到夏商时期；神农氏的《扶犁歌》，等等，都是原始巫舞的具体表现形式。

兴的历史起点是原始巫舞之兴，是华夏先民最初的表达生命力量和精神追求的集体活动。这种原始巫祭歌舞之兴是一种自然与文化浑然不分的原始之兴，表征着中华民族最初的生命感发和生命张扬的文化精神。原始时代生产力十分低下，华夏民族的先民们在远古时代持有"万物有灵"的原始思维，因而原始宗教活动在先民们的精神生活中占有重要的地位。基于物我混同的原始思维与万物有灵的朴素观念，原始初民把自然界的一切都看成自己的同类。在原始初民眼里，自然万物与人一样有生命、有意志、有灵魂，人与自然之间有着神秘交感的内在联系，因而对自然万物怀有原始崇拜的心理，形成了人与自然物之间可相互感通和感兴的朴素的宇宙天地万物的大生命意识。他们认为，政事兴废、人生吉凶、生命寿夭、雷雨旱涝、植物繁茂、动物生长、部落繁衍、人丁兴旺等等，都需要祈求神灵和祖先福佑。兴正是源于原始初民的这种图腾崇拜和巫术祭祀活动，是原始初民的这种古老文化仪式活动及其原始生命意识的历史遗存。

随着上古历史的远去，虽然兴在特定历史阶段与祭仪的具体形式难以考证，但是，"灌礼""灌祭""祓禊""雩祭"等无疑是其中非常重要的巫祭仪式类型。白川静在《中国古代民俗》一书中指出："兴的字形是捧起同琩的形状。即行裸邑之礼，清洗圣所，招请神灵所用之物。《礼记·乐记》中有'降兴上下之神'……是说明通过礼乐与神明交往的途径；而起地灵是灌地之礼，即用鬯酒灌注圣所的礼节，称之为兴。"[1] 萧兵对《诗·豳风·东山》这样一首与"灌祭"或"雩祭"有关的风诗更有精彩分析。萧兵指出："零雨其蒙"犹言"丰沛的雨，你纷纷蒙蒙地下吧"，是跟请雨关系密切的兴辞。这些巫术性的兴呼、和声、乐句，必须重复许多次，才能实现"由量变导致质变"，以及"力量集中"的效果。所以，望雨之辞《东山》要反复兴呼：我徂东山，慆慆不归。我来自东，零雨其蒙。我东曰归，我心西悲。……我徂东山，慆慆不归。我来自东，零雨其蒙。果臝之实，亦施于宇。……我徂东山，慆慆不归。我来自东，零雨其蒙。鹳鸣于垤，妇叹于室。……[2]

综上所述，通过考辨甲骨文"兴"的象形与会意以及史传文献记载的原始艺术之兴等相关资料可以充分见出，"兴"的本义即是华夏先民们表达劳作情感、以歌舞求欢和降神的原始仪式活动，其中巫祭之兴具有特别重要的意义。原始部族成员同心协力举物起舞以祀神灵，以各种祭品和乐舞形式来祭祀神灵，旨在祀神通神、迎神降神、媚神娱神，达到"神人沟通""神人以和"与祈福禳灾之目的。原始巫祭之兴即是巫觋沟通人神的原始歌舞表演。对华夏民族先民来说，兴这种原始乐舞旨在张扬生命、抒发情感、协调族类、提升精神，希冀凭借兴的感发力量以沟通神

---

[1] 白川静：《中国古代民俗》，何乃英译，陕西人民美术出版社1988年版，第50页。

[2] 萧兵：《孔子诗论的文化推绎》，湖北人民出版社2006年版，第359页。

人、沟通天人、沟通群己而达到神人合一、天人合一、族类团结和群体和谐。在今人看来，这种原始巫术祭祀仪式似乎太过落后和迷信，然而，它是人类生命意识的最初自觉或觉醒的萌芽，是人类超越于动物的根本精神之渊薮，是源于自然又超越自然的人类文化最初形态。试想想，天地之间，除了人类之外，地球上还有哪个物种具有这种仪式之爱，这种仰望星空、询问天地神明、寻根问祖的生命精神？兴的精神实质正是华夏民族最初的生命意识的觉醒、是原始初民对命运的最初把握以及对自由的质朴向往，是华夏先民为万物之灵长（精华）的最初表征。可见，华夏原始文化是感兴美学的文化根源。

原始图腾巫术祭祀古礼是部族领袖引领部落全体成员祭祀本部族共同的图腾和祖先的仪式活动。最初的图腾崇拜与氏族关系尤为密切，图腾是氏族的徽标，标识着本部族的原始宗教和部族世系系统。图腾崇拜源于母系社会。大约在虞夏商时代，华夏原始宗教进一步从母系时代的图腾崇拜演进为父系时代的祖先崇拜。进入父系社会之后，图腾由母系的徽章演变为父系的徽章。祖先崇拜与父系社会的深刻关联可从古文字"祖"字的古体和古义反映出来。《说文解字》解释说："祖，始庙也。从示且声。""且"为男性生殖器的象形字，"示"与祭祀有关。丁山认为，甲骨文中，"示"即氏族社会时代的氏族图腾柱，古代围绕图腾柱而举行的祭祀为图腾祀。"严格地说，同一图腾即同一宗氏，氏族社会的组织，即以图腾祭的神示为中心。"[1] 从"示"到

---

[1] 丁山：《甲骨文所见氏族及其制度》，中华书局1988年版，第3、4页。

"祖"、从"示"到"宗",古文字的这一演变历程表征着祖先崇拜与父系社会的深刻关联。

更进一步,部族之间的交往、战争、兼并、融合,使得华夏上古氏族日趋融合为几个大的部族联盟,因此产生了更具综合性的氏族联盟图腾如龙凤图腾。从上古杂乱、众多的氏族及其图腾到比较集中的少数氏族或氏族联盟及其图腾的历史演进,反映了氏族社会的交流、兼并与融合。张光直接续并推进了丁山的这一研究,解释了甲骨文中的二百多个氏族名称只保留下来商周等少数部族的图腾和氏族名称的原因。[1]《左传·昭公二十九年》记载了上古五行之官与五祀仪式,反映了氏族社会的部族世系及其祭祀传统。祖先神后来继续演变为上帝神。华夏古史传说中的"五帝"正处于从祖先神向至上神转化的时代,具有祖先神与上帝神的双重属性。关于"五帝"的传说和记载有很多,《吕氏春秋·十二纪》认为五帝指"太昊、炎帝、黄帝、少昊、颛顼",《大戴礼记》和《史记·五帝本纪》认为五帝指"黄帝、颛顼、帝喾、尧、舜",这两种历史记载都涉及黄帝与颛顼,黄帝代表了华夏祖先神的时代,颛顼开创了华夏至上神时代。总之,华夏原始宗教文化经历了一个从图腾神、祖先神到至上神的演化过程,这个历史演化过程即上古文献中所记载的颛顼帝领导的"绝地天通"的宗教改革。

华夏初民眼里的人与天地万物的关系,经历了从颛顼帝宗教改革之前的天地自然相通或群类原始感通到颛顼帝"绝地天通"

---

[1] 参见张光直《中国青铜时代》,生活·读书·新知三联书店1999年版,第386页。

的宗教改革，亦即是由"巫"专司神职以沟通神人的历史演变；从颛顼帝的"圣俗界分"，再到虞夏商时代的"神道设教"。华夏原始宗教改革对原始巫术祭祀之兴及华夏原始先民精神产生了深远的影响。史传文献不仅记载了颛顼帝之作古乐的传说，例如，《吕氏春秋·古乐》记载："帝颛顼好其音，乃令飞龙作效八风之音，命之曰《承云》，以祭上帝"[1]，而且，史传文献中还有大量关于唐尧虞舜时期的古礼乐记载。例如，《尚书·虞夏书》之《尧典》与《舜典》[2]记载：帝尧令舜"慎徽五典，五典克从"，帝尧令契"作司徒，敬敷五教"，帝舜令伯夷"典朕三礼"。[3]最著名的当然是舜帝令夔典乐。

《尚书·舜典》等对舜帝时代乐官夔的典乐事迹有较明确的记载。舜帝命夔典乐，其中的"乐"即是祭神的歌诗舞原始合一的仪式性之乐。《尚书·舜典》记载："帝曰：'夔！命汝典乐，教胄子，直而温，宽而栗，刚而无虐，简而无傲。诗言志，歌永言，声依永，律和声。八音克谐，无相夺伦，神人以和。'夔曰：'於！予击石拊石，百兽率舞。'"[4]舜帝命夔典乐，担任乐正，

---

[1] 吕不韦门客编撰，关贤柱、廖进碧、钟雪丽译注：《吕氏春秋全译》，贵州人民出版社1997年版，第161页。

[2] 西汉伏生传今文《尚书·尧典》包括《舜典》在内，孔安国传古文《尚书》分立《尧典》与《舜典》，今人顾颉刚、刘起釪所撰《尚书校释译论》、金景芳、吕绍纲所撰《〈尚书·虞夏书〉新解》及王云五所撰《尚书今注今译》仍将《舜典》归入《尧典》，多数通行本从孔安国传本分列《尧典》与《舜典》。本书从孔安国传本。

[3] 江灏、钱宗武译注：《今古文尚书全译》，贵州人民出版社1990年版，第23、29、31页。

[4] 江灏、钱宗武译注：《今古文尚书全译》，贵州人民出版社1990年版，第33页。

其官职大致相当于后来西周时期的大司乐。其中的"诗"必不是《三百篇》,而是更为远古的诗歌。此外,《尚书·皋陶谟》《尚书·益稷》《今本竹书纪年·帝喾》等也记载了这些历史传说,而且提到了"箫韶九成,凤皇来仪"。修海林认为,"百兽率舞"象征着以虞舜为首领的中原氏族部落联盟中,各氏族图腾形象的集聚汇合。[1] 进而言之,"凤凰"是虚拟动物,是更具典型性和标志性的华夏民族图腾,华夏先民以为神的使者。显然,"百兽率舞""凤凰来仪"是上古乐舞之兴的生动表现。典乐的夔作为舜帝时代的著名巫师,同时也是著名的乐官,善于作乐以沟通人神,负有教胄子学习歌舞、修养品德、神人以和、和谐天下的职责。可见,上古时代的"诗言志"属于早期巫术祭祀宗教仪式文化或原始礼乐文化的组成部分,主要指歌舞仪式表演中的歌词,旨在祷告上帝与祖先,祈求"神人以和"。华夏原始图腾巫术祭祀之兴以歌乐舞诗浑然未分的古朴形式来与神明和祖先沟通,抒发了先民们的原始生命意识和生命意志,体现了华夏先民早期的象征思维和隐喻思维,反映了华夏先民祈求与神明和祖先沟通的神秘心理愿望和宗教情感体验,建构了一种神秘和神圣的精神空间和场域。

自颛顼帝宗教改革至虞夏商时期,华夏原始文化进入"神道设教"的历史阶段。虞夏商时代尤其是殷商时代的祭祀之兴即是对部族始祖的祭祀。殷人之"帝"既是殷人的祖先神,也是殷人的保护神。因此,殷商之礼有着明显的神圣性和神秘性。关于殷

---

[1] 参见修海林《古乐的沉浮——中国古代音乐文化的历史考察》,山东文艺出版社1989年版,第5页。

商的上帝神，我国台湾学者杜而未认为，史传文献记载表明，上帝是商朝的神。例如，"夏氏有罪，予畏上帝，不敢不正"（《尚书·汤誓》）；"先王惟时懋敬厥德，克配上帝"（《尚书·商书·太甲下》）；"肆上帝将复我高祖之德"（《尚书·盘庚下》）；"殷之未丧师，克配上帝"（《诗·大雅·文王》）。[1]李山引述并赞同徐旭生所撰《中国古史的传说时代》和晁福林所撰《论殷代神权》的观点，认为上帝不是至上神，而是殷人的保护神。[2]《周易·观卦·象传》指出："观天之神道，而四时不忒，圣人以神道设教，而天下服矣。"总之，兴孕育和萌芽于华夏远古原始巫术图腾祭祀仪式歌舞之兴。甲骨卜辞中的兴多为祭名。夏商巫祭古礼之兴即是史传文献中所说的以巫舞的方式"降兴上下之神"，祈求"神人以和"，实现人与神之间的感应、感通、应合、交流和沟通。《周易·豫卦·象辞》有云："先王以作乐崇德，殷荐上帝，以配祖考。"《礼记·乐记》亦云："礼乐偩天地之情，达神明之德，降兴上下之神。"

原本作为华夏先民的原始图腾巫术祭祀乐舞之兴，经历了由原始宗教仪式之兴，向虞夏商时代的古礼之兴，再向西周礼乐文明新礼之兴嬗变的历史演进过程。《三百篇》中的颂诗和雅诗以及周礼中的六代乐舞都是祭祀部族祖先的乐舞之歌。《诗·商颂》反映了商部族诞生的过程，"天命玄鸟，降而生商"，"帝立子生商"，早期的商颂即用于祭祀殷王和殷氏族的祖先神。《诗·大雅·生民》作为祭祀之歌，则记载了周部族从姜嫄履帝迹而诞生

---

[1] 杜而未：《中国古代宗教研究》，台北学生书局1976年版，第84—85页。
[2] 参见李山《诗经的文化精神》，东方出版社1997年版，第237页。

周始祖后稷及后稷如何学会稼穑的神话传说和英雄事迹，显然为父系时代祖先崇拜的历史记忆。于省吾则认为姜嫄所履之迹为周人远祖的图腾，反映了周人祖先的原始图腾观念。[1]

夏商周三代以来总的发展趋势是，巫术逐渐衰微而理性开始萌发并不断增强，巫祭之兴因而得到新的解放，这个剧变尤其发生在殷周之际。夏商巫祭之兴走出祭坛，随着殷周之变而嬗变为周代礼乐之兴。原始初民热烈狂放的原始宗教情感转化为西周时期文明典雅的伦理情感和艺术情感，积淀为华夏民族的集体无意识和原始意象、文化原型和精神原型。随着巫祭仪式演进为礼乐仪式，夏商巫祭之兴等早期宗教仪式活动中的颂赞祝诔的生命祝祷意识、"举物起兴"的古老思维方式、凝聚氏族情感的团结精神、"神人以和"的沟通和超越精神等等，从祭坛走向艺坛，转移到了诗歌、音乐、舞蹈等艺术领域，成为中国古代艺术之兴的文化渊源。因此，从虞夏商时期的巫祭仪式乐舞之兴转向西周礼乐文明之兴，是华夏上古文化史上的一个标志性的重大事件。华夏原始巫祭仪式"沟通人神"的古礼之兴，转变为西周礼乐仪式"沟通天人"的新礼之兴。兴陆续演进为周代沟通天与人、人与自然及人与人的"六诗"之兴、春秋诗教之兴与赋诗之兴、孔子诗教之兴、汉代经学之兴和魏晋之后的诗歌审美感兴之兴。尽管兴文化随着中华民族的理性智慧发展而渐次成熟和丰富，但原始巫舞之兴的生命觉醒与生命奋发的精神，人与天地万物合一的精神，部族集体的团结精神，无不凝聚在中华民族的文化血脉里，

---

[1] 参见于省吾《泽螺居诗经新证》，中华书局1982年版，第202页。

积淀为中华民族的集体无意识而绵延不绝。兴作为一种深刻的生命体验和深层审美心理，成为中国古典艺术的生生不息的生命本原、精神本原、文化原型和艺术本原，中华美学因而是以兴为发端的生命创造美学。中华美学精神与中国艺术生命伟力、创造活力、超越境界无不植根于兴的文化基因和精神胚芽之中，后世诗兴艺术和感兴美学的丰富意蕴也得以生成。

第五节　华夏原始兴象在中国上古诗歌创作中的历史积淀和艺术传承

兴乃中华上古文化的源头，兴在中国文化史、艺术史和美学史上具有特殊的意义。作为华夏民族最古老的文化萌芽和艺术胚胎，兴本为华夏初民的图腾崇拜和巫术祭祀仪式，体现了华夏初民的原始宗教情感与早期生命意识，是中华上古文化与艺术的土壤和雏形，并在上古诗歌艺术创作和后世历代艺术史中得以积淀、转化、传承和绵延不息的生动表征。王先霈指出："作为诗歌写作手法的兴，是诗歌史上的活化石，它保留了原始思维的属性和原始文化形态的遗存。"[1]"活化石"不是"木乃伊"，"木乃伊"是毫无生命力的历史陈迹，而"活化石"则是仍有生命力的古代生命体。

兴起源于华夏民族上古时代的原始巫祭仪式之兴与原始歌谣之兴，进入夏商周三代尤其是西周礼乐文明时代之后，积淀在

---

[1] 王先霈：《兴论新释》，《华中师范大学学报》（人文社会科学版）1998年第2期。

《三百篇》等上古诗歌艺术之中，成为《三百篇》等诗歌艺术的文化原型。格拉耐（Marcel Granet，又译作"葛兰言"）在《中国古代的祭礼与歌谣》一书中研究了《诗经》与中国古代的祭礼与歌谣的关系，认为《诗经》中的风诗和部分雅诗本为具有宗教和道德功能的民众歌谣，用于季节性的农事祭礼，后演变为后世官方礼乐仪式之歌。[1]《诗经》中的风雅作品未必都是民众歌谣，也未必都是用于农事祭礼。但是，从歌谣与祭礼（尤其是农事祭礼）关系的研究路径去探讨《诗经》起源是富有启发意义的。《诗经》中的诗歌作品渊源有二，或源于巫觋或部族领袖们的创作（如"断竹，续竹，飞土，逐肉"，"土反其宅，水归其壑，昆虫毋作，草木归其泽"等原始祝词、咒语），或源于华夏先民们在原始农业生产活动中创作的民间歌谣（如"举大木之歌""举重劝力之歌"）。前者演为后世的"颂"诗和"大雅"，后者演为后世的"风"诗和"小雅"。张树国认为，作为《诗经》艺术手法的兴实际上来源于上古乐官文化的兴祭仪式，通过交响性质的"大合乐"召唤神灵，营造神人以和的氛围。随着兴祭原始宗教色彩的淡去，凝固为《周礼》所说的"乐语"和《诗经》中的表现手法。[2] 关于华夏原始兴象之于早期诗歌创作以及周代诗歌的影响，古人早有精到见解，例如，唐代皎然指出："凡禽兽草木人物名数万象之中，义类同者，尽入比兴，《关雎》即

---

[1] 参见格拉耐《中国古代的祭礼与歌谣》，张铭远译，上海文艺出版社1989年版，第163、166—174页。
[2] 参见张树国《宗教伦理与中国上古祭歌形态研究》，人民出版社2007年版，第413页。

其义也。"[1] 除了原始兴象的历史积淀之外，周代诗歌"感物起兴"的比兴艺术的发达也与周人的农耕社会生活有密切关系。周代礼乐文明不同于殷商狩猎文明，周人的始祖为上古的农官，周代社会以农耕为主。发达的农业、周人的理性思维和德性思维、周诗的诗性思维都与比兴艺术相得益彰。周诗中的礼乐兴象多反映了周代农业社会的自然物象和生活场景，当然也接合和积淀了夏商古礼的原始兴象。与西方艺术的神性不同，中国艺术在西周之后，尤其是在魏晋之后，就开始走向自然性的审美道路。正如有论者所指出的："比兴所赖以产生的心态，为一种农业文化心态。春耕夏耘、秋收冬藏，日出而作，日落而息，唯有在农业文化心态中，方能对人与自然的生命节律，抱有极亲切的认同，方能于从容不迫中对人心与自然的相通，抱有一种不言而喻的意会。"[2]《诗经》的比兴以周人的诗歌为主体，实际上反映了周人以自然物象比况和兴发人的政治伦理道德的诗性思维传统。《诗经》中描写的数以百计的草木鸟兽虫鱼山川的自然物象，成为其比兴艺术意象的现实根源。

赵沛霖在《兴的源起——历史积淀与诗歌艺术》一书中对原始兴象与早期诗歌尤其是《三百篇》比兴意象之关系有精彩分析。赵著从鸟类原始兴象、树木原始兴象、鱼类原始兴象和虚构动物原始兴象等四类原始兴象入手，分析了它们对于《诗经》起兴艺术的深刻影响。

---

[1] 皎然著，李壮鹰校注：《诗式校注》，齐鲁书社1986年版，第24页。
[2] 魏家川：《先秦两汉的诗学嬗变——从"〈诗〉云""子曰"到"子曰诗云"》，学苑出版社2007年版，第315页。

其一，关于鸟类原始兴象及其对《诗经》的兴象的影响。原始鸟类兴象起源于原始的鸟图腾崇拜，发源于母系氏族社会，是母系氏族部落将母系首领的生育能力神秘化的产物。《吕氏春秋·音初》中也有关于商代祖先鸟图腾崇拜的记载：

> 有娀氏有二佚女，为之九成之台，饮食必以鼓。帝令燕往视之，鸣若谥隘。二女爱而争搏之，覆以玉筐，少选，发而视之，燕遗二卵，北飞，遂不反，二女作歌一终，曰："燕燕往飞"，实始作为北音。[1]

这首"燕燕往飞"是最早的以图腾原始兴象起兴的原始诗歌，表达的正是商部族对他们的祖先神灵的怀念和向往之情。据赵沛霖援引王国维《北伯鼎跋》对邶国考证后所做的分析，《诗经·邶风·燕燕》及其艺术起兴正是受到了"燕燕往飞"这首原始诗歌及其原始兴象的深刻影响，该诗反复以"燕燕于飞"的诗歌艺术兴象起兴，正是植根于"燕燕往飞"的原始兴象，"燕燕于飞"与怀念、赞美祖先的"燕燕往飞"有相承关系，"燕燕于飞"即"燕燕往飞"。[2]

其二，关于鱼类原始兴象及其对《诗经》的兴象的影响。鱼图腾崇拜也是华夏母系氏族社会的原始崇拜即生殖崇拜。闻一多

---

[1] 吕不韦门客撰，关贤柱、廖进碧、钟雪丽译注：《吕氏春秋全译》，贵州人民出版社1997年版，第186页。

[2] 赵沛霖：《兴的源起——历史积淀与诗歌艺术》，中国社会科学出版社1987年版，第19、20页。

等人对此早有开创性研究。赵著赓续闻一多的现代诗经学传统,对鱼类原始兴象进行了更为细致的探究。赵沛霖认为,由于鱼具有强大的生殖能力,在以鱼为崇拜对象的氏族看来,人们除了以鱼类为食物和祈求生产丰收之外,也祈求部族像鱼那样得到繁衍。换言之,鱼类图腾的崇拜出自先民们希望自己的子孙能像鱼类那样生生不绝。对于鱼类原始兴象,赵沛霖未能继续以诗歌作品为例加以论述,而是以对仰韶文化时期半坡彩陶上的"人面鱼纹"图对原始鱼类兴象做辅助分析。例如,半坡鱼纹彩陶盆中的鱼纹图即华夏先民以鱼为崇拜对象的氏族图腾,反映了先民们对鱼的繁殖能力和生命意识的向往和崇拜。[1]

其三,关于树木原始兴象及其对《诗经》的兴象的影响。华夏民族是一个以农耕为主的民族,树木原始兴象源于对土地的崇拜。孔子早就指出,学《诗》可以"多识于鸟兽草木之名"。可见,古人早已认识到《诗》与鸟兽草木的名称与物象之间的关系。赵沛霖认为,就现存的最古老的诗歌来看,以树木为"他物"起兴的诗,其"所咏之词"多是有关宗族乡里之思和福禄国祚观念的。前者如《诗经》中的《唐风·有杕之杜》《唐风·杕杜》,后者如《周南·樛木》《小雅·南山有台》。"他物"与"所咏之词"之间的联系不是偶然的,而是源于华夏民族农耕时代的

---

[1] 参见赵沛霖《兴的源起——历史积淀与诗歌艺术》,中国社会科学出版社 1987 年版,第 24—29 页。《诗经》及后世的文学创作中都有大量的鱼类意象。据孙作云的《〈诗经〉研究》,《诗经》中描写了 15 种鱼类。据胡朴安《诗经学》的统计,《诗经》中描写鱼类达 20 种。近年来,还有学者发表了关于《诗经》中鱼类意象的研究论文,也都深刻反映了《诗经》中鱼类艺术意象与鱼类原始图腾意象的关联性。

土地崇拜和祭祀土地之神的祭社宗教活动。《吕氏春秋·顺民》记载："汤乃以身祷于桑林。"《帝王世纪》亦云："汤祷于桑林之社。"桑树即是这样一种社树（社神），商汤以身祷告于商人的社树即桑林之神。后来，社树的宗教观念还增加了故国、乡里、福禄、国祚等意义。正是在这种社祭和社树的宗教观念的支配下，树木被逐渐神化，被赋予各种宗教意义。《诗经》中的树木兴象正是这种长期的宗教生活所培植起来的宗教观念和宗教情感，即祖先宗族、故国乡里以及福禄、国祚等观念内容被移植到诗中的结果。树木作为"他物"被摄取入诗，首先在于其宗教意义，这在一些诗中留有明显的痕迹。例如，《毛诗》关于《唐风》有一小序，称唐风"乃有尧之遗风焉"。《唐风·杕杜》以古鉴今，依然留存了唐尧时代的传说及遗风。唐地之风诗还见于春秋时期吴国公子季札观乐的历史记载之中："为之歌《唐》，曰：'思深哉！其有陶唐氏之遗民乎？不然，何忧之远也？非令德之后，谁能若是？'"此外，《豳风·鸱鸮》《大雅·緜》《小雅·小弁》等诗中也有社树意象。赵沛霖指出："《杕杜》等几篇诗歌的'所咏之词'与社树的想象的观念意义——乡里观念、宗族亲亲观念——暗相契合，恰恰反映了树木兴象起源的宗教本质。"[1]

其四，关于虚拟动物兴象的起源与祥瑞观念及其对《诗经》的兴象的影响。赵沛霖认为，华夏原始虚拟动物也叫神话动物。如龙、凤、麒麟等，这类动物实际并不存在，它们是初民在宗教观念支配下想象出来的。与其他几种原始兴象相比，这种虚拟动

---

[1] 赵沛霖：《兴的源起——历史积淀与诗歌艺术》，中国社会科学出版社1987年版，第36—47页。

物兴象的宗教色彩及其原始宗教观念表现得最为突出和明显。"从本质上看,以虚拟动物为'他物'起兴来源于一种特殊的物占——祥瑞,是祥瑞这一神秘的宗教观念在诗中的反映。"[1] 例如,上古逸诗《懿氏繇》即是一首以"凤凰于飞"起兴的诗歌。最为典型的是《诗经·大雅·卷阿》,郑玄笺曰"凤凰,灵鸟;仁瑞也"。该诗反复以"凤凰于飞""凤凰鸣矣"起兴,是一首典型的以凤凰祥瑞兴象引起"国祚兴隆、天下久长"祥瑞观念的诗歌。此外,凤凰兴象还见于《论语·微子》《论语·子罕》《庄子·人世间》《荀子·解蔽》《仪凤歌》《苻坚时凤凰歌》等作品之中。[2] 综上所述,赵沛霖关于中国古代诗歌原始兴象的研究是非常有意义的,揭示和解释了《诗经》中很多比兴和兴象的原始文化来源。历代《诗经》阐释学家们常常为《诗经》风诗中的某些作品的兴句与应句之间的关联难以寻觅而发出"不可以义理相求""无迹可求"的慨叹,盖因这种原始兴象经历了千百年的嬗变,积淀在华夏历代诗人的无意识深处。诗人一遇合适的景物和物象的触发,这些原始兴象就浮现于其意识层面,发为诗歌作品的兴咏之句。

赵沛霖揭示出兴的历史起源经历了一个从客观自然物象到宗教观念内容到前二者之间的习惯性联想到诗歌艺术兴象的演进过程。兴经历了从自然物的神化积淀为艺术的审美化,由原始宗教

---

[1] 赵沛霖:《兴的源起——历史积淀与诗歌艺术》,中国社会科学出版社1987年版,第49页。

[2] 参见赵沛霖《兴的源起——历史积淀与诗歌艺术》,中国社会科学出版社1987年版,第51—54页。

观念内容积淀为诗歌艺术形式的漫长的历史过程。兴是由自然物象与宗教观念内容的结合即原始兴象，到原始兴象所体现的自然物象与宗教观念之间的习惯性联想，再积淀为一般规范性的艺术形式而形成的。[1]

华夏原始兴象作为原始意象积淀在中国上古诗歌的创作之中，尤其是在周诗比兴艺术中得到传承，周代诗歌是其第一个艺术高峰。现存《诗经》305篇作品中，大部分都是西周时期的诗歌作品，其中的艺术兴象传承和发展了华夏原始艺术兴象，成为具有高度艺术性的比兴意象，显示了周人相当自觉地以兴来譬喻、兴发人的生命精神、审美情感以及教化伦理观念的文化意识。

第六节　西周礼乐文明仪式中的"乐语"之兴与"六诗"之兴

从夏商巫祭古礼的旧仪式之兴到西周礼乐文明的新仪式之兴，是中国古代乐舞诗兴文化、艺术和美学的一个重要历史突破与转折，亦即华夏巫术化、神秘化的原始宗教文化向西周理性化的人文文化转型的产物和标志。自西周礼乐文明时代开始，中国步入本民族古代乐舞诗兴文化和艺术精神发展史上的"轴心时代"。西周礼教化是对夏商巫祭古礼的"损益"的产物，是由"神道设教"转为"人文化成"的结果。西周礼乐文化奠定了中国古代感兴美学的"天人合一""人文化成"的文化原型、精神

---

[1] 参见赵沛霖《兴的源起——历史积淀与诗歌艺术》，中国社会科学出版社1987年版，第75、77页。

气质和艺术审美范型，西周礼乐文化制度是世界上最为丰富、完备和灿烂的礼仪文化体系，是一个传统与创新相结合的礼乐体系，其中既包括由巫祭之礼改造而来的吉礼、丧礼等，也包括周人新创的朝聘、燕享等嘉礼和宾礼等。相应地，周代礼乐之兴也具有极为丰富的内容，如各种典礼之兴、仪式之兴、演述之兴、乐舞之兴、歌诗之兴、乐语之兴等。周代礼乐文化之兴标志着兴的人文化、文明化、道德化。其中，对于后世感兴美学理论影响最大的是周代礼乐文化制度中的"六诗"之兴与"乐语"之兴。

"礼"的古文字字形、字义考辨。许慎《说文解字》曰："禮，履也。所以事神致福也。从示，从豊，豊亦声。"许慎在此比较全面地诠释了"禮"的字形和字义。刘师培、王国维、郭沫若、钱穆、何炳棣等人踵事增华，进一步强调了"禮"的祀神之义涵。郭沫若在释读"鼓"的古文字时，认为"豆""乃鼓之初文"，"鼓""豆"为同一字。[1] 郭沫若对"豆"（鼓）字的诠释打开了对"禮"（礼）的研究的新思路，开启了将礼学研究向乐学研究的贯通。"礼"本为华夏先民的原始宗教仪式，其中包含了华夏先民们以歌乐舞以及美食等供奉神明的仪式活动。华夏古礼诞生于"五帝"时期。颛顼帝进行"绝地天通"的宗教改革以后，华夏古礼诞生，至唐虞夏商达鼎盛，其特点是以礼事神，达到"神人以和"的目的。从周代开始，华夏古礼转型为人文化、理性化、德性化的礼乐文明之新礼。后世的"礼"通常指"周礼"。在史传文献中，记载周礼最为详细的经典为"三礼"，即记

---

[1] 参见郭沫若《卜辞通纂》，科学出版社1982年版，第321—322页。

载周代典章制度之礼的《周礼》、记载周代贵族社会交往礼仪的《仪礼》以及主要传解《仪礼》义理的《礼记》。

据《汉书·景十三王传》记载，《周礼》一书为西汉河间献王所得之古书。但是，《周礼》的成书年代与《周礼》所反映的文化制度的形成年代是两个不同的问题。考证史传文献关于夏商周三代礼的记载，周礼的原貌大体可见。《国语·周语中》记载：晋国大夫范武子聘于周，求教王室之礼何以无废折，周定王为其详细讲解何为典礼，令范武子惭愧和叹服，"武子遂不敢对而退，归乃讲聚三代之典礼，于是乎修执秩以为晋法"。《左传·昭公二年》记载：晋国韩宣子在鲁国见《易象》与《鲁春秋》，盛赞"周礼尽在鲁矣！吾乃今知周公之德与周之所以王也！"《左传·哀公十一年》记载：孔子曾见到过有关周代典礼的文献，并叹曰"周公之典在"。《论语·八佾》记载："子曰：夏礼吾能言之，杞不足征也；殷礼吾能言之，宋不足征也。文献不足故也，足则吾能征之矣。"《论语·为政》记载："子曰：殷因于夏礼，所损益可知也；周因于殷礼，所损益可知也。"《礼记·礼运》也记载了孔子论"夏道""殷道"，即夏殷礼制之道。《礼记·王制》《礼记·明堂位》《礼记·郊特牲》《礼记·祭法》《礼记·檀弓》甚至记载了三代之前的有虞氏所创立的虞舜时代的礼制。可见，三代礼（甚至四代礼、五代礼）尤其是周礼的存在是古人早已承认的文化共识。《周礼·春官·大宗伯》记载了"五礼"，即吉礼、丧礼、军礼、宾礼、嘉礼，首要之礼为吉礼（祭祀礼），以歌乐舞仪式祀神通神降神。歌乐舞浑然一体的华夏原始艺术在唐尧虞舜时代得到加速发展，首先出现了得到发展专门出祭祀舞，并演进为周代礼乐制度下合成的"六大舞"或"六代舞"(即《周礼》所记载的大司乐"以乐舞教国子,舞云门、大卷、大咸、大磬、大夏、大濩、大武")。《庄子·天下》亦记载了上古六代乐舞,与《周礼》的记载完全吻合。《诗三百》中宗庙之诗(商周鲁颂诗的歌乐舞)、朝聘之诗(王室和诸侯、小雅之歌乐舞)以及十五国风诗(地方民歌和乐舞)都是在华夏上古原始歌舞的基础上发展而来的。风雅颂即为周代礼乐文明仪式之整体性艺术。

关于三代礼的承袭与嬗变问题,王国维在《殷周制度论》一文中有精辟阐述:

> 中国政治与文化之变革,莫剧于殷周之际。……夏商二代文化略同:洪范九畴,帝之所以锡禹者,而箕子传之矣。夏之季世,或胤甲、若孔甲、若履癸,始以日为名,而殷人承之矣。[1]

王国维认为,夏商文化之"同"在以巫祭文化为主,殷周之"变"在周人变殷人祭祀文化为礼乐文化。显然,王国维《殷周制度论》强调了殷周之变的剧烈性。陈来则在《古代宗教与伦理:儒家思想的根源》一书中援引《礼记·明堂位》等文献强调了三代礼(或四代礼)之间的延续性,认为西周礼乐文化相比于殷商而言,神的色彩趋于淡化,而人文色彩比较显著,但仍保留

---

[1]《王国维文集》(下),中国文史出版社2007年版,第312页。

着某种宗教性和神圣性。[1]本书认为，从夏商巫祭古礼到西周礼乐文化之新礼，从夏商巫祭之兴到西周礼乐之兴，正如孔子所说，是一个"损益"的过程，亦即是增加与减少、变革与延续、继承与创新的统一。《周礼》所反映的西周礼制，是周人在吸收夏商巫祭古礼与先周部族古礼的基础上建立的新的国家典章制度。周人将殷人的祭祀事神之礼从根本上、整体上改造为崇尚人文化成的礼乐文明之礼，主要是通过将殷人的"帝"改造为"天""神"改造为"德"来完成的。在殷人那里，帝是保护神，而周人心目中的"帝""天"却不为任何一个部族所独有。"皇矣上帝，临下有赫。监观四方，求民之莫"，"天命靡常"，"皇天无亲，惟德是辅"，"天道无亲，惟德是授"。就是说，无论哪个部族，有德之部族先王都配享在天帝之左右，成为天帝的侍从；有德之部族领袖都配享天命，替代失德之部族领袖而获得天下。周人正是以其敬德爱民而获得了天的授命，取代了失去天帝信任的殷人而得到了天下。周礼因而比殷礼更突出了人文性。当然，殷周之礼也有延续性，二者的神圣性和广泛性是一致的。殷人重巫祭之礼，周人也重吉礼，二者都重视礼的神圣性。殷人凡事皆卜，而周人凡事皆礼。《周礼·春官·大宗伯》记载了周代的"五礼"（官制），《礼仪》则记载了"八礼"，《礼记·王制》记载了"六礼"，后二者皆为周代士礼，可见周礼几乎囊括了政治、宗教、刑法、教育、文化、家庭以及社会交往的所有方面。但是，殷商之礼是宗教性的，而西周礼乐是人文性的，宗教因素已

---

[1] 参见陈来《古代宗教与伦理：儒家思想的根源》，生活·读书·新知三联书店2009年版，第253、289、293页。

融入人文性之中，成为其中的一个元素。正如《礼记·表记》所言："殷人尊神，率民以事神，先鬼而后礼。……周人尊礼尚施，事鬼敬神而远之，近人而忠焉。"简言之，殷商之礼旨在服从和服务于神，西周新礼旨在服从和服务于人。钱穆强调了西周礼乐的人文性及其对周代贵族社会的普遍意义："礼者，要言之，则当时贵族阶级一切生活之方式也。故治国以礼，行军以礼，保家守身安位亦莫不以礼。"[1] 西周之"礼"的意涵几乎等同今日之"文化"和"文明"，西周礼乐制度亦即西周文化制度或文明制度。

西周礼乐将夏商"神道设教""神人以和"的文化，发展为人文与天文统一、重视"人文化成"和"天人合一"的文化。西周礼乐文化体现了周人的人文自觉、生命意识的自觉和理性精神的自觉，人文主义成为西周礼乐文明最为鲜明、最为生动的精神气质。同时，西周礼乐文化也继承了夏商文化的神圣传统，即对宗教祭祀的重视，圣、俗既有区分又有结合。周人以一系列新的观念（如礼乐观、天地观、阴阳观、天文观、人文观、道德观、教育观、言语观、艺术观等等）改造了殷商祭祀之礼，创建了璀璨的西周礼乐文明制度。《周礼》记载了"天官"职守（总宰百官）与"地官"（执掌邦教）的分立，而主管宗教祭祀的"春官"则位居第三，周代政治构架的设置体现出天道高于神道，人文重于祭祀，王政重于宗教，人礼位于鬼礼之前。宗教祭祀在西周属于王权政治，宗教祭祀活动成为从属于王政的伦理宗教和道德活

---

[1] 钱穆：《国学概论》，上册，商务印书馆1931年版，第34页。

动。正如《礼记·文王世子》所言:"下管《象》,舞《大武》。大合众以事,达有神,兴有德也。"周代"五礼"或"六礼"(或"八礼")体系都反映了一种"天人合一""人文化成"的新观念。

周代礼乐文化制度中的诗乐之兴,包括用于宗庙的"颂之兴"、用于朝聘的"雅之兴"、用于燕享和后宫娱乐的"风之兴",用于朝聘和燕享的雅诗之兴和风诗之兴成为周代兴诗真正的主体和主干部分,起着整合和提振周朝王政的作用,体现出周代礼乐不同于夏商巫祭古礼"神人以和"的神秘性和信仰崇拜,彰显了周代礼乐文化精神的理性化、人文化、诗性化,奠定了中华民族的轴心文明,当然也奠定了中华感兴美学最为直接的礼乐文化原型。

因此,礼乐文明是感兴美学真正的文化母体,感兴美学是礼乐文化嫡传的胎儿。"礼乐"一词在先秦即成为一个复合词,据《逸周书·本典》载:"今朕不知明德所则,政教所行,字民之道,礼乐所生,非不念而知,故问伯父。"《礼记·明堂位》曰:"天下以为有道之国,是故天下资礼乐焉。"《礼记·乐记》更是反复强调"先王制礼乐""礼乐乃先王之道""大人举礼乐""圣人曰礼乐",提出:"乐也者,情之不可变者也。礼也者,理之不可易者也。乐统同,礼辨异。礼乐之说,管乎人情矣。""君子曰:礼乐不可斯须去身。"《礼记·乐记》还明确提出了"礼乐之道"的命题,认为"致礼乐之道,举而错之天下,无难矣"。[1]

---

[1] 参见陈戍国校注《礼记校注》,岳麓书社2007年版,第289、290页。

《吕氏春秋·孟夏》亦云："乃命乐师习合礼乐。"高诱在《吕氏春秋注》中提到，"礼所以经国家，定社稷，利人民；乐所以移风易俗，荡人之邪，存人之正性"。"礼乐文明""礼乐制度"等词语及至宋人更是合成为一个术语。朱熹在《论语集注·子罕》中指出，"道之显者谓之文，盖礼乐制度之谓"。[1] 宋人晁说之的《答陈秀才书》一文也提出了"礼乐文明"这一范畴。因此，西周礼乐文明的诞生表明，华夏原始宗教不是由图腾崇拜向神灵崇拜、人为宗教（甚至一神教崇拜）方向发展，而是向着祖先崇拜、宗法崇拜、天地崇拜的方向发展。换言之，中华民族不是向宗教社会方向发展，而是向宗法社会方向发展。

关于周礼礼乐仪式"六诗"的产生，丁进认为，周礼"六诗"受到先周"豳诗"传统的影响，"从大司乐诗歌'六诗'系统来看，显然以豳乐为范本"。[2] 丁进继而指出，公刘以下的先公先王创造了先周文化，他们有自己的用乐体系。周人创造了豳诗、豳雅、豳颂，作为书写文本，形成了自己的文化传统。到了制作《周礼》的时代，周人仍然割舍不了这一传统，将原来的诗乐体系纳入更大的诗乐体系之中。[3] 丁进的这一研究结果进一步佐证了周礼的新与旧的关系。依据丁进的这一判断，我们可以说，作为西周礼乐文化体系重要组成部分的周代"六诗"，是先周豳诗体系的扩充和发展。其中，风雅颂是豳诗体系的传承和扩

---

[1] 朱熹注：《四书集注》，海南出版社1992年版，第137页。
[2] 丁进：《周礼考论——周礼与中国文学》，上海人民出版社2008年版，第192页。
[3] 参见丁进《周礼考论——周礼与中国文学》，上海人民出版社2008年版，第350页。

大，赋比兴是周人的文化创新，先周豳诗旧传统被创新和发展为更具人文精神的西周礼乐新传统。人文时代的周代礼乐之兴不同于夏商及之前原始宗教时代的巫祭之兴：宗教时代的夏商巫祭之兴旨在实现"神人以和"，而在宗法制度下的西周礼乐仪式之兴旨在祈求实现天人之和、人伦之和、人文之和。《易传》中对此多有阐释，例如，"雷出地奋，豫。先王以作乐崇德，殷荐之上帝，以配祖考"，"风行地上，观。先王以省方，观民设教"。

从简单的夏商巫祭之兴，到繁复的周代礼乐之兴，西周礼乐文化制度及《周礼》"六诗"至此形成，意味着《尚书·尧典》所反映的上古巫祭仪式乐舞之兴诗向《周礼》时代的西周礼乐仪式之兴诗嬗变的完成。王秀臣《三礼用诗考论》（2007年）与《礼仪与兴象：〈礼记〉元文学理论形态研究》（2014年）、丁进《周礼考论——周礼与中国文学》（2008年）、褚春元《礼乐文化与象征——对两周礼乐文化的象征性艺术精神之考察》（2017年）等著作对周代礼乐仪式及其意义和影响有详细的考论。西周礼乐仪式的诗兴文化实践是一个繁复、完备的象征体系，包括演礼（演示）仪式、乐舞表演、礼器之兴、行礼动作、礼仪行为、比兴修辞、乐语言说等。《诗》作为西周礼乐制度中的仪式声歌、礼仪歌诗，声象义结合、歌乐舞结合，诗从于乐，以声为主，汇集了西周时代的礼乐之兴、乐舞之兴、"乐语"之兴及"六诗"之兴。关于周代礼乐与"六诗"，郭绍虞指出："我们对于'六诗''六义'之说，是作这样理解的。其入乐者则称为风，还有许多不入乐者则称为赋比兴。"在郭绍虞看来，"六诗"皆为诗体，其中，风雅颂为合乐之诗，赋比兴为不合乐之诗。[1] 春秋时代《诗三百》在被编订时，"六诗"中的赋比兴已被并入风雅颂之中。吴公子季札观乐可谓周代礼乐文化的尾声。

作为西周礼乐制度重要组成部分的《诗》正是诞生于周公"制礼作乐"的过程之中并在随后逐步得到丰富的。从先秦两汉的史传文献可窥见周代的采诗、陈诗和献诗制度、观风观志制度与《诗》的结集、编纂、修订、演述与教学等制度。经过一代又一代周王室大师等不断修订完善，《诗》成为周代礼乐文化制度中的重要文本。史传文献对此多有记载，例如，《国语·晋语》曰："古之王者，政德既成，又听于民，于是乎使工诵谏于朝，在列者献诗。"《大戴礼记·小辨》曰："天子学乐辨风，……观于乐，足以辨风矣。"《汉书·艺文志》曰："古有采诗之官，王者所以观风俗，知得失，自考正也。"《礼记·王制》曰："（王）命大师陈诗以观民风。"《礼记·礼器》曰："先王之制礼也以节事，修乐以道志。"这些文献所反映的都是这个礼乐文化的记忆。周代的"乐语"之诗和"六诗"之诗因《三百篇》的集结而发展为《三百篇》之"诗"。顾颉刚概括了周人用《诗》的四种方法："一是典礼，二是讽谏，三是赋诗，四是言语。"[2] 大约在西周中后期至春秋中期，《诗》集又经过多次增订和编辑，春秋中期因周王室的衰弱而无力继续采诗和修订编辑了。

---

[1] 参见郭绍虞《"六义"说考辨》，载《照隅室古典文学论集》，下编，上海古籍出版社1983年版，第363、381页。

[2] 顾颉刚：《诗经在春秋战国间的地位》，载《古史辨》，第3册，上海古籍出版社1982年版，第322页。

周代"六诗"深刻影响了汉代"诗六义",并在汉代经学家那里得到不断诠释,《诗》的阐释过程是一个由简到繁的过程,也是感兴美学不断得到理论化的过程。例如,从孔子的阐释到《毛诗》的阐释即是如此。

关于西周礼乐仪式用"诗"之兴,张树国认为,"周代严密的礼乐制度可以说在世界古民族国家中都是特例"[1]。王秀臣指出,"在中国文化史上不仅存在一个漫长的原始礼仪时代,而且走出原始的周代礼乐文明以一种近乎完美的成熟形态显示出比其他区域文明更具仪式性的典型特征"[2]。王秀臣对"三礼"用诗情况进行了分析,将其归纳为祭祀之礼、朝聘之礼、燕享之礼的用诗;或谓吉礼、嘉礼(如乡饮酒礼、谢礼)之用诗。除王秀臣所论及的典籍之外,《左传·襄公四年》《国语·鲁语下》都记载了晋侯以燕享礼仪接待鲁国穆叔的事迹。王秀臣认为,《诗经·周颂·有瞽》本身就记载和反映了《诗》作为典礼歌诗的属性,《周颂·时迈》《周颂·般》《周颂·天作》《大雅·緜》《大雅·文王》《大雅·大明》《周颂·武》等亦然。[3] 张震泽与章必功都不约而同地指出,"诗六义"与"六诗"原本都是古代典礼之诗的六种用途、用法或教诗方法。章必功还特别强调,《周礼》"六诗"是周代诗歌的教学纲领。王小盾则将西周初期和盛期的

---

[1] 张树国:《宗教伦理与中国上古祭歌形态研究》,人民出版社2007年版,第397页。

[2] 王秀臣:《礼仪与兴象:〈礼记〉元文学理论形态研究》,社会科学文献出版社2014年版,第25页。

[3] 参见王秀臣《三礼用诗考论》,中国社会科学出版社2007年版,第211—219页。

礼乐之教称为"乐教"[1]，并称这个时期的"乐教"之兴亦当为典型的礼乐之兴。王秀臣在《礼仪与兴象》一书中则进一步将周代仪式之兴归纳为多种具体的形式，如"动作之兴"与"行为象征"，"言之兴"与"语体象征"（不用乐的礼辞），"诗之兴"与"乐语象征"（用乐的兴辞），"物之兴"与"器物象征"。与本书有关的，显然是其中的"言之兴"与"诗之兴"。

周代礼乐文化制度中的诗乐礼是一个整体，其中的"诗之兴"亦可以表述为"乐之兴"。礼乐制度或礼乐之教是西周时代最基本的文化制度，当时的诗教从属于礼乐之教。周公制礼作乐，其中之"乐"包括周之"诗"，据《尚书·金縢》，周公作《鸱鸮》，该诗被编入现存的《诗经·豳风》之中。《周礼·春官·大师》记载了祭祀礼仪中的歌乐活动："大祭祀，（大师）帅瞽登歌，令奏击拊。"这一时期的礼乐之教主要是祭祀、朝会、布政、燕享等。西周礼乐之兴主要用于宗庙祭祀（祭祖）、讽谏、朝聘燕享、国子教育、贵族日常生活等礼仪活动。关于西周贵族社会的制度之礼如政治、宗教、朝会以及贵族交往活动的典礼之兴，《周礼》等书有详备记载：《周礼·地官·乡大夫》载有"五曰兴舞"；《周礼·地官·舞师》载有"凡小祭祀，则不兴舞"；《礼记·乐记》载有"礼乐偩天地之情，达神明之德，降兴上下之神"；等等。由此可见出周代礼乐行为与礼乐文化的基本风貌。从礼乐兴舞之兴（托物、举物）到乐语之兴（咏物、兴辞）再到赋比兴风雅颂的"六诗"之兴，形式繁复。

---

[1] 参见王昆吾《中国早期艺术与宗教》，东方出版中心1998年版，第247、298页。

关于周代贵族社会的礼乐教育制度与诗兴教育，我们可以从周代礼乐体制中的官制及其职守来进一步认识。大司乐为乐师之长，大师为瞽矇之官长。周代礼乐之兴（或礼仪之兴）包括大司乐执掌的用以教育国子的重在言语的"乐语"之兴和重在舞蹈的"六舞"之兴，也包括大师执掌而皆可入乐且由瞽矇奏唱的"六诗"之兴。据《周礼》记载，周代礼乐系统由春官执掌，春官为宗伯，亦即礼官。大宗伯一人，职级为卿（上大夫）；小宗伯二人，职级为中大夫。其属官有大司乐、乐师和大师等。其中，大司乐二人，职级为中大夫；大师二人，职级为下大夫；乐师二十八人，职级从下大夫至下士不等。大司乐执掌"成均之法"，以"乐德""乐语""乐舞"等教国子。大师执掌"六诗"之教，以"六诗"教瞽矇。大司乐所执掌的"（大合乐）以致鬼、神、示，以和邦国，以谐万民，以安宾客，以说远人，以作动物"是对舜帝时代乐正夔典乐"神人以和"古乐传统的发展。对国子的"乐舞"之教由乐师执行，《周礼·春官·乐师》亦有明文记载："乐师掌国学之政，以教国子小舞。凡舞，有帔舞，有羽舞，有皇舞，有旄舞，有干舞，有人舞……"[1]

周代大师执掌礼乐体制中《诗》的整理、配乐和以"六诗"教瞽矇，大师的属下有瞽矇等。瞽矇为乐工，包括上瞽、中瞽、下瞽三个级别，二百人。至于"六诗"之教，《周礼·春官·大师》有明文记载："大师掌六律、六同，以合阴阳之声。……教六诗：曰风，曰赋，曰比，曰兴，曰雅，曰颂。以六德为之本，

---

[1] 杨天宇：《周礼译注》，上海古籍出版社2004年版，第332页。

以六律为之音。大祭祀，帅瞽登歌，令奏击拊……大飨亦如之。大射，帅瞽而歌射节。大师，执同律以听军声，而诏吉凶。大丧，帅瞽而廞……凡国之瞽矇正焉。"[1] 郑玄注《周礼》大师教"六诗"，明确诠为"教，教瞽矇也"。《周礼·春官·瞽矇》亦云："瞽矇掌播鼗、柷、敔、埙、箫、管、弦、歌，讽诵诗、世奠系，鼓琴瑟。掌《九德》、六诗之歌，以役大师。"[2] 可见，《周礼》"六诗"主要是三代尤其是周代诗乐的演奏和演唱，《周礼·春官·钟师》曰："诸侯，奏《狸首》；卿大夫，奏《采蘋》；士，奏《采蘩》。"其中的《采蘋》与《采蘩》仍存于《诗经·召南》之中，《狸首》则已散佚。"六诗"之"兴"即是瞽矇在大师指挥下于祭祀、燕享、射礼、丧礼等仪式上演唱诗歌。对于"六诗"的具体内涵，《周礼》未做具体诠释，最初的诠释始于汉代郑玄。一方面，郑玄在《郑志·答张逸问》中提到，"比、赋、兴，吴季札观诗时已不复见"，似把"六诗"释为诗体；另一方面，又在《周礼·春官·大师》中注"六诗"之赋比兴时说，"赋之言铺，直铺陈今之政教善恶；比见今之失，不敢斥言，取比类以言之；兴见今之美，嫌于媚谀，取善事以劝之"，似又把"六诗"之兴释为用诗甚或作诗的譬喻联想方法。据《周礼·瞽矇》对"瞽矇"职责的记载，"瞽矇掌播鼗、柷、敔、埙、箫、管、弦、歌，讽诵诗、世奠系，鼓琴瑟。掌《九德》、六诗之歌，以役大师"，《周礼》明确称瞽矇"讽诵诗"，掌"六诗之歌"，这表明"六诗"与音乐、与瞽矇演唱讽诵有密不可分的关系。要

---

[1] 杨天宇：《周礼译注》，上海古籍出版社2004年版，第337—339页。
[2] 杨天宇：《周礼译注》，上海古籍出版社2004年版，第340页。

之，瞽矇所奏唱的"六诗之歌"之兴与国子"乐语"之兴、国子"六大舞"的乐舞之兴，皆是从属于整个周代礼乐文化制度的歌乐舞之兴。

总之，西周礼乐之兴包括"六诗"之兴和"乐语"之"兴"两个最重要类型。其中，"乐语"之兴为大司乐执掌，国子学习；"六诗"之兴由大师执掌，瞽矇奏唱。

陈世骧在《原兴》一文中指出，《周礼》将兴列为"兴、道、讽、诵、言、语"六种"乐语"之首，值得倍加关注。[1]《周礼》中的"兴"指的是有音乐伴奏的朗诵技巧，有时带有祭祀情调，意味着舞蹈的起步。《周礼·春官·大司乐》有云："大司乐掌成均之法，以治建国之学政，而合国之子弟焉。凡有道者，有德者，使教焉。……以乐德教国子中、和、祗、庸、孝、友，以乐语教国子兴、道、讽、诵、言、语，以乐舞教国子舞《云门》《大卷》《大咸》《大磬》《大夏》《大濩》《大武》。"可见，大司乐以"乐德""乐语""乐舞"教国子，其中，"兴"属于"乐语"之一，但有关"乐语"的具体内涵，《周礼》未做界定。郑玄笺注曰："兴者，以善物喻善事。道，读曰导。导者，言古以剀今也。倍文曰讽，以声节之曰诵，发端曰言，答述曰语。"[2]据郑玄注，六种"乐语"方式当分别指言语的"兴发、引导、背诵、吟诵、发言、答语"。此处的"乐语"所语的对象或内容主要为

---

[1] 陈世骧著，张晖编：《中国文学的抒情传统：陈世骧古典文学论集》，生活·读书·新知三联书店2015年版，第113页。

[2] 郑玄注，贾公彦疏：《周礼注疏》，载李学勤主编《十三经注疏》，北京大学出版社1999年版，第575页。

周代礼乐文化体系中《诗》之歌词或语词。而且，郑玄笺注《周礼》"乐语"之兴与其笺注《周礼·大师》"六诗"之兴有相通之处，都体现了汉代经学家以"兴喻"解兴的比兴修辞学新传统：郑玄注"六诗"之兴是"以善事以喻劝之"，注"乐语"之兴亦为"以善物喻善事"。

再看"六诗"之兴。六诗见于《周礼·春官·大师》："（大师）教六诗：曰风，曰赋，曰比，曰兴，曰雅，曰颂；以六德为之本，以六律为之音。大祭祀：帅瞽登歌，令奏击拊；下管播乐器，令奏：鼓朄。大飨亦如之。大射，帅瞽而歌射节。大师，执同律以听军声而诏吉凶。大丧，帅瞽而廞，作柩、谥。凡国之瞽矇正焉。"《周礼·春官·瞽矇》记载："瞽蒙掌播鼗、柷、敔、埙、箫、管、弦、歌。讽诵诗，世奠系，鼓琴瑟。掌《九德》、六诗之歌，以役大师。"可见，"六诗"由大师教瞽矇。瞽矇在演奏和演唱"六诗"时，亦当以"六德"为本，此"六德"与国子所学之"乐德"是一致的。"乐语"与"六诗"均是西周时代礼乐教化体系的组成部分，都用于西周王朝和诸侯列国大祭祀、大飨、大射、大丧等礼仪之中。但是，"六诗"偏重于重要的祭祀场合，而"乐语"偏重于朝聘、会盟等场合。"乐语"主要是由国子来学习言说，"六诗"则由瞽矇来演奏和演唱。依据《礼记·文王世子》"既歌而语"的记载可知，"乐语"在歌舞之后进行，亦即在瞽矇演唱"六诗"之后进行。据郑玄注曰"说合乐之所美，以成其意"又可知，大师率瞽矇歌后，国子以"乐语"的方式进一步阐发瞽矇登歌所美之义（美先王之德）。朱自清曾解释过《周礼》中的"六诗"和"乐语"，认为"六诗"原来都是乐歌的名称。朱自清对"乐语"的解释为："这六种'乐语'……似乎都以歌辞为主。'兴''道'（导）似乎是合奏，'讽''诵'似乎是独奏；'言''语'是将歌辞应用在日常生活里。"[1] 朱自清将"乐语"解为"以歌辞为主"是对的，但又称"兴道讽诵"为合奏和独奏，此则不妥。六种"乐语"方式皆为有音乐伴奏的言语方式。春秋末期孔子所谓"不学《诗》，无以言"即是对周代"乐语"传统的继承。

总之，笔者认为，"乐语"之兴与"六诗"之兴都与《诗》有密切的关联性。"乐语"作为"诗"之辞，即是从语言方面来用《诗》及其他歌词，"六诗"则是以乐器和歌唱的方式奏唱《诗》。"乐语"为国子所应掌握的《诗》之歌词。"乐语"之兴即"譬喻"，或者说，"乐语"之兴为国子所学习的具有开端性、启发性和引导性的委婉的语言表达方式。"六诗"为乐师和瞽矇（乐工）奏唱《诗》的方法，"六诗"之兴为瞽矇在音乐伴奏下的诗歌演唱和朗诵。《周礼》中所记载的"六诗"演唱之《诗》与"乐语"之歌词都早于现存《诗三百》，它们都是现存《诗经》定本之前的周代诗歌或诗乐形态，都是现存《诗经》之前的早期诗歌艺术传统。《礼记·仲尼燕居》载有对古代贵族社会或古之君子的社交语言修养的描写，"是故君子不必亲相与言也，以礼乐相示而已"，反映的就是这个历史记忆。《诗》的"乐语"之教或《诗》的语言之教即是《周礼·春官·大司乐》所记载的乐语之教传统的主要内容。而且，"乐语"是西周官方"雅言"中的合

---

[1] 朱自清：《诗言志辨》，华东师范大学出版社1996年版，第7页。

乐之言、合乐之语。《诗三百》入乐的特征不仅在春秋卿大夫"赋诗"的年代保持着，而且直至孔子时代仍有存留，只不过因春秋时期礼乐自诸侯出导致列国的诗乐匹配日渐淆乱而已。正因为此，孔子有给《三百篇》"正乐"之举："子曰：吾自卫反鲁，然后乐正，《雅》《颂》各得其所。"（《论语·子罕》）

尤其值得指出的是，周代瞽矇演唱"六诗"的制度除了用于大祭祀场合之外，也与周代礼乐文化的讽谏制度有关；而且，周代礼乐文化制度中的"六诗"讽谏传统对汉代《毛诗传》中的"诗有六义"及其以后历代比兴诗学的美刺教化有深远影响。《诗三百》确有大量歌颂文王、宣王、南仲、吉甫等贤明君臣的诗篇，但也有不少揭露和讽刺厉王、幽王等昏君及其佞臣的诗篇。可见，后世诗兴诗学强调的"美刺""讽喻"传统由来有自。先秦史传文献中有大量的关于周代礼乐文明制度下的以诗乐讽谏的文化传统。例如，《周礼》中的师氏、保氏、司谏等官职都负有讽谏的职守。《周礼·春官》记载了瞽矇掌"讽诵诗、世奠系"。《大戴礼记·保傅》论及周王室的师保官守及讽谏文化传统。《左传·襄公十四年》记载了师旷论讽谏。《国语·周语上》记载了召公谏厉王；《国语·楚语上》记载了左史倚相论瞽史，记载了乐工的讽谏传统与卫武公纳谏的圣德。《诗经》文本中更是有大量的诗句反映了《诗三百》本身的美刺讽谏意义等。总之，周代礼乐文化之兴的这个讽谏传统影响了汉代兴喻美刺教化诗学。

此外，关于周代贵族社会的官场上的政务交往与贵族日常生活礼仪之兴，《仪礼》中亦多有记载。例如，《周礼·地官·大司徒》记载了大司徒所执掌的礼乐教育的职守："大司徒之职，掌建邦之土地之图与其人民之数，以佐王安扰邦国。……以乡三物教万民而宾兴之：一曰六德，知、仁、圣、义、忠、和；二曰六行，孝、友、睦、姻、任、恤；三曰六艺，礼、乐、射、御、书、数。"郑玄注曰："物犹事也，兴犹举也。民三事教成，乡大夫举其贤者能者，以饮酒之礼宾客之。"[1]"仪"是形式、过程、手段，"兴"才是目的。又如，《仪礼·乡饮酒礼》记载和保存了西周时代乡饮酒礼仪式活动中的歌诗之兴。《礼记·檀弓下》记载了孔门弟子对礼乐的认知。类似记载也见于出土文献郭店竹简《性自命出》和上博简《性情论》等。

综上所述，西周礼乐仪式之兴或西周盛期的"乐教"之兴（包括"乐语"之兴和"六诗"之兴）是一个繁复而完善的礼乐象征文化体系，具有多方面的文化价值和文化功能：通过礼乐之兴来达致上下和谐、君臣和谐，同时又彰显等级、培养德性、交流感情，等等，此之谓"广博易良，乐教也"。袁济喜指出："在先秦时代，《诗经》由于保留了上古时代的祭祀与宗教的典礼文化传统，其中有着自然与人文诸方面的丰厚的精华，因而成为政治、经济与文化的元典，受到各界人士的广泛关注与推崇，早已步出了艺术的殿堂，与当时贵族的各项社会活动相结合。在《左传》中所记载的各种军事与外交场合，以及各种社会生活情境之中，赋诗言志成了普遍的风尚。"[2]周代礼乐具有普遍的社会文化制度属性，周代礼乐之兴体现了人文性和教化性的统一、人文

---

[1] 郑玄注，贾公彦疏：《周礼注疏》，载李学勤主编《十三经注疏》，北京大学出版社1999年版，第241—266页。

[2] 袁济喜：《兴：艺术生命的激活》，百花洲文艺出版社2001年版，第12页。

性与神圣性的统一、理论性与实践性的统一。西周乐教和春秋诗教都是当时贵族社会共享的文化素养和文化共识,是周代贵族阶层进行朝聘、会盟、宗庙、教育的基本文化方式。到了春秋末年和战国时期,礼乐传统才由贵族社会的共同文化遗产变成儒家的文化旗帜和学派标志。

第七节　从西周"乐教"之兴走向春秋"诗教"之兴与"赋诗"之兴

本书论述了从西周盛期的礼乐仪式之兴、"乐教"之兴、"六诗"之兴、"乐语"之兴,到春秋时期的国子"诗教"之兴与诸侯会盟仪式中卿大夫"赋诗言志"之兴的演进,阐明春秋"诗教"及"赋诗言志"成为春秋时期的诗歌艺术制度的根源。西周盛期完整的礼乐制度是"人文化成"的"周文灿然"的制度,[1]诗乐舞完整统一在西周礼乐制度之中。其中,周王室对《诗》的采集、配乐、配舞都是非常完备和严格的。一般认为,行人采诗,公卿列士陈诗献诗,史官和大师在周王领导下编辑《诗》文本并给诗配乐。《诗》文本的结集编订是一个不断丰富和完善的长期过程。《诗》的首次结集应在周公"制礼作乐"时代,收入若干早期重要的颂诗和大雅。据夏传才考论,《诗》的大规模结集有三个重要时期,分别为昭王和穆王时代、宣王中兴时代、平

---

[1] 牟宗三曾以"周文疲敝"这个术语概括春秋末年和战国时期周代礼乐文化制度的没落状况,参见《中国哲学十九讲》,上海古籍出版社1997年版,第89页。笔者据此提炼概括出"周文灿然"这个术语,以概述西周礼乐文化兴盛之况。

王东迁以后。[1]《诗》陆续集结为文本之后，成为周代礼乐文化体系和周代各类典籍中的重要组成部分。总之，《诗》的形成是一个由周代采诗、陈诗、献诗、教诗、歌诗、舞诗、颂诗、赋诗、引诗、学诗、论诗而汇成的宏大学术文化工程。至春秋中期，《诗》的结集基本完成，定型为后世所传的《三百篇》。

春秋中期以后，西周贵族社会的烦琐的礼仪之教和礼仪之兴，逐步演变为春秋时期贵族社会的古典教育传统中的诗教之兴。相应地，由西周和东周初期的王室主导的朝廷礼乐之兴，演进为春秋时期由诸侯主导的列国间卿大夫的"赋诗言志"之兴。"教化是正确解读《诗经》的关键"[2]，《诗》《书》《礼》《乐》在春秋时代已经具有崇高的文化地位，成为春秋时代贵族社会意义建构和价值遵循的共识和依据。《礼》《乐》《诗》《书》蕴含了丰富的道德礼义，这种道德礼义成为西周时代流传下来的文化遗产和春秋贵族社会的文化共识。《礼记·王制》记载："乐正崇四术，立四教，顺先王诗书礼乐以造士。春、秋教以礼乐，冬、夏教以诗书。王大子、王子、群后之大子、卿大夫元士之適（通"嫡"）子、国之俊选，皆造焉。"《左传·僖公二十七年》记载了晋文公的贤臣、晋国大夫赵衰之言："说礼乐而敦《诗》《书》。《诗》《书》，义之府也。礼乐，德之则也。德义，利之本也。"《诗经》是西周中后期至春秋时代贵族阶层的文化修养和身份标志，成为贵族社会交往的共同语言。尤其是《诗》中的风诗和雅诗，更是春秋列国会盟"赋诗言志"活动中所赋诵的主要诗歌

---

[1] 参见夏传才《诗经讲座》，广西师范大学出版社2007年版，第87—88页。
[2] 苏源熙：《中国美学问题》，卞东波译，江苏人民出版社2011年版，第113页。

作品。

周代流传下来的"六经"中，《诗》为极为重要的一种。《诗》从西周王室典礼之诗，嬗变为春秋中后期的王室诸侯贵族子弟诗教之诗和列国会盟外交赋诗之诗。《诗》在春秋中期定型为《三百篇》之后，成为周代从以典礼演诗为主的"乐教"向以教育贵族子弟为主的"诗教"嬗变的基本文化依托。据《国语·楚语上》，楚庄王请士亹为太子傅，士亹向楚国贤大夫申叔时求教，申叔时给士亹论述了春秋时期楚国用西周以来的各种经典来教育太子的文化传统："教之《春秋》，而为之耸善而抑恶焉，以戒劝其心；教之《世》，而为之昭明德而废幽昏焉，以休惧其动；教之《诗》，而为之导广显德，以耀明其志；教之《礼》，使知上下之则；教之《乐》，以疏其秽而镇其浮；教之《令》，使访物官；教之《语》，使明其德，而知先王之务用明德于民也；教之《故志》，使知废兴者而戒惧焉；教之《训典》，使知族类，行比义焉。"[1]其中之一是对太子进行诗教，精读《诗》。由此也可以见出，由于贵族社会的诗教制度及其传统的存在，《诗》成为贵族弟子学习的必修课，也因而成为贵族社会普遍熟悉的公共文化资源，进而成为春秋列国会盟"赋诗言志"的文化基础。

春秋诗教中的"诗以明志"也是上古文化尤其是西周礼乐文化中"诗言志"传统的传承和延续。据《尚书·尧典》，"诗言志"发源于华夏上古巫术祭祀文化，至周代被改造为礼乐文化的有机组成部分。朱自清在《诗言志辨》一书中指出："乐以言志，

---

[1] 陈桐生译注：《国语》，中华书局2013年版，第585页。

歌以言志,诗以言志是传统的一贯。以乐歌相语,该是初民的生活方式之一。"[1]闻一多在《歌与诗》一文中论及"诗言志"时,依据古文字和古文献的考证,认为志与诗原来是一个字。志有三个意义:一记忆,二记录,三怀抱。这三个意义正代表诗的发展途径上三个主要阶段。[2]这三个阶段不仅是诗的发展途径上的三个主要阶段,而且也是早期"诗言志"命题的三个发展阶段和早期"诗言志"诗学思想发展的三个阶段。最初的"诗言志"即是有文字之前的歌谣以及早期风诗对氏族社会生活的记载,其后的"诗言志"是甲骨卜辞阶段以及早期诵诗对早期部族社会的历史的记录,第三个阶段的"诗言志"是雅诗(大雅和小雅)对贵族怀抱、志向的描写和抒发。其中,第三个阶段为"诗言志"的典型形态和繁荣时期。王一川在《"兴"与"酒神"——中西诗原始模式比较》一文中提出,《尚书·尧典》中的"诗言志"即"诗言兴"。随后他再次强调,"诗言志"的实质就是"诗言兴",而兴或感兴正是标识中国古人人生体验和艺术体验的独特概念,代表中国文学的特殊品格。[3]"诗言志"最初即是"诗言兴",或"诗言志"滥觞于"诗言兴"。对于春秋时代的"诗言志"而言,由于王室没有进行新的诗歌创作和汇编,因而此时的"诗言志"主要是从"教诗""用诗"角度来说的,即从贵族子弟教诗和诸侯会盟的外交辞令的角度而言的。

---

[1] 朱自清:《诗言志辨》,华东师范大学出版社1996年版,第9页。
[2] 闻一多:《歌与诗》,载孙党伯、袁謇正主编《闻一多全集》,第10册,湖北人民出版社1993年版,第8页。
[3] 参见王一川《从古典诗学中活移——兼谈诗言兴的现代性意义》,载童庆炳主编《文化与诗学》,上海人民出版社2004年版。

除春秋贵族子弟的"教诗"之兴外,春秋"赋诗言志"之兴也是春秋礼乐活动的重要组成部分。赋诗言志成为春秋时期的制度化礼仪活动。春秋时期,王室衰微,列国纷争。"赋诗言志"成为文化发展的必然。为了结盟与争霸,诸侯间的外交活动频繁,赋诗言志活动成为一种重要的外交辞令活动,有如古希腊城邦间演说家们的修辞活动。西周时期的"采诗""观风"原本就是王室为了"观志"。例如,《毛诗·卷阿》传曰:"王使公卿献诗以陈其志。"《礼记·礼器》有云:"(先王)修乐以道志。故观其礼乐而治乱可知也。"王室的采诗之举是为了观民风民俗民志,春秋列国之间的聘问"赋诗言志"则是为了观列国君臣之志。总起来看,春秋列国会盟赋诗的基本目标和方式是,其一,"以诗明志","以诗兴志";其二,"微言相感","委婉表达",其三,"歌诗必类"。都是借助赋诗这个中介,用于外交应对。春秋时期的"赋诗言志"和"诗言志"到春秋末期和战国时期演进为孔子的"兴于诗","赋诗言志"和"诗言志"成为孔子"兴于诗"的理论前提。可见,中国古代以诗言志的感兴美学源远流长,影响深远。郑玄、刘勰、孔颖达都认可"诗言志"命题的历史真实性。顾炎武《日知录·作诗之旨》亦认为,"'诗言志',此诗之本也"。与现代学者朱自清《诗言志辨》将"诗言志"揭橥为中国古代教化诗学传统不同,当代学者王文生《诗言志释》将"诗言志"阐释为中国古代抒情诗学传统。

诸侯列国间外交仪式中的赋诗言志是春秋用诗最为典型的样态和方式。从西周礼乐文化仪式中的礼乐之兴嬗变为春秋时期列国交往中的"赋诗言志"之兴的根本原因是,周王室的礼乐制度在春秋中期发生重要变化，采诗、陈诗、献诗、歌诗、舞诗、颂诗基本停歇，仅存教诗、赋诗，西周礼乐文化盛期完整的礼乐体系和"乐教"制度变为春秋中后期的"诗教"制度和诸侯间的赋诗言志制度。换言之，从西周乐教转为春秋诗教，除了表现为春秋时期对诸侯贵族子弟进行诗教外，还表现为诸侯国会盟或邦交燕享活动中的赋诗言志。《左传》《国语》等先秦典籍对春秋时代各诸侯国会盟或邦交活动中"赋诗言志"之兴多有记载。"赋诗"之兴即诸侯之间卿大夫的专对之兴、应对之兴。据《国语·鲁语下》，鲁国乐师师亥有云："诗所以合意，歌所以咏诗也。"可见，"赋诗言志"与"诗言志"在春秋时期合流，成为感兴美学的重要文化源泉或文化土壤。《汉书·艺文志》载："古者诸侯卿大夫交接邻国，以微言相感。当揖让之时，必称《诗》以谕其志，盖以别贤不肖而观盛衰焉。"春秋"赋诗言志"主要用于列国间的会盟或邦交燕享仪式中的行人或卿大夫的言志、观志和应对。丁进认为，《左传》对于赋诗、歌诗、讴谣区分得很清楚。士大夫贵族赋诗一律用"赋"，凡是指乐工演唱一律用"歌"，乐工不配乐的朗诵叫"颂"。至于民间非礼仪场合，用"讴""歌"，绝不混淆。[1] 关于春秋"赋诗"的目的，丁进认为有三：一是观志，二是讽谏，三是达意。[2] 春秋时的赋诗言志，既兴发赋诗者之志，亦兴发听诗者之志。《左传·昭公十六年》载韩宣子曰"二

---

[1] 参见丁进《周礼考论——周礼与中国文学》，上海人民出版社 2008 年版，第 285 页。

[2] 参见丁进《周礼考论——周礼与中国文学》，上海人民出版社 2008 年版，第 297—299 页。

三君子请皆赋，起亦以知郑志"；"郑其庶乎！二三君子以君命贶起，赋不出郑志，皆昵燕好也。二三君子数世之主也，可以无惧矣"。可见，春秋时的赋诗言志和赋诗观志，不仅是言（观）大夫的一己之志，更是言其所在国家的一国之志。

春秋列国会盟邦交中的赋诗言志，是西周朝会和聘问等贵族的社会交往仪式和卿大夫讽谏朝政的委婉得体表达之礼乐文化传统在春秋时期的延续，对后世诗兴诗学产生了深远影响。"周文灿然"的表现之一就是上层贵族社会交往活动的委婉表达（如比兴讽谏、微言相感）。"以礼乐相示""诗言志"与春秋诗教、"赋诗言志"共同形成了西周至春秋时期贵族社会的"委婉表达"的文化传统。其中，《诗》之赋比兴艺术本身起到了重要的媒介作用。《诗三百》本身也含有深厚的讽喻美刺传统。例如，《诗·大雅·崧高》载有"吉甫作诵，其诗孔硕，其风肆好，以赠申伯"，《诗经·大雅·烝民》载有"吉甫作诵，穆如清风"，《诗·魏风·葛屦》载有"维是褊心，是以为刺"，《诗·小雅·节南山》载有"家父作诵，以究王讻"，《诗·大雅·民劳》载有"王欲玉女，是用大谏"，等等。春秋诸侯会盟邦交活动和燕享仪式中的"赋诗言志"之兴成为感兴美学的直接发端。以"诗言志"即"以诗言兴"。春秋时的"赋诗言志"，总体上是以赞美为主，如《左传·襄公二十七年》记载，郑伯以燕礼招待晋国使臣赵孟，郑国七子作陪并赋诗言志，其中子展、子西赋诗赞美客人的美德，都是以善喻善、以美喻美。

此外，也有赋诗以言劝谏之志。《礼记·仲尼燕居》记载："古之君子，不必亲相与言也，以礼乐相示而已。"《汉书·艺文志》中也有类似的记载。《论语》中记载了孔子的言语之教:"不学诗,无以言"(《论语·季氏》);"诵诗三百,授之以政,不达;使于四方,不能专对;虽多,亦奚以为?"(《论语·子路》)当然,春秋时期的赋诗言志,不必追求诗之原意,而是"断章取义",即"赋《诗》断章,余取所求焉"。春秋列国会盟赋诗还有"歌诗必类"的规则。《左传·襄公十六年》记载:"晋侯与诸侯宴于温,使诸大夫舞,曰:'歌诗必类!'齐高厚之诗不类。荀偃怒,且曰:'诸侯有异志矣!'"有论者指出:"(春秋诸侯各国卿大夫的)赋诗取义,基本上不是原诗义,而是赋诗者通过类比联想表达自己的意思。这就是我们说的以兴用诗。"论者进而指出:"赋者和听者又往往通过具体诗句相互理解。人们通过实践总结出了'类'这一概念,就是所要表达的意愿和观点,只要与所引诗句在某点上相'类'便可以。今人又指出'以辞相类''以喻相类''以事相类''以人相类'等,便是古人赋用诗的出发点。这些相类之处,就是以兴用诗的根据。"[1]《诗三百》自身的赋比兴以及"赋诗言志"之兴的这种讽诵传统对后世诗经学的比兴美刺或兴喻美刺有深远影响。

春秋时期列国外交辞令中的"赋诗言志"的委婉表达、委婉述意,直接影响了后世自孔子至汉代感兴美学中的比兴修辞阐释。春秋时期的"赋诗言志""断章取义"通于《诗》的"比兴"技巧。"赋诗言志""赋诗观志""赋诗断章"即是用《诗三百》中的某些诗句来起兴,赋诗者以此言志,听诗者以此观志,达成

---

[1] 袁长江:《先秦两汉诗经研究论稿》,学苑出版社1999年版,第242、244页。

春秋赋诗中比兴形象与外交辞令的合一。据《左传·襄公二十八年》记载，卢蒲葵所言的"赋《诗》断章，余取所求"反映了春秋赋诗不求《诗》之本义，而是灵活地引申《诗》义，但求用《诗》效果的用诗传统。《左传·襄公十九年》记载："季武子如晋拜师，晋侯享之。范宣子为政，赋《黍苗》。季武子兴，再拜稽首曰：'小国之仰大国也，如百谷之仰膏雨焉！若常膏之，其天下辑睦，岂唯敝邑？'赋《六月》。"《毛诗·卷阿》亦云："王使公卿献诗以陈其志，遂为工师之歌焉。"[1]尽管春秋时期各国外交活动中"赋诗言志"之兴亦偶有声义结合，如季札观乐，但主流之兴已是"断章取义"，以义为主，刘勰称之为"春秋观志，讽诵旧章"（《文心雕龙·明诗》）。

到了春秋中后期，不仅周王室衰微，诸侯中的霸主也先后轮替和衰落，诸侯各国公室的大权逐渐下移至列国中的少数大夫级的强势贵族。因此，春秋后期礼乐继续衰微，聘问歌咏不行于列国，以先秦儒家为代表的诸子诗教随之兴起。诗教与乐教具有不同特点。西周的礼乐精神嬗变为春秋战国的礼义精神。周代礼乐文化及其乐教和诗教的嬗变轨迹是：从西周典礼仪式中的演诗、唱诗、教诗，转为春秋国子的古典教育之教诗（诗教）与诸侯会盟外交活动中的卿大夫赋诗，再到春秋后期和战国时期的诸子教《诗》、引《诗》和史家引《诗》，以《诗》言志、以《诗》兴志、以《诗》兴发哲学义理。而且，春秋战国之际礼崩乐坏之后，以"义"为主的诗教逐步获得了独立的地位。随着周王朝和诸侯公

---

[1] 毛亨传，郑玄笺，孔颖达疏：《毛诗正义》，载李学勤主编《十三经注疏》，北京大学出版社1999年版，第1137页。

室的先后衰微、周代王室和公室的典籍相继散佚，乐师出走，私学兴起，孔子着手整理"六经"。《论语·微子》记载了鲁国衰落后，鲁国的乐官（乐人）们纷纷出走，这反映了春秋末年和战国时期"乐教"的衰落，诗教与乐教分离。《诗》的文本意义更加突出，《诗》由礼乐演述之本变成独立的文学文本。《诗》由"声义结合"变成了"以义为主"，诗教取代了乐教。就《诗》而言，终于完成了从西周典礼之诗，到春秋中后期的教诗和赋诗，再到春秋末年和战国时期的文献文本之《诗》的历史嬗变。

如前所述，《左传·僖公二十七年》记载了晋国大夫赵衰"说礼乐而敦《诗》《书》。《诗》《书》，义之府也"之言。从诗歌的语言和义理方面"用诗"的现象到了春秋末期和战国时期更为突出。此时的"用诗"突出"以义为主"，亦即以《诗》的语言为主，以《诗》的义理为主，《诗》与"志"的关系更为彰显。《诗》变得语言化、文本化和文学化乃至政治化、伦理化、经典化，晚周诸子引《诗》说理的学术活动（阐释活动）兴起。从春秋教诗、赋诗到战国时期的引诗、教诗、论诗活动，《诗》的教育和阐释活动绵延不断。

其他诸子也频频用诗引诗。例如，《墨子·明鬼》有云："今执无鬼者之言曰：'先王之书，慎无一尺之帛，一篇之书，语数鬼神之有，重有重之，亦何书之有哉？'子墨子曰：'《周书·大雅》有之。'《大雅》曰：'文王在上，于昭于天。周虽旧邦，其命维新。有周不显，帝命不时。文王陟降，在帝左右。穆穆文王，令问不已。'若鬼神无有，则文王既死，彼岂能在帝之左右哉？此吾所以知《周书》之鬼也。"[1]有学者对"赋诗引诗"活动的诗学史意义做了阐述，认为"赋诗引诗确立了一种引申联想、譬喻类比式的理解方式。赋诗引诗要求在诗句和用诗者的主观情志之间建立起某种联系，这种联系的方式通常是取其某种相似性而带有譬喻类比的性质，建立这种联系的关键又诉诸人们的引申联想能力"。[2]这种引譬联想、譬喻类比式的用诗之兴是对西周礼乐文化"六诗"传统的继承、创新和发展。到了春秋末期和战国时期，中国文化史进入了诸子学《诗》、教《诗》、引《诗》、解《诗》的时代和诸子哲学、美学和诗学的时代，中国古典感兴诗学才真正掀开了自觉的理论篇章。

第八节　"易象"通于"比兴"：《周易》汇为感兴美学的源头

本节论述周易美学与感兴美学的关系，阐明《周易》美学作为感兴美学的文化土壤，或者说，感兴美学亦有着易学基础。华夏上古文化记载在中华现存最古老的典籍"六经"中，"六经"元典浑然一体、血脉贯通，"六经"皆礼、"六经"皆史、"六经"皆象、"六经"皆文……尤以"易之象"通于"诗之兴"。中华美学精神最集中、最生动地体现在《周易》经传美学生生不息的生命本体与生命创造精神之中。易象与诗兴相表里。从原始巫祭之兴和商代甲骨卜辞之兴到周代礼乐文化中的"乐诗"之兴和"六

---

[1] 墨子著，方勇译注：《墨子》，中华书局2015年版，第263页。
[2] 尚学锋、过常宝、郭英德：《中国古典文学接受史》，山东教育出版社2000年版，第23页。

诗"之兴，其间经历了《周易》的易象卦爻象和卦爻辞之兴。《左传·昭公二年》记载，晋国韩宣子在鲁国见《易象》与《鲁春秋》，盛赞"周礼尽在鲁矣！吾乃今知周公之德与周所以王也！"《易经》在周代具有特别重要的地位。《周易》本为周人的占筮之书，但其中孕育了华夏民族早期的象征哲学，易象思维中蕴含了象征思维、类比思维、兴象思维、意象思维；《诗》则是周人的生命歌唱和语言艺术，其中的比兴艺术具有感物取象、感物兴情、引譬连类等艺术特征。《周易》中的天人意识、生命意识、类比思维、观物取象方法与《诗》的比兴思维和比兴表达内在贯通。因此，《易》之象通于《诗》之比兴，体现了从《易》之观、《易》之感、《易》之象、《易》之辞到《诗》之兴的文化承继关系。

先看华夏上古旨在沟通人神以期预测祸福吉凶的占筮文化及其占象与占辞。星占、天象之占以及反映各种自然现象变化的象占形成了独特的原始象征意涵。上古占卜文化要义是巫卜通过某种占象的变化及显现来推测未来的吉凶休咎。古代占卜文化的发展趋势是，从宗教性、神秘性的古易及夏易殷易占卜文化演进到西周人文性增强的《周易》卜筮文化。先秦史传文献对古易的生成和发展多有记载："古者包牺氏之王天下也，仰则观象于天，俯则观法于地，观鸟兽之文与地之宜，近取诸身，远取诸物，于是始作八卦，以通神明之德，以类万物之情"；"先王作乐崇德，殷荐之上帝，以享祖考"；"天垂象，见吉凶，圣人象之"。《诗·大雅·緜》载有"周原膴膴，堇荼如饴。爰始爰谋，爰契我龟"。中国上古的象征文化经历了从夏代之前的"图象"（图画和图像）

的符号表征到商周以来的"文字"（甲骨卜辞和金文）符号表征。古人云"惟殷先人，有册有典，殷革夏命"；"圣人立象以尽意，设卦以尽情伪，系辞焉以尽其言。变而通之以尽利，鼓之舞之以尽神"；"圣人有以见天下之赜，而拟诸其形容，象其物宜，是故谓之象。圣人有以见天下之动，而观其会通，以行其典礼，系辞焉以断其吉凶，是故谓之爻，言天下之至赜而不可恶也。言天下之至动而不可乱也。拟之而后言，议之而后动，拟议以成其变化"。正如高名凯所言："中国语是表象主义的……是要把整个的具体的，把他所要描写的事体表象出来。"[1]

中国古人对"易之象"与"诗之兴"的关联早有自觉认识。宋代陈骙《文则·甲一》有云："《易》文似《诗》……《中孚·九二》曰：'鸣鹤在阴，其子和之；我有好爵，吾与尔縻之。'使入《诗·雅》，孰别爻辞。"[2] 从上古原始巫术的口头繇辞到殷周占卜的繇辞，从易经卦爻辞的甲骨卜辞中的歌繇到《周易》卦爻辞中的歌繇，甲骨卜辞（占辞）中的二言、三言、四言甚至五言古歌繇逐步丰富。《周易》卦爻辞中已有不少生动的诗歌，形式上比甲骨卜辞跨进了一大步，其中不乏比兴手法的运用。在此列举几则《周易》古经卦爻辞中的歌繇及其比兴手法例句。例如，《易·中孚》九二载有"鹤鸣在阴，其子和之。我有好爵，吾与尔縻之"；《易·大过》九二载有"枯杨生稊，老夫得其女妻，无不利"，《易·大过》九五载有"枯杨生华，老妇得其士夫，无咎无誉"；《周易》古经爻辞中的歌谣也涉及不少比兴手

---

[1] 高名凯：《汉语语法论》，商务印书馆1986年版，第17页。
[2] 陈骙著，王利器校点：《文则》，人民文学出版社1960年版，第5页。

法，例如，《易·屯卦·上六·爻辞》载有"乘马班如，泣血涟如"；《易·小畜·卦辞》载有"密云不雨，自我西郊"；此外，像《咸卦》《渐卦》等卦的爻辞排列起来，也都是很成熟的歌谣之辞。《周易》卦爻辞中运用的比兴方法，对后世之《诗》的比兴艺术产生了深刻影响。明代诗学家王世贞《艺苑卮言》卷一有云："《易》奇而法，《诗》正而葩。……凡《易》卦爻辞象小象，叶韵者十之八，故《易》亦《诗》也。"[1] 明代作家王思任则认为："《诗》三百，赋者少而兴者多，兴者少而比者多，盖《诗》本于《易》，须拟之议之，而成其变化。"[2] 明末清初大儒王夫之更是精辟指出："盈天下而皆象矣。《诗》之比兴，《书》之政事，《春秋》之名分，《礼》之仪，《乐》之律，莫非象也，而《易》统会其理。"[3] 清代中期大儒章学诚明确指出，易象通于诗兴，易象与诗兴相表里，"《易》象虽包六艺，与《诗》之比兴尤为表里"[4]。

美国当代汉学家夏含夷《兴与象：中国古代文化史论集》（2012年）作为一部论文集，对兴与象的关系研究也颇有可观，书中尤其注重占卜卜辞中的繇辞与《周易》卦爻辞中的歌繇和《诗经》的兴辞的比较研究，注重阐发殷商卜辞、《周易》卦爻辞

---

[1] 丁福保辑：《历代诗话续编》，中华书局1983年版，第965—967页。
[2] 王思任：《雪香庵诗集序》，载李鸣注评《王思任小品全集详注》，北京联合出版公司2018年版，第334页。
[3] 王夫之：《周易外传》，载《船山全书》，第一册，岳麓书社1988年版，第1039页。
[4] 章学诚著，严杰、武秀成译注：《文史通义全译》，上册，贵州人民出版社1997年版，第24页。

中的诗歌与《诗经》比兴在感物和象征方面的一致之处。夏含夷认为，《周易》卦象（易象）尤其是卦爻辞中的歌谣的征兆意义与《诗经》中的兴诗的象征意义，都说明了周人对大自然的看法，表达了自然物的象征意义。从《诗经》中的兴，我们可以看出周人是如何感受自然现象与人类社会关系的。总之，在夏含夷看来，《诗》之兴与《易》之象在宇宙论的意义上起到了同样的知识作用，而这种作用又与占卜（物占）有密切关系，即通过鸿雁、雎鸠以及大自然的许多其他现象来传达神的旨意。[1]

因此可以说，《周易》卦爻辞及其比兴，是《诗经》比兴的先声。高亨明确指出："《周易》中的短歌是《诗经》民歌的前驱。"[2] 刘大杰也阐明了《周易》对《诗经》的影响，明确指出："它（指《易经》）是从卜辞到《诗经》的桥梁。"[3] 陈良运也认为，卦爻辞的诗歌，当是商代及其以远和西周尚未建立时期（最晚也是西周初期）的诗歌。[4] 周山在《解读周易》一书中指出，《周易》卦爻辞"保留了殷代诗歌的片段，体现了殷代诗歌创作的风格特点"。他在书中具体分析了《明夷》初九、《中孚》九二和《鼎》九二、九三、九四等，并指出："《周易》的诞生，早于《诗经》，而《诗经》中的赋、比、兴等诗歌基本形式，在《周易》卦爻辞中都可以找到。或许可以说，《周易》卦爻辞的文学表现手法，曾给了《诗经》以很大影响，是产生《诗经》

---

[1] 参见夏含夷《兴与象：中国古代文化史论集》，上海古籍出版社2012年版，第7—17页。

[2] 高亨：《周易杂论》，齐鲁书社1979年版，第67页。

[3] 刘大杰：《中国文学发展史》，第1册，上海人民出版社1973年版，第13页。

[4] 参见陈良运《周易与中国文学》，百花洲文艺出版社1999年版，第182页。

的重要源头之一。"[1]《易》卦爻象与《诗经》比兴的思维方式相通。姜广辉认为,《周易》是中国早期类比思维的产物,"但《周易》的可贵之处,却在于它通过取象比类的方法,努力探求事物的相似规律"。[2]

归纳起来,易象通于比兴之处,或者说,《易经》与《诗经》的关联,主要表现在三个方面:其一,生命意识与生命情志之相通;其二,思维方式和观物取象方式之相通;其三,诗性符号与语言表达方式之相通。

其一是易与诗的生命意识和生命情志之相通。易曰"天地之大德曰生",易之生生不息的生命哲学,兴之为生命激发。圣人作《易》,以"通天下之志","易通志"与"诗言志"一脉相传。易之象与诗之兴的相通不仅在于"象",更在于易象中内在的生命精神。易的阴阳二爻和乾坤二卦无不生动地象征了周人的生命精神。"生生之谓易","天地之大德曰生"。《周易·观卦》爻辞反复强调"观我生""观其生",表明了周易的生命哲学精神;周易的生命精神与感兴美学的生命精神具有深刻的一致性,例如,《易传·归妹·彖辞》曰:"归妹,天地之大义也,天地不交而万物不兴。"《易·乾卦》中龙的易象(意象、兴象)象征着华夏民族的奋发进取的生命精神。可见,易即"生",兴亦即生。《白虎通义·性情》亦云:"性者,生也。"

其二是思维方式和观物取象方式之相通。"古者包牺氏之王

---

[1] 周山:《解读周易》,上海书店出版社2002年版,第118、120、121页。
[2] 姜广辉:《整体、直觉、取象比类及其他》,载张岱年、成中英等著《中国思维偏向》,中国社会科学出版社1991年版,第87页。

天下也，仰则观象于天，俯则观法于地，观鸟兽之文与地之宜，近取诸身，远取诸物，于是始作八卦，以通神明之德，以类万物之情"；"六爻发挥，旁通情也"。《周易》中蕴含的原始巫术思维体现了古人的关联性思维，对后世《诗经》之比兴有深远影响；《周易》的"观物取象""以通神明之德，以类万物之情"与《诗经》的"感物兴情""引譬连类"旨趣相通，前者直接影响了后者。

其三是象征、隐喻的诗性符号与语言表达方式之相通。借用维柯的人类早期文字为"诗性文字"的说法，本书认为，《周易》的卦爻象、卦爻辞都是诗性符号，具有原始的赋比兴的因素。《系辞下》曰："夫《易》，彰往而察来，显微而阐幽，开而当名，辨物正言，断辞则备矣，其称名也小，其取类也大，其旨远，其辞文，其言曲而中，其事肆而隐。"《诗》则重视比兴，重视"引譬连类""感发志意"。后世刘勰提出"拟容取心"论与"称名也小，取类大"，见出了《易》与《诗》之相通。当然，从《周易》易象演进为《诗经》比兴，后者蜕去了前者的宗教神秘性，而保留了其伦理道德性和哲学超越性。总之，《周易》美学与感兴美学血脉相通，只有将它们贯通起来理解，才能把握其根本精神。

当然，《易》之象与《诗》之兴虽然贯通，却不完全相同。钱锺书认为，易象与诗之比兴意象"二者貌同心异，不可不辨也"。他指出："《易》之有象，取譬明理也，'所以喻道，而非道也'（语本《淮南子·说山训》）。求道之能喻而理之能明，初不拘泥于某象，变其象也可；及道之既喻而理之既明，亦不恋着于象，舍象也可。到岸舍筏、见月忽指、获鱼兔而弃筌蹄，胥得意忘言之谓也。词章之拟象比喻则异乎是。诗也者，有象之言，依象以成言；舍象忘言，是无诗矣，变象易言，是别为一诗甚且非诗矣。故《易》之拟象不即，指示意义之符（sign）也；《诗》之比喻不离，体示意义之迹（icon）也。不即者可以取代，不离者勿容更张。"[1]因此，易之象与诗之兴只是内在精神贯通，二者不完全等同。与易之象更重于哲理的象征不同，诗之兴更重于情志的譬喻兴发；而且，易象的意与象之间的关系不像诗歌兴象的情与象的关系那么紧密、内在、融为一体、不可分离。

总之，《周易》对中华感兴美学具有深远影响，汇为中华感兴美学的文化渊源和文化土壤。《周易》体现了周人力图把握宇宙人生大道，以天道推人事的天人合一的精神气质。刘纲纪、王振复等都将《周易》的哲学精神和美学智慧阐发为生命哲学精神和生命美学智慧。刘纲纪、王振复的《周易》美学研究成果已被当代学者普遍接受，成为当代学者对《周易》美学精神的文化共识。总之，中华美学精神最为集中地凝聚在生生不息的易象美学精神与《诗经》比兴艺术的生命意识和生命精神之中。易象精神与诗兴精神同为中华文化和美学生命精神之本。研究感兴美学，必须溯源至《周易》美学这个文化渊源。[2]

---

［1］ 钱锺书：《管锥编》，第1册，中华书局1979年版，第12页。
［2］ 参见陶水平《"易象通于比兴"论的理论传统与美学意义》，《江西师范大学学报》（哲学社会科学版）2021年第1期。

第九节　《诗经》和《楚辞》：上古感兴美学最直接的艺术土壤

先秦时代两部最重要诗集《诗经》和《楚辞》是中国古典感兴美学最直接的艺术土壤。《三百篇》和《楚辞》中的言志抒情的艺术取向与比兴修辞的表达技巧，成为中国古代感兴美学的艺术渊源和艺术传统。不同于上古易经占卜以易象显示神意、以自然物象昭示人神关系、以占筮沟通人神预示吉凶，《诗经》和《楚辞》更具人文性，以自然兴象和神话意象来托物言志、譬喻抒情，体现"诗以言志""人文化成""比兴教化"的人文价值。

先看《诗三百》的比兴艺术。《诗三百》作为中华民族第一部诗歌总集（而且主要是一部抒情诗总集），主要反映了自殷周之际至春秋中期，即公元前 1100 至公元前 600 年周人的社会生活和思想感情。《诗三百》中有关于诗人言志抒情的明确表述，或讥刺或赞美。如《诗·小雅·四月》有："君子作歌，维以告哀"；《诗·小雅·节南山》有："家父作诵，以究王讻"；《诗·魏风·园有桃》有："心之忧矣，我歌且谣"；《诗·大雅·民劳》有："王欲玉女，是用大谏"；《诗·大雅·烝民》有："吉甫作诵，穆如清风。仲山甫永怀，以慰其心"；《诗·小雅·采薇》曰："昔我往矣，杨柳依依。今我来思，雨雪霏霏。行道迟迟，载渴载饥。我心伤悲，莫知我哀！"而且，《诗三百》文本中，亦不乏言"兴"之句。例如，《诗·大雅·大明》有："矢于牧野，维予侯兴"；《诗·大雅·緜》有："百堵皆兴，薨鼓弗胜"；《诗·小雅·小明》有："念彼共人，兴言出宿"；等等。《诗三百》不仅创造了抒情言志的艺术经验，而且从艺术创作实践上创造了比兴修辞的表达技巧，而这种比兴修辞方式与《易经》卦爻辞乃至更早的殷周卜辞中的繇辞的原始赋比兴在观物取象、诗性智慧、取譬表达方式上具有一致性。《诗三百》之兴源于并发展了早期诗性思维和原始诗歌传统，而且比《周易》卦爻辞更具抒情性，取譬兴托更为自觉也更具美感。正如钱穆所言："《诗》为中国远古文学之鼻祖，其妙在能用比兴；而此后中国文学继起之妙者，亦莫不善用比兴；此义后人发挥之者甚多。"[1]《诗三百》中有不少相同或相似的"兴辞"，常常在不同的诗篇中反复出现，例如，"昔我往矣，杨柳依依"就出现在三首不同的诗中，"习习谷风，以阴以雨"出现在两首诗中。大体像"××于飞""采采××"之类的兴辞，出现十余次。而且，这些兴辞亦多见于《夏小正》《月令》《周易》卦爻辞中。这表明兴不仅仅属于《诗经》，而且自有其渊源。从创作方法的角度来考察，《诗经》中的兴，常常表现为对现成的"兴辞"的引用，这一现象在风、雅诗篇中更为普遍。[2] 这个研究发现及其结论说明，即便是诗歌、歌繇之兴，也有极为古老的渊源或传统，易象及其卦爻辞的比兴即为其文化渊源之一。例如，《易·渐卦》的六爻的爻辞分别有"鸿渐于干""鸿渐于磐""鸿渐于陆""鸿渐于木""鸿渐于陵""鸿渐于陆"等繇词，说明殷商时期已有较为成熟的歌繇以及"鸿渐于飞"的原始兴象，它们对《诗·豳风·九罭》中的"鸿飞遵

---

[1] 钱穆：《读〈诗经〉》，载《中国学术思想史论丛》，第1册，安徽教育出版社2004年版，第132页。

[2] 参见韩高年《〈诗经〉分类辨体》，上海古籍出版社2011年版，第30页。

渚，公归无所，于女信处。鸿飞遵陆，公归不复，于女信宿"有直接影响。可见，兴是上古诗歌的一种感物兴叹的艺术传统，古歌之兴是周代《诗经》之兴的艺术文化渊源。当然，《诗经》中的兴辞，既有大量上古流传下来的现成兴辞，更有新的感物之兴和感物之辞。前者谓之"诵古"式的歌诗，后者谓之"造篇"式的歌诗。前者相当于帕利、劳德师徒所提出的"现成词语"（或"套语"）与"现成思路"，后者即相当于钟嵘所说的"直寻"之辞或王夫之所说的"现量"之辞。前者是原始比兴的旧传统，后者是周人比兴的新传统。可见，《诗经》的风雅颂、赋比兴与上古的祭祀之歌、远古民谣的原始比兴并不完全是一回事。

孔颖达疏《毛诗序》"诗有六义"时指出："赋、比、兴者，诗文之异辞耳。""兴者起也。取譬引类，起发己心，诗文诸举草木鸟兽以见意者，皆兴辞也。"[1] 孔颖达已然看出了兴作为"异辞"之一，要义在"引譬取类"，以"起发己心"。《诗经》之兴是对古代祭祀占卜之兴与原始民谣之兴的创新发展。其中，"颂诗"更多地继承和创新了上古祭歌之兴，"雅诗"为周代贵族吸纳民歌而又自赋新词的诗歌之兴，而"风诗"更多的是继承和创新了上古民间祭祀节庆民谣之兴。例如，《诗·周南》中的《螽斯》《桃夭》等风诗是对上古民歌中图腾崇拜和巫祭礼辞的继承和创新，使之与眼前实感融汇合一。更为重要的是，《诗经》的赋比兴艺术所表征的自觉的生命意识和审美精神是原始祭歌和民谣所缺乏的。

---

[1] 毛亨传，郑玄笺，孔颖达疏：《毛诗正义》，载李学勤主编《十三经注疏》，北京大学出版社1999年版，第12页。

正如魏家川所指出的:"'诗三百'比兴的最大特质,即将鸟兽草木的表现性功能,由虚无缥缈的鬼神之乡,引向伦常日用的生命世界。……比兴的源起与发展,是一种由宗教而俗世化的过程。最早可追溯到原始巫术思维方式,鸟兽草木是神性的存在,诱导人心通往神意世界。尔后是与农业人生相伴随的一种感受方式、文化心态,鸟兽草木作为人的生活中与生命相依存的感性存在,生命的共感。再往后,则是理性的、人伦的思维方式,鸟兽草木作为文化结构的符号,以表达社会政治与教育功能。宗教神谕、日常情感、理性社会功能,都积淀于比兴的隐喻思维方式底层。比兴由宗教而俗世理性化的过程,映现着中国文艺思想起源的重大命题。从这个意义上说,比兴确是《诗经》中最大最深奥的学问。"[1]总之,《诗经》的赋比兴艺术的创作实践和修辞经验,表征了周人由殷商的宗教神学向西周的伦理精神的审美嬗变和文化自觉。《诗经》所创造和积累的赋比兴艺术的修辞传统和审美经验成为孔子"比德"美学和诗教美学乃至后世中国历代感兴美学最为直接、最为重要的艺术土壤和文化根源。

屈原的《楚辞》中也有丰富的抒情与比兴艺术。如"沅有芷兮澧有兰,思公子兮未敢言"(《九歌·湘夫人》)的起兴句。东汉王逸《楚辞章句》注曰:"言沅水之中有盛茂之芷,澧水之外有芬芳之兰,异于众草,以兴湘夫人美好亦异于众人也。"[2]《楚辞》的比兴艺术超越《诗经》之处在于,一是更为自觉、更

---

[1] 魏家川:《先秦两汉的诗学嬗变——从"〈诗〉云""子曰"到"子曰诗云"》,学苑出版社2007年版,第315—316页。

[2] 王逸撰,黄灵庚点校:《楚辞章句》,上海古籍出版社2017年版,第51页。

为系统地以自然物象来比兴抒情，即所谓"香草美人"的比兴；二是大胆地引用上古华夏神话尤其是楚国巫术神话传说的素材为比兴象征意象；三是由《诗经》的起兴的兴句之兴发展为《楚辞》融贯全诗的整体兴象象征。正如王逸所言："《离骚》之文，依《诗》取兴，引类譬喻。故善鸟香草以配忠贞。"《楚辞》的比兴抒情取法《诗经》风雅而又有创新，更为生动也更为娴熟。如："秋兰兮青青，绿叶兮紫茎；满堂兮美人，忽独与余兮目成"（《九歌·少司命》）；"惜诵以致愍兮，发愤以抒情"（《九章·惜诵》）；"介眇志之所惑兮，窃赋诗之所明"（《九章·悲回风》）；"怀朕情而不发兮，余焉能忍与此终古？"（《离骚》）。

在屈原这里，情与志仍是相通的，即"申旦以舒中情兮，志沉菀而莫达"（《九章·思美人》），《楚辞》比兴抒情成为"诗缘情说"的艺术先声和理论先声。不仅如此，《楚辞》的比兴发展了《诗三百》的比兴，比喻范围更大，古老的神话传说皆可入诗，以为比兴，取譬意象更为丰富奇特，取譬意识更具艺术自觉，兴象的类型及其创造更为多样，更多虚构想象之辞。由于楚国地处南方，比中原地区保存了更多的原始文化遗存，因而甚至可以说，《楚辞》的比兴比《诗三百》的比兴保存了更多的图腾、巫觋、祭祀等原始宗教文化记忆。换言之，《楚辞》的很多兴象比《诗经》之兴象更为古老。例如，《离骚》中有关羲和与凤凰的比兴意象即是古老的神话意象："吾令羲和弭节兮，望崦嵫而勿迫"；"吾令凤鸟飞腾兮，继之以日夜"。

进而言之，《楚辞》兴象的象征艺术也比《诗经》的比兴更具有全篇意识和美感意识。例如，《九歌》作为屈原依据楚国巫祭之歌改编而成的诗歌，其中的比兴意象所反映的神话象征与巫性想象更为丰富和完整。当然，《离骚》中"路漫漫其修远兮，吾将上下而求索"既是诗人求神明指引的兴象，又是诗人求美政理想的兴象。《楚辞》之兴也不限于起兴，而是比兴融合，贯通全篇，浑然一体。《楚辞》通篇的比兴修辞构成其诗歌作品的整体象征。总之，从《诗经》的发端之兴发展为更为丰富和系统化的《楚辞》全篇之兴，奠定了中华古典诗兴美学更为丰厚、更为自觉和更具浪漫主义气质的早期艺术土壤。

屈原及其《楚辞》成为汉代辞赋家和历代诗人取法的艺术典范。司马迁在《史记·屈原列传》中认为：

> 《国风》好色而不淫，《小雅》怨诽而不乱。若《离骚》者，可谓兼之矣。……其文约，其辞微，其志洁，其行廉。其称文小而其指极大，举类迩而见义远。其志洁，故其称物芳；其行廉，故死而不容。自疏濯淖污泥之中，蝉蜕于浊秽，以浮游尘埃之外，不获世之滋垢，皭然泥而不滓者也。推此志也，虽与日月争光可也。

王逸在《离骚经序》中赞美"《离骚》之文，依《诗》取兴，引类譬喻。故善鸟香草以配忠贞，恶禽臭物以比谗佞，灵修美人以媲于君，宓妃佚女以譬贤臣，虬龙鸾凤以托君子，飘风云霓以为小人。其词温而雅，其义皎而朗。凡百君子，莫不慕其清高，嘉其文采，哀其不遇，而愍其志焉"。

刘勰则更为辩证地认识到《楚辞》与《诗经》的继承与创造

关系，他认为："自《风》《雅》寝声，莫或抽绪，奇文郁起，其《离骚》哉！""乃《雅》《颂》之博徒，而词赋之英杰也。""虽取熔《经》意，亦自铸伟辞。"(《文心雕龙·辨骚》)尤其盛赞屈原《楚辞》的比兴艺术，认为"楚襄信谗，而三闾忠烈，依《诗》制《骚》，讽兼比兴"(《文心雕龙·比兴》)。《楚辞》因而成为与《诗经》风雅并称的中国古代诗歌美学典范。胡晓明指出，可以将比兴的演进做一纵贯的透视，即"将《易》视为比兴之雏形，《诗》视为比兴之成型，《骚》视为比兴之转型，由此精神连续体之中，探寻比兴所蕴含的人文精神脉络"[1]。从《易》到《诗》(包括《三百篇》和《楚辞》)，体现了中国上古时代人文精神的生成与初步自觉。《诗》《骚》比兴之思维方式、构思方式对先秦诸子哲学思想的产生和先秦诸子散文的创作，乃至对后世哲学和艺术，都产生了极为深远的影响，成为感兴美学的艺术土壤。

总之，兴乃中华艺术、美学、诗学尤其是中华感兴美学和艺术精神的文化原型，生成了中国古代感兴美学的文化基因和精神气质，奠定了中国历代艺术家和美学家审美精神的艺术范型和理论范型，成为中国古典艺术和美学的文化原型和审美原型。

---

[1] 胡晓明：《中国诗学之精神》，江西人民出版社1990年版，第18页。

第二章 中华感兴美学传统的理论演进

中国古代兴论美学植根于华夏兴文化的大传统。兴不仅孕育了中华上古"六艺"或"六经"文化，也孕育了中国早期文学艺术和诗学美学。中国艺术史和美学史是随着兴的演进而发展的。兴是中国古典美学最重要的元范畴，兴论美学是中国古典美学最具标志性的理论形态。兴是中国古代艺术和美学的文化本原和审美本体，感兴美学的理论史正是中华美学的孕育、发生和发展的历史。感兴美学是中国古典美学的开山纲领。感兴美学贯穿几千年中华美学史而绵延至今，成为中国古典美学生生不息的优秀传统。历代艺术家与先哲的感兴审美经验及其理论化汇成了中华感兴美学源远流长的理论传统，每一位后来者都被前代先贤所限定、所构型；同时，每一位后来者又充实、新构了感兴美学传统，从而使得感兴美学传统的历史长河不断发展、滚滚向前。中国感兴美学传统因而是一个有着自身本原性、传承性、延续性、稳定性、结构性、规范性、典范性、创变性、动态性、开放性生命特征的文化传统，彰显了中华美学独特的精神气质。感兴美学成为中国古典美学的理论核心和理论纲领。

恩格斯在《致弗兰茨·梅林》的信中曾指出：

> 历史方面的意识形态家（历史在这里应当是政治、法律、哲学、神学，总之，一切属于社会而不是单纯属于自然界的领域的简单概括）在每一科学领域中都有一定的材料，这些材料是从以前的各代人的思维中独立形成的，并且在这些世代相继的人们的头脑中经过了自己的独立的发展道路。当然，属于本领域或其他领域的外部事实对这种发展可能共

同起决定性的作用,但是这种事实本身又被默认为只是思维过程的果实,于是我们便始终停留在纯粹思维的范围之中,而这种思维仿佛顺利地消化了甚至最顽强的事实。[1]

借用恩格斯的这个理论思想史观念,中华古典感兴美学理论思想的发展史也可看作由一代一代感兴美学思想家和理论家依据他们的历史生存条件和艺术感兴经验相继建构而发展的。海德格尔在其后期最重要的哲学著作《哲学论稿——从本有而来》一书中指出:对于未来哲学概念的本质性把握乃是一种历史性的把握。这种对哲学之本质的历史性刻画将哲学把握为存有之思想。"这种对哲学的存在历史性的刻画需要有一种解说,后者求助于一种对以往思想(形而上学)的回忆,但同时也把以往思想与将来之物置回到历史性的共属一体性中。"[2]海德格尔对存在之历史的追问和阐释对我们研究中华感兴美学理论史亦有参考意义。借鉴海德格尔的这一哲学之思,本书对中华感兴美学思想传统的研究也力求在历史回溯中将其共属一体,以呈现其思想的生成性、发展性和整全性。

兴孕育于华夏上古兴祭乐舞文化和礼乐文化之中,自孔子提出"兴于诗"和"诗可以兴"的诗教美学命题之后,兴论美学正式成为中国古典美学的重要理论形态。孔子兴论诗教美学有一个很高的文化起点和理论起点,具有诗兴之教、立人育人与事父事

---

[1]《马克思恩格斯文集》,第10卷,人民出版社2009年版,第658页。
[2] 海德格尔:《哲学论稿——从本有而来》,孙周兴译,商务印书馆2016年版,第500—501页。

君、达政专对的多重文化追求。两汉兴喻美学是对孔子诗教兴论美学的拓展，同时更注重在经学的视野中阐发《诗经》比兴修辞的"兴喻""美刺""教化"意义。魏晋南北朝时期，随着经学名教的衰微和玄学美学的兴起，儒家经典意义上政教伦理的《诗经》之兴走向更为普遍的文学艺术感兴审美之"诗兴"。借用鲁迅和宗白华的观点，魏晋南北朝时期是"文学的自觉"和"最富于艺术精神"的时代。[1] 人的个性意识和生命自由的自觉，促进诗人、艺术家将审美感物、艺术情怀与人生感悟、理性思辨融为一体，使得中国古人的自然感兴审美意识走向美学自觉，更加注重审美感兴和诗意审美之兴的艺术感兴论美学在六朝蔚然兴起。

就自然审美的对象方面而言，在自然物的物象兴发和意义表征的演进历史上，先秦两汉之兴经历了祭祀致用、伦理比德、审美畅神三个发展阶段。魏晋之后，在审美感兴的催生下，自然物象由巫祭的功利对象和比德的伦理对象转化为兴发人的自由精神的感兴畅神的审美对象，标志着中国古典感兴美学理论的审美自觉。魏晋时期的艺术创作在汉末文人五言诗和抒情小赋的基础上，更为自觉地产生了文人五言抒情诗、山水田园诗、抒情小赋等，受其影响，魏晋以后的宗炳、王微等人的山水画，阮籍、嵇康等人的音乐，王羲之父子的书法，等等，都充分表达了魏晋时期个体的生命觉醒、情感诗化、人格独立和自由精神，成为完全自觉的审美的"纯"艺术。尤其随着山水诗画在魏晋兴起，登山

---

[1] 参见《鲁迅全集》，第3卷，人民文学出版社2005年版，第526页；《宗白华全集》，第2卷，安徽教育出版社1994年版，第267页。

临水成为启发艺术家审美感兴的绝佳场景。通过对山水景物的描写，天地万物和诗人、艺术家的情怀得以相遇与会合。至此，兴已然成为中华古典美学最自觉、最成熟、最具渗透力的审美元范畴，感兴美学在魏晋南北朝臻于高度审美自觉。

感兴美学在六朝以后得到进一步拓展。在唐代文学艺术和美学理论的舞台上，一方面是中国古典儒家"风雅""比兴"美学传统的复兴与重构，另一方面是唐代文学审美之兴和感兴美学的丰富发展。在唐代最伟大的艺术家、美学家那里，比兴和感兴二者呈现完美统一。陈子昂、殷璠、李白、杜甫、白居易都曾写下许多将个人审美情感和社会关切之志的抒发完美统一的、以兴寄和兴象见长的诗篇。六朝审美感兴因而在唐代拓展成更为阔大、更为幽深的审美兴象与审美兴境。唐代出现的兴寄、兴托、兴象即是原始巫祭之兴至汉代经学之兴的文化之兴（正题）再到魏晋南北朝审美之兴（反题）实现正题、反题二者综合之后的整合形态（合题）。中华感兴美学在宋元明清时期得到继续发展，感兴之兴与比兴之兴成为历代诗兴美学的双重追求与审美融合。尤其是宋代理学家对汉唐经学的超越与创新，使得宋代诗经诗学和诗兴美学有了进一步创新。朱熹等人的诗兴美学和严羽的兴趣说推动了中国古典感兴美学和诗歌审美之兴的新发展。明代谢榛、胡应麟等人对兴的精细化总结（标举"意象玲珑"之兴），进一步完善了古典诗学之兴，清代王夫之、叶燮实现了对古代感兴美学的理论总结和集大成。古典感兴美学在20世纪王国维、梁启超、宗白华、徐复观、陈世骧等人那里得到初步的现代阐释和转化，在20世纪中国美学研究中得到传承、绵延与创新、发展，成为中国现当代美学的一个新传统。

总之，几千年来，随着历代艺术家与美学家对兴的理解、诠释和创造的不断发展和积累，中国古代艺术呈现出相应的艺术审美嬗变，中国古代感兴美学理论也得到相应的历史发展和理论展开。本章将主要讨论自觉地以理论范畴和理论命题形式出现并不断发展的中华感兴美学传统的历史演进和理论脉络。

第一节　孔子与中华感兴美学的理论发端和学术开篇

孔子是春秋末年和战国初年的重要思想家，是中国儒家学说的开创者。以孔子、老子为代表的先秦诸子兴起于东周"百家争鸣"之中。尽管先秦诸子的身份地位、政治倾向和文化诉求各不相同，但从总体上看，诸子百家代表了一种不同于西周王室、春秋诸侯及贵族阶层的意识形态的新兴士人意识形态，标志着士人开始成为社会思想文化领域的主要力量。

在中国古典诗学史上，孔子是第一位重视《诗三百》并将其提升至最重要文化元典地位的中国古代思想家，也是第一位真正意义上的诗兴美学思想家、理论家和教育家。在孔子之前，诗乐之兴尚依存于礼乐仪式中，兴只是古代诗兴文化的实事性或事实性存在，而不是诗兴美学的理论性存在。易言之，兴尚未有真正的诗学理论形态。孔子第一次将兴这个礼乐文化的实事存在加以理论化，将兴理论化、问题化、命题化，并将其明确与诗联系在一起，从而使夏商周三代以来的广义之兴或仪式之兴诗学化、美学化，成为中国古代感兴美学理论的正式发端，本书因而将孔子感兴美学作为中国古典感兴美学的理论起点。钱穆认为,"《周官》六诗之说,本不可为典要;其说殆自孔子言'诗可以兴,可以观'而来。盖观于物,始有兴。诗人有作,皆观于物而起兴。而读诗者又因于诗人之所观所赋而别有所兴焉,此诗教之所以为深至也"[1]。钱穆高度评价孔子的诗教及其诗兴诗学的意义,甚为卓见。孔子诗兴诗学乃是对西周礼乐之教传统的历史继承与创新发展。毫无疑问,从文化渊源而言,孔子的兴论诗学是从周代礼乐制度中的诗乐教育(包括周代典礼教育、"乐语"教育、春秋"诗教"、春秋"赋诗言志")传统中脱胎而出的。但是,在孔子之前的文献中,兴只是实事陈述和史料记载,孔子则开创性地明确提出"兴于诗""诗可以兴"的观点,明确提出了《诗》的根本特质和基本价值在于兴,这是在中国古代诗学史上第一次将兴理论化、命题化、问题化、观念化、美学化,因而标志着中国古典感兴美学的确立。孔子诗兴诗学不仅是西周礼乐文化精神的余响和重建,也是春秋赋诗文化精神的赓续和理论化,更是孔子本人在新的时代条件下的诗学理论创造。孔子感兴美学是在孔子对弟子们及儿子的诗教活动中提出的。《论语》中记载了孔子十余次对弟子们论《诗》。孔子感兴美学是孔子诗教体系的重要组成部分,是基于其培养君子人格的成人诗教体系的。"兴于诗"和"诗可以兴"可谓其诗兴诗学的核心命题。二者都将兴列为首位,可见诗兴问题在孔子诗学中的基础、核心和枢纽地位。因此,孔子诗兴美学的提出标志着中国古典感兴美学的理论发端,

---

[1] 钱穆:《读〈诗经〉》,载《中国学术思想史论丛》,第1册,安徽教育出版社2004年版,第134页。

标志着中华感兴美学独特精神气质的初步呈现。

孔子的诗教美学或感兴美学受到西周礼乐教育传统尤其是"乐语"传统、《诗三百》的赋比兴艺术传统、春秋国子诗教传统以及春秋大夫"赋诗言志"传统的影响。孔子诗教诗学和诗教之兴直承春秋诸侯贵族的国子诗教之兴和春秋邦交会盟活动大夫"赋诗言志"的用诗之兴,孔子"兴于诗"的诗教思想是对春秋国子诗教之兴和春秋"赋诗言志"传统的传承与发展,从中见出兴在孔子诗教和诗学中的特殊重要性。据《国语·楚语上》记载,楚国退休的公族贤大夫申叔时论太子之教时曰:"教之《诗》,而为之导广显德,以耀明其志。"申叔时还阐述了其理由:"且夫诵诗以辅相之,威仪以先后之,体貌以左右之,明行以宣翼之,制节义以动行之,恭敬以临监之,勤勉以劝之,孝顺以纳之,忠信以发之,德音以扬之,教备而不从者,非人也。其可兴乎!"[1] 以上言论涉及的兴含有"教育、培养、造就、成就、成功、生成"等丰富之义,这一诗教思想传统及"其可兴乎"的话语表达方式都深刻影响了孔子的"兴礼乐""兴于诗""兴于仁"等诗乐教育思想及其话语表达方式。受春秋赋诗的"断章取义"的影响,孔子的诗兴之教重视《诗》的"兴发""兴起""启发"价值,而不像孟子那样重视"知人任世""以意逆志"地追寻《诗》的原意。当然,孔子在诗教过程中也重视比的方式。例如,《论语》记载:"子在川上曰:'逝者如斯夫!不舍昼夜。'""为政以德,譬如北辰居其所,而众星共(拱)之。""君子之德风,

---

[1] 左丘明:《国语》(下),上海古籍出版社1978年版,第528页。

小人之德草，草上之风必偃。""子曰：'由之瑟，奚为于丘之门？'门人不敬子路。子曰：'由也升堂矣，未入于室也。'"这些都是用比喻修辞来比譬、启迪、兴发弟子的生动例子。孔子还明确说过"能近取譬，可谓仁之方也"，"知者乐水，仁者乐山。知者动，仁者静。知者乐，仁者寿"，提出"岁寒，然后知松柏之后凋也"，"君子比德于玉焉。温润而泽，仁也"等富于比兴启发性的比德教育观点。这样的生动例子在《论语》中俯拾即是，我们甚至可以说，《论语》就是一部孔子以《诗》和日常生活中的感性物象和事象来譬喻和兴发启迪弟子们的师生对话录和言行录。

孔子重视兴远超重视比，孔子更重视"兴于诗"和"诗可以兴"。在孔子看来，兴兼具赋、比、兴三义。刘宝楠认为，"'赋'、'比'之义皆包于'兴'，故夫子止言'兴'。《毛诗传》言兴百十有六，而不及赋比，亦此意也"[1]。但更为重要的原因是，孔子诗教不是单纯的道德教育，而是一种艺术化、审美化的教育。比的方法更注重理性启迪，而兴的方法在理性启迪外更重情志的感发、兴发，因而孔子诗教更重视兴的方法，重视对学生的感兴教育、兴发教育，亦即将情感、想象和理智融会贯通的诗兴教育。

孔子身处传统王室和诸侯官学式微的春秋末年，他创办私学，提出"有教无类"，振兴文化。孔子非常重视以"兴"为核心的"诗乐之教"。孔子整理"六经"并以"六经"教育弟子，

---

[1] 刘宝楠撰，高流水点校：《论语正义》，中华书局1990年版，第690页。

是从《诗经》开始的。司马迁在《史记·孔子世家》中指出，孔子之时，周室微而礼乐废，孔子累计收集了三千余首诗歌，删去重复者，编定为今日之篇章次序，"三百五篇，孔子皆弦歌之"[1]。《论语·子罕》记载："子曰：'吾自卫反鲁，然后乐正，《雅》《颂》各得其所。'"言孔子返鲁之后，刊定和矫正了被鲁国大夫淆乱的《诗三百》的雅颂之乐。《论语·述而》曰："子所雅言，《诗》《书》、执礼，皆雅言也。"孔子讲"恶郑声之乱雅乐也""放郑声"，注重《三百篇》的诗乐特性及其文化蕴含和伦理精神，更强调诗的比兴教育。东汉郑玄注《周礼》：春秋末年"时礼乐自诸侯出，颇有谬乱不正，孔子正之。曰比曰兴"[2]。孔子删定《三百篇》作为儒学礼乐文化教本，显示了孔子"正乐"之为。孔子的时代，礼乐制度的声教（以声为主的传统诗乐礼仪之教）衰微。孔子重视诗乐教育，既不忽视声教传统，又注重文辞义理之教及比兴修辞教育，力求声义兼顾（声义并用、以义为主），强调《诗》的比兴教育的理论意义和实践价值，这体现了孔子"质胜文则野，文胜质则史。文质彬彬，然后君子"的诗教理想，从而创新了中国古代传统诗教和诗学。孔子提出"兴于诗"，以诗教为教育的起点。《论语·季氏》记载："陈亢问于伯鱼曰：'子亦有异闻乎？'对曰：'未也。尝独立，鲤趋而过庭。曰：'学诗乎？'对曰：'未也。''不学诗，无以言。'鲤退而学

---

[1] 司马迁撰，裴骃集解，张守节正义：《史记》，卷四十七，中华书局1959年版，第1936页。
[2] 郑玄注，贾公彦疏：《周礼注疏》，载李学勤主编《十三经注疏》，北京大学出版社1999年版，第610页。

诗。他日，又独立，鲤趋而过庭。曰：'学礼乎？'对曰：'未也'。'不学礼，无以立。'鲤退而学礼，闻斯二者。"《论语·阳货》记载："子谓伯鱼曰：'女为《周南》《召南》矣乎？人而不为《周南》《召南》，其犹正墙面而立也与！'"《论语·子路》记载："子曰：'诵《诗》三百，授之以政，不达；使于四方，不能专对；虽多，亦奚以为？'"孔子具有很高的礼乐或诗乐修养，例如《论语·八佾》记载："子语鲁大师乐。曰：'乐，其可知也。始作，翕如也。从之，纯如也，皦如也，绎如也。以成。'"《论语·八佾》记载：子谓《韶》"尽美矣，又尽善也"；谓《武》"尽美矣，未尽善也"。《论语·八佾》记载："子曰：'《关雎》，乐而不淫，哀而不伤。'"《论语·述而》记载："子在齐闻《韶》，三月不知肉味，曰：'不图为乐之至于斯也。'"

因此，与通行的认为自孔子开始诗乐分家、偏于以义解诗的主流观点（如朱自清、王靖献的观点）有所不同，笔者认为，孔子诗教力图重振、创新礼乐精神。孔子诗教声义并重，既重诗乐精神，又重比兴修辞。孔子是中国古代诗学（诗经学、诗教学）研究的第一人，也是中国古代诗兴美学研究的第一人。孔子诗教诗学将西周礼乐文化之兴与春秋"赋诗言志"之兴发展为"兴于诗"的君子成人教育，以诗的比兴修辞来启示、启发、兴发、培养和提升学生的善良志意、审美人格和精神世界。

先看孔子的"兴于诗"的诗学命题。孔子诗教始于《诗》、始于兴，提出"兴于诗，立于礼，成于乐"。"兴于诗"作为孔子对弟子人生教育和君子教育的起点，通向道德教育的礼乐境界。《礼记·文王世子》记载了周代以礼乐教育"兴有德"的教化传统，孔子则继承和发展了这个传统。《大戴礼记·小辨》记载：孔子曰："昔者先王学齐大道，以观于政。天子学乐辨风，制礼以行政；诸侯学礼辨官政以行事，以尊事天子；大夫学德别义，矜行以事君；士学顺，辨言以遂志。"《礼记·仲尼燕居》记载了孔子论诗教："不能《诗》，于礼缪。不能乐，于礼素。"《礼记·仲尼闲居》记载了孔子论"志之所至，诗亦至焉。诗之所至，礼亦至焉。礼之所至，乐亦至焉"。《孔丛子·杂训第六》记载了"夫子之教，必始于《诗》《书》，而终于礼乐，杂说不与焉"。孔子诗教主要不是为了追寻所引《诗》句的本义或原意，而是关注《诗》的修辞意义和教化价值，以"引譬连类"的方式讨论《诗》的联想义，以此兴发弟子的人生志意。孔子"兴于诗"和"诗可以兴"的诗学命题也不是单纯的伦理教育命题，而是具有诗性教育特性的美育和美学命题。"兴于诗"和"诗可以兴"因而成为一个具有创新意义的诗性化、审美化的人生美学和人格美学命题。[1] 孔子注重在师生之间以诗教为中介的相互感发，善于运用"举一反三""闻一知十""取譬连类""触类旁通""告诸忘而知来""感发意志""兴起志意"的兴发法，强调《诗》的审美兴发意义和道德启发价值。孔子诗兴诗学重视以艺术感兴审美的方式启迪弟子们修身、求道和成人，以美育的方式和比兴修辞的方法开展君子人格教育、修齐治平教育，开启了周代礼乐文化教育的新传统。

---

[1] 朱熹《四书集注》释"兴于诗"："学者之初，所以兴起其好善恶恶之心而不能自已者，必于此而得之。"（朱熹注：《四书集注》，海南出版社1992年版，第132页。）

"孔子说：'不学诗无以言也。'诗的本质是什么？是象征。如果我们能通过诗看到象征所暗示的光辉，那么，我们的精神就可以从遮蔽光辉的名词桎梏中解放出来。学诗，不是对名词的语义分析，而是向着诗所象征的高度攀登，是与诗的对话，是解释。诗使人们的精神超越概念成为可能，所以孔子说人的精神'兴于诗'。"[1] 总之，孔子以《诗》的审美感兴和比兴修辞教育来兴发弟子的伦理道德情感，以诗教的方式来兴发弟子对礼乐之境、仁爱之境的领悟。孔子的诗兴诗学不仅是中国古典感兴美学的开篇，而且也标志比兴修辞教化诗学的自觉与中国古典美育学的自觉。

再看孔子的"诗可以兴"的诗学命题。孔子"诗可以兴"的诗学命题见于《论语·阳货》："子曰：'小子，何莫学夫《诗》？《诗》可以兴，可以观，可以群，可以怨；迩之事父，远之事君；多识于鸟兽草木之名。'"何晏注"兴观群怨"时引孔子十世孙、汉代孔安国注曰："'兴，引譬连类。'"宋代邢昺则进一步疏曰："《诗》可以令人能引譬连类以为比兴也。"[2] 据此可见，孔安国、何晏、邢昺都认为"兴"为"引譬连类"，"引譬"是基础，"连类"是延展。而且，孔子之所以教导学生"多识于鸟兽草木之名"，也是看到了《诗三百》中"鸟兽草木"等名物（自然物象）对兴发读者思想情感所具有的重要价值。唐代孔颖达《毛诗

---

[1] 今道友信：《美的相位与艺术》，周浙平、王永丽译，中国文联出版公司1988年版，译者前言第11页。

[2] 何晏注，邢昺疏：《论语注疏》，载李学勤主编《十三经注疏》，北京大学出版社1999年版，第237页。

正义》进而引郑众语"兴者,托事于物则兴者起也",并进一步发挥曰"兴者起也。取譬引类,起发己心,诗文诸举草木鸟兽以见意者,皆兴辞也"。[1]郑众、孔安国、何晏、邢昺、孔颖达都强调了"诗可以兴"的启发方式。朱熹《论语集解》释"《诗》可以兴"为"感发志意"。[2]张栻《论语解》卷九亦云"兴,谓兴己之善;观,谓观人之志"。朱熹、张栻都强调了"诗可以兴"的启发、体会、涵泳、兴发人的善良志意的作用。至此,兴的"感发志意"的意涵得到进一步彰显。郭绍虞加以发挥说:"照此说来,必须能兴己之善,才足以观人之志,而观人之志,即所以兴己之善。"[3]将他们的观点综合起来,合而言之则较为全面,"诗可以兴"的要义在于以"引譬连类"来"感发志意"。可见,"引譬连类"和"感发志意"二者是相通的、内在一致的,"引譬连类"是手段,"感发志意"是目的。一言蔽之,"诗可以兴"与"兴于诗"都注重《诗》的比兴修辞和教化价值。

孔子在诗教实践中善于以《诗》引譬连类和感发志意,善于与弟子们讨论和阐释《诗》的感兴价值,创造和积累了丰富的诗兴教育经验。《论语》一书中记载了大量的孔子以《诗》之兴来教育弟子的诗兴教育实践活动,记载了孔子及其弟子在诗兴教育实践中"引譬连类""兴发志意""教学相长"的生动实例。其中,最为著名且被学界反复征引的是孔子与子贡、子夏之间教学

---

[1] 毛亨传,郑玄笺,孔颖达疏:《毛诗正义》,载李学勤主编《十三经注疏》,北京大学出版社1999年版,第12页。

[2] 朱熹撰:《四书章句集注》,中华书局1983年版,第187页。

[3] 郭绍虞编著:《中国文学批评史》,下卷,百花文艺出版社1999年版,第34页。

相长的诗兴教育事例。

如《论语·学而》记载:"子贡曰:'贫而无谄,富而无骄,何如?'子曰:'可也。未若贫而乐,富而好礼者也。'子贡曰:'《诗》云:"如切如磋,如琢如磨",其斯之谓与?'子曰:'赐也,始可与言《诗》已矣,告诸往而知来者。'""如切如磋,如琢如磨"语出《诗·卫风·淇奥》,本义是赞美卫武公"有匪君子",文质彬彬,文采斐然。子贡以此譬喻兴发其对孔子"贫而乐,富而好礼者"的理解,与孔子心有灵犀。

又如《论语·八佾》记载:"子夏问曰:'"巧笑倩兮,美目盼兮,素以为绚兮。"何谓也?'子曰:'绘事后素。'曰:'礼后乎?'"对于《诗·卫风·硕人》"巧笑倩兮,美目盼兮"的兴句,孔子阐发为"素以为绚兮",认为当先以素色为底,然后绘以文彩。而子夏则做了进一步发挥,曰:"礼后乎?"他认为当先以仁义,后以礼乐。对于子夏的这个更进一层的读诗之兴发,孔子大加赞赏:"起予者商也! 始可与言《诗》已矣。"

由以上两例孔子分别以《诗·卫风·淇奥》与《诗·卫风·硕人》中的兴句来兴发与赞赏对学礼的感悟可见,兴即兴起、启发。《论语·子罕》记载:"'唐棣之华,偏其反而。岂不尔思? 室是远而。'子曰:'未之思也,夫何远之有。'"在此,孔子以《诗》来兴发学生的孝悌之心与高远志向。《孔子诗论》还记载了孔子"以色喻礼"的从本义到转义的诗教方法,如提出"《关雎》之改""《关雎》以色喻于礼"的诗教诗学命题。对于上博简《孔子诗论》的语句编排次序和训释有各种观点,此处从李零先生的校读。[1]孔子及其弟子和再传弟子的注重诗的比兴修辞的诗兴教育传统及以兴释《诗》的修辞和教化方法在汉代得到了传承与发扬。

"《诗》可以兴"在孔子诗兴教育中居于根本地位。在孔子的"《诗》可以兴,可以观,可以群,可以怨"的诗兴教育理论命题中,作为审美感兴体验的"诗可以兴"是基础,后面的"诗可以观、群、怨"都建立在"诗可以兴"的基础之上。"诗可以兴"体现了孔子最为核心的诗教方法,由此生成了《诗》的丰富的艺术审美价值。对此,王夫之有精辟阐述,他在《四书训义》卷二十一中指出:"《诗》之泳游以体情,可以兴矣;褒刺以立义,可以观矣;出其情以相示,可以群矣;含其情而不尽于言,可以怨矣。……可以兴观者即可以群怨。"[2]王夫之认为,在"兴观群怨"这"四情"之中,"兴"为根本,其他三者都必须建立于"兴"的基础之上。对此,笔者有专著研究。[3]《诗》可以兴发人的善良意志,正如钱穆所言:"兴者兴起,即激发感动义。盖学于《诗》,则知观于天地万物,闾巷琐细,莫非可以兴起人之高尚情志。……《诗》尚比兴,多就眼前事物,比类而相通,感发而兴起。故学于《诗》,对天地间鸟兽草木之名能多熟识,此小言之。若大言之,则俯仰之间,万物一体,鸢飞鱼跃,道无不在,可以渐跻于化境,岂止多识其名而已。孔子教人多识于鸟兽

---

[1] 参见李零《上博楚简三篇校读记》,中国人民大学出版社2007年版,第15—16页。
[2] 王夫之:《船山全书》,第七册,岳麓书社1990年版,第915页。
[3] 陶水平:《船山诗学研究》,中国社会科学出版社2001年版,第70页。

草木之名者，乃所以广大其心，导达其仁。"[1]"诗可以兴"开启了先秦儒家诗兴教育的路径和方法。当代学者傅道彬指出，"诗可以兴"的思想路线产生了重要影响，墨子、孟子、荀子等著作的称引诗篇，注重的都是思想意义的阐发。[2]总之，孔子的"诗可以兴"即是以引譬连类（譬喻、联想、想象）的方式来感发人之审美人格和善良志意，培养弟子的君子人格，提升学生的精神境界。

孔子感兴美学"兴于诗"与"诗可以兴"的诗学命题具有丰富的美学理论内涵。"诗言志"，诗既是言，也是志。孔子的"兴于诗"既是"兴于志"，也是"兴于言"。孔子创立儒家学说，体现了春秋士人的理性自觉及其文化精神。孔子是先秦诸子中最早最重视言志的教育家。孔子"兴于诗""诗可以兴"首先是以艺术审美感兴的方式培养学生的君子志向和人格精神，诗兴教化诗学是孔子的立人教育的鲜明特征。孔子诗教注重以诗兴发启迪，鼓励弟子在诗歌学习中"各言尔志""各言其志"。陈良运先生在释"诗言志"与孔子的"《诗》可以兴，可以观，可以群，可以怨"时指出："志"较之"兴、观、群、怨"中的任何一个观念，都具有更大的包容性。[3]孔子《论语·述而》提出"志于道，据于德，依于仁，游于艺"。孔子诗教特别强调"志于学""志于道""志于仁"。《论语·子张》记载："子夏曰：'博学而笃志，

---

[1] 钱穆：《钱宾四先生全集》，第3册，《论语新解》，台湾联经出版公司1998年版，第628—629页。

[2] 参见傅道彬《诗可以观：礼乐文化与周代诗学精神》，中华书局2010年版，第178页。

[3] 参见陈良运《中国诗学体系论》，中国社会科学出版社1992年版，第38页。

切问而近思,仁在其中矣。'"孔子明确提出过"兴于仁"。可见,在孔子这里,"志"涵括了"学""道""仁","志"包含了"兴""观""群""怨"。"兴"与"志"是相通的。"兴于诗",可通往"兴于志"。孔子诗教的"兴于诗"即"兴于志""兴于仁",即以《诗》兴发人的君子人格志向和大爱之仁心。"兴于诗",亦即是振奋精神,兴发"修齐治平"之志。孔子说:"谁能出不由户?何莫由斯道也?"立志即由斯道,立志即由仁道。立人即立志,立人即立仁,立志即立仁。可见,"兴于诗"重在《诗》的人格感发价值与精神鼓舞价值。《荀子·要略》也记载了孔子以诗教的方式兴发子贡自强不息、死而后已的立人教育和人生志意。

孔子注重《诗》的比兴修辞的诗兴教育具有重要的诗教美学理论意义和实践价值。《礼记·学记》阐论先秦儒家教育传统时有云:"不能博依,不能安诗。""博依"即指《诗》教的譬喻方法。又云:"善歌者,使人继其声;善教者,使人继其志。其言也约而达,微而臧,罕譬而喻,可谓继志矣。"对于孔子的诗教而言,"善教"即是善用诗之比兴,引譬连类,激发志意。孔子诗教从"二南"入手,由浅入深。孔子强调"不愤不启,不悱不发""告诸往而知来者"的启发法,称赞"起予者商也"。孔子诗教通过对《诗》和自然万物的感受,兴发和培养学生"引譬连类""举一反三""闻一知十"、告往知来、温故知新的思维能力、表达能力与人格精神。孔子诗教不是一种单纯的知识教育、知性教育,而是一种审美化的道德教育、艺术化的立人和成人教育,因而不可能依靠单纯的逻辑方法,而必须依靠兴发、感悟(领悟、通悟）的方式，亦即前述师生"各言尔志"的方法，亦即"兴于诗""游于艺"的方式。

"兴于诗"的文化基础在于《诗》的感性特质和艺术审美特性、经典权威性以及在先秦知识阶层流传中的文化普及性。孔子倡导"兴于诗"，根本原因正在于《诗》文本具有形象性、情感性、联想性、启发力、感发力。杨伯峻曾释"兴"为"联想力"。[1] 张祥龙亦认为，《诗》中的"鸟兽草木虫鱼"并不是僵化的认识对象，"认识这些名字不只是认识一类类的对象，增加科学知识，而是由此识别出天地之性，生发出物我相关的仁义之心"。[2] 孔子"兴于诗"旨在兴发学生对"性与天道"以及内在仁心的体认，亦即孔子所说的"能近取譬，可谓仁之方也已"，此即"兴于诗"和"诗可以兴"之大义。《论语·雍也》还记载了孔子的艺术人生观："知之者不如好之者，好之者不如乐之者。"在此，孔子阐述诗教"知之好之乐之"的递进境界。除了"兴于诗"之外，孔子还善于兴于自然景物、自然物象。在自然万物、自然万象中感发人的精神，兴发人与自然万物间之精神联系与共鸣。在人与自然之间感发精神的联系和共鸣，达致"性与天道"的统一。

孔子"兴于诗"与"诗可以兴"的诗学观点既远绍西周礼乐教育的"乐语"之教，直承春秋时代国子诗教和春秋"赋诗言志"的文化传统，又开创了战国时代诸子"学诗""引诗""论

---

[1] 参见杨伯峻译注《论语译注》，中华书局 2009 年版，第 183 页。
[2] 张祥龙：《孔子的现象学阐释九讲——礼乐人生与哲理》，华东师范大学出版社 2009 年版，第 107 页。

诗"以立言、述志和阐理的新传统（或者说，孔子是先秦诸子学诗引诗论诗新传统的创始人）。战国时期，受春秋诗教传统和孔子诗学影响，诸子引诗之兴或诸子散文说理之兴的学术风尚蔚然兴起。刘知几在《史通·别传》中提出："战国之时，游说之士，寓言设理，以相比兴。"[1] 章学诚在《史通·易教下》中亦云："战国之文深于比兴，即其深于取象者也。"[2] 孔子后学与先秦儒家更是"接着说"，与孔门诗教一脉相承。孔子诗兴诗学诗教传于子夏，子夏经由荀子传于《毛诗》。孔子传子夏的诗学思想反映在上博简《孔子诗论》之中，参看前述李零《上博楚简三篇校读记》一书。此外，还见于马王堆帛书《五行》之中。孔子"兴于诗"的诗兴诗学对先秦儒家诗学思想以及汉代经学兴喻论尤其是《毛诗》"独标兴体"论诗学产生了深刻影响。

孔门弟子与后学及孟子、荀子等先秦儒家学者继承和发展了孔子的诗兴美学。例如，孟子将《诗》视为"王者之迹"（《孟子·离娄下》），释诗教为先王的教化传统，力图追寻《诗》的教化本义，提出"知人论世""以意逆志"的诗兴诗学，发展了孔子"诗可以兴"的诗学思想。后汉赵岐注孟子"以意逆志"时亦明确指出："志，诗人志所欲之事。意，学者之心意也。"又云："人情不远，以己之意逆诗人之志，是为得其实矣。"[3] 孟

---

[1] 刘知几著，姚松、朱恒夫译注：《史通全译·外篇》，贵州人民出版社1997年版，第327页。

[2] 章学诚著，严杰、武秀成译注：《文史通义全译》，上册，贵州人民出版社1997年版，第24页。

[3] 赵岐注，孙奭疏：《孟子注疏》，载李学勤主编《十三经注疏》，北京大学出版社1999年版，第297—298页。

子"以意逆志"的诗学阐释在感兴美学史上具有独特的重要性，首次强调了既尊重作诗者之志，又强调读者与作者之志的对话与融合，不仅实现了对"赋诗言志""断章取义"的超越，也将孔子"志于道"的诗学理论具体化了。孟子还提出很多精彩的诗兴诗学理论观点，如"君子之志于道也，不成章不达"（《孟子·尽心上》）；"待文王而后兴者，凡民也。若夫豪杰之士，虽无文王犹兴"（《孟子·尽心上》）；"言近而指远者，善言也；守约而施博者，善道也"（《孟子·尽心下》）。而且，孟子对《诗》文本的解读也更为细致、深入、完整，更能阐发《诗》文本的深义。例如，在《孟子·告子下》中，孟子批评了高子读诗、解诗的拘泥和僵化（"固"），缺乏《诗》之"兴"。具体语境内容是："公孙丑问曰：'高子曰：《小弁》，小人之诗也。'孟子曰：'何以言之？'曰：'怨。'曰：'固哉，高叟之为诗也！有人于此，越人关弓而射之，则己谈笑而道之，无他，疏之也。其兄关弓而射之，则己垂涕泣而道之，无他，戚之也。《小弁》之怨，亲亲也。亲亲，仁也。固矣夫，高叟之为诗也！'曰：'《凯风》何以不怨？'曰：'《凯风》，亲之过小者也。《小弁》，亲之过大者也。亲之过大而不怨，是愈疏也；亲之过小而怨，是不可矶也。愈疏，不孝也；不可矶，亦不孝也。'"在此，孟子批评了高叟脱离《诗》文本的具体语境而解《小弁》之"怨"与《凯风》之"不怨"，孟子则"知人论世""知人论诗"，认为《诗》的"怨"与"不怨"都是热爱亲人、合乎仁义的表现。孟子将孔子诗学的"兴观群怨"理论具体化、语境化。总之，孟子极大地发展了孔子的诗兴诗学思想。荀子亦然。《荀子·大略》记载了孔子与子贡之间的精彩对话，原文如下：

> 子贡问于孔子曰："赐倦于学矣，愿息事君。"孔子曰："《诗》云：'温恭朝夕，执事有恪。'事君难，事君焉可息哉！""然则赐愿息事亲。"孔子曰："《诗》云：'孝子不匮，永锡尔类。'事亲难，事亲焉可息哉！""然则赐愿息于妻子。"孔子曰："《诗》云：'刑于寡妻，至于兄弟，以御于家邦。'妻子难，妻子焉可息哉！""然则赐愿息于朋友。"孔子曰："《诗》云：'朋友攸摄，摄以威仪。'朋友难，朋友焉可息哉！""然则赐愿息耕。"孔子曰："《诗》云：'昼尔于茅，宵尔索绹，亟其乘屋，其始播百谷。'耕难，耕焉可息哉！""然则赐无息者乎？"孔子曰："望其圹，皋如也，巅如也，鬲如也，此则知所息矣。"子贡曰："大哉死乎！君子息焉，小人休焉。"[1]

在荀子笔下记载的孔子与子贡（端木赐）的这段师生对话录中，子贡屡言自己倦学而愿息，孔子则不断引用《三百篇》的诗句教化子贡，以《诗》来兴发子贡破除懈怠意识，树立"生命不息，奋斗不止"的君子进取精神。这段文字无疑显示了荀子对孔子诗兴诗学新的理解和阐发。《荀子·解蔽》还引《诗·周南·卷耳》和《凤凰》逸诗来阐发"虚壹而静""专心致志""虚心悟道"的求知精神和哲学思想。孔子诗兴诗学的影响还见于其他文

---

[1] 荀况著，蒋南华、罗书勤、杨寒清译注：《荀子全译》，贵州人民出版社1995年版，第573页。

献。《礼记·乐记》论述了音乐的感兴，音乐之本在于"人心之感于物也而形于声"。《孔子诗论》中有"以色喻于礼"，郭店楚简《语丛一》载有"诗，所以会古今之志也者"。[1]总之，孔子"兴于诗""诗可以兴"的诗兴诗学思想对卜商、子思、《孟子》《荀子》《礼记·乐记》《毛诗序》乃至对先秦其他诸子美学都产生了深刻影响。

与孔子着重于人格培养的感兴美学不同，以老庄为代表尤其是庄子的道家感兴美学理论，重在对天地万物和宇宙之道的感悟与兴发，强调"通天下一气耳"（《庄子·知北游》），"独与天地精神相往来"（《庄子·天下》），"天地与我并生，万物与我一体"（《庄子·齐物论》），在人对自然万物的感兴活动中达到"人与天地万物一体"的境界。《庄子》一书以寓言故事的譬喻方式描写了很多这种心物合一、天人合一的境界，如庄周梦蝶、游于濠梁的境界。总之，老庄感兴美学从传统诗教所体现的比兴修辞和心物关系上升到天人关系、物我关系、天人境界、万物一体之境，上升到超越一己小我和日常世俗伦常情感的天地境界、精神自由的境界。先秦道家美学强调道、气、象的统一，有着更强的哲学思辨和更深的美学思考。

综上所述，孔子"兴于诗"与"诗可以兴"的诗教美学在中华感兴美学史上具有重要的开篇意义。孔子的诗教或诗兴教育是"引譬连类"与"感发意志"的统一。孔子诗兴教育是孔门四教、立志教育、以情感人、以美启善的教化思想的结晶，是修身教育

---

[1] 刘钊：《郭店楚简校释》，福建人民出版社2005年版，第181页。

与从政教育的统一，是审美人格教育与政教伦理教育的统一的诗教模式。孔子诗兴教育开创了诗兴或感兴的美育方式，孔子以"兴"启发"善"，以艺术美育的方式来开展君子"立人""成人"的人格教育和道德教育。孔子以审美的诗歌之兴和自然物象譬喻和兴发弟子君子人格的养成，以有限的诗句和物象兴发学生对高远的仁爱之道、性与天道的感悟和追求。孔子"兴于诗""诗可以兴"的诗教之"兴"，继承和发展了周代礼乐文化的美育传统，开启了以诗歌艺术的比喻修辞启迪知识和智慧、兴发道德情感和人格精神的立人教育的儒家诗学新传统。因此，孔子的"兴于诗"和"诗可以兴"的诗学在中国古典诗学史上具有重要的理论奠基意义，成为中国古典感兴诗学的正式开篇和理论自觉。正是孔子率先将兴确立为中华古典美学理论的一个元美学理论范畴和元美学理论观点。孔子诗教诗学奠定了中国古典感兴美学的理论范型和精神气质，对后世历代诗教美学、诗兴美学或感兴美学产生了极为深远的影响。

第二节 汉代兴论美学的经学化、兴喻化与理论体系化

公元前221年，地处华夏西北、曾为周朝列国之一的秦国统一中国，建立了中国历史上第一个大一统帝国。秦帝国是一个既不同于夏商周三代王朝，又不同于东周列国的新型帝国。秦帝国崇尚武力、刑法和暴政，引起农民起义和各地反抗，仅存14年就遭覆灭，其兴也勃，其衰也速。刘邦建立了汉帝国取而代之。汉帝国全面反思了周秦历史，经过汉初的无为而治、休养生息之

后，至汉武帝时期始实施"罢黜百家，独尊儒术"的治国方略，以经学这一新型的儒学理论为国家意识形态。汉代经学先后出现今文经学、古文经学和谶纬经学三种形态。汉代诗学从属于汉代经学，汉代以《诗经》阐释为理论形态的兴论美学、诗兴美学则是其中的重要组成部分。汉代兴论美学以《毛诗》诗学与郑玄诗学为其杰出代表，呈现出经学化、政教化、伦理化、譬喻化、兴喻化特色，简称可概括为"汉代兴喻诗学"。以《毛诗》《郑笺》为主要代表的汉代兴喻诗学，继承和发展了先秦孔子"诗可以兴"与西汉孔安国"兴，引譬连类"的诗教诗学观点，体现了汉代诗兴美学政教化、伦理化、兴喻化、重教化的价值取向和理论路径，确立了中国古典诗兴诗学的第一个重要理论范式，奠定中国古代诗兴美学史上影响深远的理论基础，从理论上生成了中国古典感兴美学注重政教或教化的精神气质。一方面，上古兴舞的原始生命精神西周礼乐文化之兴、春秋诗教与赋诗之兴以及东周时代列国诸子的多元诗兴思想泪没，代之以中央集权的突出讽喻美刺政教主旨的朝廷美学；另一方面，汉代兴喻诗学也奠定了中国古典诗兴诗学注重教化作用和人性培养的审美范型，对后世感兴诗学产生了深远影响。

  汉代兴喻诗学的理论基础是汉代经学。中国上古学术经历了从夏商周三代尤其是周代礼学（西周礼乐之学）、先秦子学尤其是儒家儒学再到汉代经学的嬗变。汉帝国对先秦儒家与诸子思想进行了官方化改造，建立了汉代经学。"六艺"在汉代正式成为官方文化经典（乐经散佚，实为"五经"），由此导致《诗》的经典化和诗学研究的经学化。作为一个新兴的由庶族平民建立起来的统一王朝，汉帝国为了避免重蹈秦人的覆辙，重拾了周人的讽谏文化传统。"五经"博士官学的确立即是出于治国理政的需要。汉帝国朝廷设"五经"博士，官学合一。其中，《诗》有四家，今文经学的三家诗（"鲁诗""齐诗""韩诗"）皆被列为中央官学，设置博士专门研究。古文经学的"毛诗"则为帝国刘氏宗室河间献王组织收集、整理和研究，得到了地方政府的资助，亦具有地方官学性质。在汉代经学的四家诗中，《毛诗》虽不像"三家诗"那样长期享受中央官学之尊，但由于《毛诗》在名物训诂、文献考证、诗义诠释等诸多方面有学术优势，在地方和士人社会中影响更大，最终《毛诗》广为流传而传世，而"三家诗"的传播日渐衰微而散佚。《毛诗》在先秦孔子及儒家诗学的基础上最终完成了《诗》的经学化学术工程，成为汉代诗学最重要的代表。与先秦的演诗、赋诗、引诗不同，汉代四家诗都是在"五经"或经学的语境下注诗、教诗、用诗，因而比春秋战国诗学更为学者化、官方化、经典化。《礼记》对礼经的诠解亦可佐证汉代经学之兴，即《礼记·经解》所记载的孔子之言："入其国，其教可知也。其为人也温柔敦厚，《诗》教也；疏通知远，《书》教也；广博易良，《乐》教也；洁静精微，《易》教也；恭俭庄敬，《礼》教也；属辞比事，《春秋》教也。故《诗》之失，愚；《书》之失，诬；《乐》之失，奢；《易》之失，贼；《礼》之失，烦；《春秋》之失，乱。"[1] 汉代感兴诗学最重要的一个标志性学术事件，是汉代经学家对周代礼乐文化中的讽谏传统的再

---

[1] 吕友仁、吕咏梅译注：《礼记全译》（下），贵州人民出版社1998年版，第886页。

发现、再阐扬。汉人兴喻诗学由此成为官方的教化诗学和政教诗兴美学。换言之，在汉代兴喻诗学体系中，兴的政教化、经学化、伦理化与《诗》的修辞化、史学化、哲学化是一致的。以《毛诗》为代表的汉代诗经学阐扬了完备的"六义"诗学话语体系，这是一个包含了"赋比兴""兴喻""美刺""讽喻""教化"等理论范畴和命题的系统化的诗兴美学理论体系。

汉代兴喻诗学的文化基础、哲学基础和思维基础是从上古兴祭乐舞到周代礼乐之兴的兴文化传统在汉代兴喻诗学中的历史遗存和积淀；是对春秋诸侯的国子诗教和列国会盟时卿大夫的"赋诗言志""断章取义"政教用诗传统的复兴，是对孔子君子成人教育、"事父事君"的"兴于诗"（"诗可以兴"）的儒家诗学的继承与发展；是从夏商周三代尤其是周人的比类取象思维、礼乐思维、德性思维到汉人的经学思维、比兴寓托思维。比类思维成为汉代学人的思维共性（如《礼记·学记》所言的"知类通达，强立而不反，谓之大成"）。汉代帝国的"六义"之兴的政教讽喻诗学不仅根源于春秋时期的"诗言志""赋诗言志""断章取义"及孔子"诗可以兴"的诗教传统，也根源于《诗经》文本自身的艺术特点（赋比兴特点，尤其是比兴譬喻象征的修辞特点）。《毛诗》的"吟咏情性"说或"情志"说也是对先秦以来"诗言志"和《楚骚》抒情诗学思想的继承、综合与发展。乐府机构的创立对汉代诗学亦有影响。秦汉时期古乐消亡，汉代乐府机构立。《汉书·艺文志》记载了汉乐府的"皆感于哀乐，缘事而发，亦可以观风俗，知薄厚云"。汉乐府的"感物缘事"而兴的新传统是对周代《三百篇》采风的旧诗兴传统的继承和发展。周汉乡饮酒礼诗乐之兴经历了从《仪礼·乡饮酒礼》记载的"乃合乐：《周南·关雎》《葛覃》《卷耳》《召南·鹊巢》《采蘩》《采蘋》"到《毛诗序》的"故用之乡人焉，用之邦国焉"的发展过程。

汉代兴喻诗学成为中国古典兴论美学史的一个重要转捩。从周代礼乐文化制度中的"六诗"到汉代经学话语体系中的"六义"，亦即是从诗乐舞一体化的礼乐之兴到经学化、义理化、修辞化、譬喻化或"引譬连类"的《诗经》兴喻之兴。以郭绍虞之见，《毛诗序》的"六义说"建立在《周礼·春官·大师》的"六诗说"基础之上，但二者又有所不同。"《周礼》所述是乐官所执掌的诵诗、弦诗、歌诗、舞诗的全部，而《毛诗序》所讲的则是孔子删后的《诗经》。所以六义说是在诵诗的角度上看问题的，而六诗说则是从乐诗的角度来看问题的。乐官所掌，是源与流都兼顾的，《毛诗》所诵习的，只是流而不是源，尤其不是最早的源。"[1]本书认为，《毛诗序》是前人诗学思想传统的一个总结性成果。如前所述，孔子十世孙、汉代孔安国注《论语》"诗可以兴"为"兴，引譬连类"。[2] 郑众注《诗大序》"六义"时曰"兴者，托事于物也"[3]。可见，"引譬连类""托物取譬"成为汉人解兴的新的思想取向。汉代经学讽喻之兴的诗学形成了四百年的汉代诗学传统，包括《毛诗》提出的"六义"之兴

---

[1] 郭绍虞：《文论札记三则》，载《照隅室古典文学论集》，下编，上海古籍出版社1983年版，第472—473页。
[2] 参见何晏注，邢昺疏《论语注疏》，载李学勤主编《十三经注疏》，北京大学出版社1999年版，第237页。
[3] 参见毛亨传，郑玄笺，孔颖达疏《毛诗正义》，载李学勤主编《十三经注疏》，北京大学出版社1999年版，第12页。

以及汉代《论语》传注者、《毛诗》笺注者对《周礼》"六诗"之兴和《毛诗》"六义"之兴以及先秦史传文献的引述和诠释。《诗》由周代礼乐文明制度中的诗乐经典嬗变为汉代经学语境中的政教经典和修辞文本,汉代兴喻美学成为汉帝国的审美意识形态,标志着中国古典兴论美学的官学化、朝廷元美学化,对此后两千多年的中国古典诗学美学产生了深远影响。

汉代兴喻美学是建立在汉代五经博士制度尤其是汉代四家诗的诗经学体制基础之上的。关于汉代四家诗,班固《汉书·艺文志》有最为简明扼要的记载:"孔子纯取周诗,上采殷,下取鲁,凡三百五篇,遭秦而全者,以其讽诵,不独在竹帛故也。汉兴,鲁申公为《诗》训故,而齐辕固、燕韩生皆为之传。或取《春秋》,采杂说,咸非其本义。与不得已,鲁最为近之。三家皆列于学官。又有毛公之学,自谓子夏所传,而河间献王好之,未得立。"[1]郑玄在《诗谱》中亦认为:"鲁人大毛公为《诂训传》于其家,河间献王得而献之,以小毛公为博士。"[2]燕人韩婴传《韩诗》,汉文帝时"韩诗"被立为博士之学。齐人袁固生传《齐诗》,二戴、奉翼所学之诗为《齐诗》,《齐诗》好言阴阳五行。汉景帝时"齐诗"被立为博士之学。鲁人申培公传《鲁诗》,源自荀子一系,孔安国、司马迁所学之诗为《鲁诗》。汉武帝时申培所传鲁诗被立为博士之学。"鲁诗""齐诗""韩诗"三家诗为今文经学,皆立于中央官学。一般认为,大毛公为鲁人毛亨,小

---

[1] 班固撰,颜师古注:《汉书》,第6册,中华书局1962年版,第1708页。
[2] 毛亨传,郑玄笺,孔颖达疏:《毛诗正义》,载李学勤主编《十三经注疏》,北京大学出版社1999年版,第2页。

毛公即其侄子毛苌。南北朝诗人沈重据郑玄所撰《诗谱》认为，《大序》为子夏作，《小序》为子夏、毛公合作。卜商意有不尽，毛更足之。[1]鲁人大小毛公（毛亨、毛苌）传《毛诗》，源自子夏一系。西汉河间献王得之，立毛苌所传之《诗》为侯国之学。《毛诗》亦有地方官学性质。直至汉平帝时《毛诗》始立博士，但不久被废。后因马融、郑玄的着力阐发而成为显学，成为助力东汉复兴的朝廷意识形态。据《汉书·艺文志》，汉代四家诗中，"鲁诗""齐诗""韩诗"皆为二十八卷，毛诗二十九卷（《毛诗故训传》三十卷）。现存《毛诗》包括相传为子夏所作的《诗大序》和各篇小序，以及大、小毛公依据《左传》等先秦文献对《诗经》各篇具体诗句所作的训诂和传解。清代马瑞辰在《毛诗传笺通释·毛诗故训传名义考》中指出："盖诂训第就经文所言者而诠释之，传则并经文所未言者而引申之，此诂训与传之别也。"又云："诂第就其字之义旨而证明之，训则兼其言之比兴而训导之，此诂与训之辨也。……训诂不可以该传，而传可以统训故。"[2]故《毛诗故训传》亦称《毛传传》（或《毛诗》《毛传》）。"鲁诗""齐诗""韩诗"三家诗为今文经学，依据汉初文人的记忆用隶书写成。《毛诗》主要为古文经学，依据汉初发现的战国古文整理而写成。《隋书·经籍志》载："《齐诗》，魏代已亡；《鲁诗》亡于西晋；《韩诗》虽存，无传之者。唯《毛诗郑

---

[1] 参见毛亨传，郑玄笺，孔颖达疏《毛诗正义》，载李学勤主编《十三经注疏》，北京大学出版社1999年版，第4页。
[2] 马瑞辰撰，陈金生点校：《毛诗传笺通释》（上），中华书局1989年版，第4—5页。

笺》，至今独立。"[1] 三家诗先后亡佚，《韩诗》至宋代尚存，《太平御览》中引述了《韩诗外传》，《韩诗外传》得以保存。唯《毛诗》传播于世。今天通行的《诗》文本即《毛诗》，最通行最权威的文本为孔颖达疏的集大成式的《毛诗正义》。自宋代王应麟始，就有人搜寻三家诗遗说，清代有更多学者做三家诗的辑佚。汉代四家诗的诗经学共通的解诗方法与价值取向是注重对《诗经》比兴的美刺、讽喻和教化意义的诠释。

关于汉代四家《诗》的传授谱系，前文已引述班固《汉书艺文志》和郑玄《诗谱》的权威梳理。至于四家《诗》各自具体的诠释特点和学术传播，也各有特点。"鲁诗""齐诗""韩诗"三家诗主要以《春秋》学的公羊学派及穀梁学派为阐释背景，《毛诗》主要以《左传》《国语》及"三礼"为阐释背景。无论是今文经学的三家诗，还是以古文经学为主的毛诗，四家《诗》的传授都从孔子而来，汉代四家《诗》学因而都被视为出自孔子诗教诗学的传统，都具有经典性和神圣性。这是汉代诗经学与汉代诗兴美学注重以政教伦理教化解诗的学术文化根源。在汉代"四家诗"中，《毛诗》虽最为晚出，但最为集大成。郑玄立足古文经学，兼采古文和今文之学，作《毛诗故训传笺》，使《毛诗》得以大行于世。《毛诗》有大序和小序，其中，《毛诗》大序（简称《毛诗序》或《诗大序》）注重对《诗》的艺术形式和特征尤其是《诗》的人伦教化意义做系统阐发，美学理论意义比较强，堪称中国诗学史上第一篇诗歌美学专论，历来受到高度重视和好

---

[1] 魏徵等撰：《隋书》，卷三十二，载中华书局编辑部编《二十四史》（简体字本），中华书局 2000 年版，第 623 页。

评。《诗大序》对《诗经》的经典化和诗兴美学的理论发展起到了重要作用。《毛诗》小序则是对《诗》的每篇具体作品加以评注，其注释方法主要是依据先秦其他历史典籍如《左传》《国语》"三礼"甚至《尚书》中的有关历史事件来解释某篇作品的寓意。关于《毛诗》大、小序的作者，自古以来很多学者做了考论，发表各自的见解。郑玄、王肃、陆德明都认为《诗大序》为子夏所作，或谓经过西汉中期以前的经学家修改。范晔认为《毛诗序》为东汉卫宏所作。宋代后诗学家们或谓《诗大序》晚出于《毛传》及其小序，《毛诗序》为东汉卫宏所作。小序为汉代经学家的续申之作。[1] 本书依郑玄之说，认为《毛诗序》为子夏所作。子夏所作的《诗大序》后传至荀子、毛亨、毛苌，东汉卫宏可能做了修改、补充和完善。《毛诗故训传》或《毛诗》解诗深受《左传》"赋诗言志"、孔子"诗可以兴"、孟子"以意逆志"以及荀子乐论思想等先秦儒家诗兴诗学思想的影响，堪称汉代诗经学的集大成，成为汉代经学诗兴美学第一个重要理论成果。

与孔子诗兴诗学主要立足于君子培养的诗教用诗，将周代礼乐文化诗兴传统范畴化、命题化不同，《毛诗序》开创了从诗教用诗与诗人作诗的双重视域切入诗兴诗学研究，并致力于将诗兴诗学理论体系化，用于朝廷政教伦理教化。《毛诗序》作为汉代最重要的诗兴诗学经典文献，提出"情动"说与"言志"说（"吟咏情性"说与"情志"说）、"诗者，志之所之也，在心为

---

[1] 参见顾易生、蒋凡《先秦两汉文学批评史》，上海古籍出版社1990年版，第398—400页；詹福瑞《汉魏六朝文学论集》，河北大学出版社2001年版，第61页。

志，发言为诗"说、"发乎情，止乎礼义"说、"音与政通"说（对荀子思想的继承）、"诗有六义（风赋比兴雅颂）"说、"风教""政教""教化"说、"美刺"说（美刺之志是"言志"的具体化）、"主文而谲谏，言之者无罪"说（对周代礼乐文化的讽谏传统和孔子的"诗可以怨"诗学理论命题的发展）以及诗歌发展的"正变"或"变风变雅"说等一系列诗兴诗学范畴，建立了中国古典诗兴诗学史上第一个完整的理论体系，具有极为丰富的理论内涵、理论价值和重要的诗学史地位，堪与《礼记·乐记》的乐教美学理论体系相媲美。《毛诗序》在历史上就被誉为"《诗》之纲领"。[1]《毛诗序》在《周礼》"六诗"的基础上，提出"六义"说，所不同者，《周礼》"六诗"是演诗，《毛诗序》"六义"则是兼有用诗和写诗之义。"六义"说的提出，为汉代讽喻诗学的建构奠定了理论前提，《诗大序》曰：

> 故诗有六义焉：一曰风，二曰赋，三曰比，四曰兴，五曰雅，六曰颂。上以风化下，下以风刺上，主文而谲谏，言之者无罪，闻之者足以戒，故曰风。至于王道衰，礼义废，政教失，国异政，家殊俗，而变风、变雅作矣。国史明乎得失之迹，伤人伦之废，哀刑政之苛，吟咏情性，以风其上，达于事变而怀其旧俗者也。故变风发乎情，止乎礼义。发乎情，民之性也；止乎礼义，先王之泽也。是以一国之事，系一人之本，谓之风；言天下之事，形四方之风，谓之雅。雅

---

[1] 毛亨传，郑玄笺，孔颖达疏：《毛诗正义》，载李学勤主编《十三经注疏》，北京大学出版社1999年版，第4—5页。

者,正也,言王政之所由废兴也。政有小大,故有小雅焉,有大雅焉。颂者,美盛德之形容,以其成功告于神明者也。[1]

在此,《毛诗序》作者只是诠释了风雅颂,而对赋比兴未做诠释,但概言之"主文而谲谏",体现了鲜明的政教修辞学取向。这显然并非诗序作者的主观臆想,而是对周代礼乐文化制度中的讽喻传统的赓续和阐扬。

虽然《诗大序》未对"赋比兴"做界定和诠释,但《毛诗》小序对《诗》中很多作品的兴句、兴法加以标注并做简要诠释。大约是小序作者认为"赋"与"比"较为明显,而"兴"较为隐微或隐晦,故特加标注。在中国古代感兴诗学理论发展史上,《毛传》小序最大的理论贡献是"独标兴体"。《毛诗》的这个"独标兴体"的《诗经》诠释方式显然接续了先秦儒家孔子"兴于诗""诗可以兴"的以"兴"论诗和教诗的诗教传统。在《诗经》三百零五篇中,《毛传》标"兴"一百一十六篇。《毛传》虽未对何谓"兴"做明确的定义,但往往将"兴"解为"若""如""喻""犹"等。例如,《毛传》在《周南·关雎》首句下标兴,指出:"兴也。关关,和声也。雎鸠,王雎也。鸟挚而有别……后妃说乐君子之德,无不和谐,又不淫其色,慎固幽深,若关雎之有别焉,然后可以风化天下。"在《邶风·旄丘》首句下标兴,指出:"兴也。前高后下曰旄丘。诸侯以国相连属,忧患相及,

---

[1] 郭绍虞主编:《中国历代文论选》,第1册,上海古籍出版社1979年版,第63页。

如葛之蔓延相连及也。"在《小雅·菁菁者莪》首句下标兴,指出:"兴也,菁菁,盛貌……君子能长育人材,如阿之长莪菁菁然。"在《小雅·沔水》首句下标兴,指出:"兴也。沔,水流满也,水犹有所朝宗。"[1]其他如《卫风·竹竿》《唐风·葛生》《大雅·卷阿》等很多诗歌的首句标兴亦然。

有意思的是,《毛诗》大小传作者虽未把"兴"解为"起兴""引发",但由于《毛传》小序标兴几乎都是在《诗》的首章首句之下标兴,这表明《毛传》作者已意识到"兴"有"起兴"之义,意识到"兴"的发端、起兴、兴起、兴发、感发之意涵。但《毛传》作者又尚未从理论上明确将"兴"解作"起兴"。对兴的"起兴""起情"作用的诗兴美学理论自觉,那还要追溯到刘勰《文心雕龙》那里,这是后话。进而论之,《毛诗》小传作者标"兴"时,常用"若""如""喻""犹"等词语解"兴",可见其已然具有明确的兴喻观念。总之,《毛诗》"独标兴体"、以喻释兴,显示了《毛诗》对《诗》的情感特性和修辞特性的重视,这成为《毛诗》解《诗》的一个显著特征。章太炎先生曾指出:"毛公传《诗》,独标兴体,所谓兴者,即能动感情之谓。"[2]《毛诗》"独标兴体"体现了其诗兴诗学原创性和综合性,有着重要的理论贡献。《毛传》"独标兴体"注意到"兴"在"六义"中的特殊重要性以及意涵隐微性,需要特别加以标出,这是对孔子

---

[1] 毛亨传,郑玄笺,孔颖达疏:《毛诗正义》,载李学勤主编《十三经注疏》,北京大学出版社1999年版,第22、156、629、666页。

[2] 章太炎:《文学论略》,载张昭军编《章太炎讲国学》,东方出版社2007年版,第26页。

"诗可以兴"思想传统的继承和发展。唐人孔颖达指出："《毛传》特言兴也，为其理隐故也。"[1]而且，在《毛诗》作者心目中，"兴"比"赋、比"更为根本，赋比兴都涵括在兴体之中（以为"兴"兼"赋比兴"）。清代学者惠周惕说："毛公传《诗》，独言兴而不言比赋，以兴兼比赋也。人心之思，必触于物而后兴，即所兴以为比而赋之，故言兴而比赋在其中。"

更值得关注的是，《毛传》标兴，一方面发现了《诗》之起兴表现方式的特殊重要性，另一方面又将其往比附经义的政治道德意涵方面阐发，解作表现美刺讽谏教化的方法（"主文而谲谏"）。《毛传》的作者以《诗》个别的感性的物象描写来譬喻普遍的抽象的政教伦理观念，继承和发展了孔子"以色喻于礼"、以《诗》兴发弟子仁礼思想的诗教传统，进一步将殷周时期强调兴的伦理宗教情感为主转变为强调兴的政教道德情感为主，因而成为汉代诗兴诗学对前代诗教文化的一个总结和创新。正因为此，《诗大序》有云："诗者，志之所之也，在心为志，发言为诗，情动于中而形于言。……故正得失，动天地，感鬼神，莫近于诗。……吟咏情性，以风其上。"[2]这是从用诗角度释诗，表现出对《三百篇》吟咏情性、感兴审美、兴发情志和多重教化作用的深刻认识。可见，《毛传》的作者既从作诗的角度论诗，又从用诗的角度论诗。从作诗与用诗双重视域解释"诗有六义"是

---

[1] 毛亨传，郑玄笺，孔颖达疏：《毛诗正义》，载李学勤主编《十三经注疏》，北京大学出版社1999年版，第12页。

[2] 郭绍虞主编：《中国历代文论选》，第1册，上海古籍出版社1979年版，第63页。

《毛诗》的一个创新。与春秋时期以《诗》教太子、卿大夫"赋诗言志"和孔子"诗可以兴"相比,《毛诗序》首开从《诗》作者(创作)的角度论述"风雅颂",把"风雅颂"解为诗人作诗之体与作诗之法。例如,《毛诗序》释"风"的三段文字,前两段是从用诗者的角度解释"风",后一段文字是从作诗者的角度解释"风"。当然,这种双重的诗学理论思想和路径也造成汉代诗经学阐释"兴"义的二重性(或缠夹性)。《毛诗序》既云"诗者,志之所之也,在心为志,发言为诗";又云"至于王道衰,礼义废,国异政,家殊俗,而变风变雅作也。国史明乎得失之迹,伤人伦之废,哀刑政之苛,吟咏情性以风其上,达于事变而怀其旧俗者也"。或者说,《毛诗序》既言作诗者的"吟咏情性",又言采诗者国史"哀伤时政"是二者的合而为一。对此,有学者称之为"依违于情志之间"。[1] 要之,《毛诗序》的"六义"说既不像孔子诗学那样重在君子成人的诗兴教育,也不像魏晋六朝诗兴诗学重在艺术的感兴创造,而是折中于诗学情志之间、"吟咏情性"与"诗歌教化"之间,因而具有极大的艺术丰富性和美学包容性,尽管也造成了"兴"义的缠夹,亦即诗人(作诗者)的兴喻美刺与读者(用诗者)的兴喻讽谏的缠夹,"吟咏情性"与"哀伤时政"的缠夹。这种双重阐释既是《毛诗序》诗兴美学理论的审美教化论的优长,也是艺术审美论方面的局限。正因为此,后来的刘勰在《文心雕龙·比兴》中揭橥了毛公"独标兴体"的诗学史意义,"诗文宏奥,包蕴六义,毛公述传,独标兴

---

[1] 参见陈桐生《礼化诗学:诗教理论的生成轨迹》,学苑出版社2009年版,第64、66页。

体",盛赞毛公在诗六义中特别注重"兴"之义。《毛诗序》开启了其后郑玄、刘勰和孔颖达等人更为丰富的诗兴诗学研究。

总之,《毛诗序》在继承先秦从用诗、教诗、引诗层面研究《三百篇》的"用诗"之兴这一传统基础上,首创了从诗歌创作与诗歌教化双重角度研究《诗经》比兴之兴的诗兴诗学新传统,强调了诗歌创作"发乎情,止乎礼义"诗学的张力,既肯定了诗人吟咏情性的合理性,又强调了诗歌创作重视政教礼义教化价值的必要性。《毛诗》感兴美学之兴兼具"兴感"与"美刺"双重诗教情感功能,因而具有意涵的丰富性和理论的张力性,因而也显出《毛传》解诗的同时具有传承性和创新性。当代学者袁济喜指出:"《毛诗序》论'兴',与先秦典籍中对'兴'的阐发大多三言两语、意义不明、缺乏体系不同,开始从整个诗学体系中去解释'比兴'范畴,将'比兴'范畴作为诗教思想中的一个有机组成部分,使'兴'脱离了较为混沌模糊的样态,而与'美刺''情志'等范畴融合一体。"[1]尤其是《毛传》"独标兴体",更具有重要的诗学理论意义与诗学史意义,显示出《毛传》作者对兴的审美特征和独特地位的体会和认识,极大地丰富了感兴美学的理论内涵和审美内涵,显示出一个彰显诗歌创作的艺术思维和艺术修辞、表达特质性和丰富性的新的诗兴美学观,因而在中国古代感兴美学史上具有重要意义,成为继孔子"诗可以兴"之后中国古代感兴美学理论发展史上第二个标志性事件。《毛诗序》首次将感兴美学理论体系化,成为中国古典美学史上第一篇诗学

---

[1] 袁济喜:《兴:艺术生命的激活》,百花洲文艺出版社2001年版,第25页。

专论，建构了中国古典美学史上第一个感兴美学理论体系，这是《毛诗序》在中华感兴美学理论史乃至整个中国古典美学史上做出的重要贡献，对后世诗兴美学产生了深远影响。

汉代诗兴诗学的第二个重要理论成果是经学大师郑玄（经由郑众）提出的兴喻教化诗学。从《毛诗》的"独标兴体"的教化兴喻论到郑众、郑玄"比、兴"或"赋、比、兴"联称联释的教化兴喻论教化说（尤其是郑玄以礼解诗、关注"比兴""美刺"的教化兴喻论），是汉代兴喻美学的进一步理论化。《毛诗》之后，郑玄之前，有郑众为"比、兴"作注："比者，比方于物也；兴者，托事于物"[1]。在郑众看来，比、兴都与心物感知的思维方式和景物描写的修辞方式有关。所不同者，比是比方于物，兴是寄托于物。郑众的这个观点被郑玄继承并加以新释。郑玄贯通《诗》《礼》，在注《周礼·春官·大师》"六诗"时从多方面发挥和扩展了郑众的观点，而且突出强调"比兴""美刺"的政教譬喻作用。郑玄学养极为深厚，是汉代经学之集大成者，擅长古文经学，兼采今文经学。遍注群经，尤其精通"三礼"之学与《诗》学。先学"齐诗"，后主攻"毛诗"，兼收"四家诗"，成为东汉后期最为博学的诗学家。其兴喻诗学最大的特点是贯通诗学与礼学，以礼释诗，善于从礼义的深度阐发《诗》，因而其兴喻诗学显示出扎实、广博、深厚的理论视野。郑玄贯通礼学与诗学、贯通诗学史和诗学理论，对《毛诗》"六义"说的兴喻诗学做了新的笺注，进一步阐发和丰富了《毛诗》开创的政教讽喻感

---

[1] 郑玄注，贾公彦疏：《周礼注疏》，载李学勤主编《十三经注疏》，北京大学出版社1999年版，第610页。

兴美学，汉代兴喻美学理论因此更加完备。从《毛诗》的故训传（诂训与传经），到郑玄的笺注与诗谱，极大地发展了孔子的"诗可以兴"、孟子的"以意逆志"和"知人论世"、荀子与《毛诗》的"声与政通"以及"三礼之学"的礼义思想，郑玄贯通和丰富了对《诗》的感物、心解与文字诠释、义理阐发的解诗路径，成为汉代诗经学的一个新的理论综合。关于郑玄以礼解诗，梁锡锋所著《郑玄以礼笺诗研究》（2005年）一书有精辟的专门研究。刘毓庆、郭万金则从郑玄的人格和学养方面加以研究并指出，郑玄的高尚人格、深厚学养是其能够对汉代感兴美学做出重要贡献的内在原因。[1]郑玄《毛诗笺》《诗谱》《六艺论》综合了汉代诗经学的研究成果，极大地丰富和发展了《毛诗故训传》的兴喻美学理论，堪称汉代诗经学和感兴美学的集大成，在中华诗兴美学理论发展史上具有重要地位。

郑玄著有《诗谱序》（"诗之大纲"）、《毛诗笺》（或称《毛诗传笺》）、《六艺论》以及三礼注等。依郑玄的考论，《毛诗序》（《诗大序》）为子夏所作，《小序》为子夏、毛公合作（层累而成）。郑玄精通今古文经学，继承、发展和综合了汉代经学形成之前"兴喻"说的思想传统。他继承和兼综《礼记·学记》的"不学博依，不能安《诗》"的诗学思想，并明确将"博依"笺释为"广譬喻也"，认为："博，广也。依，谓依倚也，谓依倚譬喻也。若欲学诗，先依倚广博譬喻。若不学广博譬喻，则不能安

---

[1] 参见刘毓庆、郭万金《从文学到经学——先秦两汉诗经学史论》，华东师范大学出版社2009年版，第2—9、456—465页。

善其诗,以诗譬喻故也。"[1] 郑玄继承了郑众"比者,比方于物。诸言'如'者,皆比辞也"以及"兴者,托事于物"的诗学思想。[2] 再者,《毛诗》"独标兴体"116首,但大多只是标出兴句而未对所标兴句做注释。而郑玄则对标兴之诗句几乎都做了具体笺注和阐释。郑玄强化了"以喻解兴",提出了"兴者,以善物喻善事"的诗学观点,进一步丰富了"兴者,喻……也"的笺解方式。郑玄《毛诗序》笺注解"主文而谲谏"一语为:"主文,主与乐之宫商相应也,谲谏,咏歌依违,不直谏。"[3] "谲谏"即为委婉地以"譬喻"来"美刺"的比兴修辞方法。郑玄尤其着力阐发了比兴是诗歌兴喻的"顺美刺过"修辞方式的政教修辞诗学思想,丰富和发展了汉代"兴喻"说诗歌美学对政治、伦理文化的建构理想,建构了完备的兴喻教化诗学理论形态。

郑玄注《周礼》"六诗",而未笺《毛诗序》"六义"。郑玄在注《周礼·春官·大师》时沿袭和贯通了"六诗"和"六义"的排序,而于《毛诗序》"《诗》有六义"下未做笺注,说明郑玄以为毛诗序"六义"即周礼之"六诗",故无须重注。显然,郑玄认同《毛诗序》对"六义"的认识,同时又认为"六义"与"六诗"一脉相承、可以贯通或压根就是一回事。郑玄对《周礼·春官·大师》中的"(大师)教六诗:曰风,曰赋,曰比,曰兴,

---

[1] 郑玄注,孔颖达疏:《礼记正义》,载李学勤主编《十三经注疏》,北京大学出版社1999年版,第1058页。

[2] 参见毛亨传,郑玄笺,孔颖达疏《毛诗正义》,载李学勤主编《十三经注疏》,北京大学出版社1999年版,第12页。

[3] 毛亨传,郑玄笺,孔颖达疏:《毛诗正义》,载李学勤主编《十三经注疏》,北京大学出版社1999年版,第3页。

曰雅,曰颂"的具体笺注为:"教,教瞽矇也。风,言贤圣治道之遗化也。赋之言铺,直铺陈今之政教善恶。比,见今之失,不敢斥言,取比类以言之。兴,见今之美,嫌于媚谀,取善事以喻劝之。雅,正也,言今之正者,以为后世法。颂之言诵也,容也,诵今之德,广以美之。郑司农(引按:郑众)云:'古而自有风雅颂之名,故延陵季子观乐于鲁时,孔子尚幼,未定《诗》《书》,而因为之歌《邶》《鄘》《卫》,曰:"是其《卫风》乎?"又为之歌《小雅》《大雅》,又为之歌《颂》。《论语》曰:"吾自卫反鲁,然后乐正,《雅》《颂》各得其所。"时礼乐自诸侯出,颇有谬乱不正,孔子正之。曰比曰兴,比者,比方于物也。兴者,托事于物。'"[1] 与郑众仅从《诗》的思维方式和修辞方式释"比、兴"不同,郑玄对"六诗"都有笺注,而且兼顾了"六诗"的思维方式、思想内容、美刺教化、修辞表达方式和用诗方式,将比兴与"美刺"关联,认为比兴是委婉含蓄的批评和赞美。另一方面,郑玄笺注《周礼·春官·大司乐》中的"(大司乐)以乐语教国子:兴、道、讽、诵、言、语"时,对兴做了进一步的精到解释。郑玄笺曰:"兴者,以善物喻善事。道,读曰导。导者,言古以剀今也。倍文曰讽,以声节之曰诵,发端曰言,答述曰语。"[2] 可见,郑玄注"六诗"之兴与注"乐语"之兴是一致的,都是"以善事以喻劝之"或"以善物喻善事"。在

---

[1] 郑玄注,贾公彦疏:《周礼注疏》,载李学勤主编《十三经注疏》,北京大学出版社1999年版,第610页。

[2] 郑玄注,贾公彦疏:《周礼注疏》,载李学勤主编《十三经注疏》,北京大学出版社1999年版,第575页。

郑玄看来,"乐语"之兴与"六诗"之兴相类同,二者可以互文见义,相互发明和解释。值得重视的是,郑玄认为《周礼》为西周盛世政典,因此,郑玄注周代"六诗"之兴与注"乐语"之兴都是兴喻美善;而汉代《毛诗》作于衰世,故具体笺注《毛诗》时,既以兴为兴美,但也有笺某首诗篇之兴为刺。这表现出郑玄的兴喻观与《毛诗》的兴喻观的不同,以及对自己注《周礼》时观点的适度修正。再者,郑玄对兴的意涵也有重要的新发现、新阐发,即强调"言兴者,广其义也"(《小雅·莆田之什·鸳鸯》笺)[1]。可见,郑玄看到了《诗》之兴为兴发、譬喻、推广和扩展了《诗》中个别直观形象的兴喻之义,使之具有教化的普遍性意义。

综上所述,《毛诗》、郑众和郑玄先后系统地阐发了"诗六义"(尤其是赋比兴)的诗兴教化诗学,从而完成了由先秦王室与诸侯的"诗言志"和诸子(孔子)"兴于诗"的诗学时代向汉代帝国政教讽喻诗兴诗学时代的转变。以郑玄为代表的汉代经学家的兴喻教化说既延续了孔子"诗可以兴"的诗教理论传统,也把儒家诗兴诗学纳入官方政教诗兴诗学的轨道。汉代兴喻教化诗学与孔子"兴于诗"的诗教诗学所不同者,在于孔子更重于以诗教之兴育人、注重君子人格的教化培养,汉人更重于美刺谲谏的政治教化。从整体上看,虽然汉代兴喻诗学兼有用诗、作诗的二重解释,兼有吟咏情志与政教伦理的双重追求,但其主导倾向仍是后者。汉代经学家的"六义"是强调"主文而谲谏"的政教比

---

[1] 参见毛亨传,郑玄笺,孔颖达疏《毛诗正义》,载李学勤主编《十三经注疏》,北京大学出版社1999年版,第865页。

兴修辞教育，以兴法、兴义诠释《诗经》，重视发挥《诗经》的"温柔敦厚"的教化价值。汉人认为，诗（乐）与政通，故施以风教，以求善政（将周人礼乐仪式兴象之"颂"转化为汉人比兴修辞之"美"，将周人之"讽谏"转化为汉人之"兴喻"）。"兴者喻也"，兴被纳入美刺讽谏的国家政教诗学大语境之中，成为朝廷诗学意识形态的重要组成部分。

要之，从孔子的"兴于诗""诗可以兴"的诗兴诗学范畴和命题，到汉代经学家的系统化的兴喻诗学理论体系，从孔子的私家讲学之诗教诗兴诗学、哲人思想家之诗兴精神，到汉代《毛诗》、郑玄等官方经学家的学者诗兴精神，呈现出两汉诗兴诗学发展的学术轨迹。汉代兴喻教化诗学既反映了由先秦原创性诗兴精神向汉代传承性诗兴精神的嬗变，也标志着中华诗兴美学理论内涵的丰富和拓展。汉人在读诗、解诗的过程中已普遍认识到《诗经》比兴作为政教修辞譬喻、感发、兴喻以及诗歌意义生成方式的重要性。当代学者胡晓明认为："汉儒之比兴诠解中，所包含之'生命感发'因素，即与美刺教化因素已有一种内在的张力。"[1] 汉代经学诗学家们不仅普遍认识到《诗经》以形象表达情意的方式，并试图阐释具体作品中物象与情意的关系，深化了对诗歌艺术感兴和兴喻美学内蕴的认识，更是普遍认识到《诗》之兴喻教化对于建构民族、时代和朝廷的政治伦理文化理想的重要性。当然，汉代兴喻论的感兴美学作为政教伦理制度下的讽喻教化诗学，既丰富了感兴美学的理论内涵，也加剧了"兴"义的

---

[1] 胡晓明：《中国诗学之精神》，江西人民出版社1990年版，第41—42页。

缠夹。汉代经学家不仅继承了孔子的"君子比德""告往知来""举一反三"的儒家诗教诗兴理论，而且将其发展为更为自觉的讽喻比兴论诗学，继承、综合、发展了"引譬连类"之兴、美刺风化的"讽谏"之兴（即兴托、兴喻之兴）的诗兴教化诗学传统。汉代兴喻诗学因而具有丰富的理论维度，即美感向度、语言向度、修辞向度、政教向度、教化向度、人文向度等，在中国古典兴论美学理论发展史上占有重要的历史地位。

最后，需要指出的是，兴喻诗学也成为汉人的诗学共识。例如，汉初陆贾《新语·道基》曰："故虐行则怨积，德布则功兴……鹿鸣以仁求其群，关雎以义鸣其雄，《春秋》以仁义贬绝，《诗》以仁义存亡，乾坤以仁和合，八卦以义相承，《书》以仁叙九族，君臣以义制忠，《礼》以仁尽节，《乐》以礼升降。"[1]司马迁在《史记·屈原贾生列传》中指出：《离骚》"其文约，其辞微，其志洁，其行廉，其称文小而其指极大，举类迩而见义远"[2]。司马迁在此阐发了《离骚》"称小指大""类迩义远"的兴喻艺术特征。刘安《淮南子·泰族训》论《诗》之兴喻时指出："《关雎》兴于鸟，而君子美之，为其雌雄之不乖居也；《鹿鸣》兴于兽，君子大之，取其见食而相呼也。"[3]王符在《潜夫论·务本》中写道："诗赋者，所以颂善丑之德，泄哀乐之情也。

---

[1] 陆贾：《新语》，载《诸子集成》，第9册，岳麓书社1996年版，第2页。

[2] 司马迁著，杨燕起注译：《史记全译》，第7册，贵州人民出版社2001年版，第3126页。

[3] 刘安等著，许匡一译注：《淮南子全译》（下），贵州人民出版社1993年版，第1196页。

故温雅以广文,兴喻以尽意。"[1]王逸亦借鉴《毛传》兴喻诗学的理论观点来解《离骚》,在《离骚经序》中指出:"《离骚》之文,依诗取兴,引类譬喻。故善鸟香草,以配忠贞;恶禽臭物,以比谗佞;灵修美人,以媲于君;宓妃佚女,以譬贤臣;虬龙鸾凤,以托君子。飘风云霓,以为小人。"[2]连王充《论衡·商虫篇》也提出"《诗》以为兴"的观点,强调了《诗》的兴喻作用:"《诗》云:'营营青蝇,止于藩。恺悌君子,无信谗言'。谗言伤善,青蝇污白,同一祸败,《诗》以为兴。"[3]再者,董仲舒的"天人感应"说进一步提升了汉代《诗经》兴喻说的理论深度,如《春秋繁露·阴阳义》提出:"天亦有喜怒之气,哀乐之心,与人相副。以类合之,天人一也。"[4]可见,汉代学者普遍以"譬喻"解"比兴",以"兴"为"喻"。朱自清先生在《诗言志辩》中说:

> 汉人著述引《诗》之多,用《诗》之广……无论大端细节,他们都爱引《诗》,或断或证——这自然非讽诵烂熟不可。陈乔枞所谓"上推天人性理","下究万物情状",以至"古今得失之林",总而言之,就是包罗万有。春秋以后,要数汉代能够尽《诗》之用。春秋用《诗》,还只限于典礼、讽谏、赋《诗》、言语;汉代……用《诗》,范围之广,却超

---

[1] 王符撰,汪继培笺:《潜夫论》,上海古籍出版社1978年版,第19页。
[2] 王逸撰,黄灵庚点校:《楚辞章句》,上海古籍出版社2017年版,第2页。
[3] 王充著,袁华忠、方家常译注:《论衡全译》(中),贵州人民出版社1993年版,第1010页。
[4] 董仲舒著,周桂钿译注:《春秋繁露》,中华书局2011年版,第153页。

过春秋时。[1]

总之,兴喻诗学成为汉代诗人的文化共识和诗学主流。本节还需指出的是,汉代《诗经》学的讽谏美刺譬喻的比兴教化诗学有别于汉代辞赋创作重于"比"而忽视"兴"。汉代诗兴诗学理论与汉代辞赋创作比兴修辞实践的脱节导致兴义在汉代失落之间的悖论,并引发争论。正如刘勰《文心雕龙·比兴》中所言:

> 炎汉虽盛,而辞人夸毗,诗刺道丧,故兴义销亡。于是赋颂先鸣,故比体云构,纷纭杂遝,倍旧章矣。……若斯之类,辞赋所先,日用乎比,月忘乎兴,习小而弃大,所以文谢于周人也。

限于本书的研究主题,关于汉人以《诗》兴喻、讽谏、美刺、教化与本朝人作赋"劝百而讽一"的悖论,关于汉赋和和齐梁诗歌"兴义消亡"之争等问题,俱不详论。在一定意义上可以说,正是汉代兴喻诗兴诗学的譬喻化,导致汉代诗兴诗学之兴的生命本原义和文化整全义从总体上趋于泪没不彰,因而也孕育和召唤了魏晋感兴审美诗学的兴起。

---

[1] 朱自清:《诗言志辨》,华东师范大学出版社1996年版,第123页。

第三节　魏晋南北朝自然感兴审美的兴起与感兴美学理论的美学自觉

东汉之后，中国进入了由门阀士族当政的封建割据时期。与两汉时期建立在中央集权基础上的国家大一统的安定局面不同，魏晋南北朝时期因门阀割据而社会动荡，原有的经学不足以解释社会，安顿人心。东汉末年，汉代经学衰微，魏晋玄学代之而兴起，魏晋时期出现了王弼、阮籍、嵇康、郭象等一批著名的玄学家。随着魏晋玄学哲学的兴起，一种新的诗兴思想即注重自然审美感兴的诗学新思潮得以生成。玄学家们质疑传统儒学、摒弃汉代经学，改以道家思想来理解和阐释自然万物和人生世界。例如，王弼在《论语释疑》中释《论语》中的子曰"大哉，尧之为君也！巍巍乎唯天为大，唯尧则之"为"则天成化，道同自然"[1]。他们崇尚《老子》《庄子》《易经》等"三玄"著作，其哲学被称为"玄学"或"新道家"。玄学家之间曾就"名教"（传统儒学和汉代经学之名分和教化）与"自然"的关系展开思考与争论，形成了"名教出于自然""越名教而任自然""名教即自然"的新观念。玄学的价值取向是摒弃过多人为而崇尚自然无为，学术取向上摒弃东汉谶纬经学的神学化而倡导和崇尚自然，思维方式上摒除经学的烦琐而提出直捷的感悟与简易的言说。例如，嵇康标举"越名教而任自然"，揭示万物之通透，指出：

---

[1] 参见王弼《论语释疑》，载楼宇烈校释《王弼集校释》，中华书局1980年版，第626页。

> 夫称君子者，心无措乎是非，而行不违乎道者也。何以言之？夫气静神虚者，心不存乎矜尚；体亮心达者，情不系于所欲。矜尚不存乎心，故能越名教而任自然；情不系于所欲，故能审贵贱而通物情。物情顺通，故大道无违；越名任心，故是非无措也。是故言君子，则以无措为主，以通物为美。[1]

魏晋玄学的兴起，促进了魏晋六朝士人生命意识的觉醒。魏晋玄学对当时的诗人艺术家的审美思维、美感方式和艺术观念尤其是感兴审美意识产生深刻影响，随之，一种新的审美意识和美学思潮即感兴审美思潮兴起。魏晋自然感兴审美与艺术感兴审美的兴起，标志着诗人艺术家的生命意识、个性精神与审美意识的自觉，标志着魏晋六朝自然感兴审美的生命精神气质的自觉。正如宗白华所言："汉末魏晋六朝是中国政治上最混乱、社会上最苦痛的时代，然而却是精神史上极自由、极解放，最富于智慧、最浓于热情的一个时代。因此，也就是最富有艺术精神的一个时代。"宗白华誉之为中国古代的"文艺复兴"，盛赞其"光芒万丈，前无古人，奠定了后代文学艺术的根基与趋向"。[2]

魏晋南北朝感兴审美新思潮创造了中国古代感兴诗学新的审美精神气质，意味着古典诗兴诗学的新生即感兴审美诗学的诞生，标志着中国古典感兴诗学的美学自觉。魏晋南北朝感兴美学

---

[1] 嵇康撰，戴明扬校注：《嵇康集校注》，中华书局2015年版，第368页。
[2] 《宗白华全集》，第2卷，安徽教育出版社1994年版，第267页。

的总体理论脉络是：从汉代政教比德兴喻美学走向魏晋六朝自然感兴的审美诗学；从上古《尧典》《周易》的人神相感（沟通人神、神人合一）到先秦诸子和两汉经学的天人相感（沟通天人、天人合一），再到魏晋六朝玄学的人与自然相感（沟通心物、物我合一）；从先秦两汉经学诗学的德性思维到魏晋六朝玄学诗学的审美思维（兴感思维、意象思维）；从周人的礼乐兴象、汉人的政教兴喻修辞走向魏晋六朝的审美修辞、兴咏唱叹；从汉人较为单一的比兴之象向魏晋六朝更为丰富和生动的心物交融的感兴之象的演进；从先秦儒家和两汉经学的局限于专名《诗》而言的"《诗》之兴"（以《诗经》的四言诗主要对象）走向魏晋南北朝时期广义的作为通名诗的"诗之兴"（尤其是汉末魏晋五言诗之兴）；或者说，从以经典《诗经》阐释话语形态为主的兴喻诗学，走向以新的主要以当代诗歌创作为阐释对象的更具时代精神的感兴审美诗学。魏晋六朝美学所指的诗已不局限于三百篇之狭义的《诗》，而是指称普遍意义上的"诗"（诗的泛指）；从朝廷政教讽喻诗学走向诗人艺术家个性化的自然感兴的审美抒情；从汉代经学家的"正变"说走向六朝诗学家的"新变"说（萧子显）、"奇变"说（范晔）、"通变"说（刘勰）。总之，上述魏晋南北朝诗兴诗学各个方面的嬗变彰显了一种新的时代精神和美学精神。即便是面对《诗经》这样的经典文本，也主要不是将其视为经学经典，而是将其视为文学经典，《诗经》之兴由经学经典之兴嬗变为文学经典之兴。魏晋六朝人士将《诗经》作为愉悦个人情志、启发审美情思、汲取艺术灵感、借鉴文学审美修辞表达技巧的精神资源。

首先来看从汉人解《诗》之兴到魏晋南北朝的作诗之兴：与汉人借助于《诗经》来"言志""讽喻""比兴""美刺"不同，魏晋六朝人更为自觉、更为直接、更为个性化地面对大自然来感物兴怀、抒发情志。以《毛诗》、郑笺为代表的汉代诗兴美学的"六义"之兴或"赋比兴"之兴，新变为魏晋南北朝诗人标举的"感兴""兴会"的自然感兴审美之兴。魏晋感兴诗学生成了中华古典感兴美学新的理论走向和美学精神气质，即由汉代经学之兴的政治伦理情感，转向魏晋南北朝诗人自然感兴的审美情感；从汉人的面向《诗经》的讽喻（兴喻）、美刺之兴，走向魏晋六朝的面向自然景物的个性化审美之兴即"兴感"或"感兴"。其中的关键是，魏晋玄学和诗学对两汉政教讽喻诗学的超越、突破和升华，带来了魏晋士人对个体的生命价值和生命意义的自觉追求。魏晋诗人感兴于玄学、自然和艺术之中，尤其是徜徉于自然山水之中，个体的生命意识、心灵世界和精神世界得到了空前的解放、伸张与阐扬。宗白华先生在《论〈世说新语〉和晋人的美》一文中精辟地指出："晋人向外发现了自然，向内发现了自己的深情。"[1]宗白华的这句经典之论，可概括魏晋南北朝感兴美学的时代特质和精神气质。萧华荣亦精辟指出，倘说先秦的诗兴论来自种种场合的用《诗》（《诗三百》），汉代的诗兴论来自儒者的解《诗》（《诗经》），则六朝的诗兴论来自文人的作诗。这是兴感说提出的直接的文学背景，其更深层的底蕴则根柢于思想文化的变迁之中，即情与礼的冲突之中。感物兴情（包括兴

---

[1]《宗白华全集》，第2卷，安徽教育出版社1994年版，第273页。

哀、兴思、兴想、兴怀等）这种特定的流行的表述方式始于六朝。[1] 袁济喜在其《兴：艺术生命的激活》一书中也指出："汉末之后，'比兴'开始了相对分道与独立的趋向。'兴'在演变中，开始从托喻之辞向着独立的感物起情、寄兴寓意方向发展，其意义逐渐延伸拓展，由单一层次向着多重层次转化。"[2] 两汉气感论超越了先秦哲学，对魏晋感兴审美诗学也有重要的影响，魏晋时期出现了新的文气论。与此同时，魏晋诗兴诗学的创新与魏晋玄学的才性论（才情论）、魏晋诗学情志论的创新也有直接的内在关联，出现了更为自觉的"诗缘情"的抒情诗学倾向。自汉末魏晋开始，兴不同于更具理性色彩之比的感兴色彩日益显豁，而是作为特殊的艺术思维、艺术生命意识、艺术审美精神的特质得到更为自觉的彰显。

本书认为，从汉代兴喻说（中经汉代的气感说）到魏晋六朝的兴感说或感兴说（感物兴情说），标志魏晋审美感兴的美学理论自觉。魏晋感兴或兴感说的兴起还标志着魏晋诗人艺术审美思维的自觉，显示出一种新的艺术审美理想。魏晋诗人开始转向对自然景物的感发，而且对自然感兴有了审美的自觉。汉末至魏晋南北朝文学艺术的创新发展是这一时期诗兴诗学发展的审美动力和艺术源泉。例如，魏晋之前诗歌创作如《诗经》中的心物、情物相感等感兴活动大多只有局部的感兴描写，而非整体的感兴描写，如诗经中对关雎、采薇、蒹葭等自然景物的感物描写，都是

---

[1] 参见萧华荣《中国诗学思想史》，华东师范大学出版社1996年版，第69—71页。

[2] 袁济喜：《兴：艺术生命的激活》，百花洲文艺出版社2001年版，第178页。

局部性的。魏晋六朝之后，诗人艺术家以山水自然为审美对象，有了专门的山水诗和山水画的感兴创作。魏晋六朝诗人艺术家从前人注重讽寓美刺和比兴教化，走向注重个人才情（才性）的抒写，以山水诗和山水画创作来抒发自觉的生命意识和个性之情。艺术创作之兴的审美自觉，带来了诗兴诗学理论的审美自觉与感兴美学精神的自觉。总之，魏晋六朝感兴论突破了两汉经学的束缚，人的生命精神得到张扬。魏晋六朝艺术感兴的个体生命性和艺术审美性更加自觉和突出，感兴美学的个体生命精神和审美精神更加自觉和活跃。

早在《毛传》中即已存在的"吟咏情性"与"独标兴体"的诗兴诗学意义在东汉末年得到发展、放大和彰显，"吟咏情性"与"独标兴体"的诗学思想成为魏晋自然审美感兴的美学先声。东汉末年无名氏的《古诗十九首》在感兴美学史上更是具有特殊的重要性，成为魏晋感兴诗学的直接先声和艺术土壤。《古诗十九首》率先体现了汉末诗人生命意识的自觉、诗歌创作的审美感兴的审美自觉和艺术自觉，对魏晋南北朝感兴美学的兴起有重要意义。梁启超在《中国之美文及其历史》一书中盛赞《古诗十九首》之比兴，指出："《十九首》第一点特色在善用比兴。"梁启超认为，汉人尚质，西京尤甚，其作品大率赋体多而比兴少。到了《古诗十九首》才把《国风》和《楚辞》的比兴传统接过来并加以创新发展。[1] 朱星在《文心雕龙的修辞论》中亦云：

---

[1] 参见梁启超《中国之美文及其历史》，东方出版社1996年版，第130页。

《诗》《骚》是赋比兴都有，到汉赋只有赋比，而兴逐渐销亡了。但在五言诗中兴还是被广泛运用，并未销亡。如《古诗十九首》"青青陵上柏，磊磊涧中石，人生天地间，忽如远行客"，首二句是兴，第四句是比，第三句是赋。又如"冉冉孤生竹，结根太山阿；与君为新婚，兔丝附女萝"，首二句是兴，第四句是比，第三句是赋。把赋比兴连在一起，可说是修辞的一种新发展。[1]

《古诗十九首》作者对人生短暂的喟叹引起了魏晋士人强烈的共鸣。《古诗十九首》的生命意识深刻影响了魏晋士人的生命意识。《古诗十九首》的感兴创作经验直接启迪了建安文人的生命兴咏和诗歌唱叹。汉末古诗作者和魏晋诗人对自然的感兴体验以及对人生意义的感悟思考是一致的。

魏晋南北朝时期刘勰的《文心雕龙》、钟嵘的《诗品》以及刘义庆的《世说新语》等著作都对《古诗十九首》大加赞赏。如刘勰在《文心雕龙·明诗》中盛赞古诗"直而不野，婉转附物，怊怅切情，实五言之冠冕也"。钟嵘在《诗品序》中赞美"五言居文词之要，是众作之有滋味者也。故云会于流俗。岂不以指事造形，穷情写物，最为详切者耶？"刘义庆的《世说新语·文学》记载：王孝伯在京行散，至其弟王睹户前，问："古诗中何句为最？"睹思未答。孝伯咏"'所遇无故物，焉得不速老？'此句为

---

[1] 刘勰著，詹锳义证：《文心雕龙义证》，上海古籍出版社1989年版，第1360页。

佳。"[1]"所遇无故物，焉得不速老"二句为《古诗十九首·回车驾言迈》中的兴句，"故物"即原有的人与物，《回车驾言迈》一诗咏故物不见，叹人生无常。明代胡应麟的《诗薮·内编》卷二亦盛赞《古诗十九首》"东、西京兴象浑沦"，不可句摘，"兴象玲珑，意致深婉，真可以泣鬼神，动天地"。[2]可见，《古诗十九首》的审美感兴（感物、感时、感生）意识及其生命精神和审美精神对魏晋感兴诗学有直接的启迪，成为魏晋南北朝感兴诗学的艺术先声。

进而看魏晋玄学时感兴美学之影响，随后是魏晋玄学对经学的消解，直接开启了魏晋诗人对自然万物的感悟和体认的哲学自觉。魏晋玄学标志着中国古代形而上学和本体论哲学的自觉，魏晋诗人的审美之兴及其感兴诗学的自觉则标志着中国古代审美形而上学之思的美学自觉。王弼在《周易注·咸卦注》中注云"天地万物之情，见于所感也。凡感之为道，不能感非类者也"[3]，揭示了审美感兴"比类相感""同类相感"的哲学基础。魏晋玄学自然观是晋宋诗人艺术家的自然审美感兴观与感兴美学的重要哲学基础，诗学之兴由此走向个性化、生命化、形而上学化或本体论化。正如宗炳在《画山水序》中所言："圣人含道映物，贤者

---

[1] 刘义庆著，张万起、刘尚慈译注：《世说新语译注》，中华书局1998年版，第246页。

[2] 胡应麟：《诗薮·内编》，卷二，上海古籍出版社1979年版，第25—26页。另：清代冒春荣《葚原诗说》则将古诗之"入兴"方式细分为十余类，参见郭绍虞编选、富寿荪校点《清诗话续编》，上海古籍出版社1983年版，第1615—1616页。

[3] 王弼撰，楼宇烈校释：《周易注校释》，中华书局2012年版，第118页。

澄怀味像。……山水质有而趣灵……山水以形媚道。"又云："夫以应目会心为理者，类之成巧，则目亦同应，心亦俱会。应会感神，神超理得。……圣贤映于绝代，万趣融其神思，余复何为哉？畅神而已。"[1] 随着玄学的兴起，中国古典诗兴诗学相应发生深刻的审美嬗变：从先秦两汉的教化兴喻之兴（礼乐经典之兴、政教比德之兴），走向魏晋南北朝的审美感兴的心物关系（心与物之兴、情与物之兴、艺术缘情兴感之兴）；从先秦两汉的自然比德教化之兴，到魏晋南北朝的自然畅神之兴；从先秦两汉以兴喻理（喻德）到魏晋南北朝以兴畅情（寄情）；从先秦两汉的向《诗》寻找比兴诗情，到魏晋南北朝的向大自然寻觅感兴诗情和从山水中悟道；从两汉兴喻诗学倡导美刺教化的"情志说"到魏晋六朝标举摇荡性灵的"诗缘情"说。总之，魏晋六朝诗人不是像汉代经学家那样从《诗经》中吸取诗兴诗情，而是直接面向大自然，从大自然中汲取感兴诗情，重视心物交感、感物兴情、诗情兴发，强调诗人的感物伤怀和睹物兴情，创造富于个性生命自觉和"畅神"精神的诗篇。而且，从文体上说，汉末魏晋诗兴诗学也突破了先秦诗学和汉代经学诗学主要以《诗三百》为言说对象的局限，而扩大为对所有新兴的诗体尤其是文人五言诗的审美感兴的言说。

汉末魏晋诗人的自然审美感兴带来了汉末魏晋文学的繁荣。对此，学者、诗人和艺术家多有论述或自述。例如，东汉刘熙提出："诗，之也，志之所之也。兴物而作谓之兴，敷布其义谓之

---

[1] 俞剑华编著：《中国画论类编》，人民美术出版社1957年版，第583—584页。

赋，事类相似谓之比。""兴物而作"即是"感物而作。"故东汉王延寿自述："诗人之兴，感物而作。""感物而作"亦即"感物兴情""感物生情"。故曹植说："哀风兴感，行云徘徊。"东汉末年与曹魏时期的"兴物而作"与"感物而作"之兴与前述《古诗十九首》之兴从诗学理论和诗歌创作实践上前后赓续相互发明。西晋陆机在《怀土赋序》中亦云："余去家渐久，怀土弥笃。方思之殷，何物不感？曲街委巷，罔不兴咏，水泉草木，咸足悲焉。"傅亮谓"怅然有怀，感物兴思。"西晋时期的挚虞在《文章流别论》中更是明确提出："赋者，敷陈之称也；比者，喻类之言也；兴者，有感之词也。"[1] 在此，挚虞分别以"铺陈""喻类""有感"来阐释赋比兴，言简意赅地揭示出赋比兴的文艺审美特征。挚虞的"兴者，有感之词也"这一诗学命题对兴做出了新的阐释，强调了兴的情感特性和体验意义，提出了一种不同于汉代经学家兴喻诗学的兴感论诗学新思想。挚虞的这个新阐释是对汉代美刺讽喻的比兴说的重要理论超越和突破，预示了汉代的兴喻论已然转变为西晋的兴感论，并对后世诗兴论尤其是刘勰、钟嵘的诗歌感兴论产生了深远影响。挚虞之后，西晋文人陆机在《文赋》中亦阐述了文学创作中的感兴体验："遵四时以叹逝，瞻万物而思纷；悲落叶于劲秋，喜柔条于芳春。心懔懔以怀霜，志眇眇而临云。……情曈昽而弥鲜，物昭晰而互进……若夫应感之会，通塞之纪，来不可遏，去不可止，藏若景灭，行犹响起。方天机之骏利，夫何纷而不理。"[2] 东晋兰亭诗人集团更是以对自

---

[1] 严可均辑：《全晋文》（中），商务印书馆1999年版，第819页。
[2] 张怀瑾：《文赋译注》，北京出版社1984年版，第20—46页。

然审美感兴的群体自觉著称于世,见于王羲之《兰亭集序》及《兰亭诗六首》等作品。王羲之在《兰亭集序》中抒发其感兴嗟叹:"仰观宇宙之大,俯察品类之盛,所以游目骋怀,足以极视听之娱,信可乐也。……犹不能不以之兴怀。……每览昔人兴感之由,若合一契,未尝不临文嗟悼,不能喻之于怀。……虽世殊事异,所以兴怀,其致一也。后之览者,亦将有感于斯文。"[1] 东晋王丰之在《兰亭诗》中亦感言:"肆盼严岫,临泉濯趾。感兴鱼鸟,安居幽峙。"东晋玄言诗人孙绰在《三月三日兰亭诗序》中则云:"情因所习而迁移,物触所遇而兴感。……闲步于林野,则潦落之志兴……原诗人之致兴,谅歌咏之有由。"[2]《世说新语·任诞》记载王子猷雪夜访友人戴安道造门不前而返,并曰:"吾本乘兴而行,兴尽而返,何必见戴?"其他如《世说新语·惑溺》有论"兴到之事",《世说新语·赏誉》有论"每至兴会,故有相思时",等等。可见,在魏晋诗人那里,自然感兴与人生感兴具有内在关联的精神魅力。

此外,东汉末年传入中国的佛学至魏晋南北朝时期也开始对中国诗文产生了影响,出现了支遁(支道林)、慧远、僧肇、道生等杰出高僧,并对这些僧人的诗歌创作和诗学研究产生了影响,其中的僧人诗歌创作也涉及诗兴问题。如慧远曾携诸僧同游庐山石门涧,写下《庐山诸道人游石门诗》一诗,诗序自述作者

---

[1] 叶朗主编:《中国历代美学文库·魏晋南北朝卷》,高等教育出版社2003年版,第338页。

[2] 叶朗主编:《中国历代美学文库·魏晋南北朝卷》,高等教育出版社2003年版,第289页。

在石门涧水光山色中"怅然增兴""神以之畅"。诗歌开篇即云："超兴非有本，理感兴自生。"[1]

魏晋南北朝诗人尤爱自觉地在自己的诗文作品中以"兴""感物""比兴""兴会""兴咏"相标榜。例如，曹植的《赠徐干》有"慷慨有悲心，兴文自成篇"；曹植的《赠白马王彪》的其四有"感物伤我怀，抚心长太息"。阮籍说："草虫哀鸣，鸧鹒振羽。感时兴思，企首延伫。"嵇康在《琴赋》中亦云："美声将兴，固以和昶。"夏侯湛在《秋可哀赋》中说："感时迈以兴思。情怆怆以含伤。"应场的《公宴诗》有"辨论释郁结，援笔兴文章"。西晋诗人陆机在《折杨柳行》中说："慷慨惟昔人，兴此千载怀。"陆机在《赠弟士龙诗序》中自述："感物兴哀，故作是诗，以寄其哀苦焉。"谢惠连的《西陵遇风献康乐》有"西瞻兴游汉，东睇起凄歌"。徐勉在《萱草花赋》中云："览诗人之比兴，寄草木以命词。"魏收的《魏书·高祖记下》自述"任兴而作"。南朝宋刘义庆的《世说新语·赏誉》（第一五三则）记载主人公"每至兴会，故有相思"。沈约在《宋书·谢灵运传论》中赞"灵运之兴会标举"。颜之推在《颜氏家训·文章》中亦云"标举兴会，发引性灵"。萧统的《答晋安王书》有"睹物兴情，更向篇什"。萧统在《答湘东王求〈文集〉及〈诗苑英华〉书》中则云："或日因春阳，其物韶丽，树花发，莺鸣和，春泉生，暄风至。陶嘉月而嬉游，藉芳草而眺瞩。或朱炎受谢，白藏纪时，玉露夕流，金风多扇。悟秋山之心，登高而远托。或夏条可

---

[1] 沈德潜编，苗洪注：《古诗源》，华夏出版社2001年版，第326—327页。

结，倦于邑而属词；冬云千里，睹纷霏而兴咏。"[1] 萧子显的《南齐书·文学传论》中载有"颜延图写情兴"[2]。萧子显本人性爱山水，尝为《自序》，曰："追寻平生，颇好辞藻，虽在名无成，求心已足。若乃登高目极，临水送归，风动春朝，月明秋夜，早雁初鸎，开花落叶，有来斯应，每不能已也。……每有制作，特寡思功，须其自来，不以力构。"[3] 徜徉山水，兴发诗情，成为魏晋南北朝诗人普遍的审美心态。

魏晋六朝诗人艺术家对自然山水的审美感兴和艺术描写，给中国古代诗兴美学史带来了美学观念上的革命性变化，自然物象、物色的审美感兴价值及其感兴美学意义得到彰显。由此，从先秦时期将自然作为祭祀崇拜的对象，经由两汉时期将自然作为政教比德的对象，终于演进为魏晋时期将自然作为感兴审美的对象。晋人对自然的感兴、人生的咏叹和艺术的兴咏融为一体，诗兴情感与生命共感融为一体，显示出感兴审美的美学自觉。兴的时代创新和个人创新带来了诗兴艺术审美的创新，带来诗兴诗学的解放与感兴美学的理论自觉。魏晋感兴与兴会的新诗学思潮蔚然兴起：从三代的图腾祭祀之兴至汉代的自然比德之兴，走向六朝的自然畅神之兴，简言之，即从礼义之兴到物色之兴。兴成为人的情感、诗心、艺术之心与自然物象之间的相互感发与生成。魏晋六朝美学的兴感说或感兴说的兴起，标志着魏晋六朝诗人艺

---

[1] 何香久主编：《中国历代名家散文大系·魏晋南北朝卷》，人民日报出版社1999年版，第977页。

[2] 萧子显：《南齐书》，卷五十二，中华书局2017年版，第907页。

[3] 姚思廉：《梁书》，卷三十五，中华书局1973年版，第512页。

术家们的物色审美（自然审美、感物兴情）的美学自觉。在此感兴美学理论视域中，自然美首先是作为感性美和感兴美，继而作为感性美与精神美的统一。在对大自然的感兴活动中，诗人艺术家实现了自然万物的生命律动与人的思想感情的生命律动相互感应和同构，走出了汉代经学的思想禁锢，彰显、澄明和创新了人与自然万物的有机整体联系。如魏晋玄学家和艺术家对庄周梦蝶、游于濠梁之诗境的会心。南朝诗人在美学上因此进一步追求诗歌缘情而作、绘画畅神而作。

从总体上看，六朝诗重自然审美感兴，情志分离，抒情已然取代了先秦两汉的言志。魏晋南北朝诗人善于感受和描写自然物色及其对人的诗情的召唤和兴发。例如，南朝诗人鲍照在自己的五言诗作品中自述物色对诗人情感的感召，即"物色延暮思，霜露逼朝荣"（《秋日示休上人》）。刘勰的《文心雕龙》更是有《物色》专论自然物色对诗人心灵情感的感召，接连用了四个"物色"、一个"物容"、一个"物貌"等词语，使"物色"正式成为中国古代感兴美学的一个重要术语，魏晋六朝的感物兴情理论也在刘勰这里得到最为系统而精辟的阐述。萧统甚至在《昭明文选》专门编选了"物色"类作品，见于该书卷十三"物色"编。后来，唐人李善注《昭明文选》卷十三《物色》时，对"物色"做了专门的阐发："四时所观之物色，而为之赋。又云：有物有文曰色。风虽无正色，然亦有声。《诗》注云：'风行水上曰漪'。《易》曰：'风行水上，涣，涣然即有文章也。'"[1]《昭明

---

[1] 萧统编，李善注：《文选》，中华书局1977年版，第190页。

文选》卷十三《物色》收入四篇小赋,即宋玉的《风赋》、潘安仁的《秋兴赋》、谢惠连的《雪赋》、谢希逸的《月赋》,都是典型的感物而兴情,即通过对自然物色的感受而兴情,寓思想感情于景物描写之中。当然,南北朝期间,儒家传统诗学也有对新潮诗学的批判。例如,裴子野在《雕虫论》中就提出过这样的批评:"古者四始六艺,总而为诗,既形四方之风,且彰君子之志,劝美惩恶,王化本焉。……宋初迄于元嘉,多为经史,大明之代,实好斯文。……自是闾阎年少,贵游总角,罔不摈落六艺,吟咏情性。学者以博依为急务,谓章句为专鲁。淫文破典,斐尔为功。无被于管弦,非止乎礼义,深心主卉木,远致极风云,其兴浮,其志弱。巧而不要,隐而不深。"[1]但是,这不影响魏晋六朝感兴美学整体上的兴盛。

  魏晋南北朝感兴美学所取得的最大理论成果是出现了刘勰和钟嵘这对中国古典感兴美学史上的"双子星座",南朝梁时期刘勰、钟嵘感兴美学成为魏晋南北朝感兴美学的集大成。先看刘勰在《文心雕龙》中所建构的感兴诗学。刘勰是一位学养深厚的诗学家,刘勰的感兴诗学继承和综合了汉代政教兴喻诗学和魏晋感兴审美诗学,较圆满地解决了文学宗经和审美的关系。其解决办法是以周易美学融会儒道释,将文学宗经建立在自然审美基础之上。刘勰试图以易学之道来弥合儒家"六义"之比兴诗学与道家玄学之自然感兴诗学的矛盾。刘勰之学务为折中,力求综合。刘勰诗学具有宗经美学观和自然审美观的双重意涵,具有文艺美学

---

[1] 裴子野:《雕虫论》,载郭绍虞主编《中国历代文论选》,第1册,上海古籍出版社1979年版,第324页。

与文化诗学内在统一性。刘勰感兴美学包含比兴美学、物色美学、神思美学等丰富意涵。在刘勰看来，文学本于"六经"，又感发于自然审美；既要走向感物兴情，但又不能违背"六义"（而要包韫"六义"）。否则，如果出现偏颇，就会造成儒家传统诗学的"兴"义消亡，不利于文学发展。例如，在刘勰看来，齐梁文章即是如此。《文心雕龙·明诗》说："宋初文咏，体有因革，……俪采百字之偶，争价一句之奇，情必极貌以写物，辞必穷力而追新，此近世之所竞也。"《文心雕龙·定势》说："自近代辞人，率好诡巧，原其为体，讹势所变，厌黩旧式，故穿凿取新。"《文心雕龙·物色》说："自近代以来，文贵形似，窥情风景之上，钻貌草木之中。"《文心雕龙·序志》说："夫圣久远，文体解散，辞人爱奇，言贵浮诡，饰羽尚画，文绣鞶帨，离本弥甚，将遂讹滥。"对此，刘勰在《文心雕龙·诠赋》中有更为详细的论述："丽词雅义，符采相胜，如组织之品朱紫，画绘之著玄黄。文虽新而有质，色虽糅而有本，此立赋之大体也。然逐末之俦，蔑弃其本，虽读千赋，愈惑体要。遂使繁华损枝，膏腴害骨，无贵风轨，莫益劝戒，此扬子所以追悔于雕虫，贻诮于雾縠者也。"

总起来看，刘勰感兴美学理论最重要的标志性特征是将汉人的"六义"说、"独标兴体"说和比兴譬喻说加以会通与融合，熔铸为高度理论自觉的比兴说，具体文字见于《比兴》与《诠赋》等篇。刘勰在《文心雕龙》中将赋与比兴分立为两篇来讨论，赋被列为文体论，比兴被列为创作论，重点阐扬比兴，并加以反复诠释。刘勰重解兴的双重含义，将"兴喻"建立在"兴感"的基础之上("兴者,起也。……起情者依微以拟议",诗人因微小的事物激发情感而构思),既赓续与发展了孔子的诗兴精神传统,也吸纳了魏晋和融会了魏晋感兴诗学的新传统。刘勰感兴诗学弥合和化解了汉代经学诗学与六朝审美诗学的对立和紧张关系。

刘勰在《文心雕龙·比兴》开篇即明确指出:

> 《诗》文弘奥,包韫六义;毛公述《传》,独标"兴"体。岂不以"风"通而"赋"同,"比"显而"兴"隐哉?故比者,附也;兴者,起也。附理者切类以指事,起情者依微以拟议。起情故兴体以立,附理故比例以生。比则畜愤以斥言,兴则环譬以托讽。盖随时之义不一,故诗人之志有二也。

《比兴》篇率先熔铸"比兴"这个复合性词语,将其从《诗》"六义"中凸显出来,使得《周礼》"六诗"和《诗大序》"六义"的美学内涵更为突出和彰显。刘勰认为,《毛诗》在"六义"之中独标"兴体"的原因在于,"风"兼通赋比兴,"赋"的诗篇全诗铺叙前后相同。唯有"比"显而兴隐,难于解读,因而《毛诗》特别标出"兴"句("兴"诗)。刘勰则在对《毛诗》的创造性阐释的基础上进一步熔铸"比兴"这个复合性词语,强调"比兴"同为诗人作诗言志的两种基本艺术手法。其中,尤为重要的是对"比兴"的审美特质和艺术作用有了美学理论的高度自觉,指出了"比、兴"有"比例附理"与"兴起情感"的不同、"切类指事"与"依微拟议"的不同、"畜愤斥言"与"环譬托讽"的不同。刘勰指出,"兴者,起也。……起情者依微以拟议……兴则环譬以托讽",兴有"起情"和"环譬以托讽"二义。"起情故兴体以立,附理故比例以生"则揭橥了起情之兴的整体性,附理之比的义例性。刘勰揭示了比兴美学的"拟容取象""比显而兴隐""比类附理""依微起情""起情故兴体以立,附理故比例以生"的审美奥妙,以比、兴为两大最重要的"诗人之志"(诗人的情志心理及其表达方式)。

关于刘勰比兴诗学中的比、兴联系与区别及其意涵诠释,关系到对感兴美学的重要理论阶段和形态之一比兴美学的认识,刘永济、李日刚、王季思、徐复观等人曾有精到辨析。刘永济在《文心雕龙校释》中指出:"舍人此篇以比显兴隐立说,义界最精。盖二者同以事物况譬,特有隐显之别,而无善恶之分。'比'者,作者先有此情,亟思倾泄,或嫌于径直,乃索物比方言之。'兴'者,作者虽先有此情,但蕴而未发,偶触于事物,与本情相符,因而兴起本情。前者属有意,后者出无心;有意者比附分明故显,无心者无端流露故隐。"[1]

李日刚在《文心雕龙斠诠》一书中亦认为:"比附,谓以近似者相比也。……兴者,起也。此所谓起,外物兴起其感情也。"又云:"盖诗人虽有此情,但蕴而未发,偶为客观事物所触动,因有此感情之涌现。如杜甫诗:'东阁官梅动诗兴。'故曰:'起情者依微以拟议。'案:依微,谓依托微物。微物,小物也。……

---

[1] 刘永济:《文心雕龙校释》,中华书局2010年版,第129—130页。

《诗·大雅·大明》'惟予侯兴'毛传:'兴,起也。'《尔雅》《说文》都训'兴'为'起'。'起'和'启'也是同音通假字,就是启发的意思。由微小的事物引起情感的触动而进行构思,这就叫'起情者依微以拟议',这也就是下面说的'称名也小,取类也大'。"[1]

王季思在《说比兴》一文中亦指出:"诗人的感情,偶然触物而发,这便是兴。《文心雕龙》……以附理与起情区别比兴,可说语简而意该。第一,兴者,起也。它是诗人情感的最先触发,所以在未有诗意象之先。比者,附也,必定先有了意象,再拿别的事物来附托他。这在创作程序上实有先后之不同。如《关雎》一诗,是诗人先有感于雎鸠之和鸣,因而起了求淑女以配君子的意象,这便是兴。如《柏舟》诗:'我心匪石,不可转也;我心匪席,不可卷也。'是诗人先有了我心不可转和不可卷的意象,才拿石和席来反比的。……第二,兴以起情,比以附理。这情理的不同,更是比兴的最大区别。李仲蒙说:'索物以托情谓之比,触物以起情谓之兴。'因为比是经过诗人的思索的,所以取比之物和所比之事,二者之间不但理类上必有相合之处,而且要愈切合愈足以表现诗人的思力。所以说'附理者,切类以指事'。"[2]

可见,在阐发刘勰《文心雕龙·比兴》关于比与兴的差异性

---

[1] 刘勰著,詹锳义证:《文心雕龙义证》,上海古籍出版社1989年版,第1338—1339页。

[2] 刘勰著,詹锳义证:《文心雕龙义证》,上海古籍出版社1989年版,第1339—1340页。

问题上,以上三位前辈不约而同地都提出了同样的观点。这些观点后来被叶嘉莹"接着说",叶嘉莹引入和借鉴了西方诗学理论,对赋比兴做了更为细致和精微的阐发。徐复观在《释诗的比兴》一文中对诗歌比兴有更为独到和精辟的阐发,不仅从诗的本质的视域辨析、比较和阐发了《诗》的赋比兴异同,更从创作的差距阐释了赋比兴的兼容以及赋比兴的演进。徐复观发现并提出,三百篇中的兴主要是首兴,中兴和尾兴偶尔一见。但是,在《古诗十九首》中尾兴已较普遍,在唐诗中更为成熟,尤其是那些堪称"神来之笔"的盛唐绝句,成为兴体发展的最高典型。[1]

比兴绝非无关社会人生的个人一己的"钻貌草木"和"吟花弄月"。在《比兴》篇中,刘勰还盛赞屈原"依诗制骚,讽兼比兴"。刘勰在《文心雕龙》其他篇章中亦常常是比兴连用,例如:"虬龙以喻君子,云蜺以譬谗邪,比兴之义也"(《文心雕龙·辨骚》);"神用象通,情变所孕。物心貌求,心以理应。刻镂声律,萌芽比兴。结虑司契,垂帷制胜"(《文心雕龙·神思》)。比兴美学在《文心雕龙》中得到综合、创新的阐发,成为刘勰感兴美学的理论标识,标志着中国古典感兴美学的理论成熟。

刘勰将"赋"放在《文心雕龙·诠赋》中论述,指出:"《诗》有六义,其二曰'赋'。'赋'者,铺也,铺采摛文,体物写志也。""赋"即是以铺叙的语言来体物写志。结合刘勰在《诠赋》《比兴》等篇章中对赋比兴的诠释可以看出,刘勰清楚地认识到,从创作思维和表达方式来说,赋比兴都是诗人运用形象思

---

[1] 参见徐复观《中国文学精神》,上海书店出版社2004年版,第18—34页。

维的感性表达方式。[1]比兴更重心物关系，"诗人比兴，触物圆览"（《文心雕龙·比兴》）。"起情者依微以拟议"（《比兴》），诗人因微小的事物兴发情感而构思修辞；"比显而兴隐"（《比兴》），"兴"义隐微、微妙，故需重点阐发。可见，刘勰的比兴诗学之核心和基础乃在于兴（感兴）。个中奥妙结合《物色》和《神思》等篇看得更清。正因为对兴的触物起兴的特殊重要性有深刻认识，刘勰才能提出一系列精彩的审美感兴论理论观点。诸如"诗人感物，联类不穷。流连万象之际，沉吟视听之区。写气图貌，既随物以宛转；属采附声，亦与心而徘徊"（《文心雕龙·物色》）；"神用象通，情变所孕""神思方运，万涂竞萌"（《文心雕龙·神思》）；"诗人比兴，触物圆览（比兴即"随物以宛转"，亦即"情以物兴，物以情观"的比类相通和交感的审美观览）。物虽胡越，合则肝胆。拟容取心（拟自然物色之容，合诗人情志之心。唐代张璪将这个美学观发展为"外师造化，中得心源"），断辞必敢。攒杂咏歌，如川之涣（比兴意象如河水那样生动荡漾）"（《文心雕龙·比兴》赞语）。

刘勰的感兴美学是相当辩证的：一方面，刘勰高度重视诗人感物和感兴，强调感兴的感物兴情、感物起情的美感作用，以"起情"与"附理"区分了兴与比的艺术特征和审美差异，从美学理论上确立了艺术感兴的审美性，从而继承和发展了汉代郑众"比者，比方于物也；兴者，托事于物也"和郑玄以比兴来美刺的比兴诗学观点。刘勰尤其揭示了比兴之物"物虽胡越，合则肝

---

[1] 当然，赋比兴的不同还在于，赋不仅是诗歌思维和表达方式，而且在后来还发展为一种文体；比兴则保留了诗歌思维和表达方式的艺术本性。

胆"的奇妙性与"拟容取心""如川之涣"的美感特征。刘勰在《文心雕龙·物色》等篇章中，则强调"岁有其物，物有其容；情以物迁，辞以情发。……是以诗人感物，联类不穷。流连万象之际，沉吟视听之区；写气图貌，既随物以宛转；属采附声，亦与心而徘徊。……情往似赠，兴来如答"，认为诗人心中内蕴的深厚情感遇到眼前物象的触发而被激发出来，或者说，诗人眼前的感性物色和感兴经验激活了内蕴在心灵深处的诗人情感体验。《文心雕龙·明诗》提出："人禀七情，应物斯感；感物吟志，莫非自然。"《文心雕龙·诠赋》则云："原夫登高之旨，盖睹物兴情。情以物兴，故义必明雅；物以情观，故词必巧丽。"《文心雕龙·情采》强调："风雅之兴，志思蓄愤，而吟咏情性以讽其上。此为情而造文也。"可见，刘勰对作家审美感兴的美感特征具有充分自觉的认识，强调了自然物色对诗人情志感发的极端重要性以及诗人对感兴意象的感性描写或修辞表达的极端重要性，尤其具体而深入地阐发了"情以物兴"与"物以情观"两种自然审美感兴方式。可见，刘勰从心物情物关系的角度提出了一种新的感物、感兴、兴会的美学观念。

另一方面，刘勰又将比兴置于"六义"的传统之中，在不使审美感兴脱离宗经传统的前提下，强调"比兴"与"托喻""托讽"的关联。例如，刘勰在《文心雕龙·比兴》中指出：

《诗》文宏奥，包韫六义；毛公述《传》，独标兴体，岂不以风通而赋同，比显而兴隐哉？……比则畜愤以斥言，兴则环譬以托讽。盖随时之义不一，故诗人之志有二也。

观夫兴之托谕，婉而成章，称名也小，取类也大。关雎有别，故后妃方德；尸鸠贞一，故夫人象义。义取其贞，无疑于夷禽；德贵其别，不嫌于鸷鸟；明而未融，故发注而后见也。[1]

可见，刘勰在此又强调要继承前代的"六义说"的兴喻美刺论传统，刘勰对《关雎》《鹊巢》的比兴教化意义的阐释与《毛传》《郑笺》的比兴教化意义的诠释一致。合而言之，刘勰强调"感兴起情"与"环譬托讽"的内在关联：既充分肯定和深入阐发重魏晋以来的感兴论诗学新观念，强调"睹物兴情"，强调"人禀七情，应物斯感，感物吟志，莫非自然"；同时又重视诗文原道、宗经的"六义"诗学传统，强调"感物兴情"与"托物言志"的内在融合。总之，刘勰的感兴美学或比兴美学兼综了魏晋以来的感兴美学新思潮和先秦两汉兴喻教化美学的文化传统，既阐释和发明了诗歌艺术的审美性，又坚守和扩大了诗歌艺术的文化意义。

　　刘勰还善于从比、兴的离合和比较中阐发各自的要义，提出"起情故兴体以立，附理故比例以生"，兴与诗歌意象整体性相关联，比只是关涉诗歌意象的某种义例，因而"比小"而"兴大"。在比兴这两种"诗人之志"中，兴的地位和作用更大于比：比是以一物比另一物，即"或喻于声，或方于貌，或拟于心，或譬于事"；兴则是"兴之托喻，婉而成章，称名也小，取类也大"。刘勰强调，兴与比的不同在于，兴更加隐微深婉、以小见大而秘响

---

[1] 刘勰的"比者，附也。……附理者，切类以指事"的诗学思想，后被宋人李仲蒙发展为"索物以托情谓之比，情附物也"。

旁通。这是因为，比更具明显的理性的自觉选择，而兴不仅是深微的感物起情和委婉的讽谏感言，而且携带了从上古原始兴象遗传下来的无意识积淀，具有更为深厚的文化蕴涵。比、兴二义之中，兴的重要性高于比。在刘勰看来，汉赋多用比，而周诗兼用比兴且更重于兴。刘勰指出："炎汉虽盛，而辞人夸毗，诗刺道丧，故兴义销亡。……若斯之类，辞赋所先，日用乎比，月忘乎兴，习小而弃大，所以文谢于周人也。"（《文心雕龙·比兴》）在此，刘勰批评了汉代以来的近代辞赋重比而忘兴，是"文贵形似""诗刺道丧"。对此，有学者阐发说："刘勰之所以慨叹汉代以来'兴义销亡'，是因为'诗刺道丧'的缘故。那消亡的'兴义'并非审美修辞学的'兴义'，而是政治修辞学的'兴义'。"[1] 刘勰确实是在批评汉赋一味夸饰，"日用乎比，月忘乎兴"，认为汉赋写作在审美感兴修辞方面失落了诗骚的诗兴传统。

综上所述，刘勰在《文心雕龙》一书中阐发的感兴美学思想具有丰富的美学内涵和理论张力。刘勰的感兴美学理论兼综了汉代的美刺讽谏说与汉末魏晋以来的感物兴情说，具有极大的理论包容性。正所谓"风雅之兴，志思蓄愤，而吟咏情性，以讽其上，此为情而造文也"（《文心雕龙·情采》）。"《诗》主言志，诂训同《书》，摛风裁兴，藻辞谲喻，温柔在诵，故最附深衷矣"（《文心雕龙·宗经》）。刘勰感兴美学对比兴关系的认识之深刻和全面是空前的，精辟阐述了感兴美学的审美感兴与比兴教化的内在统一，深刻阐述了感兴美学关于比与兴之间离与合（兴能否

---

[1] 季广茂：《隐喻视野中的诗性传统》，高等教育出版社1998年版，第128页。

和如何独立于比）的辩证关系，极大地增强了感兴审美与比兴精神的理论丰富性。进而言之，刘勰在《文心雕龙》中还将比兴与感物、神思、意象等范畴相贯通，提出了"思理为妙，神与物游""独照之匠，窥意象而运斤""神用象通，情变所孕。物心貌求，心以理应"（《文心雕龙·神思》）等精彩的诗兴诗学命题，标志着感兴美学的高度理论自觉。刘勰提出的"比显而兴隐""秘响而旁通"或兴隐论美学理论，在感兴美学史上也是一个重要的理论贡献。当代学者张海明认为，刘勰的《比兴》篇超越了对作为修辞之兴的研究，而开始将兴引入审美理论，正是有见于此，《比兴》篇才会表现出明显的重"兴"的倾向。[1] 总之，刘勰的《文心雕龙》深刻揭示了审美感兴中的物我关系、心物关系和情物关系，将先秦两汉魏晋感兴美学的感物起情论与比兴修辞论等诗学思想传统加以融会和创新，建构了一种具有心物交感论特质、具有本体论深度与理论系统性的感兴美学，兼综了历代感兴美学之所长，获得审美诗学和文化诗学的双重优势，迅速成为当时的诗学共识。例如，梁简文帝萧纲亦用比兴评论诗文。萧纲在《与湘东王书》中批评齐梁诗文"既殊比兴，正背风骚"，又在《昭明太子集序》中称赞昭明太子"登高体物，展诗言志，金铣玉辉，霞章雾密，致深黄竹，文冠绿槐，控引解骚，包罗比兴"。刘勰的比兴诗学更对后世感兴美学有着深远的影响。

魏晋南北朝感兴美学另一位集大成式的诗学家是钟嵘，钟嵘的《诗品序》成为六朝感兴美学所取得的另一个重要的理论创

---

[1] 参见张海明《经与纬的交结——中国古代文艺学范畴论要》，云南人民出版社1994年版，第105页。

获。钟嵘在《诗品》中提出了"感荡心灵"说和"兴味无穷"说等感兴美学新观点。钟嵘指出：

> 气之动物，物之感人，故摇荡性情，形诸舞咏。照烛三才，晖丽万有，灵祇待之以致飨，幽微藉之以昭告。动天地，感鬼神，莫近于诗。……若乃春风春鸟，秋月秋蝉，夏云暑雨，冬月祁寒，斯四候之感诸诗者也。嘉会寄诗以亲，离群托诗以怨。……凡斯种种，感荡心灵，非陈诗何以展其义？非长歌何以骋其情？故曰："诗可以群，可以怨。"使穷贱易安，幽居靡闷，莫尚于诗矣。

在此，钟嵘自觉地将汉代以来的气感论哲学思想融入感兴美学研究之中，指出"气之动物，物之感人，故摇荡性情，形诸舞咏。照烛三才，晖丽万有"。钟嵘以"气"的感应贯通诗人主体与自然万象，使诗歌感兴的审美奥妙得到新的阐释，从而创新和发展了"气感"论的感兴诗学。而且，钟嵘提出"嘉会寄诗以亲，离群托诗以怨"，将汉代及以前的感发诗人诗兴的自然物象拓展为人事事象。[1] 由此，钟嵘提出的"感荡心灵"的感兴诗学将魏晋六朝的自然审美感兴进一步扩大为兼有自然感兴和社会感兴的双重美学意涵，极大地丰富了感兴美学的理论内涵。显然，钟嵘诗兴诗学对诗歌感兴审美价值做出了新的富有时代精神的阐释。钟嵘感兴美学的兴感之情既是自然兴发的诗情，也是关

---

[1] 参见叶嘉莹《汉魏六朝诗讲录》，河北教育出版社1997年版，第10页。

乎家国之忧和身世之感的诗情。

钟嵘感兴美学的理论创新还表现在对兴的重要地位做了新的强调,对兴的美学内涵做了新的阐释。钟嵘将汉人的"诗有六义"突出为"诗有三义",不论诗体之风雅颂,专论诗歌创作之赋比兴,为新兴的五言诗张目;进而将其感兴诗学理论建立在魏晋以来的诗歌创作的新实践经验基础之上,强调了从诗歌接受的角度来阐发兴味理论,提出了"指事造形,穷情写物"与"文已尽而意有余"的"兴味说",拓展了中国古典诗兴论涵盖的理论范围。钟嵘在《诗品序》中写道:

> 五言居文词之要,是众作之有滋味者也,故云会于流俗。岂不以指事造形,穷情写物,最为详切者邪!故诗有三义焉:一曰兴,二曰比,三曰赋。文已尽而意有余,兴也[1];因物喻志,比也;直书其事,寓言写物,赋也[2]。弘斯三义,酌而用之,干之以风力,润之以丹采,使味之者无极,闻之者动心,是诗之至也。若专用比、兴,则患在意深,意深则词踬。若但用赋体,则患在意浮,意浮则文散。嬉成流移,文无止泊,有芜漫之累矣。[3]

---

[1] 引按:钟嵘此处所说的"文"即景物描写之辞,"意"即兴句所兴发之"情"。文辞有限而情意无限。

[2] 引按:钟嵘此处所说的"直书其事,寓言写物,赋也"与刘勰所说的"'赋'者,铺也,铺采摛文,体物写志也"不约而同,都强调了"赋"与感物的关系,二者有异曲同工之妙。

[3] 钟嵘著,曹旭集评:《诗品》,上海世纪出版集团2007年版,第2页。

在此，钟嵘立足于魏晋至刘宋五言诗创作的当代文学审美经验，将传统的汉代诗经学"诗有六义"说改造、简化和创新为更具审美普遍意义的"诗有三义"说，强调"宏斯三义，酌而用之"，同时开创性地从作诗和读诗两个方面阐发"兴比赋"三者各自的特点和精义。其"专用比、兴，则患在意深，意深则词踬"之说与刘勰的"风通而赋同""比显而兴隐"之说有异曲同工之妙，堪称"英雄所见略同"。而且，钟嵘首次将兴列为赋比兴三义的首位，强调"文已尽而意有余，兴也"，总结和阐发了五言诗的艺术比兴和艺术感兴的新经验，凸显了兴在诗歌创作与接受中最为重要的作用，进而在此基础上提出"滋味"说，开启了"兴味"论的感兴诗学研究新路径。例如，钟嵘盛赞阮籍诗歌"言在耳目之内，情寄八荒之表"。张伯伟在《钟嵘诗品研究》一书中对钟嵘感兴诗学有精到阐发，指出："站在文学批评的立场（不是经学的或小学的立场）上看来，对于'兴'的解释基本上可划为两大派：一派以《诗经》的作品为立论依据，一派以汉以来的诗歌创作为立论依据。依据不同，定义便不一样。钟嵘是根据汉以来五言诗的创作为其立论基础的，这就与传统的以《诗经》为立论依据的'兴'义有所区别。"[1] 在钟嵘这里，兴不是被释为诗歌创作的一种起兴、发端的修辞手法，而是被释为诗歌作品的一种艺术效果、审美境界和审美理想，从而更为自觉地彰显了诗歌艺术的美感特性。钟嵘重视诗歌艺术感兴的"直寻"和直觉，强调诗人在感兴体验中获得"自然英旨"方为艺术"天

---

[1] 张伯伟：《钟嵘诗品研究》，南京大学出版社1999年版，第100页。

才"。钟嵘的"直寻""滋味"论诗学理论更是深刻揭示了诗歌感兴审美的直接性、直观性、新颖性、奇特性、生动性和鲜活性,成为"兴味"论诗歌美学的理论开拓者。钟嵘《诗品》还以其感兴诗学的"兴味"范畴作为诗歌批评的方法和标准来评论历代诗歌,例如批评张华诗"其体华艳,兴托不寄",批评玄言诗"理过其辞,淡乎寡味",等等。总之,钟嵘《诗品》及其感兴诗学的美学意蕴和理论内涵极为丰富。与刘勰的《文心雕龙》一样,钟嵘的《诗品序》也是中国诗兴诗学史上的一篇极为重要的经典文献,钟嵘的感兴美学也是魏晋以来诗兴诗学的一个创新性、总结性、代表性的重要理论成果,同样对后世产生了深远影响。此外,六朝艺术家们对山水的审美感兴也贯通了山水诗和山水画创作。六朝山水画论同样精彩。例如,宗炳《画山水序》提出:"圣人含道映物,贤者澄怀味像。至于山水,质有而趣灵";"山水以形媚道";"旨微于言象之外";"应会感神,神超理得","畅神而已"。王微《叙画》提出:"以图画非止艺行,成当与易象同体";"以一管之笔,拟太虚之体"。山水画创作不是简单地图写山川状貌,而应当感悟山水精神,描绘"画之致"和"画之情"。谢赫《画品》虽不专论山水画,也同样关注山水的气韵和精神,首标"气韵生动",指出:"穷理近性,事绝言象。包前孕后,古今独立";"若拘以体物,则未若精粹;若取之象外,可谓微妙"。六朝绘画美学"象外"论含有精彩的感兴美学理论意义,而且在唐代推向了诗歌创作领域。

第四节　感兴美学的成熟——唐代感兴诗学的多向拓展与深化

隋朝结束了南北朝的分裂，重新建立了一个大一统王朝。隋朝虽然因内外过度消耗国力而导致变乱，享国仅仅三十八年；但是，随后的唐王朝承袭隋制，并不断发扬光大和创新发展，终于造就了中华民族历史上又一个强盛的帝国即大唐帝国。有别于魏晋南北朝的门阀世族割据，大唐帝国在政治上加强中央集权，在经济和社会阶层上扶持庶族和寒士，在教育上推行科举制，在文化上重视儒学复兴，并重视发挥道家和佛教的作用，形成了以儒为主、儒道佛三教并立的意识形态局面。隋唐时期的思想文化最具标志性的特征是儒学的复兴、佛学的昌盛和道家的兴旺。唐太宗继位不久，就曾说过："朕今所好者，惟在尧、舜之道，周、孔之教，以为如鸟有翼，如鱼依水，失之必死，不可暂无耳。"[1] 唐朝立国之初，为了"多识前古，贻鉴将来"（唐高祖语）[2]，朝廷两次下诏修史（唐高祖和唐太宗诏令），遂有唐代史学的繁荣（唐初八史的诞生）。各史书中还设置专门的《文学传》。李世民还特设文学馆，授孔颖达等十八人为文学馆学士。在教育制度和官员选拔制度上，唐朝继承和发展了隋朝的科举制，不问出身、不认门阀，选贤任能，唯才是举。唐朝科举制的考试科目主要有明经科、进士科，前者主要考试经学，后者主要

---

[1] 吴兢原著，叶光大等译注：《贞观政要全译》，卷六，贵州人民出版社1991年版，第351页。

[2] 《旧唐书》，汉语大词典出版社2004年版，第2094页。

考试诗文（试策）。为统一制定科举制的教材，唐太宗诏令颜师古考定《五经定本》，令孔颖达主持修撰《五经正义》。唐太宗还雅好文艺，提出"虽以武功定天下，终当以文德绥海内。文武之道，各随其时"[1]。初盛唐时期的诸位帝王都喜爱诗文。在文学上，唐帝国政府倡导折中于文质之间，合南北朝文学为一体。[2]盛唐开元二十七年（739年），唐玄宗追封孔子为"文宣王"，进一步推动了唐代文学的繁荣。以唐诗为杰出代表的唐代文学创造了中国古代文学史上的一个黄金时代。受唐代儒道释等学术文化的影响，唐代的感兴诗学也得到了多向深拓、多元融合与综合创新，并分别形成了儒学主导的感兴诗学、佛学主导的感兴诗学、道家主导的感兴诗学等理论形态，创造了空前繁荣、丰富和多姿多彩的唐代感兴诗学，极大地丰富和创新了中国古典感兴诗学多元、开放和包容的审美精神气质。唐代感兴诗学的标志性理论成果是将比兴美学与意境美学、象外美学相贯通，使之成为主要研究大唐本朝当代诗歌的美学理论，创造了兴寄、兴象、兴趣与兴境等新的更富有当代感和理论深度的感兴美学范畴和感兴审美境界，中国古典感兴诗学因此得到进一步扩展、深化和理论自觉，显示出唐代感兴诗学的多向拓展及其深远境界。

唐人的博大胸襟成就了唐代感兴诗学为中国古典感兴诗学的集大成：华夏民族早期的祭祀巫舞之兴、周代礼乐之兴、孔子立人诗教之兴、汉代政教经学之兴、魏晋南北朝审美感兴诗学的传

---

[1]《旧唐书》，汉语大词典出版社2004年版，第887页。
[2] 参见魏徵《隋书·文学传论》，载郭绍虞主编《中国历代文论选》，第2册，上海古籍出版社1979年版，第25页。

统及其所携带的极为丰富的文化信息在唐代都得到更大范围和更深层次的传承、兼收、整合与融合，唐代感兴诗学即是这种传承和融合所结成的一个重要理论成果，唐代感兴诗学标志着中国古典感兴美学在理论上已灿烂成熟。唐诗与唐代诗学的时代是复兴和创新自先秦诗学的风雅、比兴和"六义"精神到汉魏六朝骚赋、五言诗与格律诗新体诗审美精神的综合时代，是倡导风骚并举、情志合一的时代。初盛唐注重兴寄、兴托、兴象的诗兴诗学乃是汉代经学之兴的六经文化之兴（正题）与其后的魏晋南北朝自然感兴的审美之兴（反题）二者综合之后的合题（审美文化之兴）。唐初经学家陆德明率先提出："兴是譬喻之名，意有不尽，故题曰兴。"[1]陈子昂亦重申："夫诗可以比兴也，不言曷著？"[2] 他们分别从理论与创作上赓续和复兴汉代兴喻诗学传统，陈子昂提出了富有时代精神的"兴寄"说。唐人写诗常常以兴入题，以兴为题，王勃、陈子昂、李白、杜甫、白居易都曾写下许多抒发个人审美情感和社会关切志向完美统一、以兴寄和兴象见长的优秀诗篇。中晚唐诗歌美学在理论上也出现了新的多向拓展，涌现了孔颖达的"兴必取象"说，殷璠的"兴象"说，皎然、王昌龄的"兴境"说，司空图的"意境"说。唐代感兴诗学书写了中国古代诗兴诗学史上最为灿烂、最为丰富、最具诗性精神的篇章。

　　唐代文学艺术的繁荣为唐代感兴诗学的繁荣奠定了深厚的艺术经验基础。例如，唐诗的空前繁荣（众体兼备，尤其是七言诗

---

[1] 陆德明撰，黄焯汇校：《经典释文汇校》，中华书局2006年版，第120页。
[2] 陈子昂：《喜马参军相遇醉歌序》，载陈子昂撰，徐鹏校点《陈子昂集》，上海古籍出版社2013年版，第52页。

的成熟）与唐诗兴境的深拓成为唐代诗兴诗学的感兴审美艺术基础。与汉人主要借助于《诗经》来"我注六经"式的经学诠释学路径的政教兴喻美学不同，与六朝诗人主要借助自然感兴抒发诗情也不同，唐人更加注重直接面对社会现实，如自然感兴继续得到发展，尤其是边塞诗开辟了前所未有的新诗境；"惟歌生民病""文章合为时而著，歌诗合为事而作"的风雅比兴诗学观更是丰富了感兴美学的现实关怀，彰显了唐代诗兴诗学现实感的空前增强与"兴"的时代性。唐人"心"的作用和境界的进一步扩大也促进了唐人艺术"兴象"的诞生与"心境"的开拓。唐人由"物"到"境"，由情物交感之意象到情境交融之兴象（兴境、意境）。从六朝的"心与物"之兴到唐代的"心与境"之兴，显示了唐人注重更为多重的意象组合、意蕴境界的兴境之创构。晚唐诗人郑谷甚至提炼出"诗学"一词（见于郑谷《中年》一诗），更是从术语上进一步标志唐代诗学的理论成熟。以下将参照明人高棅《唐诗品汇》将唐诗分为初、盛、中、晚四期的分期法，依次讨论唐代感兴诗学的发展与深拓。

先看初唐感兴美学的先声：大唐初期，唐太宗和魏征等君臣都雅好文学，而且都有佳作传世。他们提倡文质并用，南北文学合一，促进了文学的发展。在唐太宗的亲自指导下，朝廷组织重新整理注疏"五经"等重要文化工程，其中最主要的成果是孔颖达奉敕主持修撰的《五经正义》。初唐四杰王勃、杨炯、卢照邻、骆宾王等唐朝新生代的文学家，以诗歌创作开创性地描写了初唐诗歌的诗兴咏叹。初唐陈子昂对汉魏风骨的倡导和沈佺期、宋之问对六朝新声的借鉴，也为唐诗发展积累了新的艺术经验。初唐诗学界出现了很多具有标志性的事件。诸如初唐时期的儒学复兴与孔颖达《五经正义》的问世及儒家诗兴美学的复兴，各类教导诗歌诗法的诗格、诗式、诗集类著作纷纷得到编撰和普及，等等。尤其是初唐李善注《昭明文选》，总结六朝诗文创作的审美经验，为唐代感兴美学的繁荣提供了理论准备。李善注《文选·沈休文宋书谢灵运传论》"兴会标举"时说："兴会，情兴之所会也"[1]，强调了诗文创作"兴会"的情感性，接续和发展了六朝感兴美学思想传统。李善注《文选·陆士衡文赋》"诗缘情而绮靡"时还指出"诗以言志，故曰缘情"[2]，以汉人的"诗言志"充实了晋人的"诗缘情"，扩大了感兴诗学的理论包容性。初唐诗人在创作实践中也注重感兴和兴会。例如，陈子昂在《与东方左史虬修竹篇序》中写道："文章道弊五百年矣。汉魏风骨，晋宋莫传，然而文献有可征者。仆尝暇时观齐、梁间诗，彩丽竞繁，而兴寄都绝，每以永叹。思古人，常恐逶迤颓靡，风雅不作，以耿耿也。一昨于解三处，见明公《咏孤桐篇》，骨气端翔，音情顿挫，光英朗练，有金石声。遂用洗心饰视，发挥幽郁。不图正始之音复睹于兹，可使建安作者相视而笑。"[3]在此，陈子昂提出了"风骨"和"兴寄"两大新的美学范畴，振兴和丰富了初唐感兴美学的艺术精神。不仅如此，陈子昂还创作了很多题为《感遇》的诗歌作品。其《感遇》（三十八首）从创作实践上开拓

---

[1] 萧统编，李善注：《文选》，中华书局1977年版，第703页。

[2] 萧统编，李善注：《文选》，中华书局1977年版，第241页。

[3] 陈子昂：《与东方左史虬修竹篇序》，载陈子昂撰，徐鹏校点《陈子昂集》，上海古籍出版社2013年版，第16页。

了初唐的感兴美学精神。陈子昂的"寄兴"美学精神即是重视现实关切、社会关怀的时代精神和艺术精神。"兴寄"即是以比兴来寄托诗人对个体与社会、时代的高远情志,因而"兴寄"成为初唐美学精神气质的杰出代表,成为一个标志初唐审美艺术理想的新范畴。林继中指出:"兴寄"说促进"诗言志"与"诗缘情"合流,是兴义内涵的再次扩展。[1] 钱志熙则认为,"兴寄"说是对"比兴"说的一种发展,它不是硬性地强调使用传统的比法或兴法,而是超越于具体的修辞法之上的一种创作原则与精神。[2] 不仅如此,"兴寄"还表征了初唐时期奋发向上的时代美学精神,具有鲜明的时代性和当代感。陈子昂的"兴寄"说是不同于汉代"兴喻"和六朝"感兴"的唐代感兴美学新范畴新理论。陈子昂"兴寄"说是汉代兴喻说与魏晋六朝的"兴感"说的合题或综合创新。"兴寄"说对魏晋六朝的"感兴"说重新注入了社会关切精神;同时,"兴寄"说也是"兴喻"说的审美化、时代化。"兴寄"说融会了汉代兴喻政教美学的传统、六朝"兴感"说的美学内涵和唐代文化的时代精神。因此,"兴寄"说是初唐时代铸就的新美学。初唐感兴诗学因陈子昂的"兴寄"诗学得到了一个阶段性总结,形成唐代感兴美学第一个理论高潮。陈子昂的"兴寄"美学直接影响了其后殷璠的"兴象"说。陈子昂、殷璠以传统比兴诗学改造和充实了六朝新声诗学,开创了注重"兴寄"、标举"兴象",以"兴寄""兴象"评诗的唐代诗学新格局。

---

[1] 参见林继中《诗可以兴——古文论范畴的动态结构例说》,《文艺理论研究》2003年第3期。
[2] 参见钱志熙《唐人比兴观及其诗学实践》,《文学遗产》2015年第6期。

初唐感兴诗学另一个具有重大标志性意义的事件是孔颖达主持编撰《毛诗正义》，提出"兴必取象"论，对唐代诗兴诗学做出了开创性或开拓性贡献。《旧唐书》和《新唐书》均为孔颖达设列传，盛赞其少年博学，谙熟群经，以太子右庶子兼国子司业。孔颖达辅佐太宗，教化太子，深得唐太宗赏识与重用，参与初唐时期多项儒家经典的整理工程，对初唐文化建设做出了重要贡献。如前所述，最值得书写的文化事件是孔颖达奉敕主持编撰《五经正义》与初唐儒学的复兴。《五经正义》成为唐代科举考试的权威读本，《毛诗正义》即是其中之一。《毛诗正义》作为《诗经》的经典读本，对唐代诗学的发展起到了重要作用，成为继汉代《毛诗》《郑笺》与魏晋六朝刘勰的《文心雕龙》、钟嵘的《诗品》之后又一部诗学巨著和理论经典。孔颖达在《毛诗正义》中集中阐发了其感兴诗学思想。孔颖达感兴诗学的理论路径是，从经学视域来矫正魏晋六朝诗学，又吸收了魏晋六朝诗学来丰富和发展汉代经学，继承和创新经学传统，建构唐代新经学。孔颖达融合、兼综了汉代诗学与六朝诗学，提出了"情志合一"说、"三体三用"说、"兴必取象"说等诗学命题，发展了前代"言志""缘情"论诗学、比兴诗学和感兴诗学，建构了一个较为完整的感兴诗学理论体系。身为孔子的第三十二世孙，孔颖达精于儒学，遍注"五经"，贯通"五经"，尤其是贯通易学与诗学。孔颖达诗兴诗学最大的特点是以《易》释《诗》，贯通"诗之兴"与"易之象"，提出了"兴必取象"这一重要的标志性理论成果，兴的历史意涵和美学意涵进一步得到彰显。从孔子的"兴于诗""诗可以兴"，到《毛诗》的"独标兴体"，到刘勰、钟嵘对感兴诗学的创新，再到孔颖达的"兴必取象"，无不透露了兴的文化底蕴、文化根源、文化信息，揭示出兴的独特性、本源性和理论整全性。

孔颖达在《毛诗正义》中提出的"情志说"奠定了其感兴诗学的诗学本体论基础。孔颖达的《诗谱序疏》曰："诗有三训：承也、志也、持也。作者承君政之善恶，述己志而作诗，所以持人之行，使不失队，故一名而三训也。"[1] 孔颖达在《毛诗正义序》中指出："夫《诗》者，论功颂德之歌，止僻防邪之训，虽无为而自发，乃有益于生灵。六情静于中，百物荡于外，情缘物动，物感情迁。……发诸情性，谐于律吕。故曰'感天地，动鬼神，莫近于《诗》'。"[2] 其《毛诗正义》卷一《诗大序正义》提出：

> 诗者，人志意之所之适也；虽有所适，犹未发口，蕴藏在心，谓之为志；发见于言，乃名为诗。言作诗者，所以舒心志愤懑，而卒成于歌咏，故《虞书》谓之"诗言志"也。包管万虑，其名曰心；感物而动，乃呼为志。志之所适，外物感焉，言悦豫之志则和乐兴而颂声作，忧愁之志则哀伤起而怨刺生。《艺文志》云"哀乐之情感，歌咏之声发"，此之

---

[1] 毛亨传，郑玄笺，孔颖达疏：《毛诗正义》，载李学勤主编《十三经注疏》，北京大学出版社1999年版，目录第5页。

[2] 毛亨传，郑玄笺，孔颖达疏：《毛诗正义》，载李学勤主编《十三经注疏》，北京大学出版社1999年版，目录第3页。

谓也。正经与变，同名曰诗，以其俱是志之所之故也。[1]

孔颖达《毛诗正义》疏《毛传》和《郑笺》"六义"时，还纠正了郑笺兴善、比刺之界分，认为"其实美、刺俱有比、兴者也"[2]。孔颖达引郑众之注，从思维方式、心物关系和表达方式等角度阐发了一种新的感兴诗学思想："郑司农云：'比者，比方于物。'诸言'如'者，皆比辞也。司农又云：'兴者，托事于物。'则兴者，起也；取譬引类，起发己心。诗文诸举草木鸟兽以见意者，皆兴辞也。"[3]在此，孔颖达阐发了兴的要义在"取譬引类，起发己心。诗文诸举草木鸟兽以见意者，皆兴辞也"。孔颖达还兼综了《毛传》的"独标兴体"说与刘勰的"比兴"说，认为："比之与兴，虽同是附托外物，比显而兴隐。当先显后隐，故比居兴先也。《毛传》特言兴也，为其理隐故也。"[4]孔颖达的《左传正义》卷十九亦云："比之隐者谓之兴，兴之显者谓之比，比之与兴，深浅为异耳。"[5]孔颖达在《毛诗正义》

---

[1] 毛亨传，郑玄笺，孔颖达疏：《毛诗正义》，载李学勤主编《十三经注疏》，北京大学出版社1999年版，第6页。

[2] 毛亨传，郑玄笺，孔颖达疏：《毛诗正义》，载李学勤主编《十三经注疏》，北京大学出版社1999年版，第11页。

[3] 毛亨传，郑玄笺，孔颖达疏，陆德明音释：《毛诗注疏》，上海古籍出版社2013年版，第14页。上海古籍整理本将"则兴者，起也；取譬引类，起发己心。诗文诸举草木鸟兽以见意者，皆兴辞也"这段文字标为孔颖达所疏，北京大学整理本将其标为郑众所云。笔者认为，上海古籍本的断句和标点更为准确。

[4] 毛亨传，郑玄笺，孔颖达疏：《毛诗正义》，载李学勤主编《十三经注疏》，北京大学出版社1999年版，第12页。

[5] 左丘明传，杜预注，孔颖达疏：《春秋左传正义》，载李学勤主编《十三经注疏》，北京大学出版社1999年版，第518页。

中直承挚虞"风雅颂赋比兴"的次序,并创"三体三用"说(以风雅颂为体,以赋比兴为用)的诗经学新传统。《毛诗正义·诗大序正义》提出,"风、雅、颂者,诗篇之异体;赋、比、兴者,诗文之异辞耳。大小不同,而得并为六义者,赋、比、兴是诗之所用,风、雅、颂是诗之成形,用彼三事,成此三事,是故同称为义,非别有篇卷也"[1],明确将诗歌"六义"分为诗歌体裁之"三体"与诗歌修辞方式之"三用"。

孔颖达对中国古代感兴诗学研究最大的理论贡献是提出"兴必取象"这个重要的美学理论命题。孔颖达在注疏《诗经·周南·樛木》时指出"兴必取象,以兴后妃上下之盛,宜取木之盛者,木盛莫如南土,故言南土也";在疏《诗经·国风·鸤鸠》时提出"以兴为取象鸤鸠之子";在疏《诗经·小雅·湛露》时提出"各取其所象也";在疏《诗经·周南·汉广》时又云"兴者取其一象,木可就荫,水可方、泳,犹女有可求。今木以枝高不可休息,水以广长不可求渡,不得要言木本小时可息,水本一勺可渡也";等等。此类有关《诗经》"兴必取象""兴取一象"的兴象取义方法的疏解在《毛诗正义》中比比皆是,显示出孔颖达感兴诗学深邃睿智的独到眼光。孔颖达与此相关的感兴诗学观点还有"兴必取类",例如,他在疏《诗经·国风·凯风》时指出:"兴必以类,睍睆是好貌,故兴颜色也。"[2]总之,孔颖达

---

[1] 毛亨传,郑玄笺,孔颖达疏:《毛诗正义》,载李学勤主编《十三经注疏》,北京大学出版社1999年版,第12—13页。

[2] 毛亨传,郑玄笺,孔颖达疏:《毛诗正义》,载李学勤主编《十三经注疏》,北京大学出版社1999年版,第42、54、135、514、621页。

"兴必取象"和"兴必以类"的兴象诗学新观点,是初唐感兴诗学所取得的一个新的重要理论创获。孔颖达的《毛诗正义》所阐发的感兴诗学是对以汉末六朝的感物、感兴说儒家诗学传统的综合创新与融会贯通和理论集大成。

综上所述,孔颖达的《毛诗正义》所阐述的诗兴诗学是对先秦两汉儒家比兴教化诗学传统和汉末六朝的审美感兴说的传承发展、融会贯通与综合创新,《毛诗正义》提出的"兴必取象"和"兴必以类"之诗兴诗学新观点,成为初唐美学所取得的一个新的重要理论创获,[1]为盛唐诗歌高潮和诗学高潮的到来奠定了理论基础。与郑玄注重以礼释诗不同,孔颖达注重以易释诗,发现了《诗》与《易》之间深刻的内在关联性。有论者指出:"《正义》沟通《诗》与《易》,以《易》'象'释《诗》'兴',目的是进一步扩大'兴'的范围,使隐含在形象之中的'义理'外化,以达到'直陈为正'的诗教目的。"[2]这是有道理的,但更重要的是孔颖达引入易学思维和符号表征,扩大了感兴诗学的理论视野。孔颖达贯通了《易》的形象性、哲理性与《诗》的情感性、修辞性,提出了"兴必取象"这一诗学理论命题,把中国古典感兴美学推进到了一个新的理论阶段,对唐代感兴美学乃至整个诗歌和诗学都产生了深远影响。孔颖达的《毛诗正义》的理论内涵、诗学贡献及其在学术史上的重要地位在于,将中国古代诗兴诗学从郑玄政教比德修辞论视野的"兴之喻"发展到了孔颖达易

---

[1] 参见邓国光《唐代诗论抉原:孔颖达诗学》,载中国唐代文学学会等主编《唐代文学研究》,第7辑,广西师范大学出版社1998年版,第848—862页。

[2] 韩宏韬:《〈毛诗正义〉研究》,中国社会科学出版社2009年版,第345页。

学取象视野的"兴之象"说。中国古典感兴美学由此发展到了一个更为阔大和成熟的新阶段，即从兴之语言论走向了兴之易象论。中唐以后的唐代诗学家们则进一步引入佛教境界理论将其推进到了兴之诗境论。

比兴精神、诗兴精神、风雅精神、六义精神是中国古代优秀诗人诗作最具标志性的徽章，也是中国古典诗学最为典型的精神气质，以兴咏诗、以兴论诗、倡导"比兴"和"风雅"的诗学精神的盛况在盛唐诗人中更是空前的。盛唐诗人比六朝诗人更普遍喜好在诗中用"兴""风雅""六义"等字词，在自己的诗句中咏叹自己各具鲜明诗兴个性的情志情怀。例如，王昌龄提出"兴寄说"，王昌龄的《诗格》云"诗有三宗旨，一曰立意，二曰有以，三曰兴寄"。[1]李白也尝言"寄兴深微"。李白《古风》（其一）慨叹"大雅久不作""正声何微茫"，李白喜爱的"寄兴""逸兴""兴酣"美感经验将清真自然的审美感兴与深厚的风雅精神、建安慷慨融合在一起，重振了唐代的感兴美学，达到了酣畅淋漓的艺术审美境界。又比如，杜甫的"诗兴"注重遣兴、发兴、兴会、兴远，追求"诗兴无不神"，并创作了《秋兴》（八首）以及多组题为《遣兴》的组诗，将魏晋六朝以来的自然感兴美学与传统儒家的忧患美学精神融为一体，创造了一种寄兴神妙、微婉顿挫、意境雄浑的比兴精神。杜甫还在一些序跋中阐扬诗兴精神，倡导"比兴体制"，如杜甫在《同元使君舂陵行序》中称赞元诗"复见比兴体制，微婉顿挫之词"。正如南宋诗人叶适所评论的，

---

[1] 张伯伟撰：《全唐五代诗格汇考》，江苏古籍出版社2002年版，第182页。

"取成于心,寄妍于物,融会一法,涵受万象……此唐人之精也"[1]。即便是唐代史学家刘知几也以"比兴"论文,指出:"昔文章既作,比兴由生,鸟兽以媲贤愚,草木以方男女。诗人骚客,言之备矣。"[2]总之,盛唐诗兴诗学理论融入了诗言志、诗缘情、情志说等美学思想,在丰富的社会生活和自然物感中铸就了新的比兴精神、诗兴精神、风雅精神,极大地丰富和扩展了中国古代感兴诗学理论的艺术空间和美学精神。

天宝年间殷璠的"兴象"诗学更是把盛唐感兴诗学推向一个理论高潮。殷璠将本朝诗人的诗编成合集——《河岳英灵集》(三卷),自述其选编的标准是:"璠今所集,颇异诸家:既闲新声,复晓古体,文质半取,风骚两挟,言气骨则建安为传,论宫商则太康不逮,将来秀士,无致深惑。"[3]该诗集选录唐开元二年(714年)至天宝十二年(753年)期间常建、李白、王维、高适、岑参、孟浩然、王昌龄等二十多位诗人的二百多篇诗歌作品,并且评点了每位诗人的创作风格。殷璠《河岳英灵集序》是一篇重要的诗兴美学理论经典,阐发了其"神来、气来、情来"的兴象理论:"夫文有神来、气来、情来,有雅体、野体、鄙体、俗体。编纪者能审鉴诸体,委详所来,方可定其优劣,论其取

---

[1] 刘公纯、王孝鱼、李哲夫点校:《叶适集》,第2册,中华书局1961年版,第321—322页。
[2] 刘知几著,姚松、朱恒夫译注:《史通全译·内篇》,贵州人民出版社1997年版,第343页。
[3] 殷璠:《河岳英灵集论》,载肖占鹏主编《隋唐五代文艺理论汇编评注》,上册,南开大学出版社2002年版,第539页。

舍。"[1]殷璠在序中盛赞曹魏建安文学，而批评齐梁诗人苛责"古人不辨宫商，词句质素，耻相师范。于是攻乎异端，妄为穿凿，理则不足，言常有余，都无兴象，但贵轻艳"[2]。殷璠阐扬刘勰和建安诗人的"风骨"美学，尖锐批评南朝齐梁诗歌"都无兴象，但贵轻艳"，因而着力研究和阐扬本朝诗人的诗兴和诗作。殷璠不仅提出了"兴象"范畴和理论，为盛唐诗歌和诗学的繁荣建立新的美学理论基础与美学批评标准；而且，还以其"兴象"论感兴美学理论来展开诗歌批评，评论具体的作家作品，从而使得兴象美学理论获得普遍性与个别性相统一的理论品格。例如，殷璠在诗集中评孟浩然的诗"无论兴象，兼复故实"；评常建的诗"其旨远，其兴僻，佳句辄来，唯论意表"；评刘眘虚的诗"诗情幽而兴远"；评贺兰进明的诗《行路难》"并多新兴"；评陶翰的诗"既多兴象，复备风骨"。在《河岳英灵集》的序言及其评论中，殷璠的"兴象"范畴与"轻艳"对立，不同于以"典故"取胜的"故实"，亦有别于刚健端直的"风骨"，而是将"兴象"与"风骨"相贯通。殷璠的《河岳英灵集》倡导新奇、新僻、新颖的诗歌艺术兴象，尤其熔铸了"新兴"这个诗兴美学术语。殷璠的"兴象"论是对刘勰的"比兴"论和"意象"论、钟嵘的"滋味"论、陈子昂的"兴寄"论以及孔颖达的"兴必取象"论的综合创新。

---

[1] 殷璠：《河岳英灵集序》，载肖占鹏主编《隋唐五代文艺理论汇编评注》，上册，南开大学出版社2002年版，第537页。

[2] 殷璠：《河岳英灵集序》，载肖占鹏主编《隋唐五代文艺理论汇编评注》，上册，南开大学出版社2002年版，第538页。

"兴象"是在直观自然天成的感兴表象基础上创造的一种意味无穷的审美意象。"兴象"直抵万物的生命内蕴，生成诗歌艺术的艺术意境或审美境界，包孕宇宙天地间的无穷意蕴。陈伯海在《唐诗学引论》一书中指出：

> "兴象"说的提出，表明人们对艺术形象的把握，已由注重外形的感知深入到内在精神的探求，或者说是由形象的"形而下"的外壳上升到"形而上"的内核。这是诗歌美学史上划时代的转变，它体现出唐诗在自身发展过程中所呈现出来的质的升华。[1]

殷璠的"兴象"论对其后高仲武的《中兴间气集》的编撰有直接影响。高仲武在《中兴间气集序》中指出："诗人之所作本诸心，心有所感而形于言，言合典谟，则列于《风》《雅》。……古之作者，因事造端，敷宏体要，立义以全其制，因文以寄其心，著王政之兴衰，国风之善否。岂其苟悦权右，取媚薄俗哉！"[2]《中兴间气集》主要选编了大历年间的诗歌作品，反映了大历诗歌的感兴审美艺术风貌，选本体现了高仲武"兴致""兴喻""兴讽"论的感兴美学观点。例如，《中兴间气集》评韩翃的诗深于"比兴"，评张众甫的诗"工于兴喻""得讽兴之要"，等等。殷璠的"兴象"论感兴美学不仅是对王昌龄的"兴境"

---

[1] 陈伯海：《唐诗学引论》，东方出版中心1988年版，第25—26页。
[2] 高仲武：《中兴间气集序》，载元结、殷璠等选《唐人选唐诗十种》，下册，上海古籍出版社1978年版，第302—303页。

说、李白的"逸兴"说和"寄兴"说、杜甫的"比兴体制"和"诗兴"说等盛唐感兴诗学的一个理论总结,而且开辟了一种与中晚唐皎然的"象下"说、司空图的"象外之象""景外之景""韵外之致"说有所不同但同样深邃、高远、广阔和圆融的精神境界,开创了盛唐时代新的审美理想、艺术境界和美学精神。可见,初盛唐的诗歌"兴寄""兴象"的艺术创作实践和诗学理论探索是先秦两汉比兴说与魏晋六朝的感兴说的合题,在中国古典感兴美学发展史上具有重要的综合创新意义。宋代严羽后来在此基础上更加明确和凝练地提出"盛唐气象"这个美学范畴和诗学史概念,进一步将盛唐感兴美学理论化。

安史之乱之后,中唐时期开启,士人的社会忧患意识、文化担当意识和政治教化意识随之增强。在儒学上,传统经学的章句之学日益向儒学理论尤其是儒学本体论方向转进。在诗学上,早期的诗法著作向诗学理论方向转进。中唐感兴美学的进一步多向深拓,首先表现在中唐柳冕、权德舆、韩愈、柳宗元等人复兴儒家感兴美学精神的理论抱负。例如,柳冕在《与徐给事论文书》中提出:"文章本于教化,形于治乱,系于国风。故在君子之心为志,形君子之言为文,论君子之道为教。……自屈宋以降,为文者本于哀艳,务于恢诞,亡于比兴,失古义矣。……噫!古人之文,不可及之矣。得见古人之心,在于文乎?苟无文,又不得见古人之心。故未能亡言,亦志之所之也。"[1] 权德舆在《右谏议大夫韦君集序》中指出:洙泗门人登四科者,唯端木赐、卜商

---

[1] 董诰等编,孙映逵等点校:《全唐文》,卷五二七,山西教育出版社2002年版,第3169页。

"可与言《诗》"。以其善于取类，敏于喻礼。然则缘情咏言，感物造端，发为人文，必本王泽。……（韦君喟曰）"四始五际，今既远矣。会情性者，因于物象；穷比兴者，在于声律。盖辩以丽，丽以则。得于无间，合于天倪者，其在是乎？"[1]

权德舆在《左武卫胄曹许君集序》中提出："建安之后，诗教日寝，重以齐梁之间，君臣相化，牵于景物，理不胜词。开元、天宝已来，稍革颓靡，存乎风兴。"[2]此外，中唐还有韩愈、柳宗元的感兴美学思想。韩愈直接论述比兴的文字虽不及同时代其他诗人多，但是高度激赏李杜之诗歌。韩愈最早将李杜诗歌经典化，提出了"李杜文章在，光焰万丈长"这样惊世骇俗的响亮观点。柳宗元则认为"比兴讽谕"乃是文章之道，他在《杨评事文集后序》一文中还指出："文有二道，辞令褒贬，本乎著述者也；导扬讽谕，本乎比兴者也。……比兴者流，盖出于虞、夏之咏歌，殷、周之风雅，其要在于丽则清越，言畅而意美，谓宜流于谣诵也。"[3]柳宗元论文章之道时还明确提出要"本之《诗》以求其恒"。[4]柳宗元主张复兴比兴诗学的"兴寄"理想，如在《答贡士沈起书》中云："嗟乎！仆尝病兴寄之作堙郁于世，

---

[1] 董诰等编，孙映逵等点校：《全唐文》，卷四百九十，山西教育出版社2002年版，第2964页。

[2] 董诰等编，孙映逵等点校：《全唐文》，卷四百九十，山西教育出版社2002年版，第2964页。

[3] 柳宗元：《杨评事文集后序》，载郭绍虞主编《中国历代文论选》，第2册，上海古籍出版社1979年版，第148页。

[4] 《柳宗元集》，卷三十四，中华书局1979年版，第873页。

辞有枝叶，荡而成风，益用慨然。"[1] 元稹在《乐府古题序》中亦重申《诗经》的"讽兴"传统："自《风》《雅》至于乐流，莫非讽兴当时之事，以贻后代之人。"[2] 可见，传统儒家比兴讽寓诗学在中唐得到复兴。

白居易为学贯通儒道释，晚年自号"香山居士"，但同样倡导复兴儒家比兴诗学。白居易阐扬《诗经》"六义"传统或比兴诗学传统最为急切，提出要弘扬"风雅比兴""美刺比兴"的诗兴美学传统，其撰写的长文《与元九书》成为中国古代诗学史上一篇重要经典文献。白居易在《与元九书》中阐发了中国古代"天文、地文、人文"三才贯通的尚文理想，提出"根情""苗言""华声""实义"的诗歌美学，揭示了"情见则感易交，于是乎孕大含深，贯微洞密，上下通而一气泰，忧乐合而百志熙"的艺术奥秘，歌颂了虞夏和西周时期的文学黄金时代。该文描绘了一部自周衰至秦代尤其是晋宋齐梁以来加剧的"诗六义"的汩没史和比兴诗学的衰落史，疾呼重振或重建诗歌的"六义""比兴""讽谏"的文化传统和美学精神。在《与元九书》中，白居易对诗歌景物的描写、比兴关系的论述尤为精彩，他指出：

噫！风雪花草之物，《三百篇》中岂舍之乎？顾所用何如耳。设如"北风其凉"，假风以刺威虐也；"雨雪霏霏"，因雪以愍征役也；"棠棣之华"，感华以讽兄弟也；"采采芣

---

[1] 董诰等编，孙映逵等点校：《全唐文》，卷五百七十五，山西教育出版社2002年版，第3433页。

[2] 元稹撰，冀勤点校：《元稹集》，上册，中华书局1982年版，第255页。

苢"，美草以乐有子也。皆兴发于此而义归于彼。反是者，可乎哉！然则"余霞散成绮，澄江净如练"，"离花先委露，别叶乍辞风"之什，丽则丽矣，吾不知其所讽焉。故仆所谓嘲风雪、弄花草而已。于时六义尽去矣。

唐兴二百年，其间诗人不可胜数。所可举者，陈子昂有《感遇诗》二十首，鲍防有《感兴诗》十五首。又诗之豪者，世称李、杜。李之作，才矣奇矣，人不逮矣，索其风雅比兴，十无一焉。

……文章合为时而著，歌诗合为事而作。[1]

文章中，白居易盛赞《三百篇》中的物象描写之兴句"皆兴发于此而义归于彼"，这个重要观点上承钟嵘的诗兴诗学，下开朱熹的诗兴诗学，具有重要的美学价值。

白居易在《与元九书》中还自述其"兴讽""兴谕""讽喻"诗兴诗学思想，见于其"讽谕诗""闲适诗""感伤诗""杂律诗"等四类诗歌中的第一类即讽谕诗，该类诗也最为其看重。与此同时，白居易称赞张籍诗"为诗意如何？六义互铺陈，风雅比兴外，未尝著空文"。[2]白居易的兴谕诗兴思想还见于《策林第六十九》："大凡人之感于事，则必动于情；然后兴于嗟叹，发于吟

---

[1] 白居易：《与九元书》，载郭绍虞主编《中国历代文论选》，第2册，上海古籍出版社1979年版，第97—98页。

[2] 白居易：《读张籍古乐府》，载郭绍虞主编《中国历代文论选》，第2册，上海古籍出版社1979年版，第107—108页。

咏，而形于歌诗矣。"[1] 其《杨评事文集后序》更是把比兴视为文学文章的根本之道：

> 文有二道，辞令褒贬，本乎著述者也；导扬讽谕，本乎比兴者也。著述者流，盖出于《书》之谟、训，《易》之象、系，《春秋》之笔削，其要在于高壮广厚，词正而理备，谓宜藏于简册也。比兴者流，盖出于虞夏之咏歌，殷周之风雅，其要在于丽则清越，言畅而意美，谓宜流于谣诵也。[2]

唐代诗人元稹论诗也强调"寄兴"和"讽兴"，尤其盛赞白居易等人的诗歌"鸿洞卓荦，令人兴起心情"（《酬翰林白学士代书一百韵序》）。元稹在《乐府古题序》中还重申《诗经》的"讽兴"传统："自《风》《雅》至于乐流，莫非讽兴当时之事，以贻后代之人。"[3]

中唐感兴诗学史上值得书写的还有一位重要诗学家成伯玙及其诗学著作《毛诗指说》。成伯玙的《毛诗指说》对《毛诗》的《大序》《小序》有独到研究。成伯玙提出，《小序》首句与《大序》早出，为子夏续作，《小序》首句后的传注晚出，为毛公作，从而质疑了《小序》传注的权威性。[4] 尤其值得强调的是，成

---

[1] 白居易：《策林第六十九》，载郭绍虞主编《中国历代文论选》，第 2 册，上海古籍出版社 1979 年版，第 110 页。

[2] 柳宗元著，吴文治选注：《柳宗元选集》，人民文学出版社 1998 年版，第 112—113 页。

[3] 元稹撰、冀勤点校：《元稹集》，上册，中华书局 1982 年版，第 254 页。

[4] 参见张启成《诗经研究史论稿》，贵州人民出版社 2003 年版，第 164、180 页。

伯屿在《毛诗指说·解说》中提出了"以美拟美谓之为兴"的感兴诗学理论观点："风、赋、比、兴、雅、颂，谓之六义。赋、比、兴是诗人制作之情，风、雅、颂是诗人所歌之用。诸侯禀王政，风化一国，谓之为风，王者制法于天下，谓之为雅。雅者，容也。赋者，敷也，指事而陈布之也。然物类相从，善恶殊态，以恶类恶，名之为比，《墙有茨》，比方是子者也；以美喻比，谓之为兴，叹咏尽韵，善之深也。听关雎声和，知后妃能谐和众妾；在河洲之阔远，喻门壸之幽深；鸳鸯于飞，陈万化得所，此之类也。"在此，成伯屿进一步阐扬和发展了郑玄和孔颖达的诗兴诗学思想。此外，还有中唐吕温的《人文化成论》和李益的《诗有六义赋》以及唐代新乐府运动的"风雅比兴"，都在新的历史条件下赓续和拓展了中国古代诗兴诗学"人文化成"和"诗有六义"的诗学传统。

中唐佛学的发展对诗歌艺术兴境与意境理论的新拓展，成为中唐诗兴诗学的另一个重要理论面向。六朝时期因玄学而形成的富于才情却失之浮华的人文文化在唐代因佛学的引入而得以提升和扩充。佛学融汇于唐代文化的有机整体之中，开拓了有唐一代文学艺术的精神新境界。佛学境界的引入，使得中国古典艺术意境更具一种超越感官经验的形而上的精神品格。"感兴"在盛唐王昌龄（698—757）那里正式熔铸为一个成熟的美学范畴。鉴于盛唐王昌龄的《诗格》对中唐诗兴境界论的重要影响，因而将其放在此处中晚唐时期来论述。关于《诗格》的作者，历代有争议，李珍华以及傅璇琮都力证这部有争议的诗学著作的作者为王昌龄。[1] 王昌龄的《诗格》堪称一篇体系性的感兴诗学经典文献，对诗歌创作的一系列美学问题如意与景、心与物、心与境、意与境等做了较为系统的研究，对"感物""应物""物色""感兴""取境""养兴"等美学范畴都有精辟论述，使之成为成熟的感兴美学范畴和范畴群。王昌龄在《诗格》中指出："诗本志也，在心为志，发言为诗。情动于中，而形于言，然后书之于纸。"又云："夫文章兴作，先动气，气生乎心，心发乎言，闻于耳，见于目，录于纸。意须出万人之境，望古人于格下，攒天海于方寸。诗人用心，当于此也。"王昌龄的《诗格》还提出了感兴美学的一系列具体观点。其中，"兴境"论最为精彩。王昌龄指出：夫作文章者，但多立意。令左穿右穴，苦心竭智，必须忘身，不可拘束。思若不来，即须放情却宽之，令境生。然后以境照之，思则便来，来即作文。如其境思不来，不可作也。夫置意作诗，即须凝心，目击其物，便以心击之，深穿其境。如登高山绝顶，下临万象，如在掌中，以此见象，心中了见，当此即用。如无有不似，仍以律调之定，然后书之于纸。又云："诗有意阔心远，以小纳大之体。如'振衣千仞岗，濯足万里流'。"[2]

王昌龄的《诗格》还提出了"三境"与"三格"说，指出："诗有三境：一曰物境。二曰情境。三曰意境。物境一。欲为山水诗，则张泉石云峰之境，极丽绝秀者，神之于心。处身于境，视境于心，莹然掌中，然后用思，了然境象，故得形似。情境

---

[1] 李珍华：《王昌龄研究》，太白文艺出版社1994年版。
[2] 遍照金刚著，周维德校点：《文镜秘府论》，人民文学出版社1975年版，第129—130、135页。

二。娱乐愁怨，皆张于意而处于身，然后驰思，深得其情。意境三。亦张之于意，而思之于心，则得其真矣。"[1] 又曰："诗有三格：一曰生思。久用精思，未契意象，力疲智竭，放安神思，心偶照境，率然而生。二曰感思，寻味前言，吟讽古制，感而生思。三曰取思。搜求于象，心入于境，神会于物，因心而得。"[2] 此外，王昌龄的《诗格》中还有大量的关于如何"养兴""发兴"的艺术经验之谈，参见本书第四章。总之，王昌龄不仅在感兴诗歌艺术创作成就上卓然树立，而且在感兴诗学理论研究方面留下重要的灿烂篇章。

中唐皎然、贾岛以及晚唐诗僧齐己等人引佛学入诗学研究，阐发诗歌艺术兴境的审美奥妙，取得了许多新的重要诗学理论创获。皎然是其中一位杰出代表。皎然（约720—803），俗名谢清昼，自述谢灵运十世孙。皎然把中唐感兴诗学推向了另一个理论高潮。由于理论视野的扩大，皎然的兴象论诗学具有比前人更丰富更精湛的美学内涵。皎然对诗的本体与作用有独到的认识。皎然在《诗式序》中云：

> 夫诗者，众妙之华实，六经之精英。虽非圣功，妙均于圣。彼天地日月，元化之渊奥，鬼神之微冥，精思一搜，万象不能藏其巧。其作用也，放意须险，定句须难，虽取由我衷，而得若神授。至如天真挺拔之句，与造化争衡，可以意

---

[1] 张伯伟：《全唐五代诗格汇考》，江苏古籍出版社2002年版，第172—173页。
[2] 陈良运主编：《中国历代诗学论著选》，百花洲文艺出版社1995年版，第239页。

冥，难以言状，非作者不能知也。泊西汉以来，文体四变，将恐风雅浸泯，辄欲商较以正其源。今从两汉以降，至于我唐，名篇丽句，凡若干人，命曰《诗式》，使无天机者坐致天机。若君子见之，庶几有益于诗教矣。

皎然在《诗式》卷一中还提出："取象曰比，取义曰兴。义即象下之意。凡禽鱼草木，人物名数，万象之中，义类同者，尽入比兴。《关雎》即其义也。"[1]。又云："两重意已上，皆文外之旨。若遇高手如康乐公，览而察之，但见性情，不睹文字，盖诣道之极也"；"缘境不尽曰情"；"采奇于象外，状飞动之趣，写真奥之思"；等等。[2] 在这里，"象下"即象外，亦即是言外有意的意境，其中融会了道佛的思想资源。皎然诗兴诗学具有自觉的"诗家之中道"[3]之精神。皎然一方面继承了先秦两汉至刘勰、孔颖达等人的传统诗教和《诗经》比兴诗学传统，提出"取象曰比，取义曰兴。义即象下之意，凡禽兽草木、人物名数万象之中，义类同者，尽入比兴，《关雎》即其义也"[4]，比是取象见义，兴是象外起情，揭橥了"比兴"皆以"禽兽草木"的自然物象与"人物名数"的人生事象为表意之象，比兴诗学传统因而在皎然这里得到了延续和创新。另一方面，皎然又融入了更多的佛学境界论，倡导诗人应"采奇于象外"，强调诗歌兴境应具有

---

[1] 皎然著，李壮鹰校注：《诗式校注》，齐鲁书社1986年版，第1、24页。

[2] 皎然著，李壮鹰校注：《诗式校注》，齐鲁书社1986年版，第32、54、268页。

[3] 遍照金刚著，周维德校点：《文镜秘府论》，人民文学出版社1975年版，第148页。

[4] 皎然著，李壮鹰校注：《诗式校注》，齐鲁书社1986年版，第24页。

"真奥之思",从而创造诗人主观情思与客观物境内在统一的深远意境。皎然的兴境理论不仅丰富与拓展了唐代感兴诗学的理论空间,也极大地丰富了中国古典感兴诗学的理论意涵和精神空间。

皎然还提出了"文真于情性""诗工创心""善于取境"等精彩的感兴诗学观点。例如,《诗式》卷一中有"为文真于情性,尚于作用,不顾词彩,而风流自然"。《诗式·诗议》指出:"夫诗工创心,以情为地,以兴为经,然后清音韵其风律,丽句增其文彩。如杨林积翠之下,翘楚幽花,时时间发,乃知斯文,味益深矣","诗情缘境发"。皎然在《辨体有一十九字》中论"取境":

> 夫诗人之思初发,取境偏高,则一首举体便高;取境偏逸,则一首举体便逸。……其一十九字,括文章德体,风味尽矣,如《易》之有《象辞》焉。……其比兴等六义,本乎情思,亦蕴乎十九字中,无复别出矣。[1]

皎然对《诗》之"六义"亦有精到论述,从情物关系和形象思维方面对"诗六义"中的赋比兴做了新的精辟阐释,内容如下:

> 二曰赋。皎云:赋者,布也。匠事布文,以写情也。三曰比。皎曰:比者,全取外象以兴之,"西北有高楼"之类

---

[1] 皎然著,李壮鹰校注:《诗式校注》,齐鲁书社1986年版,第53、90、268、276页。

是也。四日兴。皎曰：兴者，立象于前，后以人事谕之，《关雎》之类是也。[1]

皎然对诗兴思维的"感兴"与"苦思"、诗歌兴境的"实"与"虚"、诗歌创作的"六义""比兴"传统与"神助""采奇""独创""取兴各别"等之间的辩证关系有许多精彩论述，他尤其赞赏"前无古人，独生我思神会而得"[2]的独创精神。皎然感兴诗学有儒家和佛学的"中道"精神，既重"六义"诗教，又重象外奥思；既重自然兴感，又不排除苦思。

除了感兴诗学的本体阐释之外，皎然感兴诗学还有基于感兴论的辨体论、文学史论和作家作品批评论等极为丰富的诗学理论内涵。皎然对《诗经》《古诗十九首》、魏晋南北朝五言诗以及初盛唐诗歌的诗兴艺术都有精彩评论。例如，皎然在《诗式》卷一中论"假象见意，……兴生于中"，赞扬延安诗人营构了千古妙境："邺中七子，陈、王最高。刘桢辞气偏，王得其中，不拘对属，偶或有之，语与兴驱，势逐情起，不由作意，气格自高，与《十九首》其流一也。"皎然特别赞美谢灵运的诗歌"风力虽齐，取兴各别"，盛赞谢灵运"不顾词彩而风流自然"，其作品《述祖德》《拟邺中》等"识度高明，盖诗中之日月也"。[3]皎然对王昌龄的诗兴诗学也赞赏有加。总之，皎然堪称中唐诗学论坛上的

---

[1] 皎然著，李壮鹰校注：《诗式校注》，齐鲁书社1986年版，第272—273页。
[2] 皎然著，李壮鹰校注：《诗式校注》，齐鲁书社1986年版，第254页。
[3] 皎然著，李壮鹰校注：《诗式校注》，齐鲁书社1986年版，第84、97、115、90页。

一位射雕手,其《诗式》堪称中唐诗学的一部典范性作品,其感兴诗学以其多方面的理论建树成为中唐感兴诗学重要的标志性理论。皎然的上述许多诗学观点被记录在曾经来华求法的日僧遍照金刚的《文镜秘府》一书中。遍照金刚的《文镜秘府》亦强调诗歌创作要专任情兴或兴情,创造兴境或感兴势。唐代佛教感兴诗学值得注意的还有旧题贾岛的《二南密旨》、晚唐诗僧齐己的《风骚旨格》中的感兴诗学观点。例如,贾岛在《二南密旨》中论"兴者,情也。谓外感于物,内动于情,情不可遏,故曰兴"[1];《风骚旨格》中有"四曰兴,诗云:'水谙彭泽阔,山忆武陵深'"[2];等等。

如果说,初盛唐乃至中唐的诗兴诗学注重复兴、阐扬和发展中国古代《诗经》与汉代诗经学的"六义""比兴""讽喻""教化"的美学传统,注重诗歌创作的现实关怀和对现实生活的描写,扩大了中国古典感兴诗学的社会生活空间;那么,中晚唐时期,受佛教和道家的影响,感兴美学向着空灵、幽深的精神境界与"兴在象外"意境美学方向转变。中唐时期,刘禹锡受道家哲学和佛学影响,提出了"片言可以明百意,坐驰可以役万景,工于诗者能之。……义得而言丧,故微而难能,境生于象外"的兴境诗学理论,堪称中晚唐感兴美学苑地绽放的一朵绚烂花朵。晚唐司空图更是融汇儒道佛于道家思想之中,其感兴诗学成为晚唐诗学的一个重要代表。司空图提出:"诗贯六义,则讽喻、抑扬、

---

[1] 贾岛:《二南密旨·论六艺》,载张伯伟《全唐五代诗格汇考》,江苏古籍出版社2002年版,第372页。

[2] 丁福保辑:《历代诗话续编》,中华书局1983年版,第105页。

淳蓄、温雅，皆在其间矣。……近而不浮，远而不尽，然后可以言韵外之致耳。……倘复以全美为工，即知味外之旨矣。"[1] 司空图在《诗赋赞》一文中强调："知道非诗，诗未为奇。……挥之八垠，卷之万象。……上有日星，下有风雅。历诋自是，非吾心也。"[2] 司空图还提出"思与境偕，乃诗家之所尚者"[3] 等重要观点和"象外之象，景外之景"[4] 的诗兴境界论。司空图诗兴境界论或意境论诗学思想最集中的理论文本是其《诗品》（或称《二十四诗品》），该书堪称一部融人格心理、审美风格和艺术意境于一体的感兴美学经典文献。《二十四诗品》既倡导雄浑、沉着、高古、劲健、豪放、悲慨的艺术风格，又注重冲淡、含蓄、清奇、飘逸、自然、精神的艺术风格，阐扬"超以象外，得其环中""象外之象""景外之景""韵外之致""味外之旨"的境界美。尤以"自然""精神"一品最见其精神气质："俯拾即是，不取诸邻。俱道适往，著手成春。如逢花开，如瞻岁新。真与不夺，强得易贫。幽人空山，过雨采蘋。薄言情悟，悠悠天钧。"（司空图《诗品·自然》）"欲返不尽，相期与来。明漪绝底，奇花初胎。青春鹦鹉，杨柳楼台。碧山人来，清酒深杯。生

---

[1] 司空图：《与李生论诗书》，载郭绍虞主编《中国历代文论选》，第 2 册，上海古籍出版社 1979 年版，第 196—197 页。
[2] 陈良运主编：《中国历代诗学论著选》，百花洲文艺出版社 1995 年版，第 317 页。
[3] 司空图：《与王驾评诗书》，载郭绍虞主编《中国历代文论选》，第 2 册，上海古籍出版社 1979 年版，第 217 页。
[4] 司空图：《与极浦书》，载郭绍虞主编《中国历代文论选》，第 2 册，上海古籍出版社 1979 年版，第 201 页。

气远出，不著死灰。妙造自然，伊谁与裁？"（司空图《诗品·精神》）[1]

此外，晚唐诗人李义山的诗歌创造亦善用比兴艺术，富于含蓄蕴藉的兴味，兹不详述。总之，中晚唐刘禹锡、司空图等人的"象外"论诗学进一步开拓了兴与象、兴与境、兴与味的关系研究，拓展了中国古典诗歌艺术兴象的象外境界、精神意味和精神空间，为唐代感兴美学书写了最后一个辉煌篇章。

综上所述，唐代感兴诗学是中古诗学的一个理论高峰，唐代感兴诗学"兴寄""兴喻""兴象""兴境"的感性特征与超感性境界、超越性境界多向度地扩展了中国古典诗兴的美学精神气质，把中国古典感兴美学推向一个新的灿烂境界，标志着中国古典感兴美学的理论成熟。

第五节 感兴美学在宋金元明清的进一步完善与总结

自宋代以后中国进入近古时期。总体来看，宋金元明清感兴美学的趋势和特点是感兴美学研究走向精细化和美学化，至清代更是进入中国古典感兴美学自身的总结期。由于古典诗歌赋比兴艺术修辞表达经验不断创新、交织、丰富与多姿多彩，宋以后的感兴美学思想和比兴美学观点也更为开拓、深入和精细。宋代诗学家们对诸如《诗经》本义、赋比兴关系、比兴审美、情物关系、情景关系、理趣入兴、兴趣与妙悟、意象玲珑、情景交融等

---

[1] 司空图：《与极浦书》，载郭绍虞主编《中国历代文论选》，第2册，上海古籍出版社1979年版，第205页。

诗歌艺术问题的认识、辨析与美学阐释更加细致入微，从而使得感兴美学精神气质更加趋于内向、细致和精微。与先秦诗学美学的原创精神气概和汉唐感兴美学的开放、广博的精神气象相比，宋元明清感兴美学以精专、精细、精致见长。

宋代是继唐代之后又一个文化兴盛的朝代，宋代结束了五代十国的分裂和动荡，建立了一个统一的中央王朝。但是，宋朝不像汉唐那样具有广阔的版图。与宋朝并行，中华大地上还有辽、金、西夏、大理等政权。宋代不以武力见长，而以经济、文化、科技、教育、贸易和文学艺术闻名于世。宋代的学术文化和文学艺术与唐代相比，有新的特点。儒释道在宋代得到更为广泛深入的融合，并生成了宋明理学。受佛禅自识本心思想的影响，宋代诗学也重"心解感悟"。宋代理学不同于以注疏为主的汉唐经学，而更重对儒学元典的直接精读、涵咏和悟解，注重自己的体验和心得。宋代诗学比前代诗学更注重对知识、学理和审美、抒情等问题的研究。宋代禅宗不同于唐代佛学，宋代诗歌不同于唐代诗歌，宋代文章也对唐代文章有所创新。宋代的词艺术成为文学的重要文类。宋代还有新兴的市民文艺的出现。宋代文学艺术的开新带来了宋代感兴诗学更精细深微的探索。宋代诗学因而不同于汉唐诗学，其中之一就是对《诗大序》作者的质疑，而力求探索《诗三百》的本义。从汉宋学术的谱系嬗变来说，北宋文坛领袖欧阳修、"三苏"等人都重视体验，思想活跃。尤其是欧阳修，著有《诗本义》，注重对《诗经》本义的研究。苏辙、郑樵、朱熹亦然。欧阳修、郑樵、朱熹等人开启了注重《诗》的本义还原和文学性阐释的宋代诗兴诗学新方向。宋人普遍否定《诗大序》

的作者为子夏，而多半认为作者为东汉卫宏，郑樵甚至认为《诗大序》是"村野妄人所作"。这无疑否定了汉代诗经学与孔子的直接联系，对宋代诗经学的研究不啻起到了学术史解构和思想解放的作用。宋代理学的哲学思考、理论思维能力的提高提升了宋代精神世界的建构。宋人进一步从哲学思维、艺术思维和表现方式的角度阐发兴的意涵。宋人对兴和象的关系也有新的认知及普及。例如，《集韵·证韵》云："兴，象也。"[1] 宋代还出现了张镃所著的《诗学规范》这样具有自觉的诗学理论建构意识的著作。宋代诗歌审美之兴与感兴美学成为中国古典感兴美学的进一步细化与理论总结。

先看北宋文人的感兴诗学。北宋文坛领袖欧阳修撰有《诗本义》一书，一改前人以文献注疏汇编为主的《诗》学研究旧传统，开创了重视元典本身、探求本义、以人情探求《诗》义的宋代诗学新传统。欧阳修提出："诗人虽简易，然能曲尽人事，而古今人情一也。求诗义者以人情求之，则不远矣。然学者常至于迂远，遂失其本义。"为探求《诗》之本义，欧阳修的比兴诗学还强调诗人"感时而作"与"假物见意"，注重以"取譬"解"比兴"的文学修辞学研究。例如，欧阳修指出："诗人引之以志夏时草木盛，葛欲成，而女工之事将作尔。……因时感事，乐女工之将作，故其次章遂言葛以陈就，刈濩而为绨绤也。"又云："古之诗人取物比兴，但取其一义以喻意尔"；"诗人引此以兴，物之盛时不可久以言召南之人顾其男女方盛之年，惧其过时而至

---

[1] 丁度等编：《宋刻集韵》，中华书局2005年版，第175页。

衰落，乃其求庶士以相婚姻也"；"且诗人取物比兴，本以意有难明，假物见意尔"；"诗所刺美，或取物以为喻，则必先道其物，次言所刺美之事者"；"诗之比兴，必须上下成文，以相发明，乃可推据"；等等。更为重要的是，欧阳修在《诗本义》中提出《诗》有"诗人之意、太师之职、圣人之志和经师之业"四个层次的新观点："《诗》之作也，触事感物，文之以言，美者善之，恶者刺之，以发其揄扬怨愤于口，道其哀乐喜怒于心，此诗人之意也。古者国有采诗之官，得而录之，以属太师，播之于乐。于是考其义类而别之以为风、雅、颂，而比次之以藏于有司，而用之宗庙、朝廷，下至乡人聚会，此太师之职也。世久而失其传，乱其雅、颂，亡其次序，又采者积多而无所择。孔子生于周末，方修礼乐之坏，于是正其雅、颂，删其繁重，列于六经，著其善恶以为劝诫，此圣人之志也。周道既衰，学校废而异端起。及汉承秦焚书之后，诸儒讲说者整齐残缺以为之义训，耻于不知，而人人各自为说，至或迁就其事以曲成其己学，其于圣人有得有失，此经师之业也。"四者之中，又有本末之分："作此诗，述此事，善则美，恶则刺，所谓诗人之意者，本也。正其名，别其类，或系于此，或系于彼，所谓太师之职者，末也。察其美刺，知其善恶，以为劝戒，所谓圣人之志者，本也。求诗人之意，达圣人之志者，经师之本也。讲太师之职，因其失传而妄自为之说者，经师之末也。"欧阳修的《诗本义》对《诗经》本义的追寻和《诗经》文学性修辞的研究，开辟了《诗经》诠释学由汉唐诗经学向宋代诗经学的历史转捩，直接影响了宋代诗兴诗学的文学性阐释的新路径新思潮。

其后，"三苏"（苏洵、苏轼、苏辙）父子将易学哲学和气论哲学引入文学创作和诗学研究，进一步从易象视域创新了宋代感兴诗学理论。例如《周易·涣卦·象辞》曰："风行水上，涣。"和风吹拂水面，涣衍出道道波纹，这是涣卦的象征。苏洵率先阐发《周易·涣卦》象辞易象之于文学创作和诗文审美感兴的重要启迪价值。苏洵在《仲兄字文甫说》一文中指出："且兄尝见夫水之与风乎？……然而此二物者，岂有求乎文哉？无意乎相求，不期而相遭，而文生焉。是其为文也，非水之文也，非风之文也。二物者，非能为文，而不能不为文也，物之相使，而文出于其间也。故此天下之至文也。"[1]在此，苏洵引入了涣卦的象辞易象，以"风水相遭成文"譬喻和兴发诗人感兴的主客关系、心物关系、意象关系和言意关系。苏轼则自述"幽居默处，而观万物之变，尽其自然之理"。苏轼以超然的心态观物，自述"余之无所往而不乐者，盖游于物之外也"[2]；其诗词创作都善用比兴，以水喻文，谓"吾之文如万斛泉源，不择地而出，在平地滔滔汩汩，虽一日千里无际，及其与山石曲折，随物赋形而不可知也。所可知者，常行于所当行，常止于不可止，如是而已矣"，又云"如行云流水，初无定质，但常行于所当行，常止于所不可不止，文理自然，姿态横生"。苏轼还提出了很多精彩的感兴诗学理论观点，阐发"兴"不同于"比"的审美感兴特征。例如，苏轼指出："夫《诗》之体固有比矣，而皆合之以为兴。夫兴之

---

[1] 牛宝彤选注：《三苏文选》，四川人民出版社1983年版，第24页。
[2] 苏轼：《超然台记》，载王水照、聂安福选注《新选新注·唐宋八大家书系》（苏轼卷），中国工人出版社1997年版，第143页。

为言,犹曰其意云尔。意有所触乎当时,时已去而不可知,故其类可以意推,而不可以言解也。'殷其雷,在南山之阳',此非有所取乎雷也,盖必其当时之所见而有动乎其意,故后之人不可以求得其说,此其所以为兴也。嗟夫! 天下之人,欲观于《诗》,其必先知比、兴。"[1]苏轼认为,"殷其雷,在南山之阳",并非直取眼前光景以类比、象征或譬喻某事,而是因当时的所见和感遇瞬间触发了诗人郁积于胸中的兴意和意绪。苏轼在此揭橥了兴不同于比的触物而感、随遇而兴的偶发性、感发性和意涵不确指性。"嗟夫! 天下之人,欲观于《诗》,其必先知夫兴之不可与比同,而无强为之说,以求合其当时之事,则夫《诗》之意,庶乎可以意晓而无劳矣"[2],苏轼在此强调"兴之不可与比同",区分比、兴,突出了兴的审美感兴特质,对宋代感兴诗学产生了深远影响。苏轼还在一些诗歌作品中表达了对感兴审美体验的领悟:"欲令诗语妙,无厌空且静,静故了群动,空故纳万境","其身与竹化,无穷出清新","'采菊东篱下,悠然见南山',因采菊而见南山,境与意会,此句最有妙处",等等。苏辙则著有《诗集传》,对《诗序》为子夏所作的旧说提出异议。苏辙还在《上枢密韩太尉书》中阐述了作家主体之气与艺术感兴的关系,指出:

---

[1] 苏轼:《诗论》,载张志烈、马德富、周裕锴主编《苏轼全集校注》,第10册,河北人民出版社2010年版,第216页。
[2] 苏轼:《诗论》,载张志烈、马德富、周裕锴主编《苏轼全集校注》,第10册,河北人民出版社2010年版,第216页。

辙生好为文，思之至深。以为文者气之所形；然文不可以学而能，气可以养而致。孟子曰："我善养吾浩然之气。"今观其文章，宽厚宏博，充乎天地之间，称其气之大小。太史公行天下，周览四海名山大川，与燕、赵间豪俊交游，故其文疏荡，颇有奇气。此二子者，岂尝执笔学为如此之文哉？其气充乎其中，而溢乎其貌，动乎其言，而见乎其文，而不自知也。

苏辙主张以游历名山大川、观览天下之巨丽、听天下文豪议论之宏辩来兴发艺术情思和境界。[1] "三苏"父子重自然感兴、以自然为法的感兴诗学思想，对其后宋代感兴诗学和后来江西诗派的"活法"诗论、诗学感兴论产生了直接影响。

再看宋代理学对感兴美学的影响。宋代理学作为儒道释的融会贯通，对宋代诗兴诗学产生了新的影响。宋代理学家超越汉唐经学的烦琐注疏而直面"四书五经"的经典本身，注重自己对儒家经典的义理的直解、涵咏和体悟，其感悟和体认的解经方式也影响了诗学研究。理学家对天地万物和儒家之道有独特的感悟和哲思，这也反映在他们对诗歌的感兴体验方面。例如，北宋理学先驱、著名诗人邵雍著有《观物集》（内外编）和《伊川击壤集》（二十卷），倡导"以物观物"，与物同化，心道合一。邵雍力求融会易儒道哲学和诗学。《伊川击壤集》作为诗人对宇宙人生的观感、心悟和吟诵，可谓是理学诗、哲学诗、哲理诗或诗与哲的

---

[1] 参见牛宝彤选注《三苏文选》，四川人民出版社1983年版，第241—242页。

融合。邵雍在《诗画吟》中写道:"不有风雅颂,何由知功名。不有赋比兴,何由知废兴","诗者人之志,非诗志莫传。人和心尽见,天与意相连。论物生新句,评文起雅言。兴来如宿构,未始用雕镌"。[1]程颢同样会通易道儒,以感应体认万物生机与天道,重视诗歌感兴体验。程颢在《秋日偶成二首》(其二)中亦云:"闲来无事不从容,睡觉东窗日已红。万物静观皆自得,四时佳兴与人同。道通天地有形外,思入风云变态中。富贵不淫贫贱乐,男儿到此是豪雄。"[2]程颐则在《二程集》之《诗解》《论语解》与《二程遗书》等著作中阐发了传统儒家诗学"六义"比兴的礼义教化意义。例如,程颐在《诗解》中指出:"为《诗》之义有六:……赋者,咏述其事,'蔽芾甘棠,勿翦勿伐,召伯所芨'是也。比者,以物相比,'狼跋其胡,载疐其尾。公孙硕肤,赤舄几几'是也。兴者,兴起其义,'采采卷耳,不盈倾筐,嗟我怀人,寘彼周行'是也。"[3]又云《诗》有六义:"曰赋者,谓铺陈其事也;曰比者,直比之,'温其如玉'之类是也;曰兴者,因物而兴起,'关关雎鸠''瞻彼淇奥'之类是也。"[4]又说:"'兴于诗'者,吟咏性情,涵畅道德之中而歆动之,有'吾与点'之气象。"[5]

宋代著名理学家朱熹虽为哲学家,但具有极高的文学修养和

---

[1] 邵雍著,郭彧整理:《伊川击壤集》,中华书局2013年版,第293、299页。

[2] 程颢、程颐:《二程集》,中华书局1981年版,第482页。

[3] 程颢、程颐:《二程集》,中华书局1981年版,第1047页。

[4] 程颢、程颐撰,潘富恩导读:《二程遗书》,上海古籍出版社2000年版,第368—369页。

[5] 程颢、程颐:《二程集》,中华书局1981年版,第366页。

审美素养，著有《四书集注》《诗集传》《楚辞集注》《朱子语类》多部诗兴诗学阐释学著作以及《观书有感二首》等感兴诗。而且，朱熹的《诗集传》成为宋代科举考试的法定诗学考试教材，取代了唐代孔颖达的《毛诗正义》的诗学正统地位。朱熹不仅发展了北宋学者欧阳修等人探索《诗经》本义的诗学路径，而且对《诗经》作为文学经典的审美感兴特征也多有新的阐发。朱熹以自己敏锐的美学才华与极大的理论勇气直面《诗》文本，探求诗人本意，还原了《诗经》风诗作为民歌乃至情歌的本义。朱熹的《朱子语类》卷八十有云："大率古人作诗，与今人作诗一般，其间亦自有感物道情，吟咏情性，几时尽是讽刺他人？"朱熹批评道："不以《诗》说《诗》，却以《序》解《诗》，是以委曲牵合，必欲如序者之意，宁失诗人之本意不恤也。"朱熹在《朱子语类》（卷八十）中反复强调《诗大序》除"六义"说可取外，其余皆可怀疑，《小序》更是不可信，提出"尽去《小序》，便可自通。……须先去了《小序》，只将本文熟读玩味"。朱熹在《诗集传》中干脆撤出汉人的小序，直解《诗》文本。朱熹不仅重视对诗本义的探求，同样重视兴对人的心志的感发、兴发作用。《朱子语类》有多卷论读书讲到要体验心悟，指出"读书须是以自家之心体验圣人之心。少间体验得熟，自家之心便是圣人之心"。朱熹论读诗更是强调涵咏体悟："（读《诗》）须是沉潜讽诵，玩味义理，咀嚼滋味，方有所益。……古人说'《诗》可以兴'，须是读了有兴起处，方是读《诗》。若不能兴起，便不是读《诗》。……读《诗》之法，只是熟读涵味，自然和气从胸中流出，其妙处不可得而言。"朱熹强调："读《诗》便长人一格。如今人读《诗》，何缘会长一格？《诗》之兴，最不紧要。然兴起人意处，正在兴。会得诗人之兴，便有一格长。"[1]

朱熹在《诗集传序》中明确提出了"《诗》者，人心之感物而形于言之余也"的感兴诗学观点，指出："或有问于余曰：'《诗》何为而作也？'余应之曰：'人生而静，天之性也；感于物而动，性之欲也。夫既有欲矣，则不能无思；既有思矣，则不能无言；既有言矣，则言之所不能尽而发于咨嗟咏叹之余者，必有自然之音响节奏而不能已焉。此诗之所以作也。'"又说："凡《诗》之所谓风者，多出于里巷歌谣之作，所谓男女相与咏歌，各言其情者也。"[2] 朱熹在《论语集注》中明确将"兴于诗"解为"兴，起也。《诗》本性情，有邪有正，其为言既易知，而吟咏之间，抑扬反复，其感人又易入。故学者之初，所以兴起其好善恶恶之心而不能自已者，必于此而得之"；又将"《诗》可以兴"解为"感发志意"。[3] "感发志意"即是说《诗》可以感动、激发人的思想感情。朱熹又说，孔子刊定《三百篇》，教人"吟咏"，只是"兴发人之善心"。[4] 如此等等，都强调了《诗》可以感发志意、启发思想和鼓舞精神的作用，阐扬了诗兴教育的重要价值和意义。朱熹在《孟子集注》中解"待文王而后兴者"为"兴起，感动奋发之意"[5]，仍是强调诗兴教育对人的精神的感

---

[1] 黎靖德编，王星贤点校：《朱子语类》，中华书局1986年版，第2076、2077、2084、2085、2086、2887页。

[2] 朱熹注，王华宝整理：《诗集传》，凤凰出版社2007年版，诗经传序第1—2页。

[3] 朱熹注：《四书集注》，海南出版社1992年版，第132、221页。

[4] 黎靖德编，王星贤点校：《朱子语类》，中华书局1986年版，第542页。

[5] 朱熹注：《四书集注》，海南出版社1992年版，第483页。

发作用。《朱子语类》卷八十、八十一从文学审美、修辞方式和兴发读者良心和情志等方面阐发兴之意涵。例如，认为"《诗》所以能兴起人处，全在兴。如'山有枢，隰有榆'，别无意义，只是兴起下面'子有车马''子有衣裳'耳"；"'兴'之为言，起也，言兴物而起其意。如'青青陵上柏''青青河畔草'，皆是兴物诗也"。[1]朱熹感兴诗学重视对诗人情性的体察与感悟，重视对诗歌作品的涵濡与体验，显示出宋代诗学对汉代诗学的创新发展，成为宋代感兴诗学研究的一个集大成者。

朱熹对《诗》之赋比兴提出了很多具体细微的新解。在《诗集传》中朱熹主要从修辞上阐释赋比兴，指出"赋者，敷陈其事而直言之者也"；"比者，以彼物比此物也"；"兴者，先言他物以引起所咏之辞也"；"诗人因所见而以起兴"；"诗人引起所事以起兴而美之"。[2]朱熹在写《诗集传》之前就曾提出："兴"作为"因所见闻或托物起兴而以事继其声，《关雎》《樛木》是也。然有两类兴：有取所兴为义者，则以上句形容下句之情思，下句指言上句之事类；有全不取其义者，则但取一二字而已"。朱熹在《楚辞集注·离骚经》中还兼从物我关系上阐释赋比兴，提出"赋则直陈其事，比则取物为比，兴则托物兴词"；又云："其为赋，则如《骚经》首章之云也；比，则香草恶物之类也；兴，则托物兴词，初不取义，如《九歌》沅芷、澧兰以兴'思公子而未

---

[1] 黎靖德编，王星贤点校：《朱子语类》，中华书局1986年版，第2084、2094—2095页。
[2] 朱熹注，王华宝整理：《诗集传》，凤凰出版社2007年版，第2、3、5、6页。

敢言'之属也。"[1]朱熹还阐论兴有"全不取义"的情况，如《诗集传·召南·小星》传曰："因所见以起兴。其于义无所取。"[2]《朱子语类》卷八十亦说："兴者，托物兴辞，初不取义"；"诗之兴，全无巴鼻，后人之诗犹有此体"。《朱子语类》还阐发了兴体诗的起句与应句之间审美修辞关系的多样性："兴体不一，或借眼前物事说将起，或别自将一物说起……如'青青河畔草''青青水中蒲'，皆是别借此物，兴起其辞，非必有感有见于此物也。有将物之无，兴起自家之有；将物之有，兴起自家之所无。"值得强调的是，朱熹对兴的隐喻作用较为推崇，指出："比虽是较切，然兴却意较深远也。……比是以一物比一物，而所指之事常在言外。兴是借彼一物以引起此事，而其事常在下句。但比意虽切而却浅，兴意虽阔而味长。"[3]以上则是从物我关系、思维方式和修辞方式论诗之比兴。朱熹还在《朱子语类》中改唐人孔颖达的"三体三用"旧说，提出他的"三经三纬"新解，论者较多，兹不详述。此外，朱熹好友、南宋著名学者和诗人吕祖谦在《吕氏家塾读诗记》卷二亦精细辨析了比兴之差异，指出："兴与比相近而难辨。兴多兼比，比不兼兴。意有余者，兴也。直比之者，比也。兴之兼比者，徒以为比，则失其意味矣。兴之不兼比者，误以为比，则失之穿凿矣。"例如，《诗经·召南·殷其雷》曰："偶闻雷而有感行者之未归，非可以比类求

---

[1] 朱熹撰，蒋立甫校点：《楚辞集注》，上海古籍出版社2001年版，第6页。
[2] 朱熹注，王华宝整理：《诗集传》，凤凰出版社2007年版，第14页。
[3] 黎靖德编，王星贤点校：《朱子语类》，中华书局1986年版，第2069—2071页。

也。"故为兴体。[1]总之,朱熹的感兴诗学创建了中国古典诗学的又一个理论高峰。

宋代感兴美学在心物关系论研究方面也更加精微。北宋初年的感兴美学一方面继续前人旧说,另一方面也增强了现实关怀,因而成为宋代感兴诗学的重要理论创获。例如,梅尧臣的《答韩三子华韩五持国韩六玉汝见赠述诗》云:"圣人于诗言,曾不专其中。因事有所激,因物兴以通。"在此,梅尧臣以诗的语言表达了现实事物对诗人思想感情的激发与诗人以兴象传达情志的诗学观念。王安石撰有《三经义》等,其《诗义》论述比兴之别为:"以其所类而比之,之谓比。以其感发而况之,之谓兴。"[2]叶梦得论诗倡导"缘情体物,天然工妙",盛赞谢灵运"池塘生春草,园柳变鸣禽",曰:"此语之工,正在无所用意,猝然与景相遇,……诗家妙处,当须以此为根本。"又对杜甫诗歌感兴给予好评,指出:"杜子美《病柏》《病橘》《枯椶》《枯楠》四诗,皆兴当时事。"在此,叶梦得盛赞杜甫"时事"兴发诗情。[3]黄彻说:"赋者,铺陈其事;比者,引物连类;兴者,因事感发。"[4]宋人自出新意地以"心物关系"来阐释诗兴,增强了感兴诗学的鲜活性,感兴诗学内在的审美奥妙得到进一步彰显。例如,胡寅在《与李叔易书》中引李仲蒙所述:"叙物以言情,谓之赋,情物尽者也。索物以托情,谓之比,情附物者也。触物以

---

[1] 黄灵庚、吴战垒主编:《吕祖谦全集》,第4册,浙江古籍出版社2008年版,第30—31页。
[2] 王安石著,邱汉生辑校:《诗义钩沉》,中华书局1982年版,第8页。
[3] 何文焕辑:《历代诗话》(上),中华书局1981年版,第414、426、431页。
[4] 魏庆之编:《诗人玉屑》,上海古籍出版社1959年版,第269页。

起情,谓之兴,物动情者也。故物有刚柔缓急荣悴得失之不齐,则诗人之情性亦各有所发寓。非先辨乎物,则不足以考情性。情性可考,然后可以明礼义而观乎诗矣。"[1] 在此,李仲蒙从"物"与"情"的关系来解释赋比兴,明确阐发了赋比兴作为诗歌创作的情物关系和意象创造的不同方式,即"叙物以言情""索物以托情""触物以起情",深入细致地揭示了感兴美学的意象思维、诗性品格和诗兴精神。可见,宋人感兴美学更为专精、具体和细微,诸如兴的无义说、发端说、套式说以及感发人心人情说等等,不仅突破了汉儒的政教讽喻,而且超越了刘勰的"比显而兴隐"说,推进了对诗歌艺术感兴活动中的心物关系的认识。范处义的《诗补传》曰:"铺陈其事者,赋也;取物为况者,比也;因感而兴者,兴也。"李颀的《古今诗话录》亦提出"自古工诗未尝无兴也,睹物有感焉则有兴"[2]。南宋包恢则主张心物的自然合一,诗歌景物描写"并与精神意趣而得","境触于目,情动于中,或叹或歌,或兴或赋,一任自然天成"。叶梦得亦言:"诗本触物寓兴,吟咏情性,但能抒写胸中所欲言,无有不佳,而世但役于组织雕镂,故语言虽工而淡然无味。"

与汉人以喻论兴、唐人以象论诗不同,与唐人重象不同,宋人还重视"以声说兴",阐发了诗歌创作中的"同声相应"的起兴思维及其艺术表达。例如,郑樵的《通志》卷七十五《昆虫草

---

[1] 胡寅:《斐然集》,卷十八,载纪昀总编《四库全书》,第1137册,上海古籍出版社1986年影印本,第534页。
[2] 李颀:《古今诗话录》,载吴文治主编《宋诗话全编》,第2册,江苏古籍出版社1998年版,第1347页。

木略序》论道："夫诗之本在声，而声之本在兴。鸟兽草木乃发兴之本。汉儒之言诗者既不论声，又不知兴。"[1]郑樵在《读诗易法》中还进而论之："'关关雎鸠'，……是作诗者一时之兴，所见在是，不谋而感于心也。凡兴者，所见在此，所得在彼，不可以事类推，不可以理义求也。"[2]郑樵在此阐述了兴的审美直觉性，发现和表达了与西方现代美学家杜夫海纳近似的观点，后者说："审美对象不规定我去做任何事情，但要我去感知，即把我自己向感性开放，因为审美对象首先就是感性的不可抗拒的出色的呈现。"[3]郑樵"以声说兴"、注重"兴"的审美直觉的感兴诗学观点在明代诗人李梦阳那里甚至在民国学者顾颉刚那里不断得到反响。张戒的《岁寒堂诗话》一书对宋代诗兴诗学亦多有理论创获，例如，张戒盛赞杜诗之志与杜诗之兴为诗学典范时指出："《诗序》有云：'诗者，志之所之也。在心为志，发言为诗。情动于中，而形于言。'其正少，其邪多。孔子删诗，取其思无邪者而已。自建安七子、六朝、有唐及近世诸人，思无邪者，惟陶渊明、杜子美耳，余皆不免落邪思也。"又云："杜子美、李太白，才气虽不相上下，而子美独得圣人删诗之本旨，与《三百五篇》无异，此则太白所无也"；"子美之志，其素所蓄积如此。而目前之景，适与意会，偶然发于诗声，六义中所谓兴也。兴则触景而得，比乃取物"。[4]范温在《潜溪诗眼》中则提出了"激昂

---

[1] 郑樵撰：《通志》，第1册，浙江古籍出版社1988年版，第865页。

[2] 朱自清：《朱自清中国歌谣》，吉林人民出版社2013年版，第178页。

[3] 杜夫海纳：《审美经验现象学》（上），韩树站译，文化艺术出版社1996年版，第114页。

[4] 丁福保辑：《历代诗话续编》，中华书局1983年版，第465、469、474页。

之语，盖出于诗人之兴"，认为诗歌作品中情感的、想象的、夸张的语言来自诗人的审美感兴。此外如魏庆之在《诗人玉屑》中引黄彻语曰"赋者，铺陈其事；比者，引物连类；兴者，因事感发"；王应麟的《困学记闻》卷三引鹤林吴氏《论诗》曰"兴之为体足以感发人之善心。毛诗自《关雎》而下，总百十六篇，首系之兴；《风》七十，《小雅》四十，《大雅》四，《颂》二"[1]。如此等等，无不见出宋代感兴诗学研究之绵密精细、绵延不绝、精致入微。

值得指出的是，宋代理学格物观理的"活泼泼地""观物之学""活处观理"，以及宋代禅宗禅悟之"活参""活法""妙悟"对宋代诗兴诗学尤有影响。例如，吕本中阐述了诗歌创作之"活法"及其与诗歌之兴的关联："诗有活法，若灵均自得，忽然有入，然后惟意所出，万变不穷。"又云："学诗当识活法。所谓活法者，规矩备具，而能出于规矩之外；变化不测，而亦不背于规矩也。是道也，盖有定法而无定法，无定法而有定法。知是者，则可以与语活法矣。谢元晖有言，'好诗流转圆美如弹丸'，此真活法也。近世惟豫章黄公，首变前作之弊，而后学者知所趣向，毕精尽知，左规右矩，庶几至于变化不测。然余区区浅末之论，皆汉、魏以来有意于文者之法，而非无意于文者之法也。子曰：'兴于诗，诗可以兴，可以观，可以群，可以怨；迩之事父，远之事君，多识于鸟兽草木之名。'今之为诗者，读之果可使人兴起其为善之心乎，果可使人兴、观、群、怨乎，果可使人知事

---

[1] 王应麟：《困学纪闻》，上海古籍出版社2015年版，第84—85页。

父、事君而能识鸟兽草木之名之理乎？为之而不能使人如是，则如勿作。"[1]周裕锴指出："'活法'一方面涵盖着'句法'有关语言形式的正与变的内容，另一方面将'活'的精神推广到艺术思维层面，从而由粘滞字句的定法中挣脱而出，指向自由创造的诗心灵性。"[2]诚哉斯言！宋人的诗兴"活法"是对天地万物的生机活力、活意的感悟，是一种非常具有个性化并可见出诗人性灵的感兴方式，显示出理学与禅宗对感兴美学的直接而精细的影响。

南宋杨万里更是将宋代禅宗、理学和江西诗派诗学的"活法"论及其感兴诗学推向了一个小高潮。杨万里强调诗歌应"感物而发，触兴而作"，提出："至其诗皆感物而发，触心而作，使古今百家、景物万象皆不能役我而役于我。"[3]又云："大抵诗之作也，兴上也，赋次也，庚和不得已也。我初无意于作诗，而是物是事适然触乎我，我之意亦适然感乎是物是事。触生焉，感随焉，而是诗出焉，我何与哉？天也！斯之谓兴。"[4]而且，杨万里还常常在其作品中自述诗兴创作，如在《春晚往永和》诗中写道："郊行聊着眼，兴到漫成诗。"杨万里的朋友张镃亦如是说："造化精神无尽期，跳腾踔厉及时追。目前言句知多少，罕

---

[1] 吕本中：《〈夏均父集〉序》，载郭绍虞主编《中国历代文论选》，第2册，上海古籍出版社1979年版，第367页。

[2] 周裕锴：《宋代诗学通论》，巴蜀书社1997年版，第227页。

[3] 杨万里：《应斋杂著序》，载杨万里撰，辛更儒笺校《杨万里集笺校》，第6册，中华书局2007年版，第3340页。

[4] 杨万里：《答建康府大门军库监门徐达书》，载杨万里撰，辛更儒笺校《杨万里集笺校》，第6册，中华书局2007年版，第2842页。

有先生活法诗。"[1]杨万里的后学罗大经的《鹤林玉露》也是宋代感兴诗学的一部力作。罗大经自述《鹤林玉露》为其"欣然会心，慨然兴怀"之作，它不仅是诗人丰富的艺术感兴审美经验之笔记，而且具有诗兴诗学理论上的创新性，体现了一种活泼玲珑的自然感兴审美经验。该书乙编卷三《活处观理》云："古人观理，每于活处看。故《诗》曰：'鸢飞戾天，鱼跃于渊。'夫子曰：'逝者如斯夫，不舍昼夜。'又曰：'山梁雌雉，时哉时哉！'孟子曰：'观水有术。必观其澜。'又曰：'源泉混混，不舍昼夜。'明道不除窗前草，欲观其意思与自家一般。又养小鱼，欲观其自得意，皆是于活处看。故曰：'观我生，观其生。'又曰：'复其见天地之心。'学者能如是观理，胸襟不患不开阔，气象不患不和平。"[2]罗大经在《鹤林玉露》乙编卷四《诗兴》中还写道："诗莫尚乎兴，圣人言语，亦有专是兴者。如'逝者如斯夫，不舍昼夜'，'山梁雌雉，时哉时哉'，无非兴也，特不曾檃括协韵尔。盖兴者，因物感触，言在于此，而意寄于彼，玩味乃可识，非若赋比之直陈其事也。"[3]值得注意的是，罗大经对兴的崇尚已达到诗的本体和特质的美学高度，将赋与比归为直陈其事，开启了以兴为诗本体的先声。总之，罗大经阐述了天地万物的盎然生机对人的生命精神的直接感发，高扬了诗兴的生命感发的审美精神，强调诗歌创作和欣赏"要胸次玲珑活络"，感物触

---

[1] 张镃：《携杨秘监诗一编登舟因成二绝》，载周裕锴《宋代诗学通论》，巴蜀书社1997年版，第242页。

[2] 罗大经撰，王瑞来点校：《鹤林玉露》，中华书局1983年版，第163页。

[3] 罗大经撰，王瑞来点校：《鹤林玉露》，中华书局1983年版，第185页。

兴，由此及彼，倡导审美感兴、审美兴象的活泼玲珑和兴味深远。《鹤林玉露》成为南宋感兴诗学的一部理论精品。由此，也可见宋代感兴美学有别于汉代兴喻诗学的审美特征和审美取向。

南宋末期诗学家严羽尤其推动了中国古典诗歌审美之兴的新发展。唐代殷璠强调的"神来、气来、情来"的"兴象"诗学精神在南宋严羽那里得到了接续、阐扬和重振。严羽在《沧浪诗话》中提出了"兴趣"说的诗兴诗学理论，首次明确凝练和提出"盛唐气象"这一美学范畴和诗学史概念，呼唤以盛唐诗兴精神来扭转江西诗派创作中出现的缺乏感兴精神的弊端，提出"诗有词、理、意兴"，他强调以"意兴"融会词、理、才、学，"不涉理路、不落言筌"。严羽提出："夫诗有别材，非关书也；诗有别趣，非关理也。然非多读书、多穷理，则不能极其至，所谓不涉理路、不落言筌者，上也。诗者，吟咏情性也。盛唐诸人惟在兴趣，羚羊挂角，无迹可求。故其妙处透彻玲珑不可凑泊，如空中之音、相中之色、水中之月、镜中之象，言有尽而意无穷。"严羽认为，诗的体制特质在于"别材别趣"。严羽主张以"别材别趣"论兴，论兴多达七处，分别作为"别材别趣"的"兴趣"（两次）、"兴致"（一次）、"意兴"（四次）。严羽以兴趣、兴致、意兴作为诗歌独特的审美情趣、趣味和兴味，倡导汉魏六朝之兴与盛唐之兴，矫正江西诗派以才学为诗、以议论为诗的偏颇，给诗歌创作注入新的生命活力。严羽认为："诗有词、理、意兴。南朝人尚词而病于理；本朝人尚理而病于意兴；唐人尚意兴而理在其中；汉魏之诗，词、理、意兴，无迹可求。"[1] 在严羽这里，诗的"情性""兴趣""诗意"三者可互文见义，其美感特征在于"羚羊挂角，无迹可求"，"透彻玲珑，不可凑泊"，"言有尽而意无穷"，亦即宛如自然天成，玲珑活泼，兴味无穷。诗歌感兴趣味的审美奥妙在严羽这里得到了更为生动细致的揭示。严羽以"兴趣"和"气象"作为诗歌法则的核心。陶明浚在阐发严羽"诗之法有五：曰体制，曰格力，曰气象，曰兴趣，曰音节"时指出："此盖以诗章与人身体相为比拟……兴趣如人之精神，必须活泼。"[2] 清人王士祯的神韵说、今人王国维的"一切景语皆情语"说都是对严羽兴趣说的继承和发展。总之，严羽强调要以盛唐诸人为法，复兴盛唐艺术审美理想与感兴美学精神，其"兴趣"论的感兴美学对后世产生了极为深远的影响。南宋末年诗人吴渭也倡导感兴诗学，他在《月泉吟社诗·诗评》中指出："诗有六义，兴居其一，凡阴阳寒暑，草木鸟兽、山川风景得于适然之感，而为诗者皆兴也。风雅多起兴，而楚骚多赋与比。汉魏至唐，杰然如老杜《秋兴八首》，深诣诗人阃奥，兴之入律者宗焉。《春日田园杂兴》，此盖借题于石湖，作者固不可舍田园而泛言；亦不可泥田园而他及，舍之则非此诗之题；泥之则失此题之趣，有因春日田园间景物感动性情，意与景融，辞与意会，一吟风顷，悠然自见，其为杂兴者，此真杂兴也。"[3] 综上所述，可见

---

[1] 严羽著，郭绍虞校释：《沧浪诗话校释》，人民文学出版社1983年版，第26、148页。

[2] 严羽著，郭绍虞校释：《沧浪诗话校释》，人民文学出版社1983年版，第7页。

[3] 王次澄：《元初遗民诗人的桃花源——月泉吟社及其诗》，《河北学刊》1995年第6期。

宋代感兴诗学对审美感兴的审美阐发更为精细入微，超越了前人。

金、元为中国北方少数民族建立的政权，在学术文化上认同和归化中原文化。金元时期感兴诗学也取得了不俗的理论建树。其中，金朝感兴诗学研究最有成就者是元好问。元好问的《论诗三十首》以一组七言绝句的形式阐发了其清新激昂的感兴美学精神，堪称中国古代论诗诗和感兴诗学的名篇。例如，元好问在《论诗三十首》之十一中写道："眼处心生句自神，暗中摸索总非真。画图临出秦川景，亲到长安有几人？"此处生动地阐发了诗人重视感兴审美体验之重要。另一个具有重要标志性意义的学术事件是杨载提出了赋比兴为"诗学正源，法度准则"的感兴诗学理论观点，指出："诗之六义，而实则三体。风、雅、颂者，诗之体；赋、比、兴者，诗之法。……此诗学之正源，法度之准则。"[1] 元代郝经、马端临、方回、刘因、黄清老、傅与砺、倪瓒等人在感兴诗学研究上也各有擅长。如郝经曾选编汉代至五代的诗歌选集《一王雅》，在《一王雅序》中倡导振兴风雅比兴的诗学传统，赞美"汉魏而下，曹、刘、陶、谢之诗，豪赡丽褥，壮峻冲澹，状物态，寓兴感，激音节"，又赞盛中期唐诗"直与《三百五篇》相上下"。[2] 他更提出"诗者述乎人之情者也，情由感而动，……诗之所由兴也"，"《诗》有性情教化之理，而后有风赋比兴之

---

[1] 杨载：《诗法家数·诗学正源》，载何文焕辑《历代诗话》（下），中华书局1981年版，第727页。

[2] 陈伯海主编：《诗学文献集粹》（上），上海古籍出版社2016年版，第491—492页。

法"[1]等感兴诗学观点。马端临重新肯定《毛诗序》有功于《诗》，并重申比兴之于风诗的重要意义，指出："读《国风》诸篇，而后知《诗》之不可无《序》，而《序》之有功于《诗》也。盖风之为体，比兴之辞，多于叙述；风谕之意，浮于指斥。盖有反覆咏叹，联章累句，而无一言叙作之之意者。"[2]方回选编唐宋两代五、七言律诗经典作品，汇成《瀛奎律髓》。方回阐扬传统儒家诗学，提出了孔子的"诗三百，一言以蔽之，曰思无邪"为"诗之体"，孔子的"可以兴，可以观，可以群，可以怨"为"诗之用"。[3]刘因在《鹤庵记》中指出："予观古人之教，凡接于耳目心思之间者，莫不因观感以比德托兴，喻以示戒，是以能收万物，而涵其理以独灵。"[4]黄清老在《答王著作进之论诗法》中有云："意在于假物取意，则谓之比；意在于托物兴辞，则谓之兴；意在于铺张实事，则谓之赋。但贵圆活透彻，辞语相颉颃，常使意在言表，涵蓄有余不尽，乃为佳耳。"[5]傅与砺在《诗文正法》中提出："言不关于世教，义不出于比兴，诗亦徒作。"倪瓒在《题自画墨竹》中提到"余之竹聊以写胸中逸气"，强调了绘画艺术的生机、气韵之重要，发展了传统感兴美学的生命精神。

明清情景论和兴象论诗学进一步走向中国古典感兴诗学的完

---

[1] 陶秋英编选：《宋金元文论选》，人民文学出版社1984年版，第469、475页。
[2] 马端临：《文献通考》，中华书局1986年版，第1539页。
[3] 瞿佑：《唐三体诗序》，载丁福保辑《历代诗话续编》，中华书局1983年版，第1235页。
[4] 王文濡选编：《历代诗文名篇评注读本·宋元明文卷》，岳麓书社2001年版，第250—251页。
[5] 查洪德、李雪：《黄清老佚文辑考——〈全元文〉补遗八篇》，《文学与文化》2018年第1期。

善与总结，不仅细化了前人的审美意象、兴象和意境诗学，使之更加精微，而且更为自觉地以情景关系论替代此前的心物关系论、情物关系论，更加明确地从情景关系、言意关系、作者和读者关系等角度论述兴，注重从缘情感物、借景抒情、情景相生的美感心理研究感兴美学，使得诗兴论与情景论成为一而二、二而一的关系，情景交融为兴的奥妙，而兴成为情景交融说的灵魂。例如，李东阳、李梦阳、谢榛、胡应麟、吴乔、王夫之、叶燮、沈德潜、方东树等人或从情韵关系、诗歌兴趣、诗歌神韵、意象创造的角度来论"兴象深微"，或从情景关系阐述感兴诗学的情景论和诗兴论，从各个角度推进和深化了明清感兴诗学理论研究。

明代前期李东阳在《麓堂诗话》中指出："诗有三义，赋止居其一，而比兴居其二。所谓比与兴者，皆托物寓情而为之者也。盖正言直述则易于穷尽而难于感发。惟有所寄托，形容摹写，反覆讽咏，以俟人之自得，言有尽而意无穷，则神爽飞动，手舞足蹈而不自觉，此诗之所以贵情思而轻事实也。"[1] 明代前七子代表人物李梦阳撰有《空同集》等著作，他在《诗集自序》中则提出"诗者，天地自然之音"，"今真诗乃在民间"，揭示比兴与天地之音、与民间歌谣的关联，认为："曹县盖有王叔武云，其言曰：'夫诗者，天地自然之音也。今途咢而巷讴，劳呻而康吟，一唱而群和者，其真也，斯之谓风也。'孔子曰：'礼失而求之野。'今真诗乃在民间。……诗有六义，比兴要焉。夫文人学子，

---

[1] 李东阳：《麓堂诗话》，载丁福保辑《历代诗话续编》，中华书局1983年版，第1374—1375页。

比兴寡而直率多。何也？出于情寡而工于词多也。夫途巷蠢蠢之夫，固无文也，乃其讴也，咢也，呻也，吟也，行呫而坐歌，食咄而寤嗟，此唱而彼和，无不有比焉兴焉，无非其情焉，斯足以观义矣。故曰：诗者，天地自然之音也。"[1]他又在《梅月先生诗序》中提出感触论的诗情观论："情者动乎遇者也。……遇者物也，动者情也，情动则会，心会则契，神契则音，所谓随遇而发者也。……故遇者因乎情，诗者形乎遇。"[2]他在《缶音序》中则提出："夫诗者，比兴错杂，假物以神变者也，难言不测之妙，感触突发，流动情思，……故歌之心畅，闻之者动也。"[3]正因为认识到兴乃天地自然之感，诗乃天地自然之音，明代感兴诗学对诗歌的感物抒情的审美属性也有更细致生动的认识。例如，明代彭辂亦云："夫神者，何物也？天壤之间，色声香味偶与吾触，而吾意适有此会，辄知肆笔而泄之，世所谓六义之兴，而经纬于赋、比之间者也。赋实而兴虚，比有凭而兴无据，不离字句而有神存乎其间，神之在兴者什九，在赋比者半之。"[4]明人李梦阳倡导的"真诗乃在民间"的诗学观念，创新了宋人"兴的民歌起源"说，并且一直影响到近代诗学理论家。当然，李梦阳在民歌视域下接续了郑樵的声诗说、声韵说，兹不详述。

明代后七子代表人物谢榛所著《四溟诗话》则继承和发展了严羽的兴趣说，主张诗歌创作以兴为本，主张以兴会来融汇格

---

[1] 李梦阳：《诗集自序》，载郭绍虞主编《中国历代文论选》，第3册，上海古籍出版社1979年版，第55页。
[2] 李梦阳：《空同集》，卷五十，上海古籍出版社，1991年版，第471页。
[3] 李梦阳：《空同集》，卷五十二，上海古籍出版社，1991年版，第477页。
[4] 彭辂：《诗集自序》，载黄宗羲编《明文海》，中华书局1987年版，第2783页。

调,提出"诗有不立意造句,以兴为主,漫然成篇,此诗之入化也"[1]。兴是诗人对景物不期然、突如其来的审美感触,是诗歌创作的根本。"诗有天机,待时而发,触物而成,虽幽寻苦索,不易得也。"[2]谢榛将兴列为诗格之首,指出:"诗有四格:曰兴,曰趣,曰意,曰理。太白《赠汪伦》曰:'桃花潭水深千尺,不及汪伦送我情。'此兴也。陆龟蒙《咏白莲》曰:'无情有恨何人见,月晓风清欲堕时。'此趣也。王建《宫词》曰:'自是桃花贪结子,错教人恨五更风。'此意也。李涉《上于襄阳》曰:'下马独来寻故事,逢人惟说岘山碑。'此理也。悟者得之;庸心以求,或失之矣。"[3]谢榛还提出:"凡作诗,悲欢皆由乎兴,非兴则造语弗工。欢喜之意有限,悲感之意无穷。欢喜诗,兴中得者虽佳,但宜乎短章;悲感诗,兴中得者更佳,至于千言反覆,愈长愈健。熟读李杜全集,方知无处无时而非兴也。"[4]又云:"走笔成诗,兴也;琢句入神,力也。"[5]王世贞在《艺苑卮言》卷一中提出"神与境会""兴与境诣"的感兴诗学观点,指出"西京、建安,似非琢磨可到。要在专习,凝领之久,神与境会,忽然而来,浑然而就。无岐级可寻,无色声可指","法极无迹,人能之至,境与天会,……皆兴与境诣,神合气完使之"。[6]

陆时雍的《诗镜总论》有云"体物著情,寄怀感兴,诗之为

---

[1] 谢榛著,宛平校点:《四溟诗话》,卷一,人民文学出版社1961年版,第28页。
[2] 谢榛著,宛平校点:《四溟诗话》,卷二,人民文学出版社1961年版,第41页。
[3] 谢榛著,宛平校点:《四溟诗话》,卷二,人民文学出版社1961年版,第45页。
[4] 谢榛著,宛平校点:《四溟诗话》,卷三,人民文学出版社1961年版,第85页。
[5] 谢榛著,宛平校点:《四溟诗话》,卷三,人民文学出版社1961年版,第77页。
[6] 王世贞著,罗仲鼎校注:《艺苑卮言校注》,齐鲁书社1992年版,第25、28页。

用，如此已矣"；又云"诗之可以兴人者，以其情也，以其言之韵也。是故情欲其真，而韵欲其长也，二言足以尽诗道矣"。[1]屠隆倡导和贯通唐宋的"寄兴"说与"兴趣"说，认为魏晋六朝诗"秾华色泽，比物连汇，亦种种动人"；与之相比，唐诗虽距三百篇更远，却更得三百篇之抒发兴寄、兴趣之美学传统："诗至三百篇而下有汉魏古乐府，汉魏而下有六朝《选》诗，《选》诗而下有唐音。唐音去三百篇最远，然山林宴游之篇则寄兴清远，宫闱应制之什则体存富丽，述边塞征戍之清则凄婉悲壮，畅离别羁旅之怀则沉痛感慨。即非古诗之流，其于诗人之兴趣，则未失也。"[2]屠隆又云："唐人长于兴趣，兴趣所到，固非拘挛一途。且天地川风云草木止数字耳，陶铸既深，变化若鬼。即不出此数字，而起伏顿挫，回合正变，万状错出；悲壮沉郁，清空流利，迥乎不齐。而总之协于宫商，娴于音节，固琅然可诵也。"[3]焦竑盛赞诗歌创作的"诗笔淋漓"和"意兴所到"。郝敬对《诗》之赋比兴有贯通性、创新性的阐释，将"兴赋比"三义合为一体，分别释之以"诗之情""诗之事""诗之意"，指出："赋、比、兴非判然三体也。《诗》始于兴。兴者，动也。故曰：'动天地、感鬼神，莫近于《诗》。'夫子亦曰：'《诗》可以兴'。凡《诗》未有离兴者类。兴者，《诗》之情。情动于中，发于言为赋。赋者，事之辞。辞不欲显，托于物为比；比者，意之象。

---

[1] 丁福保辑：《历代诗话续编》，中华书局1983年版，第1412、1415页。
[2] 屠隆：《文论》，载蔡景康编选《明代文论选》，人民文学出版社1993年版，第255—256页。
[3] 屠隆：《与友人论文书》，载蔡景康编选《明代文论选》，人民文学出版社1993年版，第260页。

故夫铺叙括综曰赋，意象附合曰比，感动触发曰兴，非但欢娱为兴，喜怒哀乐，皆本于兴。故《诗》者，性情之道，和人神，协上下，移风易俗，莫非兴也。"而且，郝敬对兴在赋比兴中的重要地位有精到阐发，认为兴即是兴动情感、情感兴发，指出："诗言微婉，托物为比，陈辞为赋，感动为兴，三义合而诗成。"

尤其值得指出的是，明代诗兴诗学的理论发展在兴象论研究方面更加精细、精微，将宋代诗学的活法论思想用于探究兴象论，诗人们和诗学家们从各个方面探索"兴象玲珑"的艺术审美特征。例如，李梦阳、胡应麟、许学夷等人都从情韵关系、意象创造的角度论兴，更加强调情景之间的相互感发、相互生成，更加强调诗歌审美兴象的"兴象玲珑""意象玲珑""兴象超远""兴象深微""兴象弥深"。例如，高棅的《唐诗品汇》也以"兴象"论诗品诗，曰："（唐诗）莫不兴于始，成于中，流于变，而陊之于终。至于声律、兴象、文词、理致，各有品格高下之不同。"盛唐诸大家皆富于"兴象"；并提出"兴象高远"论，认为中唐以下"其声调、格律易于同似，得其兴象高远者寡矣"。胡应麟的《诗薮》一书继承和发展了严羽《沧浪诗话》的兴趣说，提出"作诗大要不过二端，体格声调、兴象风神而已。体格声调，有则可循；兴象风神，无方可执。……形迹俱融，兴象风神，自尔超迈"。在此，胡应麟指出"体格声调"质实可循、具体可感，"兴象风神"灵虚超迈、无方可执，"兴象风神"与"体格声调"是虚实相生的关系。胡应麟赞美"盛唐绝句，兴象玲珑，句意深婉，无工可见，无迹可寻"。胡应麟不仅以对"兴象风神""兴象玲珑""兴象婉然""兴象超迈""兴象高远""兴象标拔"等美学范畴的阐释进一步细化了严羽的兴象论诗学和中国古典感兴美学理论研究,而且用其评价历代诗歌作品,成为明代诗兴美学理论研究的佳作。许学夷评《国风》"托物兴寄,体制玲珑";评《古诗十九首》"触物兴怀,兴象玲珑"。

晚明诗学和美学更有"童心说""化工说""性灵说""唯情论""情教说",突出了诗兴创造与个性、性灵的关系,开启了近代感兴美学的先声。徐渭、李贽、汤显祖、公安三袁(袁宗道、袁宏道、袁中道)、冯梦龙等人实现了对温柔敦厚的传统儒家诗学性情论的突破和超越,他们的诗学性情论进一步世俗化、个体化、生命化或自然化,反映了一种有别于传统士大夫的文学观念而代表新兴市民阶层的审美趣味、艺术理想和美学精神,创新了中国古典感兴美学的范畴和理论,彰显出一种新的诗兴美学精神气质。例如,李贽鲜明地提出:"夫童心者,真心也。若以童心为不可,是以真心为不可也。……天下之至文,未有不出于童心焉者也。"[1]又曰:"夫所谓'作'者,谓其兴于有感而志不容已,或谓情有所激而词不可缓之谓也。"[2]又云:"《拜月》《西厢》,化工也;《琵琶》,画工也。……风行水上之文,决不在于一字一句之奇。……且夫世之真能文者,比其初,皆非有意于为文也。其胸中有如许无状可怪之事,其喉间有如许欲吐而不敢吐之物,其口头又时时有许多欲语而莫可所以告语之处,蓄极积久,势不能遏。一旦见景生情,触目兴叹,夺他人之酒杯,浇自

---

[1] 李贽著,夏剑钦校点:《焚书·续焚书》,岳麓书社1990年版,第97—98页。
[2] 李贽:《藏书》,卷四十《史学儒臣司马谈司马迁》,载张建业主编,漆绪邦、张凡注《李贽全集注》,第7册,社会科学文献出版社2010年版,第329页。

己之垒块；诉心中之不平，感数奇于千载。"[1] 汤显祖则指出："予谓文章之妙不在步趋形似之间。自然灵气，恍惚而来，不思而至。怪怪奇奇，莫可名状。非物寻常得以合之。……士有志于千秋，宁为狂狷，毋为乡愿。"[2] 徐渭则强调兴的触物发声、以兴起情的美感兴发作用："诗之'兴'体起句，绝无意味，自古乐府亦已然。乐府盖取民俗之谣，正与古国风一类。今之南北东西虽殊方，而妇女儿童、耕夫舟子、塞曲征吟、市歌巷引，若所谓《竹枝词》，无不皆然。此真天机自动，触物发声，以启其下段欲写之情，默会亦自有妙处，决不可以意义说者。"[3] 总之，晚明心学感兴诗学发出了中国近古早期浪漫主义的个性解放的美学新声，对清代袁枚的"性灵"说有直接影响，清人袁牧指出："圣人称诗'可以兴'，以其最易感人也"，"孔子所云'兴观群怨'四字，惟言情者居其三"。[4]

明末清初启蒙思想家、著名学者顾炎武、黄宗羲等人重新阐扬了儒家诗学传统。顾炎武对《诗经》的研究重音训而非修辞，但强调诗人修辞立诚，诗本乎情，博学于文，文须有益于天下，以士人立身而不为文人，注重阐扬文学教化关乎天下兴亡的诗学传统。顾炎武尤其提出了"诗文代变"的诗歌发展观，指出："三百篇之不能不降而《楚辞》，《楚辞》不能不降而汉、魏，汉、

---

[1] 李贽著，夏剑钦校点:《焚书·续焚书》，岳麓书社1990年版，第96—97页。

[2] 汤显祖:《合奇序》，载徐朔方笺校《汤显祖全集》，第2册，北京古籍出版社1999年版，第1138页。

[3] 徐渭:《奉师季先生书》，载《徐渭集》，第1册，中华书局1999年版，第458页。

[4] 袁枚:《随园诗话》，中国戏剧出版社2002年版，第336、703页。

魏之不能不降而六朝，六朝之不能不降而唐也，势也。用一代之体，则必似一代之文而后为合格。诗文之所以代变，有不得不变者。一代之文，沿袭已久，不容人人皆道此语。今且千数百年矣，而犹取古人之陈言一一而摹仿之，以是为诗，可乎？"[1]揭示了一代又一代之诗的诗歌创新发展规律。顾炎武的诗歌创作注重比兴，例如《精卫》一诗以精卫填海的神话故事入兴，抒发了心怀天下的豪杰精神。黄宗羲则对重振传统儒家诗教精神尤其是孔子"兴观群怨"的诗教思想传统给予了更多的关注，指出："昔吾夫子以兴、观、群、怨论诗。孔安国曰：'兴，引譬连类。'凡景物相感，以彼言此，皆谓之兴。后世咏怀、游览咏物之类是也。"又云："古之以诗名者，未有能离此四者，然其情各有至处。其意句就境中宣出者，可以兴也；言在耳目，情寄八荒者，可以观也；善于风人答赠者，可以群也；凄戾为《骚》之苗裔者，可以怨也。"[2]黄宗羲还提出了"万古之性情"的诗学思想："诗以道性情，夫人而能言之。然自古以来，诗之美者多矣，而知性者何其少也。盖有一时之性情，有万古之性情。夫吴歈越唱，怨女逐城，触景感物，言乎其所不得不言，此一时之性情也。孔子删之，以合乎兴、观、群、怨、思无邪之旨，此万古之性情也。吾人诵法孔子，苟其言诗，亦必当以孔子之性情为性情。如徒逐逐于怨女逐臣，逮其天机之自露，则一偏一曲，其为

---

[1] 顾炎武著，黄汝成集释，栾保群校注：《日知录集释》（校注本），第4册，浙江古籍出版社2013年版，第1218—1219页。
[2] 《黄宗羲全集》，第10册，浙江古籍出版社1993年版，第91页。

性情亦末矣。"[1]黄宗羲还强调："诗也者，联属天地万物而畅吾之精神意志者也。"[2]陈子龙则在民族危亡之际重申了诗骚风雅精神，"托象连类，本出于诗人；寓言体物，极于《骚》《雅》。……凡愉悼感激之怀，皆造端于触发，而比兴所以独长，风流所以不坠也"，强调了诗学的比兴之志和现实情怀。

中国古典感兴美学或诗学之兴在王夫之、叶燮那里臻于集大成。王夫之、叶燮深刻揭示和生动论述了兴即是"即景会心""兴即现量""浡然兴矣""渤然兴焉"的审美感兴奥妙，透辟地阐述了心物、情景、物我一气贯通的感兴美学原理，揭示了兴在眼前物象直觉中建构象外世界意义世界、在当下景物中贯通天人和万物存在、以在场性物象汇聚不在场存在的诗学本体论意涵。王夫之最为自觉地将诗歌之兴视为诗歌艺术的核心和诗歌美学的本体，称之为"诗之枢机"，将"诗道性情""情景相生""兴观群怨"等理论相融合，贯通了诗歌艺术活动的各个环节，达到了中国古典诗学感兴论和情景论的理论最高峰。王夫之在《姜斋诗话·诗译》中写道："'诗可以兴，可以观，可以群，可以怨。'尽矣。辨汉、魏、唐、宋之雅俗得失以此，读《三百篇》者必此也。"又在《姜斋诗话·夕堂永日绪论内编》中指出："兴、观、群、怨，诗尽于是矣。经生家析《鹿鸣》《嘉鱼》为群，《柏舟》《小弁》为怨，小人一往之喜怒耳，何足以言诗？'可以'云者，随所'以'而皆'可'也。《诗三百篇》而下，唯《十九首》能

---

[1]《黄宗羲全集》，第10册，浙江古籍出版社1993年版，第82页。
[2]《黄宗羲全集》，第10册，浙江古籍出版社1993年版，第87页。

然。李杜亦仿佛遇之,然其能俾人随触而皆可,亦不数数也。"[1]又云:"'诗言志,歌咏言',非志即为诗,言即为歌也。或可以兴,或不可以兴,其枢机在此。"王夫之认为,诗歌比兴修辞是"有形发未形,无形君有形"。王夫之对诗歌审美感兴中的情景关系做了最为细致的阐发,真正将感兴诗学和情景诗学相贯通,将感兴论美学发展到了情景论美学的理论新阶段,提出了许多精辟观点。王夫之指出:"一用兴会标举成诗,自然情景俱到"[2],"情景名为二,而实不可离。神于诗者,妙合无垠","兴在有意无意之间,比亦不容雕刻。关情者景,自与情相为珀芥也。情景虽有在心在物之分,景生情,情生景,哀乐之触,荣悴之迎,互藏其宅","夫景以情合,情以景生,初不相离,惟意所适。截分两橛,则情不足兴,而景非其景","作者用一致之思,读者各以其情而自得。故《关雎》,兴也,康王晏朝,而即为冰鉴。……人情之游也无涯,而各以其情遇,斯所贵于有诗"。[3]

叶燮的感兴诗学也以其理论的创造性而在中国诗学史上独树一帜,叶燮在《原诗·内篇下》中指出:"盖天地有自然之文章,随我之所触而发宣之"[4],"凡物之美者,盈天地间皆是也,然必待人之神明才慧而见"。叶燮进而提出了"以我之胸襟去感应

---

[1] 王夫之著,戴鸿森笺注:《姜斋诗话笺注》,上海古籍出版社2012年版,第4、42页。

[2] 王夫之:《船山全书》,第十四册,岳麓书社1996年版,第594、897、1478页。

[3] 王夫之著,戴鸿森笺注:《姜斋诗话笺注》,上海古籍出版社2012年版,第4—5页。关于王夫之诗学的丰富内涵,可参见陶水平《船山诗学研究》,中国社会科学出版社2001年版。

[4] 叶燮著,霍松林校注:《原诗》,人民文学出版社1979年版,第25页。

和发明天地万物之情状"的感兴诗学理论。一方面,叶燮提出:"我谓作诗者,亦必先有诗之基焉。诗之基,其人之胸襟是也。有胸襟,然后能载其性情、智慧、聪明、才辨以出,随遇发生,随生即盛。千古诗人推杜甫。其诗随所遇之人之境之事之物……触类而起,因遇得题,因题达情,因情敷句,皆因甫有其胸襟以为基。如星宿之海,万源从出;如钻燧之火,无处不发;如肥土沃壤,时雨一过,夭矫百物,随类而兴,生意各别,而无不具足。……有是胸襟以为基,而后可以为诗文。"另一方面,叶燮又指出:"天地之大,古今之变,万汇之赜,日星河岳,赋物象形,兵刑礼乐,饮食男女,于以发为文章,形为诗赋,其道万千。余得以三语蔽之:曰理、曰事、曰情,不出乎此而已。……文章者,所以表天地万物之情状也。然具是三者,又有总而持之,条而贯之者,曰气。……(事、理、情)三者藉气而行者也。得是三者,而气鼓行于其间,细缊磅礴,随其自然,所至即为法,此天地万象之至文也。"[1] 合而言之则谓:"曰理、曰事、曰情,此三言者足以穷尽万有之变态。凡形形色色,音声状貌,举不能越乎此。此举在物者而为言,而无一物之或能去此者也。曰才、曰胆、曰识、曰力,此四言者所以穷尽此心之神明。凡形形色色,音声状貌,无不待于此而为之发宣昭著。此举在我者而为言,而无一不如此心以出之者也。以在我之四,衡在物之三,合而为作者之文章。大之经纬天地,细而一动一植,咏叹讴吟,俱不能离是而为言者矣。"[2] 在叶燮看来,"原夫作诗者之肇端而有

---

[1] 叶燮著,霍松林校注:《原诗》,人民文学出版社1979年版,第17、20—22页。
[2] 叶燮著,霍松林校注:《原诗》,人民文学出版社1979年版,第23—24页。

事乎此也,必先有所触以兴起其意,而后措诸辞、属为句、敷之而成章。当其有所触而兴起也,其意、其辞、其句,劈空而起,皆自无而有,随在取之于心。出而为情、为景、为事,人未尝言之,而自我始言之,故言者与闻其言者,诚可悦而永也"[1]。总之,叶燮的感兴诗学与王夫之的感兴诗学珠联璧合,成为清代中国古典诗兴诗学理论总结时期的双子星座。

清代不仅有王夫之、叶燮的感兴诗学的理论高峰,而且还有很多诗学家从审美感兴和传统赋比兴等各方面对诗兴美学做了阐幽发微式的精细研究。清代著名诗人王士禛论诗倡导神韵说,强调"伫兴而作"和"兴会神到",阐发了诗歌兴会的神妙性、灵感性、主观性、虚灵性、虚构性、想象性和超逸性。他在《带经堂诗话》卷三《伫兴类》中指出:"大抵古人诗画,只取兴会神到,若刻舟缘木求之,失其指矣。"[2]又引友人言说:"当其触物兴怀,情来神会,机括跃如,如兔起鹘落,稍纵则逝矣。有先一刻后一刻不能之妙。"[3]更赞誉王维诗"兴来神来,天然入妙,不可凑泊"[4]。王士禛还在《渔洋诗话》中指出:"古人诗只取兴会超妙,不似后人章句,但作记里鼓也。"[5]总之,王士禛标举诗歌兴象的超诣之妙。冯舒和冯班兄弟则重在阐发中晚唐

---

[1] 叶燮著,霍松林校注:《原诗》,人民文学出版社1979年版,第5页。
[2] 王士禛著,戴鸿森校点:《带经堂诗话》,人民文学出版社1963年版,第68页。
[3] 王士禛:《师友诗传录》,载王夫之等撰《清诗话》,上册,上海古籍出版社1978年版,第128页。
[4] 王士禛著,戴鸿森校点:《带经堂诗话》,人民文学出版社1963年版,第518页。
[5] 王士禛:《渔洋诗话》(上),载王夫之等撰《清诗话》,上册,上海古籍出版社1978年版,第183页。

感兴诗学，冯班提出了"兴在象外，言尽而意不尽""文无比兴，非诗之体也"的感兴诗学命题。接续王夫之诗学，吴乔对感兴与情景的诗意联系也有精到阐释，也主张诗歌创作以情为主，情景交融。吴乔在《围炉诗话》卷一中指出："诗以道性情，无所谓景也。《三百篇》中之兴'关关雎鸠'等，有似乎景，后人因以成烟云月露之词，景遂与情并言，而兴义以微。然唐诗犹自有兴，宋诗鲜焉。明之瞎盛唐，景尚不成，何况于兴？"[1] 古典感兴诗学进一步转变和细化为情景相生说。吴乔在《围炉诗话》卷一中指出："人有不可已之情，而不可直陈于笔舌，又不能已于言。感物而动则为兴，托物而陈则为比。是作者固已酝酿而成之者也。"吴乔还盛赞唐诗善用比兴，"托比兴以杂出之，其词婉而微"。吴乔指出："大抵文章实做则有尽，虚做则无穷。《雅》《颂》多赋，是实做；《风》《骚》多比兴，是虚做。唐诗多宗《风》《骚》，所以灵妙。诗之失比兴，非细故也。比兴是虚句活句，赋是实句。有比兴则实句变为活句，无比兴则实句变成死句。许浑诗有力量，而当时以为不如不作，无比兴，说死句也。……宋诗率直，失比兴而赋犹存。弘、嘉人诗无文理，并赋亦失之。"[2] 乔亿的《剑溪诗说》曰："所谓性情者，不必关乎伦常，意深于美刺，但触物起兴，有真趣存焉耳。"[3] 李重华在

---

[1] 吴乔：《围炉诗话》，卷一，载郭绍虞编选、富寿荪校点《清诗话续编》，上海古籍出版社1983年版，第478页。

[2] 吴乔：《围炉诗话》，载郭绍虞编选、富寿荪校点《清诗话续编》，上海古籍出版社1983年版，第481—482页。

[3] 乔亿：《剑溪诗说》，卷下，载郭绍虞编选、富寿荪校点《清诗话续编》，上海古籍出版社1983年版，第1098页。

《贞一斋诗说》第一则中指出："何谓象与意？曰：物有声即有色，象者，摹色以称音也。如舞曲者动容而歌，则意惬悉关飞动，无论兴比与赋，皆有恍然心目者。"[1]李重华又云："诗之音节，不外哀乐二端。乐者定出和平，哀者定多感激。更辨所关巨细，分其高下洪纤，使兴会胥合，自然神理，胥归一致。即乐者使人起舞，哀者使人泣下，所谓'意惬关飞动'也。"[2]

尤其是翁方纲、方东树等人提出的"兴象互感""兴在象外""兴象超妙"理论，把兴象论语与意境论加以贯通和细化，丰富和完善了中国古典诗兴诗学。如翁方纲在《石洲诗话》卷一中认为："右丞五言，神超象外。……唐人之诗，但取兴象超妙，至后人乃益研核情事耳。"[3]又云："古人唱和，自生感激。若《早朝大明宫》之作，并出壮丽；《慈恩寺塔》之咏，并见雄宕，率由兴象互相感发"；"盛唐诸公之妙，自在气体醇厚，兴象超远"。[4]方东树亦强调"诗重比兴"，明确提出兴是诗歌最重要的审美特质，注重阐扬诗歌兴象审美理想。方东树在《昭昧詹言》卷一开篇通论五古时即提出："夫论诗之教，以兴、观、群、怨为用。言中有物，故闻之足感，味之弥旨，传之愈久而常新。……故曰：诗之为学，性情而已。"方东树指出："诗重比兴，比但以

---

[1] 李重华：《贞一斋诗说》，载王夫之等撰《清诗话》，下册，上海古籍出版社1978年版，第921页。

[2] 李重华：《贞一斋诗说》，载王夫之等撰《清诗话》，下册，上海古籍出版社1978年版，第934页。

[3] 翁方钢：《石洲诗话》，卷一，载郭绍虞编选、富寿荪校点：《清诗话续编》，上海古籍出版社1983年版，第1367—1368页。

[4] 翁方钢：《石洲诗话》，卷一，载郭绍虞编选、富寿荪校点：《清诗话续编》，上海古籍出版社1983年版，第1369、1370页。

物相比；兴则因物感触，言在于此而意寄于彼，如《关雎》《桃夭》《兔罝》《樛木》。解此则言外有余味而不尽于句中，又有兴而兼比者，亦终取兴不取比也。若夫兴在象外，则虽比而亦兴，然则，兴最诗之要用也。"[1]方东树的论诗尤重诗歌兴象，他在《昭昧詹言》一书中关于"兴象宛然""兴象高妙""兴象华妙""兴象超诣""兴象超远""兴象无穷"的论述丰富和细化了感兴诗学的兴象论。例如，他提出："文字精深在法与意，华妙在兴象与词。"又云："其（指杜甫诗《丹青引——赠曹霸将军》）妙处在神来气来，纸上起棱。凡诗文之妙者，无不起棱，有汁浆，有兴象，不然，非神品也。"他又在卷二十一中提出："正言直述，易于穷尽，而难于感发人意。托物寓情，形容摹写，反复咏叹，以俟人之自得，所以贵比兴也。"[2]这些精辟观点进一步丰富了诗学兴象理论。

清代学者陈启源力图复兴汉代诗经学传统，著有《毛诗稽古编》三十卷，对比、兴有精细区分和辨析。陈启源《毛诗稽古编·总诂》指出："兴、比皆喻而体不同。兴者，兴会所至，非即非离，言在此意在彼；其词微，其旨远。比者，一正一喻，两相譬况，其词决，其旨显，且与赋交错而成文，不若兴语之用以发端，多在章首也。"又云："毛公独标兴体，朱子兼明比赋；然朱子所判为比者，多是兴耳。比兴虽皆托喻，但兴隐而比显，兴婉而比

---

[1] 方东树著，汪绍楹校点：《昭昧詹言》，人民文学出版社1961年版，第1、419页。

[2] 方东树著，汪绍楹校点：《昭昧詹言》，人民文学出版社1961年版，第11、85、475页。

直，兴广而比狭。……"陈启源在诠释二郑的比兴之说时还指出："诗人兴体，假象于物，寓意良深，凡托兴在是，则或美或刺，皆见于兴中。"纪昀则言："古之风人，特自写其悲愉，旁抒其美刺而已。心灵百变，物色万端，逢所感触，遂生寄托，寄托既远，兴象弥深，于是缘情之什渐化为文章。"纪昀在《瀛奎律髓刊误》中评林逋的诗"兴象深微，毫无凑泊之迹，此天机所到，偶然得之"；评王维诗"兴象深微，特为精妙"；评常建的《题破山寺》"兴象深微，笔笔超妙，此为神来之候，'自然'二字尚不足以尽之"。清代陈奂在《诗毛氏传疏》卷一中指出："盖好恶动于中而适触于物，假以明志谓之兴；而以言乎物则比矣；而以言乎事则赋矣。要迹其志之所自发情之不能已者，皆出于兴。……凡托鸟兽草木以成言者，皆兴也。赋显而兴隐，比直而兴曲。"[1]又云："作诗者之意，先以托事于物，继乃比方于物，盖言兴而比已寓焉矣。"[2]吴毓汾称"盖好恶动于中而适触于物，假以明志，谓之兴。而以言于物则比矣，情之不能已者皆出于兴"。顾镇在《虞东文集·诗说》中论"《诗》之取兴全以发端两言为主，所谓感物而起也。……风人之致莫妙于兴，比、赋之篇皆涵兴意，特其区宇有定，全在开端"。姚际恒的《诗经通论·诗经论旨》接续了朱熹的感兴诗学观点，认为："兴者，但借物以起兴，不必与正意相关也"。沈德潜在《说诗晬语》卷一中认为："诗之为道，可以理性情、善伦物、感鬼神、设教邦国、应对诸侯，用如此其重也。秦、汉以来，乐府代兴；六代继之，

---

[1] 陈奂：《诗毛氏传疏》，上册，商务印书馆1933年版，第3页。
[2] 陈奂：《诗毛氏传疏》，上册，商务印书馆1933年版，第52页。

流衍靡曼。至有唐而声律日工，托兴渐失，徒视为嘲风雪、弄花草、游历燕衎之具，而诗教远矣。学者但知尊唐而不上穷其源，犹望海者指鱼背为海岸，而不自悟其见之小也。今虽不能竟越三唐之格，然必优柔渐渍，仰溯《风》《雅》，诗道始尊。"又说："事难显陈，理难言罄，每托物连类以形之；郁情欲舒，天机随触，每借物引怀以抒之；比兴互陈，反覆唱叹，而中藏之欢愉惨戚，隐跃欲传，其言浅，其情深也。倘质直敷陈，绝无蕴蓄，以无情之语而欲动人之情，难矣。"[1] 焦循在《毛诗补疏》序中提道："夫《诗》，温柔敦厚者也。不质言之而比兴言之，不言理而言情，不务胜人而务感人。"[2] 吴雷发在《说诗菅蒯》中谓"诗固以兴之所致为妙"。

清代朱庭珍也是一位善于综合创新的感兴诗学家。朱庭珍指出："诗有六义，赋仅一体，比兴二义，盖为一种难题立法。固有不可直言，不敢显言，不便明言，不忍斥言之情之境。或借譬喻，以比拟出之；或取义于物，以连类引起之。反复回环，以致唱叹，曲折摇曳，愈耐寻求。此诗品所以贵温柔敦厚、深婉和平也，诗情所以重缠绵悱恻、酝酿含蓄也，诗义所以尚文外曲致、思表纤旨也。一味直陈其事，何能感人？"更为可贵的是，朱庭珍贯通了比兴说和兴象说，对诗歌兴象的精妙多有发微，指出："（诗之情景）相生相融，化成一片。情即是景，景即是情，如镜

---

[1] 沈德潜著，霍松林校注：《说诗晬语》，卷上，人民文学出版社1979年版，第186页。

[2] 焦循著，陈居渊主编：《雕菰楼经学九种》（上），凤凰出版社2015年版，第43页。

花水月,空明掩映,活泼玲珑。其兴象精微之妙,在人神契,何可执形迹分乎?""天机洋溢,意趣活泼,诚中形外,有触即发,自在流出,毫不费力。故能兴象玲珑,气体超妙,高浑古淡,妙合自然","盖兴象玲珑,意趣活泼,寄托深远,风韵泠然,故能高踞题巅,不落溪径,超超玄著,耿耿元精,独探真际于个中,遥流清音于弦外,空诸所有,妙合天籁"。[1] 陈沆在《诗比兴笺》中云:"……自古以来说此诗者,不为咏古之恒词,则为求仙之泛刺。徒使诗词爵蜡,意兴不存。……长吉志在用世,又恶进不以道,故述此二篇以寄其悲,特以寄托深遥。遂尔解人莫索。"[2] 魏源为其所作之序更是明确指出:"知比兴之所起,即知志之所之。"[3]

清代词学家们自觉将传统诗经比兴艺术的理论和方法引入清词的比兴创作和词学比兴研究,开拓了古典感兴诗学研究的一个新领域,既提高了词学的理论地位,又丰富了传统感兴诗学。常州词派张惠言的《词选序》倡论词作之感兴与比兴,提出词作能"与诗赋之流同类而风诵之",指出:"《传》曰:'意内而言外者,谓之词。'其缘情造端,兴于微言,以相感动,极命风谣里巷,男女哀乐,以道贤人君子幽约怨悱不能自言之情。低徊要眇,以喻其致。盖《诗》之比兴、变风之义,骚人之歌,则近之矣。然以其文小,其声哀,放者为之,或淫荡靡曼,杂以昌狂俳优。然

---

[1] 朱庭珍:《筱园诗话》,卷一,载郭绍虞编选、富寿荪校点《清诗话续编》,上海古籍出版社1983年版,第2337、2340、2341页。
[2] 陈沆:《诗比兴笺》,中华书局1959年版,第230—231页。
[3] 魏源:《序》,载陈沆《诗比兴笺》,中华书局1959年版,第1页。

要其至者，罔不恻隐盱愉，感物而发，触类条鬯，各有所归，不徒雕琢曼饰而已。"[1]显然，张惠言意在将感兴诗学与比兴诗学融会于词的创作之中，复兴讽喻寄托、比兴美刺的古典诗学传统。周济则在《词辨序》中指出："夫人感物而动，兴之所托，未必咸本庄雅，要在讽诵绅绎，归诸中正，辞不害志，人不废言。虽乖谬庸劣，纤微委琐，苟可驰喻比类，翼声究实，吾皆乐取，无苛责焉。"[2]陈廷焯在《白雨斋词话序》中认为："夫人心不能无所感，有感不能无所寄；寄托不厚，感人不深；厚而不郁，感其所感，不能感其所不感。伊古词章，不外比兴。"在《白雨斋词话》卷六中进一步指出："或问比与兴之别，余曰：'……以词太浅露，未合风人之旨。……低回深婉，托讽于有意无意之间，可谓精于比义。……若兴则难言之矣。托喻不深，树义不厚，不足以言兴。深矣厚矣，而喻可专指，义可强附，亦不足以言兴。所谓兴者，意在笔先，神余言外，极虚极活，极沈极郁，若远若近，可喻不可喻，反覆缠绵，都归忠厚……'"[3]兴是托喻深厚、含蓄，兴意无穷。沈祥龙在《论词随笔》中指出："或借景以引其情，兴也；或借物以寓其意，比也。盖心中幽约怨悱，不能直言，必低徊要眇以出之，而后可感动人。"[4]

---

[1] 张惠言著，严明、董俊珏选注评点：《张惠言文选》，苏州大学出版社 2001 年版，第 58 页。

[2] 陈良运主编：《中国历代词学论著选》，百花洲文艺出版社 1998 年版，第 552 页。

[3] 陈廷焯著，杜维沫校点：《白雨斋词话》，人民文学出版社 1983 年版，第 158 页。

[4] 陈良运主编：《中国历代词学论著选》，百花洲文艺出版社 1998 年版，第 645 页。

直至晚清，传统诗兴仍得到绵延不绝，并酝酿进入近代转型的历史变革。例如，康有为《诗集自序》曰："诗者，言之有节文者耶！凡人情志郁于中，境遇交于外，境遇之交压也瑰异，则情志之郁积也深厚。情者阴也，境者阳也；情幽幽而相袭，境娉娉而相发。阴阳愈交迫，则愈变化而旁薄，又有礼俗文例以节奏之，故积极而发：泻如江河，舒如行云，奔如卷潮，怒如惊雷，咽如溜滩，折如引泉，飞如骤雨。"[1] 晚清黄遵宪则主张"复兴古人比兴之体"[2]，倡导比兴精神，以振兴诗歌的现实关怀与时代意识。黄遵宪在《与梁任公论诗书》中指出："吾论诗以言志为体，以感人为用。孔子所谓兴于诗，伯牙所谓移情，即吸力之说也。"[3] 以上对清代感兴诗学理论的梳理和评析表明，清代感兴诗学从多方面进一步细化了传统比兴诗学和感兴美学，并将其扩展至对词作的比兴研究，中国古典感兴美学对诗歌艺术兴象的审美特征与审美作用的认识更为精专、精细和精致。

总之，兴是随着时代的变化发展而变化发展的。感兴艺术在历代诗人艺术家的笔下得到不断的创新发展，感兴美学则在历代诗学家的笔下得到新的阐发。兴是与时俱进、不断发展的，古人称之为"新兴"（如殷璠《河岳英灵集》评贺兰进明《行路难》五首"并多新兴"），中国古典感兴美学因而形成了一个绵延不

---

[1] 桑咸之、阎润鱼译注：《康有为诗文选译》，巴蜀书社1997年版，第286—287页。

[2] 黄遵宪：《人境庐诗草自序》，载吴振清、徐勇、王家祥编校整理《黄遵宪集》，上卷，天津人民出版社2003年版，第79页。

[3] 黄遵宪著，钱仲联笺注：《人境庐诗草笺注》（下），上海古籍出版社1981年版，第1253页。

断、生生不息的理论传统。正如钟惺所言:"作诗者之意兴,虑无不代求其高。"赵南星亦云:"有一代之兴,则有一代之诗。"黄子肃在《皇元风雅序》中亦云:"一代之兴,必有一代诗人以鸣国家之盛,《雅》《颂》《二南》,后世蔑以加矣。在汉时则有乐府,在魏、晋、宋时则有《选》诗,在唐时则有《河岳》《间气》诸集,亦皆鸣之善者也。大抵气盛者声宏,地广者风远,德有厚薄,功有大小,声音不得而遁焉。士大夫生当其时,濡耳染目,动诸中而鸣于外,亦岂人力所能为哉?"[1]法国近代文学批评家圣勃夫(又译作"圣佩韦")认为:"'古典'这个观念本身含有连贯和坚实的、整体的和传统的自然结构,自然相传而永久持续的东西。……一位真正的古典作家,乃是一位丰富了人类精神的作家。"[2]中华感兴美学理论传统亦然,感兴美学的理论探索及其精神气质也是不断发展、不断展开、不断丰富、与时俱进的。中华感兴美学有如刘勰在《文心雕龙·通变》中所云:"凭情以会通,负气以适变。……序志述时,其揆一也。"总之,中国感兴美学理论是一个源远流长、生生不息的美学传统。历代先哲和艺术家对感兴经验和诗学的探索汇成了源远流长的感兴美学传统,每一位后来者都被前代先贤所限定、所构型;同时,每一位后来者又充实、新构了感兴美学传统,从而使得感兴美学传统的理论长河川流不息,奔腾向前,从古代走向近代。

---

[1] 查洪德、李雪:《黄清老佚文辑考——〈全元文〉补遗八篇》,《文学与文化》2018年第1期。

[2] 圣佩韦:《什么是古典作家?》,载伍蠡甫等编《西方文论选》,下卷,上海译文出版社1979年版,第198、200页。

第三章 中华感兴美学的理论体系与审美过程

中华感兴美学既是一个生生不息、绵延数千年的理论传统，又是一个以兴为词语核心的理论术语群，蕴含着丰富的美学思想内涵，形成了一个潜在而完整的美学理论体系。中华感兴美学理论史上固然也诞生了像刘勰《文心雕龙》美学那样博大精深的理论体系，但总体来看，中华感兴美学理论体系的建构主要不在于某位理论家的个人建构，而在于一代一代感兴美学家的集体建构，他们的思想汇成了中华感兴美学完整的理论体系。因此，诗学美学传统所呈现的理论体系，不是由某一个诗学家完成的，而是历代诗学家共同完成的，是历代诗学家面对感兴世界而持续积累、不断阐发的结果，是呈现在艺术审美感兴活动、历代诗兴范畴和理论命题研究中的审美逻辑系统。中华感兴美学不仅以理论范畴与理论命题的形式存在和发展，并构成一个不断丰富和展开的理论系统，而且也渗透在中国古人的艺术活动的审美流程之中。

兴作为中国古典艺术的灿烂感性、精神气质与审美典范，展开在中国古典美学理论史上的各个理论维度，贯穿于中国古代艺术审美活动的整个流程，生成了中国历代艺术的审美风格，建构了中国历代艺术的理想范式。感兴美学源于艺术，又反作用于艺术。兴的世界即是中华美学精神的呈现世界或表征世界，兴的范畴群即是中华感兴美学理论的范畴群，兴的展开即是感兴美学的理论展开，兴的活动流程即是中华传统艺术审美的活动流程。兴贯穿于中华艺术审美活动的整个流程与各个环节，贯通了艺术起源、艺术发生、艺术本体、艺术体验、艺术创造、艺术修辞、艺术意象、艺术兴象、艺术意境、艺术文本、艺术形态、艺术话语、艺术接受、艺术教育、艺术批评以及艺术史发展的各个环节，呈现为审美感兴—审美意象（审美兴象）—审美意境（审美兴境）—审美兴趣或审美兴味的审美活动流程。审美感兴生成审美意象和审美兴象，审美意象和审美兴象提升扩展为审美意境。艺术的审美意境即是中国古代艺术作品的审美精神空间和审美理想境界。兴以感物起兴（或感物起情）的美感方式、心物交感的感知方式、情理交融的体验方式、引譬连类的修辞方式、情景交融和物我统一的意象方式、境生象外和意与境浑的意义拓展方式、以文会友和诗可以群的交流方式、"能兴者谓之豪杰"的超越方式，凝聚了中华美学关于艺术审美活动的深刻意涵，浓缩了中华艺术和美学精神的历史信息、艺术信息与审美奥妙，包含了诗兴生命论、诗兴感发论、诗兴体验论、诗兴表现论、诗兴鉴赏论、诗兴交流论、诗兴教育论、诗兴超越论、诗兴批评论、诗兴发展论等多层次理论意蕴，显示了无限的审美生机与理论活力。本章将集中论述中华感兴美学的理论体系与感兴艺术的审美活动过程，主要讨论从兴的物我关系、艺术思维方式、艺术修辞方式、审美过程与审美流程方式等方面来呈现和揭示中国古典感兴美学的理论体系和理论内涵。

第一节 审美发生论——感兴审美的感触、感发和起兴

审美感兴之兴首先是感发之兴、起兴之兴，指自然万物的物象对诗人的生命意识的感动和兴发；或者说，感兴是诗人艺术家内蕴思想感情在外物触动下的兴发与激活，古人也称之为"感物

而动""感物兴情""触物起情""感物兴思""情以物兴"。感兴体现了美感的直接性和鲜活性。刘勰曾以"感物吟志,莫非自然"[1]一语作了最为生动和简洁的概述。正如徐复观所说:"兴的出现,正是天籁地、直感地抒情诗的产物。"[2]亦如陈世骧所言:"'兴'的形成本来依藉的是新鲜原始世界的因素。"[3]在中国美学史上,作为感物兴情之兴也是中国古典感兴美学整体范畴中一个语词和意涵丰富的子范畴群,诸如感物、感触、触发、触兴、兴起、兴感、应感、感应等,皆属其列。感兴因而关乎艺术审美的起源与发生。感兴首先作为自然对诗人心志或思想情感的感发,触动和激发了诗人内心的生命情思。正如陈奂所言:"盖好恶动于中而适触于物,假以明志谓之兴。而以言乎物则比矣;而以言乎事则赋矣;要迹其志之所自发,情之不能已者皆出于兴。"[4]因此,感兴具有当下性。感兴作为当下发生的感兴审美体验具有自然性、天然性、直觉性,古人谓之直寻、现量,王国维谓之不隔,海德格尔谓之本真。感兴是艺术家心中内蕴的情感不期然地被外在事物所触发,外在物象与内在情感凑泊成不可分割的融洽状态,由此生成了感兴审美体验与审美意象的生动性、鲜活性、真挚性。

中华民族自古以来即是一个以农耕文明为主的民族,人与自然万物息息相通,人与自然万物之间生成了敏锐而亲和的生命交

---

[1] 刘勰:《文心雕龙·明诗》。
[2] 徐复观:《中国文学精神》,上海书店出版社2004年版,第31页。
[3] 陈世骧著,张晖编:《中国文学的抒情传统:陈世骧古典文学论集》,生活·读书·新知三联书店2015年版,第129页。
[4] 陈奂:《诗毛氏传疏》,上册,商务印书馆1933年版,第3页。

感关系。中国古代诗歌如《诗三百》的兴辞大多描写农耕社会的四季自然景物、景色、景象。诗人在自然景物和社会生活的激发下，产生了对现实生活和人生意义的丰富联想和深挚诗情。周策纵认为："兴是以眼前或心中直接感触之物（后来也扩充包括事），以连类（有时实不相类）引起他种间接的感觉，使其亦如有直接之感。"[1]感物起兴的兴象大多为诗人眼前的实感对象，也可能是文化传统中的诗歌习语意象或潜藏于诗人记忆深处中的原始文化心象，还可以是"人心营构"的想象之兴象。朱熹曾精辟指出："如兴体不一，或借眼前物事说将起，或别自将一物说起，大抵只是将三四句引起。如唐时尚有此等诗体。如'青青河畔草''青青水中蒲'，皆是别借此物，兴起其辞，非必有感有见于此物也。""有将物之无兴起自家之所有，将物之有兴起自家之所无。"[2]亦正如徐复观所言：《诗》之兴象"可能是眼前看见的，也可能是心中忽然浮起的——把它触发了"[3]。《周南·关雎》《周南·桃夭》《周南·樛木》《周南·螽斯》分别为眼前直感的兴象与经验记忆中的兴象起兴。前二首诗以"关关雎鸠""桃之夭夭"的直观感兴物象起兴，抒发主人公的男女婚爱之情。后二诗以"南有樛木，葛藟累之""螽斯羽"的经验记忆兴象和神话原始意象起兴，赞美新郎的福禄相随和祝福贵族子孙的众多。《三百篇》中以习语（套语）兴起、以神话传说中的祥瑞之

---

[1] 周策纵：《古巫医与"六诗"考：中国浪漫文学探源》，上海古籍出版社2009年版，第142页。
[2] 黎靖德编，王星贤点校：《朱子语类》，中华书局1986年版，第2070—2071页。
[3] 徐复观：《中国文学精神》，上海书店出版社2004年版，第23页。

物起兴亦属于后者。《小雅·南有嘉鱼》《小雅·南山有台》都是以习语起兴的祝贺之歌。《周南·麟之趾》的起兴则是文化想象的兴象之兴：

> 麟之趾，振振公子，于嗟麟兮。
> 麟之定，振振公姓，于嗟麟兮。
> 麟之角，振振公族，于嗟麟兮。

三章都以古代传说中的祥瑞动物"麟"起兴，"麟"当为人心想象所营构，属于文化想象之兴象。故郑玄笺云："兴者，喻今公子亦信厚，与礼相应，有似于麟。"[1]该诗以麟的形象起兴，颂扬贵族子孙的仁爱有德。相对而言，人心营构之象比天地自然之象的兴义更为隐微。但是，无论是眼前的直感物象，还是眼前景物激发的内在情思心象，感兴所生成的审美意象都具有美感上的鲜活性和生动性。对中国古代艺术家感知自然万物的鲜活感受力，有西方学者倍加赞誉，认为中国古代人与自然和谐相处的文化传统，生成了中国古代富有创造力的艺术。中国古人对动植物的感受力不像有的民族那样随着文明的发展而退化，"中国人一直使自己的眼睛保持着清新感"[2]。

汉语"感兴"一词由"感"与"兴"两个单音节词合成为一

---

[1] 毛亨传，郑玄笺，孔颖达疏：《毛诗正义》，载李学勤主编《十三经注疏》，北京大学出版社1999年版，第60页。
[2] L. 比尼恩：《亚洲艺术中人的精神》，孙乃修译，辽宁人民出版社1988年版，第10页。

个双音节词。早在甲骨文中即有"兴"字,金文中即有"感"字。关于"感",许慎在《说文解字》中释为"感者,动人心也,从心,咸声"。《尔雅·释诂下》释为"感,动也"。吴任臣在《字汇补》中又曰"感与撼通";段玉裁在《说文解字注》中曰"撼,摇也"。故诗学中有"摇荡性灵"之说。"感"的文化渊源还可以追溯到《易传·咸卦》的彖辞和象辞:"咸,感也。柔上而刚下,二气感应以相与,止而说,男下女,是以亨利贞,取女吉也。天地感而万物化生,圣人感人心而天下和平;观其所感,而天地万物之情可见矣。"此外,《易传·咸卦》还有论咸卦六爻的象辞。荀子在《荀子·性恶》中则提出了"感而自然,不待事而后生"的观点。荀子还提出了音乐声象对人心的感发作用,在《荀子·乐论》中指出:"凡奸声感人而逆气应之,逆气成象而乱生焉。正声感人而顺气应之,顺气成象而治生焉。唱和有应,善恶相象,故君子慎其所去就也。"《礼记·乐记》中更有丰富而精彩的感物论和音乐感兴论的美学思想,如:"凡音之起,由人心生也。人心之动,物使之然也。感于物而动,故形于声。声相应,故生变。变成方谓之音。比音而乐之,及干戚羽旄,谓之乐。乐者,音之所由生也,其本在人心之感于物也。是故其哀心感者,其声噍以杀;其乐心感者,其声啴以缓;其喜心感者,其声发以散;其怒心感者,其声粗以厉;其敬心感者,其声直以廉;其爱心感者,其声和以柔。六者非性也,感于物而后动。是故先王慎所以感之者。"又云:"生而静,天之性也。感于物而动,性之欲也。物至知知,然后好恶形焉。"又说:"凡奸声感人,而逆气应之,逆气成象,而淫乐兴焉。正声感人,而顺气应之，顺气成象，而和乐兴焉。倡和有应，回邪曲直，各归其分。而万物之理，各以类相动也。是故，君子反情以和其志，比类以成其行。"[1]

关于"兴"，古人释"兴"曰"兴，起也，从舁从同。同力也"（《说文解字》）。又，毛传在《大雅·大明》"维予侯兴"下亦注曰"兴，起也"。刘熙《释名·释典艺》释曰："诗，之也，志之所之也，兴物而作谓之兴，敷布其义谓之赋，事类相似谓之比。"古人又释"起，启也。启一举体也"[2]。可见，"兴"即是启"一"节以举全"体"。先秦典籍如《诗经》"三礼"《左传》《论语》《孟子》《荀子》等中的"兴"字义类多为"起""始""作""引发""兴盛""兴发"等。"感""兴"二字原本均有感发、引起之意涵，后又都被用来描述文艺审美现象。关于物，甲骨文"物"的本义为"杂色的牛"，后引申为"颜色""事物""事情""物象""标识""杂饰"等丰富的意涵，大多表征了物作为事物的感性现象的特征。古人对物的感性意涵多有训释。庄子说："凡有貌相声色者，皆物也。"《左传》有云："五色比象，昭其物也。"言以五种颜色画出各种形象，以显示其作为某种礼器之礼义。刘安在《淮南子·俶真训》则说："且人之情，耳目应感动，心志知忧乐，……所以与物接也。"

中华感兴美学中的"感物""感兴"对自然景物的感知不是一般的感知，而是对自然景物的"物色"（如色彩、光色、形状、

---

[1] 胡平生、陈美兰译注：《礼记·孝经》，中华书局 2007 年版，第 131、137、152 页。

[2] 王先谦撰集：《释名疏证补》，上海古籍出版社 1984 年版，第 190 页。

声音、容貌等感性形象）的独特而丰富的生命特征、情感意味或精神意味的感知、感触；反过来也可以说，感物、感兴亦即是自然物色对人的情感的感发、触发。物色的思想渊源可追溯到春秋时代的"五色""五声"。《礼记·月令》中正式使用了"物色"一词，意指动物的毛色："是月也，乃命宰祝循行牺牲，视全具；案刍豢，瞻肥瘠；察物色。"[1]元代陈澔的《礼记集说》谓"物色或驿或黝"。感兴诗学中的物色是自然景物物象中的情状与精神的统一，是汪师韩在《诗学纂闻》中所说的"'关关''呦呦'之情状，'敦然''沃若'之精神"。可见，感物和感兴的审美意识源远流长。"感物"一词在汉代成为一个正式的美学术语，感兴一词在魏晋六朝进入美学术语，在唐代成为一个成熟的美学范畴，其意涵一以贯之、一脉相承而又不断丰富。

杜夫海纳指出："审美对象是具体的，它充分地、明确地、按照一种内在的必然性在感性的光辉中存在着。"[2]感兴审美的对象正是这种具有感性光辉的自然对象。在中国古典诗歌史、艺术史和美学史上，自然物象是感兴得以产生的重要媒介，各类原始兴象和自然物象经历了一个由祭祀实用的兴象到比德教化的兴象，再到审美畅神的兴象逐步演进的历史过程。进而言之，感物和感兴的美学思想奠基于中国古代气论哲学和道器论哲学基础之上，而更为古老的气论哲学发端于《尚书·洪范》与《周易》之

---

[1] 吕友仁、吕咏梅译注：《礼记全译》（上），贵州人民出版社1998年版，第337页。
[2] 杜夫海纳：《美学与哲学》，孙非译，中国社会科学出版社1985年版，第208页。

中，依次见于先秦的阴阳五行哲学和《周易》"太极生两仪"哲学、先秦诸子的气论哲学思想之中。诗歌创作中的感物和感兴早在《周易》卦爻辞、《三百篇》、楚辞、汉代辞赋中即已存在。如《周易·渐卦》的六句爻辞，全然是对鸿雁渐飞感兴意象的描写。司马相如《上林赋》中有"长眉连娟，微睇绵藐，色授魂与，心愉于侧"。感物和感兴的美学范畴最早见于《荀子·乐论》、汉代《礼记·乐记》。感物和感兴在汉末魏晋诗文创作和批评之中成为诗人艺术家们普遍的美学共识。王延寿在《鲁灵光殿赋序》中云"诗人之兴，感物而作"。挚虞在《文章流别论》中说"兴者，有感之辞也"。曹植在《与丁敬礼书》中自称"乘兴为书"。孙绰在《三月三日兰亭诗序》中云"情因所习而迁移，物触所遇而兴感。……原诗人之致兴，谅歌咏之有由"。王昌龄谓《文镜秘府论·二十九种对》"江山满怀，合而生兴"。朱熹对诗之感兴亦有阐发，在《诗集传》中释《王风·中谷有蓷》的起兴句"中谷有蓷，暵其干矣"曰："兴也。……凶年饥馑，室家相弃，妇人览物起兴，而自述其悲叹之辞也。"[1]

感物和感兴首先即是自然景物、自然物色乃至社会事象对人的情思的感召、触发。当然，社会事象的感发也仍须与自然物色融为一体，才更能触发人的情思。感兴是对物色和物象的独特性、丰富性、生命性和多样性感性特征的感知和发现。自然物象作为审美感性对象具有三个层次：对自然物色质料形式的感兴、对自然物色所蕴含的生命特征的感兴、对自然物色所蕴含的精神

---

[1] 朱熹注，王华宝整理：《诗集传》，凤凰出版社2007年版，第52页。

意蕴的感兴。

感兴首先是感物兴情，亦即是自然景物的感性物色对诗人情感的感发（兴发）。成复旺指出："心与物的偶然相遭，适然相会，就是兴。这是美感的产生；产生的，就是美感。"[1] 成复旺将"兴"阐释为"美感或审美感受"，可谓言简意赅。玄学对经学的解构，虽然导致玄言诗对理趣的追求，但也促进了山水诗的兴起以及感兴和兴感思潮的兴起。

魏晋南北朝诗人受玄学自然观的影响，在中国古典诗歌史上空前地重视对自然山水的感物、兴感或感兴。陆云的《谷风》说："感物兴想，念我怀人。"曹摅的《答赵景猷诗》说："感物兴怀，愤思郁纡。"傅亮的《感物赋序》特别强调山水诗创作"感物兴思""睹物兴情"（刘勰《文心雕龙·诠赋》）。王微的《叙画》更有"望秋云，神飞扬；临春风，思浩荡"之叹。魏晋南北朝诗人对物色尤有敏感的感受和描写。陆机在《文赋》中写道："遵四时以叹逝，瞻万物而思纷。悲落叶于劲秋，喜柔条于芳春。……诗缘情而绮靡，赋体物而浏亮。……其为物也多姿，其为体也屡迁；其会意也尚巧，其遣言也贵妍。暨音声之迭代，若五色之相宣。"在此，陆机对"物色"有独到的感受，提炼出"瞻万物而思纷""其为物也多姿"等诗学命题；同时，又提出物色的描写要"其会意也尚巧，其遣言也贵妍"。刘勰的《文心雕龙·物色》更是以生动的笔触描写了四季自然物色对人心的兴发和感召，具体论述和阐释详见后文。作为审美感兴对象的物色一

---

[1] 成复旺：《神与物游——论中国传统审美方式》，中国人民大学出版社1989年版，第151页。

词在南北朝时开始通行,常见于当时的诗歌作品乃至文选之中。鲍照五言诗《秋日示休上人》诗句中有对物色的描写:"物色延暮思,霜露逼朝荣。"总之,物色在魏晋六朝正式成为中国古代感兴美学的一个重要术语,审美感兴也因此进入了自然审美自觉、艺术自觉和美学自觉的时代。

引发感兴活动的物色有如鲍姆嘉通和杜夫海纳笔下的"审美感性对象"。鲍姆嘉通认为:事物的特征在表象中被生动、丰富、灵活、清晰地呈现,就会表现出感性认识的美;反之,局限、平淡、晦暗、摇摆不定等,则是感性认识的不完善,因而也是缺乏美的表现。[1] 鲍姆嘉通还列举了感性表象。杜夫海纳则认为:"审美对象就是辉煌地呈现的感性。……知觉通过颜色或声音,通过它首先主要是从意义方面抓住的感性特质径直走向自己感兴趣的东西……"[2] 杜夫海纳认为,审美对象的辉煌感性是有深度的,是与存在关联的:"艺术家感到存在在召唤他,并对存在负责。……(他)参与存在。"[3] 总之,审美对象的丰富性、充实性以及审美意味的无穷性是由审美对象的深度造成的,审美对象的深度与我们自己的精神深度都属于存在的深度。"审美对象的深度只有作为精神深度的关联物和形象才能被人把握"。杜夫海纳还认为,我们与审美对象的关系不是与对象隔离的思考,而

---

[1] 参见鲍姆嘉滕《美学》,简明、王旭晓译,文化艺术出版社 1987 年版,第 20 页。
[2] 杜夫海纳:《审美经验现象学》(上),韩树站译,文化艺术出版社 1996 年版,第 115 页。
[3] 杜夫海纳:《审美经验现象学》(下),韩树站译,文化艺术出版社 1996 年版,第 596—597 页。

是把对象视为准主体的交感思考活动,交感思考在感觉中达到顶峰。"感觉有智力无法到达的那种理解力,这大概是它的深度的最高保证"。感觉使我们能够解读审美对象的丰富表现:"我们的呈现越充分因而我们的感觉越丰富,对审美表现的理解就越深刻。"[1]

中国古典感兴诗学对于艺术审美感兴活动的感性特质、情感体验特征及其鲜活精神的美学认识更为生动和真切。物色作为中国古典感兴诗学的一个重要范畴,是对魏晋山水诗艺术经验的总结。物色既是一个表示自然景物的形式美范畴及艺术家对自然形式美感受的范畴,又是一个表示自然景象的生命特征对诗人情感的感兴召唤的审美范畴。但是,中国感兴美学的物色范畴与西方美学的形式美范畴又有重要的差别。西方美学的形式美是仅仅标识客观自然物的感性质料和感性形式的审美属性的范畴,这种形式美意味主要是由这些感性形式质料的特殊组合所造成的。[2]然而,中华古典感兴美学的物色是以自然物象的色彩、声音、光色、形状表征宇宙的自然万象与生命之道。物色是"物的风姿盈盈,光彩欲流"[3],是天人合一、万物一体、风姿生动、灿烂旖旎的宇宙生命表征。物色所表征的自然景物的色彩、声音、光色、形状及其所构成的审美物象,是富于生命力的或曰诗人情感灌注的"生香活色""生香活态""生香活意"的,是由诗人审美

---

[1] 杜夫海纳:《审美经验现象学》(下),韩树站译,文化艺术出版社1996年版,第437、445、446页。

[2] 参见克莱夫·贝尔《艺术》,周金环、马钟元译,中国文联出版公司1984年版,第4页。

[3] 胡兰成:《山河岁月》,中国长安出版社2013年版,第105页。

直觉建构的感性的、诗意的、生机盎然的意象，这种感兴意象表征着更为阔大的生生不息的宇宙生命世界。自然物色及其审美物象中所蕴含的生命精神与诗人艺术家内蕴的思想感情是一气贯通的，都是整个宇宙大生命的组成部分，因而能够相互感发。对此，钟嵘《诗品序》有一句精彩的表述，即"气之动物，物之感人，故摇荡性情，行诸舞咏。照烛三才，晖丽万有"，钟嵘揭橥了正是宇宙自然本体的生命之"气"，"气之动物，动物感人"，"照烛三才，晖丽万有"。

刘勰《文心雕龙》有《物色》篇专论诗人的感物兴情。《物色》篇开篇即云："春秋代序，阴阳惨舒，物色之动，心亦摇焉。盖阳气萌而玄驹步，阴律凝而丹鸟羞，微虫犹或入感，四时之动物深矣。若夫珪璋挺其惠心，英华秀其清气，物色相召，人谁获安？是以献岁发春，悦豫之情畅；滔滔孟夏，郁陶之心凝；天高气清，阴沈之志远；霰雪无垠，矜肃之虑深。岁有其物，物有其容；情以物迁，辞以情发。一叶且或迎意，虫声有足引心。况清风与明月同夜，白日与春林共朝哉！是以诗人感物，联类不穷。流连万象之际，沈吟视听之区；写气图貌，既随物以宛转；属采附声，亦与心而徘徊。故灼灼状桃花之鲜，依依尽杨柳之貌，杲杲为出日之容，瀌瀌拟雨雪之状，喈喈逐黄鸟之声，喓喓学草虫之韵；皎日嘒星，一言穷理，参差沃若，两字穷形：并以少总多，情貌无遗矣。虽复思经千载，将何易夺。……是以四序纷回，而入兴贵闲；物色虽繁，而析辞尚简；使味飘飘而轻举，情晔晔而更新。古来辞人，异代接武，莫不参伍以相变，因革以为功，物色尽而情有余者，晓会通也。……情往似赠，兴来如答。"[1]

刘勰在《物色》篇中生动地论述了感物兴情与意象描述的过程，《物色》篇十三次用了"物"术语，四次用了"物色"术语，"五色""物容""物貌"等词语各用了一次。刘勰对诗人艺术感兴的审美感性特征与主客互动关系具有高度自觉的认识，强调"写气图貌，既随物以宛转；属采附声，亦与心而徘徊"，艺术感兴即是自然万物之气与自然万象之采对诗人主体审美情思的感发，因而自然物色对诗人情志的感发与诗歌意象的描写具有极端重要性。刘勰认为，自然物色的变化尚能引起动植物的变化，何况是作为天地之心的人类！诗人心中内蕴的深厚情感遇到眼前物象的触发而被激发出来，或者说，眼前的感兴经验激活了内蕴在诗人心灵深处的情感体验。诗人作家充分地感知物色是文学创作意象生动和情意无穷的前提。更值得注意的是，在这段文字中，刘勰一连串用了四次物色这个美学范畴以及物容、物貌等词语，可见物色这个美学范畴在刘勰感兴诗学理论体系中的重要地位。而刘勰感兴诗学又是中国古典感兴诗学最为灿烂的篇章。物色不仅有如《文心雕龙·隐秀》所说之秀，更是本篇所阐述的"物色尽而情有余者，晓会通也"之兴味，即生成意象蕴藉、意味无穷的美感效应。刘勰对感兴与物色的论述亦见刘勰《文心雕龙·明诗》《文心雕龙·诠赋》等篇。例如，"人禀七情，应物斯感，感物吟志，莫非自然"，"《诗》有六义，其二曰赋。赋者，铺也，

---

[1] 刘勰著，周振甫注：《文心雕龙注释》，人民文学出版社1981年版，第493—494页。

铺采摘文，体物写志也。原夫登高之旨，盖睹物兴情。情以物兴，故义必明雅；物以情观，故词必巧丽"。可见，感兴是情以物兴与物以情观的内在统一和融合。诗人在自然物色感发诗情的同时又将情感凑泊于、投射于自然景物和物象之中，因而在感兴中生成情景交融的审美意象。

与刘勰同时代的钟嵘同样高度重视诗歌艺术的审美感兴。钟嵘《诗品序》指出："若乃春风春鸟，秋月秋蝉，夏云暑雨，冬月祁寒，斯四候之感诸诗者也。"钟嵘《诗品序》尤其强调艺术感兴的直寻和直觉，钟嵘将善于在感兴体验中获得"自然英旨"称为艺术天才。钟嵘《诗品序》指出："若乃经国文符，应资博古。撰德驳奏，宜穷往烈。至乎吟咏情性，亦何贵于用事？'思君如流水'，即是即目。'高台多悲风'，亦唯所见。'清晨登陇首'，羌无故实。'明月照积雪'，讵出经史？观古今胜语，多非补假，皆由直寻。"钟嵘《诗品·上》还评宋临川太守谢灵运："嵘谓若人兴多才高，寓目辄书，内无乏思，外无遗物。"[1] 此外，与刘勰同时代的萧统除了在《文选》卷十三专门列物色类作品之外，还在《文选序》提出："感物曰兴。"萧统在《答晋安王书》中提出"炎凉始贸，触兴自高，睹物兴情，更向篇什"。萧统还在《答湘东王求文集及诗苑英华书》中写道："或日因春阳，其物韶丽；树花发，莺鸣和，春泉生，暄风至；陶嘉月而嬉游，藉芳草而眺瞩。或朱炎受谢，白藏纪时，玉露夕流，金风多扇，悟秋山之心，登高而远托。或夏条可结，倦于邑而属词；冬雪千

---

[1] 钟嵘著，周振甫译注：《诗品译注》，中华书局1998年版，第20、25、24、49页。

里,睹纷霏而兴咏。"总之,"感兴"首先是自然物象和感性物色对诗人情感的兴发。刘勰《文心雕龙》、钟嵘《诗品》以及萧统《昭明文选》等著作对感物兴情论的感兴美学所做的阐发,把六朝感兴美学推向了新的理论高度。

盛唐著名边塞诗人王昌龄《诗格》一书多用物色、感兴等词语,使之成为感兴美学更为成熟的美学范畴,该书所论述的感兴美学观点也曾被日僧遍照金刚所著《文镜秘府论》等著作所收入。王昌龄在《诗格》一书中对物色、感兴有大量的精彩阐发。论感兴当"兴于自然,应物而感":"自古文章,起于无作,兴于自然,感激而成,都无饰练,发言以当,应物便是。"[1]王昌龄《诗格》又云:"山林、日月、风景为真,以歌咏之。犹如水中见日月,文章是景,物色是本,照之须了见其象也。""凡诗,物色兼意下为好,若有物色,无意兴,虽巧亦无处用之。"[2]"诗有天然物色,以五彩比之而不及。由是言之,假物不如真象,假色不如天然。如此之例,皆为高手。如'池塘生春草,园柳变鸣禽',如此之例,即是也。"王昌龄《诗格》还认为:"诗贵销题目中意尽。然看所见景物与意惬者当相兼道。若一向言意,诗中不妙及无味;景语若多,与意相兼不紧,虽理道亦无味。"[3]可见,王昌龄对感物和感兴的感悟、体验和阐释非常生动、传神。

---

[1] 遍照金刚著,周维德校点:《文镜秘府论》,人民文学出版社1975年版,第127页。

[2] 遍照金刚著,周维德校点:《文镜秘府论》,人民文学出版社1975年版,第130、133页。

[3] 遍照金刚著,周维德校点:《文镜秘府论》,人民文学出版社1975年版,第134、137—138页。

感兴亦如苏轼所言:"有兴即挥毫,灿然存简牍。"感兴生动体现了中国古典诗人敏锐鲜活的审美感受力,生动表征了自然万物的生香活色、诗人鲜活生动的审美感受和感兴体验。感兴审美要求诗人艺术家们以一种无功利、无偏见、无成见、如期本然的直觉心态对待眼前的自然景物,让自然景物如其所是、如其本然地呈现在眼前。对此,王夫之《古诗评选》卷五有精彩论述:"两间之固有者,自然之华,因流动生变而成其绮丽。心目之所及,文情赴之,貌其本荣,如所存而显之,即以华奕照耀,动人无际矣。古人以此被之吟咏,而神采即绝。"[1]

值得指出的是,王昌龄《诗格》还将"感兴势"合铸为一个美学范畴,以此揭示感兴在诗歌创作的起势、动力、动势、格势等方面所起的重要作用,"感兴势"范畴具有重要的理论意义与实践价值。王昌龄在论作诗的"十七势"中的"第六比兴入势""第九感兴势",都专门论述了感兴问题。其中,比兴入势重在比而兴,而感兴势重在感而兴。在此,笔者特引述王昌龄对后者的论述:"第九,感兴势。感兴势者,人心至感,必有应说,物色万象,爽然有如感会。亦有其例。如常建诗云:'泠泠七弦遍,万木澄幽音,能使江月白,又令江水深。'又王维《哭殷四诗》云:'泱漭寒郊外,萧条闻哭声,愁云为苍茫,飞鸟不能鸣。'"[2]其中所引常建与王维的诗同样是以物兴感。并且,王昌龄在《诗格》中还专列感兴势一体,指出:"起首入兴体十四:

---

[1] 王夫之:《船山全书》,第十四册,岳麓书社1996年版,第752页。
[2] 遍照金刚著,周维德校点:《文镜秘府论》,人民文学出版社1975年版,第41页。

一曰感兴入诗（感物入兴）。古诗：'凛凛岁月暮，骷髅多悲鸣，凉风率已厉，游子无寒衣。'江文通诗：'西北秋风起，楚客心悠哉，日暮碧云合，佳人殊未来'。此皆三句感时，一句叙事。"[1] 王昌龄在此以《古诗十九首》中的"凛凛岁月暮"和江淹的《休上人怨别》二诗为例，印证何谓感兴入诗。显然，所引二诗也都是以感兴见长，以寒冬或深秋的物色描写兴发诗人之情感。王昌龄在《诗格》中还归纳了感兴体诗歌入兴的十四种具体生成方式，兹不详述。

审美感兴在诗歌艺术创作中具有感物起兴、气氛烘托、引发联想的美感效应，中国古代诗歌艺术创作尤其是《诗经》《楚辞》、汉末古诗与汉乐府中有大量的例证。《诗经》中的"关关雎鸠，在河之洲""桃之夭夭，灼灼其华""蒹葭苍苍，白露为霜""风雨凄凄，鸡鸣喈喈""习习谷风，以阴以雨"；《九歌·湘夫人》中的"袅袅兮秋风，洞庭波兮木叶下"；《九章·怀沙》中的"滔滔孟夏兮，草木莽莽"；《古诗十九首》中的"青青陵上柏，磊磊涧中石""青青河畔草，郁郁园中柳""冉冉孤生竹，结根泰山阿"，以及汉乐府中的"孔雀东南飞，五里一徘徊"都是生动的起兴句，都具有起兴发端、引发联想、渲染气氛的艺术表达作用。苏辙《栾城应诏集·诗论》有云："夫兴之体，犹云其意云尔，意有所触乎当时，时已去而不可知，故其类可以意推，而不可以言解也。《殷其雷》曰：'殷其雷，在南山之阳'，此非有所取乎雷也，盖必其当时之所见而有动乎其意，故后之人不可以求得其

---

[1] 张伯伟：《全唐五代诗格汇考》，江苏古籍出版社2002年版，第173—174页。

说，此其所以为兴也。"[1] 苏辙认为，兴是"意有所触"至为精辟，强调了兴的情景触发和气氛感发作用。至于他说《殷其雷》的起兴句"非有所取乎雷"，未为确诂；亦可解为触物起兴，即由"隆隆的雷声"兴发了蕴藏在内心的对从役远行的丈夫的思念之情。[2] 李东阳的《怀麓堂诗话》则说："诗有三义，赋止居其一，而比兴居其二。所谓比兴者，皆托物寓情而为之者也。盖正言直述，则易于穷尽，而难于感发。惟有所寄托，形容摹写，反覆讽咏，以俟人之自得，言有尽而意无穷。"感兴不仅有感物兴情、兴发唤起、谐韵起头之作用，而且有渲染气氛、烘托环境、委婉暗示的妙用。中国古典感兴美学之兴，有如国外美学家所谓的气氛象征。松本雅明指出："兴本来不外乎是在主文之前的气氛象征。……它是由即兴、韵律、联想等引出主文的，不是繁杂的道理，而是直观性的、即兴性的，并且不外乎素朴自然的表现法。"[3] 与松本雅明等人的气氛象征理论相类似，当代德国美学家马丁·泽尔提出了显现美学，当代德国美学家格诺特·波默提出了气氛美学，他们都注重美学的感性显现和感性氛围研究，可

---

[1] 苏辙著，曾枣庄、马德富校点：《栾城集》（下），上海古籍出版社1987年版，第1614页。

[2] 姚际恒在《诗经通论》卷前《诗经论者》中指出："其兴也者，如《殷其雷》是也。但借雷以兴起下文，不必与雷相关也。"周策纵在论述"兴"的喻意时指出："兴是以眼前或心中直接感触之物（后来也扩充包括事），以连类（有时实不相类）引起他种间接的感觉，使其亦如有直接之感。"（周策纵：《古巫医与"六诗"考：中国浪漫文学探源》，上海古籍出版社2009年版，第142页。）周策纵的这个观点可用于诠解苏辙对《诗经》"殷其雷"兴句的解释。

[3] 白川静：《中国古代民俗》，何乃英译，陕西人民美术出版社1988年版，第48页。

与我国古典感兴美学之兴相互发明、相互照亮。

中国古代艺术家和批评家们关于感物兴情有丰富的描写和论述,历代美学和诗学理论家们不断丰富感兴这个美学范畴。白居易的《策林》论"大凡人之感于事,则必动于情;然后兴于嗟叹,发于吟咏,而形于歌诗矣"。王安石《诗义钩沉》卷一《诗义》论"以其所类而比之,之谓比;以其感发而况之,之谓兴"[1][2]。李颀说:"自古工诗,未尝无兴也。睹物有感焉,则有兴。"[3]宋代杨简的《诗解序》论诗歌创作之兴既要"有所感兴而曲折万变",又要"有所观于万物不可胜穷之形色"。李仲蒙的《斐然集·与李叔易书》论"叙物以言情谓之赋,情物尽者也;索物以托情谓之比,情附物者也;触物起情谓之兴,物动情也"。叶梦得的《石林诗话》论诗之妙"正在无所用意,猝然与景相遇,借以成章,不假绳削,故非常情能到"。葛立方《韵语阳秋》论"观物有感焉,则有兴"。叶梦得在《玉涧杂书》中论"诗本触物寓兴,吟咏情性,但能输写胸中所欲言,无有不佳"。魏庆之的《诗人玉屑》论"兴者,因事感发"。吴渭在《诗评》中曰"诗有六义,兴居其一。凡阴阳寒暑,草木鸟兽、山川风景得志之于适然之感而为诗者,比兴也"[4]。郝敬的《毛诗原解·读诗》曰"感动为兴,……兴者,《诗》之情。……感动触发曰兴,非但欢娱为兴,喜怒哀乐,皆本于兴"。李梦阳的《诗集自序》

---

[1] 王安石著,邱汉生辑校:《诗义钩沉》,中华书局1982年版,第8页。
[2] 苏辙著,曾枣庄、马德富校点:《栾城集》(下),上海古籍出版社1987年版,第1614页。
[3] 王大鹏等编选:《中国历代诗话选》(一),岳麓书社1985年版,第394页。
[4] 杜甫著,仇兆鳌注:《杜诗详注》,第4册,中华书局1979年版,第1498页。

引王叔武言曰:"诗有六义,比兴要焉。夫文人学子,比兴寡而直率多,何也?出于情寡而工于词多也。夫途巷蠢蠢之夫,固无文也,乃其讴也,咢也,呻也,吟也,行咭而坐歌,食咄而寤嗟,此唱而彼和,无不有比焉兴焉,无非其情焉,斯足以观义矣。故曰:诗者,天地自然之音也。"[1]彭辂在《诗集自序》中指出了诗歌感兴过程中物色与兴情的内在融合、兴会神到:"天壤之间,色、声、香、味偶与我触,而吾意适有所会,辄知肆笔而泄之,此所谓六义之兴也。……赋实而兴虚,比有凭而兴无据。不离字句而有神存乎其间。神之在兴者什九,在赋比者半之。"杨慎的《升庵诗话》卷十二论"触物以起情谓之兴,物动情也"。徐祯卿的《谈艺录》论"情者,心之精也。情无定位,触感而兴,既动于中,必形于声"。[2]陆时雍的《诗镜总论》论"体物著情,寄怀感兴"。明代袁黄在《诗赋》中曰"感事触情,缘情生境。……斯谓兴"。陈子龙在《李舒章古诗序》中曰"深永之致皆在比兴,感慨之衷丽于物色"。吴乔在《围炉诗话》中曰"感物而动则兴,托物而陈则为比"。王夫之在《唐诗评选》卷三论"只于心目相取处得景得句,乃为朝气,乃为神笔"[3]。王夫之评《敕勒歌》道:"寓目吟成,不知悲凉之何以生。诗歌之妙,原在取景遣韵,不在刻意也。"[4]王夫之评《诗·小雅·采薇》:"善用其情者,不敛天物之荣凋,以益己之悲愉而已矣。"叶燮的

---

[1] 韩湖初、陈良运主编:《古代文论名篇选读》,中国书籍出版社1998年版,第379页。
[2] 何文焕辑:《历代诗话》(下),中华书局1981年版,第765页。
[3] 王夫之:《船山全书》,第十四册,岳麓书社1996年版,第999页。
[4] 王夫之:《船山全书》,第十四册,岳麓书社1996年版,第559页。

《原诗》指出:"原夫作诗之肇端,而有事乎此也,必先有所触,以兴起其意,而后措诸辞,属为句,敷之而成章。"顾嗣立的《寒厅诗话》谓"兴者,因物感人也;比者,因物喻人也;赋者,直赋其物也"。张惠言的《词选序》指出:"词者……其缘情造端,兴于微言,以相感动,极命风谣,里巷男女哀乐,以道贤人君子幽约怨悱不能自言之情,低徊要眇以喻其致。……其至者,莫不恻隐盱愉,感物而发,触类条鬯,各有所归,非苟为雕琢曼辞而已。"方玉润的《诗经原始·凡例》说:"夫作诗必有兴会,或因物以起兴,或因时以而感兴,皆兴也。"李重华的《贞一斋诗说》说:"何为象与意?曰:物有声即有色,象者,摹色以称音也。如舞曲者动容而歌,则意惬悉关飞动,无论兴比与赋,皆有恍然心目者。故诗家写景,是大半功夫。"纪昀的《鹤街诗稿序》说:"在心为志,发言为诗。古之风人,特自写其悲愉,旁抒其美刺而已。心灵百变,物色万端,逢所感触,遂生寄托。寄托既远,兴象弥深,于是缘情之什渐化为文章。"清人阎尔梅的《示二子作诗之法》说:"连类生情,触兴而来。"袁枚在《程绵庄诗说序》中谓"人有兴会标举,景物呈触,偶然成诗,及时移地改,虽复冥心追溯,求其前所以为诗之故而不得"。刘熙载《艺概·赋概》有更为精细的论述,认为:"风诗中赋事,往往兼寓比兴之意。……赋兼比兴,则以言内之实事,写言外之重旨。……春有草树,山有烟霞,皆是造化自然,非设色之可拟。故赋之为道,重象尤宜重兴。兴不称象,虽纷披繁密而生意索然，能无为识者厌乎？"[1]总之，感兴是诗人艺术家对自然景物的万象风光和生动物色的审美感受，是自然物象和物色对诗人审美情感的激发，简言之是"感物以兴情"。

感兴的前提是诗人首先要入兴、伫兴、养兴、寻兴、遣兴、发兴，在这方面，古代诗人积累了丰富的艺术经验。刘勰在《文心雕龙·物色》中提出"是以四序纷回，而入兴贵闲"，"入兴贵闲"即以闲静、虚静、悠然、从容的心灵来伫养兴致，从而更好地迎接自然的感召。关于如何以虚静之心、自然之心来养兴，古人有丰富的审美经验。王昌龄《诗格》云："凡诗人夜间床头，明置一盏灯。若睡来任睡，睡觉即起，兴发意生，精神清爽，了了明白，皆须身在意中。若诗中无身，即诗从何有？若不书身心，何以为诗？是故诗者，书身心之行李，序当时之愤气。"[2]王昌龄又云："凡神不安，令人不畅无兴。无兴即任睡，睡大养神。常须夜停灯任自觉，不须强起。强起即昏迷，所览无益。纸笔墨常须随身，兴来即录。若无纸笔，羁旅之间，意多草草。舟行之后，即须安眠。眠足之后，固多清景，江山满怀，合而生兴，须屏绝事务，专任情兴。因此，若有制作，皆奇逸。看兴稍歇，且如诗未成，待后有兴成，却必不得强伤神。"[3]

感兴不仅是"感物以兴情"，还是诗人艺术家与自然景物之间的心物交感、情物交感、交互作用。徐复观在阐发诗的比兴

---

[1] 刘熙载：《艺概》，上海古籍出版社1978年版，第97—98页。
[2] 遍照金刚著，周维德校点：《文镜秘府论》，人民文学出版社1975年版，第131—132页。
[3] 遍照金刚著，周维德校点：《文镜秘府论》，人民文学出版社1975年版，第139页。

时，对兴的抒情起兴和感发作用有精辟论述，认为兴有别于比：兴是"先有了内蕴的感情，然后才能为外物所触发；先有了外物的触发，然后才能引出内蕴的感情。所以兴所用的事物，因感情的融合作用，而成为内外、主客的交会点。此时内外、主客的关系，不是经过经营、安排，而只是'触发'，只是'偶然的触发'，这便是兴在根源上和比的分水岭"[1]。张晶借用赫伯恩的情感唤起理论，将感兴释为情感唤起，他指出："'兴'作为中国古代的艺术发生学的基本观念，揭示了由自然情感的兴发到审美情感的转换，再由审美情感自然外显为臻于化境的艺术形式。"[2]张晶的这个观点有一定道理。但不仅于此，感兴更是心物交感、情物交感，大体上有如现代西方格式塔美学所说的异质同构。

正如刘勰在《文心雕龙·物色》中所言："是以诗人感物，联类不穷。写气图貌，既随物以宛转；属采附声，亦与心而徘徊。""目既往还，心亦吐纳。……情往似赠，兴来如答。"物色感人，情融于物。诗人之心（情志）与事物万象（物色）交感互动、交互作用。刘勰《文心雕龙·比兴》赞曰："诗人比兴，触物圆览。物虽胡越，合则肝胆。拟容取心，……如川之涣。"容即自然景物的物色或物象，心即作者的思想感情。拟容取心即是指自然万物的感兴物色物象感发诗人的内在心理情感，二者相互融合凝聚为审美意象，诗人以比兴描写来譬喻、抒发作者的审美体验和审美意象，从而产生"如川之涣"的绵远余味和无穷美

---

[1] 徐复观：《中国文学精神》，上海书店出版社2004年版，第23—24页。
[2] 张晶：《"感兴"：情感唤起与审美表现》，《文艺理论研究》2008年第2期。

感。《文心雕龙·神思》则提出"神思方运，万涂竞萌""神用象通，情变所孕。物以貌求，心以理应。刻镂声律，萌芽比兴。结虑司契，垂帷制胜"等诗兴诗学理论观点。可见，刘勰从情物关系的角度提出了一种新的心物交感、情物交感的感兴美学观点。

这个心物交感的感兴论成为古代诗学家们的普遍共识。李梦阳的《梅月先生诗序》曰："情者动乎遇者也。……故遇者，物也；动者，情也。情动则会，心会则契，神契则音，所谓随寓而发者也。……故天下无不根之萌，君子无不根之情，忧乐潜之中，而后感触应于外。故遇者因乎情，诗者形乎遇。"郝敬谓"托物为比，陈辞为赋，感动为兴，三义合而诗成"。王世贞的《艺苑卮言》则云："兴与境诣，神合气完使之然。"王夫之在《姜斋诗话》卷二中更有精彩论述："不能作景语，又何能作情语耶？古人绝唱句多景语，如'高台多悲风''蝴蝶飞南园''池塘生春草''亭皋木叶下''芙蓉露下'，皆是也，而情寓其中矣。以写景之心理言情，则身心中独喻之微，轻安拈出。"他还指出："'池塘生春草''胡蝶飞南园''明月照积雪'，皆心中目中与相融浃，一出语时，即得珠圆玉润，要亦各视其所怀来而与景相迎者也。"纪昀在《清艳堂诗序》中亦云："凡物色之感于外，与喜怒哀乐之动于中者，两相薄而发为歌咏。"陈奂在《诗毛氏传疏》中引吴毓汾说："盖好恶动于中而适触于物，假以明志，谓之兴，而以言于物则比矣，而以言乎事则赋矣；要迹其志之所自发，情之不能已者，皆出于兴。"刘熙载在《艺概·赋概》中亦云："在外者物色，在我者生意，二者相摩相荡而赋出焉。"姚华在《曲海一勺·述旨第一》中论曰:"心物交应,构而成象。"[1]总之,感兴诗人艺术家善于感受、体悟和描绘自然造化和天地万象的微妙生机和生香活色,诗人艺术家的心物交感或情景交感的审美体验与诗歌艺术的赋比兴相互生成,从而创造出情景交融的诗歌艺术审美意象。

在对感性事物(感性物象、感性物色、感兴物容)的重视方面,中华感兴诗学之感有如鲍姆嘉通感性学美学所说的"感性认识的完善"。鲍姆嘉通在《美学》第一卷开篇即指出:"美学作为自由艺术的理论、低级认识论、美的思维的艺术和与理性类似的思维的艺术是感性认识的科学。"[2]鲍姆嘉滕认为,事物的特征在表象中被生动、丰富、灵活、清晰地呈现,就会表现出感性认识的美学;反之,局限、平淡、晦暗、摇摆不定等,则是感性认识的不完善,因而也是缺乏美的表现。[3]

不仅如此,感兴更有如西方现代现象学美学和生命存在美学所说的审美体验和生命存在。具体而言,感兴有如杜夫海纳所言的自然审美体验。杜夫海纳认为:"人就是这样在风暴中认出自己的激情,在秋空中认出自己的思乡之情,在烈火中认出自己的纯洁热情。我们应该认真对待现实中的这种人的特质——自然的审美对象更加能说明这种特质,而绝不应该把它视为一种反映作

---

[1] 贾文昭编:《中国近代文论类编》,黄山书社1991年版,第364、366页。
[2] 鲍姆嘉滕:《美学》,简明、王旭晓译,文化艺术出版社1987年版,第13页。
[3] 参见鲍姆嘉滕《美学》,简明、王旭晓译,文化艺术出版社1987年版,第20页。

用或拟人化的比喻。"[1]杜夫海纳指出："审美对象所暗示的世界，是某种情感性质的辐射，是迫切而短暂的经验，是人们完全进入这一感受时，一瞬间发现自己命运和意义的经验。""审美价值表现的是世界，把世界可能有的种种面貌都归结为情感性质；但只有在世界与它所理解的和理解它的主观性相结合时，世界才成为世界"[2]。进而言之，中国古典感兴美学的物色以及"感物兴情"所产生的感兴意象生香活色、多姿多彩，有如杜夫海纳所说的"灿烂的感性"。杜夫海纳指出："审美对象不是别的，只是灿烂的感性。规定审美对象的那种形式就是表现了感性的圆满性和必然性，同时感性自身带有赋予它以活力的意义，并立即献交出来。"而且，"艺术的特点就在于它的意义全部投入了感性之中；感性在表现意义时非但不逐渐减弱和消失；相反，它变得更加强烈、更加光芒四射"。[3]

所谓"灿烂的感性"，正是人这个审美主体与审美对象这个准主体相互对话融合的产物，是饱含情感的审美体验的产物，是生气灌注的审美意象。李善注《昭明文选》卷十三《物色》曰："四时所观之物色，而为之赋。又云：有物有文曰色。风虽无正色，然亦有声。《诗注》云：'风行水上曰漪。'《易》曰：'风行

---

[1] 杜夫海纳：《审美经验现象学》（下），韩树站译，文化艺术出版社1996年版，第590—591页。
[2] 杜夫海纳：《美学与哲学》，孙非译，中国社会科学出版社1985年版，第28、32页。
[3] 杜夫海纳：《美学与哲学》，孙非译，中国社会科学出版社1985年版，第54、31页。

水上，涣。'涣然即有文章也。"[1]李善在此引《诗》注和《涣》卦象辞，将自然审美感兴譬喻为"风行水上"，风、水相遇而自成文，心、物相感而物色彰。

中华美学的感兴、物色与西方美学的感性论和体验论彰显了中西美学的感性荣耀。物色这个感兴美学范畴具有重要的美学价值和精神意蕴，物色作为自然景物的色彩、光色、形状与声音，焕发出宇宙自然的生命之气，显示了其作为灿烂感性的生动性、鲜明性、辉煌性、丰富性、美妙性、统一性、魅力性、情感性、精神性。感兴即触物起兴，诗人为外物物色触动诗情，又将诗情融入物象之中。感兴即对自然万象活色生香的物色的感知或感触，或者说，是自然万象活色生香的物色对诗人内蕴情感的触发、感发、感召，诗人之心与自然物色融为一体。审美感兴所产生的审美意象和艺术兴象因而是一种鲜明生动、具有灿烂感性和精神生命的审美意象。

应当强调的是，中国古代哲学文化最基本的问题是"天人关系"问题，而天人合一是中华文化的主导倾向，感兴表征了中国古代文化的天人合一观。感兴的文化根源、哲学基础、本源意识、思维方式在于天人合一、天人相感、万物相感、物我交感、心物交感、生命共感，自然物色既可以感发人的情感，而人内心的内蕴情感又可以通过物色感兴呈现而得到召唤、体认、共鸣、反思、确证和物态化。黎锦熙则谓："大抵触景生情，其情必有与景相关之点；感物兴怀，其物必有与怀相印之端：此相关之点

---

[1] 萧统编，李善注：《文选》，中华书局1977年版，第190页。

与相印之端，大半由于类似。"[1] 他在此强调审美感兴活动中的情景、心物的相似与交融。因此，笔者认为，感兴的深层哲学思维基础是天人合一，感兴起于天人合一又指向天人合一。感兴不是单向的，而是双向的交互作用，感兴即主客融合、心物交感、万物一体、天人合一的审美体验。宇文所安把中国古代诗歌的这种感动兴发解释为"同情的共鸣"（sympathetic resonance）[2]，这是很有道理的。刘勰早就窥见和揭示了其中的奥秘，他在《文心雕龙·物色》中指出："是以诗人感物，联类不穷，流连万象之际，沉吟视听之区。写气图貌，既随物以宛转；属采附声，亦与心而徘徊。……山沓水匝，树杂云合。目既往还，心亦吐纳。春日迟迟，秋风飒飒。情往似赠，兴来如答。"亦如刘勰在《文心雕龙·诠赋》中所言："原夫登高之旨，盖睹物兴情。情以物兴，故义必明雅；物以情观，故词必巧丽。"在此，刘勰阐发了审美感兴作为"情以物兴"与"物以情观"两种自然审美感兴方式的相互作用与有机统一。王夫之亦于《诗广传》卷二指出兴是物我之间的"相值相取"："形于吾身以外者化也，生于吾身之内者心也；相值相取，一俯一仰之际，几与为通，而勃然兴矣。"

当代一些前辈学者曾从比兴或赋比兴体制的角度阐发过中国古典诗歌创作的感兴和起兴问题。例如，程俊英认为："兴是启发，它是诗人先见一种景物，触动了他心中潜伏的本事和思想感

---

[1] 黎锦熙：《修辞学比兴篇》，商务印书馆1936年版，第66页。
[2] 宇文所安：《中国传统诗歌与诗学：世界的征象》，陈小亮译，中国社会科学出版社2013年版，第8页。

情而发出的歌唱,所以《诗经》中的兴句多在诗的开头,亦称发端。"[1] 牟世金则对古典诗学的赋比兴做了精到诠释,指出:"赋比兴和形象思维有着密切的关系,又是我国古代诗歌创作的重要传统","从'比兴'的这种发展演变情况来看,显然不能把它仅仅视为一个艺术技巧,它还要求用生动的物象、高度概括的描写,来表达深厚的思想内容和丰富的现实意义"。[2] 总之,牟世金强调,赋比兴的表现方法和形象思维有着密切的关系,体现了中国古典诗学的思维传统。叶朗也认为:"一、兴的作用大多是'物'的触引在先,而'心'的情意在后;二、兴的感发大多由于感性的直觉的触引,而不必有理性的思索安排,这种感发是自然的、无意的。"[3] 叶嘉莹则将这种诗歌创作中的审美感应或心物交感称为"生命的共感",叶嘉莹认为,陆机、钟嵘、刘勰都讲到"物之感人"与"应物斯感"的问题,涉及深刻的美学问题。外界的物既常挟有一种不可抗的力量使人心震撼,人的内心也常怀有一种不可遏的感情向外物倾注。这种人心与外物的感应,是如此之奇妙,而又如此之自然。其中原因当然很多,但是最重要的原因是生命的共感。在宇宙间,冥冥中似有一大生命之存在。此大生命之起始终结及其价值与意义之所在,虽然不可尽知,但是它的存在,它的运行不息与生生不已的力量,是每个人都可以体认到的事实。生物界之中鸟鸣、花放、草长、莺飞,固

---

[1] 程俊英:《略谈〈诗经〉兴的发展》,《华东师范大学学报》(哲学社会科学版)1980 年第 4 期。

[2] 牟世金:《文学艺术民族特色试探》,齐鲁书社 1980 年版,第 33、45 页。

[3] 叶朗:《中国美学史大纲》,上海人民出版社 1985 年版,第 80 页。

然是生命的表现；即是非生物界的云行、水流、露凝、霜陨，也莫不予人一种生命的感觉。这大生命是表现得如此之博大，而又如此之纷纭，真是万象纷呈，千端并引。而在这千端与万象之中，却又自有其周洽圆融的调和与完整。我之中有此生命之存在，物之中亦有此生命之存在。因此，我们常可自此纷纭歧异的物之中，获致一种生命的共感。[1]叶嘉莹还在其多部著作中反复论述过兴的感发、兴发作用。卜松山指出："所谓'兴'，就是一种自然意象唤出一种暗示性诗意。"[2]卜松山与前述松本雅明等人的观点有异曲同工之妙。

综上所述，感兴作为感发、兴起，是中国古代诗人艺术家进入审美感知、激发审美情感和想象、创造艺术审美意象的基本方式。为了更好地进入感兴状态，更好地创造诗歌审美意象，中国古代诗人特别重视和强调养兴、发兴、入兴、寻兴、伫兴，亦即是诗人主体的虚心以待物，向感性的物色开放自己的审美感知和审美心胸，直观自然景物的生动物象和灿烂物色，接受感性物象物色的辉煌呈现和审美召唤，以生成活色生香、灿烂天成的感兴审美意象，渲染、烘托和营构景景交融、抒情言志的审美氛围。

第二节　艺术灵感论——兴会之兴与中国古代艺术缪斯

感兴作为"灿烂的感性"，不仅表现在兴起阶段，还表现为

---

[1] 参见叶嘉莹《迦陵论诗丛稿》（修订本），河北教育出版社1997年版，第62—63页。
[2] 卜松山：《与中国作跨文化对话》（增订本），刘慧儒、张同刚等译，中华书局2003年版，第8页。

诗人高度活跃、极具创造性的兴会或灵感状态。兴会是感物起兴的发展，是审美感兴的高级阶段。中国古典兴会美学所称之兴会又称"应感之会""畅神之思"。魏晋南北朝诗人多以兴会相标举，魏晋六朝美学的"应感之会""兴会""畅神"将中国古典感兴美学精神发展到一个新的自觉阶段。沈约称道谢灵运"兴会标举"，颜之推称"每尝思之，原其所积，文章之体，标举兴会，发引性灵"。兴会与灵感、想象、神思、意象思维、灵感思维、诗性思维等，构成了感兴美学标识高级灵感心理的家族相似性范畴。兴或感兴堪称激发中国古代诗人艺术家创造性才情的艺术缪斯。但是，兴或感兴又不同于西方艺术史和美学史上的神灵凭附的灵感，兴或感兴来自大自然和社会生活的感发、触发和兴发。感兴、兴会有如西方美学和艺术学所说的缪斯之思、灵感之思，但也有重要区别。西方美学的灵感往往是神灵凭附，得之于神秘主义的缪斯；而中华感兴诗学的感兴、兴会与大自然的时令变化和气候感召有关。感兴、兴会来自大自然和社会生活的感发和触发，尤其得之于自然感兴，体现了"江山之助"。正如刘勰在《文心雕龙·物色》中所言："若乃山林皋壤，实文思之奥府，略语则阙，详说则繁。然则屈平所以能洞监《风》《骚》之情者，抑亦江山之助乎？"刘勰在《文心雕龙·神思》中又云："思理为妙，神与物游。""登山则情满于山，观海则意溢于海，我才之多少，将与风云而并驱矣。"亦如李梦阳在《诗集自序》中所言："诗者，天地自然之音也。"感兴与兴会即是从物色中直观到物的生命和精神，并与诗人自身的生命和精神相融合。因而，感兴体验具有生动鲜活的情感性、想象性、创造性。感兴与兴会体现了诗歌艺术创作过程中的天人之间、物我之间、心物之间、情物之间、情景之间、主客之间的诗意联系和诗性特征。兴会意味着诗兴艺术精神或审美精神的高度活跃，兴会的美学之果是审美意象的生成和创造。感兴和兴会体现诗人兴情与物色景象之间的内在融合，是天地自然万物的生命律动与诗人艺术家内心思想情感的生命律动的同构与融合。

与西方灵感美学或缪斯美学有所不同，中国古典感兴美学的兴会不是神秘主义的，而是自然主义和人文主义的，是既有神理又合乎自然之道的，即所谓"思理为妙，神与物游"（《文心雕龙·神思》）。兴会因而是自觉性与自发性、自然性、偶发性、突然性的辩证统一的关系。化用《中庸》的名句"天命之谓性，率性之谓道，修道之谓教"，可以说"天机之谓性，率性之谓感，感发之谓兴"（或"天机之谓性，率性之谓道，悟道之谓美"）。一方面，兴会是天机自动的，得之于自然对诗人的触动感发。正如王士禛引萧子显语于《渔洋诗话》引所言："登高极目，临水送归，早雁初莺，花开叶落。有来斯应，每不能已。须其自来，不以力构。"李德裕的《文章论》亦云："文之为物，自然灵气。惚恍而来，不思而至。"谢榛的《四溟诗话》亦云："诗有不立意造句，以兴为主，漫然成篇，此诗之入化也。"又云："诗有天机，待时而发，触物而成，虽幽寻苦索，不易得也。"张晶认为：审美感兴论的一个明显理论特征是"强调审美主客体之间的偶然触发，或者说是一种随机性的遇合，这几乎是每条有关感兴的论述都包含的内容。……从语义上讲，'触'是无意间的遭逢、碰撞，这是不言自明的。使用频率略低于'触'的'遇''会'等词汇，意义与'触'相近，也经常出现（在）有关感兴的论述之中。后期感兴论更是常常直接使用'偶然'这样一类词语，明确显示了感兴论的偶然性特质。……审美主体在偶然的、随机的机缘中与客体遇合，兴发起创作冲动，形成审美意象，这种审美意象带着原生态之美，有内在的生命力"[1]。张晶的这个观点是别具慧眼的。感兴是诗人在与自然不期然的触遇中的精神耦合。古典诗人对此有深切的感悟与精彩的描述。杨万里在《答建康府大军库监门徐达书》中指出："大抵诗之作也，兴，上也；赋，次也；赓和，不得已也。我初无意于作是诗，而是物、是事适然触乎我，我之意亦适然感乎是物、是事。触先焉，感随焉，而是诗出焉，我何与哉？天也！斯之谓兴。"李开先在《中麓先生咏雪诗后序》中亦指出："诗贵意兴活泼，拘拘谫谫，意兴扫地尽矣。"王夫之《古诗评选》亦云："意无预设，因所至以成文，则兴会尤为有权。""天壤之景物，作者之心目，如是灵心巧手，磕着即凑，岂复烦其踌躇哉？"亦如纪昀在《瀛奎律髓刊误》中所言："兴象深微，毫无凑泊之迹，此天机所到，偶然得之。"

另一方面，兴会也不单单是偶然的触遇，而是有如王夫之在《姜斋诗话·诗绎》中所反复强调的："兴在有意无意之间，比亦不容雕刻。"兴是诗人情志与外在物象的交会与融合。兴会有如李白所言的"我"与"青山"的相互激发和欣赏。唐代王昌龄《诗格》中曾提出"感兴势"这个诗学范畴，探讨感兴在诗歌起势、动力、动势、格势等方面所起的重要作用。据遍照金刚著

---

[1] 张晶：《审美感兴论》，《学术月刊》1997年第10期。

《文镜秘府》所引:"感兴势者,人心至感,必有应说。物色万象,爽然有如感会。亦有其例,如常建诗云:'泠泠七弦遍,万木澄幽音。能使江月白,又令江水深。'又王维的《哭殷四》云'浥漴寒郊外,萧条闻哭声,愁云为苍茫,飞鸟不能鸣'。"南宋末年吴渭的《诗评》也认为:优秀的山水田园诗都是"景物感动性情,意与景融,辞与意会,一吟风顷,悠然自见"。王世贞的《艺苑卮言》则提出"境与天会,……兴与境谐,神合气完"。张居实则于《师友诗传录》谓"触物兴怀,情怀神会"。总之,兴会是拟容取心的,是"无意而意至""词理意兴俱全""天时、地境、人事之神理全具"的。兴会是王夫之激赏李杜诗歌创作那样"外周物理,内极才情"的统一。

诗人的感兴和兴会也因诗人不同的个性特征而生成不同的审美个性,古人对诗人感兴的独特性与个性特征也有丰富的论述。不能说中国古人就没有个性意识,"我""吾""余""予"这种表达个体自我的词语在先秦典籍中大量存在。准此,中国古人的诗兴审美体验也是各具个性特征的。《诗三百》中的很多作品就出现了大量的"我"字来描述诗歌作者或抒情主人公。屈原、宋玉等人的《楚辞》更是在中国诗歌史上自觉的个人创作。皎然就反复强调,优秀的诗人应像屈原那样"自我独致",以"独创"取胜,要敢于"立意于众人之先,放词于群才之表",从而"前无古人,独生我思"。[1] 王羲之《兰亭诗》(之三)即潇洒地畅言"群籁虽参差,适我无非新",显示出艺术家的个性自由。前面引

---

[1] 皎然著,李壮鹰校注:《诗式校注》,齐鲁书社1986年版,第267、254页。

用的杨万里论"感兴",也频频使用了"我"字。正是出于对诗兴的个性特征和独创性品格的理解,胡经之指出:"'兴'具有真正的美学价值,是诗词创作的不二法门,是写出具有自己独特个性(因每人触物感受绝不雷同)和永恒审美价值的艺术作品的'度人金针'。"[1] 对此,古代诗人艺术家亦有独特感悟和论述。例如,梁肃在《周公瑾墓下诗序》中写道:"诗人之作,感于物,动于中,发于歌咏,形于事业,事之博者其辞盛,志之大者其感深。"明代大戏曲家汤显祖认为,"万物之情,各有其志";"独有灵性者,自为龙耳";"天下文章所以有生气者,全在奇士。士奇则心灵,心灵则能飞动。能飞动则上下天地,来去古今,可以屈伸长短生灭如意,如意在可以无所不如"。归庄在《吴门唱和诗序》一文中指出,诗乃兴会之作,故"南皮之游,兰亭之集,诸名胜之作,一时欣赏,千古美谈。虽邺下、江左之才,非后世之可及,亦由兴会之难再也",归庄所言之南皮之游、兰亭之集都是中国古代诗歌史上非常有个性的诗兴体验和诗兴写作,分别为曹魏时期、东晋时期的诗人的畅游之兴。

叶燮更是一位强调诗歌创作要标举诗人之"我"的杰出诗学家。叶燮在《原诗·内篇下》中指出:"原夫创始作者之人,其兴会所至,每无意而出之,即为可法可则。"[2] 显示出对诗歌创作主体个性的强调。朱庭珍亦云:"诗中有我在焉,始可谓之真诗……夫所谓诗中有我者,不依傍前人门户,不摹仿前人形似,抒写性情,绝无成见,称心而言,自鸣其天。勿论大篇短章,皆

---

[1] 胡经之:《文艺美学》,北京大学出版社1999年版,第84页。
[2] 叶燮著,霍松林校注:《原诗》,人民文学出版社1979年版,第35页。

乘兴而作,意尽则止。我有我之精神结构,我有我之意境寄托……后人读吾诗者,无不见我性情,知我心志……"[1]性灵派诗人袁枚在《题宋人诗话》中有言:"丈夫贵独立,各以精神强。于古无臧否,于心有主张。"刘熙载的《艺概·诗概》亦云:"诗不可有我而无古,更不可有古而无我。典雅、精神,兼之斯善。"[2]因此,兴具有"随遇而生,随生即盛"的生生不息的个性特征和创新品格。石涛更是把古代艺术家审美感兴的个性特征推向了极致,石涛的《画语录》通篇洋溢着画家的个性气质。石涛说:"我之为我,自有我在。古之须眉,不能生在我之面目;古之肺腑,不能安入我之腹肠。我自发我之肺腑,揭我之须眉。纵有时触著某家,是某家就我也,非我故为某家也。"又说:"山川脱胎于予也,予脱胎于山川也。"总之,审美兴会是诗人天才和个性得到激活的生动表征,兴会因而具有神奇的、宛若天助的灵感性、突如其来性、妙不可言性,兴会的结果是生成玲珑活泼的诗歌艺术兴象、艺术兴境。犹如翁方纲在《石洲诗话》卷一中所言:"兴、象互相感发","若《早朝大明宫》之作,并出壮丽;《慈恩寺塔》之咏,并见雄宕,率由兴、象互相感发"。感兴审美所创造的兴象因而是鲜活玲珑的,有别于西方美学的象征意象。

兴会意味着诗人艺术精神气质的高度活跃。兴会作为兴之会亦即是诗人精神高度活跃的应感之会。正如陆机在《文赋》中所言:

---

[1] 朱庭珍:《筱园诗话》,载郭绍虞编选、富寿荪校点《清诗话续编》,上海古籍出版社1983年版,第2343页。
[2] 刘熙载:《艺概》,上海古籍出版社1978年版,第84页。

若夫应感之会，通塞之纪，来不可遏，去不可止。藏若景灭，行犹响起。方天机之骏利，夫何纷而不理。思风发于胸臆，言泉流于唇齿；纷葳蕤以馺遝，唯豪素之所拟；文徽徽以溢目，音泠泠而盈耳。及其六情底滞，志往神留，兀若枯木，豁若涸流；揽营魂以探赜，顿精爽而自求；理翳翳而愈伏，思轧轧其若抽。是以或竭情而多悔，或率意而寡尤。虽兹物之在我，非余力之所戮。故时抚空怀而自惋，吾未识夫开塞之所由。

应感之会的关键在艺术思维的通塞或开塞与否。兴会即是神思飞扬、神思浩荡，艺术思维和灵感处于非常通达、通透、开放、活跃的状态。其后，刘勰进一步将陆机的应感之会（之机、之纪、之妙）的兴会说发展为更为完整系统的神思说，刘勰于《文心雕龙·神思》中指出，"文之思也，其神远矣。故寂然凝虑，思接千载；悄焉动容，视通万里"；"夫神思方运，万涂竞萌。规矩虚位，刻镂无形。登山则情满于山，观海则意溢于海，我才之多少，将与风云而并驱矣"。王微在《叙画》中亦云："望秋云，神飞扬，临春风，思浩荡。……绿林扬风，白水激涧。呜呼！岂独远诸指掌，亦以明神降之，此画之情也。"萧子显在《南齐书·文学传论》中也认为："属文之道，事出神思，感召无象，变化不穷。俱五声之音响，而出言异句；等万物之情状，而下笔殊形。"李善在《文选注》中则曰："兴会，情兴所会也。"孔颖达《毛诗正义》说："诗者，人志意之所之适也。虽有所适，犹未发口，蕴藏在心，谓之为志。发见于言，乃名为诗。言作诗者所以舒心志愤懑而卒成于歌咏。故《虞书》谓之'诗言志'也。包管万虑，其名曰心。感物而动，乃呼为志。志之所适，外物感焉。言悦豫之志，则和乐兴而颂声作，忧愁之志，则哀伤起而怨刺生。《艺文志》云'哀乐之情感，歌咏之声发'，此之谓也。"[1] 贾岛在《论六艺》中有云："感物曰兴。兴者，情也。谓外感于物，内动于情。情不可遏，故曰兴。"张戒于《岁寒堂诗话》卷下盛赞杜甫诗创作感兴抒情和兴会言志："子美之志，其素所蓄积如此，而目前之景，适与意会，偶然发于诗声，六义中所谓兴也。兴则触景而得，此乃取物。"吴雷发在《说诗菅蒯》中曰："作诗固宜搜索枯肠，然着不得勉强。故有意作诗，不若诗来寻我，方觉下笔有神。诗固以兴之所至为妙。"方薰于《山静居画论》卷上论"艺事必藉兴会，乃得淋漓尽致"。王绂在《书画传习录》中亦言："古人作画，其精神贯注处，眼光四射，如兔起鹘落，稍纵即逝。"王士禛于《带经堂诗话》卷三云："大抵古人诗画，只取兴会神到"；"当其触物兴怀，情来神会，机括跃如，如兔起鹘落，稍纵即逝矣。有先一刻后一刻不能之妙。"据《师友诗传录》记载，张萧亭说："古之名篇如出水芙蓉，天然艳丽，不假雕饰，皆偶然得之，犹书家所谓偶然欲书者也。"宋荦在《漫堂说诗》中亦云："吾之真诗触景流出，释氏所谓信手拈来，庄子所谓蟪蚁稊稗砖甓（皆指微小的事物）无所不在，此之谓悟后境，悟则随吾兴会所之。"清代画家王昱在《东庄论

---

[1] 毛亨传，郑玄笺，孔颖达疏：《毛诗正义》，载李学勤主编《十三经注疏》，北京大学出版社1999年版，第6页。

画》中亦指出:"未作画前,全在养兴,或睹云泉,或观花鸟,或散步清吟。或焚香啜茗,俟胸中有得,技痒兴发,即伸纸舒毫,兴尽斯止。至有兴时续成之,自必天机活泼,迥出尘表。"[1]纪昀在《清艳堂诗序》中云:"故善为诗者,其思浚发于性灵,其意陶镕于学问。凡物色之感于外,与喜怒哀乐之动于中者,两相薄而发为歌咏,如风水相逢,自然成文;如泉石相春,自然成响。"可见,在兴会状态,诗人艺术家内心深处蕴藏的思想感情会从深层次影响诗人的审美感兴和审美体验,照亮和充实自然景物的审美物色,生成一种生气灌注、生动丰盈、灵活圆转、玲珑活泼的审美兴象。审美兴象是艺术思维活跃、艺术精神充沛的灵感、神思、神会状态。

进而言之,感兴和兴会的哲学基础还在于中国古典"大化流行"的"气类相感""生命共感"论宇宙生命哲学。中国古人认为,天地万物都是阴阳二气相交、相感化生而成的,都是具有内在生气和生命的。中国古典哲学把宇宙万物视为一气贯通,气化宇宙,气化万物;氤氲化生,氤氲万物;气之动物,物色感人;气贯物我,气贯心物。建立在气感论宇宙哲学基础之上的感兴论美学彰显了中华美学独特的精神气质。感兴或兴会正是诗人与外物之内在生气的交感和贯通。兴会即是气感活跃、气感贯通、气感通畅的状态。对此,王夫之的《诗广传》有精辟阐述。王夫之于《诗广传》指出:"情者,阴阳之几也。物者,天地之产也。阴阳之几,动于心,天地之产,应于外。故外有其物,内可有其

---

[1] 王昱:《东庄论画》,载沈子丞编《历代论画名著汇编》,世界书局1943年版,第401页。

情矣。内有其情，外必有其物矣。"他又说："天地之际，新故之迹，荣落之观，流止之几，欣厌之色，形于吾身以外者，化也，生于吾身以内者，心也；相值而相取，一俯一仰之际，几与为通，而浡然兴矣。……俯仰之间，几必通也，天化人心之所为绍也。"可见，兴会即是"吾身以外之化"与"吾身以内之心"的生命之气的贯通与合一。诗人在兴会状态下生成的审美意象有如宗白华所说的"终究蒙上了一层诗心的温情和智慧的光辉，使我们读者走进一个较现实更清朗、更生动、更深厚的富于启发性的世界"[1]。

当然，随着近代以来的泛神论和浪漫主义的影响，西方近现代美学也重视自然审美和自然美感，表现出与中国古典感兴和兴会美学思想精神的某种相通性。李斯托威尔在论述艺术审美的和谐而神圣的奥秘时指出：

> 只有到我们艺术同情的强度足以把我们自己的努力、感觉、感情和愿望，充塞到自然的伟大领域和艺术的更为伟大的领域中去，只有到了这时，美感经验的真正本质才能被抓住。……有机界和无机界的明显界限，只有在这里才会消失；主体和客体看来不可逾越的障碍，只有在这里才会崩溃；只有在这里，物质才会上升到精神的水平，而精神也才会俯降到没有生命的物质的水平；只有在这里，人类灵魂中感性的东西和精神的东西，它的本能的、理智的和道德的能

---

[1]《宗白华全集》，第2卷，安徽教育出版社1994年版，第407页。

力，才会自然而又和谐地合作起来，像一个欢天喜地的合唱队所唱出的不同的声音。[1]

当代法国哲学家皮埃尔·阿多（Pierre Hadot）更是在其《伊西斯的面纱》一书中提出了一种极具后现代精神气质的自然审美观念。皮埃尔·阿多认为，古希腊赫拉克利特的箴言是"自然爱隐藏"。隐藏自身秘密的"自然"化身为伊西斯的形象，她在希腊文化中被等同于阿尔忒弥斯（在拉丁文化中被等同于以弗所的狄安娜）。为了揭开伊西斯的面纱（即大自然的面纱），西方采用了两种基本的态度和方式，其一是普罗米修斯的态度和方式，即通过技术来揭示自然的秘密；其二是俄耳甫斯的态度和方式，即通过言说、歌唱和艺术来揭示秘密。前者是意志论的，后者是沉思的。皮埃尔·阿多的结论倾向于后者，主张对自然的敬畏，敬畏自然的神秘，强调在"自然即艺术，艺术即自然，人的艺术只是自然艺术的一种特殊情形"。[2] 总之，西方现代美学和后现代美学有一种向古代文明和东方文明学习的倾向，有一种对自然审美的"返魅""复魅"的美学趋向，与中国古代诗人的感兴和兴会有异曲同工之妙。因此，具有中华美学独特精神气质的感兴诗学，更彰显其不可或缺的后现代美学价值，是值得我们当代中国学者大书特书的古典审美理论。

---

[1] 李斯托威尔：《近代美学史评述》，蒋孔阳译，上海译文出版社1980年版，第236—238页。

[2] 参见皮埃尔·阿多《伊西斯的面纱：自然的观念史随笔》，张卜天译，华东师范大学出版社2015年版，第408页。

第三节　艺术修辞论——譬喻象征之兴与引譬连类

中华感兴美学之兴不仅是艺术精神、艺术生命、艺术思维、艺术体验、艺术意象之兴，而且也是兴咏之兴、兴喻之兴，是引譬连类的艺术修辞之兴，是感兴体验的符号表征或感性呈现。艺术感兴的诗性特质不仅体现为诗情的感发性，也体现为诗兴的譬喻性、隐喻性和象征性。中国诗歌和诗学的赋比兴都与意象描写有关，可分被称为"赋象""喻象""兴象"，但由于比兴更具比类取譬性和引譬连类性，因而下文重点讨论比兴修辞。古人论比类思维时曾提出过"象物天地，比类百则"（《国语·周语下》）的理论命题，此一命题影响了郑众的"比者，比方于物也。兴者，托物于事"的诗学观点。古人论学诗时亦有"不学博依，不能安诗"（《礼记·学记》）的重要诗教观点，博依即善于广博譬喻（比兴），学诗如此，作诗亦然。黎锦熙曾指出过诗之比兴情景之间的类似性："比、兴两义，不是全不相干，只是着重在兴，兴中不妨有比。大抵触景生情，其情必有与景相关之点；感物兴怀，其物必有与怀相印之端：此相关之点与相印之端，大半由于类似，所以兴中有比，有时非比不兴。"[1]龚鹏程对比兴譬喻修辞的思维方式也有精到论述，他指出："比、兴都是《诗经》中诗歌中的表现方式。比，当然就是指比喻，'桃之夭夭，灼灼其华，之子于归，宜其室家'，正象喻着新娘的娇艳，以及花开即

---

[1]　黎锦熙：《修辞学比兴篇》，商务印书馆1936年版，第66—67页。

将结子的新婚景况。这就是取譬比喻之法。兴的问题比较复杂，或云为比喻之一类，或云为象征，或云为无端起兴。但无论如何，都是关联性的思考。"[1] 龚鹏程认为，关联性思考，注意彼此的关系与脉络，即必然带动"联想"与"取譬"之思维。[2] 关联性思考正是比兴手法的思维关键、思维奥秘。诗歌比兴中的这种关联性思考不同于逻辑思维，而是联想与取譬之诗性思维。从兴作为"感物连类、取譬连类、托物兴辞"的艺术修辞方式或艺术表现方式的意义上说，兴之象和兴之辞，亦即是艺术的感性材料、感性组织、感性结构、感性形式。在兴咏之兴、兴喻之兴的表征阶段，诗兴艺术家总是以引譬连类的方式来进行比类取象，进行形象化的艺术诗兴思维和诗兴表达，这种兴咏之兴、兴喻之兴既发生在内心的感兴思维阶段，也发生在用语言符号加以传达的阶段，两种情况、两个阶段都离不开感兴思维和感兴表达，诗性思维与感性表达相互生成，合而为一，并以比兴修辞的方式加以呈现。

　　审美感兴不是诉诸知性、思辨及其抽象语言，而是感兴召唤的形象表达。杜夫海纳的现象学美学告诉我们，诗的意义是内在于诗歌语言的感性形式之中的。诗对于诗的读者来说，也同样具有感性的光辉。诗中之"词摆脱了常用规则，互相结合起来，组成了最意想不到的形式。同时，诗的意义也变了，它不再是通过词让人理解的东西，而是在词上的东西，就像在刚被触动过的水面上所形成的皱纹一样。这是一种不确定的而又迫切的意义。人

---

[1] 龚鹏程：《中国传统文化十五讲》，北京大学出版社2006年版，第158页。
[2] 参见龚鹏程《中国传统文化十五讲》，北京大学出版社2006年版，第156页。

们不能掌握它,但可以感受到它的丰富性。它与其说引人思考,不如说让人感觉。这一意义包含在词中,就像本质包含在现象中一样。它就在那里,凝结在词之中,不能从词中抽象出来加以翻译或概念化。它增添了一个新的维度:在再现上增添了表现"[1]。诗是在词上的东西,感物兴情、兴发感动也是在引譬连类、取譬连类之中或之上的东西。兴既是诗性感受、诗性情感、诗性精神,又是感性表达、诗性修辞、诗性譬喻,二者不可分离,合而为一。

何晏《论语注·阳货》注孔子"诗可以兴"时,引汉代孔安国语曰:"兴,引譬连类。"邢昺进一步疏曰:"若能学《诗》,《诗》可以令人能引譬连类以为比兴也。"[2] 引譬连类的要义是以引譬为基础,以连类为延展。无论是孔子还是汉代经学家,引譬连类之兴,都主要是诗教,兼及诗歌创作,而刘勰所理解和阐释的比兴则主要是诗歌创作。刘勰在《文心雕龙·物色》中写道:"诗人感物,联类不穷,流连万象之际,沉吟视听之区。写气图貌,既随物以宛转;属采附声,亦与心而徘徊。……虽复思经千载,将何易夺?及《离骚》代兴,触类而长……;物色虽繁,而析辞尚简;……物色尽而情有余者,晓会通也。"刘勰的"诗人感物,联类不穷,流连万象"是对汉人的"引譬连类"的进一步的发展和美学化。刘勰在《文心雕龙·诠赋》中亦云:

---

[1] 杜夫海纳:《美学与哲学》,孙非译,中国社会科学出版社1985年版,第163页。

[2] 何晏注,邢昺疏:《论语注疏》,载李学勤主编《十三经注疏》,北京大学出版社1999年版,第237页。

"情以物兴，故义必明雅；物以情观，故词必巧丽。"刘勰的《文心雕龙·比兴》更是精辟地论述了《诗经》的比兴修辞之美学意义："《诗》文宏奥，包韫六义；毛公述《传》，独标兴体，岂不以风通而赋同，比显而兴隐哉？故比者，附也。兴者，起也。附理者，切类以指事；起情者，依微以拟议。起情，故兴体以立。附理，故比例以生。比则畜愤以斥言，兴则环譬以托讽。……观夫兴之托喻，婉而成章，称名也小，取类也大。关雎有别，故后妃方德；尸鸠贞一，故夫人象义。义取其贞，无疑于夷禽；德贵其别，不嫌于鸷鸟。"

孔颖达在《毛诗正义·关雎疏》中提出："兴是譬喻之名，意有不尽，故题曰兴。他皆放此。"[1] 孔颖达在《毛诗正义·诗大序正义》中亦引郑众语"兴者，托事于物则兴者起也"，并进一步发挥曰："兴者起也。取譬引类，起发己心，诗文诸举草木鸟兽以见意者，皆兴辞也。"[2] 孔颖达在《毛诗正义·螽斯疏》中曰："兴、喻名异而实同。"[3] 尤其值得指出的是，孔颖达在《毛诗正义》中精辟地阐发了《诗经》"兴必取象""兴取一象""兴必以类"的兴象取义方法。如疏《樛木》"以兴必取象，以兴后妃上下之盛，宜取木之盛者，木盛莫如南土，故言南土也"；疏《汉广》"兴者取其一象，木可就荫，水可方、泳，犹女有可

---

[1] 毛亨传，郑玄笺，孔颖达疏：《毛诗正义》，载李学勤主编《十三经注疏》，北京大学出版社1999年版，第22页。

[2] 毛亨传，郑玄笺，孔颖达疏：《毛诗正义》，载李学勤主编《十三经注疏》，北京大学出版社1999年版，第12页。

[3] 毛亨传，郑玄笺，孔颖达疏：《毛诗正义》，载李学勤主编《十三经注疏》，北京大学出版社1999年版，第44页。

求"；疏《卷阿》"兴取一象，不得皆同"；疏《湛露》"各取其所象"；疏《凯风》"兴必以类"；疏《旄丘》"凡兴者取一边相似耳"；等等。兴所取之象只要有某一方面属性与己心之义有类似之处即可。

皎然的《诗式》谓"取象曰比，取义曰兴。义即象下之意，凡禽鱼草木、人物名数，万象之中，义类同者，尽入比兴"[1]。贾岛的《二南秘旨·论六义》则云："取类曰比。比者，类也。妍蚩相类，相显之理，或君臣昏佞，则物象比而刺之；或君贤明，亦取物比而象之。感物曰兴，……感君臣之德废兴而形于言。"王安石亦云："以其所类而比之，之谓比；以其所感发而况之，之为兴。"[2] 魏庆之于《诗人玉屑》卷十三引黄彻语曰"赋者，铺陈其事；比者，引物连类；兴者，因事感发"。虞集《思兰亭记》谓"古之善为诗者，常托物以起兴，而后得以推致其性情，而极夫咏歌舞蹈之盛"。黄子肃的《诗法》谓"意在于假物取意，则谓之比；意在于托物兴词，则谓之兴；意在于铺张实事，则谓之赋"。郝敬的《毛诗原解序》将兴赋比三义合为一体，分别释为"诗之情""诗之事""诗之意"："诗言微婉，托物为比，陈辞为赋，感动为兴，三义合而诗成。……兴者，诗之情。情动于中，发于言为赋。赋者，事之辞。辞不欲显，托于物为比。比者，意之象。故夫铺叙括综曰赋，意象附合曰比，感动触发曰兴。"李东阳的《麓堂诗话》认为："所谓比与兴者，皆托物寓情而为之者也。盖正言直述，则易于穷尽，而难于感发。惟有

---

[1] 皎然著，李壮鹰校注：《诗式校注》，齐鲁书社1986年版，第24页。
[2] 王安石著，邱汉生辑校：《诗义钩沉》，中华书局1982年版，第8页。

所寄托，形容摹写，反覆讽咏，以俟人之自得，言有尽而意无穷。"[1] 魏源在《诗比兴笺》《序》中则说："《离骚》之文，依诗取兴，引类譬喻；词不可径也，故有曲而达；情不可激也，故有譬而喻焉。"总之，包括兴在内的赋比兴既是反映心物关系的思维方式，也是表征审美体验的修辞方式。诗人言志抒情的美感体验，需要赋比兴尤其是比兴修辞的艺术传达和形象表征。

朱熹对何为兴辞有一句很经典的表述，即所谓"兴者，先言他物以引起所咏之辞也"[2]。如果说"先言他物"可谓"兴辞"（兴起和兴譬之句），那么，所引起的"所咏之辞"可谓"应辞"（情感和意义之句），二者之间有着内在精神的联系。毋庸置疑，艺术感兴创作过程中的兴辞，大多得之于自然的感发，天机自动、天机勃发，不可强求。钟嵘于《诗品》上卷赞美谢灵运诗"兴多才高，寓目辄书，内无乏思，外无遗物，其繁富宜哉！然名章迥句，处处间起；丽典新声，络绎奔会"。孟棨在《本事诗序》中谓："诗者，情动于中而形于言。故怨思悲愁，常多感慨。抒怀佳作，讽刺雅言，虽著于群书，盈厨溢阁，其间触事兴咏，尤所钟情，不有发挥，孰明厥义？因采为《本事诗》，凡七题，犹四始也。情感、事感、高逸、怨愤、征异、征咎、嘲戏，各以其类聚之。"[3] 谢榛于《四溟诗话》卷一精辟指出："诗有不立意造句，以兴为主，漫然成诗，此诗之于化也。"胡应麟《诗薮·内编》卷六则盛赞盛唐绝句"兴象玲珑、句意深婉，无工可

---

[1] 丁福保辑：《历代诗话续编》，中华书局1983年版，第1374页。
[2] 朱熹注，王华宝整理：《诗集传》，凤凰出版社2007年版，第2页。
[3] 丁福保辑：《历代诗话续编》，中华书局1983年版，第2页。

见，无迹可寻"。徐渭在《奉师季先生书》中亦认为，优秀的诗歌兴体起句乃是"天机自动，触物发声，以启其下段欲写之情，默会亦自有妙处，决不可以意义说者"。黄子肃的《诗法》亦认为："寄兴悠扬之句，意之所至，信手拈来，头头有道，不待思索，得之于自然。"叶矫然在《龙性堂诗话》中亦云："兴体之妙，在于触物成声，冲喉成韵，如花未发而香先动，月欲上而影初来，不可以意义求者，《国风》、古乐府多有之。"[1] 叶燮在《原诗·内编上》中盛赞千古第一诗人杜甫的诗歌创作"如星宿之海，万源从出；如钻燧之火，无处不发；如肥土沃壤，时雨一过，夭乔百物，随类而兴，生意各别，而无不具足"。方东树在《昭昧詹言》中盛赞谢灵运诗歌"其造语天然浑成，兴象不可思议执着"。

当然，必须指出，中国古典诗歌比兴修辞的兴辞表达方式是多种多样的：既可以用感性直观的摹状词描写，如"诗人感物，联类不穷。……故'灼灼'状桃花之鲜，'依依'尽杨柳之貌，'杲杲'为出日之容，'瀌瀌'拟雨雪之状，'喈喈'逐黄鸟之声，'喓喓'学草虫之韵。'皎日''嘒星'，一言穷理；'参差''沃若'，两字连形：并以少总多，情貌无遗矣"（《文心雕龙·物色》）；也可以用比喻的语句加以譬喻，如《毛诗》"标兴"中所标的大多数兴句，其中多用"喻""犹""若"等词语加以表示出来；还可以通过对自然现象的直接铺叙来表达感兴体验，如"关关雎鸠，在河之洲"，这个起兴之句其实是"赋句"，是对自然现

---

[1] 叶矫然：《龙性堂诗话》，载郭绍虞编选、富寿荪校点《清诗话续编》，上海古籍出版社1983年版，第938页。

象的直观铺写。

铃木虎雄论赋比兴的关系时注意到兴句的复杂情况,其中之一即是,有些兴句单从甲句来看是赋的直言其事的手法,但将其与后面的乙句联系起来,则甲句又起到了兴的作用,并举例《周南·关雎》《周南·桃夭》《邶风·柏舟》等诗的前两句既为赋句,又是其后两句的兴句加以阐明。[1]铃木虎雄的这个观点是很有见地的。

再具体以《诗三百》的兴辞为例,多用上古歌谣流传下来的现成物象景语,如鸳鸯、黄鸟、柏舟、谷风、扬之水等,它们皆为《三百篇》诗歌起兴的常用自然物象,都是古老歌谣习用的传统套语。《秦风·黄鸟》《小雅·黄鸟》都是以黄鸟起兴,其中描写黄鸟的兴句当为传统的起兴套语。《三百篇》的风诗和雅诗中还有多篇以"陟彼×山,言采其×"起兴的诗歌,"陟彼×山,言采其×"亦为当时习用的歌谣起兴套语。如《召南·草虫》诗中的"陟彼南山,言采其薇。未见君子,我心伤悲";《小雅·杕杜》诗中的"陟彼北山,言采其杞。王事靡盬,忧我父母";《小雅·北山》诗中的"陟彼北山,言采其杞。偕偕士子,朝夕从事。王事靡盬,忧我父母"等。此外,《三百篇》风诗和小雅中更有多篇以"山有×,隰有×"起兴的诗歌,亦为当时诗歌咏唱者们所熟悉的套语。总之,《诗三百》中既有以传统的自然景语起兴的诗歌,如以"扬之水"这种现成套语起兴的诗歌,更有描写诗人对眼前自然现象直观感兴的新景语,如"关关雎鸠""蒹

---

[1] 参见铃木虎雄《中国诗论史》,许总译,广西人民出版社1989年版,第24页。

葭苍苍"。前者虽为现成套语,仍由于诗人情志的灌注和统率,同样生生不息,蔚为新语,同样能创造出一个新意盎然的诗歌审美感兴的艺术新世界。此外,还需指出的是,《诗经》中的兴语,大多出现在首章甚至是首句,少数出现在后面的章句之中。再者,兴辞(兴句)与后面的应辞(应句)大多数是相似的关系,少数是相反的关系,二者构成相反相成之反兴。反兴是相对正兴而言的,正兴是《诗经》风诗和雅诗起兴的主要方式,即兴句与应句具有某种属性上的类似性、一致性,如《关雎》《桃夭》等。反兴则是兴句与应句在属性上具有某种相反相成的特点。《葛藟》《杕杜》中以"葛藟""杕杜"之繁盛反衬抒情主人公的漂泊孤苦之情。总之,感物兴情之意象,固然是托物兴辞,但其中之物、之象亦可是诗歌习语、套语中之物、之象。而且,习语、套语的起兴因其形式的朦胧和灵活,有时反而更能激起应句各具特色的修辞效果和情感效应。正如朱熹所言:"兴体不一,或借眼前物事说将起,或别自将一物说起。"无论何种起兴,都有如王国维所言"一切景语皆情语","景语"即是兴辞或兴语。

比兴修辞在中国古典诗歌抒情言志和意象表达方面具有独特的艺术魅力。沈德潜于《说诗晬语》卷上指出:"事难显陈,理难言罄,每托物连类以形之。郁情欲舒,天机随触,每借物引怀以抒之。比兴互陈,反覆唱叹,而中藏之欢愉惨戚,隐跃欲传,其言浅,其情深也。倘质直敷陈,绝无蕴蓄,以无情之语而欲动人之情,难矣。"[1] 宋大樽的《茗香诗论》说:"诗以寄兴也。……修

---

[1] 沈德潜著,霍松林校注:《说诗晬语》,卷上,人民文学出版社1979年版,第186页。

辞不立其诚,未或闻之前训矣。……(子云)前之拟相如赋,犹不寄兴之诗也,竞利也;后之作《玄》文,犹寄兴之诗也。"[1]朱庭珍于《筱园诗话》卷一论"比兴二义,盖为一种难题立法。固有不可直言,不敢显言,不便明言,不忍斥言之情之境。或借譬喻,以比拟出之;或取义于物,以连类引起之。反复回环,以致唱叹,曲折摇曳,愈耐寻求"。袁枚也在《随园诗话补遗》卷一中强调了诗歌语言要新鲜,具有"使人感发而兴起"的艺术魅力和精神力量,兴喻或兴辞更重在兴发人的善良意志和精神品德。纪昀于《鹤街诗稿序》指出:"在心为志,发言为诗,古之风人特自写其悲愉,旁抒其美刺而已。心灵百变,物色万端,逢所感触,遂生寄托,寄托既远,兴象弥深,于是缘情之什,渐化为文章。"陈启源于《毛诗稽古编》卷二十五亦论云:"比兴虽皆托喻,但兴隐而比显,兴婉而比直,兴广而比狭。……兴比皆喻而体不同:兴者兴会所至,非即非离;言在此,意在彼;其词微,其旨远。比者,一正一喻,两相譬况;其词决,其旨显;且与赋交错而成文,不若兴语之用以发端,多在首章也。"刘师培于《论文杂记》第二十一论"兴之为体,兴会所至,非即非离,词微旨远,假象于物,而或美或刺,皆见于兴中。比之为体,一正一喻,两相譬况,词决旨显,体物写志,而或美或刺,皆见于比中。故比兴二体,皆构造虚词,特兴隐而比显,兴婉而比直耳"。郑毓瑜认为,无论是春秋赋诗场合的"说者"与"听者"之间的对话,还是在《毛诗》《郑笺》语言诠释中的"兴句"与"应句"

---

[1] 宋大樽:《茗香诗论》,载王夫之等撰《清诗话》,上册,上海古籍出版社1978年版,第104页。

之间的引发，都根基于两个看似平行物之间的关系的拉引，二者都建立在"物"与"情志"之间关联性的基础之上，都肩负着一个召唤联想的功能，说者必须接引听者进入一个可以沟通无碍的语境，而兴句也必须像一道桥梁，提供从兴句跨越到应句的管道。[1]

进而言之，兴辞与应辞之间的联系，是建立在中国古人的气感思维、感应思维、关联性思维或类比思维的基础之上的。先秦两汉时期，中国古人已形成"同类相比""气类相感"的思维传统，正是这种气感思维和感应思维生成了诗歌比兴的兴辞与应辞之间的诗意联系。刘安在《淮南子·要略》《淮南子·览冥训》等篇章中有对"阴阳相合""揽物引类""气类相感""喻意象形"的精彩论述。董仲舒的《春秋繁露》一书中也有大量的有关"天人感应""以类相感"的论述。当代一些海外汉学家也认识到其中的奥妙。弗朗索瓦·于连（Francois Jullien）指出，中国人是在关联的基础上建立起对世界的看法的，注重事物之间的相应关系或类应关系："中国思想的确是一种关系性的思想。……中国的宇宙论完全是建立在相互作用之上的（在天与地、阴与阳等极之间）。"[2] 高辛勇也论述过感兴修辞与中国古人的有机论哲学和类同思维的关系，指出："兴的兴趣在于从不同的事物、经验看出它们的'类同'，使它们能通感相应，而不在于它们之间的断裂

---

[1] 参见郑毓瑜《引譬连类：文学研究的关键词》，生活·读书·新知三联书店2017年版，第135—139页。

[2] 弗朗索瓦·于连：《迂回与进入》，杜小真译，生活·读书·新知三联书店2003年版，第384页。

与距离。西方汉学家称此同类相感的说法为'correlativism',建筑在 correlativism 上的宇宙论,李约瑟(Joseph Needham)称之为'organic cosmology',并认为中国哲学家设想的正是这种有机的宇宙论。"[1]

总之,兴反映了中国古代诗人气类相感、感物连类、类比关联、比类取象、取譬连类的艺术思维和修辞表达方式。兴彰显了中华美学独特的"天人合一""万有相通""万物交感"的精神气质(ethos),体现中国古人艺术思维的诗意性、隐喻性和象征性。兴与海德格尔所说的艺术作品的本源和真理(即对存在的彰显与对大地的回归)有异曲同工之妙,海德格尔指出:

> 作品的存在即建立一个世界。……神庙作品由于建立一个世界,它并没有使质料消失,倒是才使质料出现,而且使它出现在作品的世界的敞开领域之中……作品回归之处,作品在这种自身回归中让其出现的东西,我们曾称之为大地。大地是涌现着、庇护着的东西。……作品把大地本身挪入一个世界的敞开领域中,并使之保持于其中。作品让大地成为大地。[2]

作品不仅表现了眼前之物,更显现了大地的本源和存在的真谛。兴即是从自然景物的物色中直观到心与物、情与物、情与

---

[1] 高辛勇讲演:《修辞学与文学阅读》,北京大学出版社 1997 年版,第 70 页。
[2] 海德格尔:《艺术作品的本源》,载孙周兴选编《海德格尔选集》,上海三联书店 1996 年版,第 266—267 页。

景、意与象、言与象的生命贯通性和精神相似性，并且以连类无穷的修辞方式加以艺术符号表征，从而建立一种诗意化的艺术审美话语世界，创造一种不同于学术著作及其概念化世界的并指向天人合一、万物一体境界的感性审美的艺术世界。

第四节　艺术兴象论——兴象之兴与艺术精神空间的建构与拓展

中华感兴诗学的理论内涵与感兴艺术审美过程是一致的，即贯通了从感兴、兴会到兴象的艺术审美流程。审美感兴、审美兴会的高级阶段或高潮阶段的结果是生成审美兴象。顾名思义，兴象即兴中之象，兴象是兴会的产物，是审美主体与审美对象偶然相触、适然相会、心物交感时所产生的一种富于生成性的连类无穷、象象相生、意味无穷的高级审美意象。兴象的提出始于唐代美学，精于明清美学。有论者指出，兴象在根本上是一种情景合一、意象合一的结构，古人论兴象之特征，有"兴象天然""兴象弥深""兴象精微"三大特征。[1] 这是很有见地的。笔者认为，诗歌艺术兴象以审美意象来兴发、沟通天地万物和宇宙境界，兴象之兴因而是艺术审美境界和精神空间的建构与拓展。审美兴象沟通了人与自然的联系，贯通了自然万象，激活了人的情感，打开并扩展了人的精神世界。审美感兴生成的兴象不仅是表象性或对象性的，更是境域性的，是一种有无相生、虚实相生的

---

[1] 参见余虹《中国文论与西方诗学》，生活·读书·新知三联书店1999年版，第183—184页。

审美精神空间，因而也可表述为兴境。兴者，起也，启也，举也。因此，兴即是开启人的广阔而高远的精神空间和意义空间。盛唐殷璠等人提出，明代诗学家加以精细化发展的兴象诗学，是对中国古代感兴艺术独特审美境界的揭示，是孔子的"举一反三""闻一知十"的诗兴诗学命题、汉人兴喻论的诗兴诗学理论和魏晋六朝美学的应感之会与兴会诗学理论以及孔颖达的兴必取象的诗兴诗学理论传统的综合创新，标志着中国古典感兴美学精神自觉发展到一个新阶段。

如果说，兴喻是受到传统诗兴诗学如《周礼》"六诗"、《毛诗》"六义"的影响，或者说，主要是《周礼》"六诗"、《毛诗》"六义"的诗兴诗学路径的发展，其特点是从语言表达、语言修辞、语言阐释的角度立论，那么，兴象之兴主要是接引了《周易》的易象论、老庄道家哲学的大象论和象罔论、魏晋玄学如王弼《周易例略》的言象意论、汉魏南北朝以来的诗学意象论基础上的诗兴诗学乃至唐代佛学心境论成果的新理论形态，涉及兴象与艺术意象（审美艺象）、审美兴象、象外之象、艺术意境（艺境）、兴象与艺术境界等诗兴美学新问题。在诗歌艺术的兴象创造中，感物起兴是基础、意象创造是核心，兴象与意境创造是理想。兴象与意境异名而实同。兴象是应感之会（或兴会之会）的生成境域。审美感兴活动中的会即是超越物我、贯通物我、涵括万有、万物一体，万象毕来、万象贯通，意境浑化、含蓄无垠、天地万物之存在的汇通，有如海德格尔所说的天地人神大合奏式的相互贯通的境界。借用法国现象学美学家杜夫海纳的美学术语，兴象是最为灿烂的感性，是审美感兴进入高潮所创造的产物。兴象是天然凑泊、心物圆融的高级审美意象，具有极大的审美感发性、召唤性、生成性，能够感发（感召、激发、唤起）读者无限丰富的审美情思和精神空间。审美兴象不仅是在世界之中，更打开了世界、召唤了世界、呈现了生命的存在。兴象作为抒情对象和抒情主体相互建构的审美境域，能够生成（召唤）无限的精神意蕴和精神空间。如果说意象作为具体或具象的审美心理空间或经验世界，那么，兴象和意境则是虚实相生、更富有生发性的审美精神空间和超越性世界，是眼前意象、胸中心象与宇宙万象的汇合，是诗人个体的有限存在与族类的群体存在乃至无限的历史及未来存在的汇合。

因此，有必要继续论述易象论、老庄道家以及魏晋玄学哲学等理论对兴象论的影响问题，阐明兴象的理论渊源。老子的"大象无形"论和"有无相生"论对兴象论的影响。老子《道德经》第二十一章指出："道之为物，惟恍惟惚。惚兮恍兮，其中有象；恍兮惚兮，其中有物；窈兮冥兮，其中有精。"在此，老子论述了道的有无相生的特征和有物有精的蕴含，与兴的显隐和感性、超感性特征在思维和精神上相通。庄子的象罔论对兴象论的影响亦然。庄子还提出了目击道存论，即通过感兴直观而领悟大道、汇通万有，直抵宇宙大生命和大境界（大象、大音、大美、天籁、天地精神、与天为徒）。此外，还有魏晋玄学如王弼《周易例略》的言象意论、汉魏南北朝以来的诗学意象论。宗炳的《画山水序》提出"以形媚道""栖形感类""应会感神，神超理得"的美学命题。刘勰在《文心雕龙·比兴》中提出"观夫兴之托喻，婉而成章；称名也小，取类也大"，兴体所用以托喻的名物虽微小，但这名物所取类和所引发的联想范围极为广大。如果说，刘勰的这个比兴说标志着中国古代兴象论诗学的理论发端，那么，孔颖达提出"兴必取象"的感兴美学命题，则标志着兴象论的理论自觉，殷璠的《河岳英灵集序》提出的"有神来、气来、情来"的兴象论则标志着兴象美学的理论成熟。此后，中国古典兴象论美学不断丰富和发展，形成了一个丰富而悠长的理论传统。这里仅以唐人的兴象美学理论阐发为例。例如，王昌龄于《文镜秘府论·地卷·十七势》论"感兴势者，人心至感，必有应说，物色万象，爽然有如感会"，提出万象感会；论"诗有三格（生思、感思、取思）"时指出"三曰取思：搜求于象，心入于境，神会于物，因心而得"。王昌龄揭示了"心入于境"。皎然《诗式·用事》论"取象曰比，取义曰兴，义即象下之意。凡禽鱼草木人物名数，万象之中义类同者尽入比兴，《关雎》即其义也"，揭示了兴即象下之意。刘禹锡于《董氏武陵集纪》提出："片言可以明百意，坐驰可以役万景，工于诗者能之。……诗者，其文章之蕴邪！义得而言丧，故微而难能。境生于象外，故精而寡和。""境生于象外"亦即是"兴在象外"。柳宗元于《始得西山宴游记》则提出"悠悠乎与颢气俱，而莫得其涯；洋洋乎与造物者游，而不知其所穷。……心凝形释，与万物冥合"。要之，盛中唐的兴象美学追求"兴与境谐"。晚唐司空图于《二十四诗品》则提出"生气远出，不着死灰"，"观花匪禁，吞吐大荒。由道返气，处得以狂。天风浪浪，海山苍苍。真力弥满，万象在旁"。

再看宋明清诗人的兴象美学观点。宋代叶适《水心文集》卷十七有云:"取成于心,寄妍于物,融会一法,涵受万象……此唐人之精也。"明代许学夷《诗源辨体》卷三指出"汉魏人诗,本乎情兴,……而神与境会,即情兴之所至"。清代李重华于《贞一斋诗说》指出:"兴之为义,是诗家大半得力处。无端说一件鸟兽草木,不明言(指)天时而天时恍在其中;不显言地境而地境宛在其中;且不实说人事而人事已隐约流露其中。故有兴而诗之神理全具也。"吴乔于《围炉诗话》指出"心不孤起,仗境方生",人的情感在境域中生成。沈祥龙的《论词随笔》则云:"咏物之作,在借物以寓性情。凡身世之感,君国之忧,隐然蕴于其内,斯寄托遥深,非沾沾焉咏一物矣。"凡此种种诗兴之论,无不表明兴象与诗境关系密切。兴象是一种以自然物象感性形态呈现和表征的天地万物的本体境界,有如王阳明所领悟的心学本体境界:"目无体,以万物之色为体;耳无体,以万物之声为体;鼻无体,以万物之臭为体;口无体,以万物之味为体;心无体,以天地万物感应之是非为体。"[1]因此,兴象有着感性特征与超感性境界、超越性境界的双重特征。兴象不仅具有当下的审美意象的生动特质,而且指向更为深广的"包举宇内""融贯六合"的审美境界。

从艺术思维角度来说,兴象也是兴在象外,象外有兴。兴象不同于普通意象之处在于:兴在象外,万象会合,境与天会,兴与境谐、虚实相生,象外有象、富于韵外之致。兴象作为兴会之象,其审美境界犹如马克思主义哲学辩证思维中的抽象与具体的

---

[1] 王阳明撰,于自力等注译:《传习录》,中州古籍出版社2008年版,第276页。

综合，精神与现实的综合。正如马克思所言："具体之所以具体，因为它是许多规定的综合，因而是多样性的统一。"[1]

宋代诗人魏泰于《临汉隐居诗话》指出："诗者述事以寄情，事贵详，情贵隐，及乎感会于心，则情见于词，此所以入人深也。如将盛气直述，更无余味，则感人也浅，乌能使其不知手舞足蹈；又况厚人伦，美教化，动天地，感鬼神乎？"杨万里的《荆溪集序》则说："万象毕来，献予诗材，盖麾之不去。"杨万里在《应斋杂著序》中又说："至其诗皆感物而发，触心而作，使古今百家、景物万象皆不能役我，而役于我。"郝敬于《诗经原解》指出："《诗》始于兴。兴者，动也。故曰：'动天地、感鬼神，莫近于《诗》。'夫子亦曰：'《诗》可以兴'。凡《诗》未有离兴者。兴者，《诗》之情。……感动触发曰兴，非但欢娱为兴，喜怒哀乐，皆本于兴。故《诗》者，性情之道，和人神，协上下，移风易俗，莫非兴也。"王夫之于《古诗评选》卷四论"以追光蹑影之笔，写通天尽人之怀，是诗家正法眼藏"；又论"含情而能达，会景而生心，体物而得神，则自有灵通之句，参化工之妙"。钱谦益于《瑞芝山房初集序》论"古之人，其胸中无所不有，天地之高下，古今之往来，政治之污隆，道术之醇驳，苞罗旁魄，如数一二，及其境会相感，情伪相逼，郁陶骀荡，无意于而文生焉，此所谓不能不为者也"。陈庭焯于《白雨斋词话》卷八论"所谓兴者，意在笔先，神余言外，极叙极活，极沉极郁，若远若近，若可喻不可喻，反复缠绵，都归忠厚"。

---

[1]《马克思恩格斯选集》，第 2 卷，人民出版社 2012 年版，第 701 页。

清代画家如山于《都转心庵词序》论"澄观一心而腾踔万象"。纪昀于《挹绿轩诗集序》云:"要其冥心妙悟,兴象玲珑,情景交融,有余不尽之致,超然于畦封之外者。"周济于《宋四家词选序》论"夫词,非寄托不入,专寄托不出,一物一事,引而伸之,触类多通……万感横集"。可见,兴象乃万感横集,兴象生成了以一见万、以少总多、以有限通往无限的浑化境界。

刘熙载在《艺概·赋概》里说:"赋家之心,其小无内,其大无垠,故能随其所值,赋像班形……赋以象物,按实肖象易,凭虚构象难。能构象,象乃生生不穷矣。"黄宗羲在《汪扶晨诗序》中释兴为其意句就境中宣出者,兴即是兴发人的精神境界。总之,正如徐复观所言:"一切艺术文学的最高境界,乃是在有限的具体事物之中,敞开一种若有若无、可意会而不可以言传的主客合一的无限境界。"[1] 兴象正是主客合一或主观感情与客观万物的交会,是以直感的审美意象显出诗人和读者无穷之情的无限之境。

中国古典诗学的赋比兴诗艺修辞方法都可以创造诗歌意象,但兴象不同于一般的铺叙的赋象与比拟所构成的意象,兴象是更为生动微妙之象。兴象之象更为自由活泼、生动鲜活、玲珑活络、生机勃发、情趣盎然。朱熹《朱子语类》指出:"比虽是较切,然兴却意较深远也";"比意虽切而却浅,兴意虽阔而味长"。胡应麟于《诗薮·内编》论"兴象玲珑,句意深婉,天工可见,无迹可寻"。冒春荣在《葚原诗说》中亦云:"有赋而无比兴,即

---

[1] 徐复观:《中国文学精神》,上海书店出版社2004年版,第33页。

乏生动之致,意味亦不渊永。"方东树于《昭昧詹言》卷五论"兴象"非得之思索而得之自然天成,兴在象外,兴味无穷:"其造语天然浑成,兴象不可思议执着。"又于卷十八云:"诗重比兴:比但以物相比;兴则因物感触,言在于此而义寄于彼,如《关雎》《桃夭》《兔罝》《樛木》。解此则言外有余味而不尽于句中。又有兴而兼比者,亦终取兴不取比也。若夫兴在象外,则虽比而亦兴。然则,兴最诗之要用也。文房诗多兴在象外,专以此求之,则成句皆有余味不尽之妙矣。"[1]

与宋代感兴诗学兴象论相比,明代感兴诗学兴象论更是阐发了兴会、兴象的活络玲珑,李梦阳、胡应麟、许学夷等人都更加强调情景之间的相互感发和相互生成,更加强调诗歌审美兴象的"兴象玲珑""意象玲珑""兴象婉然""兴象超远""兴象深微""兴象弥深"的多样化和活泼的审美特征。与一般的意象相比,兴象更体现"神来、气来、情来"的灵感特点。合而言之,兴象比一般的意象更显得自然凑泊,而不是人工有意的安排,因而更为神妙、玲珑、天然、浑沦、深婉、超迈、悠远、深长、无限,羚羊挂角,无迹可求,不可凑泊,不可句摘。兴象即感性即超越,兴象的感性特征与超感性境界或超越性境界达致完美的统一。兴象不仅是象内之象,更是象外之象,具有极大的甚至是无限的精神生成空间。兴象在艺术意味方面更具感发力,更加意味深长,能够生成更为深远、深广、深邃的精神空间和精神疆域。

诗歌的审美兴象不仅是一个审美的心理世界,更是一个通过

---

[1] 方东树著,汪绍楹校点:《昭昧詹言》,人民文学出版社1961年版,第419页。

引譬连类而生成的艺术世界,一个能为更多读者共享其诗性价值和意义的精神世界。中国古代诗学之兴是以有限的感性审美意象生成更为深广的兴象,兴发和通向天人合一的精神境界。程俊英指出:"比兴手法可以通过特殊以反映一般,可以增强作品的思想意义和社会意义。"李曰刚《文心雕龙斠诠》曰:"兴之为体,可谓至矣妙矣,托象以明义,因小以见大"[1]。王一川指出:"中国诗人从'感物'中瞥见了刹那间的永恒大同幻象。"[2]张祥龙认为,无论是孔子之仁,还是老子之道,都不是现成性,而是构成性的,是一种原构成性或纯构成性的。[3]借用维柯《新科学》中的观点,兴犹如古人的"以己度物的隐喻",其结果是指向"想象性的类概念"。[4]总之,兴是中华艺术和美学光彩照物、容光动人、"照烛三才,晖丽万有"的艺术缪斯,是激发中国古代诗人艺术家创作才华的活力之神。

兴生成了中国古典诗人艺术家无尽的创造灵感、才情和技巧,生成了中国古代诗兴艺术无穷的审美韵味。宗白华有一个非常精彩的美学观点,即"'象'如日,创化万物,明朗万物!"[5],审美感兴创造的艺术兴象正是创化万物、朗照万物的如日之象。借用法国当代现象学美学家杜夫海纳的美学观点,艺

---

[1] 刘勰著,詹锳义证:《文心雕龙义证》,上海古籍出版社1989年版,第1368页。
[2] 王一川:《"兴"与"酒神"——中西诗原始模式比较》,载黄药眠、童庆炳主编《中西比较诗学体系》,上册,人民文学出版社1991年版,第133页。
[3] 参见张祥龙《从现象学到孔夫子》(增订本),商务印书馆2011年版,第196—199页。
[4] 维柯:《新科学》,朱光潜译,人民文学出版社1997年版,第97页。
[5] 《宗白华全集》,第1卷,安徽教育出版社1994年版,第628页。

术兴象是一种灿烂的感性，最为生动和典范地彰显了中华美学独特精神气质。"审美对象不是别的，只是灿烂的感性、规定审美对象的那种形式就表现了感性的圆满性和必然性，同时感性自身带有赋予它以活力的意义，并立即献交出来"。[1] 所谓灿烂的感性，不仅指审美感性的生动感人、引人注目，而且指审美感性作为审美主体与审美对象（准主体）的交互作用而产生的充满意蕴的感性世界，灿烂的感性具有光芒四射的精神力量，照亮人的精神和万物的存在。用海德格尔的话来说，就是世界的存在得以在审美中敞亮和澄明。艺术的兴会把审美感兴推向了感性的高峰，感兴美学即是绽放在世界美学天空中的灿烂感性。

第五节　艺术欣赏论——兴味之兴与审美鉴赏

中国古典艺术和美学精神是在一代代艺术家和美学家的"兴会""兴味"的审美活动中生成、呈现和再生产的。审美感兴不仅表现在诗人艺术家的创作阶段，而且表现在诗歌和艺术作品的接受阶段，感兴也是读者与诗人、读者与作品之间的审美交流，感兴活动具有交互主体性。感兴作为艺术精神的生产和再生产活动，是读者与作者互动合作的、令人兴味无穷的审美活动。作为审美欣赏或鉴赏的审美兴味因而具有想象性、暗示性、多义性、再创造性、再生产性、意味无穷性。早在《周礼·春官》中就记载了大司乐"以乐语教国子，兴、道、讽、诵、言、语"，乐语

---

[1] 杜夫海纳：《美学与哲学》，孙非译，中国社会科学出版社1985年版，第54页。

及其乐语之教是兴味的滥觞。《国语·楚语上》记载楚国公族申叔时答楚庄王问教太子之道时,提出过以完备的九部古代经典作教材,以此收到可以兴(启发、培养、造就、成功)的效果。[1]申叔时在此虽不是专讲乐(或诗)可以兴,而是论"太子之教"之兴,但对后来孔子诗教的"兴于诗""诗可以兴"显然有文化传统上的影响。郑玄《诗经·关雎》笺注,亦含有兴味思想的意涵:"兴是譬喻之名,意有不尽,故题曰兴。"[2]曹植《求通亲亲表》一文生动自述了作者对《诗经》作品的审美兴味:"远慕《鹿鸣》君臣之宴,中咏《棠棣》匪他之诫,下思《伐木》友生之义,终怀《蓼莪》罔极之哀。每四节之会,块然独处。左右惟仆隶,所对惟妻子,高谈无所与陈,发义无所与展,未尝不闻乐而拊心,临觞而叹息也。"[3]真正对兴味之兴的诗学理论探索始于钟嵘。钟嵘的《诗品序》载有"文已尽而意有余,兴也……,使味之者无极,闻之者动心,是诗之至也";钟嵘还在《诗品》中将阮籍诗列为上品,提出"咏怀之作,可以陶性灵,发幽思。言在耳目之内,情寄八荒之表。洋洋乎会于《风》《雅》,使人忘其鄙近,自致远大,颇多感慨之词。厥旨渊放,归趣难求"[4]。

此后,中国历代美学家们对兴味之艺术审美意涵和美感兴发作用有丰富的论述。南朝画家王微《叙画》谓"以一管之笔,拟太虚之体"。李善的《文选注》提出"兴会,情兴之所会也",孔

---

[1] 黄永堂译注:《国语全译》,贵州人民出版社1995年版,第600页。
[2] 毛亨传,郑玄笺,孔颖达疏:《毛诗正义》,载李学勤主编《十三经注疏》,北京大学出版社1999年版,第22页。
[3] 王巍校注:《曹植集校注》,河北教育出版社2013年版,第320页。
[4] 钟嵘著,周振甫译注:《诗品译注》,中华书局1998年版,第19、41页。

颖达《毛诗正义》提出"兴者,起也;取譬引类,起发己心"。张耒《上文潞公献所著诗书》亦云:"夫诗之兴,出于人之情。喜怒哀乐之际,皆一人之私意,而至大之天地,极幽之鬼神,而诗乃能感动之者……要之必发于诚而后作。"董逌的《广川画跋》谓"登临探索,遇物兴怀,胸中磊落,自成丘壑"。朱熹的《论语集注》论"兴,谓有所感发而兴起也""兴者,感动奋发之意""兴起,感动奋发也";《朱子语类》卷八十又云:"古人说,'诗可以兴',须是读了有兴起处,方是读《诗》。""读《诗》正在于吟咏讽诵,观其委曲折旋之意,如吾自作此诗,自然足以感发善心。"罗大经的《鹤林玉露》乙编卷四认为:"诗莫尚乎兴,圣人言语,亦有专是兴者。如'逝者如斯夫,不舍昼夜','山梁雌雉,时哉时哉',无非兴也,特不曾檃括协韵尔。盖兴者,因物感触,言在于此而意寄于彼,玩味乃可识,非若赋、比之直言其事也。"王应麟的《困学记闻》卷三引鹤林吴氏《论诗》曰:"兴之体足以感发人之善心。"[1]严羽在《沧浪诗话·诗辨》中盛赞"盛唐诸人惟在兴趣,羚羊挂角,无迹可求。故其妙处透彻玲珑不可凑泊,如空中之音、相中之色、水中之月、镜中之象,言有尽而意无穷"。严羽兴趣说把中国古典诗兴趣味说推向新的理论高度。袁黄的《诗赋》指出:"感事触情,缘情生境,物类易陈,衷肠莫罄,可以起愚顽,可以发聪听,飘然若羚羊之挂角,悠然若天马之行径,寻之无踪,斯谓之兴。"陆时雍在《诗镜总论》中指出:"诗之可以兴人者,以其情也,以其言之韵也。……是

---

[1] 王应麟撰,孙通海校点:《困学纪闻》,辽宁教育出版社1998年版,第55页。

故情欲其真，而韵欲其长也，二言足以尽诗道也。"王夫之于《古诗评选》卷四评谢灵运山水诗"以追光蹑影之笔，写通天尽人之怀"。陈祚明于《采菽堂古诗选》卷五评曹丕《善哉行》论"诗所以贵比兴者，质言之不足，比兴言之则婉转详尽"。沈德潜在《说诗晬语》中论"事难显陈，理难言罄，每托物连类以形之。郁情欲舒，天机随触，每借物引怀以抒之。比兴互陈，反覆唱叹，而中藏之欢愉惨戚，隐跃欲传，其言浅，其情深也"。[1] 姚鼐在《荷塘诗集序》中论"诗兴"之为物我交感："夫诗之至善者，文与质备，道与艺合；心手之运，贯彻万物，而尽得乎人心之所欲出。"刘开在《读诗说下》中论"夫诗者，触类可通者也。触类可通，故言无不尽，引而伸之，其义愈进焉"。李塨在《论语传注》中论"《诗》之为义，有兴而感触，有比而肖似，有赋而直陈，有《风》而曲写人情，有《雅》而正陈道义，有《颂》而形容功德。说（悦）之故言之，言之不足故长言之；长言之不足故嗟叹之；学之而振奋人心，勉进之行，油然兴矣，是'兴于诗'"。陈启源于《毛诗稽古编》亦指出："兴隐而比显，兴婉而比直，兴广而比狭。"陈衍《石遗室诗话》强调诗歌之要在于"兴味高妙"。

综上所述，古典诗学家们都认识到诗歌鉴赏兴味的通天尽人、融贯万物、意味无穷的美感特征。正如弗朗索瓦·于连所指出的：中国诗"在兴情的影响下，各种现象超出自身之外而互相沟通；而诗意寓居其中的情感潮流（冲破背景的压抑）把我们从

---

[1] 沈德潜著，霍松林校注：《说诗晬语》，卷上，人民文学出版社1979年版，第186页。

模糊、有限的现象存在之中解脱出来"[1]。

关于艺术审美感兴的兴味和兴发作用，现代学者亦多有精辟的阐发。辜鸿铭在其《论语》英译本中将"兴于诗"译为："情感通过诗的学习而被唤起"；并加一条注释加以阐发，"华兹华斯说诗倾向于：滋养想象力的成长，赋予心灵领会的力量，无论在哪儿，她用于迅速地识别事物的范围与道德属性"。在该文中，辜鸿铭译"诗可以兴"为"诗唤起情感"。熊十力指出："孔子曰：'兴于《诗》'，兴，起也。《诗》本性情，其感人也深，足以使人发起向上与真率之念而不流于虚伪。……乐者，和乐也。正和乐时，浑然无物我分别，而吾人与天地万物一体畅通之血脉，于此可验也。人能以乐自养，常不失其和乐，则人道完成，而人生乃立于无对矣。通天地万物为一体，何对之有？故曰'成于乐'。"[2] 又如钱穆在《论语新解》中释"诗可以兴"时认为，诗兴发了天人合一、万物一体、仁心扩充的境界，指出：

> 诗尚比兴，多就眼前事物，比类而相通，感发而兴起。故学于诗，对天地间鸟兽草木之名能多熟识，此小言之。若大言之，则俯仰之间，万物一体，鸢飞鱼跃，道无不在，可以渐跻于化境，岂止多识其名而已。孔子教人多识于鸟兽草木之名者，乃所以广大其心，导达其仁，诗教本于性情，不

---

[1] 弗朗索瓦·于连：《迂回与进入》，杜小真译，生活·读书·新知三联书店2003年版，第184页。
[2] 熊十力：《原儒》，中国人民大学出版社2009年版，第248页。

徒务于多识。[1]

叶朗在阐发孔子的"兴观群怨"说时也指出:"所谓'兴',就是说诗歌可以使欣赏者的精神感动奋发。这种精神的奋发,是和欣赏者的想象和联想活动不可分的,因而是和诗歌的审美形象不可分的。"[2]当代学者王一川亦将感兴美学的要义表述为"兴味蕴藉",认为"兴味蕴藉,正是感兴传统的一个重要的方面或成果,是指作为感兴的集中呈现状态,艺术品往往在其兴象系统中蕴含深长的余兴,令观众或读者回味无穷"。[3]

中国传统兴味美学与西方现象学美学的审美经验论可相互印证和相互发明。杜夫海纳认为:美和艺术都是感性的辉煌呈现,是以感性光辉显现出来的生命存在与生命精神。艺术家无规律可言,或者说他自己就是规律。艺术家无须放弃自己的独特性,也要求别人都是自我,艺术家与艺术欣赏者之间是交互主体性关系。[4]杜夫海纳还指出:"在感性的光辉中,通过感觉者与被感觉者的共同行动,审美价值大放异彩。"[5] "审美对象是一个准主体。"[6]审美对象是自在和自为的统一,成为人的准主体。审

---

[1] 钱穆:《论语新解》,生活·读书·新知三联书店2002年版,第451—452页。
[2] 叶朗:《中国美学史大纲》,上海人民出版社1985年版,第50页。
[3] 王一川:《感兴传统面对生活-文化的物化——当代美学的一个新课题》,《文艺争鸣》2010年第13期。
[4] 参见杜夫海纳《审美经验现象学》(下),韩树站译,文化艺术出版社1996年版,第597页。
[5] 杜夫海纳:《美学与哲学》,孙非译,中国社会科学出版社1985年版,第32页。
[6] 杜夫海纳:《审美经验现象学》(上),韩树站译,文化艺术出版社1996年版,第179页。

美对象召唤主体与之交流，审美主体与审美对象因而构成主体间性的关系。中国古典诗歌感兴鉴赏中的兴味活动也是这样一种主体间性的关系。然而，艺术的审美感兴兴味不是一般的审美鉴赏活动，感兴兴味的精神指向与追求是：在心物交感、情景交融的瞬间，达到物我一体、天人合一、包举万物、汇通万有、人与天地万物一体的存在境界或本体境界。人在诗兴兴味活动中感悟宇宙人生的存在意义和存在价值，兴发、激发、丰富、净化和提升了艺术家和艺术接受者的精神境界和精神气质。

第六节　余论：中国古典感兴诗学的诗兴教化与感兴批评

中国古代诗兴诗学家们认为，感兴美学还表现在诗教和艺术教育阶段的兴发之兴，即"兴于诗""诗可以兴"，即以诗歌艺术教育的方式来感发志意、兴发精神。艺术感兴教育可以培养人的诗性审美人格和自由人格，促进人的审美精神的提振与扩充。中国古典艺术教育不是一般的美育和艺术教育，而是具有礼乐传统、教化精神、人文精神、天下精神、豪杰精神以及移风易俗、温柔敦厚、美刺讽谏价值的诗兴教育，古人称之为"诗教""教化"。缪钺在一篇简短的未刊稿《诗教》中指出："'诗教'是中华民族文化之精髓。"[1] 中国古典诗教或诗兴教化有着数千年的优秀传统与精神谱系，诗兴教化注重对人的思想、道德、情性和精神的教育与陶冶，力求达到诗歌美感教育与君子成人教育、政

---

[1]　缪钺：《缪钺全集》，第7、8合卷，河北教育出版社2004年版，第206页。

教伦理教育的统一，体现了中国古典诗学对诗性、人性与文化的独特认识。

以诗兴标准来品评和批评艺术作品，以诗兴书写中国古代艺术史，也是中国古典感兴美学理论体系和艺术感兴活动的重要内容。古人往往以比兴和兴观群怨来作为考量、评价历代文学盛衰、优劣、高低的评价标准。钟嵘《诗品》、殷璠《河岳英灵集》、司空图《二十四诗品》、严羽《沧浪诗话》、元好问《论诗绝句三十首》、方回《瀛奎律髓》、高棅《唐诗品汇》、宋濂《论唐诗》、王夫之《姜斋诗话》《古诗评选》《唐诗评选》《明诗评选》以及张惠言《词选》等著作中的感兴批评，都以诗歌比兴、感兴、兴象、兴味作为诗歌选本、诗歌品位、诗歌品评、风格类型、艺术特征、诗歌发展的批评标准。进而言之，历代诗话、词话和画论著作中也有艺术诗兴品评的丰富资料和精彩论述。这可以从上述各章的论述中渐次见出。中国古典诗学的感兴批评构成了一个绵延数千年的批评传统，成为中国古典兴论美学理论体系和艺术感兴活动中不可缺少的组成部分。

综上所述，中华古典感兴美学是一个有着自身本源性、群体性、传承性、延续性、结构性、系统性、规范性、典范性、创变性、动态性、开放性的独特精神气质的美学理论传统和美学理论体系。中华古典感兴美学有着完备的理论体系和丰富的理论意涵，这个理论体系不仅在于某一位诗学家的建构，更在于一代代诗人艺术家的艺术感兴审美创造和诗学家的感兴美学研究的汇总。在中华古典感兴美学的理论视域中，兴贯穿于艺术审美活动的整个流程，贯穿于艺术审美活动的各个环节。兴生成了审美活动和艺术活动的价值世界，建构了中华古典艺术的意义空间和精神境界。对于中华传统艺术和美学来说，兴和感兴这一美学范畴及其感兴美学范畴群比意象和意境范畴更具有根本性，值得今人大力传承、开掘、阐扬和创新发展。

第四章 中华感兴美学的符号表征维度

感兴美学贯穿于中华美学的理论史和中华艺术审美活动的全部流程，成为一个不断丰富发展的理论传统。感兴贯通于艺术起源与发生、艺术创作和构思、艺术传达和表征、艺术欣赏和接受、艺术教育、艺术发展和艺术批评等活动流程的各环节，感兴美学呈现为一个源远流长的美学传统与博大精深的理论体系。兴的展开既是中国古代感兴美学的历史展开，也是中国古代感兴美学理论体系的逻辑展开，还是中国古代艺术创造的历史展开和形态展开。审美感兴体验是中国古代艺术本原和审美本体，中国艺术史是随着兴的演进而发展的。随着历代艺术家和美学家对兴的创造和理解（感悟和阐释）的不断发展变化，中国古代艺术也呈现相应的审美嬗变和艺术嬗变。兴的审美体验、理论内涵和艺术精神的演进历程，深刻影响了中国古代艺术史的嬗变历程，决定了中国古代不同艺术时期的艺术形态的生成、自觉和主导型艺术形态的形成，决定了中国古代艺术发展的不同阶段的演进与区分。感兴美学研究历来成为美学研究的重点领域，但其中的感兴表达和符号表征研究相对薄弱，这与当代美学、文艺学研究的"语言学转向""符号学转向"趋势不相称。因此，本章主要研究感兴美学的符号表征问题。本章着力探讨感兴审美体验的不同类型及其外化、对象化、符号化、形式化或物态化，探讨感兴体验与艺术形态世界（物态化世界）建立之相关性。

　　文学艺术的言志抒情既是感物兴情、心物交感、造化与心源相统一、原道与原心统一的产物，同时也是赋比兴修辞和符号化表达的产物。用现代美学理论的话语来表述，文学艺术是美的理念精神的感性显现，是人的自由本性和生命意义的符号表征。文学艺术的生成与发展既是整个民族的客观精神文化大系统和艺术审美本体自身的内部系统综合影响的产物，也是艺术家的审美意识、审美体验与艺术媒介、艺术符号交互作用的成果。诸种因素的合力运动演化为文学艺术的文本生成、形态生成及其动态发展。艺术形态因而是由不同的审美体验、审美意识和审美精神与不同的艺术媒介、艺术语言和艺术方式双重因素决定的。审美体验、审美意识和审美精神起着本源作用，而艺术媒介、艺术语言和艺术方式则使之得以物态化表征，成为艺术品的现实存在。中华古典感兴审美和感兴艺术亦然。感兴体验与感兴表征融为一体。恰如王国维在《人间词话·删稿》中所云："昔人论诗词，有景语、情语之别，不知一切景语，皆情语也。"亦如伽达默尔所言，在诠释学的语言经验中，语词与语词所表达的东西是感性的、合一的。[1]

兴或感兴是中华古典艺术和美学最为根本的生命基因、艺术基元、精神源泉、文化原型、文化本体、艺术本体、美学本体、精神源泉、审美原型、艺术母体、思维范式和符号表征方式。兴渗透于中华古代文学艺术的各种媒介、语言、修辞、文本、形态之中，表征于中国古代各门类艺术形态之中。不同历史时代审美感兴的各种审美体验、主客关系、时空关系、感知方式与符号表征方式生成了不同艺术形态。正如钱穆先生所言："中国人之于艺术，必贵其技而进乎道。故于绘画，亦不专尚形似，而特重意境。若以文学为喻，形似者画之赋，意境则其所比兴。故中画以

---

[1] 参见伽达默尔《真理与方法——哲学诠释学的基本特征》，下卷，洪汉鼎译，上海译文出版社1999年版，第606页。

山水为主，盖因山水之用于比兴，其道多方，可以任其意之所寄而一于画出之。"[1] 其他艺术类型亦然。中国古代各门类艺术形态中都贯通着兴的精神脉动和文化基因，形成了诗之兴、乐之兴、舞之兴、书之兴、画之兴（丹青之兴）、曲（戏曲）之兴、园林艺术之兴等等。兴以感兴审美体验和比兴修辞表征作为中国古典艺术的"灿烂感性"与审美典范，生成了中国古代文学和艺术的不同形态，建构了中国历代文学和艺术的艺术典范、理想范式与审美风貌。本章渐次论述感兴美学的艺术符号表征维度和艺术形态化展开，通过讨论感兴审美体验的不同类型及其艺术物态化的呈现方式和显现形态，进一步揭示兴的艺术符号表征方式、特点及其在中国历代文学艺术史、中国古代各门类艺术创作中的呈现与贯通。

第一节　兴的符号表征维度

兴不仅是心物交感活动，而且具有符号表征维度。兴作为艺术表现手法或修辞手段发端于《诗》之"赋比兴"。兴有托物、举物之意。《说文解字》说："兴，起也。从舁，从同。同，同力也"；《说文解字》又解"舁，共举也"。可见，古人认为兴有"起""同""举"等动态化、形象化的表征行为意涵。《诗经》中有大量此类"托事于物"的修辞性诗句。兴作为修辞性解诗方法

---

[1] 钱穆：《新亚遗铎》，台湾联经出版事业公司1998年版，第438页。

发端于汉人以比兴诠释《诗经》的修辞表达。[1] 战国时期的列子、庄子对艺术与技术的关系问题有深刻的思考。[2] 魏晋南北朝诗人对自然感兴及其艺术修辞表达有更自觉的认识。而且，魏晋南北朝诗人对感兴审美体验的语言传达之艰难，有独到的经验体会。例如，陆机《文赋》有云："余每观才士之所作，窃有以得其用心。夫放言遣辞，良多变矣，妍蚩好恶，可得而言。每自属文，尤见其情。恒患意不称物，文不逮意。盖非知之难，能之难也。故作《文赋》，以述先士之盛藻，因论作文之利害所由。……体有万殊，物无一量。纷纭挥霍，形难为状。辞程才以效伎，意司契而为匠。在有无而僶俛，当浅深而不让。虽离方而遁员，期穷形而尽相。"刘勰《文心雕龙·神思》亦云："夫神思方运，万

---

[1] 例如，郑玄注《周礼·春官·大师》"六诗"时引郑众语"比者，比方于物也。兴者，托事于物"。（郑玄注，贾公彦疏：《周礼注疏》，载李学勤主编《十三经注疏》，北京大学出版社 1999 年版，第 610 页。）兴是以外物兴托人事。何晏《论语集解·阳货》引孔安国语"兴，引譬连类"。邢昺《论语注疏·阳货》则进一步疏曰："《诗》可以令人能引譬连类以为比兴也。"（何晏注，邢昺疏：《论语注疏》，载李学勤主编《十三经注疏》，北京大学出版社 1999 年版，第 237 页。）汉代哲人和诗人还论述了诗人感物而兴、感物兴作及其修辞表征。例如，《淮南子·原道训》指出："人生而静，天之性也；感而后动，性之害也；物至而神应，知之动也；知与物接，而好憎生焉。"《礼记·乐记》更是在开篇就指出："凡音之起，由人心生也。人心之动，物使之然也。感于物而动，故形于声。声相应，故生变。变成方谓之音。比音而乐之，及干戚羽旄，谓之乐。乐者，音之所由生也，其本在人心之感于物也。"

[2] 早在《列子·汤问》中就记载了郑国乐师师文自述的弹琴经验："文非弦之不能钩，非章之不能成。文所存者不在弦，所志者不在声。内不得于心，外不应于器，故不敢发手而动弦。"在此，师文论及了如何追求弹琴过程中的内心情感与外在乐器之间的矛盾和统一问题。庄子更是提出了"得心应手""技进乎道"的观点。

涂竞萌；规矩虚位，刻镂无形。……方其搦翰，气倍辞前；暨乎篇成，半折心始。何则？意翻空而易奇，言征实而难巧也。是以意授于思，言授于意，密则无际，疏则千里。或理在方寸而求之域表，或义在咫尺而思隔山河。"陆机和刘勰都揭示了文学创作中常常出现的感兴体验与语言表达之间言意难以统一的距离。如何克服审美感兴体验语言表达的艰难呢？中国古代诗人独到的艺术表达经验是，以比兴的方式来托物以言志，寓景以抒情。

因此，诗人感兴审美体验的比兴修辞符号化表达并不是一个可有可无、可以轻视的小问题，而是决定艺术创作成败的大问题。中国古代大哲学家、大散文家庄子在其笔下描写了能工巧匠如庖丁、梓庆、轮扁、工倕等人具有高超技艺的寓言故事，以表达其对"得心应手"（《庄子·天道》）、"指与物化"（《庄子·达生》）的言道关系、言意关系、艺道关系的深刻思考。宋代大作家苏轼亦赞叹画家"其神与万物交，其智与百工通"（《书李伯时山庄图后》）。王阳明提出耳目心志与万物一体的应对方法："目无体，以万物之色为体；耳无体，以万物之声为体；鼻无体，以万物之臭为体；口无体，以万物之味为体；心无体，以天地万物感应之是非为体。"[1] 明代诗人谢榛则阐发了"做手不同，诗味有别"的重要观点，指出："作诗譬如江南诸郡造酒，皆以曲米为料，酿成则醇味如一。善饮者历历尝之曰：'此南京酒也，此苏州酒也，此镇江酒也，此金华酒也。'其美虽同，尝之各有甄别，何哉？做手不同故尔。"（《四溟诗话》卷三）王夫之更是提

---

[1] 王阳明：《钱德洪录》，载王阳明撰、于自力等注译《传习录》，中州古籍出版社2008年版，第348页。

出了"内极才情,外周物理"(《姜斋诗话》)、"以追光蹑景之笔,写通天尽人之怀"(《古诗评选》卷四)、"言情则于往来动止、缥缈有无之中,得灵蚃而执之有象;取景则于击目经心、丝分缕合之际,貌固有而言之不欺。且情不虚情,情皆可景;景非滞景,景总含情。神理流于两间,天地供其一目,大无外而细无垠"(《古诗评选》卷五)等精辟观点。黄宗羲《汪扶晨诗序》亦云:"昔吾夫子以兴、观、群、怨论诗。孔安国曰:'兴,引譬连类。'凡景物相感,以彼言此,皆谓之兴。后世咏怀、游览、咏物之类是也。"(《南雷文集》四集卷一)。钱锺书先生在《谈艺录》一书中辑录和列举了中外古今大量作家艺术家的艺术创作论观点,以阐述艺术创造的兴象意境与语言物象表征、艺术审美体验与艺术表达技巧二者之间的辩证关系。钱锺书将其概括为"得心"与"应手"的关系。钱锺书批评在"心"与"手""意"与"笔"之间的偏颇认识和矫枉过正,认为"得心"与"应手"二者同样不易,感兴审美体验与感兴表达技巧缺一不可。钱先生认为:"专恃技巧不成大家,非大家不须技巧也,更非若须技巧即不成大家也。"[1]艺术家的审美感兴体验正是通过符号化表征,获得了物态化的形式和客观性的品质,成为与他人交流、与读者共享的客观精神资源和客观精神财富。

就中国古典诗兴艺术的创作而言,从感兴体验的兴发到艺术意象和兴象的创造与表达,主要通过语言维度的隐喻和取象维度的象征两种艺术方式来加以表征,以下分别论之。其一,关于语

---

[1] 钱锺书:《谈艺录》,中华书局1984年版,第209—211页。

言维度的比喻,古代诗人和诗学家对此多有论述。例如,西晋束皙有云:"凡诗人之兴,取义繁广,或举譬类,或称所见,不必皆可以定候也。"两晋郭璞亦云:"卷施之草,拔心不死。屈平嘉之,讽咏以比。取类虽迩,兴有远旨。"(郭璞《尔雅图赞·卷施》)[1]刘勰《文心雕龙·比兴》更是深入揭示了比兴的譬喻修辞美学精义,提出了"比显而兴隐"的著名观点:"比者,附也;兴者,起也。附理者切类以指事,起情者依微以拟议。起情故兴体以立,附理故比例以生。比则畜愤以斥言,兴则环譬以托讽。"而且,刘勰对文学语言的譬喻性有精微的分类,即"夫比之为义,取类不常:或喻于声,或方于貌,或拟于心,或譬于事"(《文心雕龙·比兴》)。陆德明《毛诗音义》云:"兴是譬喻之名,意有不尽,故题曰兴。"孔颖达《毛诗正义》疏《诗大序》曰:"兴者,起也。取譬引类,引发己心,诗文诸举草木鸟兽以见意者,皆兴辞也。"白居易《与元九书》说:"兴于嗟叹,发于吟咏,而形于歌诗矣。"遍照金刚《文镜秘府论》引王昌龄《诗格》语曰"盖托喻之谓兴"。皎然《诗式》论"语与兴驱,势逐情起,不由作意,气格自高"[2]。关于文学语言的譬喻特点,中外学者有共同的认识。例如,古希腊大哲学家亚里士多德就认为,"善于使用比喻字表示有天才",其中的奥妙无法向别人请教。[3]当代学者钱锺书先生精辟指出:"比喻是文学语言的根

---

[1] 严可均辑:《全晋文》,商务印书馆1999年版,第936、第1293页。
[2] 皎然著,李壮鹰校注:《诗式校注》,齐鲁书社1986年版,第84页。
[3] 亚里士多德:《诗学》,罗念生译,人民文学出版社1962年版,第77页。

本。"[1] 比喻使得文学语言获得了形象性、生动性和鲜活性。叶维廉先生在《中国古典诗和英美诗中山水美感意识的演变》一文中引用英国现代文学批评家瑞恰兹的隐喻（metaphor）诗学理论来阐释中国古代山水诗的美感。瑞恰兹将隐喻的结构分为"vehicle"与"tenor"两部分，叶维廉认为，"vehicle"与"tenor"两部分即朱自清所谓的喻依和喻旨。喻依者，所呈物象也；喻旨者，物象所指向的概念与意义。庄子和郭象开拓出来的"山水即天理"，使得喻依和喻旨融合为一：喻依即喻旨，或喻依含喻旨，即物即意即真，所以，很多的中国古典山水诗是不依赖隐喻、不借重象征而求物象原样兴现的。由于喻依、喻旨的不分，因而也无须人的知性的介入去调停，而是像庄子所说的"心斋""坐忘""丧我"，虚以待物，全然接受和呈示万物具体、自由，同时并发而相互和谐的兴现。或者如郭象所说的那样"万物归怀"，要得物之天然自然的律动，表现万物本身的自由表现的活动与兴现。[2] 可见，中国古代诗兴艺术的传达方式与西方隐喻诗学的传达方式不完全一样。西方隐喻诗学的喻依与喻旨之间有着较强的异质性，即便像华兹华斯等人的西方近代浪漫主义诗歌也未能达致中国古典山水诗的情景交融的感兴美感直接性境界。而中国古典感兴诗学中的兴感与"兴象"却是融合为一的。可见，以现代语言学、修辞学理论来阐释古典诗歌的感兴修辞，需要格外注意感兴修辞的民族思维特性和民族语言特性。

其二，关于取象维度的象征：与比兴修辞主要源于《诗经》

---

[1] 钱锺书：《旧文四篇》，上海古籍出版社1979年版，第34页。
[2] 参见叶维廉《比较诗学》，台湾东大图书公司1983年版，第149页。

不同，观物取象主要源自《易经》。《易经》是上古圣人仰观俯察、远近取象的产物。《易传·系辞上》有云："《易》有圣人之道四焉：以言者尚其辞，以动者尚其变，以制器者尚其象，以卜筮者尚其占。"其中，易道之三即是圣人注重观象制器。古人多以为文王作《周易》六十四卦卦象，周公作《周易》六十四卦卦爻辞，孔子作《易传》。本书认为，《易传》即使不是孔子亲自所作，也是孔子后学所作，多数篇章也合于孔子的思想。《易传·系辞上》明确指出："圣人有以见天下之赜，而拟诸其形容，象其物宜，是故谓之象。"又说："见乃谓之象，形乃谓之器，制而用之谓之法，利用出入、民咸用之谓之神。"这些解释进一步指出了圣人尚象制器的原理和作用。《诗经》与《易经》同为上古华夏文化元典，二者相互影响，对此古人多有认识。孔颖达《毛诗正义》率先自觉将《易经》之易象与《诗经》之比兴贯通起来思考。如疏《毛诗正义·周南·樛木》云："兴必取象，以兴后妃上下之盛，宜取木之盛者，木盛莫如南土，故言南土也。"孔颖达的"兴必取象"说的提出，开辟了从象征视域研究《诗经》感兴审美体验艺术形象创作表达的新路径，进而由此生成了"易象通于比兴"论的诗学新传统。皎然《诗式》亦云："取象曰比，取义曰兴，义即象下之义。凡禽鱼、草木、人物、名数，万象之中义类同者，尽入比兴。"王昌龄《诗格》将兴分为十四体，既体现了援佛境入诗学研究的新思路，也合于传统易学取象的思路。刘禹锡更是明确提出"境生于象外"（《董氏武陵集纪》），进一步推进了取象论的研究。此后，易象论、取象论和象外论的诗学表达论不断丰富，形成一个新的诗学传统。进而言之，唐代以后，直至明清时期，中国古典感兴美学中的比兴修辞论与观物取象论不断合流，汇成更具综合性也更为微妙精深的兴象表达论。刘师培《论文杂记》论"兴之为体，兴会所至，非即非离，词微旨远，假象于物，而或美或刺，皆见于兴中"[1]。钱锺书《谈艺录》论"兴象意境，心之事也；所资以驱遣而抒写兴象意境者，物之事也"。在此，钱锺书论述了感兴意象和诗歌兴象与诗歌艺象创造之间的关系。中国古典感兴美学追求感兴体验、感兴意象与譬喻表象、象征形象之间的和谐一致，感兴艺术之兴象因而给人以浑然一体、自然天然的美感。王国维将其表述为更为生动的"一切景语皆情语"的美学观点。

第二节 从"兴感"到"兴文"：从主观精神到客观精神

审美感兴体验需要外在化、对象化、形式化、物态化，使之具有客观化的艺术形态，而不能仅仅停留于诗人艺术家的主观内心。否则，诗人艺术家无法真正辨识和确证自身的生命存在，也无法对自己的感兴体验或内心情感世界进行反思，更无法与其他人交流感兴审美体验。审美感兴因而要有一个从心物交感、情物交感到艺术符号化或诗性表征的客观化、物态化过程。中国古人深刻认识到自然物象、感兴意象和艺术艺象之间的区别。例如，郑板桥有云："江馆清秋，晨起看竹，烟光日影露气，皆浮动于疏枝密叶之间。胸中勃勃遂有画意。其实胸中之竹，并不是眼中

---

[1] 刘师培著，舒芜校点：《中国中古文学史·论文杂记》，人民文学出版社1959年版，第136页。

之竹也。因而磨墨展纸，落笔倏作变相，手中之竹又不是胸中之竹也。"[1] 在此，郑板桥区分了"园中之竹""胸中之竹""手中之竹"，后者是画家审美感兴体验物态化表征的产物。西方诗人和美学家亦有类似的艺术经验和美学认识。叶芝高度重视诗人对自然物象的声音、颜色、形式及其组合的描写，认为它们不仅激发情感，而且象征情感。叶芝甚至提出："如果一种情感还没有通过颜色或声音或形式或所有这些方式表达出来，那么这种情感就是不存在的。"[2] 杜夫海纳亦认为："艺术的特点就在于它的意义全部投入了感性之中；感性在表现意义时非但不逐渐减弱和消失；相反，它变得更加强烈、更加光芒四射。……正如在艺术作品中意义完全内在于感性之中，在艺术家身上，意义的发明也完全内在于对感性的运用之中，精神性完全内在于技术性之中，所以，永远没有必要去贬低技术性：制作，不仅仅是对思想的检验，它本身已经是思想和按照这种思想去生活的某种方式。……那些用手去思想的人真幸福。"[3] 与杜夫海纳的"用手去思想"的美学相仿佛，中国古代早就有将卓越的艺术大师赞为"高手""妙手""射雕手"的艺术美学传统。

王国维更是明确将其概括为一个精辟的美学观点，认为诗人不同于常人之处在于既"能感之"，又"能写之"。王国维指出：

---

[1] 郑板桥：《题画》，载北京大学哲学系美学教研室编《中国美学史资料选编》，下册，中华书局1981年版，第340页。

[2] 叶芝：《诗歌的象征主义》，载拉曼·塞尔登编《文学批评理论——从柏拉图到现在》，刘象愚等译，北京大学出版社2000年版，第28页。

[3] 米盖尔·杜夫海纳：《美学与哲学》，孙非译，中国社会科学出版社1985年版，第31—32页。

"夫境界之呈于吾心而见于外物者,皆须臾之物。惟诗人能以此须臾之物,镌诸不朽之文字,使读者自得之。遂觉诗人之言,字字为我心中所欲言,而又非我之所能自言,此大诗人之秘妙也。境界有二:有诗人之境界,有常人之境界。诗人之境界,惟诗人能感之而能写之。"[1]叶嘉莹对王国维的唯大诗人既"能感之",又"能写之"这一艺术观点大加赞赏,并踵事增华,大加发挥,在其很多著作中经常地予以强调和阐发。叶嘉莹最初阐发这一观点始见于其《王国维及其文学批评》,该书指出:"兴发感动之作用,实为诗歌之基本生命力。至于诗人之心理、直觉、意识、联想等,则均可视为'心'与'物'产生感发作用时,足以影响诗人之感受的种种因素,而字质、结构、意象、张力等,则均可视为将此种感受予以表达时,足以影响表达之效果的种种因素。如果用《人间词话》中静安先生的话来说,则前者应该乃是属于'能感之'的种种因素,后者则是属于'能写之'的种种因素。"[2]

审美感兴经验既非抽象的理性本质,亦非一般的表象经验,而是一种体验性、境域性的审美经验,有如现象学意义上的"现象""意向性呈现",这现象需要以相应的感性艺术符号(如兴辞、兴体、比喻、象征等)加以符号化、形式化、物态化呈现,生成一个相应的感性物态化的艺术世界。这是因为艺术符号不是概念化的抽象符号,而是感性化的显示性形象符号。诗人艺术家的感兴审美体验正是通过这种感性化、形象化的艺术符号来显示

---

[1]《王国维文集》(上),中国文史出版社2007年版,第94—95页。
[2] 叶嘉莹:《王国维及其文学批评》,河北教育出版社1997年版,第301页。

的，使之内在于或凝聚于艺术符号之中。感兴审美体验与感兴艺术符号是内在统一、融为一体的。我国古代诗人和诗学家们早就认识到，感兴审美体验是一种不同于理性思维，而注重兴会灵感和直觉联想的情感体验，因而在表达方式上不能用一般的名言、概念，而需要经由富有特色的修辞即各种富有诗意的譬喻和象征加以表达。对此，古人有极为丰富的艺术经验论述。仅举数例，沈德潜《说诗晬语》指出："事难显陈，理难言罄，每托物连类而形之；郁情欲抒，天机随触，每借物引怀以抒之。"李东阳《麓堂诗话》亦云："诗有三义，赋止居一，而比兴居其二。所谓比与兴者，皆托物寓情而为之者也。盖正言直述，则易于穷尽，而难于感发。惟有所寓托，形容摹写，反复讽咏，以俟人之自得，言有尽而意无穷。"[1] 吴乔亦在《围炉诗话》卷一中云："唐诗有意，而托比、兴以杂出之，其词婉而微，如人而衣冠。宋诗亦有意，惟赋而少比、兴，其词径以直，如人而赤体。"

中国古典诗歌的比兴修辞表达可与杜夫海纳所说的艺术符号表达相互发明。杜夫海纳认为："审美对象的第一种意义，也是音乐对象和文学对象或绘画对象的共同意义，根本不是逻辑算法的意义——来使用的意义。它是一种完全内在于感性的意义，因此，应该在感性的水平上去体验。然而，它也能很好地完成意义的这种统一与阐明的职能。"[2] 杜夫海纳还指出："审美对象不是别的，只是灿烂的感性。规定审美对象的那种形式就是表现了

---

[1] 李东阳：《麓堂诗话》，载丁福保辑《历代诗话续编》，中华书局1983年版，第1374—1375页。

[2] 杜夫海纳：《美学与哲学》，孙非译，中国社会科学出版社1985年版，第64页。

感性的圆满性和必然性，同时感性自身带有赋予它以活力的意义，并立即献交出来。"[1] 作为艺术审美情感体验和艺术精神的本体之兴，需要与之相应的艺术象征技巧和譬喻方式加以物态化表征。借用杜夫海纳的话来说，感兴美学的精神气质需要以独特的灿烂感性和艺术符号来加以显现，即以感性符号化来加以呈现。诗歌创作中的比兴、兴象即是这种圆满的感性化的艺术符号和艺术之象，而且是一种更为灿烂的感性符号表征。西晋著名诗人陆机曾提出过诗人感物描写的艺术物态化和形态化的诗学理论。陆机在《文赋》中指出："其为物也多姿，其为体也屡迁；其会意也尚巧，其遣言也贵妍。暨音声之迭代，若五色之相宣。"陆机在此阐发的"穷形尽相""贵妍尚巧"的艺术形式美学观，是对感兴艺术形式的"灿烂感性"的追求。陈世骧为此曾专门写过题为《姿与Gesture》的研究论文，将陆机的文姿理论与西方文论家的"Gesture理论"（语文姿态观）加以比较研究，认为二者有相通之处，而且它们不仅适合于语言艺术，也适合于其他艺术。因为一切艺术都不外表情达意，所以也各自有它们的"言"，也以姿态原理为准。一切艺术、诗文、绘画、音乐、舞蹈、建筑等，都要遵循姿态原理。运用在文艺理论上，则是文艺中一切实感的基本情意之生动内容和形式的统一。[2]

黑格尔精神哲学把人的精神发展阶段分为三个阶段，即主观精神、客观精神、绝对精神。所谓"主观精神"，是指个人的精

---

[1] 杜夫海纳：《美学与哲学》，孙非译，中国社会科学出版社1985年版，第54页。
[2] 参见陈世骧著，张晖编《中国文学的抒情传统：陈世骧古典文学论集》，生活·读书·新知三联书店2015年版，第225—246页。

神，如灵魂、意识和自我规定着的精神。这是尚未表现于外部社会制度之中的精神。所以它是在自身关系形式下的精神，即内在的、未与自身以外的他物发生关系的精神。精神的发展必然要超出自身而进入自身以外的他物，即发展为"客观精神"。所谓"客观精神"是个人主观精神的外部表现，例如法律、道德、政治组织等。客观精神是现实性形式下的精神，即实现于由精神所创造和将由精神所创造的世界之中的精神。黑格尔认为，主观精神和客观精神都是片面的、有局限的，因而要继续走向二者的统一，即绝对精神。所谓"绝对精神"，就是指精神在这个阶段认识到了它自己即是万事万物的原则和真理。万事万物不过是它自己的表现，精神认识到它自己和对象、主体和客体是同一的，绝对精神阶段主要表现为艺术、宗教和哲学。绝对精神是主观精神和客观精神的统一，是人的精神发展的最高形式，人的精神在此最高形式中与绝对精神是合而为一的。[1]虽然中国古代感兴美学精神与黑格尔哲学精神不是一回事，但可借用黑格尔"主观精神"与"客观精神"的词语，分别指称诗人艺术家"审美感兴体验"与"对审美感兴体验的物态化表征"。诗人的感兴体验客观化为感兴意象和物态化艺象之后，诗人自己和诗歌读者才能够辨识、玩索、玩味、回味、反思、交流其中的兴意和兴味。

借用海德格尔存在主义美学话语，兴的物态化、符号化有如海德格尔笔下的从顽石向神庙的转化。海德格尔认为，自在的岩石没有世界或不能彰显存在，由岩石建成的神庙则缔结了世界、

---

[1] 参见张世英《论黑格尔的精神哲学》，上海人民出版社1986年版，第15—16页、19页。

敞开了世界、呈现了世界存在的价值和意义。其他如石材之于建筑、泥土之于陶壶亦然。[1] 同样，纯粹的、自发的内在感兴也无法确证生命的意义和价值，只有经由客观化、确定化、符号化、物态化的表征，将审美感兴物态化为艺术兴象和艺术作品，才能真正彰显诗人与万物存在的生命精神。正是鉴于语言符号的表征在人类思想感情的传达和交流中的特殊重要性，钱锺书先生才常常在其著作中叹言："语言文字为人生日用之所必须，著书立说尤为寓托焉而不得须臾或离者也。顾求全责善，喷有烦言。作者每病其传情、说理、状物、述事，未能无欠无余，恰如人意中之所欲出。务致密则苦其粗疏，钩深赜又嫌其浮泛；怪其粘着欠灵活者有之，恶其暧昧不清明者有之。立言之人句斟字酌、慎择精研，而受言之人往往不获尽解，且易曲解而滋误解。'常恨言语浅，不如人意深'，岂独男女之情而已哉？"[2] 钱锺书在此揭示出语言表征的艰难不易。中国古代诗人和艺术家的感兴生命体验，需要诗人艺术家通过艰苦的艺术劳作和语言的千锤百炼，才能以恰切的艺术符号加以物态化表达。比兴作为感物起兴和引譬连类，正是中国古代文艺创作须臾不可脱离的重要思维方式和修辞表达方式。诗人艺术家在比兴中将自己对外在物象生命的感悟及其所兴发的内在情感凝聚成审美意象，并通过比兴的譬喻、象征等修辞方式加以对象化，营造具有感性特征、精神意蕴并与人共享的艺术世界。

---

[1] 参见海德格尔《人，诗意地安居》，郜元宝译，广西师范大学出版社2000年版，第82—83页。

[2] 钱锺书：《谈艺录》，中华书局1984年版，第406页。

第三节　兴的符号化与感兴艺术符号世界的建构

艺术形态由不同的审美体验、审美意识和审美精神与艺术媒介、艺术语言和艺术方式双重因素所生成。感兴艺术亦然。兴从心物关系和主体情志方面说是"感发志意";从艺术修辞和艺术表达方面来说则是"引譬连类""兴必取象"的诗性语言表达,即艺术隐喻和艺术象征。兴的这两层涵义生成了感兴艺术和感兴美学的独特精神气质,"引譬连类""兴必取象"即是感兴艺术和感兴美学精神的两种独特感性呈现方式。诗兴体验与诗兴表达的历史演进与形态演进是统一的,审美感兴的体验类型、经验类型、精神类型需要相关的艺术类型和方式加以表征。例如,从上古"六艺"到《周礼》六诗再到《毛诗》"六义",从《周礼》的"乐德""乐语""六诗",到《毛诗》的"六义",再到楚辞与汉乐府、魏晋六朝文类以及后世更为详细、丰富和展开的艺术分类,都表明感兴体验与感兴符号表达的一致性。这既反映了感兴审美体验在中国古代各门类艺术创作和艺术形态中的贯通和呈现,又生成了中国古代的艺术形态和文学文体(文类)及其艺术世界。中国古代美学史上有丰富的艺术形态论和文体论著作,例如,《礼记·乐记》《毛诗序》《典论·论文》《文章流别论》《文赋》《文心雕龙》《昭明文选》《诗品》《沧浪诗话》《谈艺录》《艺苑卮言》《诗源辨体》《艺概》等,皆为中国古典感兴艺术及其形态表征研究的经典著作,体现了中国古代诗人和艺术家对各门艺术所做的贯通性研究。此外,中国古代还有丰富的诗格和类书著作，"二十四史"中还有《艺文志》《文苑传》《文艺传》《艺术传》，其中也涉及古代艺术符号和类型研究。

现代符号学认为，人是唯一能使用和发明符号的动物。符号不仅是人类认识宇宙万物的基本工具，更是人类建构意义世界的基本工具。人类的精神活动与符号活动是相互建构、相互生成的关系，人类的精神创造和符号创造的统一即是文化的创造。人类的文化世界表征为一个符号编织的世界。艺术符号不同于科学的、逻辑的、说明性的符号，艺术符号是一种富有情感生命的显示性、表现性或表象性符号。科学的、逻辑的符号主要靠概念、范畴，反映思想、观念，表述客观真理，生成意义确定的的理性判断、逻辑推理和科学理论著作。而艺术符号则通过描写、修辞、隐喻、象征，显现审美意象，表达主观情感体验，生成意蕴丰富的更具想象性、召唤性和开放性的艺术形象和艺术作品，并指向高远的审美境域。审美感兴作为审美体验，有着可以意会而难以言传的特征，因而诉诸特殊的艺术符号，即"引譬连类"的比兴象征修辞符号。读者在接受和欣赏这种以比兴象征修辞符号所表达的艺术意象、兴象和艺象时，也会产生再创造性的、开放性的、意味无穷的审美体验。不同时代审美感兴的各种审美体验、主客关系、时空关系、感知方式、修辞方式的综合作用生成了中国古代不同的艺术形态。

维柯在《新科学》一书中揭示出，原始人最初的语言符号是一种感官的语言、诗性的语言，主要运用感官的、形象的、隐喻的、拟人的符号来表达心灵和精神。[1]其他不少西方哲学家也揭示了人类原初语言的隐喻性或诗性特征。与西方诗性语言在近代受到工具语言、理性语言严重冲击，修辞传统在西方近代一度衰微不同，中国古代诗性语言在周代礼乐文化和《诗三百》创作的"乐语""六诗""六义"尤其是"引譬连类"的比兴修辞语言中得到保存，并在后世艺术史和诗学史上生生不息、不断传承和发展。作为象征和隐喻修辞的兴或比兴因而是中华感兴美学理论绵延存活的传统和理论体系中的重要内容、重要方面。历代诗学家都有精辟论述。中国自古有礼乐诗兴教化传统。刘宝楠《论语正义》卷二十《阳货》"诗可以兴"正义曰："此注言'引譬'者，谓譬喻于物也。《学记》云：'不学博依，不能安诗。'注：'博依，广譬喻也。'即此'引譬'之义也。"[2]可见，"博依"亦即比兴譬喻，在诗教中具有独特的作用。王逸《离骚序》称"《离骚》之文，依《诗》取兴，引类譬喻。故善鸟香草以配忠贞，恶禽臭物以比谗佞，灵修美人以媲于君，宓妃佚女以譬贤臣，虬龙鸾凤以托君子，飘风云霓以为小人。其词温而雅，其义皎而朗。凡百君子，莫不慕其清高，嘉其文采，哀其不遇，而闵其志焉。"[3]王符《潜夫论·释难》亦云："夫譬喻也者，生于直告之不明，故假物之然否以彰之。"刘勰《文心雕龙·比兴》论"兴之托喻，婉而成章，称名也小，取类也大"；"（比）则写物以附意，扬言以切事"。《文心雕龙·神思》论"神居胸臆，而

---

[1] 参见维柯《新科学》，朱光潜译，人民文学出版社1986年版，第177—184页。
[2] 刘宝楠撰，高流水点校：《论语正义》，中华书局1990年版，第690页。
[3] 王逸撰，黄灵庚点校：《楚辞章句》，上海古籍出版社2017年版，第2页。

志气统其关键；物沿耳目，而辞令管其枢机"；"然后使元解之宰，寻声律而定墨；独照之匠，窥意象而运斤"；"神用象通，情变所孕。物以貌求，心以理应。刻镂声律，萌芽比兴。结虑司契，垂帷制胜"。孔颖达《毛诗正义》卷一引郑众语"兴者，托事于物"并指出："兴起也。取譬引类，起发己心，诗文诸举草木鸟兽以见意者，皆兴辞也。……比之与兴，虽同是附托外物，比显而兴隐，故比居兴先焉。《毛传》特言'兴也'，为其理隐故也。"（《毛诗正义》《关雎》正义）用唐代诗人张九龄的诗句表达，兴可谓之"驾言遣忧思，乘兴求相似"（《登古阳云台》）。清代惠周惕认为："兴兼比、赋也。人之心思，必触于物而后兴，即所兴以为比而赋之，故言兴而比、赋在其中。"（《诗说》卷一）陈奂言"凡托鸟兽草木以成言者，皆兴也。赋显而兴隐，比直而兴曲"（陈奂《诗毛氏传疏》卷一）。魏源《诗比兴笺》《序》中云："《离骚》之文，依《诗》取兴，引类譬喻。"总之，诗人的内在感兴审美体验需要物态化，用引譬连类、比喻象征的修辞手法来创造"客观对应物"加以表征。

比兴虽同为形象化的艺术修辞符号，但兴与比不同之处在于，兴更为隐晦、幽微、委婉而含蓄。清代陈启源《毛诗稽古编·总诂举要·六义》指出："比兴虽皆托喻，但兴隐而比显，兴婉而比直，兴广而比狭。"我国现代学者刘永济先生指出："比者，作者先有此情，亟思倾泄，或嫌于径直，乃索物比方言之。兴者，作者虽先有此情，但蕴而未发，偶触于事物，与本情相符，因而兴起本情。"[1]我国台湾学者黄春贵在《文心雕龙之创作论》一书中认为，比基于类似，兴不必基于类似："比者，为一种类似之联想，亦即类似之譬喻，以丙譬喻甲，甲与丙之间，必有一类似之乙。英人李查兹《修辞学原理》曰：'极大之距离，可以譬喻合一，凭借本意与媒介物，直接两物之类似，而此本意与媒介物，则由于共同之情状，使吾人将其合而为一。'"又云："兴者，为一种继起之联想，即由甲联想至丙，甲与丙之间不必类似，甚至相对者，无不可据以表述。……盖继起之联想，重在前后衍生之关系，一因一果，不求形似，随兴所之。"[2]可见，比、兴虽同为中国古典诗歌的基本修辞方式，但兴更为灵活，也更为本源。兴是中华古典艺术和美学的最为本源的文化胚胎。中国古代各门类艺术形态中都灌注着兴的精神，活跃着兴的脉动。艺之妙道，感兴为上、气韵为上、精神为上、神韵为上、神采为上、境界为上，并形成了诗之精神、乐之精神、舞之精神、笔墨精神、节奏韵律精神、戏曲小说精神的艺术符号表征。

艺术感兴体验的物态化表征有如英国现代象征主义诗人T. S. 艾略特所说的"客观对应物"。艾略特在一篇评论哈姆雷特的文章中指出："用艺术形式表现感情的唯一方法是寻找一个'客观对应物'；换句话说，就是用一系列实物、场景，一连串事件来表现某种特定的情感；要做到最终形式必然是感觉经验的外部

---

[1] 刘勰著，刘永济校释：《文心雕龙校释》，中华书局1962年版，第142页。
[2] 黄春贵：《文心雕龙之创作论》，台湾文史哲出版社1978年版，第51—60页。

事实一旦出现,便能立刻唤起那种情感。"[1] 在艾略特看来,"象征"即是以"客观对应物"表征诗人的思想感情,并唤起读者的思想感情。这个"客观对应物"是最为精确的象征诗人思想感情的外在物象。中国古典诗歌创作中的比兴方法及其符号化表征有如这种象征诗人思想情感的"客观对应物"。这意味着,诗人的情感既被自然万物的物色(物容、物态、物象、声音、色彩、形状、状貌、容貌、光影)所兴发、召唤、唤醒、激发,又与自然万物的物色融合为一,并通过其感性描写得到艺术物态化的体现,从而由"情文"转化为"声文""形文"。诗人用感性的、心物融合的艺术意象和兴象及其修辞表达的艺象来表征诗人内心的感兴情感体验,这种艺术意象、兴象和艺象即是诗人审美感兴体验的客观对应物。中国古代艺术品善于创造审美感兴的精神关联物与客观对应物。例如,刘熙载《艺概·诗概》有云:"山之精神写不出,以烟霞写之;春之精神写不出,以草树写之。故诗无气象,则精神亦无所寓矣。"[2] 这里的"烟霞""草树"作为审美物象、意象和艺象,即是对天地万物的精神的譬喻化、修辞化表达,具体到《艺概》一书所指,即是以"烟霞"表征"山之精神",以"草树"表征"春之精神","烟霞""草树"即是诗人审美感兴体验的精神关联物和"客观对应物"。

杜夫海纳曾指出,自发的艺术表现了人与自然的关系这一人类文明史的起源和本原。在历史的根源部位上,人类在与万物混

---

[1] 艾略特:《艾略特诗学文集》,王恩衷编译,国际文化出版公司1989年版,第13页。

[2] 刘熙载:《艺概》,上海古籍出版社1978年版,第82页。

杂中感受到自己与世界的亲密关系。艺术响应自然发出的召唤，艺术在表现自然所孕育的那些世界中表现自然、赞颂自然。"自然向人类显出真身，人类可以阅读自然献给他的这些伟大图像。"[1] 以《三百篇》为代表的中国古典诗兴艺术是天地自然精神的感兴呈现和诗性显现；而且，中国古典诗兴艺术的各种形态和各个门类正是显示感兴审美经验的各种伟大图像。中国古典诗兴艺术家们通过比兴修辞、观物取象等艺术符号化和艺术物态化表征、实现和确证了感兴体验，也传播、反思和交流了感兴体验。艺术的物化形式不仅对象化了审美感兴；而且，不同的艺术门类从时空和想象等各个方面打开和扩展了艺术家和艺术鉴赏者的精神境界。例如，《礼记·乐记》有云："乐者，德之华也。"音乐是儒家伦理道德理想的艺术象征和灿烂表征。兴的符号化具体表现为"兴乐""兴舞""兴诗""兴咏""兴赋""兴文""兴作""兴寄"等等，并在中国古代艺术史上不断拓展并渐次展开，形成了诗之兴、乐之兴、舞之兴、辞赋之兴、文章之兴、书法之兴、绘画之兴（丹青之兴）、小说之兴、戏曲之兴、园林艺术之兴等等。总之，中国古代诗兴艺术创作是感兴审美体验和感兴美学精神气质的物态化和艺术呈现。苏珊·朗格提出：艺术符号不是那种认知事物的推理性形式，而是表现情感的显示性形式。[2] 日本现代文学理论家桑原武夫援引并赞同苏珊·朗格的观点，指

---

[1] 杜夫海纳：《美学与哲学》，孙非译，中国社会科学出版社1985年版，第1、8页。

[2] 参见苏珊·朗格《艺术问题》，滕守尧、朱疆源译，中国社会科学出版社1983年版，第20—25页。

出：语言通过"论说"（discourse）而发挥作用，语言之外的其他符号则本身就能以"表象"（presentation）的性质而成立。因此，前者可称为"论说的（discourse）象征主义"，后者可称为"表象的（presentation）象征主义"。[1] 桑原武夫认为：法国象征派诗人马拉美、瓦雷里的诗歌，接近于表象性符号。[2] 苏珊·朗格和桑原武夫的这个艺术符号观是有道理的。进而言之，语言艺术符号还有自己的特点。依据现代法国著名语言学家本埃米尔·维尼斯特的语言符号学，语言的基本表达形式是"énonciation"（陈述，即"discourse"），陈述是个体的语言行为，是话语的具体运用。[3] 笔者以为，文学的"discourse"（陈述、论说、话语）有自己的特点。文学艺术的语言不是那种抽象化的概念符号，文学语言是一种富于感性特质的情感性、形象性的语言。语言艺术不能直接塑造表象，而其他艺术都可以直接塑造视觉表象或听觉表象。但是，语言艺术可以通过诗意的修辞方式将话语性符号转化为表象性符号，因而文学语言亦富于感性形象性和感性蕴藉性——对于中国古典诗歌而言，比兴修辞即是这种诗性修辞和表象性符号。同时，语言艺术又因此能保持话语中所包含的丰富的文化信息，兼具形象性和思想性的丰厚文化底蕴。而且，在人类创造的全部符号系统之中，语言符号是其他各种符号的解释项，

---

[1] 桑原武夫：《文学序说》，孙歌译，生活·读书·新知三联书店1991年版，第20页。

[2] 参见桑原武夫《文学序说》，孙歌译，生活·读书·新知三联书店1991年版，第37页。

[3] 参见埃米尔·本维尼斯特《普通语言学问题》（选译本），王东亮等译，生活·读书·新知三联书店2008年版，第159—161页。

其他各种符号及其所表征的艺术形态及其意义都需要通过语言符号加以解释，语言艺术符号因而在全部艺术符号中具有特别的重要意义，语言艺术在人类全部艺术形态中具有独特地位。有鉴于此，本章接下来分"兴与文学符号表征""感兴审美体验的物态化与其他艺术形态"两节分别进行阐述。

第四节　兴与文学符号表征："文章之道，遭际兴会"

本节结合中国古代之"文学观"与"文体观"来进一步论述感兴审美体验的语言传达、比兴修辞和文学表征问题，从审美感兴的理论视野讨论"文学"作为语言艺术形态的特殊性（文学的语言性、修辞性、想象性、表现性、思想性、典范性、理想性），讨论感兴美学精神气质的意象呈现、比兴修辞与独特表达。本书所说的语言指人类创造的语言，包括口头语言和书面语言。语言是人类创造的符号形式，也是符号的高级形式和纯粹形式，是其他符号得以阐释的基础符号。语言是人类思想交流的符号系统，是人类生活经验、思想情感和精神生活的表达形式。语言符号不同于其他符号之处还在于，语言符号是全部符号体系中唯一能够直接和清晰地反映人类思想概念和观念的符号。文学是一门语言艺术，文学与语言息息相关。美国语言学家爱德华·萨丕尔在《语言论》中指出："语言是文学的媒介，正像大理石、青铜、黏土是雕塑家的材料。"[1] 语言不仅是文学的媒介，而且是文学的

---

[1] 爱德华·萨丕尔：《语言论——言语研究导论》，陆卓元译，商务印书馆1985年版，第199页。

存在方式。无论是文学的情感、想象、思维、表达，还是文学的创作、传播、欣赏、交流，抑或是文学的发展、变化，都离不开语言。没有语言就没有文学。文学不可能脱离语言而以纯粹内在体验的方式孤立存在，更何况绝对内在的体验也是无法进行交流的。因此，罗兰·巴特指出："语言是文学的生命，是文学生存的世界。"[1] 钱锺书精辟指出："诗者，艺之取资于文字者也。文字有声，诗得之为调为律；文字有义，诗得之以俳色揣称者，为象为藻，以写心宣志者，为意为情。及夫调有弦外之遗音，语有言表之余味，则神韵盎然出焉。"[2] 中国古典诗歌的语言表达最为显著的特征和标志是比兴修辞表达。

刘师培在《论文杂记》中指出："上古之时，先有语言，后有文字。有声音，然后有点画；有谣谚，然后有诗歌。"[3] 语言符号的概念本性似乎是与文学艺术的情感本性相背离的，其实不然，语言艺术符号不同于科学著作的语言符号。文学作为表达人类思想情感的语言艺术，不同于一般文本的语言表达，文学语言艺术符号具有独特性。文学语言不同于科学语言，科学语言是理性化的逻辑语言，而文学语言是诗性化的修辞语言。关于语言艺术符号的特点，杜夫海纳在《文学批评与现象学》一文中认为：文学作品的意义是通过语言文字表达出来的，文学语言与科学著作或哲学论文的语言不同，它充满感情色彩和光辉。文学作品的

---

[1] 安纳·杰弗森、戴维·罗比等著：《西方现代文学理论概述与比较》，陈昭全、樊锦鑫、包华富译，湖南文艺出版社1986年版，第98页。

[2] 钱锺书：《谈艺录》，中华书局1984年版，第42页。

[3] 刘师培著，舒芜校点：《中国中古文学史·论文杂记》，人民文学出版社1959年版，第110页。

意义有如动荡的水面上的映像,它不是直达观念,而是直接诉诸感受,它颇有些令人捉摸不透,但又叫人感到意味无穷。[1]苏珊·朗格亦指出:"诗造成的效果完全超出了其中的字面陈述所造成的效果,因为诗的陈述总是要使被陈述的事实在一种特殊的光辉中呈现出来。"[2]笔者以为,这种"特殊的光辉"即是诗性精神和诗性修辞的感性光辉。建立在汉字象形表意文字基础之上的中国古典比兴修辞与中国古典诗歌艺术有天然的内在统一性,因而显示出得天独厚的艺术优势,更能显示灿烂的感性光辉。对此,中国古人有独特的认识,中国古典诗兴艺术家和感兴美学家们对于"赋比兴"的修辞表达符号有丰富的经验和论述。总之,比兴修辞符号是"引譬连类"的形象化语言符号,是隐喻和象征的语言符号,当然亦即是诗性的语言符号、富有感性光辉的文学性语言符号。

今道友信在《美的相位与艺术》中专门研究了孔子的美学,比较了孔子在进行抽象性的哲学教育与具体的诗乐教育时所用语言的不同。今道友信认为:孔子一方面认识到概念性的正名之限度,另一方面又善用诗歌象征教育来提升学生的精神世界。今道友信指出,虽然孔子重视"正名"(对名辞的批判性省察),而且强调"吾之道一以贯之";但他从没正面谈论过性(人类的实存)和天道(神的摄理),为什么他不谈论这些呢?因为孔子认为,

---

[1] 杜夫海纳:《美学与哲学》,孙非译,中国社会科学出版社1985年版,第163页。

[2] 苏珊·朗格:《艺术问题》,滕守尧、朱疆源译,中国社会科学出版社1983年版,第140页。

对于这些"性与天道"不可能用一义性的概念去言表。他有时也想把作为根源的存在物当作天来进行思索,但他用"予欲无言"这句话表示了自己"正名"思想即定义性考察的界限。因而孔子对这最高类的存在物保持沉默。另一方面,孔子运用一种诗教的方法来启发弟子和儿子的表达方式、思考方式及其精神世界。孔子对伯鱼说:"不学《诗》,无以言。"就是说,不学习《诗》,就无法表达重要的事情。学习《诗》便可以获得表达像那些无法通过名言和定义来表达的性、天道、命等根本存在和重大问题的能力。而《诗》的本质恰恰是象征。如果能看到《诗》的象征所暗示的光,精神就可以从那遮蔽光辉的名词桎梏中解放出来。诗歌的象征暗示的间接性或非直接性能够使读《诗》的君子把多元暗示根源的精神之光想象出来。因此,诗教之兴即是向上的攀登,是垂直的攀登,是一种垂直、向上的精神攀登,是向精神的根源的还乡。诗教不是对名辞的语义分析,而是向着诗歌整体所象征的高度的精神攀登。作为诗歌体验和阐释的象征可以超越概念。"孔子的思想即是通过对于诗的美的体验这种解释,使自己的精神面向用定义的推论无法考察的重大问题——存在物——充分展开。所以孔子说人的精神'兴于诗'。诗使精神垂直超越概念领域成为可能。"[1] 今道友信在此固然是阐释孔子教诗、学诗、用诗的方法,但是,如果转换一下研究角度,转换成写诗、作诗的角度,道理也是一样的。诗教不能用名言而要用比兴,诗歌创作也不能用理性的名言,而要用可感的语言,亦即是"赋比兴"尤

---

[1] 今道友信:《美的相位与艺术》,周浙平、王永丽译,中国文联出版公司1988年版,第306页。

其是兴的语言。因此，我们说，诗（或文学）的审美感兴体验要经由比兴修辞符号向文学意象、文学兴象、文学艺象和文学意境生成。

兴或比兴作为中国上古诗人的思维方式和表达方式，不仅典型地表现在《诗经》《楚辞》之中，也浸溉了先秦诸子散文乃至后世各种文学文体。刘知几在《文史通义·叙事》中指出："昔文章既作，比兴由生，鸟兽以媲贤愚，草木以方男女，诗人骚客，言之备矣。"章学诚亦云："战国之文，深于比兴，即其深于取象者也"（《文史通义·易教下》）；又说："战国之文，既源于六艺，又谓多出于《诗》教"（《诗教上》）。先秦诸子时代，"文指存乎咏叹，取义近于比兴，多或滔滔万言，少或寥寥片语，不必谐韵和声，而识者雅赏其为《风》《骚》遗范也"（《诗教下》）。[1] 关于诗文之兴，古人积累了丰富的艺术创作经验和诗学论述。如汉魏时期曹植提出"慷慨有悲心，兴文自成篇"（《赠徐干》）。应玚自述"援笔兴文章"（《公宴诗》）。杨修自述"兴而作赋"（《孔雀赋序》）。西晋陆云自述"攀木寒鸣，贫士所叹，余昔侨处，切有感焉，兴赋云尔"（《寒蝉赋序》）。陆机《文赋》所批评的文病之一为诗人自然感兴与比兴修辞的孤单，即"或托言于短韵，或穷迹而孤兴"。挚虞提出："赋者，敷陈之称也；比者，喻类之言也；兴者，有感之辞也。"（《文章流别论》）挚虞在此看到了比、兴之差异，比作为理性譬喻，而兴作为审美体验，突出了兴的美感特质。葛洪《西京杂记》记载："司马相如

---

[1] 章学诚著，严杰、武秀成译注：《文史通义全译》，贵州人民出版社1997年版，第24、74、90页。

为上林、子虚赋，意思萧散，不复与外事相关，控引天地，错综古今，忽然如睡，焕然乃兴。"刘勰《文心雕龙》更是有很多篇章论述了诗人的比兴修辞。除了《比兴》专篇以外，《物色》篇对诗人的物色描写有生动的论述。《神思》篇强调了诗人"吟咏之间，吐纳珠玉之声；眉睫之前，卷舒风云之色"，《诠赋》篇对比了《诗经》感物比兴与汉赋繁复丽辞之优劣，《情采》篇论"情文""形文""声文"的依存关系。在此，对《诠赋》篇和《情采》篇略加论述。《诠赋》篇写道："原夫登高之旨，盖睹物兴情。情以物兴，故义必明雅；物以情观，故词必巧丽。丽词雅义，符采相胜，如组织之品朱紫，画绘之著玄黄。文虽新而有质，色虽糅而有本，此立赋之大体也。"（引案，赋的雅丽未必等同于诗的雅丽）。《情采》篇则说："圣贤书辞，总称文章，非采而何？夫水性虚而沦漪结，木体实而花萼振，文附质也。虎豹无文，则鞟同犬羊；犀兕有皮，而色资丹漆，质待文也。若乃综述性灵，敷写器象，镂心鸟迹之中，织辞鱼网之上，其为彪炳，缛采名矣。故立文之道，其理有三：一曰形文，五色是也；二曰声文，五音是也；三曰情文，五性是也。五色杂而成黼黻，五音比而成韶夏，五性发而为辞章，神理之数也。"总之，刘勰认为，文章写作要取法六经，以比兴修辞的方式包蕴六义，"写天地之辉光，晓生民之耳目矣"（《文心雕龙·原道》）。与刘勰基本同时代的钟嵘《诗品》对五言诗这一新兴诗体的感兴语言特征大加赞赏，指出："夫四言文约意广，取效风骚，便可多得。每苦文繁而意少，故世罕习焉。五言居文词之要，是众作之有滋味者也。故云会于流俗。岂不以指事造形，穷情写物，最为详切者耶？"钟嵘对具体作家的品评也体现了感兴语言论的角度,例如批评张华的诗歌"其体华艳,兴托不寄。巧用文字,务为妍冶"。唐代诗人王昌龄则提出:"文章兴作,先动气,气生乎心,心发乎言,闻于耳,见于目,录于纸。"(遍照金刚《文镜秘府论·南卷·论文意》引)宋代苏轼认为:"子美之诗,类有所感,托物以发者也,亦六义之比兴。"(苏轼《辨杜子美杜鹃诗》,《苏轼文集》卷六十七)。朱熹提出:"赋则直陈其事,比则取物为比,兴则托物兴词。"[1]郑樵云:"凡兴者,所见在此,所得在彼。"(郑樵《六经奥论》,《通志堂经解》本)陆时雍《诗镜总论》:"诗人之妙在一叹三咏。其意已传,不必言之繁而绪之纷也。故曰:'《诗》可以兴。'诗之可以兴人者,以其情也,以其言之韵也。夫献笑而悦,献涕而悲者,情也;闻鑫则壮,闻丝竹而幽者,声之韵也。"[2]罗大经《鹤林玉露·诗兴》(乙编卷四):"诗莫尚乎兴,圣人言语亦有专是兴者,如'逝者如斯夫,不舍昼夜','山梁雌雉,时哉时哉',无非兴也。特不曾隐括协韵尔。盖兴者因物感触,言在于此,而意寄于彼,体会乃识,非若比赋之直言其事。"明代李东阳认为:"诗有三义,赋止居一,而比兴居二。所谓比兴者,皆托物寓情而为之者也。盖正言直述则易于穷尽,而难于感发。惟有所寄托,形容摹写,反复讽咏,以俟人之自得,言有尽而意无穷。"(《麓堂诗话》)清代叶燮《原诗》指出:"原夫作诗者之肇端而有事乎此也,必先有所触以兴起其意,而后措诸辞、属为句、敷之而成章。"(《原诗》内篇上之三)陈祚明《采菽堂古诗选》指

---

[1] 朱熹撰,蒋立甫校点:《楚辞集注》,上海古籍出版社2001年版,第6页。
[2] 陆时雍撰,李子广评注:《诗镜总论》,中华书局2014年版,第11页。

出:"诗所以贵比兴者,质言之不足,比兴言之,则宛转详尽。"总之,"文章之道,遭际兴会"(袁守定《占毕丛谈》)。中国古典诗歌所运用的赋比兴修辞语言符号是一种富于形象化特征的感兴语言,比兴修辞语言的感性兴发、触类旁通与含蓄蕴藉的特征暗示和生成了无限丰富的审美意蕴。

古人对词作之兴、小说之兴、戏曲之兴也多有论述。其中,常州词派对于词之比兴的表达和研究有重要建树。例如,张惠言提出,词的创作要"缘情造端,兴于微言,以相感动。……其至者,莫不恻隐盱愉,感物而发,触类条鬯,各有所归,非苟为雕琢曼辞而已。"(张惠言《词选序》)周济则说:"夫词,非寄托不入,专寄托不出。一物一事,引而伸之,触类多通,驱心若游丝之缥飞英,含毫如郢斤之斫蝇翼,以无厚入有间,既习已,意感偶生,假类毕达,阅载千百,謦欬勿违,斯入矣。"(周济《宋四家词选目录序论》)陈廷焯《白雨斋词话自序》论词艺之兴:"伊古词章,不外比兴。"蒋兆兰《词说》论词以比兴为高:"词与诗之不同虽匪一端,而大较诗则有赋比兴三义,词则以比兴为高,才入赋体,便非超诣矣。"我国古典文论文献中关于小说之兴、戏曲之兴的论述也很丰富。我国当代学者黄霖等人将"赋比兴"理解为标识中国文学心物关系的三种形态,释为中国文学的"心化的表现方式",认为它们对于中国文学创作具有普遍意义。"它们在短诗小令之中往往独立显现,而在长篇巨制之中则常常是相互兼容。"[1]这个学术判断是成立的。中国古典小说不仅具

---

[1] 黄霖、吴建民、吴兆路:《原人论》,复旦大学出版社 2000 年版,第 85、105 页。

有可以兴发人的伦理道德情感的特征，而且在艺术表达上也往往深受比兴修辞的浸润而具有诗化的特征。宋元话本小说和明代拟话本小说的开头或入话与《诗经》起兴作用相通。长篇章回小说往往以诗歌起头和起兴，或嵌入很多诗歌作品，收到了比兴修辞之艺术功效。具有浓郁抒情性的戏曲作品更是如此，很多戏曲理论家乐于论述戏曲像诗歌那样可以"兴观群怨"。例如，李贽论传奇"可以兴、观、群、怨"（见《焚书》卷四《红拂》）。李调元《剧话序》引孔子"诗可以兴观群怨"说论戏曲之兴，认为"今举贤奸忠佞，理乱兴亡，搬演于笙歌鼓吹之场，男男妇妇，善善恶恶，使人触目而惩戒生焉，岂不亦可兴、可观、可群、可怨乎？"（《中国古典戏曲论著集成》第八卷）在此所论虽为传奇戏曲审美价值之兴，其美学奥妙亦通于创作之兴。其他论戏曲"可以兴"的曲论亦然。黄周星《制曲枝语》论"愚尝谓：曲之体无他，不过八字尽之，曰：'少引圣籍，多发天然'而已。制曲之诀无他，不过四字尽之，曰：'雅俗共赏'而已。论曲之妙无他，不过三字尽之，曰：'能感人'而已。感人者，喜则欲歌、欲舞，悲则欲泣、欲诉，怒则欲杀、欲割；生趣勃勃，生气凛凛之谓也。噫，兴观群怨，尽在于斯，岂独词曲为然耶？"（《中国古典戏曲论著集成》第七卷）吴仪一《吴吴山三妇合评牡丹亭还魂记》论优秀的戏曲作品"使人可兴可观，可以廉顽立懦"。孔尚任《桃花扇凡例》论"制曲必有旨趣，一首成一首之文章，一句成一句之文章。列之案头，歌之场上，可感可兴"（《桃花扇》卷首）。尽管黄周星、吴仪一与孔尚任所论为戏曲之兴的感动兴发价值，但这种感兴价值无疑需要通过比兴修辞加以物态化表征。总之，我们可以用方东美先生《中国艺术的理想》中一段文字来概括中国古典诗兴艺术的文学表征。方东美指出："在诗的领域中，一如其他各种艺术，总有一般神妙的机趣贯注其中，点化万物，激励人心，促使大家高尚其志，在嗟叹、歌咏、舞之蹈之中充分表露对生命的喜悦之情；这就是一种诗艺化境。另外，艺术性的直观也是美的本质，其要义乃在驰情入幻，透过创意，而将雄奇的理想融入作品，具体表现出生动活跃的气象。"[1]

中国古代诗人作家对比兴修辞语言的追求和锤炼是否会影响感兴审美体验的自发性、自然性呢？中国古代诗兴艺术家和感兴美学家也给出了回答，认为诗人情感的感兴体验与语言文字的千锤百炼是可以统一的。例如，杜甫一方面强调诗兴、兴会的重要，另一方面强调构思琢磨修辞炼字的重要，即所谓"意匠惨淡经营中"，"语不惊人死不休"。皎然《诗式》亦强调诗歌感兴的自然"天真"与诗境和兴象创造的"苦思"之间的统一性。皎然既崇尚"为文真于情性，尚于作用，不顾词彩，而风流自然"（《诗式》卷一），又追求"采奇于象外，状飞动之趣，写真奥之思"（《诗式·诗议》）。清代诗学家王世贞称诗歌修辞锤炼为"琢磨之极，妙亦自然"（王世贞《艺苑卮言》）。林义光《诗经通解·例略》称"壹唱三叹之音，斯为兴耳"。钱锺书对艺术创作的体验和传达的辩证关系有独到的审美体悟和艺术经验，指出："盖心有志而物有性，造艺者强物以从心志，而亦必降心以就物性。自心言之，则发乎心者得乎手，出于手者形于物；而自物言

---

[1] 方东美：《中国人生哲学》，中华书局2012年版，第208页。

之，则手以顺物，心以应手。一艺之成，内与心符，而复外与物契，匠心能运，而复因物得宜。心与手一气同根，犹或乖暌，况与外物乎？"[1] 在此，钱锺书阐论了艺术创作中的心志、手艺（技巧）与物性的统一。

审美感兴及其比兴修辞的诗性语言表达生成了中国古代文学艺术注重言志抒情的抒情美学精神。中国现代作家和思想家林语堂先生认为，一切有价值的、反映人类心灵的文学，都发源于抒情。文学起源于抒情，这使我们得以把文学看作人们心灵的反照，并把一个民族的文学看作民族精神的反照。林语堂指出，中国诗歌的特殊重要性在于，诗歌对于中国人的精神生活结构的渗透要比西方深得多，诗歌被中国人视为最高的文学成就。如果说宗教对人类心灵起着一种净化作用，使人对宇宙、对人生产生一种神秘感和美感，对自己的同类或其他生物表示体贴和怜悯，那么，诗歌在中国已经代替了宗教的作用。诗歌教会了中国人一种生活观念，通过诗歌深切地渗入社会，给予他们一种悲天悯人的意识，使他们对大自然寄予无限的深情，并用一种艺术的眼光来看待人生。在这个意义上，应该把诗歌称为中国人的宗教。[2] 艺术审美感兴传统是中国古代文学抒情传统的美学根源和美学依据，铸就了中国古典艺术和美学抒情精神民族特色，值得今人继承与阐扬。

---

[1] 钱锺书：《管锥编》，第2册，中华书局1979年版，第508页。
[2] 参见林语堂《中国人》，浙江人民出版社1988年版，第188—189页、211—212页。

第五节　感兴审美体验的物态化与其他艺术形态

关于艺术门类和形态的划分，中西美学普遍倾向于优先将艺术分为文学语言艺术（诗）与其他门类艺术两大类形态。上一节讨论了文学语言艺术的感兴符号化表征问题，本节讨论其他艺术形态的感兴符号物态化特征。首先从艺术史研究和艺术形态学研究论起。关于艺术史研究和艺术形态学研究，中国艺术史和中国艺术发展形态研究有丰富的史料传统，形成了专门之学。西方美学也有丰富的理论成果可资借鉴。例如，西方有黑格尔、托马斯·芒罗、卡冈的艺术史和艺术分类说，日本现代学者竹内敏雄与中国当代学者李心峰也提出了各自的艺术类型学理论。关于诗、乐、舞、画等关系之辨正，中国古典美学史上有关于"诗中有画，画中有诗"的美学传统，西方美学史上也有"画如诗"与"界分诗画"的美学传统。关于中国古典艺术的原始形态、典型形态、最高形态与理想形态，中国现代美学家宗白华与徐复观提出了不同的见解。宗白华以乐舞为中国古典艺术的最高形态，认为中国古典音乐、舞蹈、书法、绘画、戏剧都体现了乐舞的艺术典型和艺术精神。徐复观则以山水画为最高形态，认为中国古典艺术精神最具特色最为典型地在谢赫的"气韵生动"论和晋以后的山水画中得到呈现。[1] 彭锋继承了徐、宗二人的观点，区分

---

[1] 宗白华、徐复观的相关论述可参见宗白华《艺境》，北京大学出版社 1987 年版，第 160、272 页；徐复观《中国艺术精神》，春风文艺出版社 1987 年版，第 140、196 页。

了中国艺术的最高境界（乐舞）与中国艺术的最高形式（绘画）的各自特征，并借鉴了西方美学尤其是黑格尔美学的空间艺术和时间艺术的研究范畴，提出中国古典艺术呈现出有别于西方艺术史和美学史的发展轨迹，而呈现出自身由乐而诗而画的发展轨迹。彭锋指出："将绘画音乐化，将空间时间化，将宇宙心灵化，是中国艺术的最高境界，这个境界只有在中国文人山水画发展起来之后才有可能得到具体的落实。"作者认为，只有宇宙的心灵化、空间的时间化，才是艺术的最高形式和艺术精神的最高境界。因此，中国艺术精神最终落实在绘画上。[1] 显示出对宗白华和徐复观的理论综合。关于中国艺术的最高形态和中国艺术精神的最典范表征，是一个需要专门研究的课题，本书对此不做展开。但基本观点是，中国被称为礼乐的国度、诗的国度，中国艺术的最高形态为诗乐，古今皆然。音乐是心灵的声音，语言是思想的表征。乐与诗是最具精神性的，诗乐精神体现了最为纯粹、最为深刻、最具思想深度和最深厚文化蕴涵的艺术精神。中国古典艺术和美学精神最为典型地表征在中国古典诗歌与音乐之中。诗或文学的审美感兴与比兴修辞表征前已论述。这节主要论述包括音乐、绘画等其他各门类艺术形态的感兴体验、符号表征和形象表达问题。

关于感兴审美体验与各门类艺术形态的问题，中国古代艺术家有丰富的审美感兴和形象表达经验，也有关于阐述各类艺术之兴的丰富文献资料。先看古人论音乐之兴。前几章已论述过《尚

---

[1] 彭锋：《诗可以兴：古代宗教、伦理、哲学与艺术的美学阐释》，安徽教育出版社2003年版，第317、346—347页。

书》《周礼》和先秦诸子著作之中的礼乐文化传统，兹不详述。这里从作为音乐专著的《礼记·乐记》说起，《礼记·乐记》从乐本、乐言、乐象、乐化等各方面系统论述了音乐之感兴。《礼记·乐记》提出："凡音之起，由人心生也。人心之动，物使之然也。感于物而动，故形于声。声相应，故生变；变成方，谓之音；比音而乐之，及干戚羽旄，谓之乐。乐者，音之所由生也；其本在人心之感于物也。"《礼记·乐记》认为，音乐是人心感物而动之声，并通过一定的声音结构和器乐、舞姿加以表征。《礼记·乐记》的音乐感兴美学对《毛诗序》的诗乐感兴、诗乐形态和诗乐教化理论有直接影响，详见第二章。此后，魏晋感兴美学进一步扩展于音乐之兴。阮籍《乐论》论"夫乐者，天地之体，万物之性也"；"导之以善，绥之以和，守之以衷，持之以久；散其群，比其文，扶其天，助其寿，使去风俗之偏习，归圣王之大化"。嵇康《琴赋》论"美声将兴，固以和昶"。白居易《策林六十四》论"乐者本于声，声者本于情，情者系于政"。沈括《梦溪笔谈·乐律一》论"古之乐师，皆能通天下之志，故其哀乐成于心，然后宣于声，则必有形容以表之。故乐有志，声有容，其所以感人深者，不独出于器而已"。郑樵《通志·乐府总序》提出"乐以诗为本，诗以声为用，八音六律为之羽翼耳"。再看古人论书法之兴。例如，王羲之诗文与书法经典《兰亭集序》贯通了诗文与书法，该序文三论兴感、兴怀以作诗文与书法。虞世南《笔髓论·释草》论"草即纵心奔放……但先缓引兴，心逸自急也，仍接锋而取兴，兴尽则已"。陆柬之论"尤善运笔，或至兴会，则穷理极趣矣"。孙过庭《书谱》提出"情动形言，取会风骚之意；阳舒阴惨，本乎天地之心"的书法感兴论。张怀瓘《书断》评王献之书法为神品书法，赞誉其"偶其兴会，则触遇造笔，皆发于衷"。苏轼《论书》谓"书必有神、气、骨、肉、血，五者阙一，不可成书也"。清代贺贻孙《诗筏》自述"每爱唐僧怀素草书，兴趣豪宕，有'椎碎黄鹤楼，踢翻鹦鹉洲'之概。使僧诗皆如怀素草书，斯可游戏三昧，夺李、杜、王、孟之席，惜吾未见其人也"。

再看古人论绘画之兴。如南朝宗炳《画山水序》提出"山水以形媚道"，"圣人含道映物，贤者澄怀味像"，"身所盘桓，目所绸缪。以形写形，以色貌色也"，"今张绢素以远映，则昆、阆之形，可围于方寸之内"，以及"应目、会心、畅神"的绘画感兴美学。南朝谢赫《画品》提出"六法论"："六法者何？一气韵生动是也，二骨法用笔是也，三应物象形是也，四随类赋彩是也，五经营位置是也，六传移模写是也。"其中第一法"气韵生动"同于诗歌创作的感兴审美体验（神），其余五法皆为绘画艺术符号的表达（形）。谢赫的"六法"论美学表明，感兴和兴会不仅表现为诗歌创作的感物兴情、托物言志，而且也形成了中国古典绘画艺术中的"气韵生动"。谢赫"六法"感兴绘画论这种感兴体验及其感兴符号表达，有别于西方美学的单纯由主体精神投射于对象的"心灵灌注"的审美移情，而是人我、心物之间统一的"神形兼备"。唐代张彦远《历代名画记·叙画之源流》引陆机之言曰："丹青之兴，比雅颂之述作，美大业之馨香。宣物莫大于言，存形莫善于画。"[1] 北宋郭熙《林泉高致》自述"每乘兴得意而作，则万事俱忘"。沈括《梦溪笔谈》卷十七《书画》论"书画之妙，当以神会"。宋代《宣和画谱》与《图画见闻志》等典籍记载了大量"绘画之兴"的论述。据宋徽宗赵佶主编《宣和画谱》，宋初艺术家李成善于"寓兴于画，……凡称山水者，必以成为古今第一"。（《宣和画谱》卷十一）《宣和画谱》卷十五《花鸟叙论》以诗学"六义"的标准来衡量绘画之兴："故诗人六义，多识于鸟兽草木之名，而律历四时，亦记其荣枯语默之候。所以绘事之妙，多寓兴于此，与诗人相表里焉。故花之于牡丹芍药，禽之于鸾凤孔翠，必使之富贵。而松竹梅菊鸥鹭雁鹜，必见之幽闲。至于鹤之轩昂，鹰隼之击搏，杨柳梧桐之扶疏风流，乔松古柏之岁寒磊落，展张于图绘，有以兴起人之意者，率能夺造化而移精神，遐想若登临览物之有得也。"《宣和画谱》卷二十又论北宋画家文同《墨竹》"凡于翰墨之间，托物寓兴，则见于水墨之戏"。[2] 董逌《广川画跋·书范宽山水图》论画家"登临索求，遇物兴怀，胸中磊落，自成邱壑……真画者也"。郭若虚《图画见闻志》卷六记载，北宋画家景焕"激发高兴"而乘兴作画。元代画家吴镇《画论》认为："墨戏之作，盖士大夫诗翰之余，适一时之兴趣，与夫评画者流，大有寥廓，尝观陈简斋墨梅诗云：'意足不求颜色似，前身相马九方皋。'此真知画也。"明代画家沈周《书画汇考》论"山水之胜，得之目，寓诸心，而形于

---

[1] 北京大学哲学系美学教研室编：《中国美学史资料选编》，上册，中华书局1981年版，第307页。

[2] 岳仁译注：《宣和画谱》，湖南美术出版社1999年版，第231、310、407页。

笔墨之间者，无非兴而已矣"[1]。唐寅《画谱自序》论"有志于图绘者，悉心批阅，而寄兴寓情，更求诸笔墨之外，方为得趣"。唐志契《绘事发微》提出："岂独山水，虽一草一木莫不有性情，若含蕊舒叶，若披杆行干，虽一花而或含笑，或大放，或背面，或将谢，或未谢，俱有生化之意。画写意者，正在此著精神。"明末清初石涛论绘画感兴："以一画测之，即可参天地之化育也。测山川之形势，度地土之广远，审峰嶂之疏密，识云烟之蒙昧，正踞千里，邪睨万重，统归于天之权、地之衡也。天有是权，能变山川之精灵；地有是衡，能运山川之气脉。我有是一画，能贯山川之形神。此予五十年前未脱胎于山川也，亦非糟粕其山川，而使山川自私也。山川使予代山川而言也，山川脱胎于予也，予脱胎于山川也。搜尽奇峰打草稿也。山川与予神遇而迹化也。"[2]石涛又云："古之人寄兴于笔墨，假道于山川。不化而应化，无为而有为。不炫而名立，因有蒙养之功，生活之操，载之寰宇，已受山川之质也。"（石涛《画语录·资任章 第十八》）在石涛看来，绘画之兴来自天地之养，山水之任，生活之操，天地之道。清代徐沁《明画录论画富室山水》提出："能以笔墨之灵，开拓胸次，而与造物争奇者，莫如山水。当烟雨灭没，泉石幽深，随所遇而发之，悠然会心，俱成天趣；非若体貌他物者，殚心毕智，以求形似，规规乎游方之内也。"[3]邹一桂《小山画谱》论

---

[1] 俞剑华编著：《中国古代画论类编》，人民美术出版社2004年版，第711页。
[2] 释原济：《苦瓜和尚画语录山川章》，载俞剑华编著《中国古代画论类编》，人民美术出版社2004年版，第152—153页。
[3] 俞剑华编著：《中国古代画论类编》，人民美术出版社2004年版，第804页。

"虽一时寄兴于丹青,而千载流芳于金石间"(《历代论画名著汇编》本)。恽寿平《南田画跋》称"兴至抽毫,觉目前造物,皆吾粉本"。清代笪重光《画筌》提出:"林间阴影无处营心,山外清光何处著笔?空本难图,实景清而空景现。神无可绘,真境逼而神境生。……虚实相生,无画处皆成妙境。"清代王昱在《东庄论画》中说:"未作画前,全在养兴,或睹云泉,或观花鸟,或散步清吟,或焚香啜茗,俟胸中有得,技痒兴发,即伸纸舒毫,兴尽斯止。至有兴时续成之,自必天机活泼,迥出尘表。"王翚《题仿倪山水图》认为:"凡作画遇兴到时即运笔泼墨,顷刻间烟云变化,峰峦万重,苍茫淋漓,诸法毕具,真有若神助者,此为天真。得天真而成逸品。逸品在神品之上。所谓神品者,人力所能至也。所谓逸品者,在兴会时偶合也。"方薰《山静居画论》论"绘事乃贤哲寄兴,兴到笔随,风趣时在";又云"艺事必藉兴会乃得淋漓尽致";又云"东坡试院时,兴到以朱笔画竹,随造自成妙理"。沈宗骞《芥舟学画编》卷一指出:"既百出以尽致,复万变以随机。……能得其道,则情态于此见,远近于此分,精神于此发越,景物于此鲜妍。……天以生气成之,画以笔墨取之,必得笔墨性情之生气,与天地之生气合并而出之。"沈宗骞又论"因有所触,乘兴而动,则兔起鹘落,欲罢不能,急起而随之,盖恐其一往而不复再觏也"(沈宗骞《芥舟学画编》卷一)。沈宗骞又云"洋洋洒洒,兴之所至,毫端毕达,其万千气象,都出于初时意计之外"。沈宗骞还说"兴与机会,则可遇而不可求之杰作成焉"(同上,卷一)。曾国藩《圣哲画像记》亦云:"昔在汉世,若武梁祠,皆图画伟人事迹,而《列女传》亦有画像，感发兴起，由来已旧。"总括上述画家所言，绘画之兴的要义在于：丹青之兴的重要地位堪比诗歌"六义"之兴；绘画之兴亦为感物起兴、托物寓兴，得之于天地万物或江山之助；绘画之兴见于笔端、形于水墨；绘画之兴是画家性情之气与天地生命之气的统一。总之，绘画之兴是画家感兴体验和审美精神的形象表征。

今人钱锺书先生对艺术的感兴体验与物态表达的辩证诗艺关系独有会心，钱先生指出："夫艺也者，执心物两端而用厥中。兴象意境，心之事也；所资以驱遣而抒写兴象意境者，物之事也。物各有性：顺其性而恰有当于吾心；违其性而强以就吾心；其性有必不可逆，乃折吾心以应物。一艺之成，而三者具焉。自心言之，则生于心者应于手，出于手者形于物……如《吕览·精通》所谓：'心非臂也，臂非椎非石也，悲存乎心，而木石应之。'自物言之，则以心就手，以手合物，如《庄子·天道》所谓'得手应心'，《达生》所谓'指与物化，而不以心稽。'Croce（引按：克罗齐）执心弃物，何其顾此失彼也。夫大家之能得心应手，正先由于得手应心。技术工夫，习物能应；真积力久，学化于才，熟而能巧。"[1] 在此，钱锺书强调了心（审美感兴体验）、手（艺术技巧）、物（艺术物态化所依靠的媒介材料）三者的相关性和统一性。总之，中国古代艺术家的审美感兴体验需要通过"随类赋采""形于笔墨"来加以物态化表征。中国古代绘画感兴美学因而体现了感物兴情、感物取象、笔墨绘形、笔墨传

---

[1] 钱锺书：《谈艺录》，中华书局1984年版，第210—211页。

神、形神兼备、以形写神、气势氤氲、气韵生动的独特美学精神。

以上分别讨论了感兴审美体验在中国古代各艺术形态中的符号化、物态化表征。最后必须指出的是，这种界分是相对的而非绝对的。感兴审美体验的相通性、一致性，使得中国古代文学艺术在精神气质上也具有相通性、一致性。现代新儒家唐君毅先生曾论述过中国古代各门类艺术形态在艺术精神上的贯通性。他指出："西洋之艺术家，恒各献身于所从事之艺术，以成专门之音乐家、画家、雕刻家、建筑家。而不同艺术，多表现不同之精神。然中国之艺术家，则恒兼擅数技。中国各种艺术精神，实较能相通共契。"[1] 唐君毅认为，在中国古典艺术理论史上，艺术家们对此多有论述。例如"工画如楷书，写意如草圣"（唐寅）。"味摩诘之诗，诗中有画；味摩诘之画，画中有诗"（苏轼）。因此，中国各种艺术、文学精神之交流贯通，可溯源于中国文学家、艺术家恒不以文学艺术之目的在表现客观之真美，或通接于上帝，亦不尽在表现自己的生命力与精神，而是恒以文学、艺术为人生之充余之事，为人之性情胸襟之自然流露。然人之性情胸襟，原为整个者，则其流露于书画诗文，皆无不可，而皆可表现同一之精神，亦自当求各种艺术精神之贯通综观，使各种文学、艺术精神之不相对峙并立，而相涵摄。[2] 总之，中国古代各门类艺术相互涵摄，无不可以令人悠游其间。每种艺术之本身，皆有虚以容受其他艺术之精神以充实其自身之表现。中国各门类艺

---

[1] 唐君毅：《中国文化之精神价值》，江苏教育出版社2006年版，第210—211页。
[2] 参见唐君毅《中国文化之精神价值》，江苏教育出版社2006年版，第212页。

术都具有令人藏修息游的艺术境界，心灵生命得以相互亲近和感通，进而提振人的精神力量，开拓人的心灵境界，艺术因而成为中国人的精神家园。显然，唐君毅先生所言之中国艺术精神，与本书所论之中华感兴美学精神，在精神气质上是一致的。感兴美学精神在各门艺术样式中都得到符号化、物态化表征，这是中国古代各门类艺术能够相互感通的根本原因。

第六节　余论：感兴美学的理论辐射与文学史书写及感兴主题诗传统

作为中国古典美学的元美学，感兴美学理论和范畴向整个中国古典艺术和美学各个方面扩展和播撒。感兴美学话语与其他相关诗学话语的关系因而也值得开掘。刘怀荣在《赋比兴与中国诗学研究》一书中指出："兴，更重视的是审美体验。与赋、比相比，它在古典诗学、美学中具有更为核心的地位，不仅衍生出大量的批评概念，而且兴象说、韵味说、兴趣说、意境说、神韵说、盛唐气象等一批重要诗学概念和理论内核都可以归结为兴，我们甚至可以说，中国诗学史和美学史上，有一大批重要范畴都是从赋比兴这一组原生概念衍生出来，或与之有着深层的美学关联。中国诗学代表性理论的建构，基本上是以兴为核心来展开的。"[1] 这是很有见地的。总之，在中国诗兴艺术和美学发展史上，随着艺术的发展和理论的发展，诗兴理论向其他各个诗学思

---

[1] 刘怀荣：《赋比兴与中国诗学研究》，人民出版社2007年版，第10页。

潮领域衍生、演化、渗透、播撒，对中国古典诗学和美学产生了极为深远的影响，生成了感兴与声情、感兴与意象、感兴与情景、感兴与兴味、感兴与兴象、感兴与意境、感兴与兴趣、感兴与妙悟、感兴与神韵、感兴与性灵、感兴与兴会等相关美学问题。例如，王士禛"羚羊挂角，无迹可求，此兴会也"（《带经堂诗话》卷三），王国维"一切景语皆情语"（《人间词话》第四十九则），叶维廉论兴"以直寻、直观的方式最大限度地保持物象原样兴现"[1]，等等，无不表征了感兴诗学对古典诗学其他理论的深刻扩展和影响。本书第二章已然涉及和论述了这些问题，兹不赘述。在感兴美学的理论衍生中，感兴与比兴修辞、感兴与意象和意境创造、感兴与兴会兴味，成为感兴美学理论展开最为重要的体现，成为一直存活在当代艺术创作和艺术研究中的美学传统。

进而言之，古人还以比兴、感兴和"兴观群怨"来作为考量、评价历代文学盛衰、优劣、高低的评价标准，如钟嵘《诗品》、殷璠《河岳英灵集》、司空图《二十四诗品》、严羽《沧浪诗话》、罗大经《鹤林玉露》、高棅《唐诗品汇》、宋濂《论唐诗》、许学夷《诗源辩体》以及王夫之《姜斋诗话》《古诗评选》《唐诗评选》《明诗评选》中的感兴批评，等等。感兴话语尤见于易与诗、诗与骚、诗与赋、汉唐文学嬗变、唐宋诗之转型等问题的诗学史和美学史讨论中，如兴与唐宋诗之争即是重要一例。比兴和感兴在中国历代文学思潮和美学流派中具有丰富的表征。例

---

[1] 叶维廉：《中国诗学》，生活·读书·新知三联书店1992年版，第93页。

如，艺术审美之感兴体验表征于周诗、楚辞、汉乐府、魏晋五言诗、唐诗、宋词、元曲、明清小说戏曲等文学体制和文学流派之中，影响了对中国古典艺术史的言说和书写，彰显了感兴美学传统作为一种古典文艺美学的批评实践威力。徐中玉主编、萧华荣执笔的《中国古代文艺理论专题资料丛刊·比兴编》和胡经之主编的《中国古典文艺学丛编》第一、第三卷中，收集了感兴批评作为中国古代文学批评史上的感兴审美史论和感兴批评的丰富文献材料，限于篇幅，兹不详述。

再者，中国古代文学史上有丰富的《感兴》（或《感遇》《感物》）主题诗，成为感兴美学极为生动的艺术表征和感性呈现。《感兴》主题诗作为感兴美学的艺术实践，以感兴审美艺术实践的方式生动地表征了感兴美学的审美精神和艺术精神。例如，曹植《王仲宣诔》赞叹王粲"身穷志达，……哀风兴感，……义贯丹青"。阮籍《咏怀》、夏侯湛《秋可哀赋》、陆机《叹逝赋》等作品中都体现了感兴审美意识。钟嵘《诗品》盛赞阮籍《咏怀诗》"《咏怀》之作，可以陶性灵，发幽思。言在耳目之内，情寄八荒之表。洋洋乎会于《风》《雅》，使人忘其鄙近，自致远大"。王世贞赞誉"阮公《咏怀》，远近之间，遇境即际，兴穷即止，……宁无感兴乎哉？"（《艺苑卮言》卷三）。陆机《赠弟士龙诗序》自述"感物兴哀"，陆机还著有《折杨柳行》等多首感物诗。陆云《谷风》、曹摅《答赵景猷诗》等六朝诗歌也多在诗歌作品中使用"兴"字抒发和咏叹诗情。西晋潘岳有《秋兴赋》，东晋李颙有《感兴赋》。慧远《游石门诗》言"超兴非有本，理感兴自生"。傅亮《感物赋序》自述"怅然有怀，感物兴思"。谢灵运《归途赋序》自述"事由于外，兴不自已"，《九日从宋公戏马台集送孔令》还言"良辰感圣心，云旗兴暮节"。鲍防著有《感兴诗》十五首。王羲之《兰亭集序》亦多言感物兴怀、兴感为文。孙绰《三月三日兰亭诗序》自述"物触所遇则兴感"。王丰之《兰亭诗》言"肆盼严岫，临泉濯趾。感兴鱼鸟，安居幽峙"。帛道猷亦云"触兴为诗"（《与竺道壹书》）。萧纲《秋兴赋》描写了秋日游园的感兴之情："秋何兴而不尽，兴何秋而不伤。……淹留而荫丹岫，徘徊而搴木兰。为兴未已，升彼悬崖。"陈子昂《感遇》（三十八首），从创作实践上开拓了初唐的感兴美学精神。李白《感兴》、杜甫《遣兴》《秋兴》诗、张九龄《感遇诗》、宋代郑樵《漫兴》（十首）、朱熹《感兴诗》（二十首）、赵南星《堂成漫兴四首》等感兴诗的审美感兴、艺术表征与审美精神，都值得深入研究。由于感兴诗是诗人对自己面向天地自然万象的感兴审美经验的直接表达，因而在感物兴情、比兴修辞、意象创造和天人之际的兴叹等方面最具代表性，最能彰显感兴美学的艺术特质和美学精神，值得专题研究。限于笔者的研究精力、时间和本书篇幅，上述论题留待以后继续研究。

第五章 感兴美学与中华艺术的生命本体精神

本章从本体论哲学视域集中讨论以感兴美学精神为代表的中华美学精神，着力阐发感兴美学精神的本体论意涵。本体论是哲学的精华与王冠，"精神""哲学精神""文化精神""民族精神""美学精神""艺术精神"是一组与哲学本体论息息相关的范畴。审美活动植根于人的生命活动，美学精神与艺术精神植根于民族的生命存在和生命活动。美学精神、艺术精神虽与哲学本体论、美学本体论、艺术本体论息息相关，但又不是理论化的本体论知识体系，而是活生生的生命精神，是本体论的鲜活性存在，美学精神、艺术精神是表征在艺术审美的感性生命活动中的精神追求和精神气质。古人云："故音乐者，所以动荡血脉，通流精神而和正心也。"（司马迁《史记·八书·乐书》赞语太史公曰）"凡诗文书画，以精神为主，精神者，气之华也。"（方东树《昭昧詹言》卷一）因此，若用古人的话来表述，艺术精神是灌注和动荡在艺术血脉中的生气和精神。以现代理论来表述，美学精神是人类不断追求文化创造和追问人生意义的生命精神，是人类生生不息地追求真善美终极价值的人文创造精神和自由超越精神。中国哲学有着本民族悠久的本体论传统。与西方哲学本体论研究的主客二元对立、物质和精神二元对立不同，中国哲学、文化、文论和美学是贯通形而上与形而下的。中国古人即道即器、下学上达，注重在审美活动中内在超越，生成了中华美学独特的本体论追求和美学精神气质，即对天人合一、群己合一、物我同一、情理相融、美善统一、文质统一、形神统一以及中和之美与崇高之美的追求。中国古代哲学本体论最为深刻地发源于、彰显于以《周易》为代表的"生生之谓易"的生命本体精神之中，中华美学精神最为生动地体现为以感兴美学精神为代表的生命美学精神。兴的历史是一部中华民族生命意识不断觉醒、不断超越的生生不息的历史，是一部中华艺术和美学的生成与发展史，也是一部中华美学精神的发生发展史。尽管蜿蜒跃动于华夏民族历史长河中的感兴审美精神呈现出千差万别的表现形式，但其核心一直是生命创造精神与生命超越精神的扩展与提升。中国古典诗兴艺术成为中华民族的精神家园，中华感兴美学则是这个精神家园的理论建构。感兴美学彰显了中华美学独特的精神气质。本章主要立足于本体论视域来阐发中华感兴美学的生命精神和美学智慧，揭示兴作为中国美学和艺术生命精神的本体论内涵。

第一节　释"本体""本体论"与中国哲学、美学本体论

在西方，"本体论"（Ontology）是探究世界的本原或基质的哲学理论，"本体论"一词由表示"存在"的词根"ont"（όντ）加上表示"学问""学说"的词缀——ology 构成，本体论即是一门关于"ont"的学问。ont 源于希腊文的 on（όν，存在）。西方本体论哲学思想发端于古希腊时期米利都学派的泰勒斯、阿那克西曼德、阿那克西美尼等人，他们分别把世界的本原或基质理解为"水""无定型之物""气"。随后爱菲斯学派的赫拉克利特提出"火"与"逻格斯"为世界的本体。此外，还有毕达哥拉斯学派与爱利亚学派的巴门尼德，分别提出以"数"与"存在"作为世界的本原。正是后者正式提出了"存在"（estin、on to）这个哲学范畴。因此，"本体论"也可以表述为"存在论"。一般认

为，西方本体论的正式诞生以柏拉图的理念论哲学和亚里士多德的形而上学（Metaphysics）为标志，前者以 eidos（理念、相）为世界的本体，后者以 ousia（实体、本质）为世界的本体。"Metaphysics"由前缀"meta-"（之后）与"physics"（物理学）组成，意为"物理学之后"，被亚里士多德称为"第一哲学"（First philosophy）。因此，本体论也被称为"理念论""形而上学""第一哲学"。[1] 关于"本体论"（Ontology）的中文译名，也有学者把"本体论"翻译为"万有论"（陈康）、"是论"（俞宣孟）、"玄学"（蓝公武）等等。作为专有名词，"本体论"一词是由 17 世纪德国经院哲学家郭克兰纽首先使用的。此后，德国哲学家沃尔夫给本体论下了第一个定义，称"本体论，论述各种关于'有'的、抽象的、完全普遍的哲学范畴"，这个定义被黑格尔《哲学史讲演录》所引用。[2] 俞宣孟认为，ont 是希腊文的 on 的变化式，相当于英文的"being"，因此，本体论是一门关于"being"的学问，即"是论"。他指出："本体论是西方哲学特有的一种哲学形态，它是以'是'为核心的一些范畴，通过逻辑的方法构成的先验原理系统。"[3] 笔者认为，西方传统本体论固然注重逻辑思辨，但西方现代人本主义哲学本体论更重视人的生存体验。因此，仅仅从逻辑的思路来理解本体论是狭隘的。应当把举凡思考、追问、探究世界存在或者宇宙人生的根本属性、本原

---

[1] 参见郑开《中国哲学语境中的本体论与形而上学》，《哲学研究》2018 年第 1 期。

[2] 参见黑格尔《哲学史讲演录》，第 4 卷，贺麟、王太庆译，商务印书馆 1978 年版，第 189 页。

[3] 俞宣孟：《本体论研究》，上海人民出版社 1999 年版，第 14、27、33 页。

依据或终极意义的哲学思考都视为哲学本体论。

中国哲学有着本民族的悠久本体论传统。与西方传统本体论研究强调本体与现象二分、主客二分、注重逻辑方法不同，中国古代本体论研究是道器合一、主客合一、注重生命体悟的。"本体"一词在中国古代语境中发端于《周易》。"本体"作为双音节词至迟出现在汉代易学中。例如，京房用阴阳五行和阴阳卦气说解释《周易》的宇宙变化原理和人事哲学，好言"阴阳之体""阴阳之道"，而且提出过"本体属阳"（《京房易传》上卷）的观点。但是，在《易传》中，早已大量运用单音节词"本"或"体"来表述"本体"范畴。如《系辞下》："刚柔者，立本者也"，"阴阳合德，而刚柔有体"。这里的"本"与"体"属于互文见义，都具有本体论意涵。"刚柔立本"与"刚柔有体"语意相同，指乾坤、刚柔、阴阳为易卦之本、之体，亦即易之本体。尤以最重要的"乾坤"两卦指称宇宙的根本存在属性和生命存在本体。张载依据《周易》哲学，创建了一个系统的"气本论"哲学。在《正蒙·太和篇》中，张载以气论哲学对"本体"做出理论阐释，提出了"太虚无形，气之本体"的本体论哲学命题。[1] 王夫之作《张子正蒙注》，进一步发展了气本论哲学，在《张子正蒙注》一书中，王夫之频频使用"太和本体""絪缊本体""气之本体""道之本体""生之本体"等范畴。例如，王夫之指出"絪缊，太和未分之本然"；"太和之中，有气有神。神者非他，二气清通之理也"；"凡虚空皆气也，聚者显，显则人谓之有；散

---

[1] 张载著，章锡琛点校：《张载集》，中华书局1978年版，第7页。

则隐，隐则人谓之无。神化者，气之聚散不测之妙，然而有迹可见；性命者，气之健顺有常之理"；"人之所见为太虚者，气也，非虚也。虚涵气，气充虚，无有所谓无者"；"太虚即气，絪缊之本体"；"阴阳未分，二气合一，絪缊太和之真体……此篇之旨，以存神而全归其从生之本体……言太和絪缊为太虚，以有体无形为性，可以资广生大生而无所倚，道之本体也"。[1] 以上引文意义明确，无须诠解。张载、王夫之都是《周易》哲学研究的大师，他们的本体论哲学都深受《周易》哲学的影响。

笔者认为，中国古代哲学本体论植根于《周易》哲学。《周易》古经虽然是一部占筮之书，但其中的阴阳二爻、四象八卦以及六十四卦的卦象及其三百八十四爻的卦爻辞中蕴含着本体思考。《周易大传》则完全是一部标准的哲学著作。《易传》中有明确的"一阴一阳之谓道"（《系辞上》）、"形而上者之谓道，形而下者之谓器"（《系辞上》）、"《易》有太极，是生两仪，两仪生四象，四象生八卦，八卦定吉凶，吉凶生大业"（《系辞上》）等本体论思想表述。可见，《易传》的"本""体""易""道""太极""阴阳""形而上"等词语都具有本体论意义。后来的各种古代哲学本体论如先秦道家本体论、先秦儒家本体论、魏晋玄学本体论、宋明理学本体论等都要追溯到周易哲学本体论之中。

在中国哲学史上，具有本体论意义或者说可以标识本体论意涵的范畴固然有诸如"天""道""理""性""气"等，但是，"道"是其中最能涵盖各家学说本体论思想的范畴。在一定意义

---

[1] 王夫之：《船山全书》，第十二册，岳麓书社1992年版，第15、16、23、30、32、35—40页。

上说，中国古代哲学本体论即是"道"论。但是，中国之"道"与西方之"理念""逻各斯"大不相同。西方古代哲学的"理念""逻各斯"是抽象的且仅限于语言言说的，而中国古代哲学本体之"道"则是富有感性的、象征的，包含言、象、意的多重意涵。中国古典哲学本体论是道器合一、宇宙与人生合一、天道与人道合一，也是感性与理性的统一。中国古代哲学本体论贯通道器、贯通形而上与形而下、贯通宇宙与人生、贯通天道与人道，比西方哲学割裂形而上与形而下、理念与经验、彼岸与此岸、自然与人事的本体论具有优越性。中国哲人无需割裂宇宙与人生，中国人对本体的把握无须将自己超越到外在的终极存在那里，而是在生生不息的宇宙大化运动和修齐治平的现实人生经验中体悟宇宙人生的生命之道。

《易》为群经之首，中国古代感兴美学本体论植根于《易经》的生命哲学，在礼乐文化之兴中得到典范性体现。感兴美学精神生动体现了中华美学本体论的生命旨趣和根本精神，彰显了中华美学的生命本体精神。感兴精神作为中华民族艺术生命精神的原型和文化发源，具有本源性、原始性、无意识性，犹如荣格集体无意识心理学中的人类灵魂、原始意象和原型精神。兴有如《易经》之"太极"："是故，易有太极，是生两仪，两仪生四象，四象生八卦，八卦定吉凶，吉凶生大业。"兴亦如老庄道家哲学之"道"："道生一，一生二，二生三，三生万物。"[1] 兴还有如魏晋玄学之"玄"："目送归鸿，手挥五弦，俯仰自得，游心太

---

[1]《道德经》，第四十二章。

玄。"[1]感兴艺术的兴会把审美感兴推向了艺术和审美的高峰，正如韩愈所说："养其根而俟其实，加其膏而希其光。根之茂者其实遂，膏之沃者其光晔。"[2]或如欧阳修所言："譬夫金玉之有英华，非由磨饰染濯之所为，而由其质性坚实，而光辉之发自然也。"[3]或如朱熹所言："古之圣贤，其文可谓盛矣。然初岂有意学为如是之文哉？有是实于中，则必有是文于外。如天有是气，则必有日月星辰之光耀；地有是形，则必有山川草木之行列。圣贤之心既有是精明纯粹之实以磅礴充塞乎其内，则其著见于外者，亦必自然条理分明，光辉发越而不可掩……"[4]亦如王夫之所言："形气充而情具，情具而感生，取诸怀来，阴阳固有，情定性凝，则莫不笃实而生其光辉矣。"[5]总之，中华感兴美学是绽放在世界美学天空中的具有独特本体论和美学精神气质的"灿烂感性"。

方光华提出：

> 需要把本体论的理论意蕴与本体在历史上的理论形式区分开来。所谓本体论的理论意蕴是任何一种形式的本体论都必须承蕴着的，同时也是人们通过本体论这一话语所表达出

---

[1] 嵇康：《赠秀才入军·其十四》。
[2] 韩愈：《答李翊书》。
[3] 欧阳修：《与乐秀才第一书》。
[4] 朱熹：《读唐志》，载郭齐、尹波点校《朱熹集》，第6册，四川教育出版社1996年版，第3653页。
[5] 王夫之：《周易外传》，载《船山全书》，第一册，岳麓书社1988年版，第904页。

来的根本旨归，而本体论的理论形式则是它在历史发展阶段上的不同表现形态。[1]

即本体论的理论意蕴主要表现在以下几个方面：首先，它是构建哲学体系的逻辑起点；其次，它是支撑人类信念的牢靠根柱；再次，它是文化发展的思想动力。[2]这是很有见地的。笔者认为，中国古典诗兴美学本体论至少从以下三个方面起着巨大的作用，即作为中国古典美学诗学体系的逻辑起点；作为支撑中国古代诗人艺术家的精神支柱；作为中国古代艺术发展的理想精神和价值范导。

第二节 兴与中华艺术本体的感兴呈现和灿烂表征

与其他民族的美学相比，中华美学独重兴之审美。参照恩格斯评黑格尔《精神现象学》为"精神胚胎学"这一理论[3]，我们可谓兴乃中华艺术和美学的文化原型和精神胚芽，中华美学精神最为生动地体现为感兴美学精神。兴乃中华美学精神之本体，兴深刻而全面地表征着中华美学和艺术的本根（本原）、动力、过程和形态，孕育了后世中华美学和艺术的深刻奥秘。感兴美学理论最早由孔子所提出，孔子明确提出"兴于诗"和"诗可以

---

[1] 方光华：《中国古代本体思想史稿》，中国社会科学出版社2005年版，第9页。
[2] 参见方光华《中国古代本体思想史稿》，中国社会科学出版社2005年版，第9—13页。
[3]《马克思恩格斯选集》，第4卷，人民出版社1972年版，第215页。

兴"的理论观点。感兴美学虽提出于春秋末年，但其仍深深植根于中华上古文化。兴是华夏民族始祖和初民的生命本原、精神本原和文化本原，也是中华古典诗歌的生命之源、精神本原和文化本原。作为华夏原始文化形态，兴不仅孕育了中华早期的"六艺"或"六经"文化，也深刻影响了中国早期的诗歌艺术与散文创作，尤其是先秦诸子散文创作。华夏民族从远古时代的各族融合中产生并延续至今，形成了独特的民族文化精神。兴作为一种深层的生命体验和生命精神，成为中国古典艺术的精神文化原型和生生不息的艺术母体。兴是中华美学精神的结晶，兴不仅是中华传统美学的元美学，而且是中华美学的传统主题、根本精神和本体论精华，兴足以在整体上表征中华美学的民族精神。由兴渐渐衍生出一系列范畴，构成"兴"论美学庞大的范畴群，如"比兴""感兴""触兴""起兴""仁兴""助兴""乘兴""养兴""兴发""兴寄""兴喻""兴托""兴会""兴象""寓兴""意兴""情兴""境兴""兴趣""兴致""兴味"等。可见，兴在中国文化中具有极大的生长性、生成性和生命力。兴论美学作为中华古典美学尤其是中华文艺美学的一颗文化种子，具有极大的理论生长价值。兴是最具中华民族特色的美学术语，也是中华美学最重要的元范畴，感兴美学最深刻地体现了中华美学的生命意识与精神意蕴。

中华美学是以兴为本原的生命美学，兴奠定了中国古典艺术史和美学史的文化原型和审美原型，感兴美学成为中国古典美学的元美学。正如袁济喜所指出的："在世界文论史上，能够以一个范畴高度凝聚文化的精神，使肉体生命升华为艺术生命活动的范例，似乎还没有。因此……'兴'是了解中国审美文化的肯綮。"[1] 感兴美学成为表征中华美学精神独特精神气质的元美学，根本原因在于兴与生命意识、兴与生命本根、兴与生命精神、兴与体验、兴与道、兴与人心、兴与人生境界、兴与审美精神之间有着深刻的内在关联。感兴美学精神源于华夏原始之兴，而原始兴象则反映了华夏先民天人相感、有机整体的原始思维，这种原始思维生成了后世中国古典诗性精神，其不同于西方理论的抽象思维。原始兴象在华夏民族文化无意识心理中积淀为艺术审美精神。因此，兴表征着中华民族的诗性智慧和诗性精神。兴的世界是中国艺术家所建构的一个情景交融的意象世界和审美世界，蕴含着无限丰富而深刻的生命意识与超越精神。兴的不断展开意味着情景与意象界限的突破，意味着艺术境界和审美精神空间的不断深拓，意味着一个天人合一的诗意境界和审美理想境界的建构。魏源指出："使读者知比兴之所起。即知志之所之也。"[2] 兴乃中华美学精神之本体，兴直接贯通诗人之"志"。兴的哲学理论基础在于中国古典哲学的天人合一、心物交感、主客一体的本体论。在中国古人看来，人与宇宙万物本来就是和谐一体的。兴即是天地万物之生机在人之心灵中的自然呈现，兴意味着艺术家向自然造化汲取艺术灵感与艺术诗情、艺术生命与艺术精华。兴表征了人与自然、心与物的主体间性的和谐共生的境界，最为生动地彰显了中华美学独特的人文性与神圣性相统一的精神气质。

---

[1] 袁济喜：《论"兴"的审美意义》，《文学遗产》2002年第2期。
[2] 魏源：《序》，载陈沆《诗比兴笺》，中华书局1959年版，第1页。

兴是中华艺术和美学的气韵生动、生气灌注的"灿烂感性"和精神表征。马克思、恩格斯在《神圣家族》一书中曾盛赞培根哲学为"物质带着诗意的感性光辉对人的全身心发出微笑"[1]。杜夫海纳认为，美是以感性光辉显现出来的生命存在与生命精神。美既不像概念的对象如逻辑算数或推理那样对理智说话，也不像信号或工具那样对意志说话，又不像愉快或可爱的对象那样对情感说话。美的对象所表现的意义，既不受逻辑的检验，亦不受实践的检验，美的对象的意义暗示着某个不能定义的世界，它是事物和精神状态的希望。[2]杜夫海纳指出："它（美）不是向我提出有关世界的一种真理，而是对我打开作为真理源泉的世界。因为这个世界对我来说首先不完全是一个知识的对象，而是一个令人赞叹和感激的对象。……审美对象所显示的、在显示中所具有的价值，就是所接受的世界的情感性质。"[3]杜夫海纳还认为，"美的对象就是在感性的高峰实现感性与意义的完全一致，并因此引起感性与理解力的自由协调的对象"；美是"灿烂的感性"；"艺术的特点就在于它的意义全部投入了感性之中；感性在表现意义时非但不逐渐减弱和消失；相反，它变得更加强烈、更加光芒四射"。[4]杜夫海纳所说的作为审美对象和审美感性的"灿烂的感性"，不仅指审美感性的生动感人、引人注目，而且指

---

[1] 《马克思恩格斯全集》，第2卷，人民出版社1995年版，第163页。
[2] 杜夫海纳：《美学与哲学》，孙非译，中国社会科学出版社1985年版，第20页。
[3] 杜夫海纳：《美学与哲学》，孙非译，中国社会科学出版社1985年版，第26、28页。
[4] 杜夫海纳：《美学与哲学》，孙非译，中国社会科学出版社1985年版，第25、31、54页。

审美感性与人的生命存在内在关联而放射光芒，照亮人的精神和万物的存在。中华艺术和美学之兴正是这样一种"灿烂的感性"，前述韩愈、欧阳修、王夫之等人也常常用"辉光""光辉"等词语赞美之。兴不是抽象的概念和理念，兴生动表征了中国艺术和美学的生命本根和生命精神。中华感兴美学将诗歌审美的情感之光、心志之光、德性之光融汇在灿烂的感性物色和审美意象之中，彰显了中华美学独特的"灿烂感性"与"精神气质"，数千年来生生不息而不断创新。

关于感兴和兴会的灿烂感性特征和生命精神气质，中国古代诗兴艺术家和感兴美学家多有论述。正如中国古典诗学体系不是由哪一个人完成而是由历代诗学家共同完成一样，感兴美学本体论也是由历代诗兴诗学家们共同完成的。综观古人关于诗兴艺术和感兴美学精神的论述，从字面义来说，主要包括三个方面：其一是标举诗之兴、兴会与感兴；其二是在诗文比较中阐发诗的灿烂感性特质；其三是认为诗兴为诗之根本。

其一是标举诗之兴、兴会、比兴与感兴。例如，沈约《宋书·谢灵运传论》："灵运之兴会标举，延年之体裁明密，并方轨前秀，垂范后昆。"刘勰盛赞"毛公述《传》，独标兴体"。颜之推《颜氏家训·文章》亦云："文章之体，标举兴会，引发性灵。"梁肃《周公瑾墓下诗序》则称"诗人之作，感于物，动于中，发于咏歌，形于事业。事之博者其辞盛，志之大者其感深"。罗大经《鹤林玉露》乙编卷四说："诗莫尚乎兴。"葛立方《韵语阳秋》卷二指出："自古工诗者，未尝无兴也。观物有感焉，则有兴。"李梦阳《梅月先生诗序》说："情者动乎遇者也，……遇者物也,动者情也,情动则合,心会则契,神契则音,所谓遇合而发者也。……故遇者因乎情,诗者形乎遇。"方东树《昭昧詹言》卷十八论"有兴而兼比者,亦终取兴而不取比也。若夫兴在象外,则虽比而亦兴。然则兴最诗之要用也"。袁枚引述清代进士万华亭的话,指出:"万华亭云:孔子'兴于诗'三字,抉诗之精蕴。无论贞淫正变,读之而令人不能兴者,非佳诗也。"[1]乔亿在《剑溪说诗》中则认为,"所谓性情者,不必义关乎伦常,意深于美刺,但触物起兴,有真趣存焉耳"。贺贻孙《诗筏》认为"诗以兴趣为主,兴到故能豪,趣到故能宕"。宋大樽《茗香诗论》论"诗以寄兴也"。顾镇《虞东学诗·诗说》称"风人之致莫妙于兴"。蒋兆兰《词说》曰:"词则以比兴为高,才入赋体,便非超诣矣。"

其二是在诗文比较中阐发诗的灿烂感性特质。例如,与刘勰基本同时代的钟嵘《诗品序》指出:"气之动物,物之感人,故摇荡性情,形诸舞咏。照烛三才,晖丽万有,灵祇待之以致飨,幽微藉之以昭告。动天地,感鬼神,莫近于诗。"皎然亦云:"夫诗工创心,以情为地,以兴为经,然后清音韵其风律,丽句增其文采。如杨林积翠之下,翘楚幽花,时时间发。乃知斯文,味益深矣。"[2]柳宗元《杨评事文集后序》提出:"文有二道:辞令褒贬,本乎著述者也;导扬讽喻,本乎比兴者也。著述者流,盖出于《书》之谟、训,《易》之象、系,《春秋》之笔削,其要在

---

[1] 袁枚著,晓冰、永安点校:《随园诗话》,浙江古籍出版社2000年版,第334页。
[2] 皎然著,李壮鹰校注:《诗式校注》,齐鲁书社1986年版,第268页。

于高壮广厚,词正而理备,谓宜藏于简册也;比兴者流,盖出于虞、夏之咏歌,殷、周之风雅,其要在于丽则清越,言畅而意美,谓宜流于谣诵也。"吴乔《围炉诗话》论诗文之区别犹如米饭与米酒之区别,文道政事,文贵辞达;诗道性情,诗贵委婉,其中的奥妙在于文重述意,诗重感兴。李重华《贞一斋诗说》提出:"何谓象与意?曰:物有声即有色,象者,摹色以称音也。如舞曲者动容而歌,则意惬悉关飞动,无论兴比与赋,皆有恍然心目者。"王士祯认为,兴会与学问构成二元论的"诗之道":"夫诗之道,有根柢焉,有兴会焉,二者率不可得兼。镜中之象,水中之月,相中之色,羚羊挂角,无迹可求,此兴会也。本之风雅以导其源,溯之楚骚、汉魏乐府诗,以达其流,博之九经、三史、诸子以穷其变,此根柢也。根柢原于学问,兴会发于性情。"黄子云也认为:"一曰诗言志,又曰诗以导情性。则情志者,诗之根柢也;景物者,诗之枝叶也。根柢,本也;枝叶,末也。《三百篇》下迄汉、魏、晋,言情之作居多,虽有鸟兽草木,藉以兴比,非仅描摹物象而已。"[1]用袁守定《谈文》中的话来说,则是既要"餐经馈史",又要"对景感物",二者融合,方能诗兴无穷,文思泉涌。

其三是认为"诗兴"为诗之根本特质和根本精神。对此,历代诗人有丰富而精彩的论述。例如,郑樵提出"诗之本在声,声之本在兴"。宋代杨万里认为:"大抵诗之作也,兴,上也。"刘埙提出"诗以兴意为主"。杨载认为,赋比兴乃是"诗学之正源,

---

[1] 黄子云:《野鸿诗的》,载王夫之等撰《清诗话》,下册,上海古籍出版社1978年版,第853页。

法度之准则"[1]（《诗法家数》卷一）。费经虞说"诗贵情兴"。谢榛《四溟诗话》卷三："凡作诗，悲欢皆由乎兴，非兴则造语弗工。欢喜之意有限，悲感之意无穷。欢喜诗，兴中得者虽佳，但宜乎短章；悲感诗，兴中得者更佳，至于千言反覆，愈长愈健。熟读李杜全集，方知无处无时而非兴。"赵南星有云："诗也者，兴之所为也。兴生于情，人皆有之。""夫诗者，兴也，缘人情而为之者也。"陆时雍《诗镜总论》论"诗之可以兴人者，以其情也"。宋濂《答章秀才论诗书》论诗之"精神之所寓，固未尝近也。然唯深于比兴者，乃能察知之尔"。[2]冯班《钝吟杂录》认为："文无比兴，非诗之体也。"冯班之兄冯舒《家弟定远游仙诗序》也说："大抵诗言志，志者，心所之也，未可直陈，则托为虚无惝恍之词，以寄幽忧骚屑之意。昔人立意比兴，其凡若此。自古及今，未之或改。故诗无比兴，非诗也。读诗者不知比兴所存，非知诗也。"潘德舆《养一斋李杜诗话》卷二引李纲之言："汉、唐间以诗鸣者多矣，独杜子美得诗人比兴之旨，虽困踬流离而心不忘君，故其词章慨然有志士仁人之大节，非止摹写物象，风容色泽而已也"；潘德舆进而阐发曰"诗若有赋而无比兴，则诗心凋丧……惟子美以志士仁人之节，阐诗人比兴之旨，遂足为古今冠"。[3]可见，比兴即是"诗心"，关乎诗歌艺

---

[1] 杨载：《诗法家数·诗学正源》，载何文焕辑《历代诗话》，中华书局1981年版，第727页。
[2] 宋濂：《答章秀才论诗书》，载郭绍虞主编《中国历代文论选》，第3册，上海古籍出版社1980年版，第24页。
[3] 潘德舆：《养一斋李杜诗话》，载郭绍虞编选、富寿荪校点《清诗话续编》，上海古籍出版社1983年版，第2184—2185页。

术的本体。王夫之论"诗言志,歌咏言,非志即为诗,言即为歌也。或可以兴,或不可以兴,其枢机在此"[1]。叶燮《原诗》论:"可言之理,人人能言之,又安在诗人之言之;可征之事,人人能述之,又安在诗人之述之,必有不可言之理,不可述之事,遇之于默会意象之表,而理与事无不灿然于前者也。"

总之,与西方古典美学的感觉美与精神美的二元分离或二元对立不同,中国古典诗歌审美感兴美学是"目击道存",即感觉即精神、即感性即超越、即现象即本体的,体现了中华感兴美学独特的"灿烂感性"与"精神气质"。借用杜夫海纳的话来说,感兴首先即是当下的、在场的、审美的感性形象,是一种"灿烂的感性",中国古代诗歌和艺术的审美感兴、兴会既是感性生命的灿烂,又是精神生命的灿烂。

第三节 兴直探中华艺术生命之本体和生命精神

在中国古典诗学诸范畴诸理论中,兴最为生动地表征了中华古典艺术的生命精神、诗性精神、美学精神。兴是中华美学精神的本原,兴既植根于原始本真的生命,又关乎着生命精神的升华。兴是中华美学精神的文化基因和生命源头,原始巫祭之兴虽然早已失落而不存,但它融会在中华文化的血脉里,积淀并内化为中华民族的文化精神,流淌在中国古典艺术和美学的历史长河之中。兴是中华古典艺术和文论审美精神的集中体现,彰显了中

---

[1] 王夫之:《唐诗评选》,卷一。

华美学独特的精神气质。中华美学精神最为生动地体现为诗兴精神；或者说，感兴美学精神是中华美学和艺术精神最生动的集中体现。中国古代哲人和诗人认为，天地万物和宇宙人生一气贯通，自然万物与人一样充满生机活力，富有生命情韵。兴即是达到天人合一、物我同一、万物一体、群己合一的最佳方式。兴是天地万物之生机在人之心灵中的诗意呈现，兴表征了人与自然、心与物的和合共生境界。兴深刻积淀着中华美学天人相感、观物取象、心物统一、情景相生、意象融合、意境超越的艺术方式和美学精神。兴不仅是对宇宙人生的生命本真状态的回归或还原，而且是对生命理想状态和境界的提升。兴乃生命的激活、意志的升腾、精神的自觉和理性的升华，以艺术审美的超越方式将人格精神提升到以德配谈、与道一体、天人合一、万物一体的审美境域和理想境界。艺术之"兴"将宇宙万物与人生情怀会聚于眼中之景、胸中之意和笔下之境，成为诗人艺术家笔端的审美物象与大化流行的宇宙天地之融会贯通，艺术家的个我小生命与宇宙大生命的合二而一。审美感兴精神不仅是对宇宙生命本源的回归，更是对人生理想之境的推展和跃升。兴破除了物我对峙，开启了万物一体、物我同一、天人合一、与天地精神相往来的超越境界和生命高峰体验状态。兴作为中华古典艺术和美学精神的集中体现和审美典范，生成了中国历代艺术的审美风格和理想范式，表征了中华古典美学和艺术精神的"灿烂感性"和精神气质。

在中国现代美学史上，中国美学史学科的前辈学者无一不注意到兴之美学范畴在中国美学史上的重要地位。宗白华把兴视为中国古典诗学最重要的范畴。他指出："'兴'是构成诗之所以为诗的根基和核心。……'赋''比''兴'结合了而以'兴'为主导才是诗，才是艺术，具备了艺术性。"[1]方东美则盛赞中国艺术的贯通宇宙天地人生的生命创进精神，指出："这种雄奇的宇宙生命一旦弥漫宣畅，就能浃化一切自然，促使万物含生，刚劲充周，足以驰骤扬厉，横空拓展，而人类受此感召，更能奋能有兴，振作生命劲气，激发生命狂澜，一旦化为外在形式，即成艺术珍品。"[2]徐复观将孔子感兴美学理解为中国艺术精神最高的典型，他在《中国艺术精神》一书中释孔子"诗可以兴"一语时指出：兴是诗对读者的意志感发作用，即"由作者纯净真挚的感情，感染给读者，使读者一方面从精神的麻痹中苏醒；同时，被苏醒的是感情；但此时的感情不仅是苏醒，而且也随苏醒而得到澄汰，自然把许多杂乱的东西，由作者的作品所发出的感染之力，把它澄汰下去了。这样一来，读者的感情自然鼓荡着道德，而与之合而为一"[3]。他还认为，兴是一个最能体现中国文学精神却最纠缠不清的问题，兴的问题关系到中国文学的本质，兴才是诗中的最胜义。徐复观指出：

> 兴对于诗的意味，就诗是感情的象征的本性讲，较之于比，实更为重大。……兴是感情未经过反省，或者可以说，只经过最低限度的反省，只含有最低限度的理智，即连此最

---

[1] 宗白华：《中国美学史专题研究：〈诗经〉和中国古代诗说简论（初稿）》，载《宗白华全集》，第3卷，安徽教育出版社1994年版，第491页。

[2] 方东美：《中国人的艺术理想》，载蒋国保、周亚洲编《生命理想与文化类型——方东美新儒学论著辑要》，中国广播电视出版社1992年版，第369页。

[3] 徐复观：《中国艺术精神》，春风文艺出版社1987年版，第30页。

低限度的理智也投入于感情之中，而以感情的性格、面貌出现，所以兴的事物与主题的关系，不是理路的联络，而是由感情的气氛、情调，来作不知其然而然的融合。[1]

徐复观进而指出："兴在诗中的意义，是较之赋和比更为直接、深微，而与诗的自身为不可分。兴是把诗从原始的、素朴的内容与形式，一直推向高峰的最主要的因素。抹煞了兴在诗中的地位，等于抹煞了诗自身的存在，于是对古人作品的欣赏，必然会停顿在理智主义的层次……"[2]

李泽厚、刘纲纪论孔子美学思想时指出："'兴'在中国美学史上第一次深刻地揭示了诗（艺术）应以个别的、有限的形象自由地、主动地引起人们比这形象本身更为广泛的联想，并使人们在情感心理上受到感染和教育。……孔子提出'兴'这个总结的概念，播下了一颗有着极大发展可能性的种子，后世中国美学关于艺术特征的理论是从这棵种子逐渐生长起来的大树。"[3] 叶朗也深刻阐述并高度评价了孔子"诗可以兴"的美学思想，并联系后世王夫之"能兴即谓之豪杰"的命题对兴的美学内涵作了深刻阐发，认为兴即是艺术作品对人的精神产生的一种总体上的感发、激励、净化和升华作用，叶朗认为"这是中国美学史上的一个优良传统。这个优良传统的形成，当然首先要归功于孔

---

[1] 徐复观：《中国文学精神》，上海书店出版社2004年版，第25页。
[2] 徐复观：《中国文学精神》，上海书店出版社2004年版，第34页。
[3] 李泽厚、刘纲纪主编：《中国美学史》，第1卷，中国社会科学出版社1984年版，第125页。

子"[1]，他还把审美感兴、审美意象、审美体验列为其现代美学体系中最重要的三个范畴。[2] 胡经之在吸收和转化"兴"论美学方面也进行了重要探索。胡经之将中国美学的兴与西方美学的移情进行比较，将中国美学的神思与西方美学的想象进行比较，将中国美学的兴会与西方美学的灵感进行比较。胡经之指出："兴可以因起初的动发兴腾，上升到'神思'，最后达到一种'兴会'（灵敏）境界，这是向人类的深层心理的拓进，是诗歌生命力、表现力广阔驰骋的疆场，也是诗人们言情托意、感物兴怀的一种重要方式。正是在这个意义上，我们说'兴'具有真正的美学价值，是诗词创作的不二法门。"[3] 胡经之的这个重要观点极大地推进了当代感兴美学研究，在学界产生了深远影响。

黑格尔在论述希腊文艺发展与希腊历史运动的关系时指出："'自然的东西'变形为'精神的东西'，恰好就是希腊'精神'自己。希腊人的诗句里显示着这些从'感官的东西'到'精神的东西'的进展。"[4] 笔者认为，中华古典艺术的感兴正是体现了"自然的东西"发展为"精神的东西"的精神成长过程，体现了从"感官的东西"到"精神的东西"的艺术审美精神的生成。同时，中国古典艺术的感兴审美又不是简单地扬弃自然，而是始终不脱离自然精神，追求人的精神与自然的精神合而为一，人的生命精神与自然的生命精神的合而为一。正如刘熙载所言："赋之

---

[1] 叶朗：《中国美学史大纲》，上海人民出版社1985年版，第52—53页。

[2] 叶朗主编：《现代美学体系》，北京大学出版社1988年版，第30页。

[3] 胡经之：《文艺美学》，北京大学出版社1999年版，第79—114页。

[4] 黑格尔：《历史哲学》，王造时译，生活·读书·新知三联书店1956年版，第290页。

为道，重象尤宜重兴。兴不称象，虽纷披繁密而生意索然，能无为识者厌乎？"[1]兴是物色物象的真实性、鲜活性与诗人情感的真挚性、真诚性内在统一的审美感兴体验。诗兴审美的自然性、生动性、创造性和再创造性，铸就了中华诗兴艺术和美学独特的精神气质。

　　审美感兴激发、激活了人与自然万物的生命意识，也促进和提升了人与自然万物的生命意识。兴体现了中华艺术的生命意志的奋发精神。兴即与生命之兴发，反映中国古代诗人艺术家的生命意识与精神气质。从华夏先民的原始巫祭之兴，到后世的礼乐仪式之兴和艺术审美之兴，积淀了中华民族祖先的生命意识、生命体验、生命激越精神、部族和谐精神、奋斗进取精神和超越升华精神。兴不仅是诗人艺术家独特的个人生命体验，而且生动表征着族类的审美感兴体验与审美情感。兴成为中国古代艺术心物交感的精神境界和精神空间。对此，历代诗学家都有精辟论述。例如，在孔子那里，诗兴精神是"举一反三"（《论语·述而》）、"闻一以知十"（《论语·公冶长》）、"告诸往而知来者"（《论语·学而》）的生命智慧和生命兴发精神。总之，兴是对感性自然物色物象的鲜活感受，兴也是对主体和族类深层生命原型精神的激活与激发。兴是华夏诗人艺术家独特的生命体验，兴是一种直觉式的生命体悟。兴是在瞬间直觉中感悟"性与天道"。兴是在感性直观基础上的高度活跃的联想和想象，兴是对内在仁心和天地精神贯通合一的体认。兴是艺术独创性和创新性不竭的艺术

---

[1] 刘熙载：《艺概》，上海古籍出版社1978年版，第97—98页。

源泉,具有"随遇而生,随生即盛"的生生不息的个性特征和创新品格。

兴作为诗人艺术家鲜活的生命体验,亦即罗大经所言的对宇宙天地生命的活观精神:

古人观理,每于活处看。故《诗》曰:"鸢飞戾天,鱼跃于渊。"夫子曰:"逝者如斯夫,不舍昼夜。"又曰:"山梁雌雉,时哉时哉!"孟子曰:"观水有术,必观其澜。"又曰:"源泉混混,不舍昼夜。"明道不除窗前草,欲观其意思与自家一般。又养小鱼,欲观其自得意,皆是于活处看。故曰:"观我生,观其生。"又曰:"复其见天地之心。"学者能如是观理,胸襟不患不开阔,气象不患不和平。[1]

范温《潜溪诗眼》提出"激昂之语,盖出于诗人之兴"的感兴美学命题,揭示了兴的感兴美学激昂向上的生命精神。朱庭珍亦强调了在自然审美感兴活动中人的生命精神与天地生命精神融合的特质及其重要性,指出:

作山水诗者,以人所心得,与山水所得于天者互证,而潜会默悟,凝神于无朕之宇,研虑于非想之天,以心体天地之心,以变穷造化之变。……必使山情水性,因绘声绘色而曲得其真,务期天巧地灵,借人工人籁而必毕传其妙,则以

---

[1] 罗大经撰,王瑞来点校:《鹤林玉露》,中华书局1983年版,第163页。

人之性情通山水之性情，以人之精神合山水之精神，并与天地之性情、精神相通相合矣。[1]

总之，兴是人的一种自由、本真而又超越的生存方式、情感体验和精神境界。方东美致力于阐发中国古典哲学和美学的生命精神，认为宇宙世界不仅是一个自然的世界，同时是一个价值的世界，而生生之德、生命创造、生命精神正是贯通宇宙人生的根本所在。[2]

第四节 兴与艺术审美的生命体验

兴作为艺术审美的生命体验（或生命本原、生命本体），首先意味着生命精神的感发和激活，意味着万物对人的生命意识的感召、召唤与人对万物生命的认识和认同的合一，进而意味着人对自身生命存在和生命精神的觉醒与自觉。兴是中国古代诗人艺术家最为真切的生命感受和真情实感，正如王国维所言："写真景物、真情感谓之有境界，否则谓之无境界。"[3]管子云："人与天调，然后天地之美生。"[4]邹一桂《小山画谱》论"必兴会自至，芳见天机活泼"感兴美学精神具有鲜活的生命本根性、生

---

[1] 朱庭珍：《筱园诗话》，载郭绍虞编选、富寿荪校点《清诗话续编》，上海古籍出版社1983年版，第2345页。
[2] 参见方东美《中国艺术的理想》，载李溪编《生生之美》，北京大学出版社2009年版，第293页。
[3] 王国维：《人间词话》，岳麓书社2016年版，第8页。
[4] 管子：《管子·五行》。

命体验性,是对人与宇宙万物存在生命本原性、生命冲动性、生命脉动性、生命节律性、生命律动性、生命条理性的感悟和领悟,彰显了诗兴生命美学精神的文化原型性、个体独创性、审美生成性。

从艺术思维方面说,兴的美学精神建立在感物、感发、气感、类感的基础之中。正如陆机《文赋》所言:"遵四时以叹逝,瞻万物而思纷。悲落叶于劲秋,喜柔条于芳春。"亦如刘勰《文心雕龙·物色》所言:"春秋代序,阴阳惨舒,物色之动,心亦摇焉。"或如钟嵘《诗品序》所言:"气之动物,物之感人,故摇荡性情,形诸舞咏。"陈廷焯《白雨斋词话》亦云:"夫人心不能无所感,有感不能无所寄;寄托不厚,感人不深;厚而不郁,感其所感,不能感其所不感。"张惠言《词选序》:

> 其缘情造端,兴于微言,以相感动。极命风谣,里巷男女哀乐,以道贤人君子幽约怨悱、不能自言之情。低徊要眇以喻其致。盖诗之比兴,变风之义,骚人之歌,则近之矣。然以其文小,其声哀,放者为之,或跌宕靡丽,杂以昌狂俳优。然要其至者,莫不恻隐盱愉,感物而发,触类条鬯,各有所归。

可见,兴既是虚壹而静、感悟而动,又是鸢飞鱼跃、生生不息。兴有如道的有无相生、虚实相生,兴不是纯然消极无为的,而是无为而无不为的。叶朗指出:"审美感兴的无功利性,决不意味着精神的麻木和死寂,正相反,它是精神的大解放、大活跃，是生命力和创造力的升腾洋溢。"[1] 高友工也认为："在中国，几千年来，中国人的世界观是以'生'作为其基本精神的。"[2] 袁济喜对兴的生命本源曾做过精辟阐发，指出：

> 原夫"兴"之诞生，源自华夏民族自然生命与艺术生命融合而成的宗教之舞中。在后来中国美学的发展演变中，随着人的独立与觉醒，"兴"开始逐渐摆脱巫术文化的浸染，越来越走上审美之途，同时又汲取了原始之"兴"中深厚的人文蕴涵，用以寄寓动荡年代中的人生感喟，激活人生，使人生与艺术有机地结合起来，创造了灿烂辉煌的文艺。其高风遗韵，至今仍使今人慨然感怀。它昭示我们，艺术之中没有生命之兴，就根本无法臻于至境，而只是文本制作，过眼烟云。"兴"是现实人生向艺术人生跃升的津梁，是使艺术生命得到激活的中介。由于中国文化浓重的遗传性，使得"兴"还保留着中国远古时代就形成的天人感应、观物取象、托物寓意等文化价值观念痕迹。这种从原始生命冲动与人格独立出发的艺术观念，虽然有神秘直观的成分在内，但是，在人类越来越受理性制约，审美生命日渐萎缩的今天，这种生命之"兴"具有激活平庸人生的积极意义，是中国古典美学有价值的传统之一。[3]

---

[1] 叶朗主编：《现代美学体系》，北京大学出版社1988年版，第194页。
[2] 高友工、梅祖麟：《唐诗的魅力——诗语的结构主义批评》，李世耀译，上海古籍出版社1989年版，第102页。
[3] 袁济喜：《兴：艺术生命的激活》，百花洲文艺出版社2001年版，"绪言"第2—3页。

为什么中华感兴美学既表征着中华美学的生命精神，又可以激活当代中国人的艺术生命精神？究其根本原因在于，兴的精神是中华民族最为深厚雄健、最具超越性品格的生命精神。兴的精神在中华文化史上的地位，有如古希腊酒神精神和日神精神在西方文化史上的地位，而且兼具酒神的本体张扬精神与日神对象化表象精神二者之优长。对于中国诗人和艺术家而言，兴是人的诗意的生存方式，兴感发、感召、激发、激活、丰富和提升了诗兴艺术家和感兴美学家的生命精神。兴不仅是对生命存在的本真状态的回归或还原，而且也是对人生的生命理想状态的提升。兴乃生命的激活、意志的升腾、精神的自觉和理性的升华，兴以艺术审美的超越方式而将人格精神提升到与道一体、天人合一、万物一体、群己合一的审美境域和理想境界。

刘若愚将孔子的"兴于诗"与"诗可以兴"之"兴"译为"inspire"（激发）、"begin"（开始）和"exalt"（高扬），并倾向于认为孔子所说的"诗兴"兼综了"兴发审美的情感"和"兴发道德的意向或情怀"两层涵义。[1] 叶嘉莹也特别注重阐发中国古代诗词心物交感、情物交感、兴发感动、生命共感的艺术特质。叶嘉莹认为，"兴发感动"的艺术作用是中国诗歌的基本特质或主要质素，兴的作品以感发为主，《诗经》"二南"中的很多兴句都是心物相互感发的产物。这种心物相互感发的现象，原本

---

[1] 参见刘若愚《中国文学理论》，杜国清译，江苏教育出版社2006年版，第104—107页。

"是宇宙间一种生命的共感"[1]。叶嘉莹指出：

> 诗歌的衡量，其美学的意义和价值，是在于它有没有一份真诚的感发的生命和感发生命的力量。有了感发的生命和力量以后，我们衡量一个伟大的诗人和一个较普通的诗人，他们的分别就在感发生命力量的厚薄、大小和深浅的不同，所以中国的诗歌，即诗的美学价值在于感发生命的力量，和所关怀层面的大小。[2]

叶嘉莹提出："一般说来，凡是真正具有感发之生命，而且在感发之本质上具有真正优美之品质的作品，便都有着足以引发起读者心灵中某种美好之意念及联想的力量。"[3]缪钺对叶嘉莹"兴发感动"的诗学阐释理论大加赞赏，指出人生天地之间，心物相接，感受频繁，真情激荡于中，而言词表达于外，又借助辞采、意象以兴发读者，使其能得相同之感受，如饮醇醪，不觉自醉，是之谓诗。故诗之最重要质素即在其兴发感动之作用。诗人之情，首贵真挚，其所感受之对象，大到国计民生，小到一人一事，一草一木，苟有真情，即成佳作，否则浮词假象而已。诗人之感受，最初虽或出于一人一事，及其发为诗歌，表达为幽美之意象，则将如和璧隋珠，精光四射，引起读者丰融之联想，驰骋无限之遐思，又不复局限于一人一事矣。此种联想又应具有"通

---

[1] 叶嘉莹：《迦陵论诗丛稿》（修订本），河北教育出版社1997年版，第14页。
[2] 叶嘉莹：《古典诗词讲演集》，河北教育出版社1997年版，第366页。
[3] 叶嘉莹：《我的诗词道路》，河北教育出版社1997年版，第37页。

古今而观之"之眼光,因此,评赏诗歌者之能事,即在其能以此"通古今而观之"之遐思远见启发读者,使之进入更深广之境界,而诗歌之生命遂由此得到生生不已之延续。此种灵心慧解实为善读诗与善说诗者应具之条件。[1]

关于艺术审美对生命精神的感发作用,刘士林认为,在魏晋和唐代诗人的笔下,不管是流水、落花、春秋时序、岁月侄惚,它们都能"兴"起人对生命的深刻体验,如"感物伤我怀"(曹植《赠白马王彪》),"感物多所怀"(张协《杂诗》其一),这里的各种起兴之物,不是物的实在结构,也不是物的形式结构(象),而是凝聚在物之上的时间意识,或者说世界借物之变化展示的时间存在。诗可以兴,其所兴的就是人的时间感。[2]

关于感兴的本质属性和心理层面,王一川精辟指出:"从内在构成看,感兴不只是普通的心理反应或心理过程,也不只是单纯的物质生活状态,而是它们的复杂的融汇——一种存在一体验。可以说,感兴是人的实际生存与心理感受、意识与无意识、情感与理智等要素的多重复合体。"[3] 王一川阐发了感兴的多层面性,他把感兴体验划分为三层,日常感兴、深层感兴以及介于二者之间的过渡转换地带的感兴,尤其强调了日常感兴对于当代大众文化研究的重要性。朱良志亦指出:"所谓'兴'就在于通

---

[1] 参见叶嘉莹《迦陵论诗丛稿》(修订本),河北教育出版社 1997 年版,"题记"第 2 页。

[2] 参见刘士林《诗可以兴的现代阐释》,《江苏大学学报》(社会科学版) 2003 年第 2 期。

[3] 王一川:《中国现代文论中的若隐传统——以"感兴"论为个案》,《文艺争鸣》2010 年第 5 期。

过感性的形象来表达深层的意念,来激发自己内在的生命冲动。"[1]

笔者认为,感兴审美体验的生命精神具有感发性、直觉性、情感性、想象性、灵感性、自由性和超越性,兴的活动流程即是中华传统艺术审美的活动流程。在具体的审美实践和艺术活动中,兴展开为审美感兴、兴发、兴会、兴象、兴境、兴趣、兴味等,构成完整的感兴美学。艺术审美之兴有如哲学之"道","道"自生、自化、自构、自然,兴即诗化哲学之"道"的本体、本根、本原、生气和生机精神;同时,兴有如"仁",仁者爱人、民胞物与、鸢飞鱼跃、万物一体。艺术审美之兴是艺术家生命意识的当下敞亮和生命意义的当下生成,也是生命本体的去蔽与人生意义的诗意呈现,更是艺术生命价值的实现和审美超越境界的生成。

第五节 兴与艺术审美的生命理想

兴表征着中华美学精神的生命理想和生命境界。"境"在汉语中本为一个具象词,从土,竟声,表示"边疆、国境",庄子开始用"境"为表达精神境界的哲学范畴。庄子不仅在《逍遥游》等篇使用"境"这个词来表示人生境界,提出"定乎内外之分,辨乎荣辱之境",更是在全书各篇大大小小的寓言故事中阐扬了其"天地与我并生,而万物与我为一"的精神境界,庄子美

---

[1] 朱良志:《中国艺术的生命精神》,安徽教育出版社1995年版,第155页。

学达到了中国古典诗兴美学境界论的一个高峰。中唐时期刘禹锡引用佛学的心境意涵入诗学,首创"境生于象外"的诗学意境论,对后世产生深远影响。晚清民初时期,梁启超为了阐扬国民精神,提出"惟心说",指出:"境者心造也。一切物境皆虚幻,惟心所造之境为真实。"[1]王国维融会中西古今之学,创立了中国现代美学的"意境"论或曰"境界"论,既用以表示艺术的审美境界,也用以表示人生的精神境界。方东美以大化流行的宇宙生命为本体,提出人生境界是层层向上超越和提升的,依次为物质世界、生命境界、心灵境界、艺术境界、道德境界和宗教境界。[2]后面三个境界都是高尚精神建构的形而上世界、意义世界、价值世界。

宗白华在《中国艺术意境之诞生》中提出,人生的五种境界即功利境界、伦理境界、政治境界、学术境界、宗教境界。宗白华继而又指出,介乎后二者的中间,以宇宙人生的具体为对象,赏玩它的色相、秩序、节奏、和谐,借以窥见自我的最深心灵的反映;化实景而为虚境,创形象以为象征,使人类最高的心灵具体化、肉身化,这就是"艺术境界"。艺术境界主于美。[3]唐君毅更是先后提出了"人生九境界"说和"心通九境"说。兹不俱论。冯友兰在《新原人》一书中提出,人生有四种境界,即自然境界、功利境界、道德境界、天地境界。此四境界渐次表征人的

---

[1] 梁启超:《惟心》,载《梁启超佛学文选》,武汉大学出版社2011年版,第419页。

[2] 参见黄克剑、钟小霖编《方东美集》,群言出版社1993年版,第409—411页。

[3] 参见宗白华《艺境》,北京大学出版社1987年版,第151、158页。

生存境界的发展。其中，自然境界、功利境界相当于黑格尔哲学所说的自然的产物，道德境界、天地境界相当于黑格尔所说的精神的创造。[1]唐君毅晚年融会中西印哲学，提出了"人生九境界"说和"心通九境"说。唐君毅认为，人生境界有九个层次和面向，分别以内外、前后、上下观，分别观之以体、相、用三义，构成心灵之九境。其中，前三境为客观境、中三境为主观境，后三境为超主客观境。[2]本书兹不俱论。张世英则提出"人生的四境界"说，即欲求的境界、求实的境界、道德的境界、审美的境界。[3]参照上述学者的生命境界说，兴的境界可谓中国古典艺术和美学的最高境界。

林语堂对中国古典诗兴诗学独有会心，他指出，一切有价值的、反映人类心灵的文学，都发源于抒情。文学起源于抒情，这使我们得以把文学看作人们心灵的反照，并把一个民族的文学看作这个民族精神的反照。[4]林语堂认为，中国诗歌的特殊重要性在于，诗歌对于中国人的精神生活结构的渗透要比西方深得多，诗歌被中国人视为最高的文学成就。如果说，宗教对人类心灵起着一种净化作用，使人对宇宙、对人生产生一种神秘感和美感，对自己的同类或其他生物表示体贴和怜悯，那么，诗歌在中国已经代替了宗教的作用。诗歌教会了中国人一种生活观念，通过诗歌深切地渗入社会，给予他们一种悲天悯人的意识，使他们

---

[1] 参见黄克剑、吴小龙编《冯友兰集》，群言出版社1993年版，第306—314页。

[2] 参见唐君毅《唐君毅全集》，第25、26卷，九州出版社2016年版。

[3] 参见张世英《新哲学讲演录》，广西师范大学出版社2004年版，第118—119页。

[4] 参见林语堂《中国人》，浙江人民出版社1988年版，第188—189页。

对大自然寄予无限的深情，并用一种艺术的眼光来看待人生。诗歌通过对大自然的感情，医治人们心灵的创痛；诗歌通过享受俭朴生活的教育，为中国文明保持了圣洁的理想。在这个意义上，应该把诗歌称为中国人的宗教。[1]在林语堂看来，在中国诗歌起到了和宗教在西方一样重要的精神作用。这是非常深刻的见解。

中华传统艺术和感兴美学达到了西方宗教文化同样的精神高度，中国古典诗歌的诗兴精神与西方艺术的宗教精神具有同样重要的价值。但是，中国古典诗歌艺术和诗兴美学的超越精神不是像西方宗教文化那样由世俗经验世界向彼岸天国世界的超越，而是一种人与天地万物贯通的、天人合一与万物一体、即人心即道心、即现实即理想的充满生命活力的精神超越，因而中国古典诗兴美学在世界美学园地中具有自身独特的艺术优长和理论优势。

叶嘉莹曾引入西方现象学美学的理论理念和学术方法来研究中国古典诗词的美感特质与精神境界。她不仅以现象学的"意识"观诠释王国维的"境界"，而且依据西方现象学美提炼并创造出了"生命的共感"这个阐释中国诗歌感兴的生命诗学重要观点，值得再关注和再阐发。叶嘉莹盛赞王国维的文学批评注重发掘这种"生命的共感"，并认为王国维所阐发的"境界""乃是作品本身所呈现的一种富于兴发感动之作用的作品中之世界"[2]。叶嘉莹指出，王国维曾明白地说过"真正之大诗人，则又以人类之感情为其一己之感情"；又指出了"诗人之眼，则通古今而观

---

[1] 参见林语堂《中国人》，浙江人民出版社1988年版，第211—212页。
[2] 叶嘉莹：《叶嘉莹说词》，上海古籍出版社1999年版，第92页。

之"。可见，王国维词论最大的理论特色便在于以这种"通古今之观"及"以人类之感情为其一己之感情"的观点，作为作者写作之准则；同时以这种"人类生命共感"所引发的联想和感受，给予读者一种启示和触发，把读者也带入一个更深更广的境界。叶嘉莹指出：

> 如此在作者与读者之间，或说诗人与读者之间，由联想引发联想，遂使诗歌之生命因而得到一种生生不已的感动和延续。如果一位说诗人真能自诗歌中掌握到诗歌之意境中所蕴含的一种生命的共感，由联想的解说而使其他读者透过其解说也能产生丰富的联想，而对此一诗篇中之意境获致一种绵延不断的生命的共感，这该是说诗人所可达致的极大的成就。[1]

叶嘉莹认为，这种生命共感诗学不仅是对以联想说诗传统的扩展，而且也是值得西方新批评诗学重视的参考。叶嘉莹指出：

> 在宇宙间，冥冥中常似有一"大生命"之存在。此"大生命"之起结终始，及其价值与意义之所在，虽然不可尽知，但是它的存在，它的运行不息与生生不已的力量，却是每个人都可以体认得到的事实。生物界之中的鸟鸣、花放、草长、莺飞，固然是生命的表现，即是非生物界之中的云

---

[1] 叶嘉莹：《王国维及其文学批评》，河北教育出版社1997年版，第277页。

行、水流、露凝、霜陨，也莫不予人一种生命的感觉。这大生命是表现得如此之博大，而又如此之纷纭。真是万象杂呈，千端并引。而在这千端与万象之中，却又自有其周洽圆融的调和与完整。"我"之中有此生命之存在，"物"之中亦有此生命之存在。因此我们常可自此纷纭歧异的"物"之中，获致一种生命的共感。这不仅是一种偶发的感情而已，甚至可以说是一种与生俱来的本能。[1]

上述学者对中国古典美学境界论与生命共感论的阐发对诗兴美学理想的研究具有重要的启发意义。

笔者认为，兴的境界贯通了主客、内外、虚实、有无、有限与无限、形而下与形而上、自然物象与人的精神。兴的境界即是诗人艺术家和艺术接受者生命精神的激活和提振，是诗人艺术家和艺术接受者生命存在境域的扩充和贯通，也是诗学家的阐释视域的扩展和阐释空间的扩大和拓展。兴是对诗人和读者的生存世界、生命空间和精神空间的无限之关联与延展，兴体现了中国古典艺术和美学的生命本原世界、意义世界、价值世界和理想世界（境界）的建构、生成和展开。这种生命之兴的境界包括两个基本方面，一是生命精神的提振和提升，二是生命存在的回归和还原。

兴首先意味着艺术审美主体生命之兴发、解放、扩充和提升，意味着生命境界的提升与生命精神的高扬。兴乃生命的激

---

[1] 叶嘉莹：《几首咏花的诗和一些有关诗歌的话》，载《迦陵论诗丛稿》（修订本），河北教育出版社1997年版，第63页。

活、意志的升腾、精神的自觉和理性的升华。对此，历代哲人和诗人有精彩论述。例如，孟子论"待文王而后兴者，凡民也。若夫豪杰之士，虽无文王犹兴"[1]；论"《诗》三百篇，大抵圣贤发愤之所为作也。此人皆意有所郁结，不得通其道，故述往事、思来者"。范温《潜溪诗眼》提出："激昂之语，盖若《诗》之兴。"范温揭示了感兴美学之兴的激昂向上的精神气质。朱熹提出"兴，谓有所感发而兴起也"；"兴者，感动奋发之意"；"兴起，感动奋发也"。[2] 王直《诗辨》认为，孔子删诗以兴发善心的诗教为旨归，"其存者必合圣人之度，皆吟咏情性，涵畅道德者也……其温厚和平之气，皆能感发人之善心者可知矣"。袁黄《诗赋》论"感物触情，缘情生镜，物类易陈，衷肠莫罄，可以起愚顽，可以发聪听……斯谓之兴"。赵南星《冯继之诗序》论"夫诗者，兴也，缘人情而为之者也"；《三溪先生诗序》还说"诗也者，兴之所为也。兴生于情，人皆有之，唯愚人无兴，俗人无兴。天下唯俗人多，俗人之兴在乎轩冕财贿，而不可法之于诗"。李塨《论语传注》论"《诗》之为义，有兴而感触，有比而肖似，有赋而直陈，有风而曲写人情，有雅而正陈其道，有颂而形容功德。悦之故言之，言之不足，故长言之，长言之不足故嗟叹之。学之而振奋之心，勉进之行，油然兴矣，是'兴于诗'"。袁枚在《随园诗话补遗》卷一中强调了诗歌语言要新鲜，具有"使人感发而兴起"的艺术魅力和精神力量。盛大士《溪山卧游

---

[1] 孟子：《孟子·尽心章句上》。
[2] 朱熹注，王浩整理：《四书集注》，江苏凤凰出版社2005年版，第15、372、390页。

录》卷二亦云"作诗须有寄托,作画亦然",盛大士称赞优秀的画作"美贤人之乘时奋发也"。兴是对诗人与读者的生命意识、生命意志和生命精神或精神气质的激活。兴是对无限存在的享受或愉悦,是生命和精神统一的喜悦。借用H. 帕克的话来说,审美感兴诗教兴发了欣赏者的人格精神和人格境界,使之在艺术的暗示下"通过想象得到扩大的人格"[1]。兴对诗人和读者的生命意识、生命意志和生命精神具有双向的兴发、扩充和提升、提振作用。

其次,兴是对宇宙人生的生命本真状态的回归或还原,而且是对生命理想状态的更高层次的回归与复兴。兴以艺术审美的超越方式将人格精神提升到与道一体、天人合一、群己合一的审美境域和理想境界。兴即是诗人审美体验与大化流行的宇宙天地精神融会贯通,即是艺术家个我小生命与宇宙大生命的融汇合一。兴表征着人与天地万物存在相统一的生命奋发精神和生命超越精神,彰显了中华古典美学最为生动的精神气质。对此,古代诗学家们有精彩论述。例如,孔子提出,君子"志于道,据于德,依于仁,游于艺";"不兴其艺,不能乐学。故君子之于学也,藏焉,修焉,息焉,游焉"。荀悦在《申鉴·杂言》中认为,大人之志"浩然而同于道""同天下之志"。刘勰在《文心雕龙·原道》开篇就写到"文之为德也大矣";在《文心雕龙·比兴》亦云:"观夫兴之托喻,婉而成章,称名也小,取类也大。"刘勰盛赞"兴"之取义为"大"、"文"之德为"大",阐扬了其"原道、

---

[1] H. 帕克:《美学原理》,张今译,广西师范大学出版社2001年版,第13页。

"宗经、征圣"的文化精神追求和文学审美理想，赓续和阐扬了周代礼乐文化传统、孔子诗兴诗学思想和汉代兴喻诗学传统，因而对后世尤其是盛唐诗兴艺术和感兴美学产生了深远影响。孔颖达《毛诗正义》提出："以交于万物，则非止一鸟，故云兴也。言举一物，以兴其余也。"遍照金刚《文镜秘府论》引王昌龄《诗格》论"感兴势者，人心至感，必有应说，物色万象，爽然有如感会"，提出了"万象感会"的诗境论。袁坤仪《学诗小笺总结论》引语提出："《诗》之为道……咏一物之微而指陈甚大，赋目前之美而寓意甚远。"兴不仅能感常人所不感，而且能从眼前自然景物中领悟宇宙人生的奥妙。兴是"取境于象外""兴在象外"，兴的艺术以"片言可以明百意，坐驰可以役万景"（刘禹锡《董氏武陵集纪》）。符载《观张员外画松石序》盛赞张璪绘画"若雷雨之澄霁，见万物之情性"，指出："观夫张公之艺非画也，真道也。……意冥玄化，而物在灵府，不在耳目。故得于心，应于手。孤姿绝状，触毫而出，气交冲漠，与神为徒。"[1]兴是司空图《二十四诗品·豪放》"真力弥满，万象在旁"。兴亦如周济《宋四家词选目录序论》所言之"触类多通""万感横集"："夫词，非寄托不入，专寄托不出。一物一事，引而伸之，触类多通……而万感横集，五中无主。"兴亦如谭献《复堂词录叙》所言："旁通其情，触类以感，充类以尽。甚且作者之用心未必然，而读者之用心何必不然。"王夫之《四书训义》卷二十一则提出："诗之泳游以体情，可以兴矣……鸟兽草木并育不害，万物之情

---

[1] 符载：《观张员外画松石序》，载俞剑华编著《中国古代画论类编》，人民美术出版社2004年版，第20页。

统于合矣。……古之为诗者，原本于博通四达之途，以一性一情周人情物理之变，而得其妙，是故学焉而所益无涯也。"叶燮《原诗》对诗歌感兴之境有独到的阐发，标举优秀诗歌创造的"不可名言之理，不可施见之事，不可径达之情"，亦即"幽渺以为理，想象以为事，惝恍以为情"的兴象和意境。沈祥龙《论词随笔》说："咏物之作，在借物以寓性情，凡身世之感，君国之忧，隐然蕴于其内，斯寄托遥深，非沾沾焉咏一物。"程俊英指出："比兴手法可以通过特殊以反映一般，可以增强作品的思想意义和社会意义"。宗白华提出："'兴'是'兴起''发端'。由于生活里或自然里的一个形象触动我们的情感和思想，引导我们走进一个新的境界，艺术性的境界。"[1] 艺术审美感兴是生命境界，是一种感物兴情、兴会活跃、精神兴腾的有机生命整体和精神境界。审美感兴建构了一个"天人合一""万物一体"的生命自生、互生、共生、共享、共情的意义世界和价值世界。

徐复观先生曾精辟提出："一切艺术文学的最高境界，乃是在有限的具体事物之中，敞开一种若有若无、可意会而不可以言传的主客合一的无限境界。"[2] 诗的比兴意象或感兴意象即是这种以有限之象兴发无限之情、贯通无限之境的审美意象。童庆炳指出，"比"主要是接近认识论的，而"兴"主要是接近存在论。很多情况下，诗人在运用"比"的时候，主体与客体是分离的。主体先认识到、把握到一个对象（客体），然后用一个比喻的形

---

[1] 宗白华：《中国美学史专题研究：〈诗经〉和中国古代诗说简论（初稿）》，载《宗白华全集》，第 3 卷，安徽教育出版社 1994 年版，第 494 页。
[2] 徐复观：《中国文学精神》，上海书店出版社 2004 年版，第 33 页。

象将这种思想感情表达出来。兴则体现了东方哲学"天人合一"的存在论哲学。中国古代"天人合一"哲学是存在论的故乡，庄子的"与天地万物相往来"可视为存在论的箴言。"兴"是主体与客体的交融与合一，体现了存在论的精神。[1]"兴"破除了主客对立、物我对立，开启了天人合一、万物一体、物我同一、人与天地精神相往来的超越境界和生命高峰体验状态。彭锋援引西方现代存在论美学尤其是杜夫海纳现象学美学的理论和方法来研究中国古典兴论美学，认为兴类似于从存在者向存在本身的还原与回归，兴即是对人的生命本然存在状态的还原。[2]

兴即是从"在者"升腾、回归、扩充为"存在"本身，兴即感性又超越，既具有感性特征又具有超越性境界。德国存在主义哲学家、美学家雅斯贝斯指出："现在之深度只有与过去和未来，与记忆和我正在实践的那种思想相联合，才能变得明显起来。"[3]总之，兴是在鲜活直观、生动可感的感物起情或审美直觉的基础上，提升人格志向，扩充人的胸襟，感发无限的生命意志，激发无限的生命潜能，激活无限的审美关联，融兴观群怨于一炉，从有限走向无限的。兴即是本原世界、意义世界、价值世界和理想世界（境界）的建构、生成或展开。兴的不断展开意味着情景自身界限的突破，意味着审美精神空间的不断深拓，意味

---

[1] 参见童庆炳《〈文心雕龙〉三十说》，北京师范大学出版社2016年版，第295—297页。

[2] 参见彭锋《诗可以兴：古代宗教、伦理、哲学与艺术的美学阐释》，安徽教育出版社2003年版，"导论"第441页。

[3] 雅斯贝斯：《历史的起源与目标》，魏楚雄、俞新天译，华夏出版社1989年版，第312页。

着以有限之意象建构一个天人合一、感通天地的无限的诗意境界和审美理想境界。兴不仅是交感性的,更是境域性的。兴是在当下的审美感兴意象中汇通万有,建构意蕴深广的审美精神空间。兴是万感横集、文思泉涌、精神激扬、万有相通。兴贯通天人、人我、心物、情景、万物、群己、古今,引发读者强烈的共鸣。兴即感性又超感性,开启和贯通天地万物存在与宇宙人生之道。

兴生动体现了中华美学追求"天人合一"的生命超越精神。中国古典哲学是一种天人合德、天人感应、天人相副、天人合一的宇宙整体哲学。中国古代哲人和诗人把天地万物与人本身都看成是一个有机的整体。人与自然从根本上是相类相通、同情同构、物我互渗、心物交融的生命存在。天地万物和宇宙人生一气贯通。形而上的"天"或"道"与形而下的自然万物和天地间的人的内在心性相贯通。人固然是宇宙万物的精华,但人永远是自然的一部分。自然万象与人一样充满生机活力,富有生命情韵。兴即是达到天人合一、物我同一、群己合一的最佳方式或诗性方式。

兴是诗人和艺术家对宇宙生命的独特感悟和会心。朱庭珍说得好:"夫文贵有内心,诗家亦然,而于山水诗尤要。盖有内心,则不惟写山水之形胜,并传山水之性情,兼得山水之精神,探天根而入月窟,冥契真诠,立跻圣域矣。"[1]

中国古典感兴美学的精神气质即是独特的生命存在、生命意识、生命精神。正如有学者所言:"《诗经》中真正用于起兴的事物

---

[1] 朱庭珍:《筱园诗话》,载郭绍虞编选、富寿荪校点《清诗话续编》,上海古籍出版社1983年版,第2344页。

都是诸如山川河流，花草虫鱼，树木鸟兽等自然风物，而没有人造事物。这就表明，'兴'所体现出的原始关联，是人与天地自然的原始关联。"[1]张祥龙亦认为，"兴是海德格尔讲的'dichten'：创作、诗化出一个前行的视域，一种原本的押韵，因为这个押韵，我们才被发动、感动，觉得意义风起云涌，人生充盈着意趣、和谐（昌盛、趣味），由此而相信成为人或仁是最美好之事"[2]。

总之，兴是对人的生命存在的本原性回归，兴是天地万物之生机在人之心灵中的诗意呈现，兴不仅开启而且回归了人与自然、心与物和合共生的境界。兴以有限的物象和意象抵达、感通和生成万物一体、天人合一的艺术意境和精神境界，兴是达到天人合一、物我同一的最佳方式，兴深刻积淀和生动表征着中华美学的天人合一、天人相感、观物取象、涵受万象、心物统一、情景相生、意象融合、意境超越的艺术方式和美学精神。

尤其值得强调指出的是，兴植根于人的生命本性和善良本性，兴或感兴是对真善美精神的感发和兴发，以期与天地合其德。作为中国古典美学主干的儒家美学对此有特别的阐扬。郑玄认为："兴者，以善物喻善事。"[3]兴是兴喻美善的事物，兴发人的善良意志。孔颖达《毛诗正义》言"兴者，兴起志意赞扬之

---

[1] 启良、尹江铖：《"兴"与"象"：从〈诗经〉到〈周易〉》，《吉首大学学报》（社会科学版）2016年第1期。

[2] 张祥龙：《孔子的现象学阐释九讲——礼乐人生与哲理》，华东师范大学出版社2009年版，第97页。

[3] 郑玄注，贾公彦疏：《周礼注疏》载李学勤主编《十三经注疏》，北京大学出版社1999年版。

辞"。兴譬喻和兴起是人的美好理想与正面价值。成伯屿《毛诗指说·解说二》谓"物类相从，善恶殊态。……以美拟美，谓之为兴；咏叹尽韵，善之深也。听关雎声和，知后妃能谐和众妾；在河洲之阔远，喻门壸之幽深。鸳鸯于飞，陈万化所得，此之类也"。程颢《二程遗书》卷二上指出："夫子言'兴于诗'，观其言，是兴起人善意，汪洋浩大，皆是此意。"朱熹《朱子语类》认为，孔子刊定三百篇，"便要吟咏兴发人之善心；不好底诗，便要起人羞恶之心，皆要人'思无邪'"；读《论语》"兴于诗""诗可以兴"，要在"善心可以兴起"，"兴起善意"；"读诗见其不美者，令人羞恶；见其美者，令人兴起"。真德秀《问兴立成》说："《三百篇诗》唯其皆合正理，故闻者莫不兴起其良心，趋于善而去于恶，故曰'兴于诗'。"张栻《论语解》卷四《泰伯篇》说："学《诗》，则有以兴起其性情之正，学之所先也。"[1] 王应麟《困学纪闻》卷三云："鹤林吴氏论《诗》曰'兴之体，足以感发人之善心。'"陈子龙《李舒章古诗序》指出："夫深永之致，皆在比兴，感慨之衷，丽于物色，故言之者无罪，而使人深长思，是以兴善而达意，此托意之微也。"王夫之更是反复畅言，兴乃是"兴己之善，观人之志。……奋发于为善而通天下之志"。牛运震《论语随笔》卷八谓"兴如寐者忽觉，卧者忽起，所谓见善知好、见恶知恶也。《诗》有美有刺，美者可以感发人之善心，刺者可以惩创人之逸志，而又有抑扬反复、咏叹淫佚之节，涵泳玩味则中心之良勃然而生。故兴必于《诗》得之"[2]。章学诚

---

[1] 张栻撰，邓洪波校点：《张栻集》，岳麓书社2010年版，第64—65页。
[2] 高尚榘主编：《论语歧解辑录》，上册，中华书局2011年版，第422页。

《文史通义》指出:"夫子曰:'《诗》可以兴。'说者以谓兴起好善恶恶之心也。"[1]孙诒让《周礼正义》亦云:"(乐语)谓言语应答,比于诗乐,所以通意旨、无鄙倍也。"[2]可见,古人之所以在"六诗""六义"中独重于"兴",与"兴"更侧重于兴发、培养人的善良本性有关。总之,儒家感兴诗学之"兴"指向"兴发善心""发明本心""致良心",贯通人心与道心,兴起人的仁义善良的本心。

现代新儒学大师们对此有独到的感悟、会心和阐释。例如,马一浮精辟地指出:

> 《诗》以感为体,令人感发兴起,必假言说,故一切言语之足以感人者,皆诗也。此心之所以能感者,便是仁,故《诗》教主仁。……人心若无私系,直是活泼泼地,拨着便转,触着便行,所谓感而遂通者。才闻彼,即晓此,何等俊快,此便是兴。若一有私系,便如隔十重障,听人言语,木木然不能晓了。只是心地昧略,决不会兴起。……须是如迷忽觉,如仆者之起,如病者之苏,方是兴也。兴便有仁的意思,是天理发动处,其机不容已。诗教从此流出,即仁心从此显现。马一浮盛赞孔子以诗兴教弟子,"皆是兴之榜样,不如此,不足以为兴也"。[3]

---

[1] 章学诚著,严杰、武秀成译注:《文史通义全译》,上册,贵州人民出版社1997年版,第264页。

[2] 孙诒让撰,王文锦、陈玉霞点校:《周礼正义》,第7册,中华书局1987年版,第1724页。

[3] 马一浮:《复性书院讲录》,江苏教育出版社2005年版,第56页。

马一浮还强调了诗以感兴为体的诗学思想。他指出:"兴便有仁的意思,是天理发动处,其机不容已。《诗教》从此出,即仁心此显现。"[1]

钱穆亦认为"所谓比兴,即是放大心胸,把天地大自然万象万变,与人事人文,作平铺一体看"[2]。钱穆又说:"诗尚比兴,诗就眼前事物观于天地万物,可以令人激发感动,兴起人之高尚情志。……诗尚比兴,多就眼前事物,比类而相通,感发而兴起。故学于诗,对天地间草木鸟兽之名能多熟识,此小言之也,若大言之,则俯仰之间,万物一体,鸢飞鱼跃,道无不在,可以渐跻于化境,岂止多识其名而已。孔子教人多识于鸟兽草木之名者,乃所以广大其心,导达其仁,诗教本于性情,不徒务于多识也。"[3] 弗朗索瓦·于连亦认为,孔子的"兴于诗"强调诗对读者的影响,赋予诗歌一种首要价值,即诗有能力兴发、激励读者的意识并使之趋向善。[4]

对于兴的生命伦理感发的美学真谛和精神气质,叶嘉莹同样深有会心。她指出:"凡是具有真正感发之生命,而且在感发之本质上具有美好之品质的诗歌,一般说来,都应该有着对读者可以激励感发起来一种正面伦理价值的力量。"[5]

---

[1] 马一浮:《复性书院讲录》,江苏教育出版社2005年版,第56页。
[2] 钱穆:《双溪独语》,台湾联经出版公司1998年版,第242页。
[3] 钱穆:《论语新解》,生活·读书·新知三联书店2012年版,第407—408页。
[4] 参见弗朗索瓦·于连《迂回与进入》,杜小真译,生活·读书·新知三联书店1998年版,第154页。
[5] 叶嘉莹:《我的诗词道路》,河北教育出版社1997年版,第37页。

在中国文学的历史中，一些伟大的诗人如屈原、杜甫、东坡、稼轩诸人，他们的诗歌的价值，就都不仅只在于他们作品之外表的意义合于伦理的衡量标准而已，而更在于他们作品中所表现出来的热诚真挚的感发的力量，与他们在感发之生命中所流露出来的与他们自己的胸襟、意志、修养、人格相结合着的一种具有真正伦理价值的品质。这种感发的力量和品质，才是中国精神文化中最可宝贵的遗产。[1]

凡是真正具有感发之生命，而且在感发之本质上具有真正优美之品质的作品，便都有着足以引发起读者心灵中某种美好之意念及联想的力量。[2] 在这种诗歌的感发作用中，中华民族最美好的心灵和品质，一直有一种生生不已的生命在不断延续着。总之，兴尤指对人的善良本性与志意的兴发，人在诗之兴中生成了高远的人格胸襟、人格襟抱、人格精神与生命境界，兴发人的积极进取、以德配天、天人合一、群己合一的高尚精神。

综上所述，兴不仅是标识中国古典艺术和美学的生命本原的范畴，而且是标识中国古典艺术和美学的生命理想的范畴。兴既是对生命本真状态的还原，亦为对生命理想状态的提升。兴是生命的激活、意志的升腾、精神的自觉。兴使人的精神提升、扩充和融汇到与宇宙天地万物合一的理想精神境界。用现代美学术语

---

[1] 叶嘉莹：《我的诗词道路》，河北教育出版社1997年版，第42—43页。
[2] 参见叶嘉莹《迦陵论词丛稿》（修订本），河北教育出版社1997年版，"序言"第12页。

来阐述，诗学审美之兴作为心物交感，是"物对心的自然感发"和"心与物的自然契合"之统一，是在我与物、主体与客体的相通中领悟到天地之精神和造化之玄妙，进入天人合一、物我合一的审美境域，进入生命的高峰体验状态与超越性存在境界。借用李斯托威尔的用语，兴的高峰体验是"真、善、美、圣"的心灵的合一。[1] 兴的世界有如狄尔泰所说的生命关联体世界。狄尔泰指出："宗教、艺术和哲学具有某种共同的基本形式，这种形式植根于内在的生活之中。我们的生存的任何一个时刻，都包含着我们的个体生命与这个世界的某种持续存在的关系，这个世界作为一个感知整体围绕着我们。"[2] 兴意味着人与世界的和谐统一和本体还原。兴的世界亦有如杜夫海纳所说的，是一个人的"存在世界与宇宙论现象同为一体的世界"，人在这个世界就"像在自己家里一样"。[3] 借用伽达默尔的美学术语，兴是人的生命与其深广的关联域相统一的生存境遇。兴是人类精神在艺术感兴中的积累与会聚，是历史、现在、未来或人的个体性与人类普遍性相统一的生存境遇的生成。伽达默尔指出：

> 艺术的万神庙并非一种把自身呈现给纯粹审美意识的无时间的现时性，而是历史地实现自身的人类精神的集体业

---

[1] 参见李斯托威尔《近代美学史评述》，蒋孔阳译，上海译文出版社1980年版，第237页。

[2] 狄尔泰：《历史中的意义》，艾彦、逸飞译，中国城市出版社2002年版，第218页。

[3] 杜夫海纳：《审美经验现象学》（下），韩树站译，文化艺术出版社1996年版，第598页。

绩。所以审美经验也是一种自我理解的方式。但是所有自我理解都是在某个于此被理解的他物上实现的，并且包含这个他物的统一性和同一性。……我们其实是在他物中学会理解我们自己，这就是说，我们是在我们此在的连续性中扬弃体验的非连续性和瞬间性。[1]

在此，伽达默尔对所谓抽象的、纯粹的审美意识提出了质疑，认为审美体验的直接性、瞬间性、天才性与人类存在的连续性和统一性是相一致而非相对立的。兴即是"鉴往知来""目即道存""思接千载，视通万里"，或者说，兴是过去、现在和未来汇聚在当下呈现的境界。兴以感性意象形态表征天地之道，呈现天人合一、万物一体的宇宙人生存在境界。兴通过艺术审美的超越方式而将人格精神提升到与德配天、与道一体、群己合一、天人合一、人与天地万物共生、人与天地精神相往来的理想精神境界。

第六节　诗兴艺术生命本体精神的历史生成性与多面向性

中华感兴美学传统是不断发展、展开与丰富的，中华美学的生命本体及其精神气质也是与时俱进、生生不息、在历史生成中不断发展与丰富的，感兴美学形成了绵延几千年的精神谱系。早在魏晋六朝时期，诗兴艺术家和感兴美学家就爱使用"新兴"这

---

[1] 伽达默尔：《真理与方法——哲学诠释学的基本特征》，上卷，洪汉鼎译，上海译文出版社1999年版，第124页。

一术语，以标举清新之兴、鲜活之兴。中国古代诗人认识到，"一代有一代之兴"。例如，赵南星有云：

> 夫诗者兴也，缘人情而为之者也。佣人之情不扬，俗人之情不韵。……夫有一代之兴，则有一代之诗。故《三百篇》风各不同，代革世沿，各得其性之所近，《三百》自《三百》，汉魏自汉魏，唐自唐，明自明耳。[1]

王渔洋《带经堂诗话》卷三论"根柢原于学问，兴会发于性情，于斯二者兼之，又干以风骨，润以丹青，谐以金石，故能衔华佩实，大放厥词，自名一家"。焦循在《易余籥录》论述中国古代诗歌史时，也提出了中国诗歌发展"一代有一代之所胜"的著名观点。刘熙载更是提出了一种历史发展的艺术本体论观点，指出："文之道，时为大。《春秋》不同于《尚书》，无论矣。即以《左传》《史记》言之，强《左》为《史》，则噍杀；强《史》为《左》，则啴缓。惟与时为消息，故不同正所以同也。"[2] 引而申之，中国古代感兴美学精神也是"与时消息"、与时俱进、创新变革、不断发展的。王国维在《宋元戏曲考》中更是提出了"一代有一代之文学"的著名观点。[3] 兴亦如此，"一代有一代之兴"。总之，兴的历史是中华诗兴美学精神和艺术精神的激活、扩展、提升与不断发展的历史，中国艺术史和美学史是随着兴的

---

[1] 赵南星：《冯继之诗序》。
[2] 刘熙载：《艺概》，上海古籍出版社1978年版，第11页。
[3] 王国维：《王国维文学论著三种》，商务印书馆2001年版，第57页。

历史演进而生生不息的进程。兴作为中国古典艺术的"灿烂感性""精神气质"与审美典范,在一代代艺术家和美学家的感兴审美活动中生成、呈现和再生产。兴生成了中国历代艺术的审美风格,建构了中国历代艺术的理想范式、创造了中国历代艺术的意义系统或价值体系。兴的艺术生命理想和美学精神是与时俱进、生生不息的。

第六章 感兴美学与20世纪『中国艺术精神』论研究

感兴美学不仅是源远流长、绵延数千年的中华美学传统，而且也是生生不息的20世纪中国美学的新传统，其中最为生动的理论表征即是20世纪中国学者阐扬和激活感兴美学传统所创构的"中国艺术精神"论美学理论新形态。本章所论述的"中国艺术精神"论作为20世纪中国美学和文艺研究的一种百年美学思潮和文论传统，是中国现代学者受到古典感兴美学传统的影响并将其现代转化之后所建构的一种美学理论和艺术理论形态。众所周知，20世纪"中国艺术精神"论首先是与徐复观的名字联系在一起的。按照徐复观的观点，中华文化中的艺术精神是由孔子和庄子奠定其最重要的典型。以兴论诗最早见于孔子，孔子最早提出诗教及其礼乐诗兴精神的问题，即"兴于诗，立于礼，成于乐""诗可以兴"，奠定了后世以兴论诗解诗的美学传统。"礼乐并重，并把乐安放在礼的上位，认定乐才是一个人格完成的境界，这是孔子立教的宗旨……可以说，到了孔子，才有对音乐的最高艺术价值的自觉；……孔子可能是中国历史上第一位最明显而又最伟大的艺术精神的发现者。"[1]在徐复观看来，孔子是中华美学精神的第一自觉者，而道家体道的生命超越的艺术精神则在庄子那里得到彰显。与孔子的"游于艺"不同，庄子是游于道、游于天地、游于精神。庄子的"逍遥游"即是一种"与造物者游""独与精神相往来"，因而体现了"充实不可以已""弘大而辟，深闳而肆"的生命本真与生命超越的精神，亦即是"天地与我并生，万物与我为一"，从而"振于无境"的自由超越精神，

---

[1] 徐复观：《中国艺术精神》，春风文艺出版社1987年版，第4页。

一种"与物有宜"的与天地万物相通的"大情"精神；同时又是一种"不傲倪于万物"而"与物为春"的超越精神，一种"长乎性，成乎命""以天合天""指与物化"的自由超越精神，一种"技进乎道"的生命超越、自由、解放、充实和享受的精神。[1]徐复观认为，庄子美学与孔子美学一样，都是生命人格中所流出的精神美学，都是以追求人生的解放为目的的美学。并且，庄子的美学精神对后世中国艺术产生了更为深远的影响。徐复观进而总结道："庄子与孔子一样，依然是为人生而艺术。因为开辟出的是两种人生，故在为人生而艺术上，也表现为两种形态。因此，可以说，为人生而艺术，才是中国艺术的正流。不过儒家所开出的艺术精神，常需要在仁义道德根源之地，有某种意味的转换。……由道家开出的艺术精神，则是直上直下的；因此，对儒家而言，或可称庄子所成就为纯艺术精神。"[2]

本章力图对20世纪"中国艺术精神"论这一美学思潮的学术谱系、历史语境、哲学基础、理论内涵、理论特质、理论价值及其当代发展等问题进行整体式理论图绘，彰显20世纪"中国艺术精神"论这一新的理论形态和理论传统与中国古典感兴美学的内在关联。20世纪"中国艺术精神"论是中国现代美学家对中国感兴美学传统进行现代阐释和现代转化后所结成的一个理论果实，它以现代新儒学生命本体论为理论基础，融会中西古今之学，成为一种以中国美学史和艺术史研究面貌呈现的中国现代人生美学和文艺美学理论建构形态。它不是在纯美学意义上理解艺

---

[1] 参见徐复观《中国艺术精神》，春风文艺出版社1987年版。
[2] 徐复观：《中国艺术精神》，春风文艺出版社1987年版，第118页。

术，而是把艺术理解为人的生存方式和民族文化精神的感性呈现。"中国艺术精神"论在中国现代民族文化精神建构中发挥了重要作用，成为中国美学现代性的一个重要理论面向，其理论不足也激发了今人的理论创新和超越。

第一节 何谓20世纪"中国艺术精神"论？

本书所讨论的"中国艺术精神"论是20世纪中国美学和文艺研究的一种重要美学思潮和文论形态。它滥觞于晚清民初，提出于20世纪30、40年代，确立于50年代以后的中国港台地区并播撒于海外，复兴于改革开放后的中国大陆。作为一种特定的学术指称和自觉的理论追求，"中国艺术精神"论是五四之后一批具有深厚民族精神和文化情怀的学者的美学追求，旨在校正五四新文化运动对中国传统文学的全盘否定，重建中国现代文化精神和美学精神。20世纪"中国艺术精神"论正式诞生于抗日战争的民族危难岁月，以阐扬中华文化的生命精神、振奋国人的民族自信心为己任。大批优秀的人文学者聚集在"中国艺术精神"这个学术旗帜下，取得了大量极具原创性的理论成果，至今已形成了一个绵延百年的中国现代人文学术新传统。

回眸中国现代美学的学术历程，中国现代美学家在接受西方美学的过程中，注重将其融会到中国本土美学思想传统之中，使之相互发明、相互照亮。他们力图用西方美学激活中国传统文化精神，用中国文化精神改写西方美学，使美学成为引领国民心智、提振民族精神、开启中国现代性的文化工程。在这方面，

"中国艺术精神"论在20世纪中国美学研究中最具代表性。作为20世纪中国美学史上一种令人瞩目的美学理论形态，"中国艺术精神"研究史论结合，融会中西古今之学，激活了中国传统美学思想的生命活力，为中国古典美学的现代转化、西方美学的中国化以及中西美学的会通创造了宝贵的学术经验，也为当代中国美学研究提供了一个可以不断回望和创新的学术资源。

关于20世纪"中国艺术精神"论的研究，目前已有孙琪的《中国艺术精神：话题的提出及其转换——台港及海外新儒学的美学观照》（2012年）、刘建平的《东方美典——20世纪"中国艺术精神"问题研究》（2017年）、宛小平和伏爱华的《港台现代新儒家美学思想研究》（2014年）等学术专著加以讨论，并涌现了不少学术论文讨论这一话题。其中，章启群、张泽鸿、王一川等学者的论文都很有代表性。本文拟就20世纪"中国艺术精神"论的几个关键问题做一提纲挈领式的初步探讨，以期推进对中国艺术和美学精神问题的研究。

第二节 晚清民初"中国艺术精神"论的先声

晚清民初是一个社会文化急剧变革的时代，在文坛"经世致用""救亡图存"的文学功利主义大潮中，少数先知式的思想家认为，自强图新和民族振兴的首要之务应是民族文化精神的振兴和国民精神人格的挺立，也正是他们率先提出文学的精神建构问题。20世纪初，随着西方哲学和美学传入中国，梁启超、王国维、鲁迅等思想巨子最早认识到，立国之本在于立人，欲立其国，必先立其人。文学艺术和美学哲学在立人的伟业中具有重大作用，因而倡言文学对人生、人心和精神的提振作用，他们可谓是20世纪"中国艺术精神"论的先声。例如，梁启超（1873—1929）提出文化上的元气说、哲学上的惟心说和新民说、文学的趣味说，开启了文学精神追求的价值取向。他在《国民十大元气论》（1899年）一文中明确提出："求文明而从精神入，如导大川，一清其源，则千里直泻，沛然莫之能御也。"[1]梁启超还在《惟心》（1899年）一文中化用佛学，提出："境者心造也。一切物境皆虚幻，惟心所造之境为真实。……是以豪杰之士，无大惊，无大喜，无大苦，无大乐，无大忧，无大惧。其所以能如此者，岂有他术哉？亦明三界唯心之真理而已，除心中之奴隶而已。苟知此义，则人人皆可以为豪杰。"[2]在《论小说与群治的关系》（1902年）中，梁启超进而认为，"欲新一国之民，不可不先新一国之小说"。欲新道德、新宗教、新政治、新风俗，"乃至欲新人心，欲新人格，必新小说"，阐明文学与人心、文学与人格的关系。随后王国维（1877—1927）在《文学与教育》（1904年）一文中明确提出："生百政治家，不如生一大文学家。何则？政治家与国民以物质上之利益，而文学家与以精神上之利益。夫精神之于物质，二者孰重？且物质上之利益，一时的也；精神上之利益，永久的也。"[3]同年他在《红楼梦评论》一文中提出，《红楼梦》表现了"平和的"与"悲感的"两种精神，指出《红

---

[1]《梁启超全集》，第一卷，北京出版社1999年版，第267页。
[2]《梁启超全集》，第一卷，北京出版社1999年版，第361—362页。
[3]《王国维文集》，第三卷，中国文史出版社1997年版，第63页。

楼梦》一改吾国人之世间的、乐天的精神,描写了一种人生的悲剧精神,因而在美学上具有独特之价值。继而他又在《屈子文学之精神》(1906年)一文中提出,屈原是南人而学北方者,其文化精神兼有北方之情感与南方之想象。在《人间词话》(1908—1909)中,王国维更是以境界释精神,指出:"故能写真景物、真情感者,谓之有境界。否则谓之无境界。"鲁迅(1881—1936)更是强调人的"精神"与人格独立之极端重要性,"精神"一词在他的早期论文《文化偏至论》(1907年)和《摩罗诗力说》(1907年)中出现数十次之多。鲁迅主张"别求新声于异邦""恃意力以辟生路",开启"二十世纪中国之新精神",促进"国民精神之发扬"。他赞美弥尔顿、卢梭、拜伦、雪莱、普希金、密茨凯维支、裴多菲等诗人的启蒙思想和浪漫主义精神,赞扬尼采的生命意志说和易卜生的个性解放说,主张"尊个性而张精神""掊物质而张灵明,任个人而排众数"。鲁迅在《文化偏至论》中指出:"欧美之强,莫不以是炫天下者,则根柢在人,而此特现象之末,本原深而难见,荣华昭而易识也。是故将生存两间,角逐列国是务,其首在立人,人立而后凡事举;若其道术,乃必尊个性而张精神"[1],认为欧美之强,根柢在人,其繁华物质文明只是现象之末,人的精神之挺立才是民族富强和文化兴旺的本原。故立国必先立人,立人必尊个性而张精神。在《摩罗诗力说》一文中,鲁迅更是呼唤"撄人心""振精神"的"摩罗诗人"。"摩罗"是"魔鬼"("天魔")的梵文音译,鲁迅以之指代

---

[1]《鲁迅全集》,第1卷,人民文学出版社2005年版,第58页。

那些"立意在反抗、指归在动作"的近代西方浪漫主义诗人。鲁迅指出："盖诗人者，撄人心者也。"[1] 鲁迅盛赞西方近代浪漫主义诗人为"精神界之战士""精神界之伟人"，并呼唤中国现代精神界之战士的诞生。鲁迅强调，文学审美之本质"皆在使观听之人，为之兴感怡悦"；"涵养人之神思，即文章之职与用也"；"自振其精神而绍介其伟美于世界"。[2] 此外，蔡元培（1868—1940）宣扬康德和柏拉图的美学思想，认为美感教育乃是从现象世界的美丽形式感抵达实体世界或形而上观念世界尊严感之津

---

[1] 引按：鲁迅在《摩罗诗力说》前两节有很多精辟论述，指出："古民神思，接天然之阕宫，冥契万有，与之灵会，道其能道，爰为诗歌。……今且置古事不道，别求新声于异邦，而其因即动于怀古。新声之别，不可究详；至力足以振人，且语之较有深趣者，实莫如摩罗诗派。摩罗之言，假自天竺，此云天魔，欧人谓之撒但，人本以目裴伦。今则举一切诗人中，凡立意在反抗，指归在动作，而为世所不甚愉悦者悉入之。……凡是群人，外状至异，各禀自国之特色，发为光华；而要其大归，则趣于一：大都不为顺世和乐之音，动吭一呼，闻者兴起，争天拒俗，而精神复深感后世人心，绵延至于无已……盖诗人者，撄人心者也。凡人之心，无不有诗，如诗人作诗，诗不为诗人独有，凡一读其诗，心即会解者，即无不自有诗人之诗。无之何以能解？惟有而未能言，诗人为之语，则握拨一弹，心弦立应，其声激于灵府，令有情皆举其首，如睹晓日，益为之美伟强力高尚发扬，而污浊之平和，以之将破。平和之破，人道蒸也。……刘彦和所谓才高者菀其鸿裁，中巧者猎其艳辞，吟讽者衔其山川，童蒙者拾其香草。皆著意外形，不涉内质，孤伟自死，社会依然，四语之中，函深哀焉。故伟美之声，不震吾人之耳鼓者，亦不始于今日。大都诗人自倡，生民不耽。试稽自有文字以至今日，凡诗宗词客，能宣彼妙音，传其灵觉，以美善吾人之性情，崇大吾人之思理者，果几何人？上下求索，几无有矣。……凡如是者，盖不止笞击縻系，易于毛角而已，且无有为沉痛著大之声，撄其后人，使之兴起。"（鲁迅：《摩罗诗力说》，载《鲁迅全集》，第1卷，人民文学出版社2005年版，第65、68、70、71页。）

[2] 鲁迅：《摩罗诗力说》，载《鲁迅全集》，第1卷，人民文学出版社2005年版，第87、102、73、74、67页。

梁，倡导以理想之光和崇高之美来引导国民精神，并提出"以美育代宗教说"[1]，对20世纪"中国艺术精神"论同样产生了深远影响。以上梁启超、王国维、鲁迅、蔡元培等先驱对人的精神和文学精神的阐扬成为20世纪"中国艺术精神"论的先声。[2]

第三节 宗白华与方东美：20世纪"中国艺术精神"论的正式提出者

最早明确提出"中国艺术精神"这一理论术语的是五四之子宗白华先生。[3] 宗白华是五四时期著名诗人、编辑和学者，"少年中国学会"成员，曾任五四时期重要文学和美学刊物《学灯》主编，经历了从西学向国学嬗变的思想历程。宗白华在《论中西画法的渊源与基础》（1934年）一文中明确指出："中国哲学如《易经》以'动'说明宇宙人生（天行健，君子以自强不息），正与中国艺术精神相表里。"[4] 在此之前，另一位同样沐浴五四文化并具有诗人气质的现代新儒家方东美发表了《生命情调与美感》（1931年）一文，阐述了艺术美感、生命情调与宇宙人生观三者之间的关系，该文虽未提出"艺术精神"一词，但实为一篇

---

[1] 蔡元培：《蔡元培美学文选》，北京大学出版社1983年版，第5、68页。
[2] 钱理群认为，在汹汹而至的国家主义、民族主义思潮下，坚持"个体自由"的，唯有鲁迅。（钱理群：《试论五四时期"人的觉醒"》，载王晓明主编《二十世纪中国文学史论》，第一卷，东方出版中心2005年版，第314页。）
[3] 在宗白华之前，梁漱溟在《东西文化及其哲学》（1921年）中提出过"艺术的精神"一词，但仅此一次。更何况，梁漱溟此处所谓"艺术"并非纯艺术，而兼有手艺之意涵。
[4] 《宗白华全集》，第2卷，安徽教育出版社1994年版，第105页。

研究中国艺术精神的哲性诗学论文。此后，方东美的《哲学三慧》（1937年）一文继续在中西比较中探索中国文化的诗性精神。方东美认为，复兴民族文化必自引发哲学智慧始。哲学智慧寄于全民族之生命精神或文化精神。希腊如实慧演为契理文化，欧洲方便慧演为尚能文化，中国平等慧演为妙性文化。中国伟大哲学家之思想向来寄于艺术想象，托于道德修养。中国妙性文化即生化不已、珍爱生命的道德化和艺术化的文化，亦即同情交感的广大和谐之诗性文化。[1] 方东美同年还发表旨在阐发中国哲学精神的系列演讲《中国人生哲学概要》，中国艺术精神论为其中重要部分，产生了极大的反响。因此，宗白华与方东美同为20世纪"中国艺术精神"理论的提出者。以下稍做具体展开。

一、宗白华的"中国艺术精神"论：探索中国文化的精神向何处去，是宗白华毕生的学术旨趣和艺术追求。作为五四之子，宗白华的学术思想和文艺观念是在五四新文化运动中生成的，并随着对五四新文化运动认识的深化而不断发展。从宗白华早年写的多篇关于"少年中国学会"和《学灯》办刊思想等文章中可以看出，宗白华在青年时代即已立志创造新精神、新能力，树立以学术和艺术救国的抱负，立志做学术的根本研究，以为新文化建设的指导明灯。他主张学习西方文化，建设少年中国。20世纪中国现代学者很多研究中国哲学和文化精神的文章都首发于《学灯》，而且经由宗白华亲自撰写编后语予以推介。宗白华青年时就酷爱哲学，早在1920年赴德国留学之前就着力研究西学和艺

---

[1] 刘梦溪主编：《中国现代学术经典·方东美卷》，河北教育出版社1996年版，第303—318页。

术。他 22 岁时写下长文《欧洲哲学的派别》，对西方哲学有精细的研究，尤其醉心于叔本华、柏格森的生命哲学和康德的唯心哲学，批评唯物论哲学想从物质中推求精神思想的原理根本不能成立，赞美希腊和欧洲文学艺术描写"动象"、表现"动"之生命的艺术审美精神。早年的宗白华，写了很多研究新诗、新文化、新艺术、人生哲学、精神文化、精神人格的精彩论文。在《中国青年的奋斗生活与创造生活》（1919 年）一文中，宗白华号召中国青年克服暮气，发扬创造"新人格新文化新生活新社会"的"奋斗精神和创造精神"。宗白华指出："我们现在对于中国精神文化的责任，就是一方面保存中国旧文化中不可磨灭的伟大庄严的精神，发挥而重光之，一方面吸取西方新文化的菁华，渗合融化，在这东西两种文化总汇基础之上建造一种更高尚更灿烂的新精神文化。"[1] 宗白华认为，将来世界新文化一定是融合东西两种文化的优点而加以新创造的，这融合东西文化的事业与中国人最相宜。我们要有进化的精神，这是少年中国新学者真正的使命、真正的事业。总之，这奋斗创造的最后鹄的，就是创造具有新生命、新精神和新国魂的"少年中国精神"，将无数个体精神汇成伟大的总体精神，打破世界上一切不平等的压制侵略，建立一个雄健的"少年中国"。在《看了罗丹雕刻以后》（1921 年）一文中，宗白华写道："艺术是精神和物质的奋斗……艺术是精神的生命贯注到物质界中，使无生命的表现生命，无精神的表现精神。"[2] 在

---

[1]《宗白华全集》，第 1 卷，安徽教育出版社 1994 年版，第 102 页。
[2] 宗白华：《看了罗丹雕刻以后》，载《宗白华全集》，第 1 卷，安徽教育出版社 1994 年版，第 309 页。

德国留学期间，宗白华发现了"文化对流"[1]的现象，对中国文化的伟大价值有了更深的认识，因而更加注重中国古典文化研究。1925年回国之后，宗白华执教于中国现代文化保守主义重镇国立东南大学，曾与方东美共事。其间，熊十力还在国立东南大学讲授过"新唯识论"，这些都激发了宗白华对中国古典哲学和美学的研究。宗白华在文章中还多次提到梁漱溟的《东西文化及其哲学》对自己的影响。在《艺术学（讲演）》手稿（大约写于20年代末）中，宗白华即已认识到，"凡一切生命的表现，皆有节奏和条理，《易》注谓太极至动而有条理，太极即泛指宇宙而言，谓一切现象，皆至动而有条理也，艺术之形式即此条理，艺术内容即至动之生命。至动之生命表现自然之条理，如一伟大艺术品。"[2] 20世纪30、40年代，宗白华写了大量研究中国古典哲学、文学、艺术尤其是音乐和绘画美学的文章。宗白华高度赞美魏晋的自由人格精神和唐代的文化进取精神，尤为阐扬中国古代乐舞艺术精神，认为乐舞艺术是人的内在生命和宇宙生命最为直接、具体和生动的流露。1937年，宗白华在《〈哲学三慧〉等编辑后语》中盛赞方东美的《哲学三慧》一文。1939年，宗白华在《〈黑格尔及其辩证法〉编辑后语》一文中指出："中国的

---

[1] 宗白华在1921年一封写给朋友的书信中指出：留学才两月，发现德国出了几部论欧洲文化破产，盛赞中国文化之优美的著作；而中国正在做倾向于西方文化的运动。真所谓"东西对流"了。在信中，他表示要做一个"文化批评家"。在留学期间，要全面研究西方文化，回国后要拿出一二十年来好好研究中国文化。参见宗白华《自德见寄书》，载《宗白华全集》，第1卷，安徽教育出版社1994年版，第320页。

[2] 《宗白华全集》，第1卷，安徽教育出版社1994年版，第548页。

《易》是一部动的生命的哲学,所以它的方法也是属于'辩证法'的。"[1]宗白华对中西哲学精神的系统研究见于其《形上学——中西哲学之比较》这部未刊稿。关于这部手稿的写作时间,学术界有不同认识,这又关系到对宗白华美学思想嬗变历程的认识。笔者发现,宗白华写于20世纪30、40年代的中国艺术精神研究的系列美学论文,与论中西哲学精神的哲学手稿《形上学——中西哲学之比较》观点一致、互为表里、相互印证,表明二者写作应在同一时期或略有前后。可见,20世纪30、40年代,宗白华的美学研究进入一个新的阶段,即贯通"道""艺"、创构艺术意境论的阶段,强调艺术家精神涵养对于艺术创造之重要性。在宗白华看来,艺术意境正是中国文化中壮阔幽深的宇宙意识和生命情调的象征和显现,是中国古代艺术家生命精神和宇宙大生命精神的生动表征。宗白华的中国艺术意境论与其中国哲学形而上学研究相互促进,彼此发明,相得益彰。《中国文化的美丽精神往那里去?》(1946年)一文则是宗白华20世纪40年代研究中国美学精神的一篇重要专文,更为鲜明地显示出中西艺术精神融合的价值取向。宗白华指出:"中国民族很早发现了宇宙旋律及生命节奏的秘密,以和平的音乐的心境爱护现实,美化现实,因而轻视了科学工艺征服自然的权力。这使我们不能解救贫弱的地位,在生存竞争剧烈的时代,受人侵略,受人欺侮,文化的美丽精神也不能长保了,灵魂里粗野了,卑鄙了,怯懦了,我们也现实得不近情理了。我们丧尽了生活里旋律的美(盲动而无秩序)、音

---

[1]《宗白华全集》,第2卷,安徽教育出版社1994年版,第245页。

乐的境界（人与人之间充满了猜忌、斗争）。一个最尊重乐教、最了解音乐价值的民族没有了音乐。这就是说没有了国魂，没有了构成生命意义、文化意义的高等价值。中国精神应该往哪里去？"[1]宗白华认为，这是一个令人惆怅、值得深思的问题。

二、方东美的"中国艺术精神"论：现代新儒家著名人物方东美的艺术精神论是建立在其"生生之德"的生命哲学本体论基础之上的。方东美的"生生之德"生命哲学是柏格森的"创化论"、怀特海的"创进论"与周易生命哲学、庄子生命哲学融会贯通的产物。在方东美看来，中国美学是一种生命美学，旨在创造"生生之美"，体现"生生之德"。文学艺术所表达的"生命情调"，本质在于普遍生命之大化流行和创造不息，在于盎然生意与灿然活力。1937年全面抗日战争爆发前夕，方东美通过广播向全国青年发表关于中国人生哲学的系列演讲，在抗日炮火声中阐扬中国文化精神，以激发国人的民族精神与抗战信心。其中，他深刻地阐扬了中国文化中"美的艺术精神"，强调先哲"人的精神气象能与天地上下同其流"的雄健精神。方东美认为，中国古代先哲视宇宙为一大化流行的生命，兼有物质和精神两个方面，且是浑然一体的，不像西哲往往把它们截作两片。因此，中国先哲的宇宙观可谓"万物有生论"（不同于西方"万物无生论"）的宇宙观。从把宇宙和人生打成一气来看，"万物有生论"是中国哲学的一贯精神，因而中国人的宇宙观究其根底具有道德性和艺术性，故为价值之领域。总之，中国哲学的根本精神乃是广大

---

[1]《宗白华全集》，第2卷，安徽教育出版社1994年版，第402—403页。

和谐之生命精神。[1]而且，方东美在20世纪中国美学史上是最早阐发孔子与庄子的艺术精神和赞扬孔子的生命创造精神、老庄的大美精神的，对后来的唐君毅、徐复观有直接影响。方东美认为，美是人类创造欲的表现，一切艺术都是从体贴生命之伟大处得来的。中国艺术理想是既富有道德价值又含藏艺术纯美的理想，是兼有艺术良心和审美真情的艺术理想。中国人在美的创造和欣赏活动中，都要直透美的艺术精神，都必须先与生命的普遍流行浩然同流，据以展露相同的创造生机。因此，中国的艺术品，无论是何种形式，都表现出充分的盎然生意，都要点化成活泼神妙的生香活意，蔚成酣畅饱满的自由精神。中国艺术家直透内在生命精神，化为外在的生命气象。中国艺术所关切的，主要是生命之美及其气韵生动之充沛活力，所注重的不像西方艺术那样仅是表现孤立的个人生命，而是注重全体生命之流所弥漫的灿然仁心与畅然生机，从而体现了中国艺术独特的人文主义精神。[2]

抗战后期，方东美发表了影响深远的《中国文化中之艺术精神》一文，该文刊载于1944年2月的重庆《文史杂志》上。[3]写于抗战后期的这篇文章与发表于抗战初期的〔后辑为《中国人生哲

---

[1] 参见方东美《中国人生哲学》，中华书局2012年版，第18、19、22、38、39、172页。

[2] 参见方东美《中国人生哲学》，中华书局2012年版，第55—58、193—203页。

[3] 关于该文的作者，或谓方东美所作，因而收入方东美的文集之中；或谓唐君毅所作，因而收入唐君毅的文集之中。笔者持第一种观点，认为该文为方东美所作。方东美先生在该文的结尾处写道："当此世界沦于浩劫：到处交响着的不是音乐而是炮弹的恐怖声音的时候，使我们怀想着中国之伟大的政治理想，中国文化中的艺术精神，同时想到艺术精神本身之可贵，亦同时想到中国艺术家的责任之远大。"（方东美：《生生之美》，北京大学出版社2009年版，第3页）。

学概要》(1937年)〕系列演讲,其主旨都是通过阐扬中国文化精神来振奋国人的民族精神,二者在论述中国人的广大和谐的艺术精神部分,于思想观点、论证材料和语言文字等方面都一以贯之。此后,为了向西方人介绍中国哲学,方东美将《中国人生哲学概要》重写为《中国人的人生观》,进一步阐扬中国的艺术理想,对光辉灿烂的中国艺术精神做出更明确的表述,指出:"中国的艺术精神贵在钩深致远,气韵生动,尤贵透过神奇创意,而表现出一个光辉灿烂的雄伟新世界,这个世界绝不是一个干枯的世界,而是一个万物含生,浩荡不竭,全体神光焕发,耀露不已,形成交光相网、流衍互润的一个'大生机'世界,所以尽可以洗涤一切污浊,提升一切低俗,促使一切个体生命深契大化生命而浩然同流,共体至美,这实为人类哲学与诗境中最高的上胜义。"[1]

因此,本书认为,方东美与宗白华同为"中国艺术精神"理论的提出者。在宗白华和方东美那里,中国哲学、中国文化与中国艺术都是极富生命精神的,生命精神既是中国哲学的精神,又是中国文化和中国艺术的精神。宗白华与方东美为同学和表兄弟的关系,二人都学贯中西,都有深厚学养,都深受五四新文化影响,都有深厚民族情怀,都具有诗人气质。宗白华著有《流云小诗》和《三叶集》,为五四时期著名哲性诗人;方东美创作旧体诗词一千余首,并结为《坚白精舍诗集》出版,被誉为"一代诗哲"。他们在学术上相互影响,思想旨趣多有投合。追求哲诗交

---

[1] 方东美:《中国人生哲学》,中华书局2012年版,206—207页。

融互摄、强调"生生之美"是他们的学术共性。所不同者,方东美更侧重于哲思中见诗意,更强调"生生之德"(宇宙万物生生不息的生命本性或内在创造力),强调感悟宇宙人生的普遍生命本体,即生命情调、美感与宇宙的合一;宗白华则更侧重于诗意中见哲理,于诗艺中见大道,于艺象中见艺境,更强调"生生之理"(宇宙万物生生不息的生命节奏或条理),强调"道器合一"或"道艺合一",在艺术象征中领悟生命节奏,以乐舞美学精神为中国古典艺术精神的文化本原和最高理想。作为一代诗哲,方东美更注重艺术的生命本性和价值研究,贯通艺术、宗教和哲学;作为一代美学骄子,宗白华进而还注重深入探究艺术样态和形式,贯通美学和艺术学。再者,宗白华对文化的理解更为广义,涵盖精神文化、物质文化和制度文化,而方东美所理解的文化更侧重精神文化。方东美借鉴柏格森和怀特海等人的生命哲学思想,并将其融会到中国古代儒道易佛哲学之中,建构了一个富于诗性的生命哲学美学,强调万物有生、万物含生,强调艺术是表达"生命存在的灿溢精神",因而方东美的美学研究更加强调中国人文主义的价值理性和艺术的精神价值,更加注重阐扬艺术的生命精神和生命气象。宗白华则更注重通过建构艺术意境论来阐扬中国艺术精神,认为中国传统艺术与"道"的关系最为密切,艺术意境是"'道'具象于生活、礼乐制度。道尤表象于'艺'。灿烂的'艺'赋予'道'以形象和生命,'道'给予'艺'以深度和灵魂"[1]。总之,宗白华与现代新儒学的关系是一位自

---

[1]《宗白华全集》,第2卷,安徽教育出版社1994年版,第367页。

由主义诗人与文化保守主义思潮之间的关系。其中，在哲学上，熊十力、张君劢尤其是方东美等人的现代新儒家哲学对宗白华有重要影响。在美学上，宗白华对方东美和第二代新儒家唐君毅、徐复观以及后来的文学批评家李长之等人影响更大。

第四节　唐君毅与徐复观：20世纪"中国艺术精神"论的理论确立者

在宗白华、方东美明确倡导"中国艺术精神"研究之后，现代新儒家唐君毅、徐复观等人相继展开中国艺术精神的系统研究，"中国艺术精神"论发展到了一个新阶段。

一、唐君毅的"中国艺术精神"论：唐君毅（1909—1978）明确提到宗白华艺术审美精神论对他的影响。[1]而且，唐君毅对魏晋美学精神的认知和赞扬也受到宗白华的直接影响。唐君毅深入阐述中国艺术精神研究的代表作有《中国文化之精神价值》（1953年）、《人文精神之重建》（1955年）等著作。[2]它们深刻揭示了人的精神文化的生命之源和价值之源，阐扬了中国文化的整全性价值和人文精神指向，认为中国传统文化中的科学与宗教

---

[1] 参见唐君毅《中国文化之精神价值》，江苏教育出版社2006年版，第206页。
[2] 唐君毅在写于1944年的《道德自我之建立》一书中提出，人的道德自我即是人的至善之心或心之本体，一种追求真善乐（真善美）之本心。该书有专节论述人的"精神之表现"，认为求美是人的理想精神的流露。求美之活动乃是人与物之间的往复贯通。求美一方是希望我之生命精神，贯通到物质界；而另一方面又要求这贯通在物质之生命精神，再回映于我之内。求美活动中之世界，因而为生命精神所充塞。（唐君毅：《唐君毅全集》，第四卷，九州出版社2016年版，第113页。）

得到道德精神与艺术精神的灌注,未来中国文化应进一步融摄西方的科学和宗教精神,进而提出了中西文化精神的互摄、会通与融合等论题。这些著作都辟专章或专节论述了中国艺术精神、礼乐精神和文学精神。唐君毅指出:中国古代礼乐之教,重在于日常生活和仪式生活中"皆养成一种顺乎中和之性情。礼乐之教之精义,与其说注重人之如何行为之合规则,不如说重在求人行为时之颜色、声音、态度、仪表、气象之可敬爱。故礼乐之教育乃自然的陶养人之道德性情之教育"。又说:"礼乐之生活,为吾人用自觉理性于超理性生活之感性生活,而使之美化,以合乎善者。……夫然,故礼乐能陶养人德性于明显道德行为之先。"[1]

由于唐君毅的中国艺术精神研究主要见于《中国文化之精神价值》这部代表作,故在此稍做展开论述。该书系统阐述了中国文化精神的起源和演进,探索了中国文化中的自然宇宙观、心性观、人生观、人格精神、道德理想、宗教精神、学术精神、创造精神、艺术精神、文学精神以及未来中国文化的创新发展等论题。唐君毅认为,中国艺术精神蕴含着中国哲学精神、伦理道德精神、宗教精神和民族文化精神,尤重对中国古代礼乐精神现代价值的阐扬,具体表现在建筑、书画、音乐、戏曲、雕刻、文学等各门类艺术之中。他指出:"中国之艺术文学之精神,皆与吾人上述之中国先哲之自然宇宙观、人生观及社会文化生活之形态密切相连着。艺术文学之精神,乃人之内心之情调,直接客观化于自然与感觉性之声色,及文字之符号之中,故由中国文学、艺

---

[1] 唐君毅:《中国文化之精神价值》,江苏教育出版社2006年版,第153页。

术见中国文化之精神尤易。"[1]进而论之，中国古代各门类艺术的精神亦相互涵摄，无不可以令人悠游其间。每种艺术之本身，皆有虚以容受其他艺术之精神以自充实其自身之表现。唐君毅认为，中国文学艺术之精神异于西洋文学艺术之精神者，在于中国文学艺术皆可使人之精神涵育其中，在于中国文学艺术具有优游之美，可供人之游，令人心与之俱往，人的生命精神游于其中。因而中国艺术不仅是审美感知或观赏的对象，更是吾人整个心灵藏修息游之所在。凡可游者，必待人的真精神入乎其内，而藏焉、修焉、息焉、游焉。所谓"藏修息游"既是一种心物交融的生命体验，又是一种自由活泼的精神境界。中国各门类艺术都具有令人藏修息游的艺术境界，中国艺术精神亦即往来悠游之精神。[2]中国艺术为生命精神提供安顿归宿之所，心灵生命得以相互亲近和感通，进而提振人的精神力量，开拓人的心灵境界，艺术因而成为中国人的精神家园。显然，唐君毅所阐发的中国艺术之悠游精神是对孔子、庄子等先哲的"游于艺""游心万化"等审美精神传统的现代转化。随后，唐君毅进而在《人文精神之重建》一书中具体阐发了孔子和庄子的艺术精神，认为以孔子为代表的儒家艺术精神为道德的艺术精神，以庄子为代表的道家艺术精神为纯粹的艺术精神。[3]这可谓先于徐复观的《中国艺术精神》阐扬了孔子艺术精神和庄子艺术精神。此外，唐君毅的

---

[1] 唐君毅：《中国文化之精神价值》，江苏教育出版社2006年版，第195页。
[2] 参见唐君毅《中国文化之精神价值》，江苏教育出版社2006年版，第202—215页。
[3] 唐君毅关于中国儒道两种艺术精神类型的观点显然脱胎于宗白华所论中国艺术精神之"充实与空灵"两种类型理论。

"中国艺术精神"论还有人格精神的理论内涵，认为从自然美、器物美、艺术美到人格美，乃是人的生命精神上升之路，也是道德自我不断超越之路。

二、徐复观的《中国艺术精神》：这是中国现代艺术精神论的标志性理论成果。在现代新儒家当中，徐复观（1903—1982）是最具传奇色彩的一位，前半生投身军政，后半生献身学术。曾任蒋介石机要秘书之一，被授予少将军衔。1943年，拜熊十力为师，退役向学。1949年，徐复观移居港台地区继续新儒学研究，一生著作数百万字。其中，《中国思想史论集》（1959年）、《中国人性论史》（1963年）、《中国艺术精神》（1966年）、《中国文学论集》（1974年）和《中国文学论集续编》（1981年）等为其研究中国文化史、哲学史和艺术史的主要著作。《中国艺术精神》是徐复观系统研究中国艺术精神的主要代表作，也是20世纪中国学者撰写的第一部专门以"中国艺术精神"为论题的专著，是中国现代艺术精神论研究领域最具标志性的学术成果之一。

徐复观与熊十力、唐君毅、牟宗三等师友致力于建构儒家形而上学体系不同，他通过思想史、文化史、艺术史的现代疏释和体验领悟，阐扬中国文化的人文主义精神和艺术精神，以期开出儒家文化的新生命。徐复观认为，道德、艺术、科学是人类文化中的三大支柱，西方文化强在科学，而中国文化在道德、艺术研究方面更为优越、更有价值，不仅有历史的意义，而且有现在和将来的价值。徐复观认为，中国文化是一种"心的文化"。中国人早就认识到，"人生价值的根源即是在人自己的'心'"。《易传》讲"形而上者谓之道，形而下者谓之器"，这里的"道"为天道，"器"为器物，而"形"指人的身体。由于人之心在人的身体之中，"所以心的文化、心的哲学，只能称为'形而中学'，而不应讲成形而上学"[1]。徐复观的中国艺术精神论正是建立在其"心的文化"（"形而中学"）理论基础之上的。徐复观对中国古代心性哲学和道德精神的研究集中体现在其《中国人性史论》一书中，其研究中国艺术精神的成果则集中表述在《中国艺术精神》一书之中，后者明确提出，中国文化中的艺术精神，归根究底只有由孔子和庄子所显出的两个典型。徐复观认为，孔子艺术精神的生命本源在于"仁"，彰显在孔子的乐教（诗教）之中。孔子提出"兴于诗，立于礼，成于乐"，揭示了儒家人格成长的艺术之路，体现了对音乐最高艺术价值的自觉，达到了"仁"与"乐"合一的精神境界。由此，孔子建立了"为人生的艺术"的典型，完成了美善统一的人格精神建构。究其奥妙在于，艺术植根于"仁心"这一生命的根源处。音乐之"和"融合了道德之"和"与人心愉悦之"和"，既澄汰了情欲，又凑泊上良心。孔子乐教所推崇的"大乐必简"和"无声之乐"，更是达到了与仁合一的人生至纯、至净、至和、至静、至美的生命最高境界和艺术最高境界，成为先秦儒家最高最完整的艺术精神。因此，孔子是中国历史中第一位最明显而又最伟大的艺术精神的发现者。[2]孔子为"人生而艺术"，亦可融艺术于人生，使人生艺术化，如"孔颜乐处"即是孔颜纯全的艺术精神的呈现，是一种普通人在

---

[1] 徐复观：《心的文化》，载《中国思想史论集》，上海书店出版社2004年版，第211—212页。

[2] 参见徐复观《中国艺术精神》，春风文艺出版社1987年版，第4页。

日常生活中难以达到的精神境界。战国之后，雅乐衰而俗乐起，孔门的艺术精神趋于泪没。但是，孔子的艺术精神并未消失。唐以前，孔门为人生而艺术的精神是通过《诗经》系统而发展的；唐以后，孔门艺术精神则通过韩愈等人的古文运动"文以载道"系谱（经由刘勰《文心雕龙》）而发展。换言之，孔子艺术精神主要在后来的文学审美精神中得到了体现和展开。

徐复观认为，如果说孔子的艺术精神植根于"仁"，那么，庄子的艺术精神植根于"道"。"老庄所建立的最高概念是'道'；他们的目的，是要在精神上与道为一体，亦即是所谓'体道'，因而形成'道的人生观'，抱着'道'的生活态度，以安顿现实的生活。……他们所说的'道'，若通过思辨去加以展开，以建立由宇宙落向人生的系统，它固然是理论、形上学的意义；此在老子，即偏重在这一方面。但若通过工夫在现实人生中加以体认，则将发现他们之所谓'道'，实际是一种最高的艺术精神；这一直要到庄子而始为显著。"[1] 老庄在他们思想起步的地方，并无艺术意欲，更不曾以某种具体艺术作为他们追求的对象。但是，若不顺着他们的思辨的形而上学的路数去看，而只是从他们的修养功夫所达到的人生境界去看，则他们所用的功夫，乃是一个伟大艺术家的修养功夫，不期然而然地归于今日之所谓艺术精神上。因此，当庄子从观念上去描述他之所谓"道"，而我们也只从观念上去加以把握时，这"道"便是思辨的形而上学的性格。但当庄子把它当作人生的体验而加以陈述，我们应对于这种

---

[1] 徐复观：《中国艺术精神》，春风文艺出版社1987年版，第42页。

人生体验而得到了悟时，这便是彻头彻尾的艺术精神。[1]徐复观指出："庄子所追求的道，与一个艺术家所呈现出的最高艺术精神，在本质上是完全相同。所不同的是：艺术家由此而成就艺术的作品；而庄子则由此而成就艺术的人生。"[2]老庄也遇到具体的艺术问题，但是，他们否定世俗浮薄之美和世俗感官快乐，而是追求所谓"大美""大乐""大巧"，使人的精神得到自由解放。这种自由解放，不可能求之于现世，而只能求之于自己的"心斋""坐忘"之心，庄子称之为精神，亦即是艺术精神主体。庄子艺术精神的境界是一种"体道""与天为徒""入于寥天一""与天地万物相通"的"游"之境、"独"之境，庄子的艺术精神是一种既"虚、静、明"又"弘大而辟，深闳而肆"的自由精神，是一种纯粹、整全、自觉自由的纯艺术精神，庄子因而是中国艺术精神的再发现者。

总之，孔孟之心为仁心亦即尽性知天的道德心，而老庄之心则是体道之心、虚静明的艺术心。一如自孔子的"仁心"到孟子提出"四端之心"，中国古代艺术的道德精神得以澄明；自庄子提出"虚静之心"，中国古代艺术的自由精神亦得以自觉。孔子是中国艺术精神的第一位发现者，庄子则是中国艺术精神的再发现者，亦即纯艺术精神的发现者。由孔子所开辟的艺术精神在后来"文以载道"的古文运动中得到生动表现，而由庄子所开辟的纯艺术精神主要在后来的山水画艺术中得到了最为纯粹的表现。庄子与孔子一样，依然是为人生而艺术。儒家成就的是道德的人

---

[1] 参见徐复观《中国艺术精神》，春风文艺出版社1987年版，第43—44页。
[2] 徐复观：《中国艺术精神》，春风文艺出版社1987年版，第49页。

生，而老庄思想所成就的人生，是虚静的人生，实际是艺术的人生。因为他们开辟的是两种人生样态，然都在为人生而艺术上。因此，为人生而艺术才是中国艺术的正统。不过儒家所开出的艺术精神，常须在仁义道德根源之地有某种转换。没有这种转换，便可以忽视艺术，不成就艺术。由道家所开出的艺术精神，则是直上直下的。因此，对于儒家而言，庄子所成就的为纯艺术精神。[1]可见，徐复观的中国艺术精神研究，达到了现代新儒学的"中国艺术精神"论研究的最高学术水平，同时也把20世纪"中国艺术精神"论研究推向了一个新的学术高度，影响深远。

第五节　"中国艺术精神"论在大陆和海外文学批评界的播撒

20世纪"中国艺术精神"论的提出和确立，引起了海内外学界的强烈反响。首先是在大陆的文学批评家中得到响应，青年批评家李长之率先提出"文学批评精神"这个理念，并贯彻在其文学批评实践之中。此后，"中国艺术精神"论在港台文学批评家、海外华人文学批评家和海外汉学家那里得到响应，陈世骧、高友工以及王梦鸥等人的文学批评理论与实践都深受"中国艺术精神"论的影响，共同形成了"中国艺术精神"论谱系中的批评家范式，与"中国艺术精神"论谱系中的美学家和艺术学家范式（宗白华）、哲学家和思想家范式（方东美、唐君毅、徐复观）在理论形态上鼎足而立。换言之，李长之、王梦鸥以及陈世骧、高友工等人的文学批评都体现了一种批评家的艺术精神理念，陈世

---

[1]　参见徐复观《中国艺术精神》，春风文艺出版社1987年版，第114—118页。

骧、高友工尤重中国文学抒情传统和抒情美学精神研究，他们的研究都成为20世纪"中国艺术精神"论的理论播撒。本节仅对李长之文学批评精神论进行简要评析。

李长之深受德国文化影响，重视文学批评的美学精神研究，其所写的美育研究和文学批评论文以及西方艺术理论译著曾多次得到宗白华的好评。1940年，年轻的文学批评家在《释美育并论及中国美育之今昔及其未来——为纪念蔡孑民先生逝世作》一文中，对何谓美学精神、何谓中国美学精神及其对中国美学的未来发展等问题发表了重要观点。李长之指出：美学关系于形而上学。美学的真精神是在反功利，在忘却自己，在理想之追求。这是成就任何大事业所必不可少的精神。中国古人把宇宙视为一个生动活泼、生生不已的伦理世界，生活于这个世界的人在俯仰呼吸之间，与宇宙大我息息相通。他"赞天地之化育"，"与天地参"，所以能够"上下与天地同流"，能够"天地与我并生，万物与我为一"。宇宙的创造，就是他的创造。人自身生命的扩张，就是宇宙生命的扩张。他从这种宇宙人生中感到了生命力的洋溢充盈。因此，中国古典美学精神即是生意盎然、氤氲不息的生命精神。孔子即是这样一位富于古典美学精神的大师。然而，"现代人的精神已浅薄脆弱到了极点，生活不过是耳目声色之欲，所看宇宙自是干燥而枯窘的空气而已，石头而已，灰尘而已"。李长之对未来中国美学提出了很高的学术期待。李长之认为，文化教育使人类全体或分子在精神上扩大而充实，美感教育则为其中最重要之一种，甚而可谓是最符合教育本义之一种。铸就新人类，建设新国家，离不开新美学。新美学不是简单继续古人的美感教育，而是建立在新的形而上学基础上的新人文主义美学。[1]显然,李长之的这个美学思想是对蔡元培、宗白华和方东美的审美人格教育思想和艺术生命精神理论的发扬光大。李长之还专门研究过德国古典文化精神、美学精神和艺术精神,著有《德国的古典精神》(1943年)一书,对德国近代以来著名作家、思想家、教育家温克尔曼、康德、歌德、席勒、洪堡特、荷尔德林等人的古典主义精神进行了深入阐发。李长之指出:"我常说,我有三个向往的时代和三个不妥协的思想。这三个向往的时代:一是古代的希腊,二是中国的周秦,三是德国的古典时代。那三个不能妥协的思想:一是唯物主义,二是宿命主义,三是虚无主义。……世界上的大思想系统,很少是唯物论、宿命论、虚无论,却往往是理想主义。我所谓的三个可向往的时代:希腊,周秦,古典的德国,尤其是在这三个时代中之正统思想,可说都是理想主义。"[2]李长之所说的"理想主义"即是一种人本的、热情的、艺术的、完美的文化理想精神。而且,李长之倡导美学精神在文学批评实践中的灌注和运用,提出"批评精神"这一理念,认为"文艺批评最要紧的是在'批评精神'",并著有《批评精神》(1942年)一书。在该书中,李长之呼唤伟大的批评家及其批评精神,认为文学批评乃是批判家批评精神的流露和应用。他将批评精神视为一种灌注在文艺批评中的理想精神,并以"感情的型"作为批评活动的最高文艺标准论。而且,李长之还由此展开具体的批评实践,撰写传记批评专著,阐扬中国文学史上司马迁、陶渊明、李

---

[1] 参见李长之:《释美育并论及中国美育之今昔及其未来》,载《李长之文集》,第三卷,河北教育出版社2006年版,第163—172页。

[2] 李长之:《自序》,载《李长之文集》,第十卷,河北教育出版社2006年版,第151—152页。

白、鲁迅等作家的伟大人格精神。

第六节　后五四文化与现代新儒学："中国艺术精神"论的形成语境与哲学基础

关于20世纪"中国艺术精神"论的兴起语境，应当置于五四新文化、后五四文化和现代新儒学思潮的整个大的时代文化思潮和精神嬗变史中加以观察和考量。20世纪"中国艺术精神"论是19世纪末以来中国社会历史急剧变革的产物，是对19世纪末以来西方列强科技文明、物质文明强势侵入中国的文化反应，是20世纪中国人文知识分子因应传统文化危机所做出的一种文化对策，是整个20世纪中国现代文化重建的一个重要组成部分。近代以来，中华民族遭遇"三千年未有之大变局"（李鸿章）。西方列强用坚船利炮撞开了中国的大门，中国传统文化遭受前所未遇的深刻危机。西方洋枪洋炮、科技优势以及进化论思想，击碎了中华古老文化的心理优势，大批知识分子陷入了意义缺失、精神迷失和悲观情绪之中，许多志士仁人多方求索，寻求摆脱文化危机的出路。数十年间中国社会经历了各种思想文化的激荡和碰撞，终于汇成了五四新文化运动这个思想解放的时代大潮。[1]

----

[1] 本书所论的"五四新文化运动"不等于五四运动，五四运动只是其中的一场由北京大学生发起并有各界市民广泛参与的爱国民主运动，五四运动仅仅是五四新文化运动中的一个阶段或一个总爆发。五四新文化运动时期（1915—1927），不仅有宣扬西方现代化的西方自由主义思潮的兴起，而且西方内部批评西方现代化的声音在当时中国思想界也可寻踪迹，诸如批判西方资本主义的马克思主义，质疑西方科技物质文明的柏格森哲学等。前者影响了"左翼"激进主义，后者影响了文化保守主义。

概而言之，面对西方文化的强势冲击，在如何对待中国传统文化这个民族共同文化遗产问题上，晚清民初中国知识分子做出了不同的学术思考和文化选择，形成了20世纪中国文化思想界的偏于西化的文化自由主义、偏于俄化的文化激进主义和偏于国学的文化保守主义三大思潮。自由主义与激进主义两大思潮成为五四新文化运动的主潮，现代新儒家作为一种文化保守主义在后五四时期兴起，介于自由主义、激进主义和其他传统主义之间，旨在探索一条折中的学术路径，希冀在文化危机中重建民族文化的价值和意义。

五四新文化运动是近代中国知识精英在依次经历向西方学习科学技术教育和先进器物尤其是坚船利炮（洋务运动）、向西方学习各种政治法律制度（戊戌变法和辛亥革命）相继失败之后思想文化领域的一次大解放运动。五四新文化运动是精神文化领域的新觉醒、新选择，用陈独秀发表于1916年《青年杂志》的一篇同名文章的话来表述，即是"吾人最后之觉悟"。五四新文化运动是一场深刻的思想解放运动，将中国近代启蒙思潮推向了新的高峰，标志着中国正式进入现代社会。五四新文化运动强调民主、自由、科学和个性解放，形成了彪炳史册的五四新文化精神。五四新文化是对中国传统文化的根本性改造和整体性变革。五四新文化运动中的思想巨子们接受了西方进化论，将中西文化理解为"新与旧""落后与进步""传统与现代"的二元对立的关系，宣称应"重新估定一切价值"（胡适），主张通过激进变革来"破旧立新"和"弃旧立新"，彻底摈弃传统文化和文学，全盘学习西方文化，以期通过输入西方新学理，再造中国新文明，因而奏响了20世纪前期中华民族精神和时代精神的最强音。"20世纪初，在五四新文化运动中，发端于文艺领域的创新风潮对社会变革产生了重大影响，成为全民族思想解放运动的重要引擎。"[1]但是，五四巨子的思想偏执也是现代新儒家所不认同的。正是这些偏执之处引发了后五四时期现代新儒家的文化新保守主义兴起，他们对五四新文化做出反思、批评和矫正，对中国文化未来发展做出新的构想，表达了一种不同于五四文化的现代性文化新诉求。

作为一种后五四文化，现代新儒学不是一般意义上的文化保守主义和传统主义，不把传统与现代化视为水火不相容的关系，而是认为儒学与西学、儒学与科学、儒学与现代生活可以协调和融通。现代新儒家大多有深厚的西学功底甚至是西学专业出身（如张君劢、贺麟、方东美、牟宗三、唐君毅等人），他们"援西入儒"，将西方生命哲学、德国精神哲学和现象学等与宋明理学的心性之学相融合，致力于中国现代文化的"返本开新"和传统文化的"创造性转化"，化解传统与现代之间的紧张关系，走出中国文化面临的困境，同时避免第一次世界大战所暴露的西方现代性诸种弊端。因此，现代新儒学不同于其他文化保守主义，实现了对一般文化保守主义的理论超越。挺立中国文化的主体性，发现并阐扬被清代朴学所遮蔽的宋明理学尤其是陆王心学，创造性地转化中国传统心性文化，以期重建中国现代新文化，使之成为克服中国现代文化危机的因应之道，是现代新儒学最为根本的

---

[1] 习近平：《在文艺工作座谈会上的讲话》，《人民日报》2014年10月15日。

学术旨趣。现代新儒家的"天人合一""内在超越""道德理想主义""返本开新""以新内圣开出新外王""生命哲学"("生命形而上学")等文化理念,都是现代新儒家对传统儒学现代价值的彰显和阐发,是现代新儒家因应西方文明挑战的文化对策,也是对中国现代文化未来走向提出的新构想。因此,现代新儒学与五四新文化一样,同属20世纪中国现代文化的范畴。与《新青年》文化偏执的时代先锋一样,现代新儒家思想巨子是中国文化现代性建构不同面向的重要开创者。因而现代新儒学不是一般意义上的如曼海姆所说的保守主义,也不是一般意义上的如艾恺所说的反现代化思潮,而是一种新传统主义、新保守主义、新心性主义,一种具有中国智慧的新现代性哲学。以现代新儒学为主要代表的后五四文化对中国现代艺术精神论的理论建构,起到了直接的引领和激发作用。20世纪"中国艺术精神"论正是在后五四文化和现代新儒学影响下兴起的,属于整个后五四文化思潮的一个重要组成部分。

  现代新儒家生命哲学奠定了20世纪"中国艺术精神"论的哲学本体论基础。20世纪"中国艺术精神"论的理论生成,得益于五四新文化和后五四文化的滋养,尤其得益于现代新儒学人生哲学和中国文化精神论的滋养。艺术精神根源于民族精神、文化精神、哲学精神和时代精神。艺术精神与哲学本体论内在贯通。现代新儒家普遍重视对中国文化精神的研究,20世纪"中国艺术精神"论与之相互发明,成为现代新儒学在中国美学研究中的生动呈现。从总体上看,现代新儒学是一种诗性哲学。20世纪"中国艺术精神"论借鉴了现代新儒学的生命哲学,受到梁漱溟、张君劢、熊十力、方东美等现代新儒家的生命本体哲学（价值形而上学）的理论滋养。现代新儒家接着宋明新儒学的"内圣"讲，将这种"内圣"之学（心性之学）创造性地转化成具有现代生命哲学和精神哲学意义的现代心性之学（"生命形而上学"和"心的形而中学"等）。其中，梁漱溟的《东西文化及其哲学》（1921年）所阐发的以"意欲自为、生命直觉、调和持中"为根本精神的中国文化哲学和人生哲学，张君劢的《人生观》与《再论人生观》（1923年）所阐发的区别于科学的"主观、内在、直觉、自由意志"的新玄学，尤其是熊十力的《新唯识论》（1932年）所阐发的"辟翕成变""生生不息""天人合一"的贯通本体论、宇宙论、人生论、认识论、心性论、伦理学和价值学的生命哲学，以及方东美的《中国人生哲学》（1937年）所阐发的"生生之德"的生命哲学等，都对20世纪"中国艺术精神"论产生了深远影响。在一定意义上可以说，20世纪"中国艺术精神"论即是现代新儒学哲学在中国美学史、中国艺术史领域的具体展开。现代新儒家对中国文化精神、中国哲学精神的研究与20世纪"中国艺术精神"研究相互交织，相互影响，构成中国现代人文学术史上一幅精彩而壮丽的精神画卷。

第七节 "中国艺术精神"论的历史地位和理论特质

"中国艺术精神"论在20世纪中国文化史上具有重要的历史地位、历史意义和理论特质。20世纪"中国艺术精神"论乃是对五四新文化运动的校正，是后五四时期对中国现代新文化的一种重建，是中国美学现代性建构的一个重要面向，因而也是中国现代美学和文论取得的一个重要成果。五四新文化巨子全面否定中国传统文化，尤其是把中国落后的根源归于以孔子为代表的儒学，主张全盘西化，引入西方的民主与科学，作为中国文化的发展方向。五四巨子发现了中国文化的弱项，强调引入西方民主和科学，这是其巨大的历史功绩。但是，五四文化彻底地反传统，又有伤很多知识分子的民族自尊心，而且在学理上陷于偏颇。其一，失去民族文化的本根和主体，所引西学焉能生存？其二，仅把西方文化归结为民主与科学，忽视接引西方的哲学文化（形而上学）、宗教文化，造成对西方文化认知的欠缺。例如，胡适就反复强调，西方文明的根本在科学，因而他力主引入西方实证主义，抨击中国古代的玄学和理学。殊不知，哲学精神与宗教精神从来就是西方文化之根本，如英国近代文化巨擘马修·阿诺德主张德性与智性并重，高度阐扬西方文化的"两希精神"，认为宗教精神与科学精神缺一不可；尼采则崇尚生命意志本体，阐扬希腊文化的日神精神和酒神精神，尤以酒神精神为根本，阐扬前苏格拉底时期的古希腊生命意志哲学乃至东方哲学精神。不仅西方传统形而上学（如理念论）与宗教文化（如基督教）成为西方古代的文化支撑，西方近代人文主义哲学和理性主义哲学是西方近代的文化支撑，而且形而上学也是西方现代文化的承诺，形而上学与宗教文化在西方现代和后现代时期仍在与时俱进地发展。然而五四新文化巨子如胡适、陈独秀等人都认定西方宗教文化和形而上学已被科学摧毁，因而胡适信奉"实证主义"，陈独秀主张"以科学代宗教"。这显然是一种片面认识。现代新儒学的兴起，正是对五四巨子上述两个偏差的校正，以期对中国现代文化进行重构。正如中国台湾著名学者王邦雄所言："五四讲科学、讲民主，然拒绝西方的宗教，又打倒孔家店，失落了文化最高的精神理念层，只有科学一层，民主变成空头。"[1]文化理念即是文化之道，没有文化"理念"和精神之"道"支撑的器物、科技、制度都只是偏于一般的"术"而已。正是由于五四新文化一味崇尚科学与民主，以之为新的宗教（或以之代宗教），失落了文化最高的精神理念层次，因而激发了现代新儒学的兴起，意在激活被清代乾嘉学派所压抑的宋明理学的心性本体论，开辟现代中国人的文化理念和精神之道，回答中国人的生命价值之源和终极生存意义问题。有论者指出，美学在中国的使命从一开始或许就是超载的，而不仅仅是一门纯粹的美学学科。"中国语境里的'美学'从确立之初就改变了其在西方学科体系中的疆界，而泛化为修养之学、性灵之学，上升为智慧之学和形而上之学，贯通了艺术之道与人生哲学"[2]。诚哉斯言！如同19世纪英国批评家马修·阿诺德认为文学批评乃是生活批评，20世纪"中国艺术精神"论者也同样不是在纯美学的意义上理解艺术，而是把艺术理解为人的生存方式和民族文化精神的感性呈现方式。20世纪"中国艺术精神"论者倡导人生的艺术化和艺术的人生化，倡导一种大美学观、大艺术观和大文化观。中国文化传统中的心性体验为其核心，在此基础上贯通天人、道器，贯通自然、艺术和社会人生，

---

[1] 王邦雄：《从中国现代化过程中看当代新儒家的精神开展》，载罗义俊编著《评新儒家》，上海人民出版社1989年版，第91页。

[2] 吴志翔：《20世纪的中国美学》，武汉大学出版社2009年版，第2页。

旁及古人关于修养、教化、感悟、性情、精神、性灵、趣味、神韵和境界及其诗性话语。因而"中国艺术精神"论是20世纪中国美学和艺术研究领域一种有着独特现代性品格和学术异彩的理论形态,是一种以中国美学史和艺术史面貌呈现的人生美学、人文美学、人格美学、生命美学、体验美学、文艺美学、本体美学、超越美学或形而上美学。20世纪"中国艺术精神"论是中国古典感兴美学传统现代转化的产物,建构了中国现代美学精神的一个新传统。

归根结底,20世纪"中国艺术精神"论是为了追寻和建构现代中国人的精神价值和生命意义。"中国艺术精神"论不仅是对五四时期陈独秀"以科学代宗教"说的反拨,同时也是对蔡元培"以美育代宗教"说的某种回应。如前所述,陈独秀等人崇尚西方的进化论和科学主义、理智主义,陈独秀在《再论孔教问题》(1917年)一文中认为,科学是一个不断进步、无限发展的过程,宇宙人生的一切问题归根结底要靠科学来解决。在其心目中,科学俨然取代了昔日的宗教地位。"真能决疑,厥惟科学。故余主张以科学代宗教,开拓吾人真实之信仰"[1]。显然,陈独秀对科学抱以无限的信心,使之取得了至高无上的形而上学之尊贵。与之不同,蔡元培先生则认为,人的精神作用有知识、意志和情感三种。由于科学进化的作用,宗教遭到科学的瓦解,知识与意志遂已脱离宗教,唯有情感仍与宗教相连,宗教仍利用美术以感人。对于这种精神文化的嬗变,蔡元培抱有遗憾。他认为,美育

---

[1]《陈独秀著作选》,第一卷,上海人民出版社1993年版,第253页。

附丽于宗教者，常受宗教之累，失其陶养之作用，而转以激刺感情，扩张已教、攻击异教。莫如舍宗教而易以纯粹之美育。"纯粹之美育，所以陶养吾人之感情，使有高尚纯洁之习惯，而使人我之见、利己损人之思念，以渐消沮者也。盖以美为普遍性，决无人我差别之见能参入其中。……遂亦不能有利害之关系。"[1] 20世纪"中国艺术精神"论的开创者们，显然不认同陈独秀的科学至上的观点，而是强调哲学精神和文化精神的重要性，因而高扬中国文化重道德、重诗性的优良传统，阐扬中国艺术的生命精神和道德精神，以挺立的人格精神来涵摄科学技术，纠正"科学万能"的科学主义崇拜之弊端。对于蔡元培"以美育代宗教"的思想，则基本认同，并予以响应、补充和完善，并认为中国传统诗性文化在这方面更具优长。当然，20世纪"中国艺术精神"论者，除了徐复观持"心的文化"或"形而中学"的立场而与蔡元培的美育观比较接近之外，绝大多数研究者是在审美形而上学或艺术本体论高度来理解中国艺术精神的，其中融会了感性、智性、德性、诗性和神性的多重精神蕴含，而不仅仅认为这是一个情感问题。

由此，可以见出20世纪"中国艺术精神"论自身独特的理论特质和理论价值。作为后五四时期兴起的中国现代美学的一种重要理论思潮和理论成果，20世纪"中国艺术精神"论体现了自身特殊的学术旨趣与精神追求。有论者指出，"中国艺术精神"

---

[1] 蔡元培：《蔡元培美学文选》，北京大学出版社1983年版，第68—71页。

研究实为20世纪中国美学理论的一种重要审美范式。[1]这是相当有道理的。本书认为，艺术精神植根于哲学精神和文化精神。艺术精神是哲学和美学在审美形而上学和艺术本体论意义的精神追求。艺术精神虽与哲学本体论息息相关，但又不是理论化的本体论知识体系，而是活生生的生命精神，是本体论的体验形态、感性呈现与鲜活性存在。艺术精神是人类不断追求文化创造和追问人生意义的生命精神，是人类生生不息地追求真善美终极价值的自由超越精神。中国艺术精神则是中华民族在自身生存本体论意义上的精神追求。20世纪"中国艺术精神"论是一种以历史美学和历史诗学（或曰中国美学史和中国艺术史）面貌呈现的中国现代美学本体论和艺术形而上学，所探究的都是关系到中国现代美学和现代艺术的根本理念（如艺术的生命本根、精神之道及其生动的感性呈现）等核心问题。一如德国古典美学在德国近代民族文化和民族精神建构中发挥了重要作用，20世纪"中国艺术精神"论在20世纪中国文化现代性建构、现代民族精神建构和民族新文化建设中同样发挥了重大作用。

第八节 "中国艺术精神"论的当代发展与理论创新

20世纪"中国艺术精神"论为20世纪中国美学史写下了辉煌篇章，它不仅彰显了中国艺术审美精神自身独特的优秀价值，而且在中西比较和会通中重建现代中国人的意义世界和精神世

---

[1] 参见刘建平《东方美典——20世纪"中国艺术精神"问题研究》，人民出版社2017年版，第10页。

界，对中国文化发展提出很多有价值的构想，留下了一笔丰厚的学术遗产和宝贵的学术经验，形成了一个重要的现代学术新传统。20世纪"中国艺术精神"论不仅影响了20世纪中国美学研究，而且其自身即是一种史论结合的中国文艺美学理论形态，一种极富精神魅力和学术智慧的中国现代诗性哲学和哲性诗学，同时，其理论不足也激发了今人不断进行理论创新和超越。

20世纪"中国艺术精神"论不仅在港台和海外得到发展，而且在改革开放后的中国大陆学界得到复兴和发展。从李泽厚等人的感性经验论哲学美学到中国当代文艺美学，都体现了20世纪"中国艺术精神"论的学术传承与拓展。例如，李泽厚的新感性美学思想明显受到现代新儒家"中国艺术精神"论的影响。早在20世纪80年代初，李泽厚就率先在《中国现代思想史论》等著作中研究现代新儒学，肯定其继往开来、应对挑战的理论价值。同时提出，"内圣"不仅是道德，而且还应包括整个文化心理结构，包括艺术、审美等。李泽厚认为，"自孔子开始的儒家精神的基本精神特征便正是以心理的情感原则作为伦理学、世界观、宇宙论的基石"[1]。李泽厚融合现代新儒学、康德美学和马克思主义美学并加以综合创新，在《美学三书》"三大思想史论"等著作中提出"儒道互补""乐感文化""天人合一""积淀说""新感性美学""情本体（或心理本体）论""儒学四期"等理念，可谓对现代新儒学美学思想的继承和超越，是对"中国艺术精神"论的创新发展，代表了新时期以来中国大陆哲学美学所取得的最

---

[1] 李泽厚：《中国古代思想史论》，人民出版社1985年版，第310页。

有影响的理论成果。继李泽厚之后，中国当代美学、诗学和艺术学领域，出现了不少研究中国文学精神、中国美学精神、中国诗学精神、中国文论精神以及中西美学和艺术精神比较研究的优秀著作。近年来，"传承和弘扬中华美学精神"更是成为中国在新时代的一个新的重要文化理念，中国美学和艺术精神研究俨然成为中国当代美学学术研究中的一个热点领域。当代中国文艺美学更是接续了"中国艺术精神"论的学术传统，注重艺术形而上学和审美本体论研究，以建构当代人的精神家园为学术追求。对此，笔者已撰文讨论[1]，兹不赘述。

毋庸讳言，"中国艺术精神"论有其自身的弱点和缺陷。正如有论者指出，"中国社会从传统到现代的断裂使得传统艺术精神成为一个和现代中国人的现实生活、生命情感失去了天然联系的瑰丽幻影"[2]。这确为警醒之论。"中国艺术精神"不能简单地等同于传统艺术精神，而是对传统艺术精神的现代阐释和现代重构。中国艺术精神与现代人的精神生活的联系问题乃是至关重要的。"中国艺术精神"论的现代意义，取决于它能否和如何参与中国当代艺术生活乃至世界当代艺术生活的精神建构。20 世纪"中国艺术精神"论在探究中国上古艺术精神和中国中古艺术精神方面成就斐然，但对于中国近古艺术精神尤其是明清市民生活

---

[1] 参见陶水平《深化文艺美学研究 弘扬中华美学精神》，载《江西师范大学学报》（哲学社会科学版）2015 年第 3 期；陶水平《铸就文艺研究的精神之鼎——试论文艺美学的精神建构价值》，载《江西师范大学学报》（哲学社会科学版）2018 年第 6 期。

[2] 刘建平：《东方美典——20 世纪"中国艺术精神"问题研究》，人民出版社 2017 年版，第 8 页。

的艺术创造和艺术精神则关注不够，且其所论对象毕竟为古代士人的精神世界和艺术精神。正是在这些方面，"中国艺术精神"论暴露了自身的理论局限性。借用英国文化研究的术语，20世纪"中国艺术精神"论普遍存在着文化主义（或文化至上论）的局限性。20世纪"中国艺术精神"论的深度和高度有了，如何增强中国艺术精神的现代性、当代性、丰富性与广度性，是当代文艺美学应特别用心的。20世纪"中国艺术精神"论对艺术精神与社会结构的其他要素的相互作用之复杂性、互动性关注不够，亦需要超越。今人需要追问的是：如何认识中国文化自身的批判性？如何认识中国艺术精神的批判性？孔子发明"诗可以兴、观、群、怨"的艺术价值论，这一"怨"字表明，反思精神和批判精神理应成为中国艺术精神论研究的题中应有之义。

"富有之谓大业，日新之谓盛德"，中国艺术精神与时代精神血脉相连，生生不息。早在一个世纪之前，素以文化保守主义者著称于世的辜鸿铭即在一篇学术演讲中预言："我深信，东西方的差别必定会消失并走向融合的，而且这个时刻即将来临。虽然，双方在细小的方面存有许多不同，但在大的方面，更大的目标上，双方必定要走向一起的。"[1] 王国维更是撰文倡言："异日发明光大我国之学术者，必在兼通世界学术之人，而不在一孔之陋儒固可决也。"[2] 百年前的中华学者尚有如此胸襟，今人更应奋发有为！20世纪"中国艺术精神"论的理论范式对于克服现

---

[1] 辜鸿铭：《中国人的精神》，黄兴涛、宋小庆译，海南出版社1996年版，第149页。

[2] 《王国维文集》（下），中国文史出版社2007年版，第39—40页。

代性社会工具理性单向发展的片面性，弘扬当代文化的人文精神和崇高品质，具有非常重要的积极意义。今天，如何在新的历史条件下推进中国艺术精神研究？这是当代文艺美学创新发展的一个关键问题。21世纪中国艺术精神的发展应当立足于新的时代和全球化语境，扎根于当代生活的鲜活经验，挺立一种新时代的审美主体性和审美人格精神，关注高科技时代新技术文化创造和人类文明精神的创新发展，吸纳和转化当今新技术革命和新技术美学研究成果，参与当代世界艺术精神的对话和建构，拓展中国艺术精神的广度和宽度。须知，20世纪西方美学和艺术精神一直都在不断发展，西方不仅有像德国美学家康德、黑格尔那样的古典美学精神，而且有狄尔泰、柏格森、海德格尔、伽达默尔等人的现代生命美学精神、存在美学精神和阐释学美学精神以及哈贝马斯的交往理性视阈中的审美精神。当代中国艺术精神研究应加强与世界其他民族的艺术精神论的对话，吸纳西方现代性与后现代性艺术精神以充实自身，融会全人类的共同情感、文化关怀、价值追求和审美精神。当代文艺美学研究应更加关注人类共同命运，综贯古今、融会中西，实现不同文化艺术精神的互鉴与共享，促进人类文艺审美精神的交流、会通与创新发展，促进人类不断走向包容开放、美美与共、臻至人性完美的艺术审美境界和文化理想世界。

第七章 感兴美学与中国当代艺术精神的价值之源

本章在阐述中国古代精神文化传统、中华感兴美学精神史、中国现代文艺美学精神建构历程的基础上，着力阐发感兴美学、文艺美学和中华美学精神研究三者的内在贯通，讨论感兴美学对于古今文艺美学研究的理论意义与实践价值，尤其注重彰显感兴美学精神之于中国当代文艺创作、文艺研究和文艺批评的价值之源和价值导向作用，阐明中华感兴美学对于当代中国文艺美学发展的重要意义与学理依据。兴的审美精神不仅创造了中华古典艺术的灿烂辉煌，而且至今仍有重要价值。应当以感兴美学精神来激扬中国当代美学和艺术精神，发挥中华感兴美学精神对弘扬时代人文精神与艺术价值观的重大作用，大力开掘和弘扬中华感兴美学所具有的感发生命情志、振奋生命精神、提升人的生命境界和精神境界的价值内涵，推动美学和文艺理论研究从知识论、话语论向生存本体论和审美精神境界研究的提升。在新的时代条件下，将中华感兴美学传统融入当下、创新发展，以马克思主义的"实践—精神"融会和创新传统感兴美学精神，提振当代中国美学和文艺理论的精神品格，铸就美学和文艺理论的精神之魂和精神之鼎，建构当代人的诗意生存的精神家园。

第一节　美学学科的精神维度

"美学"作为一门现代人文学科，是西方舶来品，最初由德国近代哲学家鲍姆嘉通创立。在鲍姆嘉通那里，美学是一门与伦理学和逻辑学并列、专门研究感性认识的完善的知识性学问。鲍姆嘉通通过对古希腊哲学家亚里士多德等人重视感性的思想遗产的发现、拯救、激活和转化,从亚里士多德著作中挑选"αισθησις"(感觉、感知、感性、直感)一词,作为他所创立的新学科"感性学"或"美学"的名称。1750年,鲍姆嘉通《美学》(拉丁文为Aesthetica,德文为Ästhetik,直译为"感性学")第一卷出版,标志着西方美学学科的正式诞生。鲍姆嘉通在开篇即明确给出了他对作为感性学的美学学科的界定:"美学作为自由艺术的理论、低级认识论、美的思维的艺术和与理性类似的思维的艺术是感性认识的科学。"[1] 鲍姆嘉通作为莱布尼茨-沃尔夫学派的主要传人,还充分吸纳和兼综了英国近代经验主义美学的研究成果。鲍姆嘉通认为,美即是感性认识的完善。鲍姆嘉通提出创立研究"美"或"感性认识的完善"的美学或感性学(Ästhetik)这门学科,旨在使之与传统哲学中研究"真"的逻辑学、研究"善"的伦理学并列,作为哲学学科的重要组成部分。按照鲍姆嘉通最初的设想,他将《美学》一书分为两大部分,第一部分为理论美学(其中又分为三章,即启迪学、方法学和符号学),第二部分为实践美学。但是,由于疾病而早逝,鲍姆嘉通的这部美学著作未能写完,生前只发表了第一卷,而且该卷仅写完理论美学第一章启迪学的部分,第二卷为未完成的遗稿,设想中的第三卷没有动笔。[2] 鲍姆嘉通的感性学作为理论美学理论与实践美学的统一,其实践美学部分主要是诗学和艺术理论。鲍姆嘉通重视感性认识的研究,认为"感性认识的完善"亦可达到"形而上

---

[1] 鲍姆嘉滕:《美学》,简明、王旭晓译,文化艺术出版社1987年版,第13页。
[2] 关于鲍姆嘉通《美学》三卷的整体构想,参见贾红雨博士依据德文翻译并寄赠笔者的译著未刊稿。

学之真",从而回应了传统哲学对感性认识的种种诘难,为感性认识的合法性辩护,具有强烈的启蒙思想的价值取向。总之,西方近代美学(感性学)学科是西方近代学者鲍姆嘉通从古希腊文化传统中萃取 aisthetos("感性的"或"可感知的")一词发掘和转化而来,尤其是重新发现亚里士多德的感觉理论并予以新的阐释、转化、丰富化和体系化的产物。鲍姆嘉通感性学对西方近现代美学的一个重要影响是,使西方近现代美学主要呈现为一种感性逻辑学、认识论美学和艺术哲学。19世纪末,西方感性学美学传入中国,开始与中国传统美学思想发生碰撞、激荡与会通。20世纪中国美学家们力求用西方感性学激活中国传统美学思想,同时又用中国文化精神改写西方感性学,其中对兴的美学思想传统和美学精神的阐发是重要标志之一。但是,不得不承认,中国现代美学学科话语基本上是按照西方感性学美学的理论范式来建构的,中国现代美学主要是认识论美学、知识论美学。[1]

虽然作为学科的西方美学只有200多年的历史,但是作为思想的西方美学源远流长。早在古希腊美学思想中,美学思考便具有明显的精神之维,这个思想传统后来在德国古典美学达到了鼎盛。康德一方面继承了鲍姆嘉通美学对感性学的重视,另一方面又对鲍姆嘉通感性学提出质疑和重释。康德在《纯粹理性批判》第一部分"先验感性论"中指出:"一门有关感性的一切先天原则的科学,我称之为先验感性论。"康德为此写了一条长长的注释:"惟有德国人目前用'Ästhetik'这个词来标志别人叫作鉴赏

---

[1] 李泽厚美学即是其典型代表,他明确提出:"美学科学的哲学基本问题是认识论问题。"(李泽厚:《美学论集》,上海文艺出版社1980年版,第2页。)

力批判的东西。这种情况在这里是基于优秀的分析家鲍姆嘉通所抱有的一种不恰当的愿望,即把美的批评性评判纳入理性原则之下来,并把这种评判的原则上升为科学。然而,这种努力是白费力气。因为所想到的规则或标准按其最高贵的来源都只是经验性的,因此,它们永远也不可能用作我们的鉴赏判断所必须遵循的确定的先天法则。毋宁说,鉴赏判断才构成了它们的正确性的真正试金石。为此我建议,要么使这一名称重新被接受,并将其保留给目前这门真正科学的学说(这样,我们也就会更接近古人的说法和想法,在他们那里,把知识划分为感性和理性);要么就和思辨哲学分享这一名称,而把 Ästhetik 部分在先验的意义上,部分在心理学的含义上来采用。"[1]显然,康德认为,鲍姆嘉通的感性学美学只是建立在经验论的基础之上,缺乏先验哲学的根基,他却奢望将其归为理性原则之下,使之成为一门科学,即成为鉴赏批判的美学标准。康德指出,鲍姆嘉通的这个努力是无效的、徒劳的。康德认为,美的鉴赏作为一种反思判断,既关乎先验原则,又关乎后天经验。康德因而主张把感性学归入纯粹理性批判中的先验感性论,另外再重新创建"判断力批判"这门新的科学(其中包含审美鉴赏力批判与审美判断力批判两部分,前者即康德所重建的美学学科,后者探讨自然世界如何转化为目的世界进而转化为道德世界的问题)。换言之,康德克服和扭转了鲍姆嘉通感性学美学片面重视感性认识的缺陷,而将其纳入先验感性论之中;另外重新构建自己的美学理论体系,即"第三批判"

---

[1] 康德:《纯粹理性批判》,邓晓芒译,人民出版社 2002 年版,第 26 页。

《判断力批判》中的"审美判断力批判"(这部分也即是宗白华先生翻译的康德美学部分)。康德以第三批判作为连接第一批判与第二批判的桥梁,即以审美判断力和目的论判断力沟通先验理论理性和先验实践理性,使得美学成为认识论与道德形而上学之间的中介,从而开创了德国古典美学重视美学精神研究的新时代。

无独有偶,黑格尔则把德国古典美学的精神取向推上了新的高峰,成为德国古典美学的集大成者。黑格尔在《美学演讲录》开卷也对鲍姆嘉通的"感性学"这个名称提出了质疑,指出:"'伊斯特惕克'(Ästhetik)这个名称实在是不完全恰当的,因为'伊斯特惕克'的比较精确的意义是研究感觉和情感的科学。就是取这个意义,美学在沃尔夫学派之中(指该学派的鲍姆嘉通),才开始成为一种新的科学,或则毋宁说,哲学的一个部门。"黑格尔认为,尽管这个名称不恰当,但鉴于这个名称既已为一般语言所采用,就无妨保留,但必须予以新的理解,美学学科的正当名称应该是"艺术哲学",或者更确切地说,是"美的艺术的哲学"。[1]黑格尔认为,只有美的艺术或自由的艺术才是真正的艺术。美的艺术与宗教和哲学处于同一境界。艺术只有表达了人类最深刻的旨趣以及心灵的最深广的真理时,才算尽到了它的最高职责。而艺术之所以异于宗教和哲学,在于艺术用感性形式表现最崇高的东西,克服现实世界(感性世界、此岸世界)与理想世界(超感性世界、彼岸世界)之间的分裂,使自然和有限现实与理解事物的思想所具有的无限自由归于调和。换言之,艺术区别

---

[1] 黑格尔:《美学》,第一卷,朱光潜译,商务印书馆1979年版,第3—4页。

于宗教、哲学之处是，艺术使绝对理念成为直观的、感觉的对象，宗教使绝对理念成为想象的或表象的对象，而哲学使绝对理念成为自由思考的、概念的对象。但是，在表达绝对理念（绝对精神、绝对心灵）方面，在达到绝对理念（绝对精神、绝对心灵）的精神高度上，艺术与宗教和哲学是一致的。因此，"美就是理念，所以从一方面看，美与真是一回事"。但从另一方面看，真与美是有分别的。"真，就它是真来说，也存在着。当真在它的这种外在存在中是直接呈现于意识，而且它的概念是直接和它的外在现象处于统一体时，理念就不仅是真的，而且是美的了。美因此可以下这样的定义：美就是理念的感性显现。"[1]黑格尔的《美学》三卷即是旨在分别揭示作为美的理念感性显现的艺术审美理想之原理，探索艺术审美理念或理想的历史发展以及艺术审美理想的具体显现形态（具体艺术门类），其中，艺术审美精神探索成为黑格尔美学研究的主旨、主线和灵魂。总之，按照德国古典美学的传统，"只有自由的对象才叫作理念"，只有理念才能满足人的创造精神的需要。"统一一切的理念，美的理念，在更高的柏拉图的意义上使用这个词。我坚信，理性的最高行动是一种审美的行动，理性这里统摄了所有的理念，而真与善只有在美之中才结成姊妹。"[2]

如果说，以康德、黑格尔为代表的德国古典美学尚且对作为感性学的西方美学学科名称持质疑的态度，转而主张把美学学科建构成贯通感性与理性、感性与精神、肉体与灵魂的中介，那

---

[1] 黑格尔:《美学》，第一卷，朱光潜译，商务印书馆1979年版，第142页。
[2] 荷尔德林:《荷尔德林文集》，戴晖译，商务印书馆1999年版，第281—282页。

么，西方美学进入中国，其感性学的学科名称更是受到中国文化的改写。康有为、王国维等人将"Ästhetik"介绍到中国时，将其译为"美学"，蕴含着中国学者对这个学科内在神韵的独特理解和独特用心——美学研究之"美"不仅要有表象美、感觉美，更要有内在美、精神美。西方美学传入中国之后，促成了中国现代美学的诞生，也激活了中国传统美学思想的现代转化。中国现代早期美学正是在主要借鉴德国及欧洲其他各国美学思想的基础上创生的。正如张辉所言，中国现代美学对康德及其之后的德国美学的借鉴，主要表现在三个方面：第一，对德国美学的审美现代性思想的吸收和批判；第二，对美学思想与社会文化发展的互动关联性思想的借鉴；第三，对人的精神发展的深刻关切。[1]这是很有见地的。

中国现代美学的第一、第二代学人王国维、蔡元培、鲁迅以及宗白华、滕固、李长之等人的美学研究都深受德国美学的影响，其中，蔡元培、宗白华、滕固等人都曾留学德国，所受影响更为直接。王国维早在1902年的一篇题为《哲学小辞典》的译文中，就介绍了何谓"美学"，并将"Aesthetics"译为"美学"。[2]王国维对西方美学的研究始于康德美学，中经叔本华、尼采和席勒美学，再复返康德美学及欧洲其他美学思想，而后再返回中国古典美学。如果说，王国维的《红楼梦评论》尚深受叔

---

[1] 参见张辉《审美现代性批判——20世纪上半叶德国美学东渐中的现代性问题》，北京大学出版社1999年版，第11—12页。
[2] 参见黄兴涛《"美学"一词及西方美学在中国的最早传播——近代中国新名词源流漫考之三》，《文史知识》2000年第1期。

本华美学思想的影响,《古雅在美学上的位置》深受康德美学影响,那么,《孔子的美育主义》则是一个中西美学合璧的理论文本,以德国美育思想激活孔子的美育思想;《人间词话》更是一个中西美学融会贯通的典范性文本,该书中的意境论是在中国古典美学的基础上融会德国古典美学所建构的理论产物。蔡元培也在1903年翻译自德国哲学家科培尔的《哲学要领》一书中把"Aesthetic"译为"美学",认为美学源于希腊语的觉与见,美学属于知识哲学之感觉界。[1] 1907年,时年41岁的蔡元培赴德国留学,进入莱比锡大学研究德国美学、艺术学和文学史。1912年,蔡元培在《对于教育方针之意见》一文中阐释康德美学时提出:美育是世界观教育之必由之道,"美感者,合美丽与尊严而言之,介乎现象世界与实体世界之间,而为之津梁"[2]。1917年蔡元培发表《以美育代宗教说》一文,倡导德国美学尤其是德国美育学理论。1921年蔡元培首次直接从德文翻译介绍鲍姆嘉通的美学理论,并译介康德、席勒、谢林、黑格尔、哈特曼、费希纳、梅伊曼等人的美学思想,见于其《美学的进化》《美学通论》(未完成稿)等论著。[3] 青年鲁迅深受尼采美学的思想,张扬有力量的生命意志精神,强调"尊个性而张精神","掊物质而张灵明,任个人而排众数",呼唤"精神界之伟人",盛赞包括黑格尔美学在内的西方艺术理论,传播启蒙美学思想。吕澂也是中国现代美学学科奠基期的一位重要人物,他的《美学概论》(1921

---

[1] 参见蔡元培《蔡元培全集》,第九卷,浙江教育出版社1997年版,第9—10页。
[2] 蔡元培:《蔡元培美学文选》,北京大学出版社1983年版,第4页。
[3] 参见蔡元培《精神与人格:蔡元培美学文选》,安徽文艺出版社2015年版。

年)、《美学浅说》(1923年)、《晚近美学说和〈美的原理〉》(1925年)、《现代美学思潮》(1931年)等著作都是较早传播西方美学尤其是德国美学,并有意识建构中国现代美学理论体系的代表性著作。其中,他明显受到鲍姆嘉通、康德、赫尔德、黑格尔、荷尔德林、赫尔巴赫、立普斯、哈特曼、格罗塞等人的美学思想的影响,强调美学是情感之学、生命之学、价值之学和精神之学。[1]朱光潜留学欧洲多年,其美学受到欧洲各国美学思想影响,除了克罗齐美学之外,也受到立普斯、康德、尼采、弗洛伊德、黑格尔等人美学思想的影响。宗白华曾留学德国5年,师从马克斯·德索,深受温克尔曼、莱辛、歌德等人的德国启蒙主义美学,康德等人的德国古典美学,叔本华、施莱尔马赫、狄尔泰、斯宾格勒的生命美学和阐释学美学以及卡西尔的文化哲学美学的影响。[2]滕固于1929年留学德国,1932年获柏林大学哲学博士学位,深受冯特、文德尔班、李凯尔特、狄尔泰、立普斯、格罗塞等人的思想以及欧洲其他哲学美学和艺术学理论的影响,尤其重视对狄尔泰体验美学思想的引入,其美学研究贯通中西古今,贯通各门类艺术,贯通哲学、美学、艺术和史学,为中国现代美学和艺术学的建立做出了重要贡献。[3]李长之比宗白华、滕固略微年轻,但同样钟情于德国文化、文学和美学,他虽未留学德国,但精通德语,翻译了德国艺术学家玛尔霍兹的《文艺史

---

[1] 参见祁志祥《中国现当代美学史》,上册,商务印书馆2018年版,第99—102页。

[2] 参见林同华《宗白华生平及著述年表》,载《宗白华全集》,第4卷,安徽教育出版社1994年版。引按:林同华为宗白华先生的弟子。

[3] 参见滕固《滕固艺术文集》,上海人民美术出版社2003年版。

学与文艺科学》以及歌德、席勒、荷尔德林等人的文学作品，编译了《德国的古典精神》，翻译介绍了温克尔曼、康德、席勒、黑格尔、洪堡、荷尔德林等人的美学思想和文化理论。[1]中国现代早期美学家之中，除了青年鲁迅偏重尼采美学思想之外，其余美学家都是全面译介、借鉴、吸纳德国启蒙美学、德国古典美学、德国新康德主义美学、德国生命美学、德国阐释学美学，在艺术审美的感性与理性（超感性）、生命与精神、表象与意蕴、自由与功利、个性与社会性、无功利性与社会价值追求、学科自律与学科他律等方面，有着较为辩证的理解。至于像黄忏华的《美术概论》（1927年）、徐庆誉的《美的哲学》（1928年）等早期艺术原理著作，更是对黑格尔美学思想的阐发和移植。[2]

总之，中国现代美学家在接受西方美学尤其是德国美学思想的过程中，注重将其融汇到中国本土美学思想传统之中，使之相互发明、相互照亮，积累了初步而宝贵的经验。他们的美学论著中频频使用"精神"一词，用西方美学激活中国传统文化精神，用中国文化精神改写西方美学，使美学成为引领国民心智、提振民族精神、开启中国美学现代性的文化工程。由此使得中国现代美学的美学现代性既吸收了西方美学现代性或现代审美主义重视感性生命和个性自由的优点，同时又继承了中国传统美学重视理性、重视群体意识的优良传统，克服了西方现代审美主义理论偏激的感性论倾向，实现了西方感性学向中国现代美学的学科移

---

[1] 参见李长之《李长之文文集》，第九、十卷，河北教育出版社2006年版。
[2] 参见祁志祥《中国现当代美学史》，上册，商务印书馆2018年版，第119—125页。

植，也激活了中国传统美学思想资源，为中国古典美学精神的现代转化、西方美学的中国化以及中西美学的思想会通奠定了坚实的学术基础。

第二节　中华古典文化的精神传统

世界各民族都曾经历过上古原始宗教、万物有灵、自然崇拜、图腾崇拜、祖先崇拜等原始文化这样一个民族文化起源和发生史；而且，几个世界文明古国也几乎在大约相同的历史年代进入了文明自觉的"轴心时代"，详见本书第一章。然而，与世界上其他文明古国从原始社会走向宗教社会（或从原始社会的原始宗教文化走向文明社会的一神教宗教文化或二元对立的理性文明）不同，中华文明则是从原始社会走向宗法社会（或从原始自然宗教的巫祭文化走向宗法社会的礼乐文明）。就精神的超越性而言，中华传统艺术和美学达到了西方宗教文化传统语境下的形而上学同样的精神高度。但是，中国古代艺术和美学的超越精神不是像西方宗教文化及其美学精神那样将世界割裂为此岸与彼岸、世俗与天国，而是一种"天人合一""目击道存"式的、即感性即超越的生命精神。中国古人即道即器、下学上达，注重在审美活动中内在超越，生成了中华美学独特的美学精神和美学智慧，即对天人合一、万物一体、群己合一、物我同一、情理相融、美善统一、文质统一、形神统一以及中和之美与崇高之美的追求。因此，与世界上其他民族的艺术和美学相比，中华古代艺术和美学具有自己独特的精神气质和精神传统。

在中国传统文化语境中,"精神"一词是很早出现的古汉语词语。汉语的"精神"一词由"精"与"神"两个单音节词合成。"精"与"神"单用可谓年代久远,老子、庄子和《易传》作者已频频使用"精"和"神"等词语。以《老子》为例,其中即大量运用了"精"和"神"的概念。例如,《道德经》第二十一章曰:"孔德之容,唯道是从。道之为物,惟恍惟惚。惚兮恍兮,其中有象;恍兮惚兮,其中有物。窈兮冥兮,其中有精;其精甚真,其中有信。"《道德经》第三十九章曰:"昔之得一者:天得一以清,地得一以灵,神得一以宁,谷得一以盈,万物得一以生,侯王得一以为天下贞。""精神"作为双音节合成词最早见于《庄子》,如《庄子·天道》曰:"水静犹明,而况精神,圣人之心静乎?天地之鉴也,万物之镜也。"《庄子·刻意》曰:"精神四达并流,无所不极,上际于天,下蟠于地,化育万物,不可为象,其名为同帝。"《庄子·知北游》曰:"夫昭昭生于冥冥,有伦生于无形,精神生于道,形本生于精,而万物以形相生。"《庄子·天下》曰:"不离于精,谓之神人。……独与天地精神往来,而不敖倪于万物。"可见,在先秦道家那里,"精神"乃指包括人在内的宇宙万物的本原、实质、生气与生机,亦即道的生动显现。韩非在《韩非子·解老》中论老子之道时亦言,所谓事天者"爱其精神","是以圣人爱精神而贵处静",认为修身者"万物不能乱其身"。宋玉在《神女赋》中曰:"精神恍惚,若有所喜。"此处"精神"之谓神志、心神、心智。《吕氏春秋·尽数》亦云:"圣人察阴阳之宜,辨万物之利,以便生,故精神安乎形,而年寿得长焉。"[1]《礼记·聘义》有"精神见于山川"之说。至西汉刘安《淮南子·精神训》专论"精神",全面而深刻地阐述了精神与宇宙元气、宇宙大道、宇宙万物、自然之道、天地、阴阳、生命尤其是人的生命的关系,成为先秦两汉精神生命哲学研究之集大成。总之,与西方哲学倾向于把"精神"视为与"物质"相对不同,中国哲学认为"精神"指天地万物与人的精气、精华和元神,与形骸相对,"精神"贯通整个宇宙自然、社会人生、人格心灵和艺术世界。本书认为,精神是一个哲学本体论范畴,美学精神是美学在艺术本体论和审美形而上学高度的精神追求,是人的生命意义最本真而又最超越的感性呈现。对于人而言,精神植根于生命的本源,源于生命的最深处。美学精神则深深地关切着一个民族的个体与群体的生命精神,与一个民族的艺术家、美学家的个体生命和整个民族的群体生命存在意义、生命超越精神息息相关。

中华文化视宇宙人生为大化流行、一气贯通的大生命,中国古人高度重视生命的传承、贯通与上达。中国古人既重视现实生活,又追求人格境界和精神提升。精神不仅是生动活泼的生命体验,同时又是对生命境界的升华。由此造成中华美学也是世界上最注重生命价值与精神追求的美学。作为中华民族生存体验之文化表征的中华美学,形成了本民族独特的生命底蕴、文化血脉和精神气象,凝聚了中华美学的精髓、生机、灵魂、智慧和生生不息的精气神。文化哲学上的"精神"一词运用到艺术和美学研究

---

[1] 吕不韦门客编撰,关贤柱、廖进碧、钟雪丽注译:《吕氏春秋全译》,贵州人民出版社1997年版,第80页。

上即是艺术精神。中华古代艺术家无论对自然美的欣赏还是对艺术作品境界的追求，一向注重把握其深刻而生动的内在精神和神韵。例如，扬雄在《法言·问神》中曰："言，心声也；画，心画也。"邵雍在《善赏花吟》中曰："花妙在精神，精神人莫造。"王安石在《读史》中曰："糟粕所传非粹美，丹青难写是精神。"吴沆在《环溪诗话》卷中亦云："诗有肌肤，有血脉，有骨骼，有精神。……无精神则不美。"唐代司空图《二十四诗品》更是单列一品《精神》："欲返不尽，相期与来。明漪绝底，奇花初胎。青春鹦鹉，杨柳楼台。碧山人来，清酒深杯。生气远出，不著死灰。妙造自然，伊谁与裁。"全是生气勃勃、氤氲盎然的意象。显然，诗或艺术的审美精神是凝聚在作品语言形式和艺术意象中的艺术家人格精神，或者说是艺术家对宇宙人生的生命精神的深切感悟和生动表征。艺术精神是艺术的精气神，美学精神则是美学理论的精气神。中华美学中的气韵生动、写意传神、阴阳相交、参赞化育、涵化融通、和谐共生、感悟直观、情理交融等艺术追求，以及融于其中的生命精神、人文精神、自由精神、超越精神、天地精神等，都是中国人生命价值观的艺术再现和审美阐发。中华艺术以抒写情志、生机、生气、生意、写意、传神、畅神、气韵、神韵、性灵、情趣为高格，中华美学成为世界上最重世俗感性生活又具有精神超越性的美学。

总之，中华古典美学不是以"美"为核心概念，而是围绕"感兴""意象""意境"等基元而展开运思，而贯通和流行于其中的是宇宙人生的生生不息的生命创化精神，是人与天地参赞化育的生命创造精神。中华美学因而深刻体现了中华传统文化的天人合一、万物一体的生命理想和价值超越精神。中华美学和艺术的生命精神及其审美超越性，根源于《周易》古经和大传，展开于儒家的道德超越性、道家及玄学的精神超越性，以及唐宋以后盛行的佛禅的心灵超越性。中华美学精神源于感性又超越感性，包含知识又超越知识，重视实践理性又追求以德配天。中华美学的生命本原与超越精神深深植根于中华民族一代又一代思想家艺术家的人生经验沃土之中，同时指向一代代诗哲对人生美好理想的追求和憧憬。中华美学因而在中国历史上具有类似宗教在西方的神圣性和超越性，审美境界被视为中国人的最高人生境界。儒家的理想人格，道家的超越精神，禅宗的妙悟境界，无不体现了中华传统美学精神的精髓。兴论美学作为一种既深蕴中华美学精神同时又激活中华民族美学精神的元美学，对于我们今天的文艺美学研究仍具有极大的启迪价值。感兴美学与文艺美学相互指涉，传承、弘扬和创新中国古典感兴美学传统对于中国现代文艺美学的建构与当代文艺美学理论创新发展具有重要意义。

第三节　中华感兴美学的精神追求

中华古典艺术和美学起源于华夏早期的兴文化。兴在中国古典文化、诗学和美学研究中具有始源性、原型性、典范性、传承性、创造性和生生不息的开拓性。兴或感兴范畴是与现代美学"审美体验""审美超越""审美精神"等意涵相近的核心美学范畴。中华感兴美学（或兴论美学）、古今文艺美学、中华美学精神研究三者相互涵摄，内在贯通，融会了中华民族绵延几千年的优秀文化传统和精神传统。兴是对人的生命的激活、提升和扩充，兴以审美体验和审美超越的方式将人格精神提升到天人合一、与道一体、万物一体、群己合一、物我统一、身心合一的审美境域和理想境界，铸就了中华艺术和美学生生不息的血脉与灵魂，成为后世中国古典艺术和美学的审美范型。中华感兴美学彰显独特的"灿烂感性"与"精神气质"，数千年来生生不息而不断创新，对当代文艺创作、文艺研究和文艺批评具有重要的价值导向作用。当代美学文艺学研究不能隔断中华传统文化的精神血脉，应当在新的时代条件下为感兴美学和中华美学精神注入新的时代内容，使之成为当代中华美学和艺术精神的重要价值源泉。

中华感兴美学最早由孔子自觉提出，孔子明确提出"兴于诗"和"诗可以兴"的理论观点。感兴美学虽提出于春秋末年，但其文化渊源深深植根于中华上古文化。兴最初作为华夏先人的巫术祭祀仪式，体现了华夏先民"万物有生"、人与自然物之间可相互感兴的早期生命意识和生命活力，成为中华上古文化与艺术的文化雏形和历史遗存。兴即是华夏初民以原始舞蹈的形式进行的巫祭活动，旨在通过兴祭达到神人合一、族类合一的生命超越与精神提振，并在周代以后演进为天人合一的理性自觉和精神超越境界，成为中华民族数千年来生生不息的民族文化精神与艺术审美精神。通过对兴的历史溯源，可从中揭示中华民族历史文化起源与中华美学精神成长的诸多奥秘。兴的发生发展史即是中华美学精神的发生发展史。兴作为中华美学的原型，经历了一个夏商及以前的巫祭之兴（原始兴象）—西周礼乐之兴（礼乐兴象）—春秋贵族子弟诗教之兴与诸侯会盟赋诗之兴—孔子诗乐之兴（兴于诗）—汉代经学之兴（政教讽谏之兴）—魏晋六朝玄学入兴和艺术审美感兴之兴的自觉—唐宋佛禅入兴和审美兴境的拓展—明清艺术审美之兴的美学总结—现代意境之兴的转型等这样一个极为漫长的发生发展与历史演进过程。兴在魏晋南北朝走向审美自觉，成为追求个性精神自由的感兴美学。兴在唐代融入了佛学心境理论，进一步扩大了中华古典感兴美学的境界。感兴美学在宋元明清时期继续得到精细化发展，并在王夫之、叶燮那里臻于集大成，在现代学者王国维、宗白华等人手上得到现代转化。感兴美学随着中国社会历史与诗歌艺术创作实践的发展而不断被开掘、被充实、被丰富。感兴美学精神贯穿于几千年的中华艺术和美学史，谱写了中华民族的伟大精神画卷。兴最为生动地表征了中华美学的生命精神，即生命激发、生命创造和生命超越精神。兴的历史正是一部中华艺术史和美学史，感兴美学的学术史正是中华美学和艺术的孕育、发生和发展史，也即中华美学精神的成长史。

兴足以在整体上表征中华美学的民族精神，审美感兴既是中华传统美学的传统主题和根本精神，也是文艺美学学科的逻辑起点和研究重心。在中华美学传统中，艺术审美在人的精神生活中起着提升精神、完善人格、营构和谐、安顿灵魂、终极关怀的重大作用，以对礼乐化、人文化、诗意化、审美化的宇宙人生之道或天地之美的颂扬作为精神支柱，并以此作为人生的理想境界或最高境界，因而艺术审美在一定程度上担负着"以美育代宗教"的神圣使命。中华诗兴艺术和感兴美学在一定程度上达到了西方宗教精神的高度。兴之审美曾对中华民族的精神家园和精神境界的建构产生了巨大作用和深远影响。感兴美学生动表征了中华美学所特有的生命精神、天人意识、人文智慧、人生境界、宇宙终极价值追求以及艺术审美理想，至今仍具有旺盛的生命力，仍然是今日中国人审美精神建构的智慧源泉。当代文艺美学研究应当在新的时代条件下推进兴与中华美学精神的创造性转化和创新性发展，丰富和创新中华古典美学精神的当代性品格。传承、弘扬与创新、发展以兴为枢机的中国古典美学和文论精神，可以更好地铸就中国当代美学和文论的精神之鼎，实现中华古典美学和文论的现代转换和中国当代美学和文论的创新发展，实现美学文艺学从知识论、话语论向生存本体论和精神境界论的提升和超越。

第四节 20世纪中国文艺美学的精神建构

从精神底蕴和精神高度研究艺术审美，不仅是中华古典美学的优秀传统，也是中华现代美学的优秀传统。回顾总结20世纪学术史，我国大陆民国学术巨子、现代新儒家与当代学者以及港台学者和海外华裔学者在探求中国现代文化精神、美学精神和艺术精神方面筚路蓝缕，取得了不少优秀研究成果。他们的研究很多都体现了"精神"品格，突出了中华美学和文论注重精神追求的民族特质。如前所述，中国现代美学家在借鉴引进德国美学时，即重视对美学精神的建构。而且，他们在探究中国传统文化精神之道、宇宙人生的生命之道、文学艺术的精神之道时，重视观、感、感通、感悟、体验的方式，使得中国现代文化哲学和美学诗学生成了文艺美学的生命底蕴和学术特色。在20世纪中国美学史上，我们可以列出一长串注重精神建构的美学家的闪光名字。例如，梁启超、王国维、蔡元培、鲁迅、梁漱溟、方东美、宗白华、邓以蛰、滕固、钱穆、唐君毅、徐复观、冯契、黄药眠、李长之、伍蠡甫、王朝闻、吕荧、蒋孔阳、王世德、王元化、王梦鸥、张世英、李泽厚、高尔泰等前辈大家都有这种自觉探求精神建构的学术品格。其中，方东美先生的"同情交感"论哲学美学、唐君毅先生的"审美感通"论诗性哲学以及徐复观先生"追体验"的中国文学艺术精神论等等，[1]尤其体现了这种探求美学精神的理论自觉。中国现代人文学术贯通了文史哲，在文艺、美学、哲学、诗学领域取得了耀眼的学术成果。中国现代文艺美学、中国文化精神和艺术精神研究、中华感兴美学和诗学研究三者相互涵摄，内在贯通。研究中国现代文艺美学的精神建构，必须与探求中国艺术精神和中华感兴美学联系起来一并探讨。本章选择其中成就最为卓著者宗白华先生的文艺美学研究为典型个案加以深入阐述。

在中国现代文艺美学先驱者那里，宗白华是自觉探求文艺美学、中华美学精神、中华感兴美学的第一人。宗白华美学和艺术学理论最为典型地上升到了文化精神的高度，体现了自觉的文艺美学理论特色。[2]宗白华原本就具有深厚的传统文化素养和浓郁的诗人气质，后来又接受了西方美学艺术学的学术洗礼，因而

---

[1] 参见方东美《生生之美》，北京大学出版社2009年版；唐君毅《中国文化之精神价值》，江苏教育出版社2006年版；徐复观《中国艺术精神》，春风文艺出版社1987年版；徐复观《中国文学精神》，上海书店出版社2004年版。

[2] 参见陶水平《试论宗白华先生对中国现代文艺美学的学科构型》，载山东大学文艺美学研究中心编《文艺美学研究》2016年春季卷，中国社会科学出版社2017年版。

铸就了宗白华既重视艺术审美实践经验的体悟，又重视形上本体之思的美学品格。宗白华接受了西方近现代生命哲学与艺术创作的影响，试图以此激活以《周易》为代表的中国传统生命哲学。宗白华以文化批判方法对中西形而上学和文化哲学给予了双重的批判性反思，进行融会贯通的理论创新。宗白华通过对中国古典艺术的审美感悟和理论阐扬，直抵中华传统哲学的宇宙生命形而上学或本体论，深刻激活和揭示了中华传统美学的内在生命本源与超越精神，催育出具有现代性精神的生命形而上美学或生命本体美学。他试图以此重铸中国现代国民的民族文化精神和生命精神，使之成为中国现代艺术与美学生生不息的文化动力。宗白华以诗人与哲人的双重身份和双重视野从事美学与艺术理论研究。他通过对中国古典艺术的审美体验和理论阐释，来激活中华传统文化的内在精神和美丽精神，使之成为中国现代艺术与现代美学的生命之源和精神之源。宗白华发现，与西方二元对立的文化迥然不同，中国文化在起源处便充满着宇宙间的美丽精神。中国古人短于科学而长于艺术，中国古人很早即发现了宇宙作为一个大生命的秘密，中华艺术和美学即是这种宇宙生命意识和生命情调的表征。宗白华认为，中国古代周易哲学的"象之构成原理，是生生条理"，中华艺术体现了中国古代艺术家对宇宙人生最根本的生机之道和生命本原的领悟，反映了一种兴味盎然生生不息的生命情调和生命精神，因此中华美学最根本的文化精神即是天地万物"生生而条理"的生命精神。[1] 宗白华发现，中国古人早

---

[1] 参见宗白华《形上学——中西哲学之比较》，载《宗白华全集》，第1卷，安徽教育出版社1994年版，第587、629页。

在《周易》时代即发现了宇宙生生之原理，认识到美植根于宇宙万物"生生之动"，美在"生生而有条理"的生命运动。所谓"生生而有条理"的生命运动，既是宇宙大化流行的生命精神，又是人的"参赞化育"的生命创造精神。宗白华认为，"中国的《易》是一部动的生命的哲学"[1]。《周易》的生命节奏原理，表征了宇宙生命本原的动态化和节奏化，生命宇宙的节奏化或有节奏的生命具有本体论意义。宗白华认为，《周易》的"生生之动"（"生生而有条理"的生命运动）象征了宇宙人生的奥秘，成为中国古典文艺美学精神最为深刻的生命本原。《周易》哲学以"动"说明宇宙人生，正与中国艺术精神相表里。[2] 这种"生生而有条理"的生命运动，既是宇宙万物的生命精神特征，又是人的生命精神特征，这种宇宙生命的节律精神即是中华文化的美丽精神，亦即自由和谐的生命精神。宗白华指出："中国人感到宇宙全体是大生命的流行，其本身就是节奏与和谐。人类社会生活里的礼和乐，是反射着天地的节奏与和谐。一切艺术境界都根基于此。"[3] 这种生命动感精神在乐舞艺术中得到最为生动的表征。宇宙人生的生命真谛与人类精神生活世界，远非普通的名言所能表达，需用艺术象征来加以生动呈现。在表征宇宙人生的生命精神方面，艺术具有不可替代的优越性。

---

[1] 宗白华：《〈黑格尔及其辩证法〉编辑后语》，载《宗白华全集》，第2卷，安徽教育出版社1994年版，第245页。

[2] 参见宗白华《论中西画法的渊源与基础》，载《宗白华全集》，第2卷，安徽教育出版社1994年版，第105页。

[3] 宗白华：《艺术与中国社会》，载《宗白华全集》，第2卷，安徽教育出版社1994年版，第413页。

宗白华美学研究的根本旨趣是通过文艺美学探索来激活中华民族传统的文化精神和生命创造力，提升国人的生命精神，从而实现文化启蒙与文化救国。宗白华对少年中国之精神、晋人的生命自由精神、唐人的文化进取之精神，尤为表赞。与把《周易》哲学解为"尚动"的生命哲学对举，宗白华把老庄哲学解为"静照"的哲学，主张动静平衡而以动为主。"飞动活力"与"深沉的静照"交相为用，生成了中国古典艺术的"充实"精神与"空灵"精神等二元审美精神，前者是精力弥漫、积健为雄，后者是静观万物、悠然淡泊。[1] 宗白华指出："每一个伟大的时代，伟大的文化，都欲在实用生活之余裕，或在宗教典礼、庙堂祭祀时，以庄严的建筑、崇高的音乐、闳丽的舞蹈，表达这生命的高潮，一代精神之最高节奏。建筑形体的抽象结构，音乐的节奏与和谐，舞蹈的线纹姿式，最能表现吾人深心的情调与律动。吾人借此返于'失去了的和谐，埋没了的节奏'，重新获得生命的核心，乃得真自由，真解脱，真生命。"[2] 特别值得指出的是，宗白华是中国现代美学史上最早注意到中华感兴美学理论精神价值蕴含的学者。宗白华明确把"兴"释为精神境界，指出："兴是'兴起''发端'。由于生活里或自然里的一个形象触动我们的情感和思想，引导我们走进一个新的境界，艺术性的

---

[1] 参见宗白华《论文艺的空灵与充实》，载《宗白华全集》，第2卷，安徽教育出版社1994年版，第343—350页。
[2] 宗白华：《略谈艺术的"价值结构"》，载《宗白华全集》，第2卷，安徽教育出版社1994年版，第71页。

境界。"[1]

宗白华的美学研究体现了贯通美学与艺术理论的文艺美学学术品格。宗白华在德留学期间，受业于多位著名哲学家、美学家和艺术学家，尤其受到柏林大学玛克斯·德索（Max Dessoir, 1867—1947）教授《美学与艺术理论》的影响。同时，宗白华又超越了玛克斯·德索，德索强调美学与艺术学之区分，宗白华则强调美学与艺术学之贯通，并将其奠基于形上学或本体论基础之上，致力于艺术意境研究，使之成为一门实际上是全新的人文学科即文艺美学学科（尽管宗白华先生没有使用"文艺美学"这个术语），因而有着玛克斯·德索美学所不具备的综合性、贯通性和本体性，达到了空前的理论深度、高度和丰富性。从此，宗白华"终生情笃于艺境之追求"，强调在艺术的境界中体悟宇宙人生的真谛与精神，试图以此探索中国人的美感经验与精神发展史，揭示绵延于中国艺术史的生生不息的生命律动和生命精神，阐扬中国古典艺术与美学理论伟大而独特的精神意义。宗白华指出：美学和新文化建设要"一方面保存中国旧文化中不可磨灭的伟大庄严的精神，发挥而重光之，一方面吸取西方新文化的菁华，渗合融化，在这东西两种文化总汇基础之上建造一种更高尚更灿烂的新精神文化"[2]。宗白华曾经预言："将来世界美学自当不拘于一时一地的艺术表现，而综合全世界古今的艺术理想，融合

---

[1] 宗白华：《中国美学史专题研究：〈诗经〉和中国古代诗说简论（初稿）》，载《宗白华全集》，第3卷，安徽教育出版社1994年版，第494页。

[2] 宗白华：《中国青年的奋斗生活与创造生活》，载《宗白华全集》，第1卷，安徽教育出版社1994年版，第102页。

贯通，求美学上最普遍的原理而不轻忽各个性的特殊风格。……各个美术有它特殊的宇宙观与人生情绪为最深基础。中国的艺术与美学理论也自有它伟大独立的精神意义。所以中国的画家对将来的世界美学自有它特殊重要的贡献。"[1]总之，宗白华文艺美学在阐扬民族生命创造精神、会通中西方美学精神、创造诗艺生命境界等方面为中国现代文艺美学奠定了重要理论构型。

文艺美学是美学和文艺学在现代人生本体论基础上融合而成的新兴学科和交叉学科。文艺美学是20世纪中国学者所提出和创构的一门最具中华民族文化特质、最注重美学精神与艺术精神建构的人文学科。文艺美学是中国现当代美学文艺学学者的学术原创，是对世界美学的一个重要贡献。正如胡经之先生所言："文艺美学是当代美学、诗学在人生意义的寻求上、在人的感性的审美生成上达到的全新统一。"[2]中国现代文艺美学最早可以追溯至清末民初时期。从王国维、梁启超、青年鲁迅等先行者，到朱光潜、滕固、方东美、宗白华、邓以蛰、唐君毅、徐复观、黄药眠、李长之、伍蠡甫、王朝闻、吕荧、蒋孔阳、王世德、王元化、王梦鸥等前辈学者的不断深拓，他们的学术耕耘成为中国现代文艺美学学科的谱系学源头。尤其值得突出强调的是李长之、王梦鸥、胡经之三位先生。李长之最早在《论文艺批评家所需要之学识》（1935年）一文中提出和命名了"文艺美学"。[3]

---

[1] 宗白华：《艺境》，北京大学出版社1987年版，第81页。

[2] 胡经之：《文艺美学》，北京大学出版社1989年版，第1页。

[3] 参见李长之《李长之文集》，第三卷，河北教育出版社2006年版，第35页。

王梦鸥则于1971年率先以"文艺美学"为书名撰写专著。[1]他们为文艺美学的提出与构想奠定了明确的学术基础。20世纪80年代,为了恢复被中断的文艺美学理论探索,胡经之更为自觉地提出建立"文艺美学"学科的学术倡议,被学界誉为"中国当代文艺美学研究的学科之父"。胡经之的倡议立即获得当时同辈学者周来祥、童庆炳、杜书瀛、朱立元、曾繁仁等教授的响应,他们纷纷创建各自的文艺美学理论体系并撰写文艺美学专著,使得中国当代文艺美学终于在众多人文学科中得以确立自身的学科地位。此后,经过90年代大批中年学者的学术深拓与新世纪大批青年美学新秀的后浪推动,文艺美学发展由此历经了一个从学科提出、学科确立到学科多元化和学科后现代转向的学术史历程,不断丰富和更新着本学科的理论范式。文艺美学被誉为20世纪中国学者所原创,并可与西方当代美学诗学对话与媲美的一门显学。

从世界美学学术发展视野来看,美学研究同样应当重视美学精神和艺术精神的探索。德国古典美学的殿军费尔巴哈说得好:"动物只为生命所必需的光线所激动,而人却为更为遥远的星辰的无关紧要的光线所激动——只有人才有纯粹的、理智的、大公无私的快乐和热情——只有人才过理论上的视觉节日。"[2]德国浪漫主义诗人荷尔德林指出:"哲人必须像诗人一样具备同等的

---

[1] 参见王梦鸥《文艺美学》,台北新风出版社1971年版。
[2] 费尔巴哈:《基督教的本质》,荣震华译,商务印书馆1984年版,第33—34页;北京大学哲学系编译:《十八世纪末—十九世纪初德国哲学》,商务印书馆1975年版,第486页。本书中文译文采用后者的译文。

审美力量。没有审美性情的人是我们的书本哲学家。精神的哲学是审美的哲学。若无审美性情,人就不可能在任何领域中富有精神,甚至不能精神充沛地表述历史。这里应该了然,不懂得理念的人究竟缺少什么——秉心而论,一旦到表格和账簿之外,他们就一团漆黑。"[1]在荷尔德林看来,"精神"在数据、表格、账簿之外。我国当代美学学者刘小枫指出:"美学作为一门独立的学科之确立,是18世纪末至19世纪初主要在德国兴起的现代性思想转折的结果,换言之,审美思想是与现代性问题纠结在一起的。"[2]在此后的200多年岁月中,审美精神不仅构成一种西方文化现代性思想类型,而且深刻影响西方后现代思想。"审美精神是一种生存论和世界观的类型,它体现为对某种无条件的绝对感性的追寻和对诗意化生活秩序的肯定。在德意志民族思想的深层底蕴里,审美问题首先出现在哲学家们对终极实在的探索中,出现在诗人们对感性生存的本体论位置的忧虑之中。"[3]正因为此,美学不同于一般的专业性或职业性文艺学。"作为感性生存论的审美问题实际定位于哲学家和诗人们面临现代型社会形态的困境时所思虑的种种难题。……美学不是一门文艺学学问(甚至不是一门哲学的分支学科),而是身临现代型社会困境时的一种生存态度。哲人和诗人关注的是感性生存的可能性,审美(感性)形态涉及个体生存意义的救护,如卡西尔所看到的,它包含

---

[1] 荷尔德林:《荷尔德林文集》,戴晖译,商务印书馆1999年版,第282页。
[2] 刘小枫:《现代性中的审美精神》,学林出版社1997年版,"编者前言"第1页。
[3] 刘小枫:《现代性中的审美精神》,学林出版社1997年版,"编者前言"第1页。

着人义论的内核。"[1]在论者看来，审美精神是以感性生存的方式实现对西方现代性困境的救赎。笔者认为，审美精神更是一种生动的、熔铸在感性中的理性精神。因此，美学学科既有感性的、直观的、情感的具体性和丰富性，又有思想、精神的具体性、丰富性和超越性。美学作为人文学科，深刻关联着人的生存价值和意义建构。如果说对精神价值的研究和追求是哲学研究的最高任务，那么，对美学精神的研究和追求则是美学研究的最高任务。

当代中国文艺美学以对人生本体意义的追求和艺术精神价值的建构在世界美学界卓然挺立。文艺美学不同于一般的艺术理论乃至艺术哲学之处，正在于有人生本体论的支撑，正在于对艺术审美精神家园的追求。美学精神是美学在审美形而上学和艺术本体论意义的精神追求，中华美学精神则是中华民族在自身生存本体论意义上的精神追求。人生本体论成为连接文艺美学和美学精神的共同理论基础。美学精神虽与哲学本体论息息相关，但又不是理论化的本体论知识体系，而是活生生的生命精神，是本体论的鲜活性存在。因此，文艺美学为美学精神的理论确立提供学理上的论证和审美体验上的阐释，文艺美学研究因而在传承和弘扬中华美学精神方面大有作为。文艺美学也因此成为当代中国美学和文艺学的学科核心——而其文化原型正在于中华感兴美学，因为感兴审美既是感性生命的激发，又是精神价值的兴发。法国当代现象学美学家杜夫海纳认为：美是以感性光辉显现出来的生命

---

[1] 刘小枫：《现代性中的审美精神》，学林出版社1997年版，"编者前言"第1—2页。

存在与生命精神。"它不是向我提出有关世界的一种真理,而是对我打开作为真理源泉的世界。因为这个世界对我来说首先不完全是一个知识的对象,而是一个令人赞叹和感激的对象。……审美对象所显示的、在显示中所具有的价值,就是所接受的世界的情感性质。"[1] 文艺美学已然成为中国当代美学和文艺学学科体系中最有成就的一门显学。文艺美学如何在新时代进一步创新发展,是摆在当代文艺美学学者面前的一个重要学术课题。深入探究中华感兴美学,正可以从深层次上激活中华古典美学和文论的生命活力,为中国当代美学和文论研究提供价值源泉和精神动力。受西方解构主义批评和后现代主义文化影响,美学和文论也出现了消解本体论的理论思潮。然而,哲学、美学和整个人文科学不可能取消本体论,即便在当代西方,也出现了"本体论回归""本体论重建"的理论走向。感兴美学和中华美学精神可为重建当代中国美学乃至世界美学的本体论做出独特贡献。审美是人类最自由的生命方式,文艺是人类自由生存本体的诗意表达,文艺的美学精神来自作家对真善美的执着崇尚和追求,来自作家的崇高思想、坚定意志、真挚情感、深厚的文化底蕴及其精神力量和精神境界。要弘扬和创新感兴美学和中华美学精神,以美学精神引领文艺创作和文艺研究,创造出元气充沛、精神境界高远、富有本体论深度与厚度、富有艺术生命活力与理论阐释力的当代文艺作品经典和文艺理论经典,实现当代美学文艺学研究从认识论、知识论向生存本体论和审美精神研究、审美境界研究的提升。

---

[1] 杜夫海纳:《美学与哲学》,孙非译,中国社会科学出版社1985年版,第26、28页。

第五节　激扬美学精神，铸就当代文艺美学之鼎

　　审美是一种基于人的感性存在而又超越感性存在的精神活动。一方面，具体的、现实的、感性的存在是人的审美活动的基础。另一方面，人还是精神性的存在，人的精神性存在是对现实感性存在的超越，这种精神超越性显示了人既源于自然存在又高于其他存在物的生命灵秀之处。审美是人的自由的审美精神活动。在审美活动尤其是艺术审美活动中，人可以超越现实的功利欲望，而追求一种超越现实的理想存在与价值世界，体现人类独到的"神明才慧"（叶燮语）和精神追求。美学精神是人类自由精神最为生动的表征，是一种对于自由世界与超越境界的追求。美学精神属于美学的本体论追求或感性的形而上追求。美学精神以自由的、超越的、创造的、整合的、批判的、和谐的、理想的生命本体精神赋予人的生活以意义和价值，成为人生意义的承担者和引导者。美学精神是文艺创造和文艺研究的重要引领，它对文艺审美价值的建构、审美理想的提升和审美标准的确立都具有至关重要的意义。感兴美学精神更是中华美学精神最为生动的表征，兴通过感性方式振奋人的心灵、想象力、情感、意志、人格及整个民族的精神生活。兴之文化传统、兴之审美曾对中华民族的精神家园和精神境界的建构产生了巨大的作用和深远的影响。应当以感兴美学精神提振当代美学与文艺研究的精神之魂，重铸文论研究的精神之鼎，为中国当代美学文论建设提供价值源泉和精神动力。

从精神高度研究美学乃是中国古典美学诗学和中国现代美学诗学的优秀学术传统。在20世纪80、90年代，我国文学研究界呼吁文学的人文精神、新感性精神、新理性精神研究之声不绝如缕，且有学者着手从精神层次研究美学和文艺理论，并取得了不俗的理论成果。但是，一个时期以来，受西方美学的"语言学转向"、形式主义批评、解构主义思潮和后现代主义思潮的影响，美学精神研究一度被忽视，美学仅被视为一门娱乐性知识学问或话语形态。文艺理论则以文学性、文本性研究、关键词研究替代了文学精神和美学精神的研究。当代文艺理论固然在文学的语言、符号、文本、文类、叙事、修辞以及文化表征、文化政治等方面成就颇丰，但在文学艺术的文化精神和美学精神研究方面显得薄弱，在一定程度上弱化了文艺理论的精神价值和精神力量。文艺创作和文艺理论研究如果丢弃了精神追求，缺乏充沛的精神和深刻的思想，就不能达至文质俱佳、形神兼备的精神境界，就没有力透纸背、震撼人心的精神力量。如果说忽视文论的话语研究导致"失语"现象[1]，那么，美学精神的缺失则导致文艺理论研究的"失魂"现象，甚而造成文艺理论研究的概念化和审美精神的贫困化。

中华美学与艺术精神的当代提振或振兴，需要疏通中华感兴美学的精神传统和精神血脉。中华古典艺术和美学之兴作为感情与理性的统一、意志和精神的统一、情感与认识的统一、个体与群体的和谐一体，最为生动地体现了"天人合一"的自由与超越

---

[1] 关于文论"失语症"问题，参见陶水平《"失语症"与"话语权"的悖论》，《文论报》1994年6月5日。

的审美精神。感兴美学强调人与宇宙万物生命贯通，人与自然和谐相处，个我与大我的和谐统一，因而具有调节社会人生精神文化生态、指向宇宙整体和人类终极存在的永恒意义。当社会偏于理性时，它呼唤和激发生命精神；当社会偏于感性时，它呼唤和张扬超越精神。消费社会使人处于片面崇尚金钱与欲望的庸俗生活状态，失去了对现实的批判态度，物对人的压迫更是造成了人性的巨大分裂，失去对社会的责任担当。在人的感性生活世界中，文艺美学则可以为人类的生存理想建构一个精神家园。今天感兴美学传统可以为中国当代文艺美学的理论话语建构及文艺批评实践提供重要的价值资源和精神动力。传承与弘扬感兴美学精神为实现审美超越、提升人的生命价值和精神境界提供了可能。中华美学理论和美学史研究应当从知识的探讨升华为精神的建构，让审美精神成为艺术创作、美学研究、文艺批评和人的诗意栖居的最高标准，使艺术家和美学家真正担当起人类灵魂工程师的美誉，使文学艺术具有激发人心的精神力量与艺术魅力。

在当今西方后现代社会，消解本体论、告别形而上学成为某种学术时尚或语言游戏，导致西方当代文化的本体虚无与价值虚无，出现单向度的平面人和空心人。本雅明曾在《论一般语言和人的语言》(*On Language As Such and on the Language of Man*，1916年)一文中指出，语言是万物的精神传达，"一切精神意义的传达都是语言，用词语进行的传达只不过是人类语言的一种特殊情况"[1]。本雅明批评索绪尔的语言学为工具论语言学，因而是

---

[1] 刘北成：《本雅明思想肖像》，上海人民出版社1998年版，第40页。

"语言精神的堕落"。索绪尔语言学研究是否为"语言精神的堕落",可以进一步讨论。但索绪尔语言学的形式特征是明显的,本雅明对语言的本源性、精神性的强调是深刻的,本雅明揭示了语言深处的文化本源和精神本源。有鉴于此,强调美学和文论的审美精神研究,具有特别重要的理论意义和实践价值。美学精神以自由、超越、创造、批判、和合与理想的生命本体精神赋予人的审美生活以意义和价值,成为人生意义的承担者和引导者。美学精神是文艺创造和文艺研究的重要引领,它对文艺审美价值的建构、文艺审美理想的提升和文艺审美标准的确立都具有至关重要的范导意义。中华感兴美学精神作为中国古代文论的深层精神本体与生命形而上学,是中国文论的文化传统和灵魂所在。传承和弘扬中华感兴美学精神,有助于铸就中国当代文论的精神之鼎,更好地实现中华古典美学和文论的现代转换和中国当代美学和文论的创新发展,实现当代美学文艺学从知识论、话语论向生存本体论和精神境界论的提升和超越,实现对西方文论"语言论"转向、形式主义文论、解构主义文论以及后现代主义美学和文论的超越。

黑格尔在《哲学史讲演录》第一卷中指出:"追求真理的勇气和对于精神力量的信仰是研究哲学的第一个条件。人既然是精神,则他必须而且应该自视为配得上最高尚的东西,切不可低估或小视他本身精神的伟大和力量。人有了这样的信心,没有什么东西会坚硬到不对他展开。那最初隐蔽蕴藏着的宇宙本质,并没有力量可以抵抗求知的勇气;它必然会向勇毅的求知者揭开它的秘密，而将它的财富和宝藏公开给他，让他分享。"[1] 哲学活动不是一种机械的运动，而是一种自由思想的活动。"哲学是这样一个形式：什么样的形式呢？它是最盛开的花朵。它是精神的整个形态的概念，它是整个客观环境的自觉和精神本质，它是时代的精神、作为自己正在思维的精神。"[2] 德国艺术理论家格罗塞认为，诗歌具有凝聚人心、提振人心、统一民族精神的强大社会影响力。他指出："在这个意义上说起来，歌德对于建设新德意志帝国的功绩，并不下于俾斯麦。诗歌还做了更进一层的工作，就是它不但团结了人民，——并且还振作了人民。"[3] 美学是一门哲学性的学科，同样关注人的审美精神的研究，美学精神为美学学科与文论话语的灵魂。美学精神不等于审美心理，也不同于文学性和审美性。美学精神植根于哲学精神和文化精神。文艺形式学对文学语言符号的研究不能代替文学审美精神研究，审美心理学对文艺审美经验的研究也不能代替美学精神研究。美学精神对于文论研究和文学发展具有价值范导作用，提升美学精神是中国当代美学和文论创新发展的必由之路。

　　文艺理论不仅是文学性、艺术性以及文艺话语研究和关键词研究，更应是文艺的审美精神研究。美学精神是一种自由的生命创造精神与生命超越精神，是一种对于自由与超越境界的追求。文艺精神研究与文艺理论话语研究同为文艺理论研究不可或缺的

---

[1] 黑格尔：《哲学史讲演录》，第一卷，贺麟、王太庆译，商务印书馆1959年版，第3页。

[2] 黑格尔：《哲学史讲演录》，第一卷，贺麟、王太庆译，商务印书馆1959年版，第56页。

[3] 格罗塞：《艺术的起源》，蔡慕晖译，商务印书馆1984年版，第206页。

重要维度。文艺的语言、话语、符号、媒介、文本、文体、叙事、修辞、类型及文艺关键词研究都非常重要，但文学的文本性、文学性、艺术性研究不能代替文艺审美精神、艺术理想和文化价值的研究。文艺语言符号的审美运用固然有助于生成文艺作品的文本性、文学性、艺术性和艺术形式，但是，文艺作品的文学性、艺术性的根源在于美学精神。文艺的审美精神是活生生的、动态的、建构性的，美学精神渗透于文艺作品的文本和形态之中，贯通于文艺活动的全过程。早在20世纪80年代，我国当代文艺理论家童庆炳先生就提出了人的精神之鼎的建设问题，他指出，人有三种潜能，即知、意、情；因而人有三种追求，即真、善、美。相应地，人的精神之鼎有科学、哲学和艺术，其中艺术是人类的精神家园。[1] 此后，童庆炳在其论著中多次强调文艺要建构人的精神生活之鼎的问题，最近的一次见于其生前亲自编辑的文集之中。童庆炳指出："文学的审美价值有一种溶解力，可以把政治价值、思想价值、宗教价值、历史价值等溶解其中。……文学就其总体而言，永远是对人的生存状态的写照与思考，特别是对人的精神状态的写照与思考。……民主精神、人文主义和诗意关怀是人的精神生活之鼎，鼎有三足，鼎足而立，人在大地上就站稳了。"[2] 钱中文也曾倡导新理性精神，以之为当代艺术价值和精神重建的根本精神。他指出，面对当代社会因频繁动乱、科学主义和非理性主义等因素造成的信仰失落，理想失

---

[1] 参见童庆炳《人的复归与艺术欣赏》，《名作欣赏》1986年第4期。
[2] 童庆炳：《精神之鼎与诗意家园》，北京师范大学出版社2016年版，第376、379页。

落、人的扁型化、空虚感,人的大范围的丑陋化、平庸化,与自我感觉的渺小化,文学艺术应该揭起人文精神的这面旗帜,制止文学艺术自身意义、价值、精神的下滑。[1] 钱中文在晚年对此有进一步的思考,指出新理性精神即是现代性精神、新人文精神和交往对话精神。[2] 袁济喜亦指出,兴是华夏古典艺术和美学的灵魂,体现了深沉的人文忧患与生命的感性冲动,对于今天的美学和诗学研究仍然有着巨大的价值。他在《论"兴"的审美意义》一文中指出:"(艺术创作)丧失生命力与人文忧患意识的'兴',只能是肤浅的感吟,故唐代诗人倡举兴寄,即是为了纠正齐梁肤浅之吟。在当今人类越来越受理性制约,审美生命日渐萎缩之时,这种'兴'的生命力可以成为激活平庸人生的动力。"[3] 这些都是振聋发聩、值得聆听的学术声音!

美学精神是活跃在艺术家心灵世界与艺术作品审美世界中的生机活力和生命灵魂。美学精神研究应当引领文艺理论的审美性、文学性、文本性及艺术形式研究。美学精神应当灌注于文艺语言学、文艺修辞学、文艺叙事学、文艺符号学、文艺文本学和文艺形态学研究之中。要发挥感兴美学在中华美学精神建构与中国当代文艺美学理论建设中的重要作用,要以美学精神研究为灵魂,贯通文艺理论的审美精神研究与文艺理论的话语研究。应推动中华感兴美学精神研究与文艺理论的文学性、艺术性、文本

---

[1] 钱中文:《文学艺术价值、精神的重建:新理性精神》,《文学评论》1995年第5期。

[2] 参见钱中文《审美与人文:钱中文自选集》,首都师范大学出版社2016年版,"学术自述"第11—13页。

[3] 袁济喜:《论"兴"的审美意义》,《文学遗产》2002年第2期。

性、符号形式性及文艺关键词研究的良性互动与深度融合，使得当代美学文艺学的概念、范畴、术语、话语和理论成为中华审美精神的生动表征，推动当代美学和文艺理论研究从知识论、话语论向生存本体论和审美精神建构的提升。

文艺美学在传承、弘扬与创新、发展中华感兴美学精神方面大有可为。"文艺是国民精神所发的火光，同时也是引导国民精神的前途的灯火"（鲁迅《论睁了眼看》），二者互为因果。当代文艺美学应当"立时代之潮头、通古今之变化、发思想之先声"[1]。文艺创作不仅要悦耳悦目，还要悦心悦意、悦神悦志。文学作品真正打动人心、震撼人心的是其中所灌注的深刻的精神意蕴和精神力量。文学创作要有深厚的人民性情怀，要有博大的人类意识和宇宙精神。应当使审美精神追求成为艺术创作、美学研究、文艺批评和人的诗意栖居的最高标准，使艺术家和美学家真正担当起人类灵魂工程师的美誉，使文学艺术具有激发人心的精神力量与艺术魅力，进而攀登人类艺术的高峰，建构人类精神家园。感兴美学传统与中华美学精神可以为中国当代文艺美学的理论话语建构及文艺批评实践提供重要价值资源，提供精神引领和价值导向。传承和创新中华感兴美学精神研究，可以贯通文艺创作的当代生活底蕴与文化传统的精神血脉，充实文艺美学的文化底蕴和精神底蕴，体现学者的文化自觉和文化担当，彰显中国当代文艺美学的主体性、原创性和生机活力，并使之成为社会主义核心价值观的审美文化呈现和精神价值之源。今天，应大力开

---

[1] 习近平：《在哲学社会科学工作座谈会上的讲话》，新华社2016年5月18日。

掘和弘扬感兴美学所具有的感发国民情志、振奋民族精神、弘扬人文精神、提升人的生命境界和精神境界的价值内涵，激活中国当代文艺创作和文艺美学研究的生命本根、创造活力、精神动力，拓展和提升文学艺术和文艺美学精神的深度、厚度、广度、力度、热度和高度，促进个体和民族精神人格的提升，建构全社会精神文明的大厦。

当代美学文艺学研究不能隔断中华传统文化的精神血脉。深化和提振美学精神研究，是振兴美学和文论研究（包括文学史研究、文学批评和文学教育研究）的一个至关重要的学术路径。感兴美学对于当代文艺美学学科的转型和提升尤有独特的价值。兴不仅是生命的激活，而且是生命的提振和升华。兴的要义在于天人合一、万物一体、物我统一、群己合一、身心合一的生命精神，兴的审美精神至今仍有重要价值。"能兴即谓之豪杰。兴者，性之生乎气者也"[1]（王夫之《俟解》），兴既植根于人的豪杰精神，又兴发人的豪杰精神。兴所蕴含的中华美学精神具有极为丰富的意蕴与鲜活的当代意义，有助于克服当代文艺创作和文艺研究中的文化虚无、历史虚无、精神贫乏和意志疲软之病。中华感兴美学应当全面进入当代美学与文艺学学科研究之中，参与当代美学和文艺学的理论创新和话语建构。应当在新的时代条件下推进中华感兴美学精神的创造性转化和创新性发展，丰富和创新中华美学精神的当代性内涵，为感兴美学和中华美学精神注入新的时代内容。中华感兴美学精神作为中国古代文论的生命精神，

---

[1] 王夫之：《船山全书》，第十二册，岳麓书社1996年版，第479页。

是中国传统文化和文论的生命本体和灵魂所在，也是社会主义核心价值观的重要文化渊源和美学素养之源。要以马克思主义实践创造精神融摄感兴美学精神，同时充分融会西方各种有价值的美学精神，深入展开中西审美精神的对话与交流研究。应在与西方现当代美学精神的交流、对话、碰撞与会通中，进一步创新和发展感兴美学，彰显中华感兴美学的生命创造和超越精神对世界美学的意义。总之，要以中华感兴美学精神研究充实当代美学和文学理论的精神维度，提振当代美学和文论的精神之魂，铸就当代艺术审美的精神风帆和美学与文论的精神之鼎，以高尚的艺术审美精神建构当代人的精神家园，推动当代人的精神进步，实现当代文艺美学研究与艺术审美精神的双向建构。

结语

以上，我们进行一场长途的学术跋涉，探讨了中华感兴美学研究的一系列重要问题，揭示出中华感兴美学精神不仅是绵延不断的历史传统，更是与时俱进的时代产物。兴的审美体验内涵、审美精神蕴含、美学理论意蕴是一个不断被拓展、充实、丰富的过程，中华感兴美学精神是一种不断与时偕行、创新发展、生生不息的伟大创造精神。几千年来，中华感兴美学曾在历史上产生了深远的积极影响，兴之审美曾对中华民族的精神家园和精神境界的提升产生了巨大作用。感兴美学最核心的要义在于天人合一、万物一体、心物统一、群己合一、身心合一、历史和现实及未来合一的生命精神与审美理想，兴构筑了中国传统艺术和美学精神的生命之源与文化原型，也是中国现当代艺术和美学精神创新发展的不竭源泉。感兴美学的过去是生生不息的，感兴美学在今天更应当不断创新发展。在世界各国发展日新月异的今天，在全球化与信息化迅猛发展的当今时代，兴与中华美学精神更应当汇入到当今世界的艺术、审美和数字化文化发展的时代洪流之中而直面应对、不断创新。感兴美学、文艺美学和中华美学精神研究三位一体，相互支撑，与时偕行，具有鲜活的当代意识。所谓当代意识，即是与时代精神一起脉动的主体开放意识、创新创造意识。感兴美学研究作为一种具有中华文化原创性的美学研究，既要回眸历史，更要立足当下，放眼世界；既要创新传统，又要融入新机。当代美学学者的一个学术使命是，要继承中国现当代美学家对感兴美学传统加以现代阐释和转化创新的优良传统，立足于全球化语境和数字化时代的人类生存经验与艺术审美经验，在人类文明共生共享的建构之中，进一步丰富和发展感兴美学精神，创新和发展当代中国美学和文艺理论。

关于当代美学的创新发展问题,德国当代美学家沃尔夫冈·韦尔施在其《重构美学》(Undoing Aesthetics)一书中对西方美学的历史、现状与未来给予了学术图绘与理论构想。韦尔施认为,在当今西方后现代社会,"审美化"(感性化)已广泛地渗透到日常生活和社会文化的各个领域,而其根源在于"认识论的审美化"。因此,韦尔施主张回到鲍姆嘉通感性学的基础并在此基础上重构美学,建构一个公正对待人类生活全部感知领域的超级感性学,或曰超越狭隘艺术领域的"超越美学的美学"。韦尔施的后现代美学重构有一定积极意义,但存在严重偏颇。中国当代美学的重构不能照搬西方感性学思路,而必须代之以中华感兴学,以感兴学重构中国当代美学。中华"感兴学"之"感"包含了韦尔施超级感性学对感性活动的重视,而中华"感兴学"之"兴"更具有韦尔施超级感性学所不具备的审美升华和审美超越。因此,笔者提出一种新的学术构想,即从感性学美学走向感兴学美学,以中华感兴学美学的复兴和创新来作为中国当代美学和艺术学理论创新发展的一种重要学术路径。[1] 其中,复兴是基础,创新是目标,复兴与创新是不可分离、辩证统一的。

一、感兴美学传统作为中国当代美学和艺术理论创新的原创性底蕴

沃尔夫冈·韦尔施在《重构美学》一书中认同了西方美学之父、近代德国哲学家鲍姆嘉通关于"美学(Asthetik/Aesthetica/

---

[1] 对此,笔者有专文加以讨论,参见陶水平《感兴学的复兴与中国当代美学的重构》,《上海文化(文化研究)》2018年第4期;《从感性学走向感兴学——"美学重构"的新路径》,《清华大学学报》(哲学社会科学版)2019年第5期。

Aesthetics，感性学）"是"感性认识的完善的科学"的学科界定。沃尔夫冈·韦尔施认为，在鲍姆嘉通那里，美学并非以艺术为其对象，而是要帮助提高低级的即"感性的"认识机能。这一"感知的"意义源出希腊语 aisthetos，aisthetos 等于感性的、知觉的。[1] 韦尔施认为，鲍姆嘉通之后，德国古典美学却背离了鲍姆嘉通对美学学科的设想，走向了艺术哲学的道路，使之远离了作为感性学的美学。韦尔施主张，应当重新回到鲍姆嘉通对美学的最初构想，并结合后现代文化加以发扬光大，使美学成为一种超越美学（不仅超越德国古典美学的艺术哲学，而且超越鲍姆嘉通感性学）的元美学、巨型美学、超级美学、超级感性学、超越美学的美学。

韦尔施在该书"序"中明确指出："本书的指导思想是，把握今天的生存条件，以新的方式来审美地思考，至为重要。……现实一次又一次证明，其构成不是'现实的'，而是'审美的'。迄至今日，这一见解几乎无处不在，影响所及，使美学丧失了它作为一门特殊学科、专同艺术结盟的特征，而成为理解现实的一个更广泛、更普遍的媒介。这导致审美思维在今天变得举足轻重起来，美学这门学科的结构，便也亟待改变，以使它成为一门超越传统美学的美学，将美学的方方面面全部囊括进来，诸如日常生活、科学、政治、艺术、伦理学等等。这里收入的文章，意在

---

[1] 参见沃尔夫冈·韦尔施《重构美学》，陆扬、张岩冰译，上海译文出版社2002年版，第15、49页。考之于鲍姆嘉通《美学》以及《诗的哲学默想录》，鲍姆嘉通认为，美是感性认识的完善（完美），诗则是完美的感性谈论（感官语言）。（鲍姆嘉滕《美学》，简明、王旭晓译，文化艺术出版社1987年版，第18、128页。）显然，鲍姆嘉通的美学扩大了亚里士多德的"诗学"的范围，也不仅限于近代自由艺术研究的范围，但并未排斥艺术研究。

探讨'美学'的这一新外延和新建构。"[1] 显然，韦尔施是把审美视为感性认识，把美学视为感性学，而且要在鲍姆嘉通的基础上推进和扩大作为感性学的美学，把日常生活、科学、政治、艺术、伦理学等方方面面的感性存在囊括进美学学科。

在《重构美学》一书中，沃尔夫冈·韦尔施在梳理各种层次的"审美化"表征及其实质之后对未来美学的新形式进行了新的学术规划。韦尔施主张重构美学或美学重构，强调重构新感知和新美学，建立一种"超越美学的美学"。韦尔施认为，传统的或流行的美学主要关注艺术，而他所倡导的"超越美学的美学"则必须超越艺术论或艺术本质论的美学。鉴于认识论的审美化（感性化）、思维的审美化（感性化）、知识和现实建构的审美化（感性化），对"盲点文化"的关注，感觉的重组（听觉作用的重视和听觉文化的兴起），感知的公正化（对异质性、多元性感觉的尊重），以及后现代的横向理性的作用，等等，未来的新美学应当成为跨学科的超级美学（超级感性学），成为研究广泛渗透在社会生活方方面面的感知的综合美学，走向跨学科设计的普遍性的美学。对此，笔者已在前述中给予了详细的辩驳。[2] 总之，

---

[1] 沃尔夫冈·韦尔施：《重构美学》，陆扬、张岩冰译，上海译文出版社2002年版，第1页。

[2] 笔者在《从感性学走向感兴学——"美学重构"的新路径》等论文中指出，韦尔施对所谓西方"认识论的审美化"思想谱系的勾勒是简单化的、片面的、碎片化的。韦尔施对20世纪西方思想史、美学史（感性学史）的理论描述也是随意的、片言只语的、主观选择性的，因而也是有严重局限性的。韦尔施把美学的理论基础定位在认识、思想、思维的审美化，既不符合西方美学理论史的理论事实，也不符合西方艺术创作和审美实践的实际。当代西方美学和艺术理论，并非如韦尔施所描述的那样，只是巨型感性学或超级感知学。

沃尔夫冈·韦尔施在《重构美学》一书中主张在鲍姆嘉通感性学的基础上对西方当代美学进行重构，韦尔施拒绝传统美学的升华、高贵化和独断论倾向，主张在更为多元的基础上尊重感性的异质性、多样性和差异化。韦尔施的这种美学重构在倡导后现代美学横向贯通的精神方面有一定的合理性，但对传统美学的升华精神的摒弃则矫枉过正，存在严重偏颇。因此，韦尔施笔下的美学史需要再书写，韦尔施的美学重构需要再重构。虽然韦尔施的美学重构走出了美学局限于艺术哲学的学术藩篱，但仍然把审美囿于感性认识和感性思维，因而有严重局限性。必须超越鲍姆嘉通与韦尔施的感性学美学的局限性，在古今对话和中外互照中对美学学科的发展提出新构想，即从感性学走向感兴学，以创新和发展中华感兴学美学来重构当代中国美学。

当代中国美学文艺学研究不能隔断中华传统文化的精神血脉，应当在新的时代条件下复兴和创新中华感兴美学和艺术精神，并注入新的时代内容，使之成为新时代美学精神和艺术精神的文化源泉。德国存在主义美学家雅斯贝尔斯对历史的现在、过去与未来有辩证的认识，雅斯贝尔斯认为，人类文明史既向史前敞开，又向未来敞开。他在《历史的起源与目标》一书的序言中指出："我们和我们寄宿的现存（present）处在历史之中。我们的这个现存如果在现今的狭窄眼界内丧失自身，退化为一个纯粹的现在，那么它就变成了一片空无。这本书的目的就是要帮助我们提高对现存的认识。"在雅斯贝尔斯看来，现存通过我们使自己内部的实际生活获得历史基础而得到实现。另一方面，现存通过它内部潜伏的未来而获得实现。更进一步，获得实现的现存允许我们在永恒的本源中扎根。历史指引我们超越所有的历史而进入至高无上的全面理解综合（the Comprehensive）——那是最终目标。思想虽然永远不能达到这个目标，然而却可以接近它。"[1]虽然本书不完全认同雅斯贝尔斯的历史观，但雅斯贝尔斯的立足当下、回望过去、瞻瞩未来的历史哲学意识和世界史意识是可取的。兴是中华文化生成与发展的原型和原动力。中华感兴美学不仅凝聚了中国古典艺术和美学的精神血脉，同时也是当代中国艺术精神和美学精神的文化基础。中华诗兴艺术是中华民族最具原创性的艺术，中华感兴美学是中华民族最具标志性的美学，具有自身独到的、不可取代的审美特性、精神气质、理论意义和实践价值，奠定了当代中国艺术和美学创新发展的传统底蕴和文化根柢。正因为此，笔者提出对中国当代美学进行理论重构的新设想，即从感性学走向感兴学，通过对感兴学现代转化、现代阐释和当代发展、当代创新来重构中国当代美学。

既然鲍姆嘉通可以从古希腊哲学思想传统中萃取"Aisthetos/Aesthetica/Aisthetike"（"感美的""感性的"）等古代思想范畴创建感性学（美学），换言之，既然西方感性学（美学）是西方近代学者从古希腊文的"感性的"一词发掘出来的，尤其是重新发现亚里士多德的感觉理论并予以新的阐释、转化、丰富化和体系化的产物，那么，当代中国学者为什么不可以从中华民族古代哲学诗学的思想传统中萃取"感兴"等词语创建"感兴学"的新美学，并以此作为中国当代美学重构的一种新的学术路径？

---

[1] 卡尔·雅斯贝斯：《历史的起源与目标》，魏楚雄、俞新天译，华夏出版社1989年版，第1—2页。

答案显然是肯定的。笔者的这个学术倡议与当代德国汉学家卜松山（Karl-Heinz Pohl）教授的观点不谋而合，卜松山认为，中国学者应当与西方学者做跨文化的对话而非步西方之后尘。在中国传统美学和艺术思想中，"美"这个范畴并不占重要地位，他甚至明确指出："我想向现代中国美学家们进言，至少当他们想要参与现代西方美学关于美学的学术讨论时，要为自己的学科选择另一个名字。"[1]诚哉斯言！"美"虽然也是中国古典美学中的一个重要范畴，但其重要性远不及"兴"和"感兴"范畴。中华感兴学与西方感性学的碰撞，正体现了东西跨文化的对话。感兴学美学的复兴和创新，正体现了中华美学的原创性精神气质。

正如本书前文各章所述，中华感兴学美学有着极为深厚的中国文化背景和美学底蕴，并形成了自己源远流长、生生不息的理论传统。汉语"感兴"一词由"感"与"兴"合成为一个双音节词，"感"与"兴"二字都有自身漫长的历史语义学传统。"感"与"兴"在汉代末年即连用，在魏晋南北朝诗歌创作与诗学研究中已普遍使用感兴美学。"感兴"在盛唐王昌龄《诗格》一书中正式合铸为一个更成熟的、整全性的美学术语。中国古代感兴论既是一个生生不息、绵延不断的美学思想传统，又是一个具有家族相似性的艺术理论术语，蕴含着丰富的美学理论内涵，并构成一个潜在的美学理论体系。与"感兴"相似的范畴或衍生范畴还

---

[1] 卜松山：《与中国作跨文化对话》（增订本），刘慧儒、张国刚等译，中华书局2003年版，第15页。叶朗先生也曾指出："在中国古典美学体系中，'美'并不是中心的范畴，也不是最高层次的范畴，'美'这个范畴在中国古典美学中的地位远不如在西方美学中那样重要。"（叶朗：《中国美学史大纲》，上海人民出版社1985年版，第3页。）

有很多，诸如感物、感触、应感（应感之会）、比兴、兴喻、兴托、兴思、兴怀、兴感、兴想、兴情、情兴、兴会、兴寄、兴象、兴趣、意兴、兴致、兴味等等。"兴"成为中华古典艺术和美学最重要的元范畴。兴历来被视为"诗学之正源，法度之准则"（杨载《诗法家数·诗学正源》），成为中国古典诗学最高最普遍的美学原则。中华感兴学以其足以与西方感性学媲美的丰富语义性形成了以兴和感兴为枢纽的丰富而整全的中华美学理论体系和理论传统。

中华感兴学美学既有西方感性学美学注重审美感性、审美感受、审美体验的感性特征，又有西方感性学美学所不具备的兴发志意、升华心灵、提振精神境界的优长。审美感兴是既"感"又"兴"的。一方面，审美感兴之"感"重视审美活动的感性特征，关注自然物象和物色的灿烂感性。中华古典感兴美学史生动记录了中国古典诗人有关敏锐鲜活审美感受力的许多精彩论述。例如，"诗人之兴，感物而作"（王延寿《鲁灵光殿赋序》），"兴者，有感之辞也"（挚虞《文章流别论》），"物触所遇而兴感"（孙绰《三月三日兰亭诗序》），"是以诗人感物，联类不穷"（刘勰《文心雕龙·物色》），"感物曰兴"（萧统《文选序》），"气之动物，物之感人，故摇荡性情。……若乃春风春鸟，秋月秋蝉，夏云暑雨，冬月祁寒，斯四候之感诸诗者也"（钟嵘《诗品序》）。钟嵘还盛赞魏晋诗歌中的千古名句都是诗人即目所见，得之于自然感发。王昌龄亦云："自古文章，起于无作，兴于自然，感激而成，都无许练，发言以当，应物便是。"（《文镜秘府论·南卷·论文意》引）葛立方说："观物有感焉，则有兴。"

(《韵语秋阳》卷二）郝敬说："感动触发曰兴。"（郝敬《毛诗原解·读诗》第二十五条）彭辂说："天壤之间，色、声、香、味偶与我触，而吾意适有所会，辄知肆笔而泄之，此所谓六义之兴也。"（彭辂《诗集自序》）王夫之说："诗歌之妙，原在取景遣韵，不在刻意矣。"（王夫之《古诗评选》卷一）如此等等，无不强调了灿烂自然物色对诗人审美情感的激发。中国古代诗人感物兴情，重视对生香活色的自然物象的"直寻"和"现量"，描写诗人鲜活生动的审美感受和审美体验。因此，中华感兴学美学与西方感性学美学一样，同样重视自然审美对象的生动性、丰富性和鲜明性，同样显示了灿烂感性的审美特质。另一方面，与鲍姆嘉通感性学的"感性认识的完善"不同，也与韦尔施批评德国古典美学的"升华"和"高贵化"精神的感性学重构不同，中华感兴学美学的感兴审美是既"感"且"兴"的，审美感兴之"兴"强调情志的升华和精神的超越。例如，孔颖达说："兴者，兴起志意赞扬之辞。"（《毛诗正义·毛诗序》疏）范温说："激昂之语，盖若《诗》之兴。"（《潜溪诗眼》）程颢说："夫子言'兴于诗'，观其言，是兴起人善意，汪洋浩大，皆是此意。"（《二程遗书》卷二上）朱熹说："兴者，感动奋发之意。"（《孟子集注·尽心章句上》）王夫之提出"以追光蹑影之笔，写通天尽人之怀"（《古诗评选》卷四），认为兴乃是"兴己之善，观人之志。……奋发于为善而通天下之志"（《张子正蒙注》卷八《乐器篇》）。如此等等，无不阐扬了审美感兴对人的志气兴发和精神提振的巨大作用。现代新儒学大师马一浮指出："六艺之教，莫先于《诗》。于此感发起兴，乃可识仁。故曰兴于诗。又曰诗可以兴。

诗者，志之所之也，在心为志，发言为诗，古一切言教者皆摄于《诗》。"[1] 美籍华人学者刘若愚则在其《中国文学理论》一书第六章"实用理论"中将孔子的"兴于诗，立于礼，成于乐"翻译为"Be inspired by poetry, confirmed by ritual, and perfected by music"，并指出，在此"兴"也可以解释为"begin"（开始）或"exalt"（高扬）。[2] 刘若愚所阐发的"兴"之"高扬"一义至为精到，这种精神的高扬和提升，显然是鲍姆嘉通的感性学（美学）与沃尔夫冈·韦尔施的感性学美学重构所不具备的。日本存在主义美学家今道友信也曾阐释了兴的精神兴腾作用，指出：诗的艺术可以使人的精神醒觉、兴腾，孔子"兴于诗"之"兴"即是"人的精神因诗的艺术垂直地兴腾起来，突破定义的上限"。[3] 可见，中华感兴学美学的"既感且兴"的审美精神体现了超越于西方感性学的优越性：艺术审美活动中的"感兴"既感性又超感性。感兴审美既彰显了灿烂感性，同时又超越和提升了感性。感兴学既贯通天人、形而上与形而下，具有美学升华的精神品格，同时又贯通万物、强调万物一体，兼有横向超越的美学精神。审美感兴贯通天人，贯通万物，贯通心物，贯通群己，显示出优于西方感性学的美学精神气质。中华感兴学美学具有西方感性学美学所不具备的诸多理论优势。

中华感兴学美学是一种具有整全性审美内涵的美学。中华艺

---

[1] 马一浮：《复性书院讲录》，江苏教育出版社，2005，第149页。
[2] 参见刘若愚《中国文学理论》，江苏教育出版社，2006，第164页。
[3] 今道友信：《东方的美学》，蒋寅、李心峰等译，三联书店，1991，第94—95页。

术审美感兴体验体现了审美情感的真挚性或真诚性与社会伦理性的内在统一，体现了存在、心理、语言、符号、审美、艺术和文化的多种因素的融合。中华感兴美学作为自然论美学、文化论美学与生存论美学的内在统一的美学，体现了人的生存的感性、智性、理性、诗性与神性的多样统一。感兴美学关于体验与学识的关系以及个人经验与社会经验、个性言说与社会语言的关系的见解也都具有重要的、鲜活的当代价值。因此，兴的整全性存在意义和整全性真理价值奠定了中国当代艺术和美学创新的原创性基础。感兴美学传统的传承、创新和发展对于当代中国美学文艺学创新发展有特别重要的意义。传承和弘扬中华感兴美学所具有的生命性、原创性、真挚性、真诚性、多维性、丰富性、整全性及其多种张力价值，彰显中华感兴艺术和感兴审美的生生不息的生命创造精神和生命超越精神，关乎中国当代美学的理论创新与发展。兴作为中国古典艺术的灿烂感性与审美典范，生成了中国历代艺术的审美风格与精神气质，建构了中国历代艺术的理想范式。感兴美学的当代复兴与创新可以很好地解决中国当代美学原创性不足的问题。因此，传承和弘扬感兴美学传统不仅有助于中国当代美学和艺术精神的创新发展，而且有助于中国当代文艺美学学科的转型和提升。感兴美学传统的创新发展是当代中国美学文艺学创新发展的一条重要路径。

现代英国著名诗人、批评家T. S. 艾略特关于"传统是古典性与当代性的统一"的诗学传统观对于我们进行感兴美学的创新发展有一定的借鉴价值。艾略特高度重视古希腊文学、古罗马文学以及英国文学尤其是英国诗歌的伟大传统，认为诗比任何别的艺术都更顽固地具有民族性,一个民族的感觉和情感会在这个民族的诗歌作品中顽强地不断重现,而优秀的文学传统需要一代一代的诗人加以创新、传承和发展。艾略特指出:"如果我们没有充满活力的文学,我们将和过去的文学越来越疏远;除非我们能不间断地持续下去,否则我们过去的文学将离我们愈来愈遥远,最后我们会感到它很陌生,就像是另一个民族的文学似的。"[1]艾略特深刻指出,文化传统存活于语言之中,语言的衰退将造成文化的衰退和传统的衰退。因此,保持与日常生活的联系,保持语言的鲜活,对于诗歌创作和传承文化有重要作用。诗人的感受力对于语言和诗歌的创新尤有意义。优秀当代诗人对于民族语言和民族文化的传承作用是不可或缺的。"诗人的重要性在于他自己的时代,而已故的诗人只有在我们拥有活着的诗人的情况下,对我们才有意义。……感受性的变化和发展首先体现在少数人身上,然后通过对别人、对更容易被大众接受的作家的影响,渐渐渗透到语言中去;在它们得到确认之后,新的进步又成为必要。此外,已故作家的生命力通过活着的作家得以维持。"[2]艾略特认为,传统与现在不是简单对立的,而是相辅相成的。传统并不仅仅是过去,同时也是现在,恢复语言的生命力就是维护传统。优秀诗人善于在当下诗歌语言艺术的创新中,去激活传统、实现传统、赓续传统和更新传统,使得传统永远处于

---

[1] T. S. 艾略特:《艾略特诗学文集》,王恩衷编译,国际文化出版公司1989年版,第243—244页。

[2] T. S. 艾略特:《艾略特诗学文集》,王恩衷编译,国际文化出版公司1989年版,第244页。

一种开放的状态。当代新文学激活古典文学，而古典文学则在当代新文学中彰显现代价值。诗人的艺术创新依赖于传统，又重构传统，改写整体的秩序。他在《传统与个人才能》这篇著名的诗歌评论中提出，诗人的历史意识并非单纯的过往意识，而是过往与当下统一的完整意识。诗人既以文学传统来充实自己，同时又通过自己的创新来延续传统和发展传统。诗人的历史意识是这样一种感觉或领悟，"即不仅感觉到过去的过去性，而且也感觉到它的现在性"[1]。历史意识即是一种过去性和现存性的结合，从而构成具有生命活力的传统。现代作家以其当代性激活传统、延续传统、更新传统和创造传统。艾略特的诗歌传统观是富于深厚底蕴、当代意识和真知灼见的，对中华感兴美学传统的传承、创新和发展研究亦有借鉴意义。

中华感兴美学传统是一个有着自身本原性、群体性、传承性、延续性、稳定性、结构性、规范性、典范性、创变性、动态性、开放性生命特征的文化传统。中国感兴美学传统需要在传承中发展，在弘扬中创新。几千年来，中华感兴美学曾在历史上产生了深远的积极影响，兴之审美曾对中华民族的精神家园和精神境界的建构产生了巨大作用。钱穆先生在《中国文学论丛》一书中论述中国文学的精神境界时指出："个人人生，不仅当与大群融凝合一，而又须与大自然融凝合一，此即中国思想传统中之所谓'万物一体'与夫'天人合一'。而此种精神之向往与追求，亦在中国文学中充分表达。《诗经》三百篇，即分赋比兴三体。

---

[1] T. S. 艾略特：《传统与个人才能》，载《艾略特文学论文集》，李赋宁译注，百花洲文艺出版社1994年版，第2页。

而比兴二体,实为此下中国文学表达之主要方式与主要技巧,其实比兴即是万物一体天人合一之一种内心境界,在文学园地中之一种活泼真切之表现与流露。不识比兴,即不能领略中国文学之妙趣与深致。而比兴实即是人生与自然之融凝合一,亦即是人生与自然之一种抽象的体悟。"[1] 在此,钱穆揭示了比兴对兴发、表征中国古代思想传统中"万物一体"与"天人合一"的文化精神的关系。因此,感兴美学最核心的要义在于天人合一、万物一体、心物统一、群己合一、身心合一、历史和现实及未来合一的生命精神与审美理想。兴构筑了中国传统艺术和美学精神的生命之源与文化原型,也是中国现当代艺术和美学精神创新发展的不竭源泉。兴的审美精神至今仍有重要价值。中华感兴美学生动表征了中华美学所特有的天人意识、生命精神、人文智慧、人生境界以及艺术审美理想,至今仍具有旺盛的生命力,仍然是今日中国人审美精神建构的智慧源泉。今天,应当发挥感兴美学精神对弘扬时代人文精神与核心价值观的重大作用,抵制文化虚无主义的消极影响,大力开掘感兴美学所具有的感发情志、振奋精神、提升人的生命境界和精神境界的价值内涵,使之成为社会主义核心价值观在美学上的精神之源。我们应当在新的时代条件下,弘扬和创新中华兴论美学和艺术精神,实现当代美学文艺学研究从认识论、知识论向生存本体论和审美精神研究、审美境界研究的

---

[1] 钱穆:《中国文学论丛》,生活·读书·新知三联书店 2005 年版,第 43、44 页。

提升。[1]中华文化在天人相分与自然科学研究方面一度逊色于西方文化，但中华美学建立在天人合一基础上的包容万有、生生不息、生命超越等美学精神，具有优于和超越西方美学的现代性意义和当代性价值。要深刻阐发其丰富的具有当代性价值与世界普遍性价值的精神内涵，促进中国当代美学精神与西方美学精神的对话、交流和互鉴。

中华感兴学美学、中华古今文艺美学传统与中华美学精神理论内在贯通，三位一体，相互支撑。感兴学美学体现了中华美学本体论、认识论和价值论的统一，而且体现了中华审美精神的丰富意蕴，比仅仅探求感性认识完善的西方感性学美学有着更大的优越性。中华古典感兴美学研究从对感兴范畴的历史探源和梳理、感兴美学思想传统资源的全面发掘，到对感兴审美理论意蕴的现代阐发和转化，再到把感兴学的复兴和创新作为中国当代美学重构的学术路径，正彰显了中国当代美学研究的主体自觉、学术自觉、理论自觉和文化自觉，具有广泛的美学意义和学术前景。审美既源于感性、激活感性又提升感性，美学同样是既感性而又超感性的。仅仅强调感性，以感性学的学术思路来重构西方美学都是有偏颇的，更遑论以此重构中国美学。中华感兴学美学之"感"包含了鲍姆嘉通、韦尔施等人的感性学对感性活动的重视，而中华感兴学美学之"兴"更具有鲍姆嘉通、韦尔施等人感性学所不具备的审美升华和审美超越。必须代之以感兴学，以感

---

[1] 参见陶水平《深化文艺美学研究　弘扬中华美学精神》，《江西师范大学学报》（哲学社会科学版）2015年第3期；《铸就文艺研究的精神之鼎——试论文艺美学的精神建构价值》，《江西师范大学学报》（哲学社会科学版）2018年第6期。

兴学重构中国当代美学，从感性学美学走向感兴学美学，传承与和弘扬中华感兴学美学精神。要以复兴和创新中华感兴学美学为契机来重构中国当代美学，使之成为中国当代美学发展的一条重要学术路径。

二、感兴学美学传统在现当代创新的既有学术基础

19世纪末和20世纪早期中国美学家们力求用西方感性学激活中国传统美学思想，同时又用中国文化精神改写西方感性学，其中对兴的美学阐发是重要标志之一。早在王国维、宗白华等人那里，兴的美学价值就受到关注，但他们对兴的美学阐发被其境界说、意境说所遮蔽。尽管王国维、宗白华等人意识到兴的审美价值，但在他们心目中，境界和意境是比兴更重要的美学范畴。在朱光潜先生那里，兴也受到关注，但被其意象论所掩盖。在朱光潜先生心目中，意象是比兴更为根本的美学范畴。真正将兴或感兴视为一个具有根本性意义的美学范畴是在20世纪50年代末之后，尤其是80年代之后。20世纪50年代末至60、70年代，现代新儒家徐复观等人和海外华人学者陈世骧等人基于复兴中华文化传统的学术视野和理论情怀，对兴和比兴的本原性意义进行了筚路蓝缕的研究。进入新时期以来，感兴美学研究更是日益受到关注。胡经之、叶朗分别延续宗白华、朱光潜说，以兴和感兴为重要美学范畴之一，力图使之进入现代美学和文艺美学。不少中青年学者也在为此努力。感兴学的当代创新问题已然受到中国当代美学和文论学者的重视。但是，不得不承认，兴（比兴和感兴）主要仍在中国古典美学界和古典文学领域得到持续研究，感兴美学尚未全面、系统地进入当代美学文艺学基础理论研究之中。如何使中华感兴美学传统更好地进入当代中国美学和文艺学，已成为当代美学和文艺学的焦点话题和理论突破口。

概而言之，今人关于感兴学的主要创新性观点有：

1. "生命情感与道德情感苏醒与融合说"（徐复观）：徐复观在《中国艺术精神》（1966年）一书中引入西方现象学观念和方法，对孔子诗乐之教的艺术审美精神大加赞叹，认为"礼乐并重，并把乐安放在礼的上位，认定乐才是一个人格完成的境界，这是孔子立教的宗旨。所以他说'兴于诗，立于礼，成于乐'。可以说，到了孔子，才有对于音乐的最高艺术价值的自觉；而在最高艺术价值的自觉中，建立了'为人生而艺术'的典型……孔子可能是中国历史中第一位最明显而又最伟大的艺术精神的发现者"[1]。徐复观在论孔子"诗可以兴"的诗学命题时还指出，朱熹将"诗可以兴"释为"感发意志"，这是对的。不过，"此处之所谓意志，不仅是一般的所谓感兴，而系由作者纯净真挚的感情，感染给读者，使读者一方面从精神的麻痹中苏醒；同时被苏醒的是感情；但此时的感情不仅是苏醒，而且也随着苏醒而得到澄汰，自然把许多杂乱的东西，由作者的作品所发出的感染之力，把它澄汰下去了。这样一来，读者的感情自然鼓荡着道德，而与之合而为一"[2]。徐复观进而得出结论说，"由孔门通过音乐所呈现出的为人生而艺术的最高境界，即是善（仁）与美的彻底谐和统一的最高境界，对于目前的艺术风气而言，诚有'犹河

---

[1] 徐复观：《中国艺术精神》，春风文艺出版社1987年版，第4页。
[2] 徐复观：《中国艺术精神》，春风文艺出版社1987年版，第30页。

汉而无极也'之感。但就人类艺术正常发展的前途而言，它将像天体中的一颗恒星样的，永远会保持其光辉于不坠"[1]。徐复观的研究揭橥了兴对于中国古典诗歌情感特质和艺术精神的奠基性价值，启迪了后来学者的相关研究。

2."原始舞蹈的上举欢舞说""礼乐之兴"的起源说（陈世骧、赵沛霖、傅道彬、王秀臣）：陈世骧的《原兴：兼论中国文学特质》（1970年）一文是对兴的起源问题进行探源性研究的发轫之作，具有重要的开创性意义。陈世骧认为，"兴"之本义为华夏原始初民的兴舞或舞蹈，亦即原始先民在进行原始舞蹈（有时带点祭祀情调）时的"上举欢舞"，可译为"motif"，大约类似于西方古老的"圆环舞"（chorus）。这种原始歌诗之兴成为后世《三百篇》中的"复沓""叠覆"乃至于"反复回增法"的艺术原型。兴不仅在后代发展为兴起、兴盛一类的演变意义，最重要的还是其中感情精神方面激动的现象，纯粹而且自然。用英文中 uplifting（上举）这个词，以表"兴"字的双关涵义，最可发人深思。[2] 陈世骧由此揭示了兴与中国文学抒情传统的关系。

与陈世骧《原兴：兼论中国文学特质》相一致并加以推进的探源性研究是"原始宗教兴象说"与"礼仪兴象说"。如赵沛霖的《兴的源起——历史积淀与诗歌起源》（1987年）是新时期学者较早从文化人类学视域研究《诗经》比兴源起的力作。作者翔实考论了原始兴象对《诗经》比兴意象和比兴艺术形式生成的历

---

[1] 徐复观：《中国艺术精神》，春风文艺出版社1987年版，第35页。
[2] 参见陈世骧《中国文学的抒情传统：陈世骧古典文学论集》，生活·读书·新知三联书店2015年版，第117页。

史积淀意义,阐发了兴对古代诗歌艺术和美学产生的深刻影响。傅道彬在《兴与象:中国文化的原型批评》(《学习与探索》1989年第1期)与《晚唐钟声:中国文学的原型批评》(1996年)一书第一章"兴与象:关于原型的古老诠释"等论著中,阐发了"兴"与"象"作为中国古代文学的文化原型意义。王秀臣的《三礼用诗考论》(2007年)与《礼仪与兴象:〈礼记〉元文学理论形态研究》(2014年)堪称我国当代学者研究礼乐之兴的扛鼎之作,后者还提出了礼乐之兴对于后世文学理论建构的元理论意义。上述兴之探源性研究对于感兴美学与艺术起源和发展的理论研究具有重要意义。

3. "兴发感动说"(叶嘉莹):叶嘉莹从中国诗歌的抒情特质出发,认为具有兴发感动的魅力是中国诗歌的生命力所在。她在《中国古典诗歌中形象与情意之关系例说》(1981年)一文中指出:"中国诗歌原是以抒写情志为主的,情志之感动由来有二,一者由于自然界之感发,一者由于人事界之感发。至于表达此种感发之方式则有三,一为直接叙写(即物即心),二为借物为喻(心在物先),三为因物起兴(物在心先),三者皆重形象之表达,皆以形象触引读者之感发,惟第一种多用人事界之事象,第三种多用自然界之物象,第二种则既可为人事界之事象,亦可为自然界之物象,更可能为假想之喻象。"[1]在论及比、兴的不同时,叶嘉莹指出,比是"由心及物",兴是"由物及心":"首先就'心'与'物'之间相互作用之孰先孰后的差别而言,一般说来,

---

[1] 叶嘉莹:《迦陵论诗丛稿》(修订本),河北教育出版社1997年版,第26页。

'兴'的作用大多是'物'的触引在先,而'心'的情意之感发在后;而'比'的作用,则大多是已有'心'的情意在先,而借比为'物'来表达则在后。这是'比'与'兴'的第一点不同之处。其次再就其相互间感发作用之性质而言,则'兴'的感发大多由于感性的直觉的触引,而不必有理性的思索安排,而'比'的感发则大多含有理性的思索安排。前者的感发多是自然的、无意的,后者的感发则多是人为的、有意的,这是'比'和'兴'的第二点不同之处。"[1] 叶嘉莹认为,无论比或兴,其本质上都是指一种心物交感的作用,也是一种兴发感动的联想作用。尤其就"兴"之最基本、最原始的意思而言,只是指一种兴发感动之作用。"如果就中国古典诗歌之以兴发感动为其主要之特质的一点而言,则私意以为'兴'字所代表的直接感发作用,较之'比'的经过思索的感发作用,实更能体现中国诗歌之特质。"[2] 兴发感动是一种自由活泼的生命感发之教育,是中国古典诗歌的优秀传统。叶嘉莹对于兴的生命感发作用的原创性阐释,有助于揭示感兴美学的生命感发理论意涵。蔡英俊接续了陈世骧的"兴与中国文学的抒情传统"研究,并综合融会叶嘉莹的"兴发感动说",将比兴、物色和情景说相贯通,撰著了《比兴、物色与情景交融》(1986年)一书,其学术宗旨仍在推进比兴与中国古典诗歌抒情特质和生命诗学关系之研究。

4."审美感兴说"(叶朗):叶朗在《现代美学体系》(1988年初版,1989年再版)一书中设专章(第四章)讨论审美感兴问

---

[1] 叶嘉莹:《迦陵论诗丛稿》(修订本),河北教育出版社1997年版,第12页。
[2] 叶嘉莹:《我的诗词道路》,河北教育出版社1997年版,第183页。

题,将"感兴"与"意象""体验"并列,作为全书最核心的范畴,并将审美感兴列为首位,凸显了审美感兴在其现代美学体系中的重要地位。叶朗指出,"我们的体系可以称为审美感兴、审美意象、审美体验三位一体的体系"[1],体现了将感兴审美论转化成现代美学理论的学术自觉。叶朗还进一步从现代审美心理学的角度加以阐释,认为兴具有三层含义:第一,"直承'感'而来的主体的发抒行为或发抒方式,以及这种发抒行为带来的精神悦乐";第二,"主体的自我体验";第三,"审美直觉含义"。[2] 叶朗对审美感兴的美学涵义进行了精到阐发与现代转化,指出:"'感兴'是一种感性的直接性(直觉),是人的精神在总体上所起的一种感发、兴发,是人的生命力和创造力的升腾洋溢,是人的感性的充实和完满,是人的精神的自由和解放。'感兴'这个概念比起'审美感受''审美经验''美感'等概念更能包容和概括审美心理的多方面的特点。所以我们把它从中国古典美学中提取出来,纳入现代美学的理论框架,作为审美心理学的基本的核心的概念来使用。"[3] 在该书中,叶朗还从五个方面阐述了审美感兴的美感心理特质,即审美感兴的无功利性、审美感兴的直觉性、审美感兴的创造性、审美感兴的超越性、审美感兴的愉悦性。[4] 当然,仅仅从审美心理学角度看待审美感兴,把"审美感兴"视为审美心理学的基本概念和核心范畴还不够,因为中华

---

[1] 叶朗主编:《现代美学体系》,北京大学出版社1999年版,第30页。
[2] 叶朗主编:《现代美学体系》,北京大学出版社1999年版,第159—160页。
[3] 叶朗主编:《现代美学体系》,北京大学出版社1999年版,第160—161页。
[4] 参见叶朗主编《现代美学体系》,北京大学出版社1999年版,第188—220页。

感兴美学之感兴不仅是审美心理学范畴,而且是一个审美哲学和艺术哲学的范畴,直抵艺术审美的形而上学。

5. "感兴体验说"(胡经之):胡经之曾在其主编的《文艺美学》(1989年)一书中精辟地指出:"'兴'具有真正的审美价值,……沿着'兴'发展的轨迹溯流而去,在这寻根寻源的'反求工程'中,我们可以窥见中华民族远古族类审美体验、原始审美活动以及处于集体无意识的巫术图腾活动,从审美心理——审美体验的角度去探索人的审美的发生。这一切,构成了今日美学对'兴'的强烈兴趣,同时,也给研究者提出了严峻的课题。"[1] 胡经之在该书第五章"审美体验:艺术本质的核心"中讨论兴、感兴和兴会,并从审美体验的角度对感兴美学进行中西美学比较研究,做出了富有开创性和启发性的研究。该书在吸收和转化感兴美学方面进行了重要探索。该书将中国美学的"兴"与西方美学的"移情"比较,将中国美学的"神思"与西方美学的"想象"比较,将中国美学的"兴会"与西方美学的"灵感"比较,取得了重要成果,积累了宝贵经验。[2] 胡经之的研究也是对审美感兴进行现代阐释并使之进入现代美学教材的开创性之作,而且具有比较美学研究的意义。当然,"兴"还不仅仅是对应于"移情",而是对应于整个审美体验,应当在更大的历史视野和理论视野中对其加以深入系统的研究。

6. "诗言兴"说与"感兴修辞说"(王一川):王一川在诗学美学的阐释和转化方面尤其用力。王一川的《"兴"与"酒

---

[1] 胡经之:《文艺美学》,北京大学出版社1989年版,第82页。
[2] 参见胡经之《文艺美学》,北京大学出版社1989年版,第77—114页。

神"——中西诗原始模式比较》(《北京师范大学学报》1986年第4期)一文从中西美学比较的视域对"兴"与"酒神"加以研究,阐发兴所具有的诗歌灵感和酒神精神价值。此后,王一川进而将感兴美学转化为兴辞感兴,提出,中国现代文论不仅要在典型和意境方面展开,而且要进一步开掘其下位的感兴根源。这是因为,汉语文学具有丰富的感兴修辞性或简称兴辞性,汉语文学从根本上说是一种感兴修辞(简称"兴"辞)。感兴论所代表的中国文学传统中的那些价值观,在今天仍具有多方面的现代意义和活力。王一川指出,来自古代的感兴传统,应当同现代修辞范畴相融合,才会变得真正富有现代活力。为此,王一川近年将感兴与修辞结合,展开了"感兴修辞"论研究,继而发表了多篇文论,并将其观点纳入专著和教材之中。[1]近年来,王一川自觉地将中国传统感兴美学的理论资源用于当代美学和文艺学教材编写之中。王一川力求感兴诗学进入当代教材的学术意识是很可贵的,尽管目前还仅在部分章节加以论述。当前更需要推进的是以感兴美学的理论观点和方法来重建完整的现代美学和文艺学基础理论体系,编写完整而系统的感兴美学和文艺学教材。

7. "赋比兴与中国诗学建构说"(胡晓明、萧华荣、陈丽虹、刘怀荣):胡晓明在《中国诗学之精神》(1991年)第一章"比兴篇"中阐发了比兴对于中国古代诗学精神的生命范式和意义生成

---

[1] 参见王一川《特色文论与兴辞诗学》,《中山大学学报》(社会科学版)2006年第3期;王一川《兴味蕴藉:中国艺术品的本土美质及其世界性意义》,《河南社会科学》2016年第2期;王一川《文学理论》,四川人民出版社2003年版。其中,《文学理论》论及文学的感兴修辞性与感兴修辞批评。

方式的奠基意义。萧华荣较早阐发兴对于中国诗学建构的重要意义，发表了《兴：中国诗学思想的核心——〈诗"兴"论〉导言》（1994年）等重要论文，从诗学思想史角度提出"兴"为中国诗学思想的核心范畴。而且，萧华荣还在其专著《中国诗学思想史》（1996年）一书中对比兴、兴寄、兴象等作为中国古典诗学思想的重要组成部分做了进一步阐发。陈丽虹的《赋比兴的现代阐释》（2002年）基于中国现代诗学史视域探讨了赋比兴的现代阐释问题。陈丽虹富有创意地将研究重心集中于20世纪中国现代诗人和诗学家对赋比兴的种种新释新解，尤其指出了赋比兴在白话诗创作和批评中发生的各种传承和变异。陈丽虹指出："'赋、比、兴'作为一个有丰富历史内涵的概念，它还将在'过去与现在'的对话活动中不断地丰富、发展它的意义。"[1]刘怀荣在《赋比兴与中国诗学研究》（2007年）一书中，以赋比兴作为中国古代最基本的三种艺术思维方式，探讨赋比兴之于中国古代诗学的发生和建构的重要影响。刘怀荣提出：该书"力图达到如下三个目标：一是初步探考赋、比、兴的发生远源；二是在此基础上对不同历史阶段歧义纷呈的赋比兴及与之相关的一系列重要诗学问题重新解读；三是揭示赋比兴与诗教、诗言志同源共生，是中国诗学的三大原生概念，也是中国诗学最基本的体系"[2]。上述学者的研究，着力点都是通过现代阐释，揭示赋比兴之于中国古典诗学的重要意义。

8."生命激活说"（袁济喜）：袁济喜在《兴：艺术生命的激

---

[1] 陈丽虹：《赋比兴的现代阐释》，中国美术学院出版社2002年版，第7页。
[2] 刘怀荣：《赋比兴与中国诗学研究》，人民出版社2007年版，第3页。

活》(2001年)一书中着力阐发和转化了兴对艺术生命的激活价值。该书开篇即明确指出:"'兴'是中国古典美学中一个具有关键性质的范畴,它将审美与文艺创作的一些根本性问题,如心物、情景、情志等关系加以融会,作为沟通这些对立关系的桥梁,使审美与文艺创作成为既涵括情与志、情与景、心与物,又具有独立性质的精神文化创造活动。它包含的范围如此之广,涉猎的问题如此之多,具备海纳百川、以一总万的意义。"[1]"'兴'是现实人生向艺术人生跃升的津梁,是使艺术生命得到激活的中介。……'兴'作为融合客观与主观、感知与情感、必然与偶然的美感心理,是中国人构建自己精神家园的津梁。"[2]为此,该书设置八章,详细梳理和阐发了兴在历代诗学中的发展,追溯其文化渊源,阐发其美学内涵,探索其审美心理,展开其相关范畴组合研究。袁济喜的研究可谓对叶嘉莹"兴发感动说"的深入推进和美学化,成为感兴美学研究的一部力作。

9. "比兴思维说"和"比兴并置结撰说"(叶舒宪、李健、张节末):叶舒宪从文化人类学理论视域研究《诗经》时,论述了"诗可以兴"的思维基础问题,认为比兴最初并非出于修辞学动机,而是一种引譬连类的思维方式。[3] 兴的思维方式既然是

---

[1] 袁济喜:《兴:艺术生命的激活》,百花洲文艺出版社2001年版,"绪言"第1页。

[2] 袁济喜:《兴:艺术生命的激活》,百花洲文艺出版社2001年版,"绪言"第3页。

[3] 参见俞建章、叶舒宪《符号:语言与艺术》,上海人民出版社1988年版,第154—156页。

以引譬连类为特质的，它的渊源显然在于神话思维的类比联想。[1]李健的《比兴思维研究：对中国古代一种艺术思维方式的美学考察》（2003年）一书专门探索了比兴思维对于中国古代艺术思维的重要影响和美学建构问题。李健认为，比兴是中国古代一个最具原创性的美学范畴。他把比兴阐释为一个有关中国古典艺术思维的核心范畴，并指出：比兴有复杂的意义结构，从艺术思维的角度切入，方能抓住比兴的根本特征。"比兴作为一种艺术思维方式，我们可以称之为比兴思维。它是一种受某一（类）事物的启发或借助于某一（类）事物，综合运用联想、想象、象征、隐喻等手法，表现另一（类）事物的美的形象，展示其美的内涵的艺术思维方式。"[2]该书从比兴的溯源、发展、意涵扩展、思维特征、诗性品格和现代意义等多方面对比兴思维做了较为系统的现代阐释，成为中国古典比兴美学现代阐释与转化的一部力作。张节末的《比兴美学》（2020年）也是一部对比兴思维及其表达方式进行探源性研究的中国古典断代美学史新作。张节末认为，比兴是一种自然与人事（或物与人）并置的思维和语言结构。比兴的思维基础是先秦古人的并置和比类思维（比类看[3]）。比兴作为古典诗歌创作的结撰艺术技巧，主要发生和发展于先秦两汉时期。比兴美学在汉末魏晋之后消失，被缘情感物

---

[1] 参见叶舒宪《诗经的文化阐释——中国诗歌的发生研究》，湖北人民出版社1994年版，第392、404页。

[2] 李健：《比兴思维研究——对中国古代一种艺术思维方式的美学考察》，安徽教育出版社2003年版，第37页。

[3] 引按："比类看"是一种兼有类推和观看双重属性的认知活动。

美学和玄学观物美学所取代。比兴美学相应转变为比兴阐释学。[1] 该书强调比兴的比类思维和结撰技术（尽管未用"艺术"一词），这是很独到的。但张节末似有将比兴并置的人与物关系窄化为理性认识和道德关系的倾向，原因在于并置过于刚性和质实，缺乏诗性，易于偏向于理性和德性认知。笔者以为，魏晋之后，比兴美学并未消失，而是演进为更为生动、活泼、细致、多样的比兴与感兴双向拓展的感兴美学。上述研究对于揭示比兴的思维基础具有重要意义，成为感兴美学思维研究的重要起点。

10."创作心理机制说"（张晶、陈伯海）：张晶提出"感物兴情说"和"情感唤起说"，陈伯海提出"生命发动说"。张晶在《审美感兴论》一文中指出："感兴，是中国古典美学的重要范畴。有关感兴的论述，在中国古代的诗论、画论中大量存在，而且形成不断深化、愈加切近审美本质的历时性发展脉络。感兴论揭示的是创造过程中的内在机制，与西方创作论中的灵感论显示出带有本体意义的差异。……中国的感兴论固然包含灵感这种审美创造过程中的主体所感受到的'高峰体验'，但这绝非感兴的全部含义。在我看来，感兴就是'感于物而兴'，指创作主体在客观环境的偶然触发下，在心灵中诞育了艺术境界（如诗中的意境）的心理状态与审美创造方式。感兴是以主体与客体的瞬间融化也即'心物交融'作为前提，以偶然性、随机性为基本特征的。"[2] 几年后，张晶挪用英国著名美学家赫伯恩的"情感唤起"理论，进一步将"感兴"视为"情感唤起"。张晶指出：

---

[1] 参见张节末《比兴美学》，浙江大学出版社2020年版。
[2] 张晶：《审美感兴论》，《学术月刊》1997年第10期。

"兴"作为中国古代的艺术发生学的基本观念，揭示了由自然情感的兴发到审美情感的转换，再由审美情感自然外显为臻于化境的艺术形式。[1]陈伯海则在《释"感兴"——中国诗学的生命发动论》一文中提出"生命发动说"。作者认为：感兴是中国诗学传统中的一个独特的范畴，它身上凝聚着我们民族特有的诗性智慧和审美体验方式，感兴即是诗性生命的发动。审美感兴是建基于实生活感受之上的，它是一度感兴之后的二度感兴。研究诗歌生命活动不能停留于一般地谈论感兴，而必须着重把握其由一度感兴向二度感兴飞跃的关键。一度感兴是"实生活感受"，二度感兴是"发愤以抒情"。[2]上述研究对于感兴美学的创作论研究具有重要意义。

11."原样兴现与隐喻修辞说"及其他"比兴修辞说""引譬连类说"（叶维廉、周英雄、高辛勇、郑毓瑜）：叶维廉在《中国古典诗中山水美感意识的演变》（1974—1975年）一文中借用西方现象学美学和语义学批评理论研究中国古典山水诗的历史演进和美感特质，对中国诗学传释尤其是道家阐释学有精到发微。叶维廉认为，受庄子道家哲学和郭象"新道学"的影响，晋宋至唐代山水诗人的感物方式是目击道存、以物观物、依照自然万物本样兴现、浑然一体、不做知性分析的。中国古典山水诗不依赖隐喻、不借重象征而求物象原样兴现，喻依喻旨不分，无须人的知性的介入去调停。有如庄子所说的"心斋""坐忘""丧我"，以求虚（除去知性的干扰）以待物，若止水全然接受和呈示万物的

---

[1] 参见张晶《"感兴"：情感唤起与审美表现》，《文艺理论研究》2008年第2期。
[2] 陈伯海：《中国诗学之现代观》，上海古籍出版社2006年版，第95、106页。

具体和自由，同时并发而相互和谐的兴现；亦如郭象所说的那样"万物归怀"，还物本身的自由的活动与兴现，诗人融入自然万象刻刻变化中而化而为一。叶维廉认为，兰亭诗人、谢灵运、王维等人的山水诗都体现了这种美感特征。诗人在对万物自由兴发做出肯定之后，跟着便产生了对从宇宙现象里活泼泼地涌现的山水做凝注。道家由重天机而推出忘我及对自我能驾驭自然的知性行为的批判，在中国诗中开出了一种可谓"不调停"的调停（即不做人为知性的干预）的观物感应形态，生成了纯山水诗喻旨与喻依合一的修辞兴象。[1] 叶维廉的这个研究不仅揭示了道家哲学对中国古典感兴美学创新发展的重要影响，对中国古典山水诗兴象美感及其喻依喻旨合一的隐喻修辞做了精彩分析，而且直接启发了感兴美学的修辞学研究方向。

与此相关，周英雄、高辛勇、郑毓瑜等人提出了"比兴修辞说"与"引譬连类说"。例如，周英雄于1979年撰文提出，兴的研究最好是从语言学着手。周英雄自觉地运用雅柯布森结构语言学研究中国古典诗歌的赋比兴尤其是兴，认为兴即是将选择轴（隐喻）投射于组合轴（换喻），按照选择轴（隐喻）的方式连接组合轴（换喻），使之生成一个新的复杂的双层表意结构。[2] 高辛勇也是自觉从修辞学视域研究中国诗歌之兴，他在一篇写于1993年的论文中指出："'兴'优于'比'的这一事实似乎决定了

---

[1] 参见叶维廉《中国古典诗中山水美感意识的演变》，载《中国诗学》，生活·读书·新知三联书店1992年版。

[2] 参见周英雄《作为组合模式的"兴"的语言和修辞结构》，载《古代文学理论研究丛刊》第17辑，上海古籍出版社1995年版。

中国文学的本质特征。它使中国诗歌不同于西方以隐喻原则为基础的诗歌。看来似乎具有开放的表意特性的'兴',它的机制也是建立在连类相应的宇宙观之上,也是与中国古代封建帝国秩序的'有机'世界观有关。"[1]郑毓瑜的《引譬连类:文学研究的关键词》引入李约瑟《中国古代科学思想史》中的中国古代关联性思维论和乔治·莱考夫等人《我们赖以生存的隐喻》中的概念隐喻论,对"引譬连类"做了多学科的探索。作者从追溯《诗经》比兴的"引譬连类"开始,阐发了"引譬连类"的比类感应思维、成套譬喻的知识类型和文明建构的表征方式等多重意涵,力图以"引譬连类"的关键词来书写中国古代文学和文明史。[2]上述研究的共同性在于对感兴修辞的探索,成为艺术感兴的审美符号学研究的先声。

12. "哲学和艺术活动之基础说"(彭锋等):彭锋的《诗可以兴:古代宗教、伦理、哲学与艺术的美学阐释》(2003年)一书则从现象学和存在论美学的视域对中国古代感兴美学做出了新的阐释。彭锋认为,兴有三种基本义项,即兴作为"起",兴作为隐喻和美刺,兴作为情感的兴发和兴发的情感,分别对应中国古代宗教祭祀之兴、伦理经学之兴和艺术哲学之兴。兴植根于前反思的存在状态,是华夏民族精神活动的基本形式,成为中国古代宗教、伦理、哲学和艺术的根源,中国古代的宗教、伦理、哲

---

[1] 高辛勇:《修辞学与文学阅读》,北京大学出版社1997年版,第161、164—165页。

[2] 参见郑毓瑜《引譬连类:文学研究的关键词》,生活·读书·新知三联书店2017年版。

学和艺术因此具有本体论上的统一性。兴在中国古典艺术中得到了全面的展开和表现，兴影响了中国古典艺术的"自然的技艺"的表达方式，生成了乐、诗、画三种最具代表性的艺术形态。彭锋坦言，这种以兴来探索中国古代艺术史和艺术形态的研究思路和方法借鉴了黑格尔《美学》之"象征型、古典型、浪漫型"的艺术类型和"空间型艺术、时间型艺术和语言艺术"的研究方法，但给予了必要的改造。彭锋认为，乐、诗、画三种艺术代表了中国古典艺术发展的三种典范形态，其背后是构成原初生活世界的时间、语言和空间三种基本的存在形式。兴作为本然的生存状态和审美体验活动，其标志性的体验状态或特征有三，分别是审美还原剩余的"乐"即审美愉悦、天人合一的观念、作为宇宙人生本体的境界。[1] 彭锋对于兴的存在论价值的研究，是对徐复观和今道友信等人的研究的拓展和美学理论化，开辟了感兴美学研究的一个新方向。

此外，还有一些学者对审美感兴问题做了自己的阐发，篇幅所限，兹不详述。总之，感兴学美学传统的当代创新性研究已有了丰厚的学术基础。上述研究或致力于对兴进行探源性研究和本义揭橥，揭示兴的原始起源及其对中国古典文学艺术特质的影响；或从中国诗歌史和美学史视域，探索兴对于后世诗歌艺术创作和古典美学诗学建构的深远影响；或运用现代哲学美学、艺术学、修辞学等理论和方法，阐发兴的现代理论内涵；或将兴、比兴、感兴等阐释为具有现代意义的中国古典美学的重要范畴和范

---

[1] 参见彭锋《诗可以兴：古代宗教、伦理、哲学与艺术的美学阐释》，安徽教育出版社2003年版。

畴群，并使之作为重要范畴进入现代美学和文艺学教材，因而上述探索成为感兴美学研究的重要起点。但是，既有论著也都未将感兴美学上升到学科建设的高度来研究。将感兴美学视为一门需要全面激活和综合研究的中国古典美学的元美学，视为重建中国当代美学理论和学科的创新性形态来看待和阐释，这正是需要进一步大力展开和推进的，也是本书努力的学术方向。

三、复兴和创新生生不息的中华感兴美学的生命创造精神

本书认为，要推进中国古典美学的深入研究，推动中国当代美学的创新发展，最关键的问题有三：其一，选择哪个范畴为中国古典美学最重要的元范畴（感应、感悟、感物、感通、感兴、比兴，抑或意象、意境）？其二，如何从理论传统渊源和理论体系视域更为全面系统地阐释感兴美学？其三，如何使中华感兴美学传统更好地进入当代中国美学、文艺学和艺术学理论研究？本书力求以兴、感兴、感兴学作为中华古典美学的第一范畴和第一理论（或曰元范畴和元理论）；在此基础上展开对感兴美学的全面探索和系统阐释；以感兴美学作为元美学，使之全面进入当代美学、文艺学和艺术学研究之中。

兴是中国古代艺术永恒的缪斯，也是生生不息的中国艺术之神。复兴和创新生生不息的中华感兴美学的生命创造精神，激活和阐扬中华感兴美学内蕴的古典美学精神、现代美学精神和后现代美学精神潜能，使得中华艺术缪斯之"兴"永葆青春，是当代中国美学学者责无旁贷的学术使命之一。中华感兴美学有着独特的精神向度和精神追求，中国古人即器即道、下学上达，注重在

审美感兴活动中内在超越，生成了中华感兴美学独特的美学精神和美学智慧，即对天人合一、群己合一、万物一体、物我同一、情理相融、美善统一、文质统一、形神统一以及中和之美与崇高之美的追求。中国古典艺术成为中华民族的精神家园，中华感兴美学则是这个精神家园的理论建构。中华传统艺术和感兴美学达到了西方宗教文化和艺术哲学同样的精神高度。但是，中华感兴审美既"感"又"兴"，既感性又超越，在"感物"中"兴怀"，在感兴体验中达成"天人合一"与"万物一体"。因此，中国古代艺术和美学的感兴精神超越不是像西方宗教文化那样由世俗经验世界向彼岸天国世界的精神超越，亦非像西方理念哲学那样在主客二元对立基础上的理性超越，而是一种贯通世俗经验与理想精神的富有生命力的创造性超越。兴不仅是中国古典艺术和美学的元范畴元理论，更是中国古典艺术的生命本原和缪斯之神。中华感兴美学也不同于西方的理念美学与知识美学，而是一种植根于生命意识、富有生命精神的生命美学。中华感兴美学精神也有别于西方后现代的娱乐精神，而是有着深厚社会关怀、自然情怀的抒情言志的美学精神。兴作为中国古典诗歌和诗学抒情特性的文化根源，成为中国古代艺术的最高审美理想和美学精神，形成了中国文化的诗性品格和中国艺术的精神气质。感兴美学彰显了中华美学独特的精神气质：中华古典艺术和美学之兴作为感性与理性的统一，意志和精神的统一、情感与认识的统一、个体与群体的统一、人文性与神圣性的统一，最为生动地体现了中华文化"天人合一""万物一体"的和合精神、创造精神与自由超越的审美精神。兴植根于中华民族"大化流行"的气论哲学，诗兴艺术因而是气韵生动、生香活色、生生不息的。中华感兴美学强调人与宇宙万物生命贯通，人与自然和谐相处，个我与大我和谐统一，具有调节社会人生精神文化生态、提振人的生命精神和境界、指向宇宙整体和人类终极存在的永恒意义与普遍价值。总之，生生不息的中华感兴美学传统对世界美学和文艺精神发展具有可资交流对话的普遍价值，值得深度开掘与研究。

兴的精华在拥抱自然、拥抱生活、感物兴怀、与时偕行，在情景交融的审美意象、兴象和意境中达至天人合一、万物一体的生命精神境界。全面展开以兴或感兴为核心范畴的中华感兴美学研究，弘扬中华感兴美学和艺术审美精神，可以从深层次上激活中国当代美学、诗学与艺术理论的创造力和生命力，提升中国当代美学、诗学与艺术理论的精神高度，为中国当代美学、诗学和艺术理论建设提供价值源泉和精神动力。从感性学研究走向感兴学研究，反思西方感性学美学的不足，吸收中国古典感兴学美学的优秀精神遗产，创新和发展中华感兴学美学，这是一条极有希望的中国当代美学重构之路。但是，本书所说的"复兴"不是简单地回到传统，而是在"创新"中发展传统，复兴与创新是合为一体的。应当立足于当代中国与世界的社会历史文化现实和艺术审美实践经验，坚持马克思主义的唯物史观与实践唯物主义的立场、观点和方法，实现马克思主义的"实践—精神"这一掌握世界方式及其美学精神与中华感兴美学精神的融会贯通，展开以兴或感兴为核心范畴的中华感兴美学的整全性价值研究，以此为学术契机与理论平台，对中华传统感兴美学理论进行现代转化和当代阐释，将中华感兴美学汇入当代世界艺术和美学发展的思想洪流中去，吸纳当今世界新技术革命尤其是新技术条件下的艺术革命和美学革命的新成果，创新和发展中华感兴美学，推进中华感兴美学与西方美学的对话与交流，实现中国当代美学的创新、重构与世界美学会通融合、文明共享。

"一代有一代之新兴"，复兴和创新中华感兴美学研究应当再出发。要彰显感兴美学作为中华美学元美学的价值，使之更好地全面进入当代中国美学和艺术基础理论研究。中华感兴美学传统的复兴与创新这个伟大学术工程的主要理论路径有：（一）在现有史传文献和出土文献中进一步探赜索隐，充分发掘、整理和阐释中华感兴美学的文化资源和思想理论资源，总结中国现当代学者对感兴美学研究的成功经验，并加以综合、提升、丰富和发展。（二）从审美精神和艺术精神的高度（尤其从中华美学和艺术精神的高度）来进一步认识感兴美学的重要性，开掘感兴美学的艺术精神和美学精神内涵。（三）从学科建设的角度，以感兴为元范畴、核心范畴建构一个新的类似于黑格尔美学（艺术哲学）的中国当代美学学科体系；多角度、多维度、多层次地阐发感兴美学的现代理论内涵和理论价值，提示感兴美学对于审美感兴的艺术起源、艺术发生、艺术创作、艺术意象、艺术意境、艺术表征、艺术兴味、艺术批评、艺术教育和艺术史研究的理论价值，使之全面进入当代美学、文艺学的教科书，编写一系列感兴学教材，既包括感兴学美学原理教材，又包括中国感兴学美学史教材，深入阐发感兴学美学在中国古代艺术史和美学史上的重要地位和价值。感兴学美学还应当全面进入当代文艺批评实践中，使之成为与"意象""意境"同样重要的高频关键词，成为中文、艺术和美学专业学生熟练掌握的美学范畴和美学基本理论。（四）尤其要正面因应和阐释当今世界的全球化、数字化、新兴艺术变革和人工智能美学的艺术新经验和新美学，"于生新取光响，自有风味"（王夫之《唐诗评选》卷三）。（五）注重感兴美学与西方相关美学的比较研究，加强感兴学与西方古典美学、西方现代美学和西方后现代美学理论的交流、对话、互证、互释，展开感兴学与中西比较美学、海外汉学以及港台相关学术研究比如"中国抒情传统"等理论的交流、比较、融会和会通，使之参与当代世界美学（及美学史）和艺术学（及艺术学史）的理论建设之中。

具体学术路径为：感兴美学的历史起源、文化渊源和文化原型研究，感兴的历史与中华美学精神的发生发展史，感兴美学理论的发生发展史和诠释史研究，感兴美学的本体论阐释，感兴美学与中华美学精神的理论内涵阐释，感兴与艺术活动流程研究，感兴与艺术审美发生学研究，感兴艺术的审美体验类型研究，感兴艺术体验的符号化研究，感兴艺术的修辞表达和修辞学研究，感兴艺术形态表征研究，感兴美学与艺术史研究，感兴美学与艺术批评实践研究，感兴美学与艺术教育研究，感兴美学的审美价值研究，感兴美学的现代转化与当代创新发展研究，感兴美学的当代意义与价值研究，感兴美学对当代各种新兴艺术审美经验的吸纳，感兴美学如何进入当代高新科技艺术和美学领域，感兴美学精神与西方美学精神尤其是西方现代美学精神和后现代美学精神的比较与融会研究，感兴美学的理论范式、话语方式和批评实践研究，感兴美学和诗学的学科体系与教材建设，等等。通过上述系统研究使得感兴学美学全面进入当代中国美学、文艺学、艺术学的理论研究、批评实践与教学实践的各个领域。总之，要以感兴学美学的理论创新为学术契机，全面深化、贯通和推进感兴美学、文艺美学和中华美学精神研究，综贯古今、融汇中西，贯通理论与实践，充分阐扬和发挥感兴学美学在当今全球化、数字化时代人类共情共美的生存世界、精神境界和审美经验共同体建构过程中的重要作用，彰显中华感兴美学对于人类不断走向包容开放、殊途同归、美美与共、臻至人性完美的文化理想境界所具有的理论意义和实践价值。

本书正是基于上述学术旨趣和理论追求，通过各章写作对中华感兴学美学进行文化探源、历史书写与理论阐释，力求揭示感兴美学、文艺美学和中华美学精神的内在关系，全面阐释感兴艺术活动的艺术流程、感兴美学的理论内涵及其创新发展，以期通过感兴美学的当代复兴和理论创新来推动中国当代美学的创新与重构，促进感兴美学全面进入当代美学、文艺学、艺术学基础理论研究及其批评实践和美育实践。作为重返感兴美学、推动感兴美学的当代复兴与中国当代美学理论重构这个宏大学术工程的引玉之砖，本书所阐述的内容与笔者预期的学术目标还有距离。感兴美学研究仍是一项需要更多学者参与的未完成的学术事业。中华感兴艺术的审美创造与时俱进，中华感兴美学的创造精神生生不息，中华感兴学美学理论的创新发展未有止境。

参考文献

一、古代典籍类

班固撰. 颜师古注. 汉书. 北京：中华书局，1962.

北京大学哲学系美学教研室编. 中国美学史资料选编（上、下）. 北京：中华书局，1981

遍照金刚撰. 周维德校点. 文镜秘府论. 北京：人民文学出版社，1975.

蔡景康编选. 明代文论选. 北京：人民文学出版社，1993.

陈伯海主编. 诗学文献集粹（上）. 上海：上海古籍出版社，2016.

陈沆. 诗比兴笺. 北京：中华书局，1959.

陈奂. 诗毛氏传疏. 北京：商务印书馆，1933.

陈骙、李涂著. 刘明晖校点. 文则·文章精义. 北京：人民文学出版社，1960.

陈良运主编. 中国历代诗学论著选. 南昌：百花洲文艺出版社版，1995.

陈戍国校注. 礼记校注. 长沙：岳麓书社，2007.

陈廷焯著. 杜维沫校点. 白雨斋词话. 北京：人民文学出版社，1983.

陈子昂撰. 徐鹏校点. 陈子昂集. 上海：上海古籍出版社，2013.

程颢、程颐著. 王孝鱼点校. 二程集. 北京：中华书局，1981.

程颢、程颐撰. 潘富恩导读. 二程遗书. 上海：上海古籍出版社，2000.

程树德撰. 程俊英、蒋见元点校. 新编诸子集成：论语集释. 北京：中华书局，1990.

丁度等编. 宋刻集韵. 北京：中华书局，2005.

丁福保辑. 历代诗话续编（上、下）. 北京：中华书局，1983.

董诰等编. 孙映逵等点校. 全唐文（第四册）. 太原：山西教育出版社，2002.

董仲舒撰. 周桂钿译注. 春秋繁露. 北京：中华书局，2011.

杜甫著. 仇兆鳌注. 杜诗详注. 北京：中华书局，1979.

方东树著. 汪绍楹点校. 昭昧詹言. 北京：人民文学出版社，1961.

顾炎武著. 黄汝成集释. 栾保群校注. 日知录集释（第4册）. 杭州：浙江古籍出版社，2013.

郭绍虞编选. 富寿荪校点. 清诗话续编（上、下）. 上海：上海古籍出版社，1983.

郭绍虞主编. 中国历代文论选（全四册）. 上海：上海古籍出版社，1979.

韩湖初、陈良运主编. 古代文论名篇选读. 北京：中国书籍出版社，1998.

何文焕辑. 历代诗话（上、下）. 北京：中华书局，1981.

何香久主编. 中国历代名家散文大系（魏晋南北朝卷）. 北京：人民日报出版社，1999.

胡平生、陈美兰译注. 礼记·孝经. 北京：中华书局，2007.

黄灵庚、吴战垒主编. 吕祖谦全集（第四册）. 杭州：浙江古籍出版社，2008.

黄永堂译注. 国语全译. 贵阳：贵州人民出版社，1995.

黄遵宪撰. 吴振清等编校整理. 黄遵宪集（上下卷）. 天津：天津人民出版社，2003.

嵇康撰. 戴明扬校注. 嵇康集校注. 北京：中华书局，2015.

纪昀总撰. 文渊阁四库全书（第1137册）. 上海：上海古籍出版社，1986.

贾文昭编. 中国近代文论类编. 合肥：黄山书社，1991.

江灏、钱宗武译注. 周秉钧审校. 今古文尚书全译. 贵阳：贵州人民出版社，1990.

李零. 上博楚简三篇校读记. 北京：中国人民大学出版社，2007.

李梦阳. 空同集. 上海：上海古籍出版社，1991.

李学勤主编. 十三经注疏（标点本）. 北京：北京大学出版社，1999.

李贽著. 夏剑钦校点. 焚书·续焚书. 长沙：岳麓书社，1990.

梁启超. 梁启超全集（全十册）. 北京：北京出版社，1999.

梁启超. 中国之美文及其历史. 北京：东方出版社，1996.

刘安等著. 许匡一译注. 淮南子全译. 贵阳：贵州人民出版社，1993.

刘宝楠撰. 高流水点校. 论语正义. 北京：中华书局，1990.

刘师培著. 舒芜校点. 中国中古文学史·论文杂记. 北京：人民文学出版社，1959.

刘熙载撰. 艺概. 上海：上海古籍出版社，1978.

刘勰著. 詹锳义证. 文心雕龙义证. 上海：上海古籍出版社，1989.

刘勰著. 周振甫注. 文心雕龙注释. 北京：人民文学出版社，1981.

刘义庆著. 张万起、刘尚慈译注. 世说新语译注. 北京：中华书局，1998.

刘永济集. 文心雕龙校释（附征引文录）. 北京：中华书局，2007.

刘钊. 郭店楚简校释. 福州：福建人民出版社，2005.

刘知几著. 姚松、朱恒夫译注. 史通全译. 贵阳：贵州人民出版社，1997.

柳宗元. 柳宗元集. 北京：中华书局，1979.

柳宗元著. 吴文治选注. 柳宗元选集. 北京：人民文学出版社，1998.

陆德明撰. 黄焯汇校. 经典释文汇校. 北京：中华书局，

2006.

陆时雍撰. 李子广评注. 诗镜总论. 北京：中华书局，2014.

罗大经撰. 王瑞来点校. 鹤林玉露. 北京：中华书局，1983.

吕不韦门客编撰. 关贤柱、廖进碧、钟雪丽译注. 吕氏春秋全译. 贵阳：贵州人民出版社，1997.

吕友仁、吕咏梅译注. 礼记全译. 贵阳：贵州人民出版社，1998.

马端临. 文献通考. 北京：中华书局，1986.

马瑞辰撰. 陈金生点校. 毛诗传笺通释. 北京：中华书局，1989.

牛宝彤选注. 三苏文选. 成都：四川人民出版社，1983.

欧阳修. 诗本义. 四部丛刊本.

彭林译注. 仪礼全译. 贵阳：贵州人民出版社，1997.

十三经清人注疏. 北京：中华书局，1987—2004.

桑咸之、阎润鱼译注. 康有为诗文选译. 成都：巴蜀书社，1997.

邵雍著. 郭彧整理. 伊川击壤集. 北京：中华书局，2013.

沈德潜编. 苗洪注. 古诗源. 北京：华夏出版社，2001.

沈善洪主编. 黄宗羲全集（第10册）. 杭州：浙江古籍出版社，1993.

沈子丞编. 历代论画名著汇编. 上海：世界书局，1943.

十三经注疏. 上海：上海古籍出版社，2007—2013.

皎然著. 李壮鹰校注. 诗式校注. 济南：齐鲁书社，1986.

司马迁著. 杨燕起注译. 史记全译. 贵阳：贵州人民出版社，2001.

司马迁撰. 裴骃集解. 司马贞索隐. 张守节正义. 史记. 北京：中华书局，1959.

苏辙著. 曾枣庄、马德富校点. 栾城集. 上海：上海古籍出版社，1987.

汤显祖著. 徐朔方笺校. 汤显祖全集（第二册）. 北京：北京古籍出版社，1999.

陶秋英编选. 虞行校订. 宋金元文论选. 北京：人民文学出版社，1984.

王安石著. 邱汉生辑校. 诗义钩沉. 北京：中华书局，1982.

王弼撰. 楼宇烈校释. 周易注校释. 北京：中华书局，2012.

王充著. 袁华忠、方家常译注. 论衡全译. 贵阳：贵州人民出版社，1993.

王大鹏等选编. 中国历代诗话选. 长沙：岳麓书社，1985.

王夫之著. 戴鸿森笺注. 姜斋诗话笺注. 上海：上海古籍出版社，2012.

王夫之撰.《船山全书》编辑委员会编校. 船山全书（全十六册）. 长沙：岳麓书社，1988.

王符撰. 汪继培笺. 潜夫论. 上海：上海古籍出版社，1978.

王国维．王国维文学论著三种．北京：商务印书馆，2001．

王士祯著．张宗柟纂集．戴鸿森校点．带经堂诗话（全三册）．北京：人民文学出版社，1982．

王世贞著．罗仲鼎校注．艺苑卮言校注．济南：齐鲁书社，1992．

王水照、聂安福选注．新选新注·唐宋八大家书系：苏轼卷．北京：中国工人出版社，1997．

王巍校注．曹植集校注．石家庄：河北教育出版社，2013．

王文濡选编．历代诗文名篇评注读本（宋元明文卷）．长沙：岳麓书社，2001．

王先谦撰集．释名疏证补．上海：上海古籍出版社，1984．

王阳明撰．于自力等注译．传习录．郑州：中州古籍出版社，2008．

王逸撰．黄灵庚点校．楚辞章句．上海：上海古籍出版社，2017．

王应麟撰．孙通海校点．困学纪闻．沈阳：辽宁教育出版社，1998．

魏庆之编．诗人玉屑．上海：上海古籍出版社，1959．

魏征、令狐德棻．隋书．北京：中华书局，2000．

吴兢著．叶光大等译注．贞观政要全译．贵阳：贵州人民出版社，1991．

吴文治主编．宋诗话全编．南京：江苏古籍出版社，1998．

肖占鹏主编．隋唐五代文艺理论汇编评注（上、下）．天津：南开大学出版社，2002．

萧统编. 李善注. 文选. 北京：中华书局，1977.

萧子显. 南齐书. 北京：中华书局，2017.

谢榛、王夫之著. 宛平、夷之校点. 四溟诗话·姜斋诗话. 北京：人民文学出版社，1961.

徐渭. 徐渭集（第一册）. 北京：中华书局，1983.

许嘉璐主编. 二十四史全译：旧唐书. 上海：汉语大词典出版社，2004.

许慎. 说文解字. 北京：中华书局，1963.

许慎撰. 段玉裁注. 许惟贤整理. 说文解字注. 南京：凤凰出版社，2015.

荀子著. 蒋南华等译注. 荀子全译. 贵阳：贵州人民出版社，1995.

严可均辑. 全晋文. 北京：商务印书馆，1999.

严羽著. 郭绍虞校释. 沧浪诗话校释. 北京：人民文学出版社，1983.

杨伯峻译注. 论语译注. 北京：中华书局，2009.

杨天宇. 十三经译注：周礼译注. 上海：上海古籍出版社，2004.

杨万里撰. 辛更儒笺校. 杨万里集笺校（第6册）. 北京：中华书局，2007.

姚淦铭、王燕主编. 王国维文集（上、下）. 北京：中国文史出版社，2007.

姚思廉. 梁书. 北京：中华书局，1973.

叶朗总主编. 中国历代美学文库. 北京：高等教育出版社，

2003.

叶适著. 刘公纯等点校. 叶适集（第二册）. 北京：中华书局，1961.

叶燮、薛雪、沈德潜. 原诗·一瓢诗话·说诗晬语. 北京：人民文学出版社，1979.

叶燮著. 蒋寅笺注. 原诗笺注. 上海：上海古籍出版社，2014.

俞剑华编著. 中国画论类编. 北京：人民美术出版社，1957.

元结、殷璠等选. 唐人选唐诗（十种）（下册）. 上海：上海古籍出版社，1978.

元稹撰. 冀勤点校. 元稹集. 北京：中华书局，1982.

袁枚著. 晓冰、永安点校. 随园诗话. 杭州：浙江古籍出版社，2000.

岳仁译注. 宣和画谱. 长沙：湖南美术出版社，1999.

张伯伟编著. 全唐五代诗格汇考. 南京：江苏古籍出版社，2002.

张法总主编. 中国美学经典（七卷本）. 北京：北京师范大学出版社，2017.

张怀瑾. 文赋译注. 北京：北京出版社，1984.

张惠言著. 严明、董俊珏选注评点. 张惠言文选. 苏州：苏州大学出版社，2001.

张建业主编. 漆绪邦、张凡注. 李贽全集注（第7册）. 北京：社会科学文献出版社，2010.

张栻撰. 邓洪波校点. 张栻集（全二册）. 长沙：岳麓书社，2010.

张载著. 章锡琛点校. 张载集. 北京：中华书局，1978.

张志烈等主编. 苏轼全集校注（第10册）. 石家庄：河北人民出版社，2010.

章学诚著. 严杰、武秀成译注. 文史通义全译（上下册）. 贵阳：贵州人民出版社，1997.

郑樵. 通志. 杭州：浙江古籍出版社，1988.

钟嵘著. 古直笺. 曹旭导读、整理集评. 诗品. 上海：上海古籍出版社，2007.

钟嵘著. 周振甫译注. 诗品译注. 北京：中华书局，1998.

朱熹. 新编诸子集成：四书章句集注. 北京：中华书局，1983.

朱熹注. 四书集注（方文白话）. 海口：海南出版社，1992.

朱熹注. 王华宝整理. 诗集传. 南京：凤凰出版社，2007.

朱熹撰. 郭齐、尹波点校. 朱熹集（第六册）. 成都：四川教育出版社，1996.

朱熹撰. 蒋立甫校点. 楚辞集注. 上海：上海古籍出版社，2001.

诸子集成（十册本）. 长沙：岳麓书社，1996.

左丘明. 国语. 上海：上海古籍出版社，1978.

二、研究专著类

蔡英俊. 比兴物色与情景交融. 台北：大安出版社，1986.

文艺美学丛书编辑委员会编. 蔡元培美学文选. 北京：北京大学出版社，1983.

陈伯海. 唐诗学引论. 上海：东方出版中心，1988.

陈伯海. 中国诗学之现代观. 上海：上海古籍出版社，2006.

陈来. 古代宗教与伦理：儒家思想的根源. 北京：生活·读书·新知三联书店，2009.

陈丽虹. 赋比兴的现代阐释. 杭州：中国美术学院出版社，2002.

陈良运. 中国诗学体系论. 北京：中国社会科学出版社，1992.

陈良运. 周易与中国文学. 南昌：百花洲文艺出版社，1999.

陈世骧. 陈世骧文存. 沈阳：辽宁教育出版社，1998.

陈世骧著. 张晖编. 中国文学的抒情传统：陈世骧古典文学论集. 北京：生活·读书·新知三联书店，2015.

陈桐生. 礼化诗学：诗教理论的生成轨迹. 北京：学苑出版社，2009.

陈寅恪. 陈寅恪集. 北京：生活·读书·新知三联书店，2001.

成复旺. 神与物游——中国传统审美之路. 济南：山东人民出版社，2007.

丁进. 周礼考论——周礼与中国文学. 上海：上海人民出版社，2008.

丁山. 甲骨文所见氏族及其制度. 北京：中华书局，1988.

方东美. 生生之美. 北京：北京大学出版社，2009.

方东美. 中国人生哲学. 北京：中华书局，2012.

方光华. 中国古代本体思想史稿. 北京：中国社会科学出版社，2005.

方克立主编. 现代新儒学辑要丛书（全十五册）. 北京：中国广播电视出版社，1992—1996.

方锡球. 许学夷诗学思想研究. 合肥：黄山书社，2006.

冯友兰. 三松堂全集（第4卷）. 郑州：河南人民出版社，1986.

冯友兰. 三松堂学术文集. 北京：北京大学出版社，1984.

傅道彬. 诗可以观：礼乐文化与周代诗学精神. 北京：中华书局，2010.

高亨. 周易杂论. 济南：齐鲁书社，1979.

高名凯. 汉语语法论. 北京：商务印书馆，1986.

高平叔编. 蔡元培美育论集. 长沙：湖南教育出版社，1987.

高辛勇讲演. 修辞学与文学阅读. 北京：北京大学出版社，1997.

高友工、梅祖麟. 唐诗的魅力——诗语的结构主义批评. 李世耀译. 上海：上海古籍出版社，1989.

高友工. 美典：中国文学研究论集. 北京：生活·读书·新知三联书店，2008.

高友工. 中国美典与文学研究论集. 台北：台大出版中心，

2004.

龚鹏程. 中国传统文化十五讲. 北京：北京大学出版社，2006.

辜鸿铭. 中国人的精神. 黄兴涛、宋小庆译. 海口：海南出版社，1996.

顾颉刚编著. 古史辨（第三册）. 上海：上海古籍出版社，1982.

郭沫若. 卜辞通纂. 北京：科学出版社，1983.

郭绍虞. 照隅室古典文学论集（上下编）. 上海：上海古籍出版社，1983.

郭绍虞编著. 中国文学批评史（上下卷）. 天津：百花文艺出版社，1999.

韩高年.《诗经》分类辨体. 上海：上海古籍出版社，2011.

韩宏韬.《毛诗正义》研究. 北京：中国社会科学出版社，2009.

胡经之. 文艺美学. 北京：北京大学出版社，1989.

胡经之主编. 中国古典文艺学丛编（三卷本）. 北京：北京大学出版社，2001.

胡晓明. 中国诗学之精神. 南昌：江西人民出版社，1990.

黄春贵. 文心雕龙之创作论. 台北：文史哲出版社，1978.

黄克剑、钟小霖编. 当代新儒家八大家集（八卷本）. 北京：群言出版社，1993.

黄霖、吴建民、吴兆路. 原人论. 上海：复旦大学出版社，2000.

黄药眠、童庆炳主编. 中西比较诗学体系（上下册）. 北京：人民文学出版社，1991.

季广茂. 隐喻视野中的诗性传统. 北京：高等教育出版社，1998.

蒋孔阳主编. 中国古代美学艺术论文集. 上海：上海古籍出版社，1981.

黎锦熙. 修辞学比兴篇. 北京：商务印书馆，1936.

李健. 比兴思维研究——对中国古代一种艺术思维方式的美学考察. 合肥：安徽教育出版社，2003

李山. 诗经的文化精神. 北京：东方出版社，1997.

李泽厚、刘纲纪主编. 中国美学史. 北京：中国社会科学出版社，1984.

李泽厚. 美的历程. 北京：中国社会科学出版社，1984.

李长之. 李长之文集. 石家庄：河北教育出版社，2006.

李珍华. 王昌龄研究. 西安：太白文艺出版社，1994.

梁漱溟. 东西文化及其哲学. 北京：商务印书馆，1999.

林同华主编. 宗白华全集（4卷）. 合肥：安徽教育出版社，1994.

林语堂. 中国人. 郝志东、沈益洪译. 杭州：浙江人民出版社，1988.

刘大杰. 中国文学发展史. 上海：上海人民出版社，1973.

刘怀荣. 赋比兴与中国诗学研究. 北京：人民出版社，2007.

刘建平. 东方美典——20世纪"中国艺术精神"问题研究.

北京：人民文学出版社，2017.

刘若愚. 中国诗学. 韩铁椿、蒋小雯译. 武汉：长江文艺出版社，1991.

刘若愚. 中国文学理论. 杜国清译. 南京：江苏教育出版社，2006.

刘小枫主编. 现代性中的审美精神. 上海：学林出版社，1997.

刘毓庆、郭万金. 从文学到经学——先秦两汉诗经学史论. 上海：华东师范大学出版社，2009.

鲁迅. 鲁迅全集. 北京：人民文学出版社，2005.

罗义俊编著. 评新儒家. 上海：上海人民出版社，1989.

马一浮. 复性书院讲录. 南京：江苏教育出版社，2005.

牟世金. 文学艺术民族特色试探. 济南：齐鲁书社，1980.

牟宗三. 中国哲学十九讲. 上海：上海古籍出版社，1997.

庞朴. 师道师说·庞朴卷. 北京：东方出版社，2018.

潘知常. 中国美学精神. 南京：江苏人民出版社，2017.

彭锋. 诗可以兴：古代宗教、伦理、哲学与艺术的美学阐释. 合肥：安徽教育出版社，2003.

祁志祥. 中国现当代美学史（上下册）. 北京：商务印书馆，2018.

祁志祥. 中华传统美学精神. 上海：上海人民出版社，2018.

钱穆. 钱宾四先生全集（第三册）. 台北：台湾联经出版公司，1998.

钱穆. 中国学术思想史论丛（8册）. 合肥：安徽教育出版

社，2004.

钱中文. 审美与人文：钱中文自选集. 北京：首都师范大学出版社，2016.

钱锺书. 管锥编. 北京：中华书局，1979.

钱锺书. 旧文四篇. 上海：上海古籍出版社，1979.

钱锺书. 谈艺录. 北京：中华书局，1984.

任建树、张统模等编. 陈独秀著作选（第一卷）. 上海：上海人民出版社，1993.

尚学锋等. 中国古典文学接受史. 济南：山东教育出版社，2000.

沈宁编. 滕固艺术文集. 上海：上海人民美术出版社，2003.

孙党伯、袁謇正主编. 闻一多全集. 武汉：湖北人民出版社，1993.

唐君毅. 唐君毅全集. 北京：九州出版社，2016.

唐君毅. 中国文化之精神价值. 南京：江苏教育出版社，2006.

陶水平. 船山诗学研究. 北京：中国社会科学出版社，2001.

童庆炳. 童庆炳文集（七卷本）. 北京：北京师范大学出版社，2016.

童庆炳等. 现代学术视野中的中华古代文论. 北京：北京出版社，2002.

王靖献. 钟与鼓：《诗经》的套语及其创作方式. 谢谦译.

成都：四川人民出版社，1990.

王昆吾. 中国早期艺术与宗教. 上海：东方出版中心，1998.

王梦鸥. 文艺美学. 台北：台湾新风出版社，1971.

王晓明主编. 二十世纪中国文学史论（第一卷）. 上海：东方出版中心，1997.

王晓平. 日本诗经学史. 北京：学苑出版社，2009.

王秀臣. 礼仪与兴象：《礼记》元文学理论形态研究. 北京：社会科学文献出版社，2014.

王秀臣. 三礼用诗考论. 北京：中国社会科学出版社，2007.

王一川. 文学理论. 成都：四川人民出版社，2003.

王运熙、顾易生主编. 中国文学批评通史（全七册）. 上海：上海古籍出版社，1996.

魏家川. 先秦两汉的诗学嬗变——从"《诗》云""子曰"到"子曰诗云". 北京：学苑出版社，2007.

闻一多. 神话与诗. 上海：上海人民出版社，2006.

吴志翔. 20世纪的中国美学. 武汉：武汉大学出版社，2009.

夏传才. 诗经讲座. 桂林：广西师范大学出版社，2007.

萧兵. 孔子诗论的文化推绎. 武汉：湖北人民出版社，2006.

萧华荣. 中国诗学思想史. 上海：华东师范大学出版社，1996.

修海林. 古乐的沉浮——中国古代音乐文化的历史考察. 济南：山东文艺出版社，1989.

徐复观. 中国文学精神. 上海：上海书店出版社，2004.

徐复观. 中国艺术精神. 沈阳：春风文艺出版社，1987.

徐中玉主编. 中国古代文艺理论专题资料丛刊：意境·典型·比兴编. 北京：中国社会科学出版社，1994.

叶嘉莹. 迦陵文集（十卷）. 石家庄：河北教育出版社，1997.

叶嘉莹. 迦陵著作集（八册）. 北京：北京大学出版社，2008.

叶朗. 中国美学史大纲. 上海：上海人民出版社，1985.

叶朗主编. 现代美学体系. 北京：北京大学出版社，1988.

叶舒宪. 诗经的文化阐释——中国诗歌的发生研究. 武汉：湖北人民出版社，1994.

叶维廉. 比较诗学. 台北：东大图书公司，1983.

叶维廉. 中国诗学. 北京：生活·读书·新知三联书店，1992.

于省吾. 泽螺居诗经新证. 北京：中华书局，1982.

于省吾主编. 甲骨文字诂林. 北京：中华书局，1996.

余虹. 中国文论与西方诗学. 北京：生活·读书·新知三联书店，1999.

俞宣孟. 本体论研究. 上海：上海人民出版社，1999.

袁济喜. 兴：艺术生命的激活. 南昌：百花洲文艺出版社，2001.

袁长江. 先秦两汉诗经研究论稿. 北京：学苑出版社，1999.

詹福瑞. 汉魏六朝文学论集. 保定：河北大学出版社，2001.

张伯伟. 钟嵘诗品研究. 南京：南京大学出版社，1999.

张岱年、成中英等. 中国思维偏向. 北京：中国社会科学出版社，1991.

张法. 中西美学与文化精神. 北京：北京大学出版社，1994.

张光直. 中国青铜时代. 北京：生活·读书·新知三联书店，1999.

张海明. 经与纬的交结——中国古代文艺学范畴论要. 昆明：云南人民出版社，1994.

张辉. 审美现代性批判. 北京：北京大学出版社，1999.

张立文. 传统学引论——中国传统文化的多维反思. 北京：中国人民大学出版社，1989.

张启成. 诗经研究史论稿. 贵阳：贵州人民出版社，2003.

张世英. 新哲学讲演录. 桂林：广西师范大学出版社，2004.

张世英. 哲学导论. 北京：北京大学出版社，2002.

张首映. 审美形态的立体观照. 北京：人民文学出版社，1989.

张树国. 宗教伦理与中国上古祭歌形态研究. 北京：人民出版社，2007.

张祥龙. 从现象学到孔夫子（增订本）. 北京：商务印书馆，

2011.

张祥龙. 孔子的现象学阐释九讲——礼乐人生与哲理. 上海：华东师范大学出版社，2009.

赵沛霖. 兴的源起——历史积淀与诗歌艺术. 北京：中国社会科学出版社，1987.

郑毓瑜. 引譬连类：文学研究的关键词. 北京：生活·读书·新知三联书店，2017.

中国蔡元培研究会编. 蔡元培全集（第9卷）. 杭州：浙江教育出版社，1997.

周策纵. 古巫医与"六诗"考：中国浪漫文学探源. 上海：上海古籍出版社，2009.

周英雄. 结构主义与中国文学. 台北：东大图书公司，1983.

周裕锴. 宋代诗学通论. 成都：巴蜀书社，1997.

朱光潜. 朱光潜全集（二十卷）. 合肥：安徽教育出版社，1987—1992.

朱良志. 中国艺术的生命精神. 合肥：安徽教育出版社，1995.

朱自清. 诗言志辨. 上海：华东师范大学出版社，1996.

朱自清. 朱自清古典文学论文集（上下册）. 上海：上海古籍出版社，1981.

宗白华. 艺境. 北京：北京大学出版社，1987.

三、外国著作类

E. 希尔斯. 论传统. 傅铿、吕乐译. 上海：上海人民出版社，1991.

H. 帕克. 美学原理. 张今译. 桂林：广西师范大学出版社，2001.

T. S. 艾略特. 艾略特诗学文集. 王恩衷编译. 北京：国际文化出版公司，1989.

爱德华·萨丕尔. 语言论——言语研究导论. 陆卓元译. 北京：商务印书馆，1985.

安纳·杰弗森等. 西方现代文学理论概述与比较. 包华富等编译. 长沙：湖南文艺出版社，1986.

白川静. 中国古代民俗. 何乃英译. 西安：陕西人民美术出版社，1988.

白川静. 中国古代民俗. 王巍译. 沈阳：春风文艺出版社，1991.

鲍姆嘉滕. 美学. 简明、王旭晓译. 北京：文化艺术出版社，1987.

卜松山. 与中国作跨文化对话. 刘慧儒、张国刚等译. 北京：中华书局，2003.

狄尔泰. 精神科学引论（第一卷）. 童奇志、王海鸥译. 北京：中国城市出版社，2002.

狄尔泰. 历史中的意义. 文彦、逸飞译. 北京：中国城市出版社，2002.

杜夫海纳. 美学与哲学. 孙非译. 北京：中国社会科学出版社，1985.

杜夫海纳. 审美经验现象学（上、下）. 韩树站译. 北京：

文化艺术出版社，1996.

费尔巴哈. 基督教的本质. 荣震华译. 北京：商务印书馆，1984.

弗朗索瓦·于连. 迂回与进入. 杜小真译. 北京：生活·读书·新知三联书店，1998.

格拉耐. 中国古代的祭礼与歌谣. 张铭远译. 上海：上海文艺出版社，1989.

格罗塞. 艺术的起源. 蔡慕晖译. 北京：商务印书馆，1984.

葛兰言. 古代中国的节庆与歌谣. 赵丙祥、张宏明译. 桂林：广西师范大学出版社，2005.

海德格尔. 哲学论稿：从本有而来. 孙周兴译. 北京：商务印书馆，2016.

海德格尔著. 孙周兴选编. 海德格尔选集（上下卷）. 上海：上海三联书店，1996.

郝大维、安乐哲. 汉哲学思维的文化探源. 施忠连译. 南京：江苏人民出版社，1999.

荷尔德林. 荷尔德林文集. 戴晖译. 北京：商务印书馆，1999.

黑格尔. 历史哲学. 王造时译. 北京：生活·读书·新知三联书店，1956.

黑格尔. 美学（三卷本）. 朱光潜译. 北京：商务印书馆，1982.

黑格尔. 哲学史讲演录（第一卷）. 贺麟、王太庆译. 北京：

商务印书馆，1959.

伽达默尔. 真理与方法——哲学诠释学的基本特征（上下卷）. 洪汉鼎译. 上海：上海译文出版社，1999.

家井真.《诗经》原意研究. 陆越译，南京：江苏人民出版社，2012.

今道友信. 东方的美学. 蒋寅等译. 北京：生活·读书·新知三联书店，1991.

今道友信. 关于美. 鲍显阳、王永丽译. 哈尔滨：黑龙江人民出版社，1983.

今道友信. 美的相位与艺术. 周浙平、王永丽译. 北京：中国文联出版公司，1988.

卡尔·雅斯贝斯. 历史的起源与目标. 魏楚雄、俞新天译. 北京：华夏出版社，1989.

康德. 判断力批判. 邓晓芒译. 北京：人民出版社，2002.

拉曼·塞尔登编. 文学批评理论——从柏拉图到现在. 刘象愚等译. 北京：北京大学出版社，2000.

L.比尼恩. 亚洲艺术中人的精神. 孙乃修译. 沈阳：辽宁人民出版社，1988.

雷蒙·威廉斯. 关键词：文化与社会的词汇. 刘建基译. 北京：生活·读书·新知三联书店，2005.

李斯托威尔. 近代美学史评述. 蒋孔阳译. 上海：上海译文出版社，1980.

列维－布留尔. 原始思维. 丁由译. 北京：商务印书馆，1981.

铃木虎雄. 中国诗论史. 许总译. 南宁：广西人民出版社，1989.

玛克斯·德索. 美学与艺术理论. 兰金仁译. 北京：中国社会科学出版社，1987.

皮埃尔·阿多. 伊西斯的面纱：自然的观念史随笔. 张卜天译. 上海：华东师范大学出版社，2015.

荣格. 现代灵魂的自我拯救. 黄奇铭译. 北京：工人出版社，1987.

桑原武夫. 文学序说. 孙歌译. 北京：生活·读书·新知三联书店，1991.

苏珊·朗格. 艺术问题. 滕守尧、朱疆源译. 北京：中国社会科学出版社，1983.

苏源熙. 中国美学问题. 卞东波译. 南京：江苏人民出版社，2011.

王元化编选. 日本研究《文心雕龙》论文集. 济南：齐鲁书社，1983.

维柯. 新科学. 朱光潜译. 北京：人民文学出版社，1986.

沃尔夫冈·韦尔施. 我们的后现代的现代. 洪天富译. 北京：商务印书馆，2004.

沃尔夫冈·韦尔施. 重构美学. 陆扬、张岩冰译. 上海：上海译文出版社，2002.

伍蠡甫、蒋孔阳编. 西方文论选（上下册）. 上海：上海译文出版社，1979.

夏含夷. 兴与象：中国古代文化史论集. 上海：上海古籍出

版社，2012.

小尾郊一. 中国文学中所表现的自然与自然观. 邵毅平译. 上海：上海古籍出版社，1989.

亚里士多德、贺拉斯. 诗学·诗艺. 罗念生译. 北京：人民文学出版社，1962.

宇文所安. 中国传统诗歌与诗学：世界的象征. 陈小亮译. 北京：中国社会科学出版社，2013.

中共中央马克思恩格斯列宁斯大林著作编译局编译. 马克思恩格斯全集（第2卷）. 北京：人民出版社，1995.

中共中央马克思恩格斯列宁斯大林著作编译局编译. 马克思恩格斯文集（第10卷）. 北京：人民出版社，2009.

中共中央马克思恩格斯列宁斯大林著作编译局编译. 马克思恩格斯选集（4卷本）. 北京：人民出版社，2012.

后　记

　　感兴美学是以兴和感兴为枢机的丰富而整全的中华古典元美学。兴与感兴是中国古典文艺家和美学家们用以标识艺术审美特质的根本性元范畴。兴是中华传统艺术和美学的文化基因、生命胚芽和精神核心，兴的历史即是中华美学精神的发生发展史。兴贯穿于中华艺术审美活动的全部流程与各个环节，生成了具有多层次丰富意蕴的美学理论体系。兴贯通了中华古典艺术审美的理论和实践，浓缩了中华艺术和美学精神的历史信息和文化奥秘。作为一个绵延数千年历史的中华古典美学理论传统，感兴美学在历代诗人艺术家和美学家的艺术创作、理论建构和不断阐释中发展，生生不息，历久弥新。美学作为一门人文学科，深刻关联着人的生存价值和意义建构。审美活动植根于人的生命活动，审美和艺术是人的自由精神活动，审美精神即是对自由世界与超越境界的追求。精神不仅是一个心理学范畴，更是一个哲学本体论范畴。美学精神是在艺术哲学本体论和审美形而上学高度的精神追求。美学精神虽与哲学本体论息息相关，但又不是理论化的本体论知识体系，而是活生生的生命精神或曰本体论的鲜活性存在。美学精神作为审美本体或形而上追求，生动显现在感性审美活动之中，成为人的自由生命精神最本真又最超越的感性呈现。感兴审美是"既感又兴"的生命精神活动，感兴美学是中华美学精神最为生动灿烂的感性显现和理论表征。

　　感兴美学作为一种既深蕴中华美学精神同时又激活中华美学

精神的元美学，需要我们当代学者加以创新发展，使之全面进入中国当代美学文艺学研究，这也是当代美学文艺学的焦点话题和理论突破口。笔者认为，兴在中华美学史上的地位堪比西方美学的"逻各斯""理念""生命意志""存在"，兴是中国古典艺术的生命本源和缪斯之神。本书以兴、感兴、感兴学作为中华古典美学的元范畴和元理论，在此基础上对感兴美学进行系统阐释和理论新构。当然，这只是笔者研究感兴美学的一个学术导论。限于时间和篇幅，其中有的章节和重要论题未能展开。例如，感兴美学的现代阐释和当代创新，感兴美学与西方美学的比较研究，感兴美学对于自然美、技术美和物之美的意义研究，感兴美学对中国古今山水诗画创作的影响研究，等等，都有待深入探索。需要指出的是，本书原题为《感兴美学与中华美学精神研究》，为了与丛书各卷在书名句式上一致，因而改为现书名。

笔者对感兴美学的关注始于多年来从事美学原理和文艺美学教学，叶朗先生、胡经之先生在他们的现代美学和文艺美学著作中设置专章论述审美感兴和感兴体验，启发了我对兴和感兴的学术兴趣，为此我曾指导研究生写过这方面的学位论文。对感兴美学的系统研究则是 2016 年中华美学学会在南昌召开中华美学精神高端论坛之后，笔者与朱志荣教授一道申报国家社科基金艺术学重大项目招标课题"中华美学与艺术精神的理论与实践研究"，本书即是其中子课题之一的成果。感兴美学既是中华美学的旧传统，也是中华美学的新传统。本书的研究和写作得益于中国现当代美学前辈和时贤的研究基础。其中很多学者是笔者交往多年的师友，他们的相关论著都在书中详细列出。本书可谓对前人和时贤研究的"接着说",因而要郑重地向朋友们道一声"感谢"!最后,特别要向出版社致以谢忱。学术著作是作者与出版社共同创造的"宁馨儿"。正是各位编辑老师精益求精的学术精神和排版校对过程中付出的艰辛劳动,确保了本书的质量。安徽教育出版社出版了很多优秀的人文社会科学著作尤其是美学著作。期待本丛书和本书能为中国美学,也为出版社增光添彩,成为美学精品。

陶水平
2020年4月8日谨识于南昌